珍藏本
纪念版

汉译世界学术名著丛书

俄国工人阶级状况

〔俄〕恩·弗列罗夫斯基（瓦·瓦·别尔维） 著
陈瑞铭 译

2017 年 · 北京

Н. Флеровский (В. В. Берви)

ПОЛОЖЕНИЕ

РАБОЧЕГО КЛАССА В РОССИИ

Государственное

социально-экономическое издательство

Москва 1938

根据苏联国家社会经济出版社莫斯科 1938 年版译出

汉译世界学术名著丛书
（120年纪念版·珍藏本）
出 版 说 明

2017年2月11日，商务印书馆迎来120岁的生日。120年前，商务印书馆前贤怀揣文化救国的理想，抱持“昌明教育，开启民智”的使命，立足本土，放眼寰宇，以出版为津梁，沟通中西，为中国、为世界提供最富智慧的思想文化成果。无论世事白云苍狗，潮流左右激荡，甚至战火硝烟弥漫，始终践行学术报国之志，无改初心。

迻译世界各国学术名著，即其一端。早在20世纪初年便出版《原富》《天演论》等影响至今的代表性著作，1950年代后更致力于外国哲学和社会科学经典的译介，及至1980年代，辑为“汉译世界学术名著丛书”，汇涓为流，蔚为大观。丛书自1981年开始出版，历时三十余年，迄今已推出七百种，是我国现代出版史上规模最大、最为重要的学术翻译工程。

丛书所选之书，立场观点不囿于一派，学科领域不限于一门，皆为文明开启以来，各时代、各国家、各民族的思想与文化精粹，代表着人类已经到达过的精神境界。丛书系统译介世界学术经典，引领时代思想，为本土原创学术的发展提供丰富的文化滋养，为推动中国现代学术和现代化进程做出了突出的贡献。

为纪念商务印书馆成立120周年，我们整体推出“汉译世界学术名著丛书”120年纪念版的珍藏本，寄望既利于文化积累，又便于研读查考，同时向长期支持丛书出版的译者、编者和读者致以敬意。

两甲子后的今天，商务印书馆又站在了一个新的历史时间节点上。我们不仅要铭记先辈的身影和足迹，更须让我们的步伐充满新的时代精神。这是商务人代代相传的事业，更是与国家和民族的命运始终紧密相连的事业。我们责无旁贷，必须做好我们这代人的传承与创造，让我们的努力和成果不仅凝聚成民族文化的记忆，还能成为后来人可以接续的事业。唯此，才能不负前贤，无愧来者。

商务印书馆编辑部

2017年10月

译者前言

恩·弗列罗夫斯基的《俄国工人阶级状况》一书于1869年问世。此书是使弗列罗夫斯基扬名于世的最重要著作，是作者在流放中写成的。马克思称弗列罗夫斯基为严肃的观察家、勇敢的劳动者、公正的评论家、杰出的艺术家。

《俄国工人阶级状况》描述了十九世纪六七十年代俄国劳动群众的生活状况，地主和资本家对劳动群众的贪得无厌的剥削，对农奴"解放"后的俄国经济状况作了真实的描绘，贯穿了对剥削阶级的强烈仇恨和对工人、农民的极其深刻的同情，反映了非贵族出身的知识分子的愿望和理想。从他的书中可以得出无可争辩的结论：俄国的现状再也不能维持下去了，解放农奴自然只是加速了瓦解的过程，可怕的社会革命迫在眉睫。这本书是研究当时所能得到的无数资料的结果，也是作者多年亲自观察的结果。《俄国工人阶级状况》曾对当时知识界的社会思潮发生过巨大的影响，同时也是俄国与外国文献中的一件大事。作者的同时代人证实，这本著作对青年人的影响方面并不亚于米尔托夫—拉甫罗夫的名著《历史书信》。马克思给这本著作以很高的评价。为了了解这本书，马克思开始研究俄文，他读过该书原文，并曾用它来研究俄文。马克思在给恩格斯及其他一些友人的书信中曾多次提及这本书，并作了详细的评述。他认为，这是继恩格斯的《英国工人阶级状况》这一著作问世以后的最重要的一本书。他指出，弗列罗夫斯基的著作和车尔尼雪夫斯基的著作一样，赋予俄国以真正的荣誉，并证明俄国也开始参加到我们时代的总的运动中来了。列宁在《俄国资本主义的发展》中也曾援引弗列罗夫斯基这本书中的事例。

当然，本著作在不少理论问题上也具有一定程度的幼稚性和盲目性，反映出作者具有不少民粹主义和空想主义的理论观点，受到了马克思的公正批评。

阅读这本著作，可以对俄国当时的社会现实，地主、资本家对工人、农民阶级的残酷压迫与剥削，工农群众的极其贫困的悲惨境况，有个较全面的了解，从而更深刻地理解在俄国发生十月社会主义革命的社会经济根源。

目　录

第三篇　俄国工业地区的劳动者

编 者 的 话

国家社会经济出版社重新出版了政论家和社会学家瓦·瓦·别尔维(恩·弗列罗夫斯基)于1869年问世的名著《俄国工人阶级状况——恩·弗列罗夫斯基的考察与研究》。

马克思称弗列罗夫斯基为严肃的观察家、勇敢的劳动者、公正的评论家、杰出的艺术家。弗列罗夫斯基的这本著作曾对当时知识界的社会思潮发生过巨大影响,同时也是俄国与外国文献中的一件大事。马克思对弗列罗夫斯基这本著作的评价是很高的,他读过该书原本,并曾用它来研究俄文。与此同时,马克思也对弗列罗夫斯基的民粹主义和空想主义的理论观点进行了批评。

《俄国工人阶级状况》这本书描述了十九世纪六七十年代俄国劳动群众的生活状况、地主和资本家对劳动群众贪得无厌的剥削。弗列罗夫斯基的书是对农奴“解放”后的俄国经济状况作真实描述的最初尝试。尽管本书在有些地方显得重复和过于琐细,但许多章节则是写得极其鲜明、生动、优美的。弗列罗夫斯基援引的大量统计资料对于研究十九世纪六七十年代的俄国经济是有意义的。

《俄国工人阶级状况》一书我们是根据1869年的版本印行的。在印行时,将该著作大量重复之处作了某些压缩,并且删去了“结束语”这一章。那里弗列罗夫斯基只是重述了他在书中其他部分阐述过的一些社会学观点，并未提供什么新的结论、例证和事实等。对某些章节，同样由于重复而作了少量压缩。为了便于利用，对一些图表在其行数的排列方面作了某些简化。我们还纠正了书中的一些明显的错字。无论是正文或是图表里的全部数字材料都未作更动。

本书由国家社会经济出版社作为《俄国经济思想史》丛书出版。

瓦・瓦・别尔维—弗列罗夫斯基

（1829—1918）

瓦・瓦・别尔维是十九世纪七八十年代最引人注目的文化政治界人物之一。他的兴趣极其广泛，可谓集经济学家、社会学家、政论家、哲学家于一身。马克思在给恩格斯的一封谈到别尔维的主要著作《俄国工人阶级状况》一书的信中写道，别尔维在其著作中贯穿着对地主、资本家与官僚的强烈仇恨。我们知道，正是这种对剥削者的强烈仇恨和对工人、农民的极其深刻的同情，使得别尔维在当时具有极高的声望。他的同时代人证实，弗列罗夫斯基的书对青年人的影响方面并不亚于米尔托夫—拉甫罗夫的名著《历史书信》。

瓦西里・瓦西里叶维奇・别尔维以弗列罗夫斯基的笔名闻名于世，他在 1829 年诞生于喀山大学生理学教授维利格利姆・瓦西里・费多罗维奇・别尔维的家庭里。

弗列罗夫斯基的父亲是一位才干平庸而又偏于保守的人物。当他发现自己的儿子对周围现象具有求知欲和兴趣的时候，只关心一件事，那就是如何防止儿子沾染上自由思想。弗列罗夫斯基的父亲的操心并没有取得什么结果。年幼的弗列罗夫斯基钻进了父亲的图书室，并在那里贪婪地吸取了“自由思想”。他的父亲小心翼翼地防备儿子别尔维沾染的正是这种自由思想。年轻的弗列罗夫斯基对法国资产阶级革命的历史特别感兴趣。

这个孩子是在弗列罗夫斯基本人描述为“野蛮人环境”里长大的。早在孩提年代,他就开始具备思考问题的激情。弗列罗夫斯基而后写道:“没有一个我可与之交流思想的人,没有一个我能从他嘴里听到生动语言的人。”①

16 岁的弗列罗夫斯基上了喀山大学,并于 1849 年在该校的法律系毕业。大学毕业以后,他在司法部供职。

在供职期间,弗列罗夫斯基获得了特别委任官之职。但是,他的“官运”并不长。在司法部的司里供职使弗列罗夫斯基感到苦恼:那种死板的文牍主义与他的创造性的天性是格格不入的。据他自己说,他之所以在司里继续留任,无非是希望能够通过借助自己在法律、经济、历史科学方面的知识来进行一系列减轻被压迫者困境的工作。

弗列罗夫斯基招致司法部长帕宁伯爵对他的不信任。帕宁在 1862 年 3 月 7 日给宪兵名誉长官多尔戈鲁科夫公爵的秘密呈报中写道:“去年年底,他(指弗列罗夫斯基)的某些行为使我怀疑他在职责方面的思想是否坚定。因此,当 1860 年 11 月份人民教育部前部长问我,在派遣别尔维出国准备获取最高学位方面是否遇到麻烦的时候,我回答普佳京伯爵,根据上述理由,用官费派遣别尔维出国留学,依我看来,是不合适的。因此,别尔维没有走成。”②

---

① 瓦·瓦·别尔维—弗列罗夫斯基:《革命幻想家札记》,莫斯科,青年近卫军出版社,1929 年版,第 11 页。

② 奥·弗·阿普捷克曼:《瓦西里·瓦西里叶维奇·别尔维—弗列罗夫斯基》,根据第三分局和国家政治学报的材料(乙),列宁格勒,《巨人》出版社,1925 年版,第 20 页。

1861 年,哈尔科夫大学表示愿意给别尔维法律系财政法教授的职位。为此,他去找彼得堡大学的熟人卡维林教授出主意。卡维林愿意对他进行帮助,向他提出留在彼得堡大学当国家法教员的问题。卡维林给弗列罗夫斯基写信道:"但是,你首先必须通过学位考试,我们把你送出国去留学两年。两年以后,你将可担任国际法和欧洲列强国家法的教授。"①

弗列罗夫斯基在同一处写道:"我似乎觉得,我达到了自己一生的目标。"

然而,弗列罗夫斯基的有关从事大学学术活动的设想未曾实现。沙皇政府开始对他进行不断排挤与迫害。弗列罗夫斯基被迫在遥远的边陲的偏僻角落度过其整个创作生涯。

1861 年,在弗列罗夫斯基动身到国外学术出差的前夕,他碰上了大学生的示威游行,这次示威游行旨在反对撤销自由派教育部部长伊·科瓦列夫斯基以及反对政府在高等学校、整个教育事业方面的反动政策。

他在《三个政体……》一书中是这样描述他一生中的这一重大事件的:"我到瓦西里耶夫斯基岛去问法律系主任,我的补充考试定在什么时候,并与他一起穿过大学。我惊奇莫名:我看到大学周围的广场上和大学的庭院里挤满了人,而大学附近则驻扎着军队。原来,我意外地碰上了那个原先在科洛科里大街举行的游行示威集会。我应当说,我赞赏大学生们行动时刻的那种秩序和镇定自

① 弗列罗夫斯基:《三个政体:尼古拉一世、亚历山大二世、亚历山大三世》,1897 年,第 121 页。

若。”①

这次示威游行的领导人遭到逮捕。于是,全俄各大学开始骚动起来。弗列罗夫斯基感到,他有责任援救被捕的大学生。

弗列罗夫斯基认为,可以通过向“仁慈”、“大救星沙皇”发出呼吁的途径来停止警察的镇压和大规模的逮捕。他向沙皇写了请愿书,请求释放被捕的大学生。这件事的结果是:一些在这份请愿书上签名的成员锒铛入狱,其余的人则必须说清楚。弗列罗夫斯基因此被禁止在所谓自由大学里讲课,他的往海得尔堡的出国之行也遭禁绝。1862年,瓦·瓦·别尔维又向亚历山大二世提出抗议,反对逮捕特维尔省的那些调解农奴与地主间纠纷的中间人。招致这一抗议的情况如下:

大家知道,在农奴“解放”以后,农奴暴动进一步加剧。农奴的不满情绪成了在一小部分贵族中开始滋生的自由主义运动的理由,这一小部分贵族为了维护现存制度,力求对农奴作出让步。以著名的无政府主义者巴枯宁兄弟为首的部分特维尔省贵族决定:建议贵族们作出决议,在法定证书②上写明,给予农奴以划给他们的份地的所有权。

特维尔省的贵族接受了巴枯宁兄弟的这一计划,30个调解农奴与地主间纠纷的中间人以及2个贵族首领在代表大会上聚首,并将通告分送各乡。通告声称,他们根据特维尔省贵族的意愿,今

① 弗列罗夫斯基:《三个政体……》,第140页。

② 书面证书,它为每个庄园规定了自1861年2月19日以后的地主与农奴之间的新关系,以及农奴贡赋的数额。法定证书是由地主和贵族中的专门负责人员(和解中间人)共同议定的。

后将把份地拨给农奴完全所有。根据帕宁伯爵(司法部部长)的指令,他们因此横遭逮捕,被押往彼得堡并投入要塞。

别尔维获悉特维尔贵族被捕一事以后,决定向沙皇提出抗议,并给俄罗斯贵族写信,指出逮捕特维尔贵族之举是非法的。同时,他决定向英国大使介绍这一事件。他在给英国大使的呼吁书中写道:“……我谨极诚恳地请求……我将上述情节奉告英国人民,因为,我不希望,像英国人民如此值得尊敬的人民会以为,俄国政府的这种独裁与压迫行为不会遭到被压迫者的抗议。”①

参加示威游行和向沙皇请愿(1861—1862 年)成了对别尔维—弗列罗夫斯基严峻考验的开端。

别尔维的整个抗议活动被宣称为精神病发作所致。抗议者被关进了疯人院。

他在那里待了六个月,结果被公认是精神健全的人。

从此,别尔维的生活就是流放代替监狱,监狱代替流放。

1862 年 3 月 7 日,别尔维首次被捕。同年 12 月 10 日他被流放到阿斯特拉罕。

1863 年 8 月 10 日,他在阿斯特拉罕被捕,并被押送到喀山监狱。1864 年 1 月他被流放到库兹涅茨克。1865 年 6 月他被转移到托姆斯克。

1866 年,他被押解到沃洛格达。旅途苦不堪言,从 6 月中旬一直拖到 9 月底,竟长达 3 个半月之久。1868 年他被转移到特维

① 奥·弗·阿普捷克曼:《瓦西里·瓦西里叶维奇·别尔维—弗列罗夫斯基……》,第 35 页。

尔。

1870 年,瓦·瓦·别尔维在不许进入首都的条件下获释,落户于离彼得堡 70 俄里的柳班。

1871 年,他迁居到芬兰。1874 年,他又遭逮捕,被驱逐到阿尔汉格尔斯克省(申库尔斯克市)。

1875 年被赐予“恩典”,弗列罗夫斯基被转移到阿尔汉格尔斯克,以便可以使其子女上中学。但很快,在 1875 年被抄家以后,重新被送到申库尔斯克。1876 年,他被流放到科斯特罗马,在该地待到 1890 年,然后,他动身到第比利斯。

只是到了 1893 年,他才获机会奔赴国外,到了日内瓦。他从日内瓦转赴伦敦。

1896 年,别尔维—弗列罗夫斯基回到俄国。他在科斯特罗马地方自治局工作不久,然后,在 1897 年,当他已是 68 岁高龄之际,到了尤佐夫卡当了个会计。弗列罗夫斯基在其一生中的最后八九年重病缠身,已经不可能从事任何活动了。年事高迈的弗列罗夫斯基于 1918 年 10 月 4 日逝世。

沙皇政府对弗列罗夫斯基的不断迫害,导致他对柴可夫小组和多尔古申分子的接近。

监狱和流放绝不能摧毁他的坚强性格。不管警察把他驱逐到哪里,他随时随地——在集市上,在农民中间或是在自己住处,都在进行旨在反对骇人听闻的剥削和压迫的强烈的宣传和鼓动工作。在流放过程中,他完成了两部巨著:《俄国工人阶级状况》(1869 年)和《社会科学入门》(1871 年)。这两部著作使得作者不仅驰名俄国,而且声震海外。弗列罗夫斯基按照柴可夫分子和多尔古申分子的委托写了一些书。(《社会科学入门》是根据柴可夫分子的建议写的;《应当如何按自然和真理的规律生活》则根据多尔古申分子的建议写成。)这两个秘密团体的成员将这些著作大力扩散。在当时,这些书是革命青年手头必备的著作。除了上述著作以外,弗列罗夫斯基还写了一系列其他著作:《言论自由、容忍态度和我们的出版法》(1869年)、《无意识哲学、达尔文主义和现实的真理》(1878年)、《三个政体:尼古拉一世、亚历山大二世、亚历山大三世》(1897年,伦敦)。1904年,他印行了《自然科学概念批判》一书。他的其他著作曾在《事业》(署名是纳瓦利欣)、《祖国纪事》、《言论》和《星期》等杂志上发表。

* * *

《俄国工人阶级状况》一书是使别尔维扬名于世的最重要著作。弗列罗夫斯基是在流放(沃洛格达)中写成此书的。个别章节最初刊载于定期刊物,其中也包括急进杂志《事业》上。承蒙拉甫罗夫的推荐而刊载的该书的第一章就引起了人们广泛的重视。然而,该书的进一步印行遇到了越来越多的麻烦。杂志的编辑们对手稿大加嘲笑,出版者们认定,它根本不行。只是到了1869年,弗列罗夫斯基才能出版这本书(在恩·普·波利亚科夫的出版物上)。该书在广大的知识界和文化界获得了极大的好评。

在那个浸透着农奴制残余的资本主义发展时期,在经济和政治普遍落后的条件下,俄国的经济思想还正处于自身成长的幼年时期。只有车尔尼雪夫斯基的形象似巨人般地巍然耸立。弗列罗夫斯基在自己的书中描述了工人和农民所遭受的无度的剥削,反映了非贵族出身的知识分子的愿望和理想。这正是他的巨大贡献

之处。

在当时,这本书的问世不仅仅是对俄国的文化界来说是一个重大的事件。

弗列罗夫斯基的书立即引起马克思的关注。1869 年年底,马克思就给恩格斯写信道:“从彼得堡给我寄来了一本弗列罗夫斯基的著作,厚达 500 页,写的是俄国农民和工人的状况。可惜是俄文的。这个人写这本书用了 15 年的时间。”①

为了了解弗列罗夫斯基的书,马克思开始研究俄文。他是用《俄国工人阶级状况》这本书来研究它的。1871 年 1 月 21 日,马克思在写给齐格弗里特·迈耶尔的信中说道:“……1870 年初我开始自学俄语,现在我可以相当自如地阅读了。这是在我接到从彼得堡寄来的弗列罗夫斯基的一部十分重要的著作《俄国工人阶级(特别是农民)状况》以后才开始的。……”②

早在 1870 年 2 月马克思在阅读弗列罗夫斯基的著作的过程中,就告诉恩格斯自己对该书的初步看法。

“弗列罗夫斯基的书我看过开头的 150 页(这些篇幅是论述西伯利亚、俄罗斯北部和阿斯特拉罕的)。这是第一部说出俄国经济状况真相的著作。这个人是他所谓的‘俄罗斯乐观主义’的死敌。对于这种共产主义的黄金国,我从来不抱乐观的看法,但是弗列罗夫斯基的书的确完全出乎意料。这样的东西能在彼得堡出版,实在令人惊奇,无论如何是一种转变的标志。

① 《马克思恩格斯全集》,中文版,第 32 卷,第 357 页。

② 同上书,中文版,第 33 卷,第 177—178 页。

‘我国的无产者并不多,但是我们的工人阶级群众是由命运比任何无产者还要坏的劳动者组成的。’①

这种阐述方法完全是独具一格的,其中有些地方最能使人想起蒙泰。可以看出,这个人曾亲自到各地作过旅行和观察。对地主、资本家和官吏有烈火般的仇恨。没有社会主义学说,没有土地神秘主义(尽管赞成公社所有制形式),没有虚无主义极端。有时也有些善意的空谈,但这是适合于这一著作的那些人的发展水平的。无论如何,这是继你的《英国工人阶级状况》这一著作问世以后的最重要的一本书。对俄国农民的家庭生活,如骇人听闻地把老婆往死里打、酗酒、蓄妾,也有出色的描写。如果你把公民赫尔岑虚构的谎言寄给我,现在正是时候。”②

在看书过程中,马克思和恩格斯分享自己对所读部分的印象。过了两天,即 2 月 12 日,他告诉恩格斯:“弗列罗夫斯基的书使我非常开心的一点,就是他针对农民直接税的论战。这完全是沃邦元帅和布阿吉尔贝尔的再现。他也感到,农民的状况和过去法国帝制时代(从路易十四时期以来)相似。像蒙泰一样,他很了解每个民族的性格特点——‘卡尔梅克人爽直’,‘莫尔多瓦人尽管很脏,然而富有诗意’(他拿他们和爱尔兰人相比),‘鞑靼人机灵,活泼,崇尚享乐’,‘小俄罗斯人富有才华’,等等。他作为一个善良的大俄罗斯人,教训自己的同胞怎样才能把所有这些民族对他们的仇恨转变过来。同时,他还引用一个真正俄罗斯的移民区从波兰

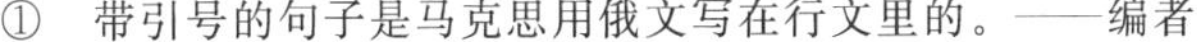

① 带引号的句子是马克思用俄文写在行文里的。——编者

② 《马克思恩格斯全集》,中文版,第 32 卷,第 421 页。

迁移到西伯利亚的事件作为仇恨的例子。这些人只懂俄语，不会说一句波兰话，然而都认为自己是波兰人，并对俄罗斯人怀着波兰人的仇恨，等等。

从他的书中可以得出无可争辩的结论：俄国的现状再不能维持下去了，解放农奴自然只是加速了瓦解的进程，可怕的社会革命迫在眉睫。从这里也可以看到现在俄国大学生等等中间风行一时的学校青年虚无主义的现实基础。顺便提一下，在日内瓦成立了一个新的俄国大学生流亡者的侨民团体，他们在自己的纲领中宣布要同泛斯拉夫主义进行斗争，并代之以'国际'。

弗列罗夫斯基在专门的一章中指出，异民族'俄罗斯化'纯属乐观的幻想，甚至在东方也是如此。"①

在此稍后，即1870年3月24日，马克思在给第一国际在日内瓦的俄国分部的成员的一封信中重又回头谈到弗列罗夫斯基的这本书。他写道：

"几个月以前，我接到从彼得堡寄来的一部弗列罗夫斯基的著作《俄国工人阶级状况》。这对于欧洲来说是一个真正的发现。在大陆上甚至被一些所谓革命家散布的俄国乐观主义，在这部著作里被无情地揭露了。如果我说，从纯粹的理论观点来看，这部著作在某些地方还不是完全无可非议的，那也不会降低它的价值。这是一位严肃的观察家、勤劳无畏的劳动者、公正的批评家、大艺术家，而他首先是一个愤恨形形色色的压迫、憎恶各种各样的民族颂歌、热情地分担生产者阶级的一切痛苦与希望的人的作品。

① 《马克思恩格斯全集》，中文版，第32卷，第428页。

弗列罗夫斯基的以及你们的导师车尔尼雪夫斯基的作品，为俄国争得了真正的荣誉，而且证明你们的国家也开始参加到我们这一世纪的共同运动中来了。”①

我们在列宁的《俄国资本主义的发展》中可以遇到援引弗列罗夫斯基的这本书的事例。

* * *

《俄国工人阶级状况》一书乃是研究当时所能得到的无数资料的结果，也是作者多年亲自观察的结果。它对60年代的俄国工人阶级和农民的状况作了极其鲜明的描述。在书中，弗列罗夫斯基描述了西伯利亚原始森林区和外乌拉尔草原地带，阿斯特拉罕省和黑土地带各省，以及工业中心地区等地的劳动人民(工人和农民)的经济状况和日常生活条件。

弗列罗夫斯基为自己的研究工作搜集了大量的实际材料和统计资料，并通过亲自观察来予以检验。比方说，为了给西伯利亚的庄稼汉、沃洛格达农民或乌拉尔河与伏尔加河之间的草原地带的农民作出自己的结论，他研究了上述地区的每一个省、每一个县，甚至每一个乡。

60年代的大多数经济学家用劳动群众的懒惰和酗酒来说明他们的贫困与无望，弗列罗夫斯基激烈地反对这类结论。他在自己的书中用了不少篇幅来对这些“经济学家”及其他们对俄国劳动人民状况的看法进行批判。弗列罗夫斯基清楚地知道，劳动群众，特别是农民的贫困状况的根源在于社会制度，在于他们无法使用

① 《马克思恩格斯全集》，中文版，第16卷，第463—464页。

自己的劳动,在于对其无法忍受的剥削。然而,弗列罗夫斯基在对工人和农民的经济状况的分析中也有片面之处。

对弗列罗夫斯基来说,地产的数量和规模是决定生活福利的主要标准。弗列罗夫斯基认为,大规模的地主所有制、榨取农民所有油水的国家税收制度以及工厂生产的出现是决定人口规律的主要因素。在这三个因素同时起作用的地方,对居民来说,后果最惨。按照他的看法,既然是地主和企业主在经营,那么无论是理想的气候、良好的经营,还是接近销售地区、土地的肥沃,都不会对死亡率的降低起什么作用。弗列罗夫斯基作出结论:地主在俄国的所有省份几乎都为自己安了家,从而农民的结局都很悲惨,居民的死亡就骇人听闻。

在《俄国工人阶级状况》一书中,弗列罗夫斯基企图在描述俄国劳动人民的状况的同时阐明他们生活的一切细节,每一个地方的一切特征,并用对"工人"问题的科学研究把这一切都连成一个整体。

尽管弗列罗夫斯基的书,作为描绘60年代俄国现实的统计调查的最初尝试来说,是珍贵的,但它也具有不少理论方面的幼稚性和盲目性。

弗列罗夫斯基把工人、农民、家庭手工业者、手工业者,总之,把当时俄国的所有体力劳动者都归入"工人阶级"。在别尔维的"雇佣工人"的概念中包括了农民农闲时到城市去劳动的短工、手工业者和工厂工人。

我们在弗列罗夫斯基的这本著作中,看不到对俄国工人问题的严整的观点体系。他研究的主要对象是农业及其生产者——农民。至于工业生产,弗列罗夫斯基只把它当作农业的附属物来加以考察。

本书作者在描绘西伯利亚、乌拉尔和工业中心省份的工人所遭受的残酷剥削后得出结论,那种使工厂的产品只归资本家一方所有的制度,对工人来说,损失最大。社会应该做它所能做到的一切,以便使劳动者对资本家来说处于他不同意自己是雇佣者的地位。

弗列罗夫斯基的关于劳动与资本之间相互关系的概念符合于他所得出的结论。作者认为,建立工人与雇主之间的合伙关系是摆脱雇佣劳动制度与剥削制度的出路。他直言不讳地声称:“奴隶制将被消灭,将让位于雇佣制,而雇佣制必须让位于合伙关系。在劳动与资本大企业之间应当是平等的,在劳动者与资本家之间则应当是合伙关系。”①

弗列罗夫斯基这样来解决问题,说明了蒲鲁东思想对他的影响。

在马克思的图书室里还保存着一本弗列罗夫斯基的书,在这本书中,马克思针对弗列罗夫斯基的“理论”观点写满了无数批注、记号和直接的意见。(参看:马克思、恩格斯图书室中展示的俄国书籍,《马克思、恩格斯档案材料》,国家图书出版社,第4册,1929年。)

弗列罗夫斯基的关于工人与资本家之间“合伙关系”的思想,导致马克思在书的空白处写上“老一套的幻想”这样的评语。就另

---

① 见本书第407页。

一处的同一个问题，马克思在页边上批注道："这是蒲鲁东主义的要义。"马克思针对"奴隶制将被消灭，将让位于雇佣制，而雇佣制必须让位于合伙关系"这段话，加入了"荒谬"二字。

弗列罗夫斯基在适用于他所认为的资本家与工人的关系的各种形式中如此经常地重复"合伙关系"这一术语，无疑地说明了他在阶级和阶级斗争的理解上具有小资产阶级的观点。弗列罗夫斯基认为，只有劳动才能创造物质财富。

他声称："由于工人阶级问题而拼命挣扎的西欧的社会主义者们无法理解，最大的不公平是在于资本和劳动的产品成为资本一方所有。"①这一不正确表达使马克思彻底失去了自持，以致当他读到这一处时，写下了"驴！"这样的评语，这对于弗列罗夫斯基来说，是够贬低的了。

在同一页上，弗列罗夫斯基极力论证，要是采取"老老实实的做法"，对资本家来说，将会是最合算的，那就是，与工人建立"合伙关系"并冒风险取得自己资本的利钱，马克思针对这些话批注道："老一套的蒲鲁东式的蠢话！"

弗列罗夫斯基写道，资本家只是把他们手中具有实际价值的工业企业投入保险。按弗列罗夫斯基的意见，资本家对这种保险有权获取保险金或资本利息，但他不能要求任何利润。作者喊道："我的劳动生产的一切——我的。"

当然，这是关于全部劳动产品权的老一套空想主义"理论"，这种理论曾遭到马克思主义经典作家的无情嘲笑，在马克思、恩格

① 见本书第412页。

斯、列宁和斯大林的著作中全面地论证了这种理论的毫无根据。

弗列罗夫斯基空想到这种程度,以致认为在存在资本家的情况下有可能禁止雇佣劳动。关于这个问题,马克思写道:“美妙的幻想!保存资本家的同时禁止雇佣劳动!”

作为资本主义所有制反对者的弗列罗夫斯基同时是小私有制的热心拥护者。他认为,资本主义所有制妨碍了生产力的发展。

弗列罗夫斯基不明白,由于自身发展的内在规律的作用,小私有制不可避免地会被以剥削他人劳动为基础的资本主义私有制所排挤。弗列罗夫斯基不懂,小私有制的发展产生着资本主义。马克思在嘲笑小私有制的拥护者时写道:“要使它(指小生产。——奥·阿勃拉莫维奇)永远存在下去,那就像贝魁尔公正地指出那样,等于‘下令实行普遍的中庸’。它(指小生产方式。——奥·阿勃拉莫维奇)发展到一定的程度,就造成了消灭它自身的物质手段。从这时起,社会内部感到受它束缚的力量和激情,就活动起来。这种生产方式必然要被消灭,而且已经在消灭。它的消灭,个人的分散的生产资料转化为社会的积聚的生产资料,从而多数人的小财产转化为少数人的大财产,广大人民群众被剥夺土地、生活资料、劳动工具,——人民群众遭受的这种可怕的残酷的剥夺,形成资本的前史。……靠自己劳动挣得的私有制,即以各个独立劳动者与其劳动条件相结合为基础的私有制,被资本主义私有制,即以剥削他人的但形式上是自由的劳动为基础的私有制所排挤。”①

弗列罗夫斯基在《俄国工人阶级状况》中根据无数事实与数字

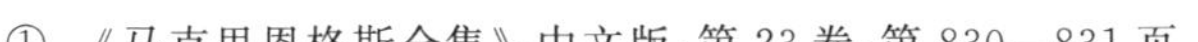

① 《马克思恩格斯全集》,中文版,第23卷,第830—831页。

指出,当时在剥削阶级中间流传的"我们这里不像西欧,我们的人民在享福"的意见是沙皇的官吏和经济学家们散布的、臆造的、骗人的乐观主义。当时的现实向作者表明,这一官方的乐观主义是何等地虚假。

弗列罗夫斯基认为,当时俄国存在的税收制度是劳动人民贫困化的巨大因素之一。群众在赋税的重担下呻吟。赋税制度名目繁多而混乱。这里有人头税、代役租、社会税(从国家农民身上征收)、国家地方自治税、新兵税、公民证税等等。所有赋税从纳税人身上征收,也就是说,所有这些税收都摊派在劳动人民头上。间接税的主要负担也落在他们的身上。从农民和工人阶级那里征收来的税款构成全部国家预算的三分之二以上。假如把未列入上述名目的一系列其他赋税也计算在内,那么可以说,当时(1862—1865 年)的国家预算的四分之三以上是向劳动人民的征税组成的。

1862 年农民和小市民交纳的税款占全部直接税和间接税总额(29 200 万卢布)75%以上(22 300 万卢布)。①

最高阶层应缴纳的税款只占国家预算的 5%,当然他们还会把其最大部分转嫁到消费者基本群众——劳动人民身上。劳动人民身上的巨额赋税使得农民和工人的本来已经极微薄的生活费更趋缩减。

弗列罗夫斯基用他所搜集的事实与数字驳倒了"俄罗斯乐观主义"(马克思语)。弗列罗夫斯基在分析西伯利亚农民的家庭收

① 本资料见《祖国纪事》杂志(1870 年,第 2 期)上的社论。

支中赤裸裸地描绘出农村的饥饿生活。假定一个西伯利亚农民的家庭只由4口人组成,那么为了养活全家,每年需要有60普特黑麦和12普特小麦,为了饲养牲口需要有20普特黑麦和80普特燕麦。他缴纳赋税、代役租和乡政府开支达10卢布;他有时需要缴纳各种临时税和其他税达14卢布。两个半人口就需要缴纳22到35卢布,平均29卢布。为此需要出售每普特17戈比的黑麦67普特,共收11卢布39戈比;每普特30戈比的小麦50普特,共收15卢布;每普特8戈比的燕麦32普特,共收2卢布56戈比。上面说的统统加起来,每年需要生产147普特黑麦、62普特小麦和112普特燕麦,除此之外,还要生产所有这些粮食品种的足够数量的种子。因此,为了收获这些粮食至少需要耕种7俄亩土地。可是,农民只能耕种一半多一点,即4俄亩。这样看来,农民生产的绝大部分被国家取走了,这个国家使得他完全有可能饿死。

作者鲜明地指出,尽管西伯利亚的土地辽阔,土壤肥沃,但是那里到处是暗无天日的贫困。消极情绪笼罩了所有的活人。"似乎所有的人都认为自己是毫无希望的死人","在农舍里,就如同在监狱里一般,永远是阴沉沉的"。农村青年的境况是可怕的:他们在夏天和冬天都光着脚,大量地死于饥饿与寒冷。农民遭受着体罚,"除了使用体罚,否则,赋税是收不起来的"。

弗列罗夫斯基根据研究农户的结果指出,在地主土地上劳动的农民只得到自己劳动所获价值的37%。

在特别丰收的年份,沃洛格达的农民生产44卢布50戈比的产品,但他得从这里缴付给地主及官税17卢布25戈比,全年给他留下27卢布25戈比,而在普通年景则只留下8卢布25戈比。读者说:“但这是饥饿的死亡啊。”弗列罗夫斯基回答说:“完全正确,他们就是正在被饿死。”

照弗列罗夫斯基的说法,农民与土地的关系对他的福利状况有最大的影响。按他的意见,在农业中劳动所有制是私有制的最好内容。

弗列罗夫斯基说道:“首要和最迫切需要的是将所有这些虚假的概念和观点翻个底朝天。社会应该相信,最神圣和不可侵犯的东西是对于他的产品的劳动所有权。”①

弗列罗夫斯基为了给自己的关于赤贫现象与空前的人口死亡正比例于大地主土地所有制的原理提供最好的证据,对俄罗斯欧洲部分的36个省进行了经济分析,这种分析几乎都是根据官方的统计资料作出的。他的分析表明,没有任何东西会像大地主土地所有制那样对60—70年代的俄国人口产生如此有害的影响。

弗列罗夫斯基指出,在有许多地主的地方,在地主为所欲为的地方,农民的贫困现象特别厉害,死亡的数字也就特别大。在地主地产最大的地方,出生率最低。60—70年代全俄国的平均死亡率是28个居民中死1个。在个别的省份是18个居民中死1个(彼尔姆省),甚至还有10比1的。弗列罗夫斯基用统计资料表明,在俄国,大地产如何导致农民的贫困和死亡。这里不应忽略,作者所援引的资料是摘自官方的全国统计手册,其中的数字是有意地被缩减了的。

弗列罗夫斯基把黑土地带的少地的省份卡卢加、库尔斯克、奥

① 见本书第205—206页。

勒尔、梁赞、图拉拿来作比较,根据数字资料得出同样的结论,在地主较少的地方,甚至在少地的情况下,农民的生活要比大地产的地方更好过一些,死亡率也要低一些。

弗列罗夫斯基过分简单和天真地解答问题:“……要是我们这里没有土地地主所有制,那么我们也能享受到与西欧同样的福利水平。”①

弗列罗夫斯基把随时随地让劳动人民看到自己可怕的境况当作自己的责任。

弗列罗夫斯基愤怒地说:“这个不幸的人的全部不幸在于他过多地考虑如何劳动,而过少地思考如何保护自己免受压迫,免遭归罪于懒惰!”②

弗列罗夫斯基的总的结论是这样:“对于我们的祖国来说,没有任何东西会像几乎唯一地建立了大土地所有制这样具有如此巨大的和极有害的后果。”③

弗列罗夫斯基不理解历史的自然规律性。作为空想主义者和浪漫主义者,他认为,社会制度和经济生活中的一切“不良现象”完全是由于人们的愿望和行动的缺乏理性所致。抛弃这一“不良现象”应当由其承担者本身来进行,也就是说,首先是由资本家来干这件事。弗列罗夫斯基天真地企图说服他们不要为了自身的利益而追求奢侈与财富,他写道,因为对个人财富和利润的不断增加的追求是建立在缺乏理智的感情之上的。

---

① 见本书第295页。

② 见本书第284页。

③ 见本书第286页。

正像我们已经看到的,弗列罗夫斯基的这些以及类似的论点使得马克思在对他的著作作肯定的评价之中有些保留:“有些地方具有少量的好心肠的胡话。”

弗列罗夫斯基同时指出,工厂工业的发展不仅没有带来居民经济状况的改善,而是相反,在一极增加了贫困,在另一极则增加了财富。资本家与国家、地主一起参与对工人的掠夺,促使他们的贫困化。弗列罗夫斯基证实,工业城市和地区的群众的贫困和不幸的原因有三:赋税、大地产所有制和工业的发展。

赋税和大地产所有制在降低工人的生活到贫困的地步中所起的作用与在农民的不幸中所起的作用是相同的。

弗列罗夫斯基将旧俄国的死亡率与外国作了比较并指出,当时在法国 70 个人当中死一个,而在我们的工业省份死亡率最低的指标是 27 个人当中死一个。

弗列罗夫斯基说,“工业,这个原是人民福利与幸福的源泉,在我们这里成了致人死地的祸患,成了连鼠疫与霍乱都无法与之相比的灾难。”①

弗列罗夫斯基把英国的工人和农民的状况理想化。例如,他写道:“欧洲对英国的财富感到惊奇,并把它们归之于英国的贵族和资本家的功劳。人们不明白,英国之所以富有,正因为它的贵族和资本家比其他国家相对地要少一些和穷一些。”②在此稍上一些他写道:“地主(英国的。——奥·阿勃拉莫维奇)害怕压迫工人,

---

① 见本书第 464—465 页。

② 见本书第 318 页。

他害怕把工人弄得忍无可忍。”

弗列罗夫斯基对英国的经济现实知道得很差，他对它并不懂，否则他就不得不承认“可以说，贵族是在梦中发财致富的，他无所事事，不用冒什么险，也不用节欲。”(约翰·穆勒)他不知道，从1800年到1852年英国贵族的收入增加了一倍。1800年它们是2 250万英镑，而到了1852年，则增至4 111万8千英镑。

弗列罗夫斯基指出，例如，在英国工资是最高的，而死亡率是最低的，可是在当时的俄国，工业是“鼠疫与霍乱都无法与之相比的灾难”，当马克思读到这个结论时，愤怒地指出：“应该了解详情就好了！”这不是偶然的事。

作者叙述道：“在英国，工人得到最高的工资，资本家得到最少的资本利息，而英国却成为欧洲最富有的工业国……”①他从而得出结论：“……一个国家的福利状况、工业发展和教育状况与工人阶级支付给最高阶层的份额的减少成正比。”②

弗列罗夫斯基根本不知道英国资本主义发展的机制和规律。

马克思证明，资本家的收入数额由两个因素决定：第一，利润率；第二，用于获得这一利润率的资本量。

至于说到英国工人的工资比60年代俄国工人的工资更高这一点，那是由于当时英国与俄国的资本主义发展程度不同。英国的资本家比那时俄国的资本家得到较低的利润率，这是对的，但是英国的资本家获得更大的利润量。

---

① 见本书第318页。

② 见本书第319页。

英国的财富不像弗列罗夫斯基所想的那样是英国劳动人民福利增长的结果,相反,它与英国无产阶级的贫困化具有不可分割的联系。资产阶级与它的国家所掌握的这一财富的增长是建立在不是削弱而是加强剥削工人阶级、劳动人民及使其贫困化的基础上的。

弗列罗夫斯基在《俄国工人阶级状况》中以及在发表于《祖国纪事》、《俄罗斯思想》[①]上的文章中讲述了自己的土地理论。他提出了大地主土地所有制野蛮地使土壤贫瘠,而村社所有制使它变得肥沃的思想。按弗列罗夫斯基的意见,由官吏支配皇室领地的情况更糟。农民竭力想离开那里,信步而行,到"在国家的所有的人中愚笨而不灵活的人最少的地方去。但是,唉,行政部门的家伙也会闯到那里去的。"

弗列罗夫斯基认为,原先的国家农民的境况最为有利,早在1861年改革以前就已经有不少土地转到他们的手中。

作者关于自己对这一改革的态度简短地概括道:"不是属于地主而是属于农民的产业,即农民的庄园用地,以有利于地主的高价卖给了原先的农奴。"

劳动农民被地主和官僚置于饥饿和贫困的境地。农民的不幸达到了极限。弗列罗夫斯基从这里看到什么样的出路呢?他对这个问题直截了当地回答说:出路应当到《土地公法》中去寻找。

---

① 《北方的根本需要和国有土地的原则》,《祖国纪事》,1879年第12期。《我们伟大的经济任务》,《俄罗斯思想》,1881年第5期。

弗列罗夫斯基对土地公法的思想的解释是：它不仅承认土地是全民的财产，而且同时要保证使用土地的劳动原则。农业和农村居民的整个团体的村社组织应当是这个公法的基础。

实质上，弗列罗夫斯基到处提倡用赎买的办法通过改革的途径实现土地的“社会公有”。为此目的他在自己的《北方的根本需要和国有土地的原则》一文中建议将全部私有地产转归国家—农村公社所有。为此，他向国家建议用国库资金购买大私有者的土地并将其转交给农民村社。私人出卖土地应当禁止。全部过程应于40—50年期间结束。

但是弗列罗夫斯基没有考虑到，正是他建议完成这一过程的国家是地主阶级的国家，它与俄国现存的土地制度是有机地联系着的。进行弗列罗夫斯基的改革对这个国家来说就意味着同意自我毁灭的行动。

弗列罗夫斯基坚决反对当时有人提出来的关于农民通过信贷购置土地的建议，他指出，这种购置土地的办法会使农民更受奴役，会使农业更走下坡路。

弗列罗夫斯基认为，村社土地使用制是最好的土地制度的形式。按弗列罗夫斯基的意见，这一经济制度应当囊括全国，而且国家不应干涉这一制度的机构，按他的意见，社团本身会把自己安排得很妥帖。在工业中生产的形式应当是组合或工人与资本家之间的“合伙关系”。

弗列罗夫斯基没有用“社会主义”这个词来称呼这一切，但实质上，这就是70年代特卡切夫或其他类型的小资产阶级民粹派的社会主义。

恩格斯用来反对特卡切夫的论据之所以能被我们用来作为批判性地评价弗列罗夫斯基在这个问题上的立场,道理就在这里。

在70—80年代特卡切夫和其他人说,俄罗斯人是特等的社会主义百姓,因为他们具有劳动组合和土地的村社所有制。恩格斯就这个问题给予特卡切夫以严厉的驳斥。他指出,当时在俄国广泛流行的合伙形式——劳动组合是自由合作社的最简单形式,它类似乎狩猎部落在打猎时存在的那种形式。

因此,恩格斯指明,工业劳动组合是落后状态的产物,而不是社会主义革命的基础。在旧俄的劳动组合是加强对雇佣工人剥削的手段;许多劳动组合本身就使用雇佣劳动。“……劳动组合是一种自发产生的,因而还很不发达的合作社形式,并且也不是纯俄罗斯或纯斯拉夫的合作社形式。”①

同样很清楚,土地村社所有制同样表征出自己是低级发展阶段的社会制度,我们能够在印度和爱尔兰等等人民中间找到这一发展阶段的制度。恩格斯说:“各个公社相互间这种完全隔绝的状态,在全国造成虽然相同但绝非共同的利益,这就是东方专制制度的自然基础。从印度到俄国,凡是这种社会形态占优势的地方,它总是产生这种专制制度,总是在这种专制制度中找到自己的补充。不仅一般的俄罗斯国家,并且连它的特殊形式即沙皇专制制度,都不是悬在空中,而是俄国社会条件的必然和合乎逻辑的产物……”②俄国的民粹派、弗列罗夫斯基及其他一些人正是不懂得

① 《马克思恩格斯全集》,中文版,第18卷,第616页。

② 《马克思恩格斯全集》,中文版,第18卷,第618—619页。

这一点，他们认为，沙皇制度及其专制主义与村社这类产物是毫无共同之处的。

不错，俄国的村社有独特的形式，例如，定期重分土地等等，但是它的根本实质还是一样的。

在70年代俄国的村社所有制很快地瓦解了。当时恩格斯判明了俄国的村社所有制将很快没落。俄国的民粹派和弗列罗夫斯基“忽略”这一现象，并没注意它。

70年代的民粹派和90年代的他们的追随者总是希望有谁能阻止资本主义对村社的进攻，希望有某种神奇的力量能使俄国避免自己的资本主义发展阶段。列宁在《俄国资本主义的发展》中写道：“因此，就问题的本质看来，土地占有的任何特点都不能构成资本主义的不可克服的障碍，因为资本主义是根据农业、法律和日常生活等不同条件而采取不同形式的。由此可见，我国民粹派对问题的提法本身是多么错误，他们在‘村社还是资本主义?’这个题目下发表了一系列的著作。……这些好心的民粹派不曾想过，不论制定或推翻什么方案，资本主义还是要走自己的道路，而村社的农村正在变成并且已经变成了小地主的农村。”①

城市中经济的劳动组合形式(“合伙关系”)和农村中的土地村社——是弗列罗夫斯基的理想物。

作为空想社会主义者的别尔维—弗列罗夫斯基，和一切空想主义者一样，认为，一切人们社会生活的灾难产生于人们的不良本质及人们对社会现象的不理解。

① 《列宁全集》，中文版，第3卷，第286—287页。

特别突出的是,自己一生中很大一部分时间是在监狱与流放中度过的弗列罗夫斯基,一个他的书是启发人们厌恶与仇视剥削制度的作者在声称自己是和平发展道路的拥护者的同时,认为,社会生活制度中决定性的东西属于个性。

假如把弗列罗夫斯基与伟大的法国空想主义者首先与圣西门和傅立叶比较的话,那么这三个空想主义者的共同点就特别明显:按照他们的意见,需要通过和平的道路来完成社会的根本改造。

在社会制度发展道路的问题上弗列罗夫斯基有时进行反对现存制度的宣传,有时进行和平发展道路的说教。他大致是这样思考的:如果现存制度的领导人有所觉悟并按他所指引的道路引导劳动人民通往幸福,那时就采取和平的发展道路;如果他们不这么办,那时就不可避免地要进行革命。

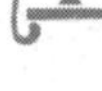

当时的反动学术界对弗列罗夫斯基的《俄国工人阶级状况》一书以刺刀相见。

例如,卡特科夫的《俄罗斯通报》(1870 年 9 月)中一个匿名的评论者极愤怒地说道:“几栏数字,其中大部分不知莫名其妙地从哪儿弄来的,搜集这些东西的目的是为了使俄国的老百姓特别是在其解放以后陷入完全绝望的境地。”

温和的自由派的《欧洲通报》(1869 年)企图用较礼貌的方式“证明”弗列罗夫斯基所引事实的不严肃性。评论者援引书中的一个地方,那里说道,在美洲的黑人值两三千卢布,因此农场主爱惜他们,可是谁也不爱惜和重视俄国的农民。弗列罗夫斯基说道:“我无法提出这种见解,这一对比(俄国农民与黑人—奴隶作比较。——奥·阿勃拉莫维奇)竟会以有利于奴隶而告终,哦,上帝!”关于这些话评论者写道:“第二章中这些描写西伯利亚农民生活的证据极少的摘录概括了弗列罗夫斯基著作的几乎全部内容。他到处看到同一现象,好像是在给涅克拉索夫先生的名诗写详细的注释,涅克拉索夫的这首名诗是以这样的叠句为结尾的:

冷呀,流浪者,真冷,

饿呀,故乡,真饿……”

但是评论者无法说明,弗列罗夫斯基援引的事实哪里“证据不足”,这里资产阶级杂志的撰稿人显得无能为力。

卡特科夫在自己的另一个机关刊物《莫斯科公报》上宣布《俄国工人阶级状况》是疯子的著作。

俄国晚一些的资产阶级经济学家对待弗列罗夫斯基的著作也是这种态度。如,杜冈—巴拉诺夫斯基确认(1898年):“弗列罗夫斯基的书……乃是其价值完全不同的各种事实的极其混乱的汇编……然而当时它无疑地对思想有过影响。”①

对杜冈—巴拉诺夫斯基来说,对弗列罗夫斯基的著作作这样的评价并不是偶然的。阶级利益支使他及一切资产阶级经济学家之流对待俄国资本主义的首批批判者之一采取沉默、鄙视的评语等等的策略。这又一次着重说明了弗列罗夫斯基的这一主要著作的全部社会政治的重要性。

我们在前面引证的马克思对《俄国工人阶级状况》的评价具有决定性的意义。尽管弗列罗夫斯基的书有着理论上的不足之处,

① 杜冈—巴拉诺夫斯基:《俄国工厂》,社会经济出版社,1934年,第410页。

马克思仍然给予极高的评价,认为它在当时对欧洲来说是一位严肃的观察家、无畏的战士和批判家、杰出的艺术家所作出的真正的发现。

奥·阿勃拉莫维奇

前　言

在本著作中我想把社会从对各种微不足道的目标的追逐中引开，各种有利害关系的方面把这些微不足道的目标当作重大的迫切需要摆在社会的面前。它们赋予这些目标以美好的进步活动的外表并力图占据社会的激情。我力求指明，社会肩负着何种真正巨大的责任，即使骤然看来这一伟大事业对它来说似乎是无法实现和不可能的，那么也得让它严肃地考虑这件事情。只有带着严肃的思想和深沉的感情才有可能完成真正美好的事业。社会不应该忘记，一个有教养者的首要义务在于在国土上繁殖生命。他无权拒绝这一义务，否则他就丧失了自己为人的尊严。在精神活动与物质劳动之间存在着最紧密的联系，那些认为干预物质劳动对自己有利的人同样将是精神活动的敌人：奴隶主不需要农艺师，更不需要法学家；工厂主依靠低工资和保护关税制度控制工人和群众的权力越大，他越少需要技术员和政治经济学家——那时他不会去寻找正直的高明的官员和法官，然而他需要不学无术的受贿者，这种人很容易被收买并被支使去抽打和压迫工人。只有当在损害工人和产品的购买者的情况下仍然无法从资本和土地中获取收入，而为了获取收入将需要提高资本和土地的生产力的时候，资本家和农场主才需要脑力劳动者。我为了阐明我们社会生活中利

害的巨大一致性，因此我没有琐碎地去描写和阐述个别工人的生活，我只是提取最大的各种类型并通过他们生活的重大特征来描写他们。这一著作中的某些章已经在定期刊物上登载过，但这里它们已被作了实质性的补充。我想避免重复，但重复仍然在所不免。这是因为在本书的各部分中我不得不去描写同一类型然而在不同地区的工人，或是不同类型但是在同一地区的工人。因此我只得说明所有工人或很多工人类型所具有的一般特征。我没有描写二个有趣的工人大类，即首都的工人和哥萨克，这是因为虽然这种描写本身是很有趣的，但是不符合本著作的目的，这就如同是比如去描写移民一样。要是这些描写是纯粹附属的情况，那就成了本书思想发展中的多余负担，并不会得出总的结论。因此，例如对哥萨克人、巴什基尔人、卡尔梅克人，我只是涉及总目标所需要的描写。我对一切其他类型的工人也完全是这么办的。研究给予我大量事实，事实给予我结论。当结论已经得出，我当然只得保留那些导致这些结论并能解释这些结论的事实，对其他事实则予以扬弃。这不仅是在观察科学中而且是在实验科学中必不可少的办法。假如化学家向学术界叙述他所做过的一切不成功的试验或所有不带来结果的经验，那么毫无疑问人们会提醒他注意，科学需要包罗大量必要的事实，这已属困难，假如还要用多余的东西来增加它的负担，那是极不聪明的做法。如果他想告诉学术界某种有意思的东西，那么他不应当去描写那些没有任何结果的经验，因为这只能表明他的笨拙，他应当去描写那些给予科学以有用结果的东西。

第一篇　西伯利亚、俄国北部和俄国沙漠地区的劳动者

第一章　流浪的劳动者

在俄国中部，到处怨声载道："唉！我们的日子不好过呀！土地少，赋税重，使人动弹不得。你去瞧瞧，萨拉托夫省或者彼尔姆省，那里的生活才真叫生活哩：土地辽阔，耕地要多少有多少，简直好得不得了！"于是，我就前往俄国东部的埃里多拉德去看一看。刚一踏上彼尔姆省的正中地区，就听到老一套："我们的生活真差劲呀！嗨！托波尔斯克省，那里的生活才真叫棒哩。那儿的土地从来就不用上肥。"我急忙赶往托波尔斯克省，原来，那儿的生活也够呛。人们在纷纷地盛赞托姆斯克区："那儿嘛，既有丰富的森林，又有尚未分种的土地。"然而，在托姆斯克区我照样遇到一个农民在哭诉自己的悲惨命运。他说："我们这里的土地贫瘠，不产东西。冬天冷得不得了，什么庄稼也长不出来。库兹涅茨克区和比斯克区才富足哩。在那儿，面包呀，蜂蜜呀，还有森林呀，一切的一切，应有尽有。"我好不容易到达库兹涅茨克区，又怎么样呢？我哪怕

是能见到人们满足于自己命运的一点点影子也好！母亲们异口同声地喊叫着："我们的孩子为什么要出生呢？还不如让他们快快地死掉的好，我们反而可以轻松一些。"我问，好境在哪里？末了，自己也感到莫名其妙。人们回答我说："西伯利亚东部挺好。"但是，我的忍耐算是到了头，我不相信更多的工人。于是，我就开始向有教养的阶层详细打听……结果完全相反，我听到了一派赞歌。人们说："我们这儿可不像英国或者西欧，我们没有无产者。这儿的人们正在享福。"在俄国东部，那就夸得更凶了，人们向我反复念叨："本地无论是面包，还是肉食，都很便宜。不会饿死人，也看不见饿汉。"简直是越说越神，到了西伯利亚，赞颂之声更是滔滔不绝。人们对我说："我们这儿不像你们俄罗斯那儿，本地区找不到饿肚皮的人，黑麦面包根本就无人问津，从未见过什么所谓没有烟囱的农舍，老百姓过的是真正的生活。他们叫你们俄罗斯人为穿树皮鞋的乡下佬——这是那些除了穿革履之外，什么别的鞋都不屑一顾的老百姓给你们起的一个不光彩的'雅号'。假如您想亲眼见一见西伯利亚工人的富足和奢侈的状况的话，那么请往采金场走一趟。工人们从采金场回乡时，如此地纵情享乐，甚至连我们这类人都望尘莫及。他们雇请了乐师，在大街上铺满了一块块印花布，一天就要花掉 100 或 200 卢布。屡见不鲜的情景是，一个工人干一夏季的活所获的收账竟达 800 卢布之巨，只消一个月，这些钱就花得连一个子儿也不剩。"我听到很多诸如此类的故事，但我觉得有一点值得怀疑的是，所有这些给人民福利吹喇叭的人都齐声反复说，我们这里的工人必须用鞭子来抽，否则，必将一筹莫展。哪里有鞭子，哪里就有奴隶制、秽事和贫困。鞭子与福利——这是两件水火不相容的事情：享受福利的人是不会允许别人抽他的，而那些被旁人抽打的人是根本享受不到福利的。因为，这种人将是卑污的，人格上受凌辱的。我在对事物的相互矛盾的叙述和观点的迷宫中彻底被搞得晕头转向，所以，我就往采金场进发，目的是为了看看现实情况并通过亲自观察的方法弄清事实真相。

*　　*　　*

“好大一座山哪！”当我举步重岩叠嶂，站立在蜿蜒的羊肠小道上时，对旅伴说。脚下的无底深渊中，春水急流滚滚，漂浮着雪块。头顶，悬崖陡立，生长在岩缝中的树木倒悬空中。马小心地一步一滑地在羊肠小道上迈着。掉下一块石头，像炮弹似的沿着悬岩滚跳着，摔得粉碎。碎块呼啸纷飞，犹如炸弹爆炸。尽管我在马上坐得很稳当，但是危险的感觉还是使我的神经疲劳已极，就仿佛我自己在峭壁上攀登似的。我时刻在估量着不断缩短的小道。再往前走几步，我们登上了一块小草地，中间有座不大的小丘①。从这座小丘到采金场不到 50 俄里。到了平地，我准备歇一会儿，让马迈开了大步。但是，马刚刚走了几步，打了个鼻响，竖起耳朵，急速地奔向一边，这时，一大群猛禽从四面八方腾空而起，在空中盘旋。我看见了在西伯利亚道路上很平常的景象：被鸟吃了一半的马尸，带着令人恶心的血淋淋的伤口和被鸟啄出来的眼睛。和马尸一起还躺着某种东西，我为了看清楚一些，勉强地集中着注意力。原来那里躺着饿死的人的尸体。看来，他是想和鸟分斋，但是没来得及吃一口就归了西天。对我来说，死在路上的马，那是司空见惯的情景。但是，这种附加物却使我吓得差一点晕了过去。我的向导惊

① 在西伯利亚称这种小丘为锥形山。

呼起来："上帝啊！这是科罗廖夫，我们和他一起在采金场干过活。"他完全张皇失措了，稀里糊涂地把马拴在树上，似乎想干点什么，但只是东西乱闯。我看着他褴褛的衣衫和竖立的黑发，产生了一个想法，我问他，是否他也等待着类似的结局？他回答说："怕是免不了，在这个鬼地方，碰到这种事，没什么可奇怪的。我们顿河一带可不是这样……"于是，说开了。我阻住了他的滔滔不绝的宏论，说应当告知县警察局长。他回答说："你看，死在这座原始森林里的人还少吗，你能统统都去告诉？"他补充说，应当告诉牧师，让他给死人举行缺席教堂葬礼，①我觉得很可怕，为了分散注意力，我环视自己的周围。在我脚下，深谷淹没在绿林之中；中间，河流缠绕于白石，像明亮的链带似的河沙在绿荫丛中闪耀金光；旁边，石块犹如凉台突出于石堆之上，形成二块悬岩；山石群中的绿荫是如此地柔和、水灵，与其说它是一种实体，还不如说它似乎是某种透明的东西，我时刻等待着它渐渐地湮没在空中。再远一些的周围，在山谷里，在丘陵上长满了无穷无尽的森林。它时而从山上沿着陡坡一直伸展到河边，山顶则火山耸立；时而蓬松的绿荫成排地往上延伸，浓荫布满山谷。在有的地方，翠绿的背景上呈现出许多覆盖着黑压压森林的山尖；在另外的地方，巨石从挂着悬岩的林顶隆隆地滚入山谷，填满河流。所有这一切的尽头是连接不断的一大片密林。在这片密林之上，可以模模糊糊地看到另一片蜿蜒曲折的黑沉沉的森林，同时也可以看到圆的和尖的山顶、长长的悬岩、黑庄压的山谷。再远一些，沿着整个地平线，蜿蜒着一排雪

---

① 不仅在西伯利亚有缺席教堂葬礼，在东部俄国也有。

山。它们时而弯弯曲曲、重重叠叠地耸立着，似乎想涌入天空；时而又像长长的通道延伸着。在山顶，白雪地带与森林沟壑的乌黑地带交相辉映，真是五光十色，美丽如画。转过几个拐角，延伸着两座圆圆的山顶，明亮的白光灿烂夺目，找不到一丝阴影。头顶是金色的天空。我的周围，夜莺在歌唱，有一只夜莺用银铃般的歌喉在呖呖啼啭，透过响亮、圆润的音响隐隐约约地可以听到别的夜莺在远处的啼鸣。我不由地想起：大自然是如此地美妙，人的命运却这样地悲惨！这是怎么搞的，如何解释工人的这种可怕结局？我们就要到采金场了，全都能搞清楚的。①

① 关于原始森林中死于饥饿和折磨的工人的报道出现在刊物上并非首次。克里沃沙普金曾在《叶尼塞斯克州和它的生活》（彼得堡 1865 年版）一书中报道过死在叶尼塞斯克森林中的工人的情况。他在第 191 页写道："金场主及其管理人员，特别是北部系统的金场主及其管理人员，用特别的生意经的眼光来看待医院。他们说，我们的金矿场医院只是为原始津贴建立的，是为轻病人和急诊设立的。我们认为，这在某种程度上是有道理的。但是，总究不能从此得出结论，可以把所有的重病人和慢性病人赶到原始森林的旷野里去，而需要在某个居民点或甚至城市里设立一般的诊疗所，最好把这些病人运到那里去。而事实上，在每一个患慢性病的情况下，诸如得了坏血病、慢性风湿症、水肿、慢性黏膜卡他症、肺结核等等，工人就要被解雇。在工资结算单上注明：'因病被解雇。应当留下多少数目的工资，等康复以后用于寄发来年的手术费。'病人没有任何救济，没有大车，徒步在原始森林深处进发，遭受着变化无常的严寒天气的折磨：他被淋透了雨，寒风穿透他的破衣烂衫，马马虎虎地咀嚼着给他上路的黑麦面包干。请看，早在采金场的边缘地带就有一个病人痉挛地死去，倒毙在地，采金场的警察和邻近过冬处的居民都知道这件事。死神在某个过冬小屋找到了另一个病人。这个病人，忍痛在炉子上烤着火，他的呻吟和沉重的叹息打破了孤独小农舍的沉寂。我这里说孤独二字，因为这儿居住的人们多半不是拖家带口。在晚间，只有猫的鼾声、过冬者的打呼声以及梦见白天的某种情景的狗的朦胧中的尖吠声可以和他的呻吟相呼应。第三个病人拖着疲惫的身子，勉强地走过了整座原始森林，死在道边的某处火堆旁。他是在用小木棍支架起来的小锅里为自己热点水喝，在安齐福罗斯克乡他已成为区医生作法医检查的对象了。第四个病人勉强地拖到了叶尼塞斯克，还没来得及到警察局去报到或走进住宅，就由于肺病而在围墙边的某处舒适的角落安安静静地长眠了，我偶然看见过这种情景。第五个病人在市医院里混日子。看着真是令人痛心：可

*　　　　*　　　　*

不是一群乌鸦
飞到一堆烂骨头上，
而是一些大胆的匪徒
凑到一块来了。

普希金

佩卡尔斯基是著名的金矿主管人。在他的手里，不赚钱的采金场也可以变得赚钱的。金矿主用感恩的目光看着他，县警察局长和矿场头头把他捧上了天："佩卡尔斯基能使人人皆大欢喜。"我选了个谈心的时机，问他："您的技艺的秘密何在？"他回答说："那可多啦。就让我举一个例子吧，比方说，我这里从来没有过合法形式的工人。"（这是夸张。）已经是夜晚了，天边显现出星星，我赶马急匆匆地大步奔向附近原始森林中佩卡尔斯基管理的采金场……需 要走几俄里的下坡路。当我们走近采金场的时候，我们看到，那

以毫不夸张地说，褴褛的衣服百孔千疮，全身沾满了污泥、灰尘，甚至到了认不出是一个人的面孔的程度，特别是那种无神的、几乎像死人般的目光，只有那来回转动的眼白表示着他是一个活人。尤其是，其他的病人由于痛苦和绝望一句话也说不出来，只是愣愣地睁着眼睛，祈求让他安静一会儿，能够到医院后睡上一两个小时的觉。我们的叶尼塞斯克医院就是塞满了这样的病人，而医院里病人的数目达到定额的三倍。"这是一个地方医生的目击记，很明显是在多次经历的印象下写成的，毫无疑问不会有什么夸大之处。如果具有合法形式的和全部法律证件的工人还会遇到类似的命运，那么读者可以自己去设想一下，流浪者将会如何。这本著作是由地理学会出版，用来纪念恩·恩·穆拉维约夫—阿穆尔斯基伯爵的，它的主要目的根本就不是为了描绘采金场的工人的状况的。这本著作的主要目的是描写北部边区和捕猎业的，在著作的其余部分更多地写的是地理。如果作者较详细地叙述了原始森林中病人们是如何地死去的，那纯粹是由于在他的医疗活动期间这一现象太使他感到震惊了。这一叙述的声调本身表明，这是不由自主地发自他的内心深处的。由于印象实在太强烈了，所以作者在描写边区时把它保留在了著作里。

里还在拼命地工作。我的向导忍不住地让我注意到这一点，他对我说："这个佩卡尔斯基是个吸血鬼，没有一个采金场的活有像他这里这么累人的。人们给他拼死拼活地干了一冬，他连一个人的钱也没有付。许多人像狗一样饿死在原始森林里。原先，他们流落在叶尼塞斯克，在城里弄出个大乱子，所有的头头都知道了。于是，对他们逐个地进行检查，发现这个人没有身份证，那个人也没有身份证……他们从叶尼塞斯克逃开了。结果怎样呢？他狠狠地报复了所有的人。"在离采金场最近的地方，我们停了下来，发觉我们落入了下工回来的工人的堆里。多杂的衣服和脸孔哟！这里有契尔克斯人、芬兰人、东部西伯利亚的布里亚特人；有人穿着树皮鞋，有人穿着长筒靴。有的是从俄罗斯躲到这里来的，有的则是逃避苦役的。他们脏得要命，衣衫褴褛，显得极其可怜。所有这些工人居住的村子坐落在山间的一个深坑里。在这个坑的边缘地带，比房子高出几俄丈的地方，几乎整个夏天都到处积着雪。只要一旦太阳落山，这个坑里的空气就潮湿和冷得要命，没有暖和的衣服根本就不能出屋，只有穿上皮袄才能不感到冷。可是，许多工人除了衬衫之外什么也没有穿，他们冻得发紫，浑身哆嗦。我的向导对人群打招呼："嗳，尖嘴猴腮的老兄们，你们的脖子变得不太细吧？"这是令人哭笑不得的讽刺话。这些人们骨瘦如柴，面容苍白，就如影子似的。牛马一般的工人们被折磨得只剩下一把骨头了，但是主人对这一点并不关心，他只要牛马为他干活能干到秋天就行。假如完蛋了，那算是活该。佩卡尔斯基对我说："您遇见过这么多的各种不同种族的居民吗？不过，我紧紧地把他们捏在手心里。我有一些凶狠的饲马员：他们要是整谁，谁就会记住一辈子。"我

说:“想必您欺压他们够厉害的?”他回答说:“就得这样!他们都是没有身份证的。我得提高警惕,否则,他们会跑光的,或者把金子拿到别处去卖,那就不会有收入了。”佩卡尔斯基真是昧着良心:他的工人们根本不具备这些轻易的手段,可以用来保护自己免受压迫。当然,需要天生的恶棍才能像佩卡尔斯基这样经常利用我们社会生活的弱点。但是,如果少数人干这件事是出于凶恶的目的的话,那么大多数人这样干是由于性格软弱或处境困难。只要存在弱点,那么必然就会有人来利用它。任何破了产的金矿主出于自我保存的本能完全都会像佩卡尔斯基那样干的。要想对破产金矿主的数目有个概念,只要说一件事就足够了,那就是像格洛托夫这样的金矿主,他们的采金场在整个经营时期没有一次赔过钱,一直被认为是摇钱树。他们由于乱七八糟的经营和雇佣资本过高的利息而破了产。采金场总是处在无法通行的森林里、沼泽旁边和山背后,不仅远离居民点,而且往这样的地方运任何的商品都是极端困难的,这种地方要是没有定货是谁也不会运东西去的。有时在夏天运送商品是根本不可能的,一切储备都必须在冬天存起来。金矿主不可能对靠购买周围居民的东西来安排行业抱什么希望,必须通过供货者来积存储备。有时,供货者连对殷实的金矿主也要坑的①,以至于最富有的金场都经受不住而破了产。关于破了产的金矿主就没有什么可谈的了。供货者之间的竞争难免不够,害怕得不到定货的感觉在减少。购买一切东西都很贵,而且还背

① “坑”——这是采金场经常使用的一种说法。它的意思是:使一个人处于没有出路的情况之下,这时他被迫要么为商品付出高价,要么廉价出售商品。

着一身老债，怎么办呢？难道要宣布自己是无偿还能力的债户而沦入赤贫吗？……金矿主决定采取最后的一着：他几乎完全雇用流浪者和逃犯来干活，他干的这桩事是冒险的，或多或少是不顾死活的。这样，在雇用工人上他可以缩减自己原始费用的一半。在遥远的原始森林区，比方说，在叶尼塞斯克，要是不能得到相当数目的一笔定钱，那是谁也不愿去的：需要纳税，需要春天就走，得通过泥泞的十分难走的道路，要渡过无数的渡口，可能得走上几千俄里，还得赶上期限；秋天，需要克服同样的困难从这条路走回来。谁也不会非常便宜地就决定干这件事。没有身份证的人接受一切，他只拿一半或三分之一定钱。但是，假如他有可能，会拿了定钱逃走，要想寻找他是徒劳的。这种逃跑现象一般说来是罕见的。没有身份证的人通常是迁就自己的命运的。事情是从这里开始的，他从主人那里拿到不足数的定钱以后，在春天就上了泥泞不堪的路，他几乎是不穿长筒靴走路的。请和这一帮可怜的褴褛的工人谈谈试试，很少有人除了死亡之外还会期待着什么更好的命运。这一帮人给人的印象是穿着破破烂烂、千奇百怪的衣服的乞丐大杂烩。这里你所能看到的这样的衣服，你是无法想象，这是什么东西，是由什么原料做成的。这些流浪的工人碰见什么穿什么，没有钱，没有物资，踯躅在难以通行的路上。开始，他走的是伊尔库茨克大道。这条大道在春天是旅行者的灾难，这里既不能通行雪橇，也不能走大车，我们的工人在每站路中得有两三次陷入齐腰的湿雪或水里，他的衣服和鞋经常烂在身上。当他来到站里，没有地方可以烤烤火，也没有什么好一点的东西可吃。富裕的农舍他进不去，那里的人们不让被社会所拒绝的不幸的倒霉蛋进屋。赤贫的

屋里也是寒冷和饥饿。他经常只得在贪财之徒的屋里宿歇，这些贪财之徒老担心，不要让他感到付便宜的钱就能得到太好的条件，使另外的人不敢只付这一点点钱。大路还算是天堂，他得由大路转到经商小道上去，这种小路两匹马无法并行，其中一匹马必然会滚翻在地，因此，经常得纵列驾马地行进。他每次遇见农民的雪橇时，必得避到齐腰的雪里，遇见无数的辙窝和坑洼时，他滚进了没颈的水里。尽管有这么多的折磨，他仍然认为自己比真正的流浪者幸运，他甚至失去了几个星期以前所特有的谦恭的神情。这一下他走进了地道的空漠的原始处女林，几乎没有人烟，没有道路，雪有一俄丈深，他只得有时歇宿在雪里，有时浮过水洼和穿过林中空地。他咒骂自己的命运和羡慕地回忆着无家可归的流浪汉的生活。他来到了采金场，开始干活。开始日子过得还算马马虎虎，很快发生了首次缺肉现象。某个时候还能用各种俏皮话来安慰一下，以后俏皮话也没用了。很快面包开始坏起来了，再以后，根本就没什么可吃的了。他必须用从自己主人那里得来的工资购买他所需要的鞋、衣服、一切的一切。主人用高价赊购进来，用更高的价钱出卖。到末了，工人的境况比在牢里的还坏，比他沿途流浪、靠乞讨和偷窃过活、歇宿在烘谷屋和澡堂子里的境况更坏。他觉得窝囊透了，不可能再比这更窝囊了。但是仍然有某种东西把他拴在这种境况中，这某种东西就是对自由的爱，对一定地位的爱，就是想置点什么的希望，尽管这种希望是如此地渺小和不可靠。原始森林中的采金场同样是个监狱，而且还是最恶劣的、潮湿的、易受凉的监狱。但是，在这个环境中，他至少总觉得自己是自由的。不管他的地位是如何地糟，但他终究是处于这样一种地位，那就是一干完活，得到了钱,就可以喝得浑身冒汗。他不会去考虑,在他来得及喝够以前,某种凶恶的寒热病会把他打发到西天去。同时,主人的事业坏透了,他绝望地自怨自艾,因为在采金场什么东西都欠缺。有人传说,他的工人希望出卖偷来的金子并用这种办法来犒劳自己。主人自己也愿意偷偷地瞒着官方出卖金子或把金子存放到私人手里。出现了使一切人都倒霉的虚伪和紧张的关系。工人吊儿郎当,开始不愿干活,而对主人来说,比谁都需要有人干活。不愉快的事没完没了,残酷的事情也无穷无尽。最后,结算的日子临近并到来了。工人算着自己遭罪的钟点,焦急地等着结算。主人十分激动地迎着他们:不管怎么说,账总是要结算的,但是囊空如洗。主人尽量往后拖,最后,原来主人什么也不欠工人的或是欠得很少。工人看到没什么可拿的,急得跺脚,只得去过困苦的生活。不给工人吃,活儿累得要死,还用皮鞭折磨他,而到最后算账的日子,甚至连喝杯酒的钱都不给他。看,西伯利亚采金场的流浪者的命运是多么地悲惨!当我遇到这一帮可怜的人的时候,我不由地想:上帝啊!你们当中多少人提早病死,而另一些人,可能饿死的命运在威胁着他们。

当你在春天有机会在从秋明(托波尔斯克省)到伊尔库茨克的西伯利亚大道上乘车走的时候,你将会经常遇见可怜的褴褛的温顺到极点的人们。他们向每一个人都深深鞠躬,假如你问一下赶车人,这是些什么人?他会简短地回答:“流浪汉。”你可以去问问牢里的这类人物,为什么给他判刑的,他根本不会回答你说“因为流浪”,而是说“因暂时外出”。他对自己的处境觉得害臊,他不是流浪汉,而是“暂时外出者”。假如有一个人在沿伊尔库茨克到秋明的大道上行走并向你鞠躬,那么他可能就是流浪汉。您给他钱,对他温存一些，他会开诚布公地告诉你，他是如何从苦役营里逃出来的，因为那里似乎伙食很糟，活儿太重，头头开始压迫他们。他会给您看自己身上的烙印，假如有的话，并告诉您他是如何地想把它们根除。然后您在遇到的第一个村庄打听，有多少这样的流浪汉从这里经过，就会告诉您，多极了，有的日子得有 50 个。所有这些流浪汉偷偷潜入俄罗斯。除此之外，在西伯利亚不只是在一些采金场，而且是在一切工种都有流浪者在干活。流浪者住在工人家里，住在农村及大规模的工厂。他们有充当村落的守夜的，在空漠的原始森林及最热闹的地方都能遇见他们。他们像躲在漆黑的地方一样不显眼地藏匿于人群之中。有可能，这些没有身份证的人，一小半是从西伯利亚东部逃出来的，很大一部分是从俄罗斯来的，可能，从来没有在牢里待过。有私人的住房并在其中住 30 或 40 年的苦役刑逃犯，这是普通的现象。最后，最好不要那么想，流浪是西伯利亚的独特特征。的确，在彼尔姆省对待从西伯利亚来的流浪者相当严厉并极力不放他们到俄罗斯去。但是，他们不仅轻易地克服这些障碍并走遍这个省。他们从这里不仅通过俄罗斯东部和中部，而且到了彼得堡。其实，俄罗斯根本用不着西伯利亚的流浪者，它自己那里流浪者有的是。许多地方，经常是工业比较发达的地方麇集着流浪者。照官样文章的说法，这种现象的发生是由于窝主罪恶的发展。实际上，这些窝主从来没有想过，他们就是罪犯，他们只不过是利用了廉价的劳力。在俄罗斯，甚至在彼得堡，流浪者是如何地多这一点，可以很容易由下看出来：每一次，由于发生某种事件，警察在街上抓人或是搜查很多房客的房子，在被抓的人当中一定会出现几个流浪者。读过报纸的读者可能会记住一些类似事件。由此可见，俄罗斯的流浪者，这是工人中的很大一个阶层，社会应当对它的命运予以重视。假如人死得跟木头腐烂那么多，在这种情况下就应当严肃地思考这件事。关于流浪者的命运、他的道德状况以及他所受的折磨想说几句。当然，咱们应从牢房的铁锁开始叙述。

*　　　*　　　*

1. 根据法律被监禁的犯人应当满足于质量好而适度的食物。

2. 对于为自己的需要和作为根除游手好闲的恶习而干活的囚犯的伙食不拟作任何特殊的改善。

（用于准备囚犯的伙食的所需伙食种类和食品数量一览表）

不管流浪的原因是什么，尽管许多流浪者从来未曾见过监狱就结束了自己的一生，但是他们许多人都是坐过牢的。监牢对流浪者的道德状况有着如此重大的影响，以至于监牢生活无论如何不能予以忽视。我不想讲监狱作为制止犯罪的工具所发生的影响，这是刑法学家的事。我想讲一讲关于监狱对于作为劳动者的人所产生的影响问题。以犯罪活动构成他的生活本质的人是极罕见的，以工作占满其生活的人则构成绝大多数。对这一工作的任何实质性的影响都是最重要的事情。劳动者的生活，这是一场斗争，他在其中越是取胜，就越能在其中显示出其才智与勇气。不仅是他个人的命运，而且整个社会的文明与财富的命运都取决于这场斗争的结局。假如英国的贵族和商人那么富有，那么他们应该感谢英国的工人，正是这些工人有着如此多的才智与勇气，不同意为低工资而干活。只要俄国的劳动者还是吃得很坏，那么俄国的农业就不可能发展，而俄国的贵族也将依然贫穷。假如这个劳动

者将改善自己的午餐，即每天增加十八分之一俄磅的肉，那么就需要增加农产品，这些新增加的农产品的价值将超过我们国外粮食贸易的全部价值。假如这个劳动者每天将多喝一小杯酒，那么他的消费的增加将会比国外进口到俄国的商品的全部价值还要多。无论是农业或工业都不可能单靠最高阶层的消费而存在。只要工人阶级的消费不增加，那么社会有教养阶层就总将是贫穷的，无进取心的，粗野的。工人阶级工资的增加对社会一切阶层的人都同样有利害关系，因为他们的总的福利依赖于此。工人阶级工资的增加是与其才智和勇气的增长成正比的。这些品质的衰落的必然结果就是工人中奴颜婢膝、自暴自弃、穷困的发展。社会应力求消除会在工人中产生这些品质的一切东西。在劳动者出卖自己的农业劳动和自己的农产品时，只要他还是自由的，可以对自己的工资讨价还价，只要他十分留神着以免主人或管理人员克扣他，只要他集中自己的全部才能以避开富农和土豪的奸计，那么他的生活还处于稍微可以忍受的社会境况之中。这样的生活与其说是会消灭他的才智与个性，还不如说会促进它们的发展。斗争中的成功引起周围对他的尊敬，失败则会使得同伴对他轻慢。由于劳动者在成功之际能获得更多的福利，因此他的热情更为炽烈。在俄罗斯东部的草原地带，劳动者对自己的穷困看得相当淡漠。在工业省份，穷工人，这是不幸的痛苦的受难者。他头发蓬乱，饥肠辘辘，还得忍受自己伙伴的高傲的轻视，而这个伙伴在几个月以前也许也是像他这样是一个可怜虫，而现在却挨着自己的穿着丝绸上衣、拖着长衣裙的老婆过日子。在这场斗争中，要求得不到满足的痛苦感情以及由才智平庸、性格软弱而引起的绝望，把人推上犯罪的道路并导致坐牢。我们的犯罪分子几乎有一半是小偷[①]。我描绘一下出身于工人阶级中的两个极端不同的阶层的两个小偷进入监狱的经过，简述一下草原地带庄稼人当中富有特征的角色——偷马贼以及城市里普普通通的小偷。在俄罗斯东部，偷马贼是神话里的英雄，他就像关于树精和水怪的故事一样激发起当地居民的想象。著名的偷马贼，在他死后，会变成某种英雄和巨人。存在着这样的家庭，它的长者代代以当偷马贼的首领而闻名，他在生前就成了各种无稽之谈的对象和故事想象里的人物。例如，人们是如此谈论一个偷马贼的：他为了自己偷窃的奇事，通过森林和山丘轧平了一条道路，这条路有 200 俄里长，它不绕进任何一个村庄。的确有一条路开始从他家往外延伸，这条路的名称是意味深长的偷窃的名称。偷马贼的广泛的联系，他们从一个地方到另一地方脱手骑马的惊人速度都是十分令人惊奇的。在 300 和更多的俄里之外把马卖掉，这是很普通的事情。也有这样的情况，一匹晚上被偷走的马，到中午已在 80 俄里以外的地方转手倒卖了 3 次，并且警察已为这匹马开出证明文件。周围闻名的偷马贼生活过得很富裕，而且从来不会去坐牢。他们的处境是十分安全的，不用担一点点遇见监狱的墙壁的风险。即使这种风险出现了，他们马上就会把自己的活动转移到别的事情上去，一个富裕的人有什么必要去为一点小事冒风险呢！我了解到了痛苦的悲剧性的内幕开头的时刻。以其联系和能把偷来的马驱赶到几百俄里以外的速度而闻名的偷马贼并不是小偷，而是土豪。这是土豪中最没有人性的土豪，

① 我们这里由于贪财的动机而犯下的罪行约占全部罪行的五分之四。

他制造着最大的苦难并迫使牺牲整个家庭生活的幸福来换取自己的好处。夜晚的奇遇降临到某个可怜的亲属或邻居的身上。请听一听偷马贼是怎样谈论倒霉的人的，他的语言的残酷，他的精力充沛、残忍的形象使你想起了人类的巨大压迫者。为了让穷苦的人按偷马贼的愿望办事，穷苦的人必须尽可能地遭受屈辱，腰弯到地下，他必须感到自己在一只残忍的铁手之中，这只铁手可以把他捻死而毫无感觉。偷马贼知道这一点，有时他的厉害的严酷态度不亚于东方的大官。穷苦的人经常单纯为了讨好而去偷窃，为了在饥饿或纳税的日子可以得到偷马贼的帮助，他偷一匹马只得到一双树皮鞋的犒赏。偷马贼是不去偷马的，他也不去卖马。卖马这桩危险性较小的活计落到了境况比小偷稍好一些的人的身上。偷马贼的全部工作在于打发赃物。他从小偷身上获取贡物，也从被偷的人那里得到东西。他的声望吸引求他的人请他帮找被偷去的马，他从求情人那里得到了钱，当然这是一场欺骗。小偷多半是穷困和性格软弱的牺牲品，他用自己生活的幸福来冒险，为了填满富有的坏蛋的钱包。但是也常有另一种类型的软弱的牺牲品。在遥远的乡村这一弱点唯一就是酗酒。我们的劳动居民群众是如此地穷困，对他来说，酗酒是根本不可能的。在偏僻的地方，大部分农民能用自己的钱痛饮，一年之内不多于两次。在酒这么少的情况下，酒对农民来说具有不可抗拒的迷人之处。只要一旦他变得富有起来，他就开始无节制地酗酒，酗酒这件事成了所有人的最大诱惑。无情的自私者和胆小鬼让自己家里人饿肚皮，虐待自己的妻子并出卖她的东西，比较好心肠的人来帮助他而最后仍然搞得倾家荡产。这也就说明在拥有许多耕地的国家帮助的广泛流行以及富人通过帮助的途径发财致富的容易性。被这些富豪的凶恶工具“帮助”惯坏了的亡命徒越来越走下坡路，他没得吃的，缴不出赋税，而同时还想喝酒。在不幸的时刻，他走运地偷到了几匹马，他开始与完全是另外一种身份的土豪即偷马贼打交道，这个偷马贼只要还没有把他弄成监狱和西伯利亚的居住者是不会把他从自己的毒手中放开的。偷马贼是不从他手里接受马的，马是被一个他不认识的人取走的，他为此得到一俄升伏特加。尽管也有失望的痛苦时刻，但这些人通常是如此地轻率，在支配着他们的阴谋的影响下，他们重复着自己的做法，直至被送往西伯利亚。在省城和都城偷窃的成员是由从来没有在监狱里待过的人组成的。这是一些小康或富裕户的仆人，是一些接近钱和商品的人。他们的手法是众所周知的：东西是神不知鬼不觉地被取走的，当出现危险之际，他把东西放回原处，只是在没有任何危险的情况下，他才把东西卖掉。同样大家都知道，这种偷窃是如此地流行，以至人们把它看成是工资的补充。而估价一个工作岗位，不仅要看工人所挣的工资，而且要看这个地方有多少东西可偷。因此，偷来的东西形成相当多的和安全的集市。一位在这方面很有经验的人肯定地对我说，在都城，任何伙计以至任何商人都在有名的商场购买偷来的东西。他天真无邪地说，因为这是合算的。在某些地方这种商业对价格有如此的影响，以至甚至不买偷来的东西就不能做生意。关于某些省城的小商小贩我也听到过类似的评语。不管社会生活的不健康面的这种类似营业是如何地不道德，但是，用这种手段增加自己的收入的人们显示出才智、镇静和意志力。他们当中的任何人在危险露头和得不偿失之际就歇手不干。这一套在用犯罪手段发财

致富的贪污分子中间也在重复进行。

某处工业发展得越快，命运之轮转动得越迅速，工人为了保持同一水平也就越需要有才智和镇定，工人也就可能堕落不堪。今天还使得自己的伙伴羡慕的工人，过几个月他就可能饿死在马路上。工业中心的工人的精神状态就像那种走向垮台边缘的人，有一种看不见的力量经常力图把他弄得完蛋。听一听都城或伏尔加工业中心的工人的怨言，他的怨言的可怕颤抖声立即向你表明，他要保持自己的地位是如何地困难，他的处境是如何地危险。他的需要增长得既容易又快速，而满足的资料则步履迟缓。他经常缺乏在不道德行为的安全边缘就止步的自持力，这是没什么可奇怪的。他有时落入监狱可能只是因为他遇见一个偷窃英雄，这个人和他谈论驱车往集市出卖偷来的东西的商人如何发了横财，对他来说偷窃成为极其迷人的事。在所有小偷里面，这类小偷最经常落入监狱。这不仅几乎都是一批没有个性的平庸角色，而且大部分是愚蠢的、头脑差的人。他们当中的一些人智能是如此地有限，以至于没有旁人的帮助就干不来旁人没教过他的坏事，这是一部上好一定发条的机器。甚至偷窃杀人犯几乎总是一些没有个性的人，这种人由于他们的轻率和缺乏个性，生活过得特别困难，他们为了虚无缥缈的好处用自己一生的幸福去冒险。坐牢的很大一部分人，是一些没有个性的人，这些人由于缺乏才智和意志力去肩负生活的重担而被生活送进了监狱，这正是监狱能对他们发生实际影响的唯一部分的人。监狱对这一类人如何发生作用呢？

标题中的一览表摘录表明，监牢关押力图达到什么目的。监狱应当是可怕的，因此，在里面待着应当比外头更坏。的确，进入

监狱的第一步对犯罪者产生极其可怕的印象。假如他被当场抓住，人们就揍他，有时是非常残暴的，一直被揍得完全失去知觉，然后警察局或乡政府把他逮捕。这时他蹲在根本没有生火或火生得很差的冷屋子里，哪怕他会冻死，衣服也是不准他穿的，也没有任何食物。有时犯罪者要这样度过三个星期或更多。假如你有机会在省城或县城经过警察区或警察局，那么，你就能通过铁栏栅看见一些乞讨的人，你得给他们一点，他们当中有一连几昼夜没吃过东西的。被打得遍体鳞伤的不幸的罪犯冷得直哆嗦，由于食物不足而浑身乏力，坐在冷屋子的脏地板上，有时像小孩子似地哭泣着。铁锁响了，进来了一些人，这些人简短地冷冷地招呼饿肚子的人上路。有时他走100多俄里吃不上东西，也就是说，一直要走到有领导机关的第一个监狱或第一个解犯羁押站。他的心情极其恶劣，恶劣到难以忍受，没有人可以让他诉苦，没有地方可以寻找保护，他感到自己的头顶有着一只看不见的铁手，有着一种残忍而不可克服的力量。[①] 由于他生性懦弱，他堕入了十足的绝望之中，并千

① 省城警察局的拘留室有时是相当大的，但是肮脏，经常很潮湿。在警察区特别是在县城拘留室则很小，有时没有任何家具，在里面除了墙壁和地板没有任何东西。在西伯利亚和俄罗斯我到处遇见同样的状况。例外的则不多，例如在彼得堡，这里警察局的拘留室宽敞，房间里有简单的床板，只是在拥挤的情况下，人们躺在地板上，妇女离开男人单独待着，房间弄得比较暖和，被捕者不可能挨饿一昼夜以上，因为每天监狱委员会给他送来食物。不过，对这些拘留室里的整洁是不能埋怨的，(在彼得堡罕见有工人生活得这么脏的)臭虫、跳蚤、虱子是如此地多，在囚犯很多的情况下，即使是不娇气的人也没法睡觉。在一些大城市，例如喀山我看见过同样的情况。只是在类似的城市里，第一次监禁对囚犯来说才不会是驯服人的学校。在彼得堡，囚犯把被捕看成是一件亲切的事情，有时他是很快乐的。他往往带着这样的想法转到监狱去，以为那里完全不会像原先想象的那么坏。在喀山，警察局的拘留室里每天晚上都有玩乐、歌声和舞蹈。

百次地诅咒自己的行为。他在监狱里是那么地惊恐、卑躬屈节并愿意对所有的囚犯讨好。囚犯们很快地就整个地控制了他:对他来说,他们是他越来越害怕的权力,他们是他的靠山和对其必不可少的刑法的教员。很快,他发生了美妙的蜕变,首次被捕的可怕印象已被遗忘,不管监狱生活的一切不方便和不愉快,囚犯开始发现,在他一生中从来未曾像在牢里那么地感到安定和幸福过。把他单独监禁,把监狱生活的痛苦增加到他在里面将缓慢地死去的程度,也还是如此。我可以用以下事实来证明,那就是囚犯愿意取消过去在西伯利亚的徒步旅行。这是可怕的生活,在这种生活中他们像苍蝇似地死去。但是,他们喜欢较新的生活只是因为它使他们的生命在监狱里可以拖得更长一些。对无个性的人来说,最沉重的事情就是与生活作斗争。在监狱里,他感到自己是无忧无虑的,轻松的,他不需要考虑明天,他既不能改善它,也不能使它恶化。他周围的现实不会责备他的愚蠢和缺乏个性,不会激起他轻蔑的微笑,他的热情也不会强迫他鲁莽地去冒险。他贫困,的确还又可怜,但是他周围全是一些贫困而又可怜的人。在这种平等中间他感到很轻松。在鸡毛蒜皮的事情上欺骗一下长官的警惕性,他就可以轻易地博得大家的尊敬。在他自由的时候曾经害过他,生活里是那么难于得到的那种有保证的状况以及心满意足的虚荣心,在这里白白地提供给他。这里不会有任何东西妨碍他把自己的过去推崇到英雄的程度。在他饥饿的时候,囚徒的伙食对他来说可能是妙不可言的,但出于虚荣心,他加入到大合唱里去并将骂它,而假如伙食真的使它遭罪,那么他会把自己的难受夸大到尽可能的极限。① 很快地他习惯于假心假意地表达自己的不满。这里大家都咒骂伙食，都对看管人不满，不管有事没事都咒骂他。同时，他看到，尽管有痛苦的怨言，大家都毫无抗辩地认罪。他很快明白，这里有许多镇压工具：禁闭室、镣铐、手铐。戴上这副手铐，手的活动范围不能大于两俄寸。这就是监狱里给他上的第一课：他习惯于老是埋怨一切，而且从来不为改善自己的境况做任何事情。他的无个性的委靡的天性变得更加缺乏个性和委靡。俄罗斯的监狱是奴性的温床。我们这里罪犯的发展和文明与工业的发展一样，处于萌芽状态。的确，罪犯有自己的传奇和杰作，但所有这

① 从彼得堡到西伯利亚的监狱里的伙食都是同样的质量，只是多少有点差别。它和大部分俄罗斯的工人阶级所吃的一样，有时工人还要吃得差一些。在彼得堡和省里的另一些地方，黑麦面包是按重量发放的，在省里能碰到烤得好一些、质量高一些的黑麦面包。在其他的地方囚犯能吃多少面包就给多少，但不允许从午餐中拿走。稀汤是没有肉的清汤或是上面漂着几块肥肉和一些肉丝或胡瓜鱼。我经常有机会和工人一起喝稀汤，这种稀汤的味道和营养价值都远远比囚犯喝的要差。县城的拘留室大部分是由石屋子里的一些或大或小的宽广的大厅充当的，里面有铺板，有时则没有铺板。这时，大厅像个大棚子的样子，里头的人横七竖八地躺在地板上。在有秩序的地方，妇女和男人是完全分开安置的，不仅是在不同的房子里，而且是在不同的院落里。当然，即使在这里，偷偷的幽会也是能够做到的，但不能说淫乱得一塌糊涂。在男犯院落里，秘密的和解送中的犯人是关在单独的房子里的。在土楼里，犯人是按犯罪的类别关押在囚室里的，小孩没有同成年人分开关押。不过，所有这些分类没有任何决定性的意义，因为囚犯可以到院子里去并可相互看望。院子是干净的，地板很脏，有时昆虫很多。在县城里，我看见过石头的和木头的监狱，有的监狱的墙壁里里外外都粉刷过，样子挺干净。我看见过这样的监狱，里面的铺板是几层的，样子是相当阴沉的。甚至在县城监狱里，我看见过带石头地板的澡堂子。总的说来，牢房经常给囚犯不是丧气的而是极好的印象。然而，冬天来临了，监狱里寒冷、潮湿，取暖极其不足，没有什么地方可以暖和一下。很少能找到这样的囚犯，他们在自由的时候在这方面比在监狱里更不方便。我看见过这样的监狱，从墙壁和天花板不断地往下滴水和流水，就跟澡堂子似的。至于衣服同样也是很坏的，有的穿着褴褛的衣衫坐在那里冻得发僵，就跟坐在森林里一样。

一切与比如说在英国发生的一切比较都只是萌芽状态。然而奴性和无个性的发展却是极其充分。整个监狱生活促使囚犯发展这些初次的印象，首先是完全无所事事的生活。再也没有什么能比无所关心和无所事事的生活那样使一个人发展其无个性、淡漠、奴性和一切卑劣品质到这种程度。在这种无所关心和无所事事的生活里，聪明、意志力、爱劳动和精力等素质都成为多余的了。危害性少得多的理论只要通过发展一种无所关心就能剥夺所有时期所有国家的奴隶主为生活所必备的素质。我知道有一些监狱主管人，他们怀有发展囚犯热爱劳动的品性的良好愿望，但是，所有他们的努力都没有成功。他们在那些规定中遇到了不可克服的障碍，这些规定要求囚犯必须无报酬地劳动。单独的和任凭哪一种监禁的奴役劳动完全和无所事事一样，是有害的。它摧残人，使他变得无所关心和缺乏个性。假如囚犯是夏天被扣留的，那么永远懒散、无所关心的无所事事的监狱可能会使他觉得是个天堂。对于天真的囚犯来说，这种长期的无所事事开始觉得相当迷人，但是很快，甚至最乐观的最习惯于单调生活的个性也对总是这些墙壁和总是这些面孔感到厌烦透顶。没有任何调剂，不能喝酒，不能调情，不能寻欢作乐，哪怕是喝口茶，也做不到。而假如谁能喝上茶，谁有机会偶然喝些酒，那么，他大概会更习惯一些。在监狱里，大家都紧缩消费，谁都习惯于他所知道的限制，只有那些最不幸的可怜人除外。由于他所具有的轻率，囚犯早已忘记了自由生活对他的压人的重担，他忘记了，他开头为什么那么容易地度过了监狱里的冷漠的日子，现在他整个身心都渴求自由，他觉得在牢墙之外他的生活将会过得顺顺当当。而同时，当他对监狱的观点完全改变了以后，监狱每天越来越削弱他的精神力量。他吸取了饱经世故的人的牢房里的那些聪明才智的同时，想象着自己每天都获得生活斗争的新的强大的本领，只有在自由时候，痛苦的教训才使他信服，自己已经堕落到何等地步。看着这些不幸的人真令人觉得可怜和痛心，他们没有丝毫关于自己是什么人和什么将等着他们的预感。精神上的软弱悄悄地不知不觉地渗透进他的整个身心。在监狱里，囚犯习惯于把自己看成是凡人里头最后的最低贱的一个。那种谁也不需要的东西，那种旁人羞于吃和穿的东西，对于他来说，那已是相当好的了。他称自己为不幸的人并随时准备着低声下气、鞠躬和哀求。对于他来说，得到点什么那就是莫大的幸福。监狱，这是廉价劳动的学校。只有奴隶才能够为囚犯劳动所得到的这么一点点微不足道的好处而干活。我遇到过这样的囚犯，他们干一个月的活只得到 30 个戈比，也就是说，一天的劳动只值一个戈比。付出整整一个月的劳动，他有可能喝一次酒。我看见过一个囚犯，他干了整整一年的活并把他所挣的钱全部存起来，他一年存了 5 个卢布。当一个人在自己的生活中除了他所处的囚室的开锁和上锁之外没有任何别的消遣的情况下，为获得如此微不足道的好处而干活，这是没有什么可奇怪的。他经常因此为假纸币而干活，为了 25 个戈比他准备使自己遭受多年的不幸。导致他坐牢的那种缺乏主见的个性达到了最高的发展程度，它使一个人成为生活中的十足的废物，生活将如此地压迫他，使得监狱成了他唯一的生路。这是所有那些过于厉害的措施的结局，这些措施并不带来它们所应该达到的结果。假如一个人，他犯了罪，得到了教训，使他懂得，这样做不仅是可恶的，而且是不利的；假如他同时保存

着自己的一切力量及生活资料，既不贫困，也不低微，那么他下一次当然不会堕入罪恶的诱惑，这就和一个车夫一样，他为了得到半个卢布买伏特加，赶着马出了事，下次他绝不会再如此地赶自己的三套马车。[①] 但是假如不是这样，犯罪者完全被毁灭了，那么他只有从犯罪走向犯罪，直至监狱和苦役把他折磨至死。人们责怪，说监狱是偷窃的学校。任凭监狱如何安排，任凭监狱使他孤独到一个人尽可能忍受的程度，它仍然将是偷窃的学校。将没有任何东西可以抵制偷窃的宣传，惩罚得越离奇，它们将越是深深地印入脑子里。如果在囚犯中间建立劳动财产，那么他们在一起住得越挤，反偷窃的宣传就越强有力。现在已经有这种情况，在囚犯们可以拥有某种东西的地方，他们对小偷揍得很凶。整个牢房起来维护被偷光的伙伴，扑向小偷，要如此残酷地揍他，以致只得对他实行单独监禁才算完事。我曾亲眼看到这样一件事：那里类似的用拳头来宣传诚实完全是从原则立场出发的。被偷的是一个平时被大家嘲笑的瞎子，小偷怎么也想不出，他能找到什么人来保护他。当四面八方向他挥动拳头的时候，当每个人都急着想用拳打脚踢来表明自己参加共同的事业的时候，他完全茫然若失了。

卑躬屈节的一天天越来越忘掉什么是劳动生活的囚犯，精神上被监狱的纪律搞得昏昏欲睡。在这个学校里，镇压一切足以使人们产生精力或导致其骚动的热情的东西。在监狱里只要一旦囚犯的伙伴多了一些，马上开始白天囚禁，按次序轮流放风 2 小时，目的是为了院落里不要密集人群。一切喧闹的欢快的玩乐都是被

① 上面已经表明，四分之三的犯罪行为是愚蠢地盘算获利的后果。

禁止的。只要哪里一旦出现过多的生机，立即使之寂静。有极个别的例外的情况，监狱呈现出一副修道院的样子。在院子里、囚室里散落着人群，一些人从容不迫地来回走动，另一些人结伴坐着或默默地站着。偶尔能看见这样的人，他坐在那里磨一块马路上拣来的骨头，以便做一个便宜的戒指。还有一些人在玩牌或下跳棋。为了证实，监狱弄得一个人不像人到什么程度，它把人凌辱到什么程度以及如何使一个人丧失过公民生活的能力，有必要在他被押解途中进行一些观察。这里有个农民，他是几个星期以前被捕的。他的全部身心依然沉浸在过去的生活斗争之中，在他身上翻腾着全部的生活激情和思虑。他穿着一件破烂的短皮袄，成天躺在门旁并和自己的母亲在交谈。我听他讲了几个钟头，甚至不知道他犯了什么罪，为什么他要坐牢，但是我却了解到了他的整个家庭状况的全部细节：我知道了，他有一条奶牛，一匹怀着马驹的马，五只绵羊。我还了解了他村里的许多人，了解了他们享有的信任和他们的有用程度，他们与他的家庭的关系。我听足了农业上的格言和实用的观点。看守无精打采地把他从门洞口赶开，狱吏也不责备他：要知道，即使是看守也生活在日常生活的斗争之中，狱吏也有妻子、孩子和生活上的操心。他的感情对所有的人都是可以理解的。我好奇地观察着这些不由自主的同情的心理表现。这里是一堆坐过一两年或更多年份的囚犯，你可以和他们一起坐上不仅是几个钟头，而是两三个星期，除了听到他们讲刑法、监狱统计和监狱历史或关于囚犯兰斯基逃跑的传说之外听不到任何别的事情。这个农民坐上两年牢，也会是这个样子的，生活中将没有他。听着这些人谈话，你可以感到，对于他们来说，监狱取代了家庭、朋

友、熟悉的人，看来还有祖国。如果他们在自由的时候也如此向往着监狱，还有什么可奇怪的呢？看，监狱对人有多大的影响。根据1863年的资料，这一年有250 707个被控犯罪的人①为自己作了辩护。在一代人期间，这将达600万人以上，几乎是居民的10%。他们当中有多少人将成为监狱的牺牲品？新的诉讼程序给了我们什么样的结果？愿上帝保佑，让我们别再见到至今我们看到过的事情吧。在报刊上和在实行新的诉讼程序的地方都能听到起劲的控诉，要把那些辩明自己无罪的人长期监禁。这将会怎么样呢？

对囚犯来说，押戒途中的旅行是他的监狱生活中最幸福的插曲。这时，监狱的单调日子结束了，开始了比较多样化的生活，甚至还会有许多奇遇。除此之外，在囚犯身上出现了钱。在这种条件下，锁链给他磨出来的伤口，他所遭受的寒冷，对他来说，都算不了什么。他叮咚叮咚地拖着锁链，一昼夜走上20或30俄里，然后来到了旅站。这个在遥远地方的旅站，十分像是带着铁栅栏的简陋而乌黑的小农舍。在比较热闹的地方，这是带有四个不大的房间的围有壕沟的定型的房子，这里囚犯不会因昆虫和寒冷而特别遭罪。当他和一小批人歇宿在一个大旅站的时候，他就要不幸了。这里他得整个晚上不合眼地来回走动，即使如此，各种昆虫还会落满他一身。这一下他走到大道上了。人们通过铁路、轮船或三套马车②运送他。这种旅行对斯文的旅行者来说将会是无法形容地可怕，然而对他说来，却几乎是天堂。如果把有身份的旅客即使不

① 参看1866年《统计年鉴》。

② 这种做法有时实行，有时取消，不知道现在怎样。

是安排在甲板上而是安排在家庭住房里,他将说什么呢?他走进低矮、阴暗、带有铺板的船舱,这里裂缝代替窗户,大半块玻璃是破的,风从窗户和烟囱吹进来,无处可躲避寒冷和过堂风。可以打赌,过了一昼夜有身份的旅客就会喉头发炎。但是囚犯却说,这里妙极了。其实,他大可不必迷恋于这些外表,他也是人,他经常得付出患重感冒的代价。在一些大而脏、窗户破损的棚子的旅站里,同样的遭遇在等着他。可以断定说,一个人已堕落到何等地步,对于他来说,类似的旅行经常似乎觉得比劳动的自由生活还更吸引人。在这一次对囚犯来说,得到了有时是如此难于得到的休息以后,他的最后的管制时期——苦役或强迫劳动开始了。这里他已经不是无所事事的了,而是被迫进行无偿的、纯粹是奴隶的劳动。在这种劳动中,无主见的个性和奴性的发展达到了极限。他干的活经常是很繁重的,达到精疲力竭的程度,使得他的手上和脚上的肌腱都得了劳伤,同时,有时饮食很不够。在强迫劳动营里对伙食不足的怨声还较少,而从苦役犯中则听到许多痛苦的怨诉。现在这已经不再是个人了,而是人渣,是没有性格没有精力的愚钝的活物。在这个活物身上有时还残存着野蛮性,这种野蛮性就如同几百年来疯子对待自己的力量那样错误地看待自己的精力。疯子总觉得自己力量在增加,科学还没有论证,他会感到自己力量在衰竭。在最近时期,当某些地方用自由劳动来代替苦役劳动,一些长官怎么也不会对付自由劳动者。当他们碰到相对活跃的自由劳动者的时候,完全被搞得手足失措。我多次听到过对自由劳动者的恼怒的埋怨以及对苦役犯的赞歌。当一个人精神上发生毛病的时候,他似乎觉得,自己的精神力量增长到不可想象的地步,他认为

自己是伟大的天才和英雄。因此，当人们把他送进疯人院的时候，他感到惊奇莫名。苦役犯身上也发生同样的情况：他堕落得越厉害，越觉得自己具有经验和力量。而当他第一次接触现实的时候，痛苦的失望却在等着他。对流浪者来说，强制学校的结局是逃跑。有的认为，当他自由的时候，他对所有人来说将都是威严而可怕的沙皇。但是，只要一旦他看不见监狱的墙壁和追捕者，他就体验到现实完全不符合于他的理想。他设想，对农民来说，他将是骇人的怪物，然而，痛苦的经验使他懂得，他怕农民远远超过农民怕他。这里的情况就如同人和熊之间的关系一样。熊似乎是可怕的野兽，可是熊怕人远远超过人怕熊①，熊的智力和意志都较弱。有一次，我问原始森林里的居民，为什么熊更怕人。他回答说，很简单，是人猎捕熊，而不是熊猎捕人。关于逃亡者亦可用同一说法：是农民抓捕逃亡者，而不是逃亡者抓捕农民。有一次，一个逃亡者饿得肚子直叫唤，可是他不仅不敢进村和进农舍，而且看看它都觉得可怕。很快，他进到了这样一种精神状态，他愿意对每一个农民和城里的每一个警察不仅是弯腰鞠躬而是跪着磕头，只求能给他安生。在西伯利亚的村庄里，只要逃亡者一旦开始调皮捣蛋，农民立即进行围捕，而在城里是由内部警卫队的士兵经常进行围捕的。逃亡者是如此地害怕这些围捕，以至自己把小偷交出来，只求得不要弄到围捕的地步。在夏天的日子里，逃亡者忍受着穷困和克制还马马虎虎可以混日子，而一到冬天，他在这种状况下是无论如何无法

① 当一只熊追赶马群的时候，这一马群看见了不带武器的人，直接飞奔到人的跟前并停了下来。熊怕了，不敢再继续追赶了。

生活的。冬天，流浪的逃亡者在各地消失了，好像他们都钻到地底下去似的。总之，逃亡者，不管他在夏天如何晃悠，到冬天他极需要安定下来。假如他多少还是个人，那么他为自己找个冬天的工作做做，否则，他会自愿重新回到苦役营里去。随着寻找活计干，他开始了复活时期。我们看到过了他的苦役和流浪生活，现在让我们来看看他的劳动生活吧。

*　　　*　　　*

多么开心的生活！

萨尔梅科夫

在T.城，桥上站着两个人，两个人都穿着破衣烂衫。一个人，中等身材，红头发，蔚蓝色的眼睛，他的娇嫩的皮肤有很多裂纹，可以看到长着雀斑的小块小块的红肿。另一个人，黝黑的脸孔，高个子，由于干瘦，他的眼睛塌陷下去，而鼻子却显得特别高，再加上他那蓬散的头发，使他具有一副凶相。这是逃亡者。他们刚才为两张身份证付给一个小官僚自己的最后的七个戈比，这两张身份证不是假的，而是过期作废了的。正是这个小官僚告诉他们，商人拉尼京招收逃亡者干活。他们停在桥上，向上帝做了祷告，憋足了劲。他们相当勇敢地走进了拉尼京的没有上锁的前厅，那里没有人。过了几秒钟，传来不安的声音："那里是谁啊？"主人走进了前厅，他看了一下他们的身份证，大声呼叫起来，满屋子吵嚷声。主人叫嚷："小偷，骗子，原来你们进来偷东西来了，还说得好听，是什么找工作。"人们都跑拢来了，有的拿着木棍，有的抓把扫帚，狠揍我们的主人公，就好像打倒霉的狗一样。他们跳过围墙奔向一个沟里，再拼命地跳过了两俄丈的高度，他们自己也弄不明白，怎么

就到了安全地带了，他们到了离城有两俄里的桥下。这时，拉尼京正在庆幸自己的好运气，自己的财富，也许还有生命都得救了。我们的流浪者坐在桥下痛哭流涕。小官僚欺骗了他们，他们给掉了最后一点钱，现在没有钱可以买面包了。他们在桥下忧伤地坐着，直到饥饿的力量驱走他们。已经是晚上了，到城里去会有危险，他们停留在墓地的最边上，这里已经既没有十字架也没有纪念碑，否则，可能人们会认为他们到这里偷来了。他们坐在坟墓之间，由于饥饿和激动通宵未能入睡。忽然，他们看见坟墓上面有某种光亮，好像是某个圣像的面容发着光并升上天空。黝黑的人对自己的伙伴说："咱们快归天了。"他是一个笃信上帝的人，有许多偏见。第二天，他们重新进城并坐在桥上。他们饿得脚酸手软，他们根本不知道究竟应该怎么办。然而，命运给他们送来了幸福。三个和他们一样没有身份证的人邀请他们一起到商人波克罗夫斯基那里去当雇工。他们前往波克罗夫斯基家。看来，他们的新伙伴所得到的痛苦教训并不比他们少。因此，他们起先两次走过波克罗夫斯基的家，然后在院落对面停了下来，久久地注视着它，等着，看是否会出现某种有利的迹象。院落空荡荡地，只有一只狗在安静地踱着步，还有一只山羊耷拉着脑袋躺在木柴旁边。有利的迹象丝毫未见。因此，他们转过拐角到一座被火烧掉的房子那里站了半个钟头，重新走近院落。还是看不到任何有利的迹象。第三次，有利的迹象出现了，一个伶俐的伙计，抖动着卷发，从账房跑过院子。他们走近他，伙计停住了，看看他们的样子，说"滚开，瞧你们那副样子"。说完，像影子似的快速闪入主楼的入口。他们耷拉着脑袋，感到十分痛心，但又没有办法，只得走开。他们走了一俄里半，自己也不知道为的啥，由于精疲力竭，他们在一块空地附近坐了下来。他们坐了一个钟头，相互不说一句话。当乡下佬难受的时候是不爱说话的。最后，红头发开腔了：“伙计，这是怎么回事？你们不是说波克罗夫斯基要雇人吗？”伙伴中的一个回答说：“要雇人这是定了的，得等候主人本人。”等了一会儿，他们重又走近波克罗夫斯基的家并开始等待。不过，不是在房子跟前，也不是附近，而是在斜对过，好像他们害怕波克罗夫斯基家里有人会从窗户向他们开枪似的。过了三个钟头，一辆双驾马车驶近正门，波克罗夫斯基在台阶上出现了。乡下佬走到他身边。“你们明天来，今天没有空”，他说完就坐车走了。通宵下着雨，在森林里根本是无法忍受的，他们在灌木丛里坐着，就跟泡在水里一样，浑身都湿透了，透骨的风猛刮着。他们心里想：淹死也许还更好，对大家来说反正都一样。一个长得黑黑的人说：“对了，我们会淹死的，我们在这里快完蛋了。”幸好，在地里发现了干草垛，他们想钻到里头躲雨，但是，刚刚安排停当，天亮了，他们还得再进城。清晨很冷，由于饥饿，觉得更冷了，牙齿打颤，头发晕，他们像醉汉似的东倒西歪地走着。他们跌了几次跤，掉进路旁的沟里。当他们走近波克罗夫斯基的家的时候，还很早，但是，这一次他们兴致勃勃地等待着。大门刚一打开，他们就说，是主人叫他们进去的，并走了进去。在院里，他们坐了四小时，下着倾盆大雨。在台阶上出来一个小孩，他的一只手上拿着一块肉，另一只手上是面包。他吃得两腮鼓鼓囊囊，似乎故意逗他们。他们因此感到如此地泄气，所有的人都站了起来，恭顺地在他面前摘下帽子。8点钟，波克罗夫斯基穿着晨衣出到台阶上，看了看他们的身份证，问还有没有好一些的身份证。他说：“好

吧，你们晚上 6 点钟来吧，我将雇用你们。”他们容光焕发地走了出来，对他们来说，精神完全安定的时刻来到了，但是，接着而来的是他们感到如此可怕的饥饿，真想扑向第一个遇到的行人并把他撕成碎块。他们感到两眼发黑，双脚完全不听使唤，而到傍晚还早着哩。怎么办？向人乞讨，但是，现在怎么能向人乞讨呢，正当他们已经找到工作的时候。人们会把他们弄到警察局去，他们就可能会失去一切，而偷窃则更危险。他们决定忍耐。偏巧在他们身边走过一个拿着烤制面包的人，他们忍不住了，走上前去，恭顺地摘下帽子：“亲爹，我们有 7 天没吃东西了，赐给我们一小块面包吧。”他们得到了一小块面包，大约有四分之三俄磅重。他们把它分吃了，结果并不好，当他们吃了自己的部分以后，饿得更厉害了，他们差一点都要发疯了。到 6 点钟时间拖得真长，但是 6 点钟终于来到了，他们见到了波克罗夫斯基。和他一起的还有个官员和一个伙计。他问他们：“你们愿意干重活吗？你们将绝对服从吗？”他们回答说：“是。”波克罗夫斯基用教训的口吻说：“留点神，你们不是没有见证人的，你们是在官员面前这么说的，以后可不许否认，不许装蒜。”“我们将尽量听从您的吩咐，”——这就是回答。“至于报酬，你们用不着操心，我不会亏待你们的。明天天亮前来，这个伙计会派你们去干活的……不出 200 俄里。”这就是波克罗夫斯基的结束语，他转过身，走了。我们的主人公出了大门，一个二十来岁的小伙子走近他们。小伙子问：“他跟你们说什么了？”“同意不同意干重活，报酬可给得不少。”他们回答说，特别强调后一句话，为了哪怕是多少能美化一下波克罗夫斯基的回答也好。小伙子说：“唉，糟了，他们强迫你们去挖沟，你们一点钱也赚不着，你们只是单单为面包干活，即使面包你们也最好别吃它。伙计们，你们最好还是跳河去。”小伙子转过了身，消失不见了。我们的主人公慌了神了，好像开始给他们浇了一身凉水，然后又用开水烫他们。已经是深夜了，我们的伙计坐在城外的一个敞棚里，他们议论开了，是否还是到官方去自首，声称自己是流浪者为好。他们就好像是一些正要饿死的人在讨论一样：讲了几分钟的话，停个把钟头，或者，最好是说，失去了知觉。他们决定不到官方去自首，因为，假如到官方去自首，那么会把他们弄到警察局去，那就又得饿上几天，而要再饿几天，他们却是无能为力了。他们在天亮前起身了，带着沉重的心情去给肥头大耳的商人剥削者当奴隶。他们坐车来到工作地点，高兴极了：不需要他们去挖沟，而是雇了另外一些人。不过，仍然还是把他们派去挖沟了，时间不长，当别人还未到的时候，他们去替一天。过去了一天，过去了一星期，到了一个月的时候，还是把他们派去挖沟了。是鬼想出这种活计来折磨人的，站在齐腰深的脏水里，臭气熏得人憋气，要是突然陷进去了，深不见底，有时石头砸着脚，有时树枝会把你扎伤。真是给鬼干活一个样，什么都不顺手，你把它堵住了，而它又给你塌了。他们只等着算账的日子，想得到钱后溜之大吉。一个月过去了，连一个戈比也没拿到。“你们要钱有什么用，我们在这里醉鬼还见得少吗？不算你们也有的是。你们怕什么，你们吃不了亏，你们的钱都完整的，一个戈比也没少。钱放在我这里比在你们手上保险。”他们回答说：“活可是这样重啊。”人们告诉他们：“将按照活计给你们付钱。”他们来到吃饭地方吃晚饭。工人们对他们说：“你们连一个子儿也没看见，你们还干个鬼。”过了两天，他们真的准备逃跑了，忽然盛传，过三天

头头就要来，将给所有的人清账，大家都能得到钱。这算什么，干了这么久的活不拿钱？应该等一等。他们等了一天又一天，而且伙食很糟，糟透了，成天只吃燕麦粥，衣服也都穿破了，由于身上太脏，皮肤长了脓疮。过了3个星期，他们开始考虑，他们受骗了。但是，看，人们聚集拢来算账了，人们说，明天头头就来。另外一些人得到钱了，他们却什么也没捞着，站了一会儿，走开了。当他们来到吃饭的地方时，那里所有的人都不满，各处嚼着面包的人们都聚集到街头来了，声音嘈杂，秩序混乱，威胁着要到官方去告。回答他们的是："告去吧，在森林里有许多树条可用来抽打。到时候，你们就不能吭声了。"到傍晚，出主意的人开始劝大家散开回去，告诉说，结算将会使大家皆大欢喜。工人们散开了，他们通宵小声地相互议论，出主意的人骗了他们，他们从主人那里得到了钱，背叛了大家了。第二天，来了一个官员，他走向人群，问他们对主人是否满意，谁也没吭声，大家都等着点什么。官员在工厂里走起来了，事情落空了。他走遍了整个工厂，甚至房顶下都去待了一会儿，看看有否对健康危险或有害的东西。肥头大耳的商人安排得很巧妙，但是中间出了点事。本来人们已经散开了，但当一个老头在扬水机旁向官员告主人的状时，5分钟内，消息就传遍了农村。"小伙子们，走，去告主人的状去。"大家都重复着说。当官员从工厂出来时，人们都到齐了，开始纷纷告状。官员发火了，当请他去吃早饭时，他拒绝了。他说："波克罗夫斯基的事就像一块骨头梗在我的喉咙里，真不舒服。"管理员勉强说服他走进账房，马上开始讲道理，他激烈地证实，和工人清不好账不能怪主人，没有可能好好付钱，因为我们自己没有得到应该得到的钱。人们欠主人的工厂两万钱的债，但没有可能把这些钱收回来，因为警察没起作用。他们给官员看期票、账单等等。官员安静下来了，他给小官吏命令一定要追偿所有这些钱，并命令管理员一定要给工人付清钱，还亲自向工人宣布这一点。官员走了以后，我们的主人公的一切希望全落空了，他们再坚持了两个星期，跑了。但是，他们的努力没有成功。他们又被叫回来了。这时，波克罗夫斯基本人在工厂，他把他们叫到身边，吩咐美美地给每人一杯伏特加。他说："你们在这里很难受，会好起来的，待下去吧，给我干活，我不会亏待你们的。"第二天，不派他们去挖沟了，而是让他们去当司炉了。他们对这工作很满意，这里可不比挖沟，挖沟的活可糟透了，这里的活是排着队干的，干上一会儿，休息一会儿。除此之外，早先的司炉得到了相当数目的工资。但是，很快他们就失望了。司炉的活是个重活。站在火光前面是这样的热，根本使人受不了。哪怕是寒冷刺骨的气候，你要是走到风里去，根本就不会觉得冷，只会感到轻松。光脚丫子踩到雪里，你都感觉不出来。可以在寒冷中待好久，你只会感到自己很轻快。人会突然感到极不舒服，脑袋发晕，全身软弱无力，只能勉强站稳脚跟，或者忽然感到手脚酸痛，继续几个钟头，一到火光跟前又会过去。有时酷热使人极度难受，简直是浑身乏力，根本吃不下东西。有时人睡着了，早晨醒来就跟水耗子似的发冷，冷得浑身打战，就好像得了寒热病。这玩意儿的结局有时是极其糟糕的：无法医治的风湿症、寒热病、热病、眼睛痛得要命，要是瞎了，那是没有什么可奇怪的。我们的主人公渐渐地饱经了一切，天知道，他们是怎么回事。是他们厌烦生活斗争了呢，还是由于经常的倒霉使他们的精神垮了，他们只是用安然的忍耐忍受一切，似乎

他们没有任何保护自己的手段。话又得说回来，这还是个问题，他们是否具备这些手段。他们知道得很清楚，寻求保护是如何地困难。去告状吧，他们首先可能就得承担责任。也许他们可以威胁说，假如继续这样压迫他们，将把工厂给烧了，但是他们是太恭顺了，不可能讲这种话或将类似威胁付诸行动。而假设他们不守规矩一些，那么这可能会不仅无济于事，反而彻底把事情弄糟。更有甚者，他们轻率和不发达到如此地步，根本就没考虑过类似的生活对他们的健康危害到什么程度。我们祖国的最大不幸之一在于，我们的工人根本不考虑自己的健康，根本不害怕那种虽然是逐渐地但却是经常地损害他的活力的工作或境况。我们的主人公经常感到自己有病，有时他们感到骨头酸痛，有时发冷，但他们仍然没有想一想，这些不幸的根源何在。九月底，波克罗夫斯基忽然停止一切活计并给所有的工人付了钱。建议我们的主人公留到冬天，条件是把沟挖完。对他们说服道，现在活计会进行得顺利得多，他们再也不会跌进水坑里去了，甚至答应在结账的时候就给钱。人们不怕他们会拒绝，知道他们没地方可去。他们用这种可怕的恭顺的方式为自己铺平通往复活的道路，他们可以整年在室外忍受着。在工人结账的日子仍然没发给他们钱，而是发给他们暖和的衣服、砖茶等实物。他们把东西取回到自己简陋的角落，上了街，待在一块。假如他们不待一块，那么和谁去做伴呢。他们是那么地为世人所侧目，是一些不幸的受鄙弃者，是一些默默无闻的谁也不会注意的受难者。他们站着，看着，和往常一样地沉默着。周围的人们在狂饮，穿着丝绸连衣裙和皮毛服饰的姑娘上街了，戴着花头巾的妇女上街了。音乐、舞蹈、喧哗、嘈杂。喝醉的服饰华丽的小伙子大声地唱着歌，那里人们在赌钱，这里人们在荡秋千。各种各样的人都在结账时得到钱，都把钱花个精光，都拼命表示自己比谁都慷慨大方。世界，以其全部的美妙和迷人，大大地敞开了自己的大门。我们的主人公的恭顺是无边的，但他们仍然泪流满面。是他们没有劳动吗，是他们没有遭罪吗？在所有这一切以后，他们还是没有可能乐一乐，哪怕是一天，哪怕是一个钟头忘掉自己的痛苦的受压抑的命运也好啊。在悲痛的眼泪以后出现痛苦的阴沉的沉默，胸中沸腾着仇恨，每个人的脑子里转动着凶恶的念头。一个人想："是否把工厂给烧了？"另一个考虑："今天，到晚上某人会把这个工厂给烧掉。"他们机械地一下子站了起来，分散到各个角落里去，为了在墙壁后面可以看不到诱惑。过了一个钟头，他们当中的一个人忽然出现了，手里拿着一俄升酒。大家都问他："从哪里弄来的？""从主人那里弄来的，我还藏了一瓶，主人真不该一下子把酒分光。"他们喝完了一俄升，再继续喝。他们狂饮着，直到把弄来的酒都喝光。第二天派他们去干活，上工没衣服可穿。他们是如此珍惜所得到的冬天的衣服，好像非流浪者的工人一样，舍不得穿新的，穿着什么算什么，就去上工了。在高温环境下娇养惯了的身体在寒冷中冻得发僵。在半冻的脏泥和水里，工作进行得不顺利。除种种不幸之外，他们当中的一个人，由于不灵活，滑倒了，并开始在污泥里往下沉。他们用自己冻僵了的手拉他，反而陷得更深了。本来开始应该用一些树干固定一下的。最后，当把淹没的人拉上来时，他已经死了。当波克罗夫斯基知道这件事以后，他吓坏了，吩咐立即赎回他们典当的东西。第二天他决意把它们都还给我们工人，让他们用 8 个卢布来赎，都上了账。但是，这一次似

乎命运本身使我们的主人公不得安宁，下决心要彻底得到它们。赎回的东西堆放在账房前面的过道屋里，我们的主人公下工回来，看到了它们。他们当中的一个人说："这就是我们的财物，我们为它们花了50个卢布，为了它们我们的筋都拉直了。而主人用6个卢布就全部把它们拿了回去。"晚上，闹开了，有人大喊："有贼！"一大群人奔到森林里去了。我们的主人公也受了惊，但他们只是3个人，第四个人找不着了，他正是傍晚曾指着他们的被主人赎回来的东西那个人。过了一些时候，他们看见了自己的伙伴。人们把他弄回来了，他的脑袋被打破了，血哗哗直流，在他后面，人们抱着主人赎回来的那些东西。他曾想把这些东西偷走。人们把他放在床上，助医张罗了老半天，但是已经没有用了，当晚他就死了。波克罗夫斯基更怕了，下令立即和剩下来的人算清账目并把他们弄到远离工厂的地方。这就是劳动和忍耐的果实，这就是所达到的目的，这也就是自由和有保证的生活的前景。一切都像烟似的在一分钟之内消失了，这一切是花了如此巨大的牺牲和努力得来的啊。"这是为了什么啊？"他们失望地唸叨着，捶胸顿足地哭着。管理员忍受不了他们悲痛欲绝的样子，到波克罗夫斯基那里去试探一下，看是否能为他们弄点什么好处。结果发现，波克罗夫斯基是用特殊的有偏见的眼光看待他们的。他发现，这是一些伴随着不幸的人，他们说不定会给他的工厂招来不幸，这一类人最好是让他们待在离自己资本中心远一些的地方好。管理员不想反对，的确是有危险的。将来遇到不幸事件，得归咎于他的建议了。流浪者的阴沉的绝望不仅只是使管理员一个人产生印象。他们坐在角落里，什么东西也不吃。吃午饭的人都惊恐地瞧着他们。他们忧郁的沉默的姿态预示着某种不祥，在昏暗的角落里，他们显得像某种不动的幽灵。他们专注的绝望，他们不作丝毫的抗议忍受自己的命运，产生了比那种最猛烈的威胁所能引起的更大恐惧。大家都议论开了，说工厂逃不脱惩罚，说它将成为被损害的流浪者复仇的牺牲品。工厂里到处在说："为什么要欺侮他们？为什么要剥夺他们的最后一块面包？要是波克罗夫斯基再这么干，他很难长期平安无事。"对不幸的受难者的这种出乎意料的普遍的同情好感的爆发对波克罗夫斯基产生了影响。他开始十分担心，不要吃这些变得冷酷无情的人的亏。这种担心的恐惧克服了他的迷信，他取消了自己的决定。他下令还给他们衣服，他是这样地天真，以为他给了他们恩惠。实际上结果并非如此。我们的可怜人经受不住由司炉的活计转到在潮湿的秋天在沼泽和严寒中干活，他们所有3个人最后都因病被解雇了。他们仍然逃不脱苦役！冬天，他们带病穿过原始森林并在苦役营里结束自己的道路。但是，他们不是到苦役营里生活来的，而是来死的。红头发的人和黝黑的人，两人过几天都在苦役营里死于伤寒。幻象实现了，他们不再是现世的人了。就是没有幻象，我也会预告他们会有这样的结局。

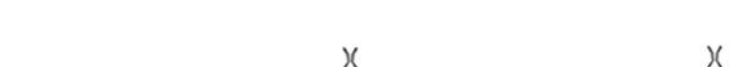

我讲这个故事是因为，在这故事中我看到了最好的甚至是唯一的方式能给读者明白地描绘出流浪工人的境遇和感情。他的命运，甚至在最幸运的情况下，也不会比上面讲的好多少。他必须干最繁重、有时是最危险的活。相毗邻的金矿地段吸引着金矿主，为了从那里采矿，首先需要消除界标。用谁去干这件活？最好是用流浪者：流浪者习惯于愿意廉价地去干危险的事，他的境况多半是这样的，即转到苦役营里去只是使他的命运稍差一些。即使在他有幸安顿自己的事业并享受福利的时候，他的命运也并不佳。只要他暂时还是凡人中的最不幸者，至少谁也不会用贪婪的目光来看着他。如果他安顿了自己的事业，弄到了房子，对他来说，另一种类型的灾难就会临头。特别是在西伯利亚，在工厂附近可以看到一些建造在公家土地上而不是工厂土地上的房子，这些房子是在工厂工作的流浪者的财产。可以肯定地说，关于这些房子中的每一座房子都有一份清单，这份清单像是肺结核，它从房子主人那里吸取能给他以福利、健康和力量的一切油水。这份清单使得他变得对所有想剥削他的人来说那么地恭顺和非常地好说话。不管他是多么地善于经营和幸运，他从来不可能积攒大量的财富。人们注意到，最正直的流浪者经常是不可靠的，把一大笔钱交给他代管经常是危险的。我听到过一个事件，在这事件中，这一现象的原因暴露得非常明显。一个流浪者，他在商人的账房里工作，长期以来被认为是最可靠、最正直的人，偷走了 25 000 卢布，逃走了。他的生活由安定而有保证的状况变成最不能忍受的地步。他逃到了北部原始森林的乡下，这里不知道有什么大车，周围没有任何道路。在这里，他竟到了只得饿死的地步。为了拯救自己免于饿死，他必须自愿地把自己交到司法机关的手里。他坐了牢，忍受不了自己新的境遇，自杀了。熟悉他的人对他的行动感到十分惊奇，当他们知道了他的可怜的处境以后，不能不对他表示同情。临死以前，他对他们讲了心里话，他对他们解释说，他在自己生活中不得安宁，他的境况愈改善，内心的折磨愈增加。他越习惯于在富足的商人家里的完全有保证的办事员的生活，越使他害怕转到他从未待过的监狱里去。从他手头有了一大笔钱以后,他的自我斗争一天比一天变得无法忍受。他从来不想过比在账房里更好的生活。但是,他觉得,当他拥有许多钱,他将使自己免受一切偶然因素的侵害。可是,一旦他偷了钱,他发觉了自己的错误,他差点被诱使干更残忍的罪行。他在自己掌管手下有一个人,这个人想揭发他,他受到了要打死这个人的强烈的诱惑,但他克制住了,扔掉所有偷来的财宝,逃进了原始森林。他想在那里离群索居,做个隐士,向上帝祷告。这个打算原来是个根本不可能实现的幻想。看,眼前这个人,他非常信仰宗教,本性倾向于正直,由于各种不幸情况的凑合,落到了流浪者的地步;尽管他有很大的才能,这种才能引起那些文化教养粗浅的人对他难忘的尊敬,他还是变成个小偷,差一点没走到杀人犯的地步,最后以自杀结束了自己的一生。任何一个坏蛋不仅可以骚扰这一类人,还可以使他成为十足的不幸者。一个农奴,由于阻止自己的地主强奸自己的老婆,为此被地主打发到西伯利亚去。(不幸得很,过去在俄罗斯碰到过这类事情。)他的妻子忍受不了西伯利亚的生活,劝说他跑回俄罗斯。在俄罗斯,他安稳地生活了12年。他的妻子仍然还是个美女,不幸使另一个地主着了迷。但是由于她不能使他如愿以偿,地主开始迫害她的丈夫。当被发现他是流浪者,他的房子和财产都化为乌有,全家悲惨地死去。曾经有过一些例子,流浪者的境况使得正直的人变成怙恶不悛的罪犯。在一个城市里,有一个铁匠需要一张身份证,他照例寄回家的钱比得到这张身份证所需要的钱多一倍。给他回信说,他还需要再寄这么多钱,他寄去了。以后又得到一封信,说他需要交10个卢布的欠税,他寄去了。接着,写信告诉他,他还需要

交 15 卢布的兵役费，因为他被抽着当兵了，应当自己出钱雇人代替。他不得已又得寄去了 15 卢布。同时，他又花去 5 个卢布，要求延期，延期的期限过去了，他还是没得到身份证。过了一些时候，他得到一封信，人们要他再付 13 卢布的某种欠税。他看不到这件事什么时候将完结，拒绝再寄钱。某次，警察局威胁了他一下，他吓坏了，跑了。经过各种苦难以后，他在一个遥远的大城市里定居下来。事情进行得并不太好，但饭还是能吃饱的。不幸他被视为是个富有的人，四面八方都贪婪地注视着他。吝啬鬼和穷人是难以区别的。他开始落入了最为难的境地。结果弄成这样：他自己一昼夜没吃东西了，人家还跟他要钱，他开始说服他们，说他自己在半饥半饱的状态下生活。人们哈哈大笑，接着开始威胁他。他连想都没想过要购买偷来的东西，而人们要他相信，他早已这样干了。果真不需要假定流浪者会干一切坏事吗？他是个铁匠，那就是说他购买偷来的铁，经过加工把它出卖。自愿不自愿地他开始干这类事。开初，他是那么害怕购买偷来的东西，以至浑身发颤。当小偷带着这类东西进来时，他晚上吓得睡不着觉。以后他习惯了。他这里还设置了侦查业务，最后，他这里成了窃贼和骗子的巢穴。他和以前一样以富有闻名可能并不是没有根据的。从他的屋里往外通一条地道，而在街道的中间建立了一个地下仓库。落到这座房子里的东西就永不复返地丢失了。他由一个羞怯而温顺的人变成一个大胆而活跃的罪犯。看，我们这里这一阶层的人经受着什么样的考验，他们由于自己意志的薄弱，很少能经受得住考验！是否还有可能消灭流浪现象或者在多年期间阻止大量的人处于流浪者状态的事实，多年的经验证实，这是完全不可能的。还可能有什么会比像我们的流浪者工人的状况那种委靡而漂泊不定的状况更坏的吗？在文明的和福利更多的国家里，根本不向人索取身份证。只要他不犯罪，他可以安然地享受自己的公民权利，谁也不会问他，你的身份证在哪里，你怎么可以住在这里或那里。我们的行政机构一方面心目中看到这一点，另方面看来看到了用严厉的措施不可能根除流浪现象，挑选了一条中间道路。对流浪者，特别是在西伯利亚，不怎么追缉，或者甚至根本不追缉，只要他不去犯罪。但是，这么办，事情并没有完，流浪者还是没有身份证，他和从前一样被隔绝通往获得正直而牢靠的福利的道路，四面八方把他推向穷困和恶习的道路。最好是，开始干好事的行政机构不要在半道停留，而继续走下去……有人需要付钱，那么向他拿，卖掉他的东西；不需要向他拿什么，那么让他去吧，让他走向广阔的天地并用正直的劳动为自己挣钱；阻拦他通往正直劳动的道路，什么好结果也不会有。有必要惩罚某人，而为了他免受惩罚，要为他杜绝所有的途径。做不到这一点，什么也办不成，让他正直地在自由中生活，这比多年拖着虚费时间的麻烦事而推向犯罪的道路要强。

第二章　西伯利亚的农民

这就是有名的叶尼塞斯克，这个一千零一夜故事里的城市，关于它流传着如此大量的难以令人置信的传说和故事，在这里人们积聚了几百万，突然又在瞬间完全消失。我带着紧张的好奇心在稀疏的森林之间驱车而行并等待着叶尼塞斯克街道两旁的房屋在我眼前左右闪烁而过。当我亲眼看到这一西伯利亚的工业中心的时候，我开始感到，最好说是完全感到失望。当我驱车到西伯利亚的第一个城市彼尔姆省的秋明时，我真没想到，这是一个非常好的城市。它延伸到 3 俄里以上，它的许多石头房子装饰着图拉河的堤岸。看样子它是富有的工业居民的第一个代表。我想，在西伯利亚工人也许真的过着好日子，也许甚至比俄罗斯还要强。至少一些城市是富足的，也许工资也是高的。从托波尔斯克我就已经开始失望了，对于一个省城来说它是差劲的，它比秋明稍微好一点，可是这是西伯利亚各省中居民最多的主要城市。后面接着的是鄂毕河上的苏尔古特与纳雷姆，这些城市可以与俄罗斯的贫困的乡村相比较。两三个商人和商业经纪人，几个官方人员，一个牧师和几家住户——这就是在那里能够看到超出贫困限度的一切。沿着伊尔库茨克大道遇到所有可怜的城市，其中最宏伟的建筑物就是监狱。在托波尔斯克与托姆斯克之间有一个比较大的城市，这就是鄂木斯克。鄂木斯克要是作为一个县城，那是挺不差的，但是作为省长将军的府邸，那就是一个可怜的城市。在秋明之后第一个不带有贫困色彩的城市是托姆斯克。这个城市相当优美地伸展开去，但是它没有一条铺好的街道，虽然沿着整个城市的托姆河河岸布满了小石子，不需要经过任何粉碎加工就可以用这些小石子铺一条漂亮的公路！在这个城市里没有一座石头房子是带三层楼的，而在两层楼的房子当中似乎只有10座带有一排7个以上的窗户，三分之二的房子是半层楼的。在基希涅夫一座石头房子要住34个人，而在比萨拉比亚省的7个城市中每座石头房子要住46个人。在托姆斯克一座石头房子住220个人。在托姆斯克省的7个城市中每座石头房子要住425个人。克拉斯诺亚尔斯克位于多峰山区的风光之中，这些山看上去比在伏尔加河遇到的所有的山都要高得多。沿着这条河没有一个地方的风光能与克拉斯诺亚尔斯克的风光媲美的。假如从叶尼塞河的河岸区看这些山，那么叶尼塞河就会由于宏伟的环境而失去自己的壮丽，假如从山上眺望克拉斯诺亚尔斯克及其四郊，那么这个城市在自己美妙的环境中就显得像个可怜的农村。它的可怜的石头房子和四五座教堂似乎只是为了多少去除一点它的乡村外表而建立起来的，但是它们达不到这一目的。尽管城市建造得正确并位于很方便的地方，但是从山上看去，它的木头房子是如此地像农民的建筑物，怎么也无法从初次印象中摆脱，它仍然像一个大的农村。在西伯利亚51座城市中有24座没有一座石头房子，在9座城市中没有3座以上的石头房子。叶尼塞斯克比克拉斯诺雅尔斯克稍为差一些，可能甚至还属于好的县城之列，但是关于它的富足的传闻却原来完全

是夸大的。西伯利亚人习惯于算几百万和几十万这些数，你听着他们，他们会说，在他们的叶尼塞斯克有着一些百万富翁的资本家，而几十万财富的资本家那是平平常常的了。核实一下叶尼塞斯克的百万富翁原来只有 15 万财富，而认为有 10 万资本的地方原来是 2 万。衡量一下西伯利亚的四分之三的地方，拿托波尔斯克、托姆斯克、叶尼塞斯克 3 个省来说，在全部 3 个省中有多少百万富翁？两个。一次我问一个有良心的资本家："你们赚钱赚得这么差劲，这是怎么回事？"他回答说："向谁去赚钱，在所有的人都很穷的地方赚钱是困难的。"西伯利亚的上层社会却不是这么谈论的。他们说，我们的人民是富足的，看吧，这里的农民是怎样的财主，有的农民耕种 200 俄亩土地，有 100 多匹马，它们都是良种马，是大走马；他的养蜂场里有 400 个蜂箱；一年他要砍 500 立方俄丈木头；在他的马群里马大批地生下来，没套过马具就死去了。有这样一些农民，他们的资本可能有 3 万，但他们仍然只经营一行农业。让我们来验证一下这些说法。我们从村镇的外表开始。西伯利亚人喜欢夸耀，说他们没有缺少烟囱的农舍。不仅如此，在西伯利亚不只是富裕的农舍而且是贫穷的农民的室内生活都是惊人地干净的。地板、墙壁、木炕、桌子不仅是洗过的，而且还刮过，炉灶粉刷得雪白；在富有的农民家里整个地板铺上了带花纹织物的粗麻布地毯，在中等水平的农民家里则是梳麻织的地毯，即织成这种地毯的线是由一些剩麻头纺成的。西伯利亚的第三个特点是没有树皮鞋，这单纯只是由于缺乏椴树。然而良好的印象也就到此为止了。在西伯利亚我确信了，在干净的地板上也可以像在脏地板上一样地饿死人，脏同样经常可以属于富人，就跟干净属于贫穷者一样。要知道靠近尼罗河发源地的光身子的黑人也是生活得很干净的。对于如何解释农民生活中的这一特点问题，西伯利亚人回答说：在西伯利亚不曾有过奴隶制，因此家里没有脏。但是，如果说在西伯利亚房子里没有脏东西，那么在街上可是脏得很厉害。在西伯利亚是不给田地施厩肥的，所有的粪便和脏东西从院子里倒在街上。冬天，街上堆满了冻住的粪便碎块，在上面赶车就跟在铺满石头的路上一样。为了对比可以说：西伯利亚未曾有过自治制度，因此街道是脏的。看着村镇的建筑物，不能不看出贫困，特别是如果想象到你是在森林之国中驱车而行。尽管在从秋明到伊尔库茨克的大道上村庄里也能看到一些有 7 个或 9 个窗户的两层楼的木房子，但是中间是穿堂，两旁带两间房的农舍，不仅比俄罗斯的其他地方要多，比可怜的农舍要多得多，而且房子的建筑样式也具有贫穷的特色，没有什么雕刻。这不仅是和俄罗斯中部的建筑比较是如此，而且和像科斯特罗马与沃洛格达这样的省份比也是如此。在一个院落里建筑物的数量少这一点也使人感到惊讶，特别是要是在几天前经过维亚特省的话。一个房间带 3 个窗户的房子及简陋的小农舍不仅过分经常地可以遇到，而且还能看到西伯利亚的一个特点，这就是房子完全没有屋顶，方形，只是由一些长圆木构成，中间带一个窗户，周围则一贫如洗。这种房子给人产生如此赤贫和可怜的印象，很难给它找到一个合适的比较。在离开大道的地方和原始森林中两层楼并带四个窗户和两个穿堂的房子就算是最奢华的了。甚至经常有缺少屋顶的房子，这种房子是低矮而狭窄的住处，这是直接等同于野兽洞穴的中间阶梯。最后的房子与野兽的住处毫无区别，可能与熊穴的差别并不大。尽管

西伯利亚人吹嘘没有缺少烟囱的农舍，但是冬天，我在西伯利亚农村各处行走，我经常看到从开着的农舍窗户或洞口里冒出烟来，这就是说那里的空气是不太干净的。两层窗框是罕见的，经常看到用牛尿泡代替玻璃，农舍里就跟监狱里一样，总是昏暗的。越往东去，越是看到贫困。最后，在西伯利亚大量的农业工人使我惊奇，他们远比俄罗斯要多。我不能不怜悯地看待这些人们，尤其是当他们有妻子和孩子的时候。他们是如何痛苦地埋怨自己的命运，他们是如何热烈地期望摆脱自己的境况，而能摆脱的希望是极其渺茫的。我永远忘不了我在西伯利亚得到的初次印象。我是在冬天的二月份去的，所有活物都染上了一种消极情绪，似乎全认为自己是毫无希望的死者，这使我惊奇。当你沿途在带铃铛的三套马车上疾驰的时候，路上躺着一条母牛，它一动也不动，三套马车差点没压死它；赶车人恼怒地用鞭子抽它，它像一块木头，连耳朵都不动一下。生病的小孩穿着一件衬衫，光着脚，在寒冷中坐着。我对母亲说："您怎么搞的，您的小孩会死的。"她带着无望的冷漠回答说："管他哩，我们是养小孩的人吗？"在这种沉重的锁链锁住一切的气氛中，到处可以听到："我们用不着期待什么好事，坏得不能再坏了。"当时我不明白，所有这一切意味着什么。我力求相信这些初次的印象是假的，但是我观察得越多，我对这种无望的消极情绪的特征的含义认识得越清楚，这种情绪在麻木不仁的深渊中以同样的重量压在人们和牲畜的身上。我初次获取的印象越来越深地印入我的脑子里。结果我猜透了这个谜——在我面前是冬日饥饿的阴沉形象。以后我不止一次地重新遇到这些阴郁现象。春天我在西伯利亚各处走，我有时要走几百和几千俄里，留神地观察着

所有我遇到的妇女和儿童的脸，几乎没看到一张脸是具有健康和满足的气息的，不断地碰见力气衰竭的明显迹象。我忧伤地看着那些不幸的牲口，它们成群地奔向一点点干草，只有用最费劲的手段才能赶得动它们。与此同时我是如何经常地听到关于由于得不到饲料，牲口在春天大量死亡的传闻。要是这里对人的谈论也像对牲口那样注意的话，可能人们也会谈论儿童和妇女的死亡的。

*　　　*　　　*

在靠近额尔齐斯河河口，鄂毕河在我眼前宽阔地美妙地奔流着。它的永远平整的长满森林的河岸有时几乎没入水中，有时则高耸在空中，就像是永远变化着的布景；一部分河岸突出了，另一部分移动了，各种花样无穷无尽。要是鄂毕河有着多山的河岸的话，那么它的水就会失去好多宏伟景象。而现在这不是河，而是海，但不是一望无际的永远单调的海，而是围着经常变化的绿壁岸边的海。甚至这些水的永远的荒凉也给人产生某种尽管是忧伤但是富有诗意的印象。一个浪头追逐着一个浪头，看着它们无休无止的追求，在想象中出现了古代宗教史诗的形象——这些浪头似乎是命中注定要永远相互追逐而又总追赶不上的某种有生命之物。看，某种活物出现了，好像是一条小黑蛇在波浪之间游动，这条小蛇变成了一只小船并向我们靠拢过来。我感到某种奇异的兴奋：走了几个钟头，既没有鱼跃，也不见鸟飞，忽然间却在浪涛之上出现了活人。这是一个农民。我问他："你在这里过得怎么样？"他回答说："关于我们的生活不值一提，比我们生活更坏的全世界都找不到：晒晒鱼，拣拣榛果，这就算是全部的行当。在我们的土地上，既不能耕也不能种，官方知道，没有人再比我们更穷了，所以向

我们抽的税远比种地的要少。”我看了看自己的交谈者，又看了看西伯利亚小官，他刚才还在吹嘘西伯利亚农民的富足。他明白了我的目光，说：“您还想在这么北部的地方寻找富足吗？您到南部的米努辛、比斯克、库兹涅茨克或巴尔瑙尔各州去看看，就可以知道什么是西伯利亚的农民。”说到做到，我已经在库兹涅茨克了，并到四郊各处走走，目的是为了了解农民的生活。首先使我惊奇的是财富的自然资源的丰富；土壤肥沃，长满了植物；能为牲口提供极其丰盛的饲料的芬芳的牧场；即使的确过分娇嫩的作物，如荞麦，经受不住寒冷因而种得少，庄稼地也提供极好的收成。这里果真是没有财富吗？至少这里的农民应和美国的农民过着同样富裕的生活。这儿有的是森林、牧场、整块的耕地；似乎不管你想耕种、收割、砍伐多少，仍然给邻居留着丰盛的东西。不管你饲养整群牲口，也不会因此挤掉谁，得罪谁。养蜂的地方是最方便的。河里和湖里长满了味道鲜美的各种鱼。森林、湖泊、低地充满野味，一对大鹬值四个戈比。野兽同样多得很。建筑有松树，做木制器皿有很好的树——雪松，制砖有罕见优质的黏土。水很丰富，甜美，干净得有如水晶，一部分水甚至以其有益的特性而著名。浆果——马林、草莓、蛇毒、岩悬钩子等非常丰富。在地下深处埋藏着大量的财富资源；煤是如此地多，有的地方它比普通的黏土还便宜，60个戈比就可以买到一船煤。大自然也没让库兹涅茨克州缺少铁与金属。还需要向大自然索取什么呢？大自然如此富足的国家多吗？在这样的环境里却生活着不幸的贫困的居民。很大一部分农民的住房是极普通的，没有屋顶的简陋农舍是很经常的现象。农民只能勉强地一半地保住自己及家庭免受寒冷与坏天气的侵袭。

他的牲口则没有任何保护，马厩是极例外的，全部牲口生活在露天，除开栏栅与一点点敞棚之外，没有任何保护寒冷和坏天气的措施。在这种情况下它必须处在零下40摄氏度严寒之中。小牲口根本就经受不住这种生活，因此很少遇见，甚至猪也少。[①] 尽管农民的牲口数量不多，还是经常弄不到干草和用场很大的禾秸饲料，由于饲料不足，牲口经常或是饿死或是便宜地卖掉。在整个地区普遍的贫困是这样的严重，牲口根本就不是放牧的，知道放牧牲口技术的人很少，官员和商人根本就找不到那种能把他们的牲口组成牲口群的牧人。这一现象的原因在于普遍的贫困。这可以从这一点看出来，只要地方刚刚变得富足一些，马上就出现放牧牲口的习惯。在肉贵的地方，在大量需要肉的地方，比如，叶尼塞斯克州，农民已经花得起费用，能够给牧人付得起钱。要是在库兹涅茨克州他就得因这种付款而破产，因而他用不需要花钱的公共自然放牧制来代替它。围上一大块牧场，有时达10平方俄里，牲口就在这块牧场内来回走动，由于围场工作是在劳动之余干的，因此他不需要什么费用，但是它保护得很差，牲口越出场地，渡过了河。它破坏耕地，不回家，挤奶是那么地困难，以致大部分奶牛的奶很快就枯竭了。牲口经常完全丢失。贫困影响农民保住牲口，并由于这一贫困原因，他能够饲养的牲口所给予的畜产品很少，而且提早死亡。由于牲口少，全部畜产品出售以后都用来支付租和税。农民很少吃肉。少数农民甚至只有在冬天过节时才能吃到肉，夏天

① 一个和解中间人对我说，在某乡农民请求他允许他们宰猪。原来，由于牲口很少，某个地方官禁止他们屠宰牲口，希望借此能繁殖牲口，结果当然是另一个样子，那些已经不需要牲口的农民，开始把牲口便宜出售。

根本就不吃肉。当农民根本就没有任何东西可以付租税时，就在夏天宰牲口，他力求尽快地把肉卖掉。没法卖掉的部分则全家白天黑夜地吃，为了尽快地吃光它以免坏掉。这种时刻农民的全家看上去是很可怕的——人变成了某种吃人的生番，就是当狼扑向死尸的时刻也不一定会表现得如此贪婪。他们像一群饥饿的乌鸦向肉扑去，狼吞虎咽得难以想象地多，肉对他们来说显得如此地宝贵，以致他们时刻深怕哪一小块肉损坏了或白白地丢失了。他们在白天已经吃得过饱了，晚上还一再地起来再吃。他们吃鱼吃得比肉还少。在斋期，他们的全部食物由面包、格瓦斯和萝卜组成。他们的斋期整整有半年。他们当中甚至那些被认为是富足的人所吃的食物都是如此粗糙，以致完全不能保持他们的力气。这种食物必定会导致受过教育的人的死亡，外国工人的肚子会根本无法消化。西伯利亚人吹嘘，西伯利亚农民用小麦面包代替黑麦面包。虽然这是不确切的，不过的确在西伯利亚人们吃小麦面包要比俄罗斯的某些地区吃得多一些。但是在俄罗斯的很大一部分地区人们吃小麦面包吃得和西伯利亚一样多。西伯利亚农民吃的小麦面包不仅不比黑麦面包好，而且还更坏，它是酸的，没有营养的，有害的。这种面包里头有如此多的杂质，难以消化的东西，为了使它易于消化，至少需要剔除一半。为了使大家对西伯利亚农民在小麦粉名义下贪食的可怜的麸子与易消化的小麦粉之间有着何种差别有个概念，我告诉大家，在西伯利亚，后者比农民食用的面粉要贵5.5倍，更何况这种贵的小麦粉仍然只能做差劲的面包。好的小麦粉，比如萨列普塔移民所吃的那种，在西伯利亚谁也没吃过，连看也没看见过。在英国，那些认为牛肉是美味的人被看成是最末等的工人和可怜的穷人，我们工人吃的那种黑麦的和小麦的面包，英国的工人是不吃的，他将用它们来饲养猪或马。但是，要是英国工人知道，对西伯利亚的可怜的农民来说，就是这种面包还算是美味，他吃着好心的主人不愿给自己的马吃的食物，他们会说些什么呢。对他来说，吃面包太贵，1 普特面包值 17 戈比左右，他就吃燕麦、土豆、白菜、大麦。1 普特燕麦值 8 戈比，土豆 5 戈比，大麦比燕麦便宜。大麦是如此地硬并不好消化，甚至对于马的肠胃来说都是有害的，一般给马吃的时候要掺进一半燕麦。可是农民却认为大麦米是美味。大麦米的价格是 1 普特 20 戈比。西伯利亚中部与俄罗斯北部食用的大麦面包如果是烤得好的，并完全是新鲜的，似乎比小麦面包更好吃，但很快它就硬得像块石头，这时就很难说是泥土还是这种大麦面包更为营养。农民的孩子经常是饿着肚子的，当他们能吃饱黑麦面包的那一天就认为是最美妙的节日了。当农民的男孩或女孩偶然遇到机会到富裕的商人或官员家里当佣人的时候，他们贪食极其大量的面包，他们带着天真的贪婪扑向面包，有时儿童就是如此扑向美味和甜食的。我曾经观察过在类似场合下的一个小女孩，她一天吃下 8—10 俄磅面包，她的胃经常由于负担过重而失调，她坦率地承认在此之前她从来未曾吃饱过肚子。奶婴的命运最悲惨，由于母亲吃的伙食太差，母奶很少有好的质量的。在斋期，格瓦斯、葱头、萝卜在伙食中起着如此重大的作用，因为这一点，就是最健康最强壮的妇女的奶汁也必然遭到破坏。在农民妇女中间，健康而强壮的是极少数。比如，应当知道农民的格瓦斯究竟是什么东西。这种饮料对农民来说是必不可少的。没有这种对胃如此强烈和刺激的东西，他就会没法消化粗糙的食物。但是由于他缺乏足够的面包来制作好的格瓦斯，他只得

让浓的格瓦斯发酸到极度，因此做出了某种类似加了水的过酸的醋的东西。很难找到比这种饮料更令人恶心的东西了。我们不幸的农民用罗马人招待受难的耶稣的饮料来解渴。一旦妇女的奶水不足或完全没有，这是很经常的，婴孩就会遭到死亡，甚至那些富裕的父母的婴孩也是如此。众所周知，在甚至保持一切卫生条件下的人工喂养的情况下，小孩要比母奶喂养下多死四倍。这只能在那些很早以来就养成习惯的地方才能成功，为此还需要在母亲中间流传喂养必要的经验，可是在我们的农村，什么卫生条件也没有，对小孩碰到什么喂什么。穷人家里一般都是没有牛奶的，这时让小孩吮吸塞着黑面包的橡皮奶头，并用格瓦斯来代替一切食物。这就难怪在这种饮食下小孩总是不健康的，并且每天用自己无休止的喊叫使自己的母亲极度烦躁和绝望。这就是为什么对一个当农民的母亲来说小孩的死亡与其说是带来痛苦，还不如说是带来快乐。在这种环境下经常遇到这样的母亲，她生过 13 个甚至 19 个小孩，但没养活一个。不需要喝母奶的孩子的境况也不更好，人们用开水煮透的麸子粥喂养他们。成年的穷人也经常食用类似的粥，这种东西是被富人用来喂猪的。工人的衣服并不比他的食物好。在西伯利亚不生长椴树，因此没有树皮鞋，皮鞋则很贵。那里遇见的皮鞋无比地粗陋，比最粗陋的长筒皮靴还差劲，这种鞋叫做勃罗特尼。[①] 它们极其便宜，但是即使是这种粗陋的差劲的皮鞋

① 在西伯利亚皮革制造技术的水平很低，西伯利亚的皮革比欧洲俄罗斯的皮革差得没法比，它很容易就破裂了，并且穿的时间不长。皮革生产占全部西伯利亚工厂生产的一半，但它仍然只等于喀山的皮革生产，虽然喀山省的居民要比西伯利亚少四分之三。喀山的工厂生产要比西伯利亚的多 25%，也就是说，相对地要多出 4 倍。

对农民来说也仍然是过分贵重的东西，因此女农民几乎总是光脚走路，男农民则很经常光脚走路。穿皮鞋的小孩是少有的例外，夏天和冬天都能看到他光着脚在外面跑。看着这些孩子光着脚，衣不蔽体，在严寒中颤抖并含着痛苦的眼泪跑进了父母家的门，不能不感到可怕。在这些地方遇见在严寒中鞋穿得像样的农民多少是个例外。在西伯利亚，人们穿着带有硬得像木头的俏皮膏的长筒毡靴，然而对穷人来说，这种毡靴仍是奢侈品，他要获得它很困难。有时他给自己制作某种厚粗麻布像长筒靴似的衣服，里面塞进碎屑，然后用透针缝住。西伯利亚乐观主义者们甚至吹嘘这种原始森林的服装。在西伯利亚严寒中能保住自己健康的唯一上衣是里外两面都是毛皮的皮袄。把山羊皮、雪豹皮或鹿皮弄软，用它来缝制外面露毛的皮袄，穿着这种好的皮袄就是最刺骨的寒风也感觉不到冷。差一些的皮袄只有一张毛皮，没有任何里子，值五个银卢布以上，因此穷人是穿不起的。在西伯利亚绵羊繁殖得很少，因此很大一部分农民不可能有羊皮袄。由于同一原因穿呢绒的农民也很少。他的所有这一切都被大麻纤维制的短外衣所代替，这种短外衣是由极差的原料制成的，而且刺很多，它们可以使手扎痛。经常在零下 40 摄氏度的严寒中可以看到穿着这种短外衣的农民在野地露天里。他穿着套在外衣上面的大麻制的宽大的裤子去上工，冬天他经常穿着这样的衣服在水里工作。男农民的衣服不够穿，而女农民的衣服则更少。冬天，她冻得发紫，冷得发抖，没有皮袄，只穿着一件萨腊范和一件完全不令人满意的短外衣在街上跑。因此女农民在冬天都是或多或少不健康的，可以走上 1 000 俄里而看不到一张健康的妇女脸孔。这里孩子所遭受的命运仍然最为

悲惨。穿得暖和而足够的孩子一定是富有人家的，在他周围聚集着一群穷孩子，他们穿着最可怜的破布条，穿着母亲扔给他们的破衣烂衫，这种衣服一只破袖子比整个孩子还要长。这群孩子只是靠自己的活泼和经常的活动才没有冻死在街上。对于冬天的农民的孩子我除了知道他用搓拳头取暖、两脚跳来跳去之外，几乎无法想象他还会有另外的样子。这种境况的结果是经常着凉、沉痼的风湿症、牙痛、经常的肺炎和其他严重的疾病。吃奶的孩子是很必要有经常换洗的身上的内衣和床上的床单的，但他们这类东西根本就没有。在他们的摇篮里只能找到一些破布和烂衣衫，脏奶瓶损坏了他们的胃，他们躺在里面的那些尿和粪便泡坏了他们的身体。由于这一个原因死了多少孩子！小孩在经历了威胁着他的童年最初年代的一切无数危险以后，从 7 或 10 岁就开始干繁重的农活，他不仅需要耙地、锄草、收割干草，他还需要收割与脱粒。这种活有时是如此地繁重，以至他宁愿挨父亲的鞭子。为了强迫他干活，需要采取严厉的惩罚。这样的结果是提早死亡、疝气、子宫病和其他各种疾病。

这就是农民的物质状况。现在让我们来看看道德状况。在 M. 乡开了一个会，召开这个会的原因是两个房屋持有人之间的争执：一个给自己造了一座可爱的小房子，另一个想通过打官司把这座小房弄到手；邻居的贪图显然是不合理的，但是与此人有私人关系的乡长支持他。公众判决，这座房子坐落在划给邻居的地上。当事情结束以后，农民们散开了。旁观者开始与他们交谈。他说："为什么你们作出这种判决，这完全是不公正的。"农民们回答说："当然我们白白地欺侮了这个庄稼汉了，但是有什么办法，乡长要这么办。你要是不听从他的，他会让你记住一辈子。”旁观者接着说：“你们对乡长有什么怕的呢，要知道是你们自己选他的，他怎么能欺侮你们呢？”他们给了一个令人纳闷的回答：“乡长可以危害所有的庄稼汉。”旁观者在摆渡口摆渡，一个农民问另一个：“米特里，干草储备弄得怎么样了？”德米特里回答说：“储备倒是弄了，不过没有用，都发黑了。我们在晴天给老爷干活，这时下雨了，干草就弄坏了。”旁观者问：“给什么老爷干活？这里不是没有地主吗？”农民们回答说：“给我们的老爷，给和解中间人，他统治着我们。”观旁者问：“难道和解中间人可以强迫你们为他干活吗？”一个农民回答说：“不可以，但是可以吩咐我们，你就得干，他随便想干什么就可以对我们干什么。”

这种无限的卑躬屈节，这种对所有非法命令的绝对服从是从哪里产生出来的？选举出来的政权如何能蜕变为自己选举人的压迫者？只要我们深入了解一下农民的状况，谜语就可以猜透。靠种地过活的农民从1俄亩地里约可收获50普特黑麦、55普特小麦和70普特燕麦。假定他的家庭只由4口人组成，为了养活他们，需要60普特黑麦和12普特小麦；为了养牲口，他需要20普特黑麦和80普特燕麦。他交纳的代役租、地方税和乡政府开支税达10卢布。他有时得交各种临时税捐和补充仓库款及其他税达14卢布(我说的是皇族农民)。假如他得交两个半人口的捐税的话，那么他需要交22—35卢布——假定是29卢布。为此他需要出售17戈比1普特的黑麦67普特，共得11卢布39戈比；出售30戈比1普特的小麦50普特，共15卢布；出售8戈比1普特的燕麦32普特，共2卢布56戈比。一年他共需生产147普特黑麦、62普特小麦和 112 普特燕麦，除此之外，还需要有所有这些粮食品种的足够的种子。除此之外，需要算脱粒钱，付磨坊的报酬和其他开支，因此为了生产这样数量的粮食，他至少需要耕种 7.5—8 俄亩土地。在西伯利亚，虽然土地是不上肥的，但经营得很精细，耕种和收割 1 俄亩地怎么也不能少于 20 天，因此他需要花 150—160 天。西伯利亚的土地冻得很硬，只能很晚才开始耕种，可同时粮食成熟得很快，秋天开始得早。他开始干活怎么也不能早于 5 月 1 日，而到 9 月 15 日必须全部结束。如果除去一个半月的割草期，那么他总共只剩下 90 天生产粮食的日子。甚至还不能计算有这么多天，因为如果他过迟地播种，那么他就不能及时收割。因此，他大约缺少 65 天左右，也就是说，缺少五分之二以上的时间。实际上，尽管具有这些减少和扣除，农民不可能单靠一种农业劳动来养自己的家和缴纳租税。为此，他必须有辅助的手工业，或者他应除此之外从事特殊的生产，如养蜂业、流送木材等等。所有这些获利方式都是不可靠的，它们可能赚钱，也可能亏本。所有这一切的结果是缴付租税对农民来说不是一件轻松的事情。从农民身上收捐税这不是从西欧的资本家身上收捐税，西欧的资本家从自己收入中拿出 3％或 6％缴税款，农民则经常要花去自己收入的一半以上。要是让资本家拿出他们收入的 50％—60％来纳税，他们将会说些什么呢？这就很自然，征收这些捐税特别困难，不可能只用普通的财物征收法，即靠出卖农民的财物的办法来征收，这种办法之外还要加上体罚。行政当局若没有用树条赤身抽打的帮助将找不到任何可能来征收捐税，并且在这些情况下，一切取消体罚的尝试都是徒劳的。在这些情况下，采用体罚，这是不容置疑的事实。如果相信农民的叙述,那么这里有着残酷性,它使你想起在印度征收捐税时所采用的那种刑罚。人们怀着深沉的沮丧并满含热泪向我描述了这样一幅图景:一群脸色苍白的农民,一大堆运来的树条,为首的是省长或和解中间人这样的要人,他们似乎担负着如此卑鄙而不光彩的角色。当然我亲自未曾看见过这些,但是单是类似的叙述存在就足以说明,征收捐税是如何地困难。我多次亲眼看见过地方当局在征收捐税谈到农民时的那种凶横相。在这种场合,他不仅难于立功,而且甚至很难逃避上级官员的斥责,因此,只要他们一谈到农民就火冒三丈。可以想象,他们会采用何种手段!在从前,在征收捐税时,用树枝能把人抽死,我亲眼读到过当着200个目击者的面完成类似英勇行为的正式记录。在这种情况下,即使是最肥沃的土壤,最丰富的农业生产率,农民仍将是贫困的。甚至可以说,农民生产得越多将越贫困,越不幸。库兹涅茨克州的农民为了缴纳所担负的租赋、捐税和食盐消费税,无论如何需要出售400 000银卢布的农产品,库兹涅茨克市需要这类产品总共是12 000银卢布,因此,农民不管怎么说需要卖给富农和投机商388 000银卢布的农产品。可以想象,在树条抽打引起的极端恐惧的影响下,他们之间展开了何等激烈的竞争,价格被压低到难以想象的程度,尽管存在着这种神话般的低价物,库兹涅茨克州仍然不可能存在任何工业。彻底破产的农民根本买不起任何东西。为库兹涅茨克商业集中地服务的资本家住在州之外,只剩下一些官员、资本家的售货员和几个可怜的商人,没有购买者使得生产者的存在也成为不可能。如果库兹涅茨克州甚至给美国提供产品,它的居民就不会挨饿。说说这一点就足够了,农民有时用1普特14戈

比或甚至12戈比的价钱出售给富农谷物。征收捐税时采用的体罚使得农民在物质方面破产，在精神方面受到凌辱。他的全部财富落入了富豪之手，他本人被富豪所控制，富豪通过这个很容易就可以积累财富。所有农民阶层分解成少数富人和大量穷人。这些富人耕种200俄亩，有几百匹马，出售几百甚至几千普特粮食，还出售几十和几百立方俄丈木头。这些在许多方面都像是古罗马贵族的农民，一般被用来证明边区的富有，其实还不如说他们能证明贫困和破产。农民需缴纳的捐税数额是如此地大，他要是没有辅助工钱就无法纳得起税，这种工钱是经常没有的，甚至即使是有，他也很难到缴纳捐税的时候收集自己的工钱正好够他需要缴纳的数量。但是纳税必须迅速，树条抽身威胁着他，变卖家产威胁着他。在他面前是当众凌辱，在他面前是彻底破产。在这种双重恐惧的影响下，他病急乱投医，为了一定要躲开倒霉的事。一种躲避的办法是给人去干活并提前拿到一部分钱。他找到了工作，当然只有半价。砍伐1立方俄丈木头的工钱应该是1卢布20戈比，但他这样一干，只能拿到60戈比或更少；备干草的活也一样。不仅是善于趁机谋利的市民利用类似机会来准备自己的终年储备，而且更大量的是各种物资的供应者趁机捞好处。富有的农民则更经常地利用这种可怜的境况。他们按现行价格弄到供应消费品和转运沉重物资等活，然后吸收自己的可怜的同村人参加，如果在不给很多定钱情况下，他们赚20%—30%，否则，他们赚50%或更多。农民不仅是为了提前弄到钱而廉价出卖自己的劳动，甚至在他十分节俭并有着比需要缴纳捐税还有更多的产品时也是如此。在他需要缴税的时候，他找不到自己产品的购买者这一点就可以导致他破产。他不仅把1普特黑麦粉压价到14和12戈比出售，而且在找不到买主的时候，他央求富豪用10戈比或更少的价值买他的东西。所有这一切的后果是来年他更难缴得起捐税。他廉价卖掉了粮食，因此他弄不到种子下种。他应当用来赚取纳税用的工钱的时间花到做工偿还过去的债务上去了。由于他干活只拿半份工资，因此在这一年不管他如何应付也不可能缴得起税。只剩下一条路——出卖牲口，但是买主却没有，而纳税的任务万分火急，没有办法，他只得去央求富有的农民。一条价值12卢布的奶牛，富有者只肯出3卢布。农民绝望地东奔西跑，要是运气好，卖个5或6卢布，要是运气不好，就是3个卢布他也得卖掉。到下一年，他亏空得更厉害了，再也没有那些能使他半价出售、救他于困境的粮食和牲口了。他面对着土豪。无法列举土豪弄得最正派和爱劳动的农民破产的全部诡计。农民中了这些诡计的弱点要是不从他的困境中寻求解释的话，那会是令人十分惊奇的。一个相当爱劳动、有头脑和正派的农民把自己的孩子给了一个富豪，因为富豪使他相信他将写一个有利于他的遗嘱。可怜的小伙子为富豪干了两年活，连一个子儿也没有拿到。富豪焦急地等待着他的父亲的破产，并来祈求他的帮助。但是父亲及时醒悟了并把儿子要了回来。在此以后，富豪仇恨他，似乎他敲诈了他，富豪在长官面前及一切可能的地方阴谋整他，散布了关于他的可耻流言飞语并千方百计力图使他破产。这个被土豪如此整治的家庭可以算是描述库兹涅茨克州的农民状况的精彩的样板。从农民的角度来看，它算是处于十分有利的境况之中。它由父亲、母亲、最小的儿子已经12岁的三个儿子及当女工的女儿组成。他们全是一些正直、爱劳动、清

醒、非常勇敢和善于经营的人。母亲能够在城里为自己找到有利的冬天的活计，她还为女儿找到同样的活。父亲是一个最勇敢的原始森林工业家，原始森林对他来说就犹如大海对于一个老海员，他对它了如指掌，他从森林中获取所有它能给予的东西：鱼、肉、野兽、金子，应有尽有。他的 12 岁的小儿子已经以脱粒能手著称。这个家庭中的友谊与协调给人产生最愉快的印象，他们意识到自己的优越处境，骄傲地说："土豪吃不了我们。"可是，这个家庭过着怎样的生活！它住在我们前面谈到过的那种没有屋顶的方形农舍里，周围一贫如洗，这个农舍使人想起建立在鸡脚上的童话中的小房子。他们不仅没有任何积蓄，而且要是不借债就缴不了自己的捐税，这些债务至少相当于他应纳捐税的一半，他们比其他农民的全部优越性在于他们是在城里比较有利的条件下借到这些债的。

农民的境况是困难的，他经常经受着摆脱这一困境的强烈愿望，或是强烈希望减轻或保证自己的命运。但是当他陷入了这些欲望，当他想置点什么的时候，他就要倒霉了。比如，他想养蜂，土豪很快就同意满足他的愿望，但是他没有钱，土豪同意买他的粮食，当然是用低价。农民下不了决心，他害怕在交捐税时落入困境，但是土豪劝他，让他勇敢地干这件事，以后他会帮助他的。只要蜜蜂一旦转到贫农手里，土豪开始痛恨这些蜜蜂，贫农会发财这一思想使他难以忍受，他想出一些如何去损害他的花招，这一点他经常能奏效。当农民求土豪帮助时，土豪由用各种手段迫害他的敌人立即变成他的最温存的朋友和保护者。他了解他的全部需要，他随时准备着保护他，把他从困境里解脱出来，的确他对待他摆些架子，但是特别地温存。只是由于为人的心被损害这一点，土豪对他越温存，他对自己的富有的保护人越仇恨。这一温存的后果大致如下面将要谈到的那样。读者有机会参加过分摊捐税的大会吗？假如没参加过，我告诉你们那里是如何进行的。大会召开了，第一个发言的当然是富豪。他带着礼貌的傲慢态度说："我很尊重诸位，我承担两个半人口的捐税。"他为自己的自我牺牲得到了感激以后，把自己的位子让给了另一个人，同样是土豪。这个人说："我很乐意帮助大家，但我不敢在瓦西里·安德列叶维奇之上，我承担$2\frac{1}{4}$人口，更多我可就无能为力了。"立即响起声音："就这样大家也谢谢您了。"许多人想说点什么，但沉默了。所有富有的农民一个接一个地为自己规定了他们应缴纳捐税的数量，只有费多特一句话也没说，人们招呼他："费多特·帕霍梅奇，你怎么不吭声啊。"费多特回答说："我该说什么，我这个人又老又穷，我那孩子还小，我给大家磕头，请把我免了吧。"费多特讲的那个孩子是个 23 岁的壮小伙，不知为什么他只算是 15 岁。这使大家觉得太无赖了。大家都知道，费多特光是蜜蜂就养了 300 箱，还在不久前他卖蜂蜜和蜂蜡就得了 500 卢布。人们闹了起来，费多特哭着，发着疯，扯自己的头发，跪在地上爬。但是不管他如何拼命，他无法把捐税压到$1\frac{3}{4}$人口以下。费多特不满意这一点，他控告公众并通过乡长和司书达到了目的，从他身上又减了半口人的捐税。当事情临到穷人头上时，才搞清楚，原来土豪们干得很精明，穷人们平均要比富人多负担四分之一人口的捐税。格拉辛家里的人口与费多特家完全一样，但是给他派了 4 个半人口的捐税。他跪下苦苦哀求。人们回答他说："不行哪，要知道人口是藏不住的，你把他们弄到哪里去。"只是格拉辛一个人做到了从他家减免半口人的捐税。其他穷

人只要刚一开口，人们立即冲着他们吼叫，人们劝说他们，使他们相信上帝会帮助他们的。人们坚定地告诉他："你相信上帝吧。"最后他们沉默了。没有一个人在维护自己的时候哪怕是发挥了费多特的一半精力和勇气。爱劳动与贪财欲不仅是不相符合的两种志趋，而且甚至很难合到一块。因此在穷人的所有重担之上又加上了捐税的不平等分配。捐税分配定了，纳税的日子到来了，有的人差10卢布，另一个人少一半，第三个人差得更多。穷人知道等待着他们的命运，急得如热锅上的蚂蚁。土豪不吭声或是说他们没有钱，不过，他们对穷人很温存。地方警察、和解中间人催着要税，乡村官员发起火来，威胁和用树条抽打的场面出现了。土豪们沉默着，和从前一样躲避开了。最后乡村官员想起了由于欠缴的税款他需要缴纳的罚金，开始坚持要求土豪们把穷人们从困境里拉出来。土豪们反对说，要他们为之出钱的穷人们不可靠。只有当穷人们被弄得极度地温顺和绝望的时候，当乡村官员给土豪们作了保证，说将强制穷人完成自己的一切义务的时候，他们才解开自己的钱包。从这一天起，土豪与他的牺牲品之间的最温柔的联系开始发生了。土豪为穷人说情；力求为他获取各种好处，若是这件事不需要土豪花费什么的话；他教他保护自己以反对各种非法要求。但是这一庇护需要穷人付出很高的代价。他不仅需要履行为得到这些钱所许下的繁重的条件，他还应当与自己的全家成员帮助土豪干一切活，土豪则借此积攒了财富。土豪靠穷人帮他耕种，其他割干草、收谷物、砍木头都是如此。为了一杯酒他的顾客把自己的劳动出卖给他，而顾客自己的田地却没来得及耕种，牲口则缺乏饲料。穷人一旦处于这种境况就落入了没有出路的受奴役地位，他每况愈下，自己的劳动卖得越来越便宜，直到令人难以置信的地步。全家为土豪干了整整一年活就得到一头小母牛，妇女为土豪干一天活的报酬则是一壶(约一俄升)酸奶，小孩为他干活仅仅得到面包。看，土豪是怎样才能富到使观察者惊奇的地步的，他们耕种几百俄亩土地，有几百头牲口，大批蜂箱，而所有这一切他都是不花钱弄到的。粮食收购者知道得很清楚，当时在有的村向一个农民能够买到500或1000普特粮食，而向一切其余的人只能勉强买到几十普特粮食。在托波尔斯克省，土豪们在自己的顾客白白地帮他干活的情况下，从森林里运出如此大量的木头，以致这威胁着村社森林的完全枯竭。因此村社被迫按人口分配森林，对单个农民砍木头不加禁止，他们随便在哪里砍多少都可以，但是却禁止土豪带着自己的尾巴进入森林，禁止他们在自己地段范围以外砍伐。

还有另外一件不见得更小的坏事，它对农民来说，是由于落在农民身上的捐税的重担发生的。捐税除了依靠体罚之外不可能用另外办法收缴。体罚的存在是农民福利发展的主要障碍之一。只要可以对农民施加体罚，不仅是在为重要罪行审判的时候，而且是为了小过失和甚至在没有任何错误的时候，只是为了贫困，那么农民将是心灵上的奴隶，他将感到自己是可怜的卑微的被压迫者，对他来说，自尊的感情将是难以达到的。美国农民较之任何别的国家的工人具有更多的自尊感。他将自己的妻子介绍于最显贵的来访者之前，希望任何人平等地对待他。他想让自己在任何地方不要与有身份的人有所差别，他自己及他的全家穿得与有身份的人一样，他力求让自己的房子里里外外都像是有身份的人的住处。

为了领略一下某种类似的东西，我们不需要到美国去，我们可以在迁到俄国来的外国移民身上看到这一点。俄国的农民习惯于把自己看成是世人中的最末等的一个。那种被公开用树条抽打的人会因为穿得糟糕而害臊吗？会因为他的家计管理一团糟而不好意思吗？更有甚者，要是他力求为自己创造有身份人的环境，他会在自己及同行的心目中成为滑稽可笑的。如果他穿上燕尾服，戴上白手套，而这种情况下他被拖到广场上，并用树条被抽打，那么他的境况将会如何。可以举出足够的证据，证明俄国人在这方面丝毫不差于美国人或德国移民，假如他处在美国人那样的境况，他也会有和美国人完全一样的自我感觉。不过，这将扯得太远了，什么时候我将向读者介绍俄国工人为了获得像样的地位所进行的英勇斗争，这种斗争是当他身上自尊感觉醒的时候进行的。我将证明，当不许再凌辱他的时候，他身上的这种感情立即会觉醒过来。这里我只提示一下在我们军队里在一定范围内取消体罚所产生的影响。我大胆地把自己的财产托付给没有罚过款的服役的士兵，我知道士兵是如此地珍惜免除体罚的称号，他任何时候也不会去干不光彩的事情。什么东西也不会像这一措施这样使我们的军队高尚起来。被奴隶式的惩罚凌辱了的农民对一切都无所谓，他的受屈辱的感情压倒了他身上的一切高尚动机。当他的状况如此地沉重，100次努力只能一次达到目的，而在这100次中人们则对他哄堂大笑，笑他试图从自己的境况中摆脱出来，他还能为过自尊的生活而承受繁重的劳动吗？除了肮脏的牲畜式的享乐之外，什么也没有给他留下，他把落到他手中的一切全在下流酒馆里喝个精光。他的指摘者没有看到这一点，即他们当中的任何一个要是处在他的地位也完全会这么干的。他们不愿说出俄国的工人是如何地热爱劳动。如果他由于糟糕的伙食在体力方面比外国的农民弱的话，那么总的说来，他在勤奋方面要远远地超过他。残酷无情的凌辱的牺牲品在于他把自己的妻子和家庭控制在同样的奴役状态之中，并以此教育孩子，使孩子从吃奶的时候起，就养成奴性和恶习。任何言辞都不足以描述由此产生的无穷罪恶。为了理解这一罪恶大到何种程度，需要知道一下农民们带着何种无情的淡漠看待丈夫最无理和残酷地对待妻子。他们认为，她处于他的无边权力之下，也就是说她处于奴役状态。农民把自己孩子的可怜的衣服弄到小酒馆去，妻子想阻止他这样做，他为此在大街上当众把她揍得半死。和解中间人来到了这一极其丑恶的现场。和解中间人立即召集大家审判，但他们坚决拒绝把恶棍判罪。他们肯定说，丈夫爱怎么对待妻子都可以，没有这样的法律可以由于丈夫残酷地对待妻子而惩罚丈夫。只是由于和解中间人的巨大势力才强迫审判员宣判惩罚，但是只要判决一成立，不幸的、被揍得遍体鳞伤的妻子立即跪在和解中间人面前，含泪哀求取消对他的处分。要是判决被执行了，她得遭受她丈夫的十倍的残酷报复，谁也不会去为她说情。在一个村里，住着一个姑娘，大自然赋予她能迷住农民的一切素质——她既漂亮又会干活，如此等等。谁都愿意和她结婚，她的未婚夫多得很。她利用摆在她面前的广泛选择的可能不是为了挑选最完美、最漂亮和富有的人，她力求达到一点——挑一个温顺的丈夫。她的确挑到了附近各村最温顺和善良的男人。但是，即使是这个农民中最善良的人也残酷地揍她，差别仅在于这时他自己也哭了。自己遭受惩罚和肉体惩罚别人的习惯使农民的性格变得

何等残酷，可以从他们使用的连续惩罚中看出来。在征收捐税时，人们不止一次地采用连续惩罚：在光天化日之下发生这种事，在征收捐税时被判以连续几次惩罚的农民死于树条抽打之下。农民也把类似的惩罚施加于自己妻子的身上，为了同一过失他每天揍她、抽她，直到残酷得心满意足为止。特别是经常把这种缺乏人性的惩罚用于醋意之时。很多农民有一个用棍子或其他工具打头的残酷习惯——许多妇女因此头部布满伤痕，她们经常头痛病发作，整个身体垮下去。在喝醉酒的时候，农民不仅是每天打妻子，而且是一天打几次。很经常是某个恶魔把自己的妻子揍得送进了棺材。妻子在阻拦丈夫成为醉鬼这件事情上有着最大的利害关系，要是能保护她免受丈夫的暴行的话，她为此会有许多办法。但是她缺乏保护，任随丈夫胡作非为。丈夫不仅把她用繁重劳动购置起来的衣服及一切喝个精光，让自己的孩子挨饿，而且为了对付她的令人厌烦的反对，他不带任何同情心地猛揍她。尽管这些事实是如此地可怕，但是它们还没有描述出图景的最阴暗的方面。一个大家庭的父亲为自己搞上个情妇，把自己所有的钱都与她一起喝个精光，同时他的家庭成员却因挨饿而死去。每天他喝醉了回家来，由于自己的腐化堕落的姘妇所刺激起来的兴奋，他把自己的妻子揍得失去知觉。而且他还把情妇带到自己家里来，为了与她鬼混强迫自己的妻子服侍她，为了讨好这个淫妇当着她的面揍自己的妻子。爱上另一个女人的丈夫想弄死自己的妻子，经常不断地揍她，虐待她，她已经生了肺病了，但对他来说这还不够，他想用不断的敲打和迫害来加速她的病情。我知道这样的事例，有一个类似状况下的丈夫如此残忍地抽打自己的妻子，以致整个炉子堆满了树条，只有当她失去知觉躺在地板上时他才放开她。这类事例是如此地经常，人们都淡漠地看待它们。有一次我看到丈夫在情妇的挑拨下如何在街上残酷地揍自己的妻子，情妇站在那里唆使他揍头部，周围站着一大堆人，麻木不仁地瞧着这种令人恶心的场面。当我责备现场的人时，他们发表意见说，谁也无权禁止丈夫揍自己的妻子。不幸得很，残酷地待人与酗酒——这是享有福利状况的农民当中经常遇到的恶习。由酗酒的父亲和被殴打的母亲养出来的儿子具有如此多的易激动的性格，通常是把自己的所有遗产喝个精光。因此，就是那么一点当今状况下可能出现的福利的不多的可能性也随之消失了。看，保持虐待人的状况会导致什么。现实状况如此，妇女们只要有可能就逃避结婚还有什么可奇怪的呢？农村姑娘只要父母允许就出嫁得很晚，父母由于知道在俄国妻子的命运是何等艰难，也就原谅她们的所有弱点。姑娘从自己方面力求千方百计在家里起作用，使自己不成为父母的负担，并力求设法自己干活来减轻父亲缴纳捐税时的困难，穿戴方面也不要父母的任何补贴。但是由于她只靠劳动无法做到这一切，她陷入了堕落的泥坑。父亲由于境况很艰难，当需要缴纳捐税时，女儿的堕落不止一次把他从鞭刑中救了出来，因此对女儿的这种事也就睁一只眼闭一只眼了。母亲根据经验知道缺乏爱情的生活是多么沉重，而婚后的生活又是多么困难，因此采取更为姑息的态度。在这种情况下，农妇用初次堕落为自己弄到了穿戴。当她嫁了丈夫的时候，丈夫容许她爱给自己和孩子穿什么就穿什么。如果她是劳动能手，还可以挣到不少钱。他不满足于这一些，他不断地落入了这种境况，那就是为了缴纳捐税被迫廉价出卖谷物和牲口或是

向土豪求情。他所具有的权力经常引诱着他，他给妻子制造各种不愉快，总想强迫她把他从困境中拉出来。因此他习惯于拿走妻子挣来的钱，慢慢地他习惯于把她看成奴隶，这个奴隶必须给他经常纳贡，他利用这种贡赋不仅是为了缴纳本身的捐税，而且还为了酗酒。他拿走她的东西，并把她的一切积蓄都喝光。即使不这样，妇女劳动已经比男人劳动贱一两倍，在这种情况下，妇女干活干得精疲力竭，得了病，而丈夫以其粗暴的自私任随她处于缺吃少穿而受罪的境地。出嫁之际仍是贞洁的姑娘是极少而例外的，因此丈夫对妻子的堕落放任不究，只要他从这里得到某种好处就行。也能碰到这样的败类，为了弄到钱，强迫自己的妻子去通奸。他们为了强迫自己的妻子去和老得令人恶心的男人睡觉，残酷地揍她们，以便从这种男人身上弄到钱。有幸与年轻、漂亮的女人结婚的鳏夫认为，为了免受她们的欺骗和不忠实，必须揍她们，因而经常残忍地虐待她们，有时到了这种程度，如花似玉的她们不出几年变成一个多病的老太婆。这种可怕的状况导致可怕的结果，它乃是犯罪的引诱物，情妇唆使丈夫毒死自己的妻子，而妻子毒死丈夫。这类犯罪行为流行到何种程度很难予以确定，因为传闻经常把它们安到各类妇女头上，另一方面人们很少公正地对待妇女。毫无疑问，在偏僻的农村生活中许多事情还没弄清楚。妇女在家庭中所处的残酷地位增加流浪者的数目。几乎在每个监狱里可以看到为了避开自己丈夫的残忍而躲在那里的妇女，她们声称自己是身世不明的人，并甚至经常把重大的罪行毫无根据地往自己身上拉。我在一个监狱里遇到过一个妇女，她为了希望把她流放到西伯利亚而犯了罪，但人们判了她两年监禁，当她得知监禁期结束以后还

得回到丈夫身边时，她又把新的更严重的罪行归咎于自己，而这种罪行她根本就没有犯过，因为她初次犯罪的目的就是为了躲开自己的丈夫。在监狱里，这些妇女和另外一些同样不幸的妇女相会，和她们交换名字，拖着时间，在押解站和监狱里闲逛，直到最后为自己找到某个安身处为止。因此过分严格的婚姻状况不是使妇女更有道德，而是把她们推入堕落的深渊。在国外，人们证实，只有使妇女容易离婚和免受家庭的凌辱，才能使结婚成为有道德的而不是堕落的根源。城市里和地方上的妇女对于俄国农妇的婚后生活有着极悲哀的印象，当她们在很容易就能为自己找到工作并保证独立生活的地方，就逃避出嫁，和情夫生活在一起。她们知道，最温柔的情人在婚后第二天就很容易变成暴君。讲了这些以后，请看看统计资料：在农村，一切都很圆满，全是一些合法婚姻，孩子也是合法的——道德状况无可指摘——这一严酷生活的可怕内幕未被注意。在城市里，妇女的境况要好过得多，她不再是奴隶，而且哪怕多少过得像个人样，但是私生子增加了。按统计看，结果是城市里的状况要坏得多，事实上完全不是如此。丈夫对妻子和家庭的无限权力破坏着家庭。在古代俄罗斯，存在着母亲是家庭的首脑的概念，要是这个开头能够在当今我们的工人阶级中实行，那么家庭的确可以带来我们期望它的好处。即使是对于私生子，母亲也比任何别的人有更大的教养他的兴趣。母亲的自然感情以及把孩子看成是老年的依靠这种希望，激发她这样做。在现在周围环境给予劳动的母亲以如此的重压，孩子是在最可怜和残忍的状况下出生的。当农民的父亲不断地支使自己的孩子去挣钱，没有钱他无法缴纳捐税，这时他完全忘了自己的家庭，任它由命运和饥

饿去支配。我从来不能不怀着可怕的心情思考被见识肤浅的人所赞扬的我们工人的进取精神，这种进取精神是被树条抽打的恐怖迫出来的，它对于几百万孩子来说不是别的，而是死刑的宣判。当丈夫不在的时候，被殴打坏的精疲力竭的并被家庭的暴君抢得什么也不剩的妻子不知道用什么以及如何来喂养家庭，这时，孩子对她来说不是安慰而是沉重的负担。如果她是爱子女的并且长得不差，她经常会依靠卖淫来救自己孩子的生命。她在令人厌恶的富有的好色之徒的怀抱里想着她的丈夫为不忠诚将给予她的连续不断的抽打和拷打。大多数当母亲的农民不是考虑如何教育子女，而是心里想，他们要是快点死该多好。只要良心不过分受到折磨，母亲甚至经常准备促使孩子快死。小孩的生命是如此脆弱的东西，以致这类隐蔽的愿望经常能实现。

在这种现实状况下谁也没有再比那些作为进步分子的行政首长更为可怜的角色了。他们很气愤，因为农民根本不同情他们关于实行农民村社、大众学校以及通过传授知识得到改进的模范农场等等的方案。毫无疑问，传播文化特别是农业知识对于我们的农民来说是非常必要的，但是在他拮据的状况下，想让他拿出更多的钱——这是笑话，这样要求他们是残酷的。在我们这里，关于英国、比利时和法国的无产阶级的贫困状况叫喊得很多，但是要是我们的农民能像上述国家的无产阶级或甚至最穷的人那样生活上一年，那时，他会认为自己是世上最幸福的人。英国的工人比法国的富一倍，在法国，工人家庭花在衣服上的钱一年达 312 法郎，即 78 个银卢布的，被认为是最穷的人。俄国农民的全部家庭费用在多数情况下几乎只有这个数目的三分之一。如果他在衣服上一年花

18 卢布，就认为自己是够富裕的人了，而我们的纺织品比英国或法国的要贵。如果外国作家关于无产者的贫困叫喊得很多，那么应当知道，他们是如何理解事物的，他们所认为的富裕是什么。按他们的概念，比如，在法国维持一个工人的最必要的费用一年为 525 法郎，也就是说 132 银卢布。按他们的概念，一个人的费用少于 132 银卢布的话那就是最穷的人。我们这里有这样的工人，他们只花这个数目的十分之一。按法国的概念，妇女花在衣服上的钱一年必须有 38 银卢布，我们这里的农民家庭要是一年能花 38 银卢布，那将认为自己够富裕的了。这里还不应忘记，法国的生活费用更便宜，那里的工厂工人花上 6 戈比就能吃一顿有肉有酒的像样的午餐，我们这里的农业工人喝一杯酒就得花 5 戈比，吃一俄磅肉也得这么多，甚至在最偏僻的地方也是如此。我们的农民不仅不能与德国、法国或英国的现代无产者相比，而且甚至不能与法国上一世纪的工人相比，而上一世纪是被认为法国工人阶级很贫困的时期。那时，法国的农业工人一年平均得 39 银卢布，而我们的农业工人除捐税以后一年得到 10—15 卢布，甚至工厂工人有时只得约 40 卢布的生活费，这里还得缴纳捐税。然而法国在 18 世纪，工厂工人一年平均得 83 银卢布。在作了所有这些比较以后，我想把我们的农民状况与过去美国的黑奴的状况作一比较，但是我把这个想法放下了。从这个比较能得出什么结论呢？黑人值两三千银卢布，因此他是一笔相当可贵的资本，他的过早丧失会使农场主感到心痛，农场主尽自己的能力关心他的物质福利，他在这种情况下，对待他有如英国人对待自己的牲口。他改进办法使得他成为强壮的、健康的和耐久的，以致美国北部的自由黑人死亡的人

数高于南部奴隶死亡的人数。对健康有害的体罚同样是很少采用。我无法忍受这种思想，这一对比会竟以有利于奴隶而告终，哦，上帝！

我对库兹涅茨克州农民生活的观察得出的结果使我十分惊奇，以致我无论如何无法设想在别的地方农民的状况也会如此，我想，这是皇室地产管理局的特点。以后我走遍了西伯利亚与俄罗斯，我相信了，事情并非如此。我到处听到对捐税重担的一片埋怨声，在这里不能不注意到这一事实，那就是官家从酒、盐及其他商品的消费税中所得的收入更多，虽然这对他们来说同样是沉重的负担，但是农民不埋怨这个。原因很清楚，用消费税形式征收的捐税没有伴随对农民如此凌辱的后果。他在缴纳消费税的时候，有完全的人身自由，可以不受体罚，他不认为自己是世上最末等的人。他不再是投机商和剥削者的牺牲品——他不再需要不管什么价钱把自己的产品倾倒到市场上去，他也不用在自己的全家要饿死的时候去廉价出卖自己的劳动。我们的农民是如此地具有忍耐力，他不埋怨食盐消费税，尽管食盐是那么地贵，每次需要买盐对他来说都是重大事件，他每次左思右想，为什么他吃盐吃得那么快。他吃盐吃得比对他家庭的健康所必须的要少得多，至于牲口用盐更是谈不上。除此种种以外，由于官吏的舞弊他经常被迫购买掺着一半沙子的盐。西伯利亚西部和东部的国家农民对我说，他们每口人得缴纳 8 到 13 银卢布的捐税，官员力图缩小这个数目，但是如果把所有的捐税考虑在内，那么这些数字与其说夸大了的，还不如说去掉零头的。大俄罗斯的农民这方面的状况不会更好，这从以下事实可以看清，俄罗斯的土地总的要少，在许多地方

它需要很多肥料，甚至还需要资本，然而俄罗斯的谷物的平均价格甚至低于西伯利亚。西伯利亚的黑麦面粉的平均价格是每普特68戈比（在托姆斯克省的南部各区17戈比，随着靠近工业中心它涨到35戈比，在托波尔斯克和叶尼塞斯克70戈比，在伊尔库茨克省到了1卢布50戈比）。而俄罗斯是62戈比（考虑到最便宜地方的价格是33戈比，俄罗斯的中部黑土地带是50戈比，俄罗斯中部工业地区为75戈比，工业中心区是90戈比）。在平均价格下，西伯利亚的农民要是用役畜耕种8俄亩土地，同时有6头大牲口和马的役畜以及一些小牲口和猪的话，那么生活可以没有匮乏之患。一家要用役畜耕种8俄亩土地，只有靠帮工帮忙以及使用部分雇佣劳动才能办到。的确，在西伯利亚，只有这样的家庭才能生活上不发生困难，但是即使在这种条件下，劳动者也不能经常穿印花布的衬衫，而是穿粗陋家织布匹的内衣和样子相当差劲的自制外衣。在俄罗斯，同时耕种这些土地用不着这些役畜的半数，不过在俄罗斯，牲口的数量无疑要比西伯利亚少。俄罗斯的农民阶层中的孩子的高度死亡率证实了这些看法，孩子的高度死亡率是农民困境的不容置疑的标志。在这种情况下出生第一年的孩子的死亡率特别重要，它表明母亲的虚弱和健康状况不佳。每当人们告诉我关于这一时期的孩子的死亡率的时候，我就想象到缺乏奶汁的精疲力竭的母亲和只得用格瓦斯和嚼过的面包来喂养的乳婴。例如，在沃洛格达省，它的土地不少，接近西伯利亚，而气候比西伯利亚要好，农民孩子的半数和三分之一在出生的头一年就死去了，而沃洛格达的全部农民的大部分是由国家农民组成的，外加几万皇室农民。在俄罗斯出生孩子中的一半和甚至五分之三在头五年期间

死去，然而在欧洲的文明国家里只有三分之一多一点。甚至在最穷的人里头，这个时期的死亡率不仅没达到一半，甚至不到五分之二。这就是我们与那种读者感到可怕的欧洲赤贫现象比较的状况！直接捐税的最美妙的后果在于谁也对它们不满，无论是富人或是穷人，富人被此抽走了自己的利益，穷人则因此遭受艰难的命运。这里重演着18世纪法国特权阶层统治时期的老戏，特权阶层的人与那些受这些特权之害的人一样感到不满。富裕的农民为农民阶层所处的受凌辱的社会地位而愤愤不平，行政系统可以对农民阶层施以当众的任意体罚。请想象一下富有的老土豪，半个村庄得仰他鼻息，大家都向他低低地鞠躬，一年里头有300天他在自己的周围看不见一个比他自己更有威望、更重要的人物，其自尊感和自主感超过了有势力的官员。官员得巴结长官，他习惯于纪律和恐惧，他知道，任何时候长官都可以剥夺他的地位和权力。对于富有的土豪你无法根据第三条法令将他免职，他不习惯于巴结人和低声下气，他从斗争中获取财富，他与富有的工业家斗，或是与被他压迫的同行穷人斗。他对小官僚的行政上的挑剔感到极大的愤慨，在这些小官僚中间，体罚的威胁经常起着重要的作用。土豪在所有这一切中除看到想掏他的腰包之外看不到别的。如此使穷人感到可怕和受凌辱的体罚也使富人感到极度的愤怒和受凌辱。

看，在俄国直接捐税的后果是何等可怜。人们问我："那么怎么办呢？"取消一切以人头税、代役租、地方税等等而著称的捐税，使所有农民毫无例外地不向地方金库领收据缴纳一个戈比。有人惊奇地问我："那么国家和地方事业将会如何？"我回答说，这些机构的收入将会增加。但是可能人们会不相信我的话，在这种情况下，我作少许解释。

当前库兹涅茨克州的农民向皇室机构、国家金库、地方机构及其他部门缴纳的全部捐税在一年内约 38 万 5 千银卢布，如果只从这个总数中免去人头税税额，那么库兹涅茨克州的农民和往常一样得廉价出售自己的谷物，他仍和从前一样贫穷，向他征收代役租和其他捐税还得和过去一样靠树条抽打。如果说有谁从此获利的话，那么可能只是一些富农、土豪和其他投机商，这些人就是靠农民过活的。道理很容易理解，农民将被迫无论如何得把自己的产品卖给那些人，这些人根本就不需要这些东西，他们买它的目的纯粹是为了赚钱。如果他现在出售给投机商的产品是出售给需要这些产品的人的 30 倍（他与需要这些产品的人可以平等交易），那么在取消人头税以后他将出售，或说得更确切一些，他将央求投机商购买比出售给需要这些产品的人多 25 倍的商品。从这里只能产生这样的后果，他将更便宜地出售自己的产品，而投机商将赚到更多的钱。可能还有他的产品不需要运得那么远了，不过从这里他得不到丝毫轻松。库兹涅茨克的农民在取消人头税以后将还会是那么穷困，而国库还会更穷。如果将取消所有的直接捐税，那么农民必然会富裕起来。现在他与自己的家庭一年消费 30 普特粮食，为缴纳捐税出售 170 普特粮食。这点消费对他的家庭来说是太不足了。如果他缴纳直接税将少得多，他的消费将完全足够，同时国库、皇室和地方机构将从他那里获得多得多的东西。

第三章　外乌拉尔的工人

俄国的城市从远古以来就是知识界的中心和主要表现的地方，工业也经常是在城市里。观察和分析发生在城市里的现象给予我们它的所有居民的精神和工业生活的或多或少是可靠的状况。从这一观点出发，在我已向读者介绍过一些它的周围的农民的状况以后，我现在想着手介绍库兹涅茨克市的生活。评述库兹涅茨克工人的职业与状况并不困难。这个城市明显有别于周围的村庄的第一个特点，在于它完全不是只是由一些不满的人组成。在村庄里，无论是穷人或是富人，统统感到不舒服。当他们埋怨起来的时候，他们的怨声是如此地富有感情和真诚，不同情他们是办不到的。在库兹涅茨克则完全不是如此，你可以从有的工人那里听到，在西伯利亚生活很好，用不着去死。但是那种根据这类评论就使自己迷恋于乐观主义的人却是大错而特错了。在乐观论者身旁聚集着多得多的痛苦埋怨自己的贫困的人。一个乐观论者想使人确信，这里的贫困是由酗酒产生的，一个聪明的精力充沛的工人用下面的话来回答这种论调："我在这里住了40年了，大家都知道我，有谁见我喝醉过酒？有谁见我在不是过节的日子在街上闲逛过？但是我贫困，穷得厉害。我不是一个人，这里像我这样的人多得很。"城市里的贫困不是农村那种贫困，它不是那么容易被人所

控制，这里的恶霸行为也不是那么明显。城市里的捐税分配也比周围农村要合理一些，在城市里，经常是一些人缴纳 15 卢布，而另外一些人还不到 15 戈比。但是乐观论者所描述的世外桃源离城市生活是那么地远，犹如一个在天上，一个在地下。

关于库兹涅茨克的手工业者的福利状况，读者可以根据以下的叙述来形成概念。

我从索科勒山峰顶眺望着库兹涅茨克这个小城，它与陡峭的山峦相连，托姆河以宽阔的弧形盘绕着附近的丘陵，从这边和那一边，在 60 俄里以上的距离内，这条河清晰可见，再远就是黑浪滔滔，消失在天边。从四面八方的遥远的地平线上露出山峰，一些像是耸立在地平线上的巨象的背脊，另一些则酷似某种带塔楼和壕沟的要塞。极目四顾，周围耸立着尖尖的峰顶，而头顶上空则盘旋着猛禽。看来，似乎索科勒山上发生某种特别有趣的奇事，整个四郊大自然在 100 俄里的范围内延伸开去，使人一饱眼福。我投视山下，在我脚下几乎垂直地落下一块绿地毯，上面散布着丛丛白桦。在我下面 10 步远的地方无忧无虑地睡着一个苍白而消瘦的人，他身上除了印花布衬衫和肥大的灯笼裤之外一无所有。他的衬衫是如此地单薄和透明，透过它可以窥见他的肉体，许多地方缀补着各种布头的补丁，但仍然还是挂着碎条。当他醒来的时候，我的旅伴对这个人说："现在你睡着倒是挺暖和的，瞧，你这副懒洋洋的样子。"通过详细打听这些话的含义，我知道了，这个刚才睡觉的人是裁缝帮工。人们肯定地说，他知道自己的手艺比自己的主人还高明，然而整个冬天他穿着我们看见他穿的这身衣服，这件衬衫和这条灯笼裤是他的全部财产。他不仅缝制衣服，而且给主人干

所有的活——劈木材、割干草、收拾院子。裁缝为此只让他吃饭，并在过节的日子给他一些钱喝杯伏特加。由于繁重的长期坐着的生活他变得很虚弱，只要喝上10戈比的酒他就完全醉了，他的主人在他身上所花的费用也就是这一些了。我也结识了裁缝本人，他是个极其爱发议论的角色，他一半时间花在东游西串和谈论各类高尚的话题上。这时他家里的事自动地进行着。他有两个工人和一个男孩，而这个男孩已经是像样的工人了。他不曾付给他们中任何一个人一个戈比，还经常埋怨志愿学手艺的人是那么地少，他们宁肯在小酒馆里混日子。他喜欢用自己的例子来证明，他的手艺可以保证他的生活。几年工夫他为自己赚得了他住着的那座房子，还有另外一座，他把它分成两个小单元出租。他的工人经常打算离开他另外成立裁缝铺，他们一点也不怕会对自己有什么害处，当着自己的主人谈论这件事。而他，看来对这件事一点也不害怕，这些威胁只不过使他在过节的时候给他们喝些伏特加。

五个铁匠中有三个只是靠一些面包生活，这些铁匠中有一个有许多有利的活干，他有时一个月能挣到60卢布。不过这里这类剥削是很简单就可得到解释的。在小城市里，要想靠手艺过活，需要同时具备许多条件，这些条件就如同具备资本那么难于碰到。只有到处出名的手艺人可以经常有活干。在有些行业，即使是这类手艺人也只是有时活多，有时则长期没有活干。这类手艺人通过很好地安排经营可以生活得好，那是因为他有几个收入来源：他有牲口，夏天他与自己的工人储备干草，他养蜂或种烟，他有鱼篓和渔网，在无事的日子可以捕鱼卖。因此当收入的一种来源不足时，他可以用另外的来补充，因而可以赚到相当可观的钱。他的不幸的同行没法如此安排自己，无法与他竞争，必须帮他赚钱，而从他那儿得到的只是他看情况不得已才给的东西。让咱们来看看托姆斯克，这是继伊尔库茨克之后的西伯利亚的最大和最富的城市。我走进了一间带两个窗户的低矮的房间：没有任何家具，角落里粗陋的架子上安着三块木板，上面放着两个极脏的枕头。两块木头就是椅子，上面坐着一男一女。她做鞋，他制靴。她的全部财产就是一件连衣裙和一件衬衫，当她洗连衣裙的时候就穿衬衫，或反过来。他的财产也是同样多。这就是为什么房间里除了两个枕头外什么也看不见的原因。他在一个月里喝一次、偶尔喝两次25银戈比的酒。喝醉了酒就揍自己的生活伴侣——这就是他的消遣。她的消遣是什么，不清楚，因为她生活中的全部调剂在于每月在沉重的劳动以后挨丈夫揍一顿。有时，在严寒的冬天，她穿上丈夫的大衣出去为家里买点可怜的吃的东西。他每天早晨4时起床，叫醒自己的妻子，然后几乎不挪动地方一直干到晚上10点钟。他睡得不正常，因为他有时得通宵干活。当累得精疲力竭时，他的妻子丢掉了活，开始失声痛哭。这时他站了起来，用皮带抽她几下，强迫她坐下继续干活。在类似的场面后，他经常狂怒起来，骂自己的主人不是玩意儿，是吃人的野人。他指着他的两层楼的房子说："它是用我们的白骨盖成的，那层涂泥是我们的鲜血。"他知道得很清楚，他主人的手艺远远没有他的高，他的主人只会量量尺码和干一些粗活，这使他更加痛恨。他经常打算与主人分道扬镳，他宁肯饿死或去犯罪。但是他的决心越大，她就越保守。她害怕考虑与主人闹翻以后的日子，有时她跪下含泪哀求自己的丈夫不要与主人争吵。在这些皮鞋匠的旁边是一块长满灌木和野草的荒地，荒地

上有一堆泥土和圆木，这堆乱七八糟的东西不是别的，它是住处。这里住着一个制绳工。一大清早他就和自己的女儿——一个7岁的小女孩，去上工，这个女孩成天必须转动比自己高一倍的轮子，因此每转一圈她必须跳起来，然后再坐下来。有时传来痛苦的哭喊，原来是由于女孩拒绝顺从并继续干活而挨了抽打。制绳工的唯一安慰与裁缝一样，在于过节的日子喝个够，这对可怜的小女孩来说是最不幸的日子：父亲揍她，抽她，折磨她，把她捆到桌脚上并揍得失去知觉。她像小野兽那样野性，完全是个白痴。经常的殴打使得她如此地胆小，甚至当旁人给她好吃的东西时，她都不敢走近他。她像害怕鼠疫似的害怕别的孩子。她的父母发现这是可以强迫她干如此繁重的活计的唯一办法。在此以后但愿人们不要以为剥削与令人痛心的贫困只是属于人口稠密的国家的工业城市和中心的，在土地辽阔的西伯利亚它具有千百种不同方式，其中有的为欧洲所具有，有的则没有。

让我们再来看看库兹涅茨克……这个城市里那些没有手艺的居民干些什么活？他们的生存状况如何影响附近的村庄？——这是在评价库兹涅茨克市社会和经济生活时直接摆在我们面前的需要正面回答的问题。关于居民的职业，最确切可以这么说，他们随便干点什么，只是为了能凑合混个日子：饲养牲口，养蜂，为自己割点干草；然后是各显神通，有的人耕地，有的人赶车，而那种没有什么可干的人，则种些烟草。除开那些从事销售农民的谷物、肉、蜂蜜和蜂蜡的人之外，市里的商业极其有限，只是卖给农民一些从伊尔比茨克集市上运来的工业品。这种商业的交易额恐怕还不到5 000卢布。唯一的原料加工业是把油脂制成蜡烛和肥皂，这种产品的全部生产者的收入到不了1 000卢布，而只有几百。再加上一年100或150卢布的蜜糖饼干，您对库兹涅茨克给附近的村庄供应些什么就可以有个大致的概念了。最大的贸易是酒，从库兹涅茨克仓库中出售给附近农村的酒达5万多卢布。很明显，库兹涅茨克市的居民在农民中传播文明和提供方便的贡献并不大。那些没有别的足够收入的人就种烟草。因此，库兹涅茨克的居民过得马马虎虎，工人维持自己生活的工资每月得3卢布到5卢布，只是在幸运的场合，一年可挣到60到120卢布或更多一些。因此，总的经济富足水平只是比零稍为多一点，全市都是一些可怜的简陋的小木房。如果除开商人和官员，市内居民的福利状况与农村的总的状况没什么区别。我挑选这种远离交通要道的城市来进行考察不是没有目的的，对这种城市，观察家不会由于过境商品的影响而被搞糊涂，这里作为农村工业中心的城市对周围农村的关系表现得一清二楚，工业给予6万农民①的商品是7 000或8 000卢布，即每人11到14戈比。在表面观察事实的情况下，这14个戈比会给人造成福利状况很好的假象，库兹涅茨克附近的农民连做梦也没见过这样的福利状况。按节日的印象而论，你会觉得生活完全是另外一个样子，你将看到农妇不仅穿毛的而且穿丝绸的连衣裙。假定一个乡有8件丝绸连衣裙，她们只是在重大的节日才穿它，而且非常旧了还穿着它，因此，这类连衣裙平均要穿20年。假如它值15卢布，而全乡有4 500居民，每个居民摊到十五

① 库兹涅茨克周围农村有98 276个居民，我只是取其中纯粹由库兹涅茨克供应的部分。

分之二个戈比[①]。再者我们假定全乡有10件毛连衣裙，每件的使用期为10年，价格是6卢布，那么每个居民摊到八分之一个戈比。然后我们再假定每件3卢布的印花布连衣裙，在穿得很少的情况下，它可以穿10年，所有能生育年龄的妇女都有节日时穿的印花布连衣裙，那么每个居民摊到的费用将是一年5戈比。因此上面我所举的数字(每个居民11到14戈比)证明完全没有夸大。至于说到酗酒，那么每个成年男人两周还摊不到一杯，而每个成年妇女则每月摊不到一杯。由此可见，似乎农民破产是由于酗酒的传闻是极其夸大了的。传播这种荒唐的流言经常是具有恶意的目的的，那就是企图掩盖贫困的真正原因。全俄国成年男工4天摊不到一杯酒，妇女一周摊到一杯酒。受过教育的人喝8倍以上，却不认为自己是酒鬼，俄国工人3周只能喝醉一次：怎么能说他的破产是由于酗酒呢，难道不需要公正地将注意力转到它的经济缺陷的其他原因上去吗？如果库兹涅茨克州的每个成年男人每天能喝一杯酒，而妇女一周一杯，那么这种酒的消费税总数将比所有从库兹涅茨克州的农民身上征收的官家的、皇家的、地方的及各类直接的间接的捐税还要多两倍半。如果库兹涅茨克工人将喝得和彼得堡的工人一样多，那么这种酒的消费税将比上述捐税多35%。我心中毫不怀疑，如果取消现在库兹涅茨克农民缴纳的全部捐税，那么，通过在他们中扩大酒、烟和其他商品的消费税办法增加官家、皇家和地方机构的收入的事实将充分得到实现。在这种情况下，

① 由于农民一般购买穿旧了的丝绸连衣裙并经常改做它们，因此费用还要少一些。

农民不仅不会成为醉鬼和粗暴的自私者，而且他的福利状况将会增加，他将会更好地对待自己的家庭。我将说明这一点。

在库兹涅茨克州，工人生产谷物、肉、蜂蜜和其他东西用于出售。他不能把这些产品卖给那些生产某种对他来说也相互有用的东西的人，不是因为不存在这些人，而是因为他需要出卖这些东西用于缴纳捐税。因此库兹涅茨克州的大致情况如下：我们大致描述一下库兹涅茨克区的情况，这个区里住着 4 万从事农业的居民（库兹涅茨克州的农业人口是 96 442 人）。这 4 万人必须出售自己的产品，他们确实每年出售 22 万 5 千银卢布的产品。他们需要用 17 万缴纳他们应缴的捐税，用 5 万 5 千购买酒和其他他们所需的商品和产品。他们可以大致用以下的方式得到这些钱。

他们用自己的产品供应城市，为此大致需要：每普特 17 戈比的黑麦面粉 20 000 普特，共 3 400 银卢布；每普特 35 戈比的小麦面粉 12 770 普特，共 4 500 卢布；每普特 1 卢布的肉 2 000 普特，共 2 000 卢布；每立方俄丈 75 戈比的木头 1 000 立方俄丈，共 750 卢布；其他产品共约 1 850 卢布。总计可以卖给城市 12 500 银卢布，从这里农民大致可获 11 600 卢布，磨坊主和土豪获 900 卢布。这就是 4 万农民可指望与城市进行交易的全部总数。因此为了获得这个 22 万 5 千，他们仍只剩下一个办法——再一次出售自己的农产品[①]。现在他只得把产品送到其他地方去卖了，他们不能像在城市里出卖时那样零售了，他们必须以较大的批量卖给

① 除此之外，库兹涅茨克州的农民有在采金场受雇的。但是在阿尔泰州各采金场的工人总共是 3 500 人，他们招收工人的这个区至少有 50 万居民。因此我们这 4 万人里只能摊到 300 人以下，人数是那么有限，不值一提。

富农或土豪，另一部分卖给资本家。在这种情况下农民的好处将微少得多。

22 万 5 千卢布在农民的产品之间的分配情况大致如下：他们出售每普特 17 戈比的黑麦面粉 45 万普特，共获 76 500 卢布；每普特 30 戈比的小麦面粉 20 万普特，共 6 万卢布；每普特 8 戈比的燕麦 30 万普特，共 24 000 卢布；畜产品 25 000 银卢布；森林、木头及其他产品 34 500 银卢布。农民得到的份额约 19 万银卢布，磨坊主和土豪得到的份额是 3 万银卢布，即约 14%。因此在缴纳全部必需的捐税以后，大部分农业居民所剩的份额约 2 万卢布，也就是说，每人不到 17 戈比。农民在生活中能得到的全部调剂在于一年内可以喝醉两次。如果他想喝第三次，那就得向土豪去鞠躬了。

现在让我们来看看马林斯克州的一个区，这个区有 4 万农民[①]。在这个区里有一条从秋明到伊尔库茨克的大道和两个酿酒厂，这两个厂生产 30 万维德罗酒。我们的捐税分配得如此不合理，马林斯克州的农民应缴纳的捐税甚至少于库兹涅茨克州的农民。他们应缴纳的捐税约 16 万银卢布，他们缴纳起来可以轻松得多。农民光是出售给一些工厂的面粉就达 30 万普特，每普特值 35 戈比，共可得 10 万零 5 千银卢布；城市向他们购买 2 万 5 千银卢布的产品。因此农民需要缴纳的捐税的九分之七可以通过第一手出售来缴纳。如果在这种情况下，富农和土豪所得到的比库兹涅茨克州只是少一半，那么马林斯克州的农民就可每人多得 25 银

① 在马林斯克州总共有 49 217 个农业人口，同样有采金场。

戈比。除此之外，购买者的颇大的竞争使得他有可能提高或至少不降低自己产品的价格。假定由于这种状况每普特的价格能提高5戈比，那么每个居民还能多出约40戈比，因此马林斯克州的农民将比库兹涅茨克的农民多出1倍。当然这个多出来的1倍每月每户还不到50戈比。除此之外，在马林斯克州的这个区，由于大道在此通过还可以有辅助行业，它可以养活4千居民，他们每户平均可以有30卢布的多余收入。这4千居民不仅可以吃足够的肉和鱼，而且每年还可以用15卢布改善自己的生活。确实，我们看到马林斯克州的这个区喝的酒要比库兹涅茨克州的区多得多。除开过路的人喝的酒之外，给地方居民留下来的酒约多一倍。假如官家不用消费税的办法得到这笔收入而想出用直接捐税的办法来征收，那么毫无疑问，马林斯克州的居民立即就会破产，竞争会变得与库兹涅茨克州同样地激烈，谷物就会降价，马林斯克州得到的总数就会和库兹涅茨克州一样。但是，即使马林斯克州的农民的经济状况要比库兹涅茨克州的好一些，从这种相对的状况中还不足以得出决定性的结论。无论是这里还是那里，福利状况的发展都受到这一现象的阻碍，那就是农民为了缴纳他所应缴的捐税都必须无论如何出售比地方上所需要的更多谷物，这正是他之所以贫困的根本原因。假如我们往下转到叶尼塞斯克州，那么我们将看到，那里的采金场所需要的农产品和畜产品的总数已经超过叶尼塞斯克州农民所需要缴纳的捐税，除此之外，农民不一定非得去生产谷物不可，他可以受雇于采金场。由于所有这一切，我在叶尼塞斯克州遇见过膳宿免费的工资有120银卢布的农业工人，然而在别的地方工人只得到这个数目的四分之一。但是就是叶尼塞斯

克农民的这一福利状况同样未能使他免受富农和土豪的剥削。许多人极其紧迫地需要销售自己的产品，除此之外，叶尼塞斯克的农民经受着从遥远的各州方面来的压力，那里不惜任何代价出卖谷物，只是为了勉勉强强能把捐税对付过去。

现在让我们来谈谈别的状况，我描述过马林斯克州的农民的状况。从托姆斯克到秋明的大道两旁的所有农民都处于类似的状况之中。但是在鄂毕河与额尔齐斯河上建立了轮船运输以后，从托姆斯克到秋明航行着驳船，可能很快就会航行轻便的轮船，用以转运信件和乘客。从秋明到托姆斯克这条大道所处的地区不需要靠从外地运来的谷物生活，因为这个地区的农民生产的谷物足够供应自己及那些自己不从事农业的在这条大道上过路的和运载重物的人。我们假定，接近似的计算，在上述大道上用村庄的谷物供应的地区的居民是 15 万人，这 15 万人生产维持 35 000 人的谷物，其中有 2 万男、女工人是专门从事大道上的运输工作的。我们假定这 2 万工人从出现了轮船运输以后，自己的工资丧失了三分之二，即由 80 万银卢布变成只有 26 万银卢布。可以认为，他们现在所丧失的 54 万卢布中，过去有 48 万卢布用于购买上述 15 万处于大道旁的居民的产品。因此很清楚，如果这 2 万工人在由于废止他们的职业而多出来的空闲时间里生产出 48 万卢布的消费品，而这些消费品对大道两旁的居民是有用的，这些居民就会同意和过去一样用自己的产品去购买这笔数目的消费品，那么从这里可以得出结论，在实行了轮船运输以后，大家都得到了好处，少数人的损失将是微乎其微的。购买商品的人由于运价的降低而得到好处，鄂毕河与额尔齐斯河的北部地区的不幸而贫困的居民由于这

条水道的活跃而获利，落户在大道两旁的农民同样也获得了好处，因为那些过去消费他们的产品而干别的活的2万工人现在将为他们工作了。但是实行轮船运输对西伯利亚边区具有的这种有利的效果遇到了一个小小的障碍。住在大道两旁并用自己的48万银卢布的产品供应上述35 000人的农民是用这些钱来缴纳捐税的，因此他们已经没有什么东西可以用来购买这2万工人的产品了。因此实行轮船运输的后果将完全是另一种性质了。2万工人投入了农业，而10万郊区居民将央求富农和土豪购买他的48万卢布的多余产品，因为他们需要用这些钱去缴纳捐税，2万过去的购买者已经不复存在。2万工人还用自己的产品加到他们的行列中来，结果是大道两旁的居民不仅没有由于人手空出来而得到好处，反而将用竞争相互卡脖子。因此鄂毕河与额尔齐斯河上的轮船运输的后果是富人由此获利，而穷人暂时倒霉。按照合理的看法，工人只有当工业下降的时候才会遭到损失，当工业完善的一切情况下，他应该一定获得好处，我们这里事情却是另一个样子。大道两旁的居民痛苦地怨诉自己的破产。由缴纳直接捐税而强迫大道两旁的居民所进行的激烈竞争迫使他们出售过多的谷物，他们连种子都剩不下，他们争先恐后地沿着导致乞讨生涯的道路往下滑。我们不断地看到我们的农民在冬天无所事事地坐着挨饿，他无所事事地坐着，是因为大家都和他一起挨着饿，没有人购买劳动——所有的人都极廉价地出卖自己的劳动。

您看，如果库兹涅茨克州的农民不再被迫为缴纳捐税而出售自己的产品，那么当富农到他这里来提出要用12戈比买他的一普特的时候，农民身上已经没有过去那种丧魂落魄的恐惧的影子，他

会十分冷淡地看着这个过去如此疼痛地吮吸过他的吸血鬼。他回答说:“不必了,为了自己的家我需要面包,我想扩大自己的播种面积。”农民会立即意识到,现在时候不同了,不是他需要去求买主了,而是买主必须求他了,他只会在购买者有某种东西吸引他的时候才出售自己的谷物。现在他出售多少就会买回多少,只要有一双勤劳的手,现在不必为购买的可能性担心——可以认为,在库兹涅茨克州约有 20 万卢布的钱在流通着。现在,这些钱的大部分一年周转不多于 4 次。农民出售自己的产品并经常存钱,然后在一定的时期将它上缴州金库,接着周期开始新的周转,它以第二次纳税而告终。在这个时期的中间,他们在存够捐税的全部款项以前,不能购买任何东西。结果是到期限结束之际他们甚至没存够钱,关于买东西连想都不用想。因此,农民中间的价值流通等于 40 万或 45 万卢布,也就是说,只是捐税的价值带上一点不多的附加。结果是农民没有任何资金可以用来提高自己的福利水平。如果在缴纳捐税以后,农民有可能(这直接取决于合理的税收制度)为自己积存一些储备,那么,他马上就会用它来使自己的家庭更舒适一些。他将向邻居的猎人购买兔皮,用它们为自己的妻子做一件皮袄。猎人也没有理由存钱,考虑一下以后,会请求自己的买主为他做几把椅子。这个出售谷物的农民要是在过去会无所事事地坐着,现在他将制作椅子,得到椅子的钱以后,他会发觉他早就需要一双长筒毡靴了,过去几年没有它也过了,那是因为没有钱。他买了靴子。靴匠从他那里拿到钱以后回到家里,告诉妻子,他在自己的订货人那里看到过一具精彩的大鱼网。他对妻子说:“抓抓鱼该多好,现在我们有钱了。”说到做到,我们的相识者抓到了鱼,又把

钱弄回来了。假定，他在第一次出卖了10卢布的谷物，在现在这就完了。从取消直接税以后，他用它们很快就获得30卢布。如果现在在库兹涅茨克州这20万卢布如此周转到25次，那么到目前为止只买7万卢布东西的无所事事地坐着挨饿的农民将买卖500万的东西，他们将富有、温饱而幸福。假如他们用这500万的十分之一买酒喝，那么官家、皇室和地方机构将得到同样多的钱，而农民将富裕70倍。澳大利亚与西伯利亚完全相同，也有流放犯在那里落户，它的土壤干燥，肥沃程度一般——西伯利亚南部在许多方面可以与它相比。如果西伯利亚南部有其严寒，那么澳大利亚有自己的干旱、农业与畜牧业的灾害。尽管如此，在悉尼附近的农村每户有两匹马、45头牛、300只绵羊；每户每年出售1 150卢布的产品。澳大利亚能有这一切都是由于有自由、有合理的土地关系和合理的财政制度。毫无疑问，西伯利亚南部可以达到这种福利水平。再也没有比在那里大规模地繁殖牲口更容易的事了。没有任何财政制度对其施加压力的人们可以随心所欲地在那里繁殖大量牲口，因为饲养它不要花钱。一个西伯利亚人这样地向我形容了可以繁殖和饲养牲口的容易程度：他问一个小市民："你为什么要养这么多的马？"小市民回答说："什么为什么？否则我用什么来运干草和禾秸？"我的交谈者再问一句："你运干草和禾秸干吗？"回答是："不运，我用什么来喂马？"只是每年需要为缴捐税非常便宜地出售自己的牲口这一点妨碍着农民在自己的周围繁殖千百头牲口。毫无疑问，在西伯利亚南部，可以出现为西欧所未闻的福利状况。现在需要解决一个问题：农民真的能利用提供给他的发财致富的可能性吗？我认为，在熟悉我们的工人阶级的认真的观察家

的思想里，是不可能有丝毫怀疑他是能利用的。我们的工人不像意大利南方的流浪汉，他不会一旦吃饱肚子就丢掉工作，就躺在炕上睡懒觉的。在马林斯克州，他有可能比在库兹涅茨克州获得更多，他不放过这个机会，不会在库兹涅茨克州的工钱上就停步不前，并不躺在炕上。在叶尼塞斯克州，他作为农业工人可以获得现成的生活费 100 或 120 卢布。他照样获取这些钱，不会在 30 卢布上就歇手，虽然这 30 卢布对农业工人来说一般应该是满足了。如果在库兹涅茨克州他使现成的生活费稳定在 120 卢布的话，那么这比彼得堡工人的工资要多得多了。官家、皇室和地方机构单是通过酒的消费税就能毫无疑问地获得比现在多的钱。看来，现在读者很容易就能想到，只是毫无例外地取消直接捐税这一项就足够既可以使农民富起来，又可以使国家和地方机构增加收入。

说来容易做来难——读者会不同意我的看法：的确，农民是富起来了，但是在取消一切直接税的情况下，用这种办法增加消费税的收入并不经进一步地核实将这种增加纳入预算终究不是那么可靠的，为此需要建立在某种更为可靠的基础上。我完全同意这一看法，但是我认为，这是不难做到的。农民需要缴纳的代役租、人头税以及一切地方的直接的捐税约是 9 千万银卢布，不需要特别聪明的财政家就能理解，捐税至少应按比例地分摊。在西伯利亚的很大一部分地区农民支付的捐税是劳动的纯税款，土地不带来任何地租，不花费任何资本用来增加其肥沃程度。在人口较稠密的地区，一俄亩经加工便于耕种的土地出租将可得约 60 银戈比的收入，这不是地租，因为周围有无数未经开垦的土地，农民可以不花任何代价使用它。这是过去劳动的报酬，某种类似于资本的收入的东西。一旦土地贫瘠了，这种报酬也就取消了。接着，让我们来看看在西伯利亚和俄罗斯要有地租的土地。在土地很多的边区，地租是非常低的，有时一俄亩的地租在 25 银戈比以下；在俄罗斯中部地区，每俄亩的地租约需 2 卢布；在工业地区，有时达 3 卢布以上。按人口分配的份地能带来 4 卢布的收入，但是这种收入在许多场合，可能是在大多数场合，在很大程度上是资本的收入，因为首先需要通过施肥使土地肥沃，也就是说需要投入资本。无论是地租还是资本的收入，都完全耗费在农民需缴的直接捐税上了，除此之外，他们还花费一部分他们劳动的收入。在西伯利亚和俄罗斯的大部分地区，农业工人一年得到 30 到 40 卢布，他们需缴纳的捐税是 14 到 25 卢布。因此他至少需要付出自己收入的 45%。

如果地主和资本家需要在捐税上缴纳自己收入的 45%，而且除此之外还要缴纳实物贡赋并支付消费税和间接税，他们将会说些什么呢？让我们试着来确定一下，如果国家收入是按比例分摊的话，那么它们在居民之间应是如何分配的。资本家和地主的收入的确很难确定，但到底还是有可能得到这方面的虽说是近似的概念。在柯里勃的统计里，根据官方资料，普鲁士居民的全部收入是 9 亿 7 千 8 百万，其中各类工人得 1 亿 1 千 5 百万，地主、资本家和从事脑力劳动的人员得 8 亿 6 千 3 百万。按另外的资料，有产阶级的收入估计比工人的收入约高 9 倍。在我们这里，这种比例应当是对工人更为不利，我们这里的资本的利息更多，因此资本家与工人之间的分配要更不利于后者。地主除地租之外还得到租赋。让我们且不管这个，甚至假定比例也完全是这样，就是有产者和最高阶层的收入与无产阶级的收入是 1∶7.5。因此在由直接税和间接税组成的 3 亿 8 千万国家收入中，分摊到工人的部分应当是少于 4 千 6 百万。要是这样的话，工人应当是可以免缴人头税，国家农民承担的全部租赋，身份证付款，手工业证书费和食盐消费税，全部官家的土地应当是可以交给他支配，现在收走这些土地限制他的农业经济，同时酒的消费税应当能够减少几乎三分之二。但是，这一点还远不能满足财政科学的全部要求。根据这门科学的原理，对保证人的生存所必要的收入是不能征收任何捐税的。这种收入应当视为这样数量的工资，没有它工人无法保证自己家庭的健康和长寿——任何破坏这一原则的做法都将导致通常是伴随着饥饿的可悲后果。必要的生活资料应当是家庭中每人每年有 20 普特粮食，10 普特肉，半普特盐，15 卢布的卫生饮料，多样化的食物，药品及其他，18 卢布的衣服，1 立方俄丈木头，3 千立方英尺的暖气。——在俄国中部，一个 4 口之家每年这就需要 300 卢布。只有在这种微薄的福利水平下，俄国的工人才能从人们所认为的产生于他的懒惰与无能的沮丧情绪中摆脱出来，才能使自己有可能获得某种智力教育。还有，根据财政科学的原理，不仅是有产阶级的那种能带来收入的资本应当被征税，而且是那种为满足他们的欲望而没有收入的财产亦应被征税。庭院、别墅、花园和一切类似的奢侈品都应与用于事业的资本一样征以捐税。采用这两个在财政科学中公认的原理，很可能我们这里会导致这种情况，那就是工人阶级应缴纳的捐税局限在目前酒的消费税总数的 15％之内。在财政科学中按比例的原理绝不是只适用于捐税这一项，它也适用于一切徭役、贡赋。目前工人居民在极端困难的情况下，不仅提供全部新兵，而且单是在俄国的欧洲部分，就有 150 万以上的人是属于这些新兵所抛弃不管的家庭。养活这些家庭每年至少需要俄国欧洲部分的工人居民花费 3 千 6 百万。在按比例分配这种服役的情况下，在 85 个新兵中工人应出 10 个，而最高阶层则应出 75 个，当然这 75 个新兵的家庭生活保证也就落在他们的身上。为了执行这种新兵服役制，我们不必跑到国外去寻找样板，它很容易可以按乌拉尔军队中采用的雇佣兵制的原则得以执行此种形式。尽管在乌拉尔军队中，有着一切减轻有产阶级负担的情况，但雇佣兵制仍然是许多穷人们的一大笔补助金。如果新兵服役将按居民的收入按比例地予以分配，并且将不是通过招募而是通过从社会和个人雇佣的办法得以执行，那么这种雇佣兵制将给许多家庭以面包，现在这种新兵服役制却把这些家庭的最后一点生活资料都取走了。只有实行通过雇佣制的新兵服役制才可能创造这样一种经济状况，在这种状况中，没有一个农民家庭将通过供役被夺走最后一个健康的劳动力。有谁能不同意为家庭保留这种劳动力是博爱和公正的天职呢，因为从这样的家庭中夺走劳动者必然导致孩子的死亡。还应该说一说关于部队宿营的义务问题：85 个士兵中 75 个应当在有产阶级和最高阶层那里得到住处，单是为安置部队这一项，有产阶级就应当支付给工人一年达 1 千万。要是在此种财政制度下，工人居民的状况就会完全是另一种样子了。由于不能取走必要的生活资料，那么捐税就不会使任何人破产，也不需要为征收捐税采取任何粗暴的凌辱的手段了。现在如此繁重的新兵服役制就会有可能使得许多破产的家庭好转。

如果计算一下，由于这些改变而引起工人阶级收入的增加，那

么，结果是其收入仍然只接近于那种水平，这种水平外国作者称之为赤贫，他们为无产阶级的这种可怜而无出路的状况而感到悲哀。农业工人不是赚取法国农业工人的三分之一以下的工资，而是获取他的一半以上；而工厂工人将有法国工厂工人的工资的三分之一以上。我认为，这种工资的愿望没有超出适度要求的极限，特别是，如果考虑到他们将消除何等可怕的灾难而有产阶级方面的牺牲又是何等地微小，目的是可能达到的。当然对工人来说这件事情的结果将意味着福利，但要知道这还是未来的事。现在这是为减轻他的负担所必要的最低限度。

因此，公平地说一句，相对于自己的收入来说，有产阶级仍然支付比现在工人支付的少 2.5 倍，这里还不应忘记，有产阶级支付的毕竟是只是用于奢侈的钱，农民却被剥夺了极端必需的东西。

顺便说一句，我远不是想让特权阶级缴纳高额税款。普鲁士政府因从人民收入中拿取 10%而受到责备，如果我们找到可能减少我们的一半开支，那将是历史上没有先例的现象。在任何情况下，在人民中间合理分配捐税是一件容易做到的事情，它绝不麻烦。让我们回想一下，农民改革的反对者曾肯定地说，要是没有他们设想的担忧和罪恶要完成这种转变是不可能的，他们预言解放事业将带来他们所设想的担忧和罪恶。有利于剥削者的策略而虚构出来的危险性可能将解放的日子推迟 50 年。然而改革完成了，大地未曾动一下，太阳也没有暗淡失色。捐税制度的改革也将发生同样的情况。

观察我们农民的状况并善于将看到的事实进行总结的人会同意这一点，即只要居民群众中经济福利水平不作提高，不管进行何种鼓励，工业都不可能前进一步。对它的最好和唯一实在的鼓励——这是工人阶级的富有。如果工人将每天喝一杯酒，那么这一产品的消费价值将等于我们的全部国外贸易。希望支付低工资的地主和资本家干得和那种寻求强烈刺激的肺结核病人一样合乎理智——他们干着自杀的勾当。在西欧只有私有者的工人才被认为是幸福的人，那里人们同情无产者工人的命运。我们这里无产者很少，但是我们的工人阶级群众是由其命运比任何无产者都要坏的工人组成的，即是由交代役租的农民组成的。无产者一无所有，但是他也不用交付任何东西。在佃农的头上则经常悬着恐怖，他担负着既是资本家也是无产者的风险，他既不具有前者也不具有后者的优越性，命运从两方面打击他，它不给予他以任何上升和恢复元气的阶梯。在美国，在人民掌握政权的国家里，力求使全体农业居民变成小私有者。在东方，全部土地被认为是国家首脑财产，与此同时只可能发展大地产所有制。在这些东方观点的影响下，我们这里也形成了这样的土地所有制——几乎全部土地属于或是国家，或是皇室，或是私人。但是须知我们已经从自己身上抛弃了东方野蛮的外衣，我们已认清了其世界观的谬误，我们明白了自由的不交代役租的农民阶级的全部好处，由于什么我们还没有勇气为自己立即造成这一阶级呢？我这里将不谈私人所有制问题，这个问题以后再说，我只谈一下国家所有制。国家所有制不是私人所有制，私有者只考虑自己的利益，在管理国家所有制的时候，首先应当考虑全体人民的利益。这些利益明显地在于将国家农民造就成这样的工人阶级，它应能享受到美国、加拿大、澳大利亚或其他多土地国家的小土地私有者的同样福利。假如为此必须

立即毫无代价地解除国家农民的租赋，那么为什么我们不这样干呢？难道我们需要体面地模仿中世纪国王路易十世之类的样子吗？这个国王力求从人民的解放中进行财政投机。我们并不是为了堕入中世纪的世界观才从亚洲的世界观中摆脱出来的。如果我能够使大家相信，无偿地免除国家农民的租赋就能在我们这里造成那种在西方能给予如此多福利的自由农民阶级，就能比财政赎买业务快得无可比拟地提高国家的总的福利水平，那么我将认为自己是最幸福的人。要知道国家农民已经具有自己的产业，他就是弄不到自己发展的资金。让它明天就将由国家农民形成自由农民阶级，那么明天这个阶级就会在工人间发展消费，他们就会习惯于更少的粗暴生活，这将会促进工资的提高，社会一切阶级的财富和文明的发展。它能使我们摆脱这种贫困与无知的状况，这种状况对我们的民族自尊心来说是如此地使人感到屈辱。我并不怕在这个问题上犯错误，我只害怕一件事，那就是我的言论对社会和执政者没有足够的说服力。

*　　　*　　　*

除捐税外，对农民的福利状况具有最大影响的是农民对土地的关系。劳动果实应该全部归劳动的双手所有，劳动所积累起来的一切应该不受侵犯地全部地留归它掌握。在土地关系中，村社占有制是达到这一目的的最好手段之一。它力求给予劳动及劳动所有制以独立性。如果有产阶级希望工人阶级同情保存他们的所有制，他们就应当维护村社占有制，否则，他们就会在工人阶级中不可避免地引起作为一种反响的共产主义倾向。对西伯利亚农民的生活的考察经常迫使我作出这样的结论。有两种类型的土地关系特别使西伯利亚的土豪喜欢，而且土豪赞美到何种程度，工人群众就仇恨到何种程度。有另外一种土地关系使土豪非常不感兴趣，但它却是对工人最为有利，因为它促进他的爱劳动与福利的发展，成为他的未来教育的保证。前两种土地关系是没有重新分配土地的村社占有制与私有制，后一种土地关系是重新分配土地的未收归国有的村社占有制。没有重新分配土地的村社占有制流行在从托姆斯克省开始的西伯利亚。你要是与富有的农民谈到重新分配土地，他想必会表示反对，像俄国的富裕农民和一般所有的富人一样他对它不喜欢。如果俄罗斯的富人力图推行土地私有制的统治，那么西伯利亚的富人则力图保持不重新分配土地，原因都是一个。在土地私有制的唯一统治下，工人的困境使得富人有可能购买其土地，使他成为无家可归的无产者，然后极度地压低他的劳动的价格，从而靠他发财。没有重新分配土地的村社占有制同样是有害的，但不到这种程度。同时，这里财主的确有可能掌握好一些的土地，但是他不能剥夺农民在土地占有中的股份。如果沿着从托姆斯克到伊尔库茨克的大道，在托姆斯克和叶尼塞斯克省驱车而行，那就会不由自主地为下列事实感到惊奇。每一个稍大一点的村庄的开头和末尾都是最可怜的小破房子，在村庄中间则是好房子，可以明显地看出富有、阔气与贫困的差别。甚至贫农的房子都没有村头村尾那种小破房子显得那么寒酸，如果走进这类小农舍，那么，它的内部陈设完全符合于它的外表。在大道之外的村间小道两旁也重复出现这种景象，这就不禁引起人们的注意。打听后才知，这些小破房的居住者是移民：这是转移到西伯利亚来受穷的俄罗斯贫困，你去向移民打听一下他贫困的原因，去问一问西

伯利亚的穷人，没有重新分配土地的村社占有制及其全部后果就会呈现在你的面前。西伯利亚农民的土地关系不由地使人想起罗马的贵族与庶民的关系，这种关系导致如此光荣的党派斗争并产生了至今为每个有文化的人所熟知的土地法。富有农民对社会所具有的巨大影响使得他们有可能侵占最好的土地。他们侵占了最好的土地以后，就把它们如此地固定下来，认为它们是自己的不可侵犯的财产。有过这样一些情况，当相邻的村社对这类土地提出贪图的要求时，他们自己出钱为此打官司。他们通常具有大批牲口，为此侵占最好的草地。农民在村社里的地位愈低，他愈穷，性格愈谦恭，落到他份上的那块土地就愈坏。因此有时使得非常爱劳动的人懒得干活，他们本来可以对人对己都极其有用的。大部分人通常对自己的地块不满，但是对富人的威势又无能为力。一旦在他们中出现了移民，他们不是热情地欢迎他们，不是想去帮助他们，而是把他们看成是新的令人不愉快的竞争者。移民原来听说西伯利亚土地很多，那里任何人想种多少地就有多少地，想在哪里种就可以在哪里种，结果大失所望：有时他根本找不到方便的适合自己能力的地点，他被迫去求助于已被占用的地块，正像农民所表述的，他得去租或买它们。这里他遇见的与其说是竞争不如说是阴谋，他经常被迫为土地付出高价，至少是相对高的价格。富人对穷人施加压力，而整个社会则对移民施加压力。由此产生了重新分配土地的企求。地方行政当局同情这种企求，但同时又受西伯利亚资本家的影响，同情实行稳固的私有制。因此，行政当局同情两种根本对立的派别。它同时鼓励劳动和独立性，既保护穷人免受富人的侵占，又把穷人和爱劳动的人完全交由剥削者支配，过分靠损害劳动来鼓励地主大农场，力图把贫困与富有放回到原来一般福利的位置上，即不良的经济状况上。当然，西伯利亚的资本家是自然地追求土地私有制的。为了获得收入，他们需要成为有用的人，需要这样地使用自己的资本，它能复兴工业，提高工资和谷物价格，给予社会一批新的有用的产品，所有这一切当然伴随着风险和需要动脑子。而资本家很想不冒任何风险，不花任何劳动，收入就会到手。当然，为此的最好办法是获得土地的私有权。不仅是当他什么也不干、也不用冒任何风险的情况下，而且当他在一切方面对国家都是有害的人的情况下，收入也都会落入他的手中。西伯利亚的资本家在成为土地私有者以后，就不会像现在这样去增加农民的工资，而将压低本来就已经很有限的工资，将彻底把西伯利亚引向乞讨的贫困生涯。在西伯利亚的资本家中通过土地私有制把手伸入农民的口袋里的一贯意图极其强烈。我知道许多资本家，其中有的是百万富翁，他们为自己现在所处的境况而感到十分苦恼，在这种境况下，他们要是不为自己的竞争提高工资，他们的资本就不可能得到收入，而他们想通过剥夺农民的收入、危害国家的福利来安安稳稳地发财。现在他们为得到收入需要进行很多活动，动许多脑子，而西伯利亚的资本家经常力求摆脱自己脑子的这种不愉快的负担。资本家先生们，要是国库不用操什么心就给予一切资本以利息，那该多好，那对脑子是多么轻松，那对懒骨头是多么愉快。遗憾的是，国库不能不担心破产而无限制地尽义务。在这方面土地私有制要强得多，难道不是这样吗？谁也不会买那种没有它农民也能过的土地，而为那种对耕作需要的土地，农民将世世代代付给所有主越来越多的贡物，地主每年搂走越来越多的

钱，而头脑轻松，心里安定，现成地躺着，什么事也不用做，既不需冒风险，也不用劳动。没有重新分配土地的村社占有制，虽然在这种制度下农民经营自己的经济似乎觉得轻松一些，但最终的结果也会发展雇农阶级，当然，比起土地私有制来，程度上要小一些，因为它的一切有害后果要少一些。广阔的土地和牧场使富有的农民有可能繁殖大量牲口，拥有许多马和大量蜂箱及其他东西。他承包货物转运等等——对他来说最有利是他一个人干这些事，但为此他需要有工人。他很容易就能在为缴付捐税而忧虑的农民中找到这些工人。穷苦的农民有时没有任何更多的事可做，富有的农民在他的帮工的形式的劳动帮助下，为自己耕种了最好的土地，收割了最好的牧场，而贫农的谷物长得很差，冬天因干草太次牲口死亡。在托波尔斯克省，我们看到的则是另一种情景，那里土地是重新分配的，份地的通常数额是每人 3 俄亩(其实，1 俄亩这个词所指的数额是非常不同的，以致我不能确定它究竟是多少)。就是在那里也有雇农，但是通常去当工人的是那种没有孩子的丈夫和妻子或是光棍。男人得 30 到 40 卢布，妇女可达 24 卢布。有孩子的家庭的人只是在极其贫困的情况下才去当雇工，而且在这种情况下，把妻子和孩子留在家里，以便经营划给他的份地。对于那种农民，他自己有孩子，把自己的份地出租，去当雇工，人们说他是出卖自己孩子的生命。有家眷的工人作出尽可能的努力，以便摆脱这种状况，重新开始独立经营。可以大胆地说，如果在俄国不存在重新分配土地的村社占有制，我们的经济状况已会是彻底混乱，农民已会是彻底破产。在这方面这是一个伟大的政治制度，它预防了许多最严重的罪恶。人们肯定地说，很难找到这样一个村长，他在

当选以后不立即变成压迫者。在这个问题上村社提供最令人悲哀的经验，他们尝到过一个坏村长给社会造成的一切坏事，力求把自己的选举集中在最诚实的人的身上。但是使他们感到极为惊奇的是，这个人很快就变了，他变成了压迫者和受贿者。自己的一生都过得很谦逊的老人忽然变成腐化堕落分子，为自己养起了情妇。人们无法撵走一个以其剥削习气引起普遍不满的村长，他第二次、第三次重新当选，尽管在选举前，社会一致商定无论如何不再选他了。很清楚，罪恶不是出自个性，而是出自村长所具有的地位。村长成为农民的压迫者的数量是完全与下述情况成比例的，那就是在地方警察局的官员和管辖农民的一般官员中有多少是受贿者，有多少是严格的官员。我不准备来确定这个数字，让读者自己来确定它吧。要是说村长总是干着危害农民的事，那也会是不公平的。相反，在许多情况下，他们做有利于农民的事，不过，这只是在地方和调解官员同情这些好事的情况下才做的。但是说他们完全不符合选举产生的政权的性质则完全是公正的，因为选举产生的政权的特征应当是对自己选民利益的忠诚，而不是无条件地服从于官员。最近，当受贿行为不止一次地被公开揭露出来，有这个毛病的官员开始害怕从那些与他们毫无联系的并完全不依赖于他们的人的手里接受贿赂，他们把自己的贪图集中到那些有公务在身、因而在更大程度上并经常地依赖于他们的人身上。村长也属于类似要求集中于其上的人员之列。这些村长也落到完全无私的官员的手里，正因为他无私，所以特别忠于职守。他们要求村长严格地立即地征收捐税和劳役以及完成诸如补足仓库之类的一切行政措施。在没有完成其任务的场合，他们没有任何可能证实，障碍不是

偏袒性的纵容而是真正的没有办法。因此他们强制村长缴纳罚款或是对他采取其他或多或少严厉的措施。村长为了避免受处罚经常只得交付他自己的钱。甚至诚实的村长也没有如此的修养，可以勇敢地承受类似损失。他力图用受贿来犒劳自己。但是只要跨过这条门槛，他就无法止步了，他支持富人对穷人的各种贪图和一切压力。这一切都以其发财致富而告终。有这样一些例子，有人给女儿几千卢布的嫁妆费，甚至有成为开办工厂的大资本家。如果在这种状况下，在俄国土地私有制原则占据完全的统治地位，那么，毫无疑问，大量的农业工人就会变成无产者。在缺乏政治发展的情况下，这种社会状况就会导致极端的缺乏文明。相反，重新分配土地的村社占有制对俄国来说现在是而且将来也是消灭工人阶级的独立性的不可克服的障碍，它会帮助俄国很快地在政治上成熟起来。我们这里关于村社占有制的议论荒谬到何种程度，例如可以从这一点看出来，我们这里把伐尽树林记到村社占有制的账上，然而事实上伐尽树林的主要根源正好是私有制。有人把不稳固性加到村社占有制头上，然而事实上村社占有制是如此地稳固，经常从事农业的农民家庭只希望自己能保留掌握一定的地块，它将在几百年的期间里不断地守着它们。要是村社占有制是不稳固的，那么某些农民家庭就不会为划给他的地块自己出钱代表大家去和邻近的村社打官司。如果农民清除树林并开垦荒地，那么在他把地种薄以前、在开荒者的劳动未得到报偿以前谁也不会触及这块地。如果农民在村社土地上栽种长期性的植物，比如果树，谁也不会去碰它一下。我甚至一次也没听见过，村社为了村社占有制把手伸进别人的衣袋里并侵吞别人的劳动。但是我无法算清为

国家和私人所有制搞类似侵夺的事件的数目。富裕的村庄破产了,几千人沦为乞丐,一生期间积累起来的劳动财产被剥夺了。读者可以回想一下,什么曾是我们的两个最有名的工业村镇破产的原因……我们这里有这样的行政官员,他们根本不懂得,建立国家所有制是为了社会的福利,而不是在这上面自作聪明和想入非非。发生过这样的事,和解中间人违背社会决议夺走一些农民的土地,交给另外一些人。乡长也按他们的样子干。我认为,关于村社土地关系的一切事务最好是排除行政当局和私有者的任何影响。村社的需要不在于变这些土地为私有制,而是在于在各村社的代表会议上,在村社之间重新分配土地,确定移民的地块,总而言之,是为了把农民的主要劳动工具——土地,公平地适当地供应给农民。广大农民不想要私有制,这是受过教育的阶层的杜撰。如果在村社的代表会议上少地的农民有可能为自己获得劳动工具,即土地的供应,他们会非常满意。许多人在土地私有制中把有文化的农民获得土地看成是发展农业的办法。但是,如果有文化的农民是比农民更好的农学家,那么他们就不会把土地出租给农民了,也就不会有以下这条公认的规则了,即土地贵族从来不可能从土地获得与农民一样多的收益。现在我将谈及有文化的人与工人阶级的生产能力。外国的考察也是如此:小私有制生产得比大私有制多。

我说了许多阻碍西伯利亚农民的福利和发展的原因。现在我讲几句关于什么是他的能力获得这种发展的保证。我看这种保证是:俄国人的天赋智能、进取心和对文明的本能追求。若拿取一批农民的肖像同一批学者与国务活动家的肖像进行比较,那么二者都将同样表现出心灵的力量。而如进行一定的选择来比较，农民方面将会显得更为优越。我曾做过这样的试验，我将欧洲科学创建的伟大思想传授给一些农民和一些贵族阶层的人，使我感到十分惊奇的是，农民对那些用他们理解的语言表达的东西经常理解得更为深刻而迅速。这种观察可能会显得偏袒和离奇，但是它为一些非常值得注意的资料所证实。在西伯利亚农民阶层出身的人对其福利事业的发展作出大部分贡献，这些人不仅没受过教育，甚至还是文盲。在俄罗斯被认为是最先进的人物无法与边区的不识字的知识分子竞赛。大部分最勇敢和著名的西伯利亚金矿主和工厂主属于农民阶层，并出身于社会的最底层。在西伯利亚新创轮船业的一些主脑人物被认为是一些出身最低微的人，他们没受过任何教育。西伯利亚一些酒厂的最著名的化学家、组织者是一个既不会读也不会写俄文的人。试图与西伯利亚庄稼汉的进取精神竞赛的富有的俄罗斯贵族显得完全无能为力，末了不得不求助于农民出身的人并用高额薪金求他们整顿自己的事业。他们的化学家、机械工程师学者应当让位于农民的不识字的知识分子。我离开西伯利亚之际，内心里充满了对农民阶层的脑力智能的尊敬。我相信，在他们身上寄托着俄国的希望，俄国未来的光荣与伟大的保证。谁珍惜俄罗斯祖国的光荣，谁希望俄国屹立于人类的伟大传播文化者之林，他就应当用他能办到的一切手段，力求在农民阶层中传播文化和促进知识的发展。多少次我曾欣赏农民知识分子的渊博的见解，他们对自己力量的认识、他们对事物的理解是如此地深刻，以致他们的打算是完美无缺的！随着在他们中间教育的推广，效果会更加明显。为了获得农民的勇敢和进取精神的概念，需要了解一下原本的原始森林农民的生活。你看，由几座房子组成的农村，中间是教堂，周围是无法通行的原始森林。有时它的居民属于某个教派，有时他们是东正教徒。在每一个小农舍里您能看见最老式的有来复线的武器，带有如此不便的枪托，简直难以想象，如何能用这样的武器射击。您与处女林的这些居民交谈——他们会告诉您，他们是如何去猎取狗熊和驼鹿的。驼鹿是一种很厉害的动物，它能用脚一下打裂一棵树，同时它跑得非常快，它要是用脚或角撞谁一下，这人就很难活命。非俄罗斯人是由 5 到 20 人或更多的人组成的成群结队去猎取这类野兽的。俄罗斯的原始森林的猎人喜欢一个人去猎取野兽，这样更愉快一些，也更合算一些。有一些这样的故事，狗熊向成群进攻它的非俄罗斯人反扑，他们一点也没使它害怕。你们已经看见过武器了，你们想看看子弹和狗。子弹是一块不大的、有时是不成形的铅，而狗则是普通的小个非良种狗。对这种人的勇敢和神经力量不能不令人尊敬，他用这种武器单独一个人无畏地打最厉害的狗熊和驼鹿。这是某种英雄的形象，它像他周围的无际的原始森林一样巨大。这个勇敢而强有力的人最不会凶狠地待人，这是最善良的人。这个世上最善良的人在开春以前为了获得 5 到 15 卢布，遭受着危险，去猎取狗熊和驼鹿。在春汛时，他沿山涧和沼泽动身到渺无人烟的原始森林去，从那里获取树木，有时则到谁也不知道和谁也没去过的地方去搞黄金。这种情况下，他遭受着各种各样的危险。假如有谁为了弄走他的宝藏起意打死他，那谁也不会知道，他是在哪里和怎么死的。由于他深知原始森林的秘密，所以夺走非俄罗斯人的面包，非俄罗斯人很不喜欢这类竞争者。非俄罗斯人的特点是行动非常

团结一致而隐蔽。对文明的最初追求表现在追求更高尚的娱乐上。有一次，我对原始森林中的农村的节日感兴趣，我想看一看，这个荒野地方的居民的娱乐是什么。我从一个其前面已经没有车道的农村出发，沿着原始森林小道骑马前行，需要走30俄里，接着从浅滩通过一条山间的河岔子，而通过另一条河岔子的时候则需要让马自己游过去，我自己沿着像坝似的巨石走过去，在巨石之间水流轰然翻滚。这是边区最偏僻的一个地方，可怜到居民中没有任何工匠，甚至木勺子都需要从外地市场去弄。不仅村庄里甚至城市里使用的瓦罐都是简陋的产品，这表明了在野蛮人那里文明水平是如此的低。它们是不成形的，如果往里倒水，则一个地方的水能齐瓦罐边，而另一个地方则半罐还不到。它们粗胖而歪歪扭扭，稍为碰一下就会翻倒，甚至经受不住最温的火。请看一个标志着这个地方困难状况的例子。一个庄稼汉给马驾上轭，在这匹马的肩上可以看到一个伤口。我肯定地对他说，他在毁害自己的马。我从他脸部的痛苦表情看出，他比我更好地懂得这一点。他用克制的声调回答说："如果我不驾它，我就会饿死。"想起来都觉得可怕——这个地方与曼彻斯特处在同一纬度上。我就沿这样一些偏僻的地方动身到原始森林去。半路上我赶过了一些打扮得漂亮的男人和妇女，他们全都骑着马。妇女十分灵巧而勇敢地过了一条半挨地面半悬空中的小桥。当我来到时，我在那里没看到一个醉鬼，男人和妇女聚集在草地上随着音乐跳舞，男人邀请太太，太太一直和第一个邀请他的人跳。他们之间的态度就和愉快的上流社会一样彬彬有礼和客客气气。他们看到我以后，觉得有些难为情。他们把我看成是上流社会的代表，他们力求在自己偏僻的地方模仿这个上流社会的习俗。这个村庄的特点是具有很大的独立性,它英勇地与土豪及危害自己口袋的其他行为作斗争。附近胆小的居民说:“他们这样干总有一天会害了自己。”的确,一旦他们知道我是什么人以后,他们的好斗性立即流露出来,他们固执地要求我给他们提供关于他们社会事务的法律上的主意。

对文明的要求是存在的,让我们看一看,它是如何得到满足的。西伯利亚农民的贫困有两个重要的原因——这就是沉重的直接税和缺乏知识。关于捐税我们已经谈过了,现在说一说教育问题,让我们重新回到库兹涅茨克市。城市应当是郊区教育的来源。如果我们投视一下城市和附近农村的生活,我们可以看到,无论是这里或那里都笼罩着沉闷的因循守旧。在城里,有人学会种烟草,于是大家都种起了烟草,他们栽种烟草只是为了免得饿死。无论是在城市和在农村,穷人和富人的大部分房子都具有同样的建筑样式,甚至市长也住在与普通农民的建筑样式一样的房子里。在所有富裕的小市民的家里,家具都是清一色的粗笨样式。这些房子的内部与农民房子的区别仅在于后者还用不起甚至最粗笨的家具。其次,农村和城市里的其他一切就都是相同的了。房间里的清洁卫生一个样,保持的方法也相同。长条粗地毯的式样也相同,都是同一种原料制成的。房间里的干净与街上的脏都是一个样。同样能看到没有房顶的房子。甚至男女市民的服装在大部分场合与农民的没有区别。附近村庄是惊人地单调,大家具有同样的优点和同样的缺点。——妇女和男人的区别仅仅在于做墨守成规的手艺上更熟练一些或稍不熟练一些。作为厨娘的妇女会或多或少熟练地烤次的黑麦粉的和小麦粉的面包,但是根本不会做菜肴。

诚然，她会变这样的戏法，这种戏法甚至最熟练的御厨都不知道，它们证实了穷极智生这一谚语的正确性——比如用格瓦斯代替油来烤东西。种田和割草的男人的相互区别仅仅在于动作的快慢。不知道是谁也不知道何时开始使这里的一切都充满了因循守旧。个体劳动发展到极限，这里不知道有成效的劳动分工这件事。在个体劳动中只是改善农艺方法这一项这里就很容易导致这样的结果，即靠同样的劳动和资本之助的农民可以具有更多的收入。光是靠改进蜂箱这一项，他就可以从同样数量的蜜蜂中得到一倍以上的蜂蜜。为此所需要的一切知识农民本身不可能获得。他住在偏僻的地方，他是个不识字的人，他怎么能知道文明国家中成世纪的经验所积累起来的东西呢。集中在城市的知识界和受过教育的阶层是为了给他们传授这些知识而存在的。库兹涅茨克州的这种知识界、这种受过教育的阶层是否足够满足这一目的呢？根据一些统计，在美国，受过教育的阶层是 1 000 个居民中有 6 人，按另一些统计则有 13 人。这 6 个或 13 个知识分子造就上千个不仅是识字的人，而且是有发展前途的人。他们为每个村社出版上千份期刊和报纸。在库兹涅茨克州单是官员和牧师们在 1 000 人里就有 16 个以上，因此，他们不仅应当使郊区的居民识字，而且应当在他们当中散发 1 000 份以上报纸，每个农民家庭应当订 1 份日报或每 3 户订 1 份日报。然而在库兹涅茨克州不出版一份报纸，甚至在农民当中没有一个从事传播科学知识工作的人，尽管应当从事这些工作的人即僧侣和教师的数目还是超过美国——在美国，1 万居民中有 40 个教师和僧侣，而在库兹涅茨克州有 100 个。总之，人们过分满足于少量的活动，或更好地说，他们的活动缺乏成效。在美国，在100个受过教育的人里就有一个期刊出版者，在库兹涅茨克州，村长政权的普及给这些可怜的人造成很大的困难，因为他们被迫在自己的出版物中放进各种法令，而在大部分农村没有一个人能阅读这些法令。一个姑娘对我说："请您教会我读我将因此挣许多钱，我将读给人们听，人们将为此付给我钱。我们附近一带没有一个人能干这件事。"在库兹涅茨克有县立的学校、附设学校及女子学校，在这些学校里培养官员和录事的孩子，他们将来能带来刚才说过的那种好处。至于说到市民的孩子，那么他们父母的非绅士心胸认为，对他们来说时间很宝贵，他们没有时间学科学，这些科学不会给他们带来任何实际好处。因此他们请求当局关闭无用的学校，以教他们的孩子识字及算术来代替学校，他们觉得，只有这两门学科才是有用的。据我的极端的想法，他们是对的。对于时间很少的人，对于极需知道如何制作在库兹涅茨克卖得极贵的硬脂的人来说，如果不去教他如何做硬脂，而强迫他去背诵姆斯季斯拉夫·乌达洛依的亲属的名字，他一定会感到很烦恼。如果听从市民的意见，那么在库兹涅茨克只要留下两个老师就够了，其余的都可以分配到乡里去，强迫他们给农民传授如何通过暖房可以节约牲口的饲料的知识，而不是去讲姆斯季斯拉夫·乌达洛依的亲属。在这种情况下，库兹涅茨克附近农村的120个农民磨坊主可以每年学习文化。我认为，对库兹涅茨克州的农民来说，学校的一个管理员的用处比所有学校的用处还要大得多，他是一个养蜂专家，他读了他所能获得的关于这行的一切，按新的方法建立蜂箱，他作为善于经营和重实际的人，不采用任何不会带来实际好处的办法。

为了还从一种观点阐明我所说过的主题，我再说几句。西伯利亚的和解中间人发觉，最按时的纳税人是旧教徒。其原因是，捐税不会在他们中间产生土豪行为。宗教狂热病迫使富有的旧教徒帮助穷人，并不用来压迫穷人。他们担心这类压迫会引起信仰的改变。或者，说得更好一些，宗教狂热病——这是一种迫使人们忘记物质好处的强烈感情。富有的旧教徒只考虑如何在自己的教堂里留住自己的教徒，实际上的结果是，他借此比土豪富得更快，而他的教派的普通教徒又分享到福利。这个事实不是推翻而是证明上述结论，它表明，只要一旦让一个人恢复元气，他自身就会扩大自己的生产率，同时将享受到福利。不能指望富有的正教徒农人也像旧教徒那样帮助穷人，因为他没有那种动因。因此这个穷人就处于缺乏富人帮助而获得福利的境况。其实，旧教徒的富裕程度根本不足以称之为工人的心满意足的境况，他们同样几乎只吃黑麦面包，只是在例外的场合能吃到肉。

为了描述当代知识界对人们个性的影响，我讲一讲一个偏僻城市的生活中的15年。无边无际的令人生畏的森林，雄伟的黑沉沉的一片呈现在您的眼前。您沿着蜿蜒的干涸河床的陡坡走进了沉默而阴沉的树林，周围静悄悄、阴沉沉、黑压压的。忽然出现一条山溪，活泼，喧嚣，像水晶似的透明。周围既有阳光又有生命，大自然充满了小鸟和昆虫的欢快的啼鸣。然后您沿着没有森林的光秃秃的山脊信步而行，远处是黑压压的林涛，林涛往上延伸，越来越阴沉而雄伟，在最远的地平线上的白云下耸立着一长串雪山。突然你脚下左右两旁蜿蜒着沟壑的碧绿斜坡，长满了小松树和小白桦，很快地往深处延伸。你站在圆圆的狭地上勉强可以分辨漫长山谷的林木繁茂的沟底。您重又在黑压压的森林中沿着小径往阴沉沉的沟壑走下去，越往前走，周围显得越来越神秘，越来越黑。您往下走和往上爬，在您的头顶甚至看不见天空，只是浓密的黑压压的树枝紧紧地闭合在一起，您在哪里？谁是这个洞穴的可怕的居住者？喂，要是从乌黑的树枝后面伸出了狗熊的巨掌，一下子打破了您的头颅，您将怎么办？您勉强只能看见自己头顶的树枝，繁茂的草丛盖住了你的头顶，在黑暗中，您脚下的土地起伏不平，没有通路。但一下好了，看见光亮了，再走几步，你的前面就是悬崖的蜿蜒的边沿了。一片通亮，周围广阔地展现了一望无际的天空。在脚下，悬崖以其陡峭令人神往，令人胆战。下面，宽阔的透明的河流奔腾于绿岛丛中。这就是西伯利亚的边缘，这里经常在几千俄里的地带找不到一条大道，只有一些小径。在这样偏僻的地方有一个无人过问的小城。我们从高处遥望着它，它显得极其微不足道。特别是当我们回忆起这个小城是近 10 万居民的唯一的文明来源时，当然很为我们增光。15 年多以前我们的小城荒凉而暗淡，关于精神生活没有什么可回忆的。县警察局长把非俄罗斯人掠夺一空，山场管理员由他委托的农民担任，市长坐在自己的公署里。这里的一切过得很简单，住在外表上与农民的房子毫无区别的房子里，坐着农民的雪橇，在星期天穿着没挂面的皮袄和长筒毡靴去赶集，然后是喝啊喝，喝个没完没了……这里来了一个医学院毕业的年轻医生，过了 2 年，他与残废院的院长喝开了伏特加。然后那里还有两个精神生活的代表人物，小学校长和一个商人，校长是一个有才干的、机智的甚至很有学问的人。在这种沉重而无望的气氛中，最后他同样开始酗酒，损耗了自己的精力并在退休中死

去。在50年代，那里飘浮着新鲜的空气。老人几乎都换掉了，管理员失去了职位，县警察局长退休了。出现了新的人，新鲜的力量。那又怎么样呢？那里照旧有那么三四个大学毕业生，照旧玩牌和酗酒，全部区别在于牌的玩法更高级一些。和从前一样，那里有两个知识界的代表人物，一个县城的教员和法官。诚然，他们还没来得及开始喝伏特加。从西边向这小城传来了某种前所未有的理性运动的号角，前所未闻的有趣的文艺开始传到这个小城里来了。大家的精神为之一振，开始谈论教育及发展的必要性。县城的教员是一个热烈的青年，不久前才从地方中学毕业，开始想望星期日学校，开办图书馆。事情进行得很顺利。图书馆搞得相当不差，尽管报纸和杂志经常过两个多月才收到，但是还是有人借走阅读。在教员的周围甚至形成一个由年轻人组成的小圈子，他们希望过更有价值的生活，给生活充实更高尚的内容。年轻人不倦地阅读，使自己成了知识渊博的人。但是，在偏僻的地方，他们很难清楚地了解，他们的这个新生活的内容是什么，它应当达到什么目的，它应当以哪些兴趣来充实。他们焦渴地等待着新人，这些人应当使新建的机构行动起来，这些人将给他们指出方向。当久等的客人出现之际，这样的日子终于来到了。在城里住着一个征收消费税的官员，一个和解中间人。还经常召开和解中间人代表大会，为了确定行动的统一准则从各地来了一些和解中间人。旧的力量还被新鲜血液所更新。在变成酒鬼的军医和残废院院长的位子上来了一个医学院出来的年轻医生和一个步兵学校出来的青年军官，他们两人都是60年代的毕业生。原先的城里的知识界是在本城的环境中成长的，人们不信赖它，它自己本身也不相信自己，现在在这个知识界的位子上出现了新的有影响的知识界，它能使社会意识产生深刻的印象。它接近新潮流的中心，它知道新潮流的秘密。一开头，它就以有效的大肆声张的行动引人注目，这些行动使得人们对它谈论起来没完没了。谁也还未曾见到征收消费税的官员，人们刚来得及知道他的到来，就已传开了传闻，说他对市长在别人名下持有的酒馆征以罚款。和解中间人一下子就制服了市长和县警察局长，并对他们显示了自己的权力。更有甚者，县级法院和市公署接到总督的公文，要他们顺从新的明星。很快全城开始谈论征收消费税官员所进行的高额赌博。有时，他一个晚上就输掉 200 卢布，公众惊奇得目瞪口呆。征收消费税的官员把全城最好的一座唯一的石头房子亲手交给和解中间人。他们组成最高的小团体。征收消费税官员的姐姐只与和解中间人的妻子相互拜访。和解中间人的住宅布置得十分豪华，在此以前，人们对它没有任何概念。驯养得很好的马，从未见过的雅致的马车引起居民的注目。和解中间人的妻子给省城里的一位女友写道："我住在这里像个省长夫人，这里所有的人都对我鞠躬，我很少去拜访谁。"相互拜访的慎重考虑，傲慢，亚洲式的豪华——看，什么是新时代的象征。官员们为自己原先的习俗、没有挂面的散乱的皮袄及长筒毡靴感到害羞。有很多资财的商人不放过表现自己的机会。官员中最机灵者找到一年花费 1 500 卢布的可能性，他也和征收消费税的官员那样一个晚上输几百卢布。县城的教员和法官有一个差劲的同盟者，他是新来的医生，对医生学位的考试准备得马马虎虎。在这段时间，城里开始来了一些被流放的政治犯，他们是从波兰和西部边界来的，随身带来了一些为这偏僻地方所未见过的技艺和

在此以前不知道的手艺。大家都纷纷去向他们定做马具、家具、马车甚至画和雅致的东西。节日开始安排得很排场，这在以前是未曾有过的，还奏乐。出现了家庭剧场，建立了俱乐部或旅馆一类的东西。居民赞叹不已，他们反复说，我们这个偏僻的地方文明化了。新生活完全表现出来了。过去，这个社会是死气沉沉的，它淹没在酗酒之中，玩牌消磨掉光阴。现在它在强烈的激情的影响下活动着，这种强烈的激情导致它具有病态的感觉。傲慢、贪权、增加奢侈的欲望以及对娱乐的癖好折磨着它，使它难受。县城教员这个青年人怀着自己的思想与事业的追求只剩下一个人，谁也不再更多想到他，他成了与别人没啥关系的人。他不想在傲慢与奢侈的宣扬者面前低声下气，他不承认他们有什么了不起的地方，这深深地侮辱了他们，他们抛弃了他并使他陷入绝境。法官成了某类这一潮流的牺牲品，正直的有思想的他找不到钱财增加自己屋里的豪华，他的家庭感到自己过这种贫困的生活是一种屈辱，因此，贫困使他不得安宁，不断地折磨他。这个上流社会对居民群众来说，是文明的中心，那么，它现在是如何对待他们的呢？它怀着某种恶意对待他们，它一说到他们就很不平静：人民——这是恶棍、懒汉、坏蛋和废物。农民和小市民则以其人之道还治其人之身。他们骂他们是受贿者和压迫者。他们大声责骂征收消费税的官员和和解中间人的那些恶习。他们指责他们的奢侈生活并举出例证。的确，城里的一个商人的收入无疑要比和解中间人从官家获得的一切多两倍半，然而他生活得清苦得多，他只是以一些马匹出点风头。当然，这不能作为证据，我并不想以怀疑他们的正直来使他们的名誉受到影响。这里问题不在于他们给人民造成的印

象，而在于他们在受过教育的阶层中所引起的情绪。要知道，受过教育的阶层相信了人民的怀疑，他们在自己头脑中形成了一个关于文明人物的感情和追求的概念。这种概念离真理相去甚远。

读者，您要知道这种癖好与潮流在受过教育的领导没有文化的人民的阶层中流传开来时所起的作用，这里，任何改革，任何有益的法律都将无补于事。您解放农民，减轻他们的租赋，分给他们份地，花穷了的地主拼命寻找获利的地方并与官员一起大声嚷嚷生活费的不足，如果不满足他们，则他们会通过滥用权力与压迫向您证明，还不如给他们以合法的满足。人民在免除租赋以后所获得的一切好处，重又在捐税的形式下被夺走，而且还要多一倍多。资本家也不甘落后，与他们竞赛，给工人增加重担。所有受过教育的阶层的人都将像害怕火球一样害怕在人民中推广教育、福利和人的感情。如果农民为由于粗糙的食物和寒冷而死亡的自己的孩子而感到痛心，如果他受过教育并明白他们死亡的原因何在，如果他理解，为了维持他自己及家庭的体力需要多少资料和设备，他能让给他们那么多借以摆阔与豪华所需要的东西吗？如果仔细想想这些把贪财、奢侈、贪权当作人类劳动的刺激因素的理论，那么有时会觉得，在这件事情上，欧洲科学只有两岁小孩的阅历。怎能把这种含糊的微不足道的动力捧得这么高而否定或根本忽视像过美好生活的趋向这样一种人类心灵的美好而优雅的本质呢？如果这些来到这一偏僻城市的人们不是在那里传播有害的生活癖好和损害生活志趣的根基，而是全力追求美好的生活；如果他们的大部分时间不是像他们所干的那样，用于以自己的傲慢和奢侈使人产生惊奇的印象，而是教会旁人以实际需要的科学的常新的知识充实

自己的生活；如果他们作出最谦逊的单纯的生活的榜样，把钱用于在居民群众中激励生活和有益的活动（他们是这些居民群众的教育中心），那么，他们就会在把他们看成是先知的那些人中间培养完全另一种感情。不仅是在那些人中间，而且会在全体居民群众中造成巨大的深刻印象。他们就会成为边区力量和未来的保证，就会给旁观者造成美好的印象，而不是可怜的有些不干净的印象。

第四章 北部地区劳动者的状况

1866年3月在省城N开始出现一些可怜的衣衫褴褛的人，他们有合法的年度身份证。他们说，他们是奥洛涅茨省卡尔戈波尔县和普多日县的移民。尽管他们的身份证是合法的，但是警察仍然扣留他们，以他们的极端贫困为理由，给予他们以一般监禁，然后把他们打发回卡尔戈波尔和普多日。这些人来得越来越多，他们充斥于城市各处。虽然经常把他们送回去，他们还是不断地来，因此，在警察区，这样的人经常待着100个左右。在N城只是流动的先头部队，因为，一旦他们知道，这里要扣留他们，并把他们送回原籍，他们就不进城了，半路就回家去了。他们很不愿意回到奥洛涅茨省。他们表示，他们准备永远留在被扣留的省里，可以到西伯利亚，东部俄罗斯，高加索，随便哪里都行，只是别在奥洛涅茨省。当人们问他们想移居何处，他们不能给予任何正面的回答。或是不肯定地回答说，想到萨马拉省。他们表示还准备移居到斯塔夫罗波尔省去。这个省的某个好心肠的人给予他们关于这个省的非常好的概念，但是他没有教会他们正确地说出它的名字。

这些移民信步而行，逃离自己的故乡，他们到甚至不知道其地名的不熟悉的地方去碰运气，不知道在未知的远方什么命运等待着他们——幸福或是饿死，带着怀孕的妻子和幼小的孩子决定跨

出这勇敢的一步，这些奇怪的移民是一些什么人呢？我们要是责备这些人的不安分的个性，那是徒劳的。相反，他们的特点是非凡的安分和顺从。虽然他们极其讨厌回到故乡，他们还是不作任何反抗地出发到卡尔戈波尔和普多日，只是表示希望，什么时候能允许他们移居。在这种具有决定性意义的举动的时刻的这种顺从，这种俯首听命，清楚地表明，这一举动不是冲动想象的结果，不是那些把俄国的农民弄到监狱里去和使其倒霉的迷恋之一。为了亲自证实，他们的举动不是瞬息即逝的效力的结果，而是经常的强烈起作用的一个原因的结果，这个原因是那些迫使人们下决心以完全冷漠的心肠采取不平凡举动的原因之一，这就值得花几分钟与这些可怜的人进行交谈。这赋予整个事件庄严的性质。一些附带的条件和理由招致对它更强烈的注意。在欧洲文明带给我们的思想的影响下，政府在最近时期尽可能力求在俄罗斯不限制工人居民为寻找面包和有保障的生活而进行的自由流动。在西伯利亚，甚至连流浪汉也不抓了，只要他们不偷窃，不骚扰居民。如果他们为自己找到栖身之所和一块正直的面包，那就完全让他们安安稳稳地生活。在俄罗斯，行政当局对公文上的所谓擅自移居放任不究。现在，这一观点看来有了很大的改变，发生了相反的转变。转变的原因得从人们担忧会从北部边区移来大量的人并会使得行政当局处于困境中去寻找。如果对事物细加考察，这种担忧未必没有道理。虽然北部边区居民稀少，许多人要求移居，几千人得到了允许，但是这些要求的和得到允许的人与愿意留在不合要求的故乡的人比较，终究是极少数。在别的一些地方，大部分乡感到其大量的成员是沉重的负担，要是能去掉一半，将会感到幸福。外界的吸引力对那些人们想挤出他们的人特别强烈，这些人力求早些出走，以致他们不能等到官方的允许，甚至官方还没开始登记，就稀里糊涂地出去了。这类移民不止一次地被扣留并回到原籍。阿尔汉格尔斯克省、奥洛涅茨省和沃洛格达省都同样程度地参加这些移民活动。据传闻，除被扣留者之外，还有许多人成功地欺骗了官方的警戒而转移到另外的地方。被扣留在N城的卡尔戈波尔人和普多日人肯定地说，他们地区的一个地方的人有500个成功地离开了，并没有回来。许多人当知道人们要扣留他们时，走到半路又回来了。还有更多的人准备移居，只是暂时住在原地。

让我们更接近这一现象，我希望，我们不会白白浪费我们的时间。我们确信，人口过分稠密的地方并不是那种每平方米里亚有8千到1万4千人的地方，而是那种居民不能保障自己及后代的生活的地方。在沙漠里，一个人就是过密的人口，因为他必将死于饥饿。一旦得知国内每平方米里亚是50或300人时，从事科学的人一定会认为我们经济状况的一切缺点在于人口稀少。但是，在具备其他有利条件下，人口稀少并不是什么倒霉的事。在美国，人口稀少，但这并不妨碍国家的经济繁荣。

至于说到我们的北部地区，农业的无利可图是由许多情况决定的。虽然北部地带具有极其辽阔的土地，然而，适于耕种的土壤很少。在阿尔汉格尔斯克省，相对于人口的可耕地几乎比哥萨克顿河地区少15倍。这些土地要是不上肥则什么也不产，即使施上最好的肥料，庄稼还有可能被冻死。为了施肥，需要有相当数量的牲口，而草地与耕地一样少。冬天漫长而寒冷，为了饲养一头牲口，比俄国其他地区需要更多的干草。由于气候严寒，牲口长得小，因而它提供的肥料也差。总之，靠农业过活的居民，生活很困难。只有那种地方居民的生活可有较好的保障，那就是这里的居民从手工业中能获得或多或少丰厚的工资。住在海边或适于流送的大河两岸的北部居民最为幸福。为了更清楚地描述海边和大河两岸的居民的日常生活，我引用一下伯绍勒边区调查委员会的综合报告。这些地区的工人的首要的和富有特色的特点是按其生活条件的实质来说他是无产者——居民稀少，谷物贵，工业发展条件不利的地区的无产者。水与矿藏的村社占有制还多少延缓一下他的彻底破产，但是它远非边区稳定福利的真正手段。村社占有原则只适用于河水，而不适用于海水，由此而得到的好处是很微小的，按人口分配的份额值 20 到 80 戈比。全部渔业掌握在少数渔业资本家手中，他们能从它获得 20 万卢布，而付给村社占有者不多于 2 千卢布。他们依靠雇佣工人捕鱼，在整个捕鱼期间付给工人有时是 2 个银卢布，最多无论如何不会超过 13 卢布。海洋渔业同样控制在少数资本家手里，它具有很大的危险性，在新地岛是如此地极其危险，以致现在找不到自愿从事这一行的人。虽然如此，全家工作一整年，有时只得到 10 个银卢布。为了对那里的农产品的分配有个概念，我讲几句关于畜牧业的情况。那里的牲畜很少，主要的财富是鹿。但是，25 万头鹿中只有 1 万 2 千头属于小业主，所有其余的都为地方资本家所有，有时一个资本家所拥有的鹿可达 9 千头。在 2 万 5 千伯绍勒边区的居民中只有 250 个小业主有鹿，也就是说，在 100 居民中有一户工人家庭拥有鹿。这 250 个幸运者每年每人所得的养畜业收入不超过 45 卢布。然而作为养鹿得到的产品的全部价值则有 21 万 5 千银卢布以上。那些自己

的生产不需要资本家帮助的工人所处的境况丝毫没有更好一些。在北方可靠的工资是不存在的。最固定的职业——农业和猎兽业所给予的保证是最不牢靠的。关于农业不值一提，谁都知道，在极北地区农业的收获是多么地不可靠。为了使大家对猎人所遭到的偶然性有个概念，我说一件事就行了，在伯绍勒边区，有的年份能抓到2百万只沙鸡，可是在另外的年份，则少于8万只。这种状况与必须缴纳定期租赋与捐税使得那部分具有某种独立性的居民也落入外来商人之手。根据委员会的调查，切尔登的商人从伯绍勒人那里赚取自己商业资本的150%。委员会发现，伯绍勒人完全依赖于切尔登人的垄断。委员会说道："切尔登人的利润太高了。当伯绍勒人说，切尔登人把他们全吃光了，现在是将他们敲骨吸髓了，这是对的。"关于当地的商业，委员会说得很不好听，它说，这与其说是商业，还不如说是掠夺，萨莫耶德人通过它失去了大部分畜群。委员会说："普斯托泽尔人或伊热姆人，谁的欺骗技艺更为高超，很难确定。无论是前者或后者，都是以最没有良心的方式干事的。"在北部边区，任何商业企业都自然而然地表现为垄断。看来最少可能碰见垄断的地方就能碰见它。在西伯利亚，沿从伊尔库茨克到伊尔比特大道和在尼日戈罗德集市上运来如此大量的商品，以致根本谈不上会有什么垄断。存在着大规模的竞争，按其福利状况不高于工人阶级一般水平的农民以与大资本家平等的地位一起参加竞争。最近时期，当从托姆斯克到秋明的商品沿着鄂毕河与额尔齐斯河开始用轮船转运的时候，当商品需要沿我这里描述的无处投身的北部地区跑几千俄里的时候，轮船运输业很快就变成垄断。储备木头及一切轮船上需要的东西非常困难，只有通

过他们共同努力才能达到满意的结果。这迫使他们联合起来，同时使得个别资本家无法竞争，轮船运输业成为名副其实的垄断。轮船上的工人是从住在原始森林最偏僻的地方的居民中招收来的，他们完全在自己主人的控制之中，他们得到更低的工资，除此之外，他们拿到的不是钱而是东西。

根据法律，强迫工人接受以商品、谷物和其他东西代替的工资，而不是发给他钱，不仅是禁止的，而且是要惩罚的。然而，在西伯利亚和俄罗斯，工人被迫不能得到工资，而是从主人那里获得一切他所需要的实物。这一制度对工人来说纯粹是、有时则是致命的欺骗。工人通常同意拿取这种不能保证自己家庭生活的低工资。除此之外，如果他遭受意外的亏损，他得到以商品代替钱的报酬以后，就得欠债，得不到一个戈比用以维持自己家庭的生活。因此，产生出一些根本不养自己家的工人。工人在低微报酬的情况下还得为商品多付 50％的钱，而与此同时，他只要走几步路就能以真正的价格买到这种商品，此情此景，他该是何种心情。那些只有在一年的一段时期即夏季可以干活的工种的工人境况尤为困苦。在一切类似的工种，诸如：在采金场、在轮船上，工资都比普通工种要高。木工和砌炉匠的手艺等也是如此。普通工资每月是 3 到 5 卢布，而类似工种达到 10 卢布或更多。这是完全必要的，因为工人放下所有地里的活不干，他必须保证自己不挨饿以及冬季的需要。然而，他得到的不是钱，而是按涨价给的实物。他的所有打算就如此地告吹了，事情往往以他在冬天没有东西可吃而告终。在这种场合，会产生怎样的困境，在西伯利亚的轮船上表现得最为明显。驳船和轮船是西伯利亚各地点之间水路交通的工具，上面

我们谈到，在驳船与轮船上服务的人是从轮船经过的最缺少人烟与荒凉的地区招收来的。在这些地区，没有农业，只是有的地方能看到有限的畜牧业。谷物的价格经常是很高的，有时在谷物购买者之间发生如此激烈的竞争，即使是最守财的人的钱袋也会被掏空。用作购买的钱财极其有限并且不可靠，所以，毫不奇怪，他们压低当地工人的劳动价格，轮船主认为当地工人要比其他工人好。轮船和驳船上的工人当中只有领港员获得足够的生活费，一个夏天能得 60 到 120 卢布。其他工人的工资甚至比那些全年工作的工人还要低。在托姆斯克，那些全年从事不要知识和技术的工作的工人每月得到 5 到 6 卢布，如佣人。马车夫、扫院子的人、看守人及其他类似工种的人的工资也是如此。熟练的马车夫，可靠的看守人每月能获得 10 卢布。在轮船上，普通工人一夏天得 35 卢布，司炉是 45 卢布。他们干六个半月的活，也就是说，司炉每月得 7 卢布，而普通工人则得 5 卢布 25 戈比。前者比提高了的全年劳动的工人的工资少 3 卢布，后者比普通工资少 75 戈比。除此之外，他们获得自己的一切消费品都不是付给他们钱，而是实物，他们为每个卢布就要多付出 50 戈比。在此以后，类似的工人及其家庭在冬天可能遇到何种境况呢？工人得到的劳动报酬比托姆斯克要少一半，从这点报酬中还在购买消费品时失去了 30%，而这里的谷物却比托姆斯克贵一倍，在这种地方，又如何生活呢？他经常欠自己主人的债，很容易饿死。根据医生的计算，在这么严寒的气候里，为了不饿死或不由于极坏的食物而死亡，成年男人每天必须食用不少于 6 俄磅富有营养的食物。这种食物单只为了养活他一个人就需要使工人一冬花费 20 银卢布。他按提高了的价格所获

得的衣服同样将使他花费20卢布。这样一来，家庭怎么办？捐税怎么办？工人的状况是如此，那么资本家的状况怎样呢？中等大小的轮船和驳船一起共值3万，它一年的维持费需2万。轮船航行一次需20天，通航期间能航行7次，每航行一次至少能带来总收入2万银卢布，因此，整个通航期间共能带来总收入8万4千，轮船的纯收入将是6万4千。收入的确是如此之高，轮船主很快就能发财致富。由于这一切，极北地区的资本家们具有特别的头脑及对工业的特殊眼光。他们经常力图垄断，他们只在垄断中看到自己的出路。他们所有的人都具有原俄美公司的观点，这个公司最终得出这样的信念，即为了拯救剩下的被它折磨的异族人，为了挽救它自身的声誉，必须拒绝美国占有。它真的拒绝了。北部的资本家不止一次地企图步这个公司的后尘，不久前，他们建议将图鲁汉斯克边区交给他们独家经营，似乎是为提高其福利状况。如果他们不能获得整个边区，那么就是弄到一部分也好。为了看一看我们的北部边区培养出何等狡猾的垄断者，值得读一读伯绍勒边区调查委员会的综合报告中的关于与拉特金签订的合同这一部分。（乌斯季—休戈尔村附近山上的磨刀石租给拉特金进行开采。）根据合同，他用食品支付给工人，必须以尽可能便宜的价格来采购它们，提取不大于所耗资本的10%，并根据要求呈示采购食品的价格的证明。毫无疑问，拉特金很容易从卖主手中弄到证明，证明他为购买面包付出了比实际价格贵三倍的钱。这一合情合理的条件使他有可能不仅用抬高价格的实物来代替钱支付报酬，而且还减少10%的工资。合同中对工人的关怀体贴到了这种程度，直至采取措施防止工人们吃得过饱。为了避免工人不成比例地消费面包，规定工人每月所消费的谷物不能多于3普特。有人肯定地说，在拉特金那里干活对农民是有利的，虽然工资不高。少量的工资怎么可能是有利的，这我不明白。但是，我想，如果没有拉特金，对农民会更有利一些。

根据委员会搜集的资料，伯绍勒边区的全部产品可以估价为65万银卢布。如果所有这些钱平均分配给伯绍勒边区的居民，在这种情况下，它们还不一定够买足够数量的黑麦面包[①]，这还不是在歉收的年份，而是在收成较好的年份。光是消费黑麦面包尚欠缺十分之一，至于满足一切其他的消费，购买劳动工具则根本就没有钱。同时，我们看到，这些财富是如何分配的，就凭这一点即可以断定，居民处于何种境况。委员会发现，边区有四分之三居民处于极端贫困的境地。伯绍勒边区消费的谷物十分之九是从南方运来的，因此，那里比其他地方能更确切地确定地方居民的消费。据计算，一个4口之家摊到40普特。然而，我们从拉特金的合同中、从出发到工场去的捕兽人所携带的储备中看到，一个成年工人一年需要36普特谷物：在此以后，可以想象，他的家庭是如何吃的，可以吃些什么。这是在正常年份，那么荒年会是如何呢？在伯绍勒边区，每平方米里亚才25人，然而，委员会看出，耕地的数量已经远远不能适应当前迅速增加的居民。的确，北方的耕地即使在施以良好的肥料的情况下，也只能提供坏的收成，它们是如此地少，只要居民一有增加，就出现不足现象。十分之九的居民是无产

① 伯绍勒边区共有居民25 220人，如果按每人每天2俄磅计算，共需面包460 265普特。如果每普特面包值1卢布50戈比（这在伯绍勒边区并非偶然现象），那么，所需面包的价值为730 397卢布50戈比。

者，他们在资本家的照顾下生活得很坏。在这种状况下，委员会关心人口的增加是完全不可理解的。

再也没有比这些对北方人口的操心，这些关于北方杜撰出来的富有的叫嚷更显示出我们人民的不近情理了。人们嚷嚷，在阿尔汉格尔斯克，野兽和鱼非常丰富，这个省的土壤是黑土。谈论着大规模发展副业的可能性，谈论着栽种土豆，甚至建议邀请例如爱尔兰等外国移民。如果北方是如此地出产丰富，那么可能英国人不会放松对自己北部领地的利用：为什么他们的这些领地像我们这里同样荒凉。他们比我们更有分寸，他们不龟缩在北部，而是在南部和温和地带去寻找物产丰富的国家，那里土壤易产果实，那里是航海能到达的口岸。挪威北部的状况比我们北部各省更为有利。那里同样有黑土，再说，在阿尔汉格尔斯克省，黑土只分布在沿河的一小部分地区。在挪威，沿河有暖流，它使气候变得温和，它的山挡住了冷风。捕鱼要比我们方便得多。在政治方面，国内的状况是世界上最良好的国家之一。但是，即使这里，居民的状况也是不值艳羡的，对移民不感兴趣的居民只是极少数。至于说到阿尔汉格尔斯克的副业和手工业的发展，那么连工业家现在还不能为自己找到足够的工作，一有可能他们就到挪威去。挪威的副业和手工业要丰厚得多，而海边的商业点按其所处地位的方便程度要比阿尔汉格尔斯克的商业点优越得多。俄国对这些点中的一些点作了贪图虚荣的计划，希望它们哪怕是能多少减轻一些我们北部边区贸易的困难和建立作为我们船舶的栖身处。阿尔汉格尔斯克人埋怨挪威人，似乎把他们的鱼给捕光了。我们的乐观主义者慷慨陈词，指着挪威人肯定地说，如果阿尔汉格尔斯克人学会与

他们竞争，那么他们就会成为富翁。而挪威人则埋怨阿尔汉格尔斯克人，说他们不仅把整个海的鱼都捕光了，而且还不满足于自己的边区，挤到他们中间来，移居在他们的海岸。听着这些相互埋怨，使你得出一个结论，这些人和那些人都生活得不好，但是阿尔汉格尔斯克人还要比挪威人差一倍。至于说到爱尔兰的移民，我们可千万不要有优惠垦殖。幸好它对我们并不危险，爱尔兰人不会到我们这里来。如果他们想移居北方，那么他们能在英属美洲找到亲切得多的地方，那里他们将处于自己的教友和同族人之中，他们根本不打算到我们这种对他们来说是野蛮的、贫瘠的荒原里来。我们没有什么可幻想的，最好还是考虑一下用什么切实可行的措施来帮助边区。

如果读者认为，我在他面前描绘了俄国北部工人生活的悲惨情景，那他就大错特错了。到目前为止，我说的是这一生活的最可喜方面，现在我将讲述更悲惨的生活。如果沿着从彼尔姆到伊尔比特和到秋明的大道驱车而行，在路上你休想遇到福利状况和富裕之类的东西。刚把彼尔姆抛在身后，马车就开始在石头上跳动，车轮撞击山岩隆隆作响，你会发现，已经接近山区了。山变得越来越高，坡越来越陡，越来越长，终于出现风景如画的地方。在旅途中思考点什么，眼前自然风光时隐时现，你一刻也不会觉得寂寞。一条大道起伏于山冈的深谷之中，无数次地隐没不见，而又重新出现。看到它出现多次以后，你心里想，这条路多长啊，你就会带着浓厚的兴趣一次又一次地寻找它。最后，它延伸到高山之上，于是失去了它的宏伟，似乎变成了一条细带。你不由自主地想："不过，我真是够高的了。"想起了战事画中对类似地方的描绘，你就会想象，如果沿着这条道行进着大炮与士兵，这条道会呈现出一幅什么景象呢？思想和感情在变换着，不知不觉间，车跑了有 20 俄里。眼前出现另一番景色：透过白桦树的枝叶，像在雾中似的显现出大道后面的一条深谷，它很深，很远，使人觉得似乎是透过缩小镜看着它。在深谷两旁起伏地耸立着林木茂密的高山。看，高山带着它的威严的峰顶从两边飞到一块了，就好似上战场的全副武装的巨人，凑到一起了，冲刺了——但是，不，这全是假象。最大的那座山坚实地站在原地，一动也不动，只是一大批小山岗飞过去了，落在另一边了。天气阴暗起来，头顶的乌云越来越阴沉了，看，它们就要压下来了，要压摧高山和森林了。高山和森林真的似乎发窘了，它们拼命想躲藏到某种半透明的灰色的保护物之下，——这种保护物是什么东西？或者这不是保护物，而是一种看不见的力量，它在乌云以前就会把它们变成一堆碎块。再闪过几十俄里，周围全是山，蔓延着无边无际的森林，风景如画，一片荒野，但是为什么没有田野和耕地？为了打听这件事，我在几个农民跟前停了下来。他们的样子很可怜，穿得破破烂烂，手里拿着某种介乎大镰刀和小镰刀之间的东西。他们回答我说："我们有什么可耕种的，我们住在最高的地方，这里什么也不能生长，我们穷，很穷。"他们指着手中的奇怪工具，说："我们用它割草。"这种落后状况使我惊奇，这是个热闹的地方，每年有 60 万件以上的铁制品和镰刀运经此地。然而，原来这并不落后。虽然居民极少，在北部好的草场却很少，只得不断地在长满灌木和各种野生植物的地方割草。在如此收割干草的情况下，要是用普通镰刀，两天就会被折断。人们对我说："我们靠某些活过活，有人被工场雇用，有人为自己找工作，要是没有工作，只得坐着等死。"你瞧，过了半年，在一月份的严寒中，我由彼尔姆驱车到喀山去，我穿着暖和的大衣，短皮袄，皮袄，盖着毛皮毯，才刚刚不觉得冷。在赶马车的座位上坐着一个45岁左右的车夫，穿着磨坏的、有十几个破洞的短皮袄，因此他的身子有一半左右的地方是露着的。我问他为什么穿得这么坏。他回答说："我们很穷，我们没有土地，土地都产不出什么东西，牲口的个儿小，不中用。"的确，看着这些不幸的人们的可怜环境，我感到，我处于北部的不毛之地。这种牲口的瘦小个头和可怜的样子使我吃惊，一头牛经常只能提供不到4普特的肉，而且长得很慢。那些描写我们北部自然的我们的乐观主义者还觉得这些地方是安宁幸福和繁荣昌盛的。在沃洛格达省的托特马，根据舍尔古诺夫的描述，那里甚至有一半穷人被饿死，而乐观主义者认为，这还是天堂。在乌斯季—瑟索利斯克，地方居民告诉说，由于进进出出的乞丐太多，厨房无法生火，因为门经常开开关关。然而，乐观主义者即使在那里也能找到繁荣兴盛。关于纳雷姆的气候，《托姆斯克省公报》认为，它是温和的，说那里一年里头只有72天的气温超过零下35度。但是，在我们的北部生活中，存在着足以摧毁最固执的乐观主义的顽固性的现象。泽梁人、奥斯恰克人、图鲁汉斯克的居民、阿尔汉格尔斯克省的卡累利阿人的境况——甚至最顽固的乐观主义者也看到悲惨之处。当然，乐观主义者即使看到这种可怕的现象仍是不可救药的，比如，他们当中的一个人建议停止在图鲁汉斯克分发面包，这就可以强迫居民努力捕捉野兽和鱼，他们就会富起来。这使我想起一个可爱的爸爸，他吃掉甜点心，然后训导自己7岁的饥饿儿子，让他获取和自己父亲一样多的收获时，他将可吃到甜点

心：谢天谢地，好一个伟大的慈善事业的独立精神原则！正如上面已经谈到的，有如此固执的乐观主义者，认为他们能在我们的北部地区找到取之不尽的财富源泉。他们的虚假想象使他们更容易觉得头头是道，他们据以出发的主要财富来源是野兽和鱼。再也没有比戴着粉红色的眼镜介绍这些凄凉的地方更容易的事了。比如有人说：在某个苔原区，有那么一个人碰到过一大群鹿，就是7千头鹿的鹿群与它一比，都会显得微不足道；还补充说，这是何等多的野鹿啊！这里没有谈到，对一个猎人来说，要想生活得不差，需要经常有丰富的猎获物。如果在100年期间，可能在最荒凉的地方，有那么一个猎人，在几万平方米里亚的幅员内，碰到过一个大的野鹿群，但绝不能由此得出结论，苔原地带和密林地带的百万居民就能过上小康的生活。这类结论的可靠程度就和下面这句话一样："在彼得堡县，每平方米里亚有17 152人，彼得堡省旁边是奥洛涅茨省——您可以想象，奥洛涅茨省的波维涅茨县的人口该是何等稠密。"如果读者受惑而想象，那里人口很稠密，他就大错而特错了，那里每平方米里亚总共只有32人。那里哪怕有一点点可怜的生存资料，就会有人钻进来，但是这里慈善事业的独立精神原则既不能使他免受剥削，也不能使他免遭饿死：这与叼着烟坐在岸边向濒临淹死的人宣讲道德是一码事。

在北部俄罗斯，西伯利亚北部和中部住着一些从事打猎和捕鱼的部落：沃洛格达的泽梁人、西部西伯利亚的奥斯恰克人、西伯利亚东部的通古斯人、托姆斯克省南部的所谓鞑靼人。这些部落感到俄罗斯人的优越性，对他们特别尊敬，很想和他们接近。虽然他们是不同部落的人，但是他们的性格特征及生活有很多相似之处，他们干着同一行业，靠相同的生存资料生活。夏天，在宽阔的、几乎是无边无际的泛滥的河水中会集着捕鱼人；冬天，在无法通行的森林里面聚集着捕猎人。这里不仅是进行着为生存的斗争，而且还过着印象深刻、具有爱好的生活。他既要研究森林，还要研究水、鱼、野兽。他需要尽其所能地了解鳊鱼在水底的狡猾，战胜梭鱼的快速。在与狡猾而凶猛的狼獾和聪明而机灵的狗熊的斗争中，他需要有更多的智能。在惊险的狩猎以后，捕猎者凑到一块儿，脱去潮湿的衣服，开始享受休息的乐趣。这里表现出人类本性的最强烈的方面——爱好从社会所获得的快乐。人们之间共同的东西越多，他们越感到在集体中舒服。这些人在精神上是如此地相像，以至找不出比他们更相像的了。他们对事物的看法，他们的要求，他们的性格都完全相同。他们都喜欢在暖和的烟气中熏烤，都喜欢谈论在捕捉鱼、兽时的狡猾，吹嘘自己的技能。甚至他们的弱点也是相同的，他们都很羞怯。伙伴的集体给猎人提供同样的乐趣，他在其中既看不到自己低人一等，也没有沉重的不愉快的印象。这种野蛮人在家里与妻子及家人一起感到寂寞，这里既无大自然的印象，也无社会和休息所给予的快乐。狩猎职业最本质的东西是合群性。在地区的猎人之间必须有劳动的联系和分工，因此他们同时出去和回来。但是这种生活也具有另外一方面：没有一种职业会像狩猎业那样伴随着风险，今天是丰富和充足，明天则完全贫困。这就是为什么在狩猎业中比其他任何职业都存在着更大规模的剥削的原因。富人把穷人牢牢控制在手中，即使是最幸运的捕猎也无法使穷人摆脱奴隶地位。没有一个高利贷者能像捕猎者中的高利贷者那样获取这样大量的利息。猎人的生活是贫困

的，他的需要却很多。虽然在狩猎者居民中形成了一些具有共产主义倾向的准则，但是他们与高利贷者的贪财行为仍是并行不悖的，正如在斯巴达与在某些分裂派教徒的社会中存在的情况一样。极端的贫困迫使这些野蛮人羡慕俄罗斯农民的生活，引起他们接近和模仿的兴趣。奥斯恰克人扔掉兽皮制成的衣服，穿上俄罗斯式的衣服。鞑靼人不仅穿上俄罗斯式的衣服，而且还在原始森林中建立一些只有小径可通往的村庄，因为他没有大车。鞑靼人与俄罗斯人接近到结成亲戚的程度。鞑靼女人中有许多美女，而鞑靼人中的剥削者有时赚取到这么多的钱，足以让自己的妻子穿上丝绸的连衣裙。因此，俄罗斯人愿意和他们接近。但是，鞑靼人希望在这种结合中找到幸福是徒劳的，他在自己的新的亲戚中遭到讥笑、轻视并尝到最无耻的剥削。只要异族人去接近俄罗斯人，那么到处都是这种情况等待着他：唉，要是不那么穷，他会仇恨这些傲慢的人的，他什么时候也不会走近他们的。富有事业心的泽梁人在自己的故乡过着贫困、悲惨的生活，穷困把他抛到俄罗斯人群当中，他在托姆斯克的某处每月在供给面包的情况下得到 6 卢布。您问他，哪里比较好，在托姆斯克，或是在沃洛格达省，——啊，当然是在沃洛格达省啰，只是那里谷物太贵，要不是由于穷困，他怎么也不会从那里离开的。说实在的，物质所给予的快乐怎能与大自然的感受和人们的爱所带来的满足相比呢？

在社会中，需要社会喜欢我们，这种需要是人类本性最深沉的需要之一，虽然人们对它注意得很不够。这种需要，像一切巨大的激情一样，能使人们获得幸福，但经常是使人们不幸。我们的捕兽人的痛苦是如何地大，密不透风的黑沉沉的原始森林将这种痛苦对我们掩盖起来，只有北方的乌云和盖住整个林海的从北冰洋上刮来的暴风知道这些痛苦。我们所能得知的只是他们欠缴的税款增加了，他们的人口减少了。猎人被大家所驱赶和轻视，但他们的心离不开悲惨的故乡。在叶尼塞河出现了大批找金子的人，在原始森林中道路铺设起来了，产生了一个又一个的采金场，人们割草晒干，砍伐森林；原始森林活跃起来了，它的喧闹生活惊散了只能在处女林的极其沉寂中生活的野兽。在另外的地方出现了俄罗斯人的村落，大规模的森林失火开始了。在春天的晚上，周围许多俄里就像大量军队的露营一样，林火犹如一条大街似地径直延烧，有时则转圈和拐弯，映得河流、湖水一片通红。野兽因这种景象逃之一空，那种大胆留下来的，被农民打死了。猎人也跟着野兽的踪迹走，他一直走到不欢迎客人的北部的可怕的边缘。那里，冬天不出太阳，而夏风吹冻衣服。在这种悲惨的荒野，最微小的不足就会在生活和人体的健康上严重地反映出来。他为社会服务，为它供应毛皮和鱼，这些事，除了他，谁也不会干。但是，他的酬劳是什么呢？他的生活越困难，他所遭受的剥削与压迫越深重。他猎取野兽越困难，他越难于缴纳他所负担的苛捐杂税，越是受土豪任意支配。地方官员说："我不能惹恼他们，这些土豪。他们要是躲避捐税，在原始森林中，我到哪里去找他们。"他们经常在不利的情况下获得谷物。由于官家的不良经营，谷物已经够贵了，买来的谷物还经常低价重新出卖给商人。异族人赊购谷物，当然，他们不是没有损失就能获得好处的。人们不止一次试图给北方的捕猎者供应有好处的谷物，不是白给，而是不让他们吃亏。由此产生的好处异族人是得不到的，它们落入别的更有实力的口袋之中。曾作出努力，

给沿鄂毕河和额尔齐斯河的北部边区供应廉价的谷物，轮船免费运它，按采购它的地方的原价出售。全部这些谷物被弄到托波尔斯克的某处去了，不仅是异族人，甚至悲惨北部地区的穷苦农民也得不到它。他们痛苦地埋怨这一点。捕猎人在出售自己商品的时候境况更沉重，垄断者不仅自己获得大量利润，不仅让自己的伙计大赚其钱，而且他们还支持地方的土豪。因为土豪对他们有利，他们自己就是按土豪的方式干的。捕猎人自己只是勉强地活着，还有一切手段剥削他们，除此之外，他们还要缴纳苛捐杂税。收税这件事使得官员支持垄断者和土豪。具有良好的愿望想与这一势力斗争的官员就会在自己的位子上待不到一年，他会由于收不足捐税而被替换。大概用不着怀疑，这些捕猎者居民将逐渐消失，最后将完全消失。但是，以后将会如何呢？在美国，印第安人正在消失，但是印第安人住在肥沃的地方，那里在每一个野蛮人的位子上出现了十来个富有而文明的人。我们的野蛮人住在最差劲的地方，在不能产生任何人工生产率的严寒的气候之中，人需要变得习惯于那里的大自然，变得非常经得住艰苦和要求很少。一旦俄罗斯人来到这些不毛的荒野之地，他开始感到痛苦的匮乏。他习惯于忍受沉重的生活和极坏的饮食，但他根本无法忍受这种生活的压迫。大部分农民习惯于靠农业生活，但他越往北方移动，但越难于保住这一习惯，谷物长得很差，收成不可靠和不足，牲口个儿小，长得慢。到末了，什么都根本不长了。最初农民吃劣质的不易消化的面包，以后他连这个也吃不到了。他只得吃掺了各种树皮、苔藓等有害杂物的面包。由于这类食物，孩子的肚子撑得很大，他们变得委靡不振、贫血——开始真正的人种退化，在世上出现小个儿的无生气的人，他们已经完全不像个俄罗斯人，细瘦的手、脚、大大的肚子、脑子迟钝、毫无生气。即使当他得到满足的时候，依然是那样的毫无生气。这是类似瑞士的呆小病人的一种由贫穷产生的畸形儿种族。他从年青时代起就是一个无精打采的老头，没有任何发展的希望，或者说，只有一种发展成畸形人的希望。这是什么样的懦夫，这是具有人的外形的无能人。接着他在只有牲口才能生活的地方定居下来，最后，他迁入什么也不能生存的地方，存在坏血病和致命疾病的地方。回想到这些地方，不能不感到可怕，那里成十上百的人被饿死，而那些剩下来的则死于疾病；那里听到一片绝望的喊叫："我们穷，我们很穷。"当我们面前铺陈着南部和东部的沃野之际，难道我们非得钻到可怕的北部去不成。但是，如果我们不用剥削去加害而是让服水土的当地捕猎者居民保存和甚至增加的话，那么，即使是这个北部地区也能给予我们中的许多人以福利。英国人善于在自己的美洲领地的北部地区如此地经营，一方面，他们以在自己待着有利的地方无人性地灭绝部族而著称；另一方面，他们善于在北部保留对自己有用的异族生产者。为什么我们要毫无道理地灭绝北部的猎人。少数从事毛皮、鱼、松子及其他物资的搜集和商业经纪的俄罗斯居民在这些严寒的地区可以利用这些福利。我看到过，在最贫瘠的北部，那里村庄周围既无耕地，也无道路，但是农民生活得很满意。这种生活，对我们来说，是艰难而一筹莫展的，但是，对异族人来说，则非常丰富而有趣，它完全能满足他的精神和肉体的需要。他对野兽和鱼的无数观察可以构成完整的科学。野兽为了从他手下溜走，施展出全部的狡猾，他为了对付它，想出了许多新的花招。他用于捕猎的机械提供的图

样之多，可以与我们的机器制造机械的图样相比。他沿着几乎是垂直的悬崖、有着三俄丈积雪的深沟跟踪大、小野兽和鸟，留神它们住在哪里，具有什么习惯，善于用如此少的花费猎取它们，以至想与他竞争是不可能的。他的生活充满活动，感受丰富。为了防备狼獾的狡猾和兽性，他制造了无数捕兽器，安在一个地方等着。要是狼獾绕过它们，则用步枪打。在原始密林中力气大的鹿、驼鹿为自己挑选了最隐蔽的地方，在参天的密林中躲藏，他找到了林中草地，像看守人似地每天绕着它走。但是，捕兽人在这里找到了它，他的酬劳将是25普特肉和暖和的毛皮。他能找到狗熊藏身的最偏僻角落，在动物学中狗熊被认为是最离群索居的动物。在伯绍勒河以及鄂毕河与叶尼塞河的北段的无数泛滥区域和广阔的水面上，他小心而熟练地捕捉着许多品种的细嫩、鲜美的鱼。他还在那些任何新来的俄罗斯人都一定会成为坏血病或死亡的牺牲品的地方捕鱼。他一直走到北冰洋的最边缘，北冰洋上无休止地奔流着薄冰，成堆的冰块永不停息地从北移到南，又从南移到北。难道这样的人是没有用的吗？难道他不值得怜惜吗？难道我们非得自己移居到这个北部去吗？我们会在那里死于贫穷和折磨，我们要是在利于经营农业的地方或是在具有丰富金属和矿藏的地方生活可以成为有用得多的人。但是，如何保护异族人，如何挽救他们的生命和保证他们的福利呢？我们只有两种办法：一种是官家，可是它不能保证自己不受蒙骗和暗地不服从；另一种是资本家的竞争，这种竞争必然导致残酷的剥削。我们的商人还想出更好的拯救猎人的办法：这就是垄断或者像出卖水似地让包管森林甚至整个边区，没什么可说的，对猎人来说，这是他们状况诱人的改善！没想出什么办法，在当前这种制度下也不可能想出什么办法来。我们重又碰到这种现象，它证明，只要我们不在自己中间激发社会生活，我们既等不到幸福，也盼不着境况的改善。我们再也不能这样生活下去了，再也不能这样无动于衷地看着资本家和官员不受监督地支配我们的劳动和我们的生活。我们的农民在广阔而肥沃的田野上死于贫穷，这些田野本来可以使他成为最幸福的劳动者的。我们的工厂和手工业工人没有钱，他们甚至连黑面包都吃不饱。而这时，人们却还得以非常高的价格购买他的全部产品，虽然，人们要是以低得多的价格购买他的产品，工人也能生活得很好。工业中有益的新设施很少给人民带来好处，而给工人却带来许多痛苦。可是在好的社会制度下，工人只会因新设施而获益。看，又有一个劳动者死于极其愚蠢的冷漠，我们将这种冷漠带入到我们的社会生活和社会关系中来。猎人不能再好地适应自己生活的自然条件，他在自己身上发展了脑力和体力的特性，这种特性是为使自己的劳动成为最能生产和便宜所不可缺少的。野兽和鸟的捕捉者的生活就是这个样，他需要长期地离开自己的住所，——他沿着无边无际的森林和无法通行的地方奔走几百俄里，必须寻找僻静的地方，在这种地方，野兽和鸟认为自己受到僻静处、深沟和密林的保护，远离一切追捕者，是足够安全的。当他离开住所的时候，应当是安心的，放心自己的东西不会有人去动它。他搁在森林中的食物应当是安全的，即使当野兽把他引到太远，这种食物使得他不会死于饥饿。猎人之间必须齐心协力：如果有一个人为了自私的目的利用别人的困境，那么猎人将会不断地落入这样的境地，即他将为一块食物付出他一冬的劳动。猎人在自己身上培养了这一切

品质:泽梁人只要在自己门上做一个本人不在家的记号,他就可以坚信,谁也不会进去,一切的物件都会放在原地不动。他把自己的食物储备放在森林里,根本不用看着它,可以相信,谁也不会去动它一下。偶然由于食物储备不足而陷入无出路的境地,他也可以拿取其他一个人的食物储备,然后按自己的估价用打死的野兽付给代价。这是为廉价和顺利地进行生产的最有利的条件。如果猎人需要雇用房子的看守人,食物储备的看守人,在需要的时刻付出惊人的利息,那么毛皮将会贵5倍。与我们的接近正是从相反的方向影响他。这种接近引起他的贪财心理和极其自私,这种接近用各种方式发展他的土豪行为和甚至缺乏人性。土豪和富农开始利用每一机会以压迫猎人。再也不可能安全地离开不锁门的住处了,别人找到了食物储备就狂吃猛喝,——廉价地进行生产已经是不可能了。说什么自私和贪财对工业的发展来说是有用的品质,是谁在世上散布这种思想的?这是工业的最大的敌人,这是压迫的根源,它剥夺爱劳动的双手的勇气,不让人们为共同的友好劳动联合起来。

整个北部边区都是这个样子,让它只靠一些自己的力量生存,从我们方面,对它既残酷,而且任其不划算地受命运支配。这个边区明显地使我们感觉到,我们之间需要有这样的社会联系,它帮助和保护个人,使他既不受与自然的力不胜任的斗争的自由支配,也不受官员和资本家的无监督的处置。例如,在阿尔汉格尔斯克省,全部28万4千居民中只有3万人从事不依赖于农业、畜牧业和捕猎业的职业。这3万人当中有全部官员、宗教界人士、商人、店员、手工业者、工厂工人(所有从事木制品职业的工人包括在内)。其余25万4千人生活在其约三分之二干什么都根本不行的土地上,约三分之一的土地被森林所占据，它除捕猎业之外，几乎没什么用场。这块土地只有千分之一的地方是草场，还有数量不多的耕地。每人只摊到不大于四分之一俄亩土地。而例如在沃龙涅什省每个居民约有2俄亩耕地——沃龙涅什的耕地是肥沃的，而阿尔汉格尔斯克的耕地则是完全贫瘠的，而且前者的耕地比后者多6倍以上。在全俄国，每个居民摊到1.5俄亩耕地，因此，阿尔汉格尔斯克省的耕地少于平均水平4倍以上。如果没有谷物，可以吃肉。但是，阿尔汉格尔斯克省的肉（牛肉、羊肉、猪肉），每人每天只摊到少于十五分之一俄磅。如果除开那些每天吃肉的人（约1万2千人），那么其余27万6千人每人每天只能摊到少于七十分之一磅肉，——这点肉很难吃饱。

在阿斯特拉罕省，耕地比阿尔汉格尔斯克省多10倍，人口多1.5倍，每个居民摊到6⅓头牲口（马、牛、绵羊、猪和骆驼）。在阿尔汉格尔斯克省，则少于2头（马、牛、绵羊、猪和鹿）。原先到什皮茨别尔根的北部去的工人，在那里度过冬天和夏天，在可怜的窝棚里住上好多个没有白天的月份，最后得了浮肿病，并死于坏血症。这个骨瘦如柴、衣衫褴褛的工人有时一年得到不多于12卢布，而如果得到30卢布，他就很满意了。上面我们看到，在新地岛捕鱼所付的钱还要少。你看，一个人，在光秃秃的悬崖上，在完全荒凉的地方，这种地方除了巨石之间风的呼啸和北方的风暴之外什么也听不见，在漆黑之中什么也看不见。这个人在对人的机体过分严酷的大自然之中必须集中自己的全部意志力，以免失去勇气。他只要有一丝软弱，让自己休息一下，睡上5个钟头以上——立即跟着而来的就是坏血症和死亡。无数个漫长的通宵他坐着和预防睡着，在那里结起和解开绳结，这就和某个念经的和尚一样。还没有一个苦修教徒经受过如此巨大的磨难，而这个劳动的受难者却比任何一个仆役或马车夫却要少受 4 或 9 倍的罪。一个外国的作家说道，如果他们为这么一点微不足道的钱去受如此的折磨，这些人在自己的故乡该是何等地不幸。这种行业的好处是如此地微小，伴随着它的磨难又是这样地巨大，以致工人千方百计企图寻找另外的生存来源。但是，不幸的是，他只能在最遥远的地方找到最艰苦的工作。虽然他的境况是如此地可怜，但他仍然还是农民的羡慕对象。农民肯定地说，大海比耕地更有收入，更为可靠。在阿尔汉格尔斯克，人们说，出海的人不知道悲伤。的确如此，农民的生活——悲伤无穷。他的牲口和厩肥很少，而他不仅必须给耕地上粪，而且还得给草地施肥。他辛勤地给草地围上篱笆，清除苔藓，铲平土墩，为所有这一切他只得到一种酬劳——饥饿。在阿尔汉格尔斯克还可以找到有利的工作，但是，在大片森林的广大地区，人们根本无法吃饱，整个地区充塞着大批乞丐，很大一部分居民过着最可怜的流浪生活，捕捉鱼和野兽的人整冬整夏到处流浪，无数处于乞丐和工业工人的中间状态的居民加入到他们的行列。这些不幸的人整年从一个地方转移到另一个地方，有时要饭，有时干活和落入受奴役地位。他们走遍广大地区，他们一年中所走过的路程不是几百俄里，而是几千俄里。他们把行乞作为辅助职业，可以按出奇低的价格干活。这些流浪的劳动者中的一些人在冬天期间干过各种各样的活以后，从 1 千俄里以外于冬末来到了如沃洛格达这样的城市。这里他们为不过 30 银卢布负责修理平底货船，把它装满并把它运到阿尔汉格尔斯克。这种报酬当然不可能给予他们任何保证，他们立即又重新从事半乞讨半干活的行业。这批流浪的工人使得妇女和儿童成为极端贫困的牺牲者。为了评价上述令人发指的数字和资料的深刻含义，需要仔细观察北方人的生活。这就是悲剧状况的真相：没有面包、没有食物、没有工作、气候致命地严寒。全世界都大喊大叫，说英国或法国的穷人正在饿死，但是任何一个英国或法国的穷人，与这些不为人所知的劳动者相比，都是命运的宠儿，极大的财主。谁也没有把这些不为人所知的劳动者所受的苦难告诉世人。在密林深处，在自然与环境的沉重压迫底下，他甚至想象不到，可以少忍受一些痛苦，世上有比他幸福10倍的人，可是人们在整个世界却散布说，这些人是世上最不幸的人。这些北部地区的穷人是大量的。在这些地方，比英国和法国的被人们称之为正在饿死的穷人更穷的人的数目可以设想达125万，——伦敦和巴黎的穷人与他们相比，只不过是大海里的一滴水。在这两类人的贫困之间无法作任何对比：伦敦穷人有时花在衣服上的费用就要比这些人的全部生活费多两倍。英国和法国的流浪者中的少数几个人有时在露天过夜，要是他们也只得像北部几百万人那样过夜，那么他们一星期之内全会死光。想起来都觉得可怕，人类贫困与磨难的程度是那么地无止境。英国人和法国人以为，他们的穷人达到贫困的最高程度，原来，比他们的穷人穷得多的工人是俄国的工人。他们认为，他们的乞丐正在饿死，原来，饿得更厉害得多的乞丐是我们北部的乞丐。在北部发生这样的现象，即没有任何办法可以对付饥饿的乞丐。在一个小城里，县警察局长想起来要整顿秩序，他想让这些饥饿的肚子就范。这种努力是如此地未能奏效，他们涌向他的私人住宅，可以确信，

他们似乎要把他撵出房子去。

我们在不吉利的日子到北方寻找幸福，我们在倒霉的时刻想起对北部野蛮人输送文明，我们不了解他们，我们不了解如此成功地形成的北部生活方式。我们不是使他们变得文明，而是腐蚀他们。我们使他们中的几万人成为不幸的人，而为自己人中的几百万人安排了悲惨的命运。这对那些吹嘘产品而不管生产者的人是一个很大的教训。人们喊叫：我们将会有贵重的毛皮、树木、鱼和鸟。可是不问一声：为我们提供所有这一切的人将会如何。于是，结果是：他们没有拿到所吹嘘的产品，而人却是被危害了。在阿尔汉格尔斯克的各条河流里，所运商品货物的价格每人只摊到一卢布多一点。在这些货物中，毛皮商品每人摊到4戈比；鱼，55戈比；树木，20戈比。我们的全部捕猎业的价值勉强到100万卢布，为此几乎225万人必须生活在冻土带和密林所带来的惨状中。我们为不到50戈比出卖一个人的一生。如果我们不忽视他的幸福，他将给我们带来多少好处。请上帝保佑，让我们从这种倒霉的处境中摆脱出来吧，把不幸的人移居到那种他们能获得幸福和起作用的地方去吧，在北部则只保留那些福利等待着他们的人。

如果在伯绍勒边区，地方生产的谷物只构成全部消费谷物的十分之一，手工业和养鹿业提供边区全部产品的六分之五以上，而农业则少于六分之一，那么，可以想象，那些在北部的全部生存资料只局限于一种农业的居民处于何种境况之中。由于缺乏销售产品的方便的地点，即使在可流送的盛产鱼的大河边，甚至在野兽和松子丰富的森林中，北部的生活也是相当困难的。关于在叶尼塞河下游受罪的图鲁汉斯克边区居民的极端贫困状况人们写得很多，是这条河流没有各种各样的丰富的鱼群吗？是这些森林没有丰富的野兽吗？但是，所有这些贫困要是与那种没有副业、没有野兽、没有鱼的偏僻地区的居民所经受的贫困相比，那又算是微不足道了。在北部长丘与北冰洋之间，这样的村庄是很多的。在阿尔汉格尔斯克省、彼尔姆省和维亚特省，它们也不少。但是，在沃洛格达省北半部和奥洛涅茨省，它们特别地多。奥洛涅茨省的生活比任何地方都更能成为这类生活的典型。如果我在这里举出死亡率的资料，读者就不难明白，它与上面刚刚谈到的阿尔汉格尔斯克省靠近可流送的河流的地区的生活有何区别：

	年份					
	1856	1858	1859	1861	1862	1863
阿尔汉格尔斯克省　从……人中死1人	31	23	33	37	34	30
奥洛涅茨省　从……人中死1人	21	22	22	26	26	21

在灾情上没有区别的年份，死亡率的这种巨大差别雄辩地表明了居民的状况。这些地方的农业成绩应是怎样的，可以从下面情况看出：在阿尔汉格尔斯克省，草地比耕地多1倍，可以饲养足够的牲口以用于在地里施肥，而奥洛涅茨省的草地比耕地少两倍。在阿尔汉格尔斯克省，每俄亩耕地可摊到几乎是2头大牲口和1头多小牲口，而在奥洛涅茨省，1俄亩只摊到五分之三头大牲口，几乎3俄亩才有1头小牲口。北部的土地即使是施肥也产量不高，要是不施肥，它还能长出什么东西来呢？除此之外，虽然北方有许多沼泽和森林，夏天的气候特点还是干燥的。在赫尔辛基所作的考察已指出了这种干燥的气候。在沃洛格达教学农场的考察表明，夏天，特别是在谷物灌浆时节，谷物的饱满程度和养分全靠雨水，可是只有俄国的南部，如阿斯特拉罕等某些地区下少量的

雨。在这种情况下怎么办？只有在草地多、土壤肥沃的地方可以生活。而这里只有一些沼泽、不毛的高山和森林，只是有些地方散乱地分布着几块宜于耕种的土地。土壤的这种贫瘠使得居民忘记自己的老习惯：他们不再聚居在大村庄里，而是在沼泽与森林的中间分出一些小的新村。关于人口，奥洛涅茨省的村庄几乎比阿尔汉格尔斯克省多1倍，是萨拉托夫省的12倍，可大村落却比阿尔汉格尔斯克省少4倍。农民违背自己的习惯住在小村里，为了保护牲口和增加厩肥，他把自己的院子和住处都当作畜棚使用，但所有这一切帮助甚少。耕地少，无法生活，可又出现了出乎意料的障碍：对他来说，首要的事是扩大自己的耕地，可是禁止他开垦，或是指定他在不能耕种的地方耕种，使得他在不毛之地失去了自己最后一点种子。森林无边无际，谁也不需要它，它由于风暴倒伏在大片大片的土地上并腐烂着，林业大王贪婪地对它滥伐。当农民需要开垦一小块土地当作自己可怜的耕地时，却神经过敏地爱惜起森林来了，而灭绝森林的凶恶怪影却在可怕地膨胀着。农民遇到不可克服的障碍，他不是在其念头转到有用的宝贵的林木的时候遇到阻挠，这些林木受到林业资本家的贪婪而无端地滥伐；他是在请求一小块毫无用处的和没有任何价值的土地时受到阻挠。长满高大的贵重的树林的地方无法开垦成耕地，开垦耕地需要那种长着细小而毫无用处的树木的地方。由于耕地不足，他只得每年在同一块地上耕种，不让它休耕，而牲口的缺乏则使得他几乎不施肥地播种。本来就贫瘠而没什么用处的土地彻底荒芜了，越来越经常地歉收，而且范围越来越广。这么下去会怎么样呢？日益增加的贫困迫使农民卖掉牲口，牲口的减少不仅导致歉收，使农民根本吃不到肉,而且还使他失去一件北方极需要的东西——暖和的衣服。阿尔汉格尔斯克省的人口更少,可是它不仅绵羊比奥洛涅茨省要多,而且,除此之外,还有265 000头鹿。在阿斯特拉罕省,在气候暖和的情况下,每人摊到4只以上绵羊,而在奥洛涅茨省,3个人还摊不到1只绵羊。俄国的任何地方也没有像这些寒冷的地区那样严重地苦于缺乏暖和衣服。有谁能相信呢,我们森林地区的农民还感到燃料和暖和住房的不足。诺夫戈罗德省是一个森林工业的省份,它的木材供出口,其三分之二的地域覆盖着森林,基里亚罗夫斯基认为,缺少燃料和暖和住房是这个省人口死亡的最主要原因之一。他把农民的住房分成3类:冬天的温度达到16℃的住房,是富有和宽裕的农民的住房;温度达到10℃的农舍,是小康之家的住房(这种温度对农民的健康和一般体格的发展已经有不利的影响);最后,许多穷人的住房的温度只达到5℃,农舍里,特别是各角落里有积雪,冷风直往里灌,农舍里的水结成冰。这种温度对于生活和健康来说是致命的。

在食物丰富、福利状况良好的情况下,任何一种气候也不能像极北地区的气候那样能造就如此强壮、肌肉发达的人。只要想一想极地动物就能理解,北方能生产多么大量的油和肉。然而,日益增加的贫困早已开始引起北部的人种退化。居民的个儿变小了,人变弱了,病也多了,失去其工作活力。行政当局在招兵时早已发觉这种人种的退化,因此降低了北部地区的新兵身高标准。北部边区的贫困终于不能再不被注意了。它主要是在城市里引人注目,因为那里它表现得更为尖锐。在报刊上开始出现一些把北部城市描述为贫民窟的文章。正如上述,城市居民极端讨厌大量靠乞讨过活的人。通常是卑躬屈节和哆哆嗦嗦的乞丐往往采取更具有威胁性的手段。他们成群地涌进别人的家里，吃光所能找到的一切，而不理会自己是不速之客。北方城市的官员和商人很有耐性，他们对不速之客的光临不感到气愤，他们把这看成是不可避免的坏事。他们连想都没想到过，只要把这些饥饿的肚子引向公共施舍，就可以摆脱他们纠缠不休的光顾。当皮涅加终于做到了这一点时，在全俄国，人们都嚷嚷这件事，似乎创造了伟大的功绩。皮涅加人想得对，靠自己费用来消除对自己厨房的干扰是不合算的，如果这件事由全俄国为了慈善事业来干，要合算得多。北部其他城市的居民看到皮涅加人的机灵，想搞得更好，他们直接让俄国来关心消除他们厨房的干扰，并力求不受任何损失地从这里为自己得到好处。但是，俄国并不把关心自己的北方兄弟看成是善行。轰动一时的皮涅加人的事情最明白地表明这种对待贫困的冷酷的态度，这种态度是我们的上流社会的最主要的缺点。北部 3 百万农业人口的贫困被轻易地忽略了，对此，有教养的社会只作叹息而并不厌烦。商人们甚至满意这种贫困，它使他们有可能利用极廉价的劳动。乐观主义者的机构要使我们相信，在我们富有的北方没有无产者，我们这里没有人饿死，总之，我们是全世界的取之不尽的粮仓，用谷物养活全世界的巨大粮仓……例如，一个著名的作家在描写维亚特省人们如何吃树皮的同时，补充说，由于这种美妙的食物，只是小孩的肚子是膨胀了，至于成人，则具有健康和结实的外表。统计学家和政治经济学家只得假装不知道彼尔姆省、奥洛涅茨省和维亚特省具有俄国最悲惨和最可怕的死亡率。但是，乐观主义者经常自己自觉或不自觉地说漏了嘴，因而部分真相被揭露出来。这时，人们承认，有必要采取各种措施以帮助挨饿的人。有时直接用谷物帮助。在社会的这种乐观主义情况下，可以设想，这些物质救济会遭受到何种命运。如果充满爱国主义热情的社会，在与拿破仑一世战争及塞瓦斯托波尔运动期间都不能制止盗窃国库与贿赂行为，那么很容易想象，在成为淡漠无情，不仅是淡漠无情，而且甚至根本就没有观众（因为对这件事丝毫不感兴趣）的社会中，会发生什么事情。在叶尼塞斯克，我遇见过一些投机商，他们廉价大量收购用于保证叶尼塞河下游的官家谷物，然后把它供应采金场。在俄罗斯北部，我听到同样的怨言，说从事分发谷物的官员靠它发财致富，商人趁此进行猖獗的投机活动。到处我只看见一种不信任，人们普遍地认为，边区的贫困未被查明，援助没有达到自己目的。很明显，只要社会没有意识到有必要按北部边区需要的程度帮助它，只要这种认识没有严肃到由此产生真正能达到自己的目的的机构的程度，北部边区的状况将一年比一年坏，一年比一年困难。今年提供了多少像个样的，同时未引起怀疑的援助。但是，我们马上就能看到，这种援助较之边区的需要来说，是何等地微不足道；我们将会看到，在目前状况下，国家的贫困必会逐年增加，而且如果不阻止这种不可避免的趋势，由此可能发生最意料不到的后果和没有出路的困难。为了阻止这一趋势，需要采取更具有实质性得多的措施。

在奥洛涅茨省，每平方米里亚住着 125 人，仅是俄国欧洲的两个省份，即阿尔汉格尔斯克省和阿斯特拉罕省，人口比它稍为疏一些。每平方俄里两个半人口，这是再比它少就难以想象的稀疏人口，然而，即使这样的人口也显得过于稠密了。副业和农业已不足以维持地方居民的生活，而且，尽管农民尽一切努力扩大自己的播种面积，贫困的可怕怪影在他们面前越来越膨胀。在这种情况下，奥洛涅茨统计委员会责怪农民的愚昧无知，它建议他们耕种奥洛涅茨的沼泽地，那里似乎是奥洛涅茨省的最肥沃的土壤。责怪别人的愚昧无知——我们的行政当局评论家之间颇为流行的作风。在北方，在里头和在它们排水以后除了苔藓之外还能长出别的什么东西的沼泽地多吗？即使沼泽地的土壤是肥沃的，除了投入资本之外，没有别的办法可予以耕种，而这一点农民是无能为力的。至于在资本家里头，找不到几个这样的冒险爱好者，会把自己的资本投入无效的使用。虽然统计学家和行政当局赐予奥洛涅茨省居民以理想的建议，边区的农业生产率日益变得不足以保证居民的生活，工人的生活日趋困难。看来，奥洛涅茨的劳动者可以很容易使自己处于不依赖农业的地位。奥洛涅茨省按地位与按其实质来说曾是工业的省份。据官方的情报，单是从事这个省的水运的工人就有 92 857 人，占全省全部成年工人数的 20％以上。除此之外，渔业、林业和捕猎业是这个省的天然的副业，因为这个省的五分之四地域覆盖着森林，而且还具有比俄国任何别的省份更多的内河。每年驶经这个省的船只达 2 万以上，这个省的森林和水都很丰富，它应当在其工人居民中发展而且也的确发展了造船业。在这一切之上还加之矿业和靠近彼得堡，彼得堡能招走一些零工。抽象地说，根据这些资料，可以设想，奥洛涅茨省即使农业不发达也可以过得很好，但实际上并非如此。还未曾有过一个国家可以不顾农业的衰落单靠工业的发展而繁荣，农业的衰落必然导致工业力量的衰落。沿奥洛涅茨省河流航行的船只的确很多，但奥洛涅茨省的工人得与其地位比自己优越得多的这样一些工人竞争：这些工人的家庭自己能养活自己，他们出来曳船只是为了缴纳捐税。这些工人把他的面包给夺走了。他作为船工，在幸运的场合，一夏天能挣到15卢布，而经常只带着7卢布离开。当既需要缴纳捐税又需要养家的时候，当一普特谷物就要付1卢布25戈比或1卢布50戈比的时候，这点钱有什么用呢？奥洛涅茨工人带着饥饿和绝望到船上去工作。鱼和野兽的确养活过奥洛涅茨的工人，但随着人口的增加，这些副业的好处比农业的好处消失得还快。顺格集市是奥洛涅茨省最大的经营毛货、野味和鱼的集市，运到这个集市上来的这些货物日益减少。1857年，运到这个集市上来的松鼠达1百万只，而到了1865年，总共只有7万只；运来的兔子比过去少9倍；1862年的狐狸是6 500只，而到了1865年，共有900只；在1862年，运到集市上的鱼达419 450卢布，而在1865年，总共是71 535卢布。矿业同样衰退了，1860年，有2 126个工人在奥洛涅茨矿厂里工作，而在1862年，共有1 054人。至于说到在彼得堡干活的零工，那么的确，根据奥洛涅茨备忘手册的肯定的说法，在彼得罗查沃德斯克县几乎每一家去送自己的一个成员到首都去。干活的人走了，他把家庭抛给命运支配，处于最困难的境况之中，濒临死亡。1863年，奥洛涅茨省一般是每21人中死1人，而在彼得罗查沃德斯克县，则18人中死1人。奥洛涅茨省的工业县最为悲惨。1863年，彼得罗查沃德斯克县、维帖格拉县、洛捷依诺耶波列县的死亡率在工业县中是最低的。最悲惨的命运落在波维涅茨县头上。这个县是靠捕猎业和渔业为生的，副业的收入减少到使他们根本无法生存的程度。居民胡乱地分散住着。在顺格

村落，在波维涅茨县最热闹的地方，125个村庄只有600户人家，也就是说，一个村庄还不到5户人家。但所有这一切都无补于事。1863年，波维涅茨县在奥洛涅茨省的所有县份中死亡率是最高的，这一死亡率是可怕的——16人中就死亡1人。说来说去，奥洛涅茨省的最幸运的县份还是那些以农业为基础的县，——以其草场出名的奥洛涅茨县，输出亚麻的普多日县；但是，福利状况最好的是卡尔戈波尔县。在1863年，它的死亡率是奥洛涅茨省所有县份中最低的。卡尔戈波尔县曾经以其肥沃著称，它不仅曾给全省唯一的酿酒和啤酒厂供应谷物，而且还曾往维帖格拉县和彼得罗查沃德斯克县输出谷物，甚至曾把谷物运到阿尔汉格尔斯克港口。卡尔戈波尔县不仅曾以其农业，而且曾以其畜牧业著称，它出售过皮革。随着人口的增加，所有这一切都逐渐地减少了，县里的福利水平也日益下降了。

不难预见这种凑合各种情况的逻辑结果。人口增加了。它耗尽了水和森林储备，它必须从唯一适宜于农业和牧草业的土壤转移到更差的土壤上去，生活日益困难，农民变得更穷，死亡率变得更高。在40年代初期，奥洛涅茨省的死亡率曾与俄罗斯的国家农民的一般死亡率一样——1842年，34个人中死1人；1843年，33个人中死1人；1844年，31个人中死1人。当时就已经开始注意到，奥洛涅茨省的死亡率在不断地上升。我们在上面看到，在50年代末和60年代初，已分别是21和22个人中死1人了。在同样时期，男人死得居多。由于农业的不足，艰难的命运越来越沉重地落到了出外做工的人们的头上。从1848年开始，男人与妇女之间比例改变了。开始，妇女只多5%，后来则成了10%。全部居民中能干活的人逐渐减少。草地不足日益严重，居民体力衰弱现象逐渐增加，使得不可能为牲口储备足够的饲草。牲口因疫病传染而大量死亡的数量越来越多，而且经常反复发生。除此之外，破产的居民为了缴纳捐税把牲口都卖光了。牲口的不足导致肥料的缺乏与歉收。每年都重复出现牲口因疫病大量死亡的现象。一个农民告诉我，在几年期间他买了15匹马，它们全死了，这弄得他彻底破产。虽然人口在不断增加，可是牲口的数量不仅没有增加，而且还减少了。1862年，曾发生牛瘟；1863年，又发生了一次。接着是歉收，一连重复4年，于是把居民弄到目前所处的悲惨境地。根据官方的资料，卡尔戈波尔县在1863年还曾是全省各县中收成最好的县。在林中伐掉树木的地方收成达到种子的9倍，对最高收成来说，这是相当少的。按中等水平来说，它大概比萨拉托夫省要好一些。尽管如此，每人只能摊到3—8俄石。3俄石中除去2俄石种子，每个居民摊到1俄石不到。每人每天1俄磅少一些的粮食——这已是饥饿与悲惨的贫困了。因此，就是卡尔戈波尔县也到了挨饿的程度了。按其牲口数量，它已远不是处于繁荣或甚至过得去的境况。每俄亩耕地只能摊到五分之二头大牲口和三分之一只绵羊，也就是说，几乎比阿尔汉格尔斯克省少4倍。按干活的马的数量来说，卡尔戈波尔县甚至属于奥洛涅茨省的较穷的县。在这种状况下，歉收是不可避免的，而一年紧接一年的连续4年歉收给予居民以沉重的打击。靠近卡尔戈波尔县的村庄还比较能经受苦难的压力，但是这个县的北部地区达到了不可救药的贫困和绝境。那里出现好几个这样的乡，全乡没有一个其粮食足够供应自己家庭吃一年的农民。更有甚者，要是有一个乡，乡里有几个农

民的粮食可以整年供自己家庭吃，那它就被认为是处于值得羡慕的境况了。开始，人们吃不纯的面包，以后在里头掺进麦秸。再后来，需要掺进这么多的麦秸，以至面包都拿不起来。已经无法把面包烤透，它被从炉子里取出时还是发着酵的和不熟的，而卡尔戈波尔人肯定地说，这还是他们的幸福时期。1867 年，严寒冻坏了谷物，谷物没有熟透。甚至不可能制作掺了一半麦秸的发酵面包。为了少受穷，农民割掉了不成熟的谷物，把麦秸剁得很碎，用麦穗做成某种类似面粉的东西。在这种面包中，麦秸占着如此大部分，以至面粉不能当作水泥或浆糊。面包在炉子里就散开了，成了某种像一堆垃圾或粪便似的东西。一个人一昼夜只要有四分之三俄磅这类面包的不大的饼就足够了。这种食物极其不能消化，对人的机体极不适宜，只要吞食不大的一块饼，到第二天以前根本就不想吃东西。到后来，即使这样的面包也不够了。哪儿也找不到工作。人们全都在找工作，那种不论用什么办法一天能挣到 3 俄磅左右谷物的妇女引起大家的羡慕。乞讨同样是徒劳的，大家都在乞讨，没有人愿意施舍。农民们流落在城市的四郊，男人、妇女、孩子到 40 俄里和更远的地方去为自己寻找微薄的生存资料。要是有谁能为自己的儿子在 40 俄里或 50 俄里以外的地方找到个混口饭吃的工作，而不是为工资，他就认为自己很幸运了。孩子们在冬天作这类长途跋涉出外要饭，有时什么也没要到。想了所有这一切办法以后，仍然没什么东西可吃的，于是感到有必要在原先的面包代用品里头再加进些别的代用品。有人向他们建议，在他们的不成形的烤制品里再加进苔藓和松树皮。他们不会制作这样的面包。搞出如此令人恶心和难以消化的食物，吃了它的农民丧命了——他们的肚子膨胀起来，痛得要命，终于死了。这种食物需要从年轻的时候开始习惯，即使他们习惯了，那也毋庸置疑，他们的体力与智力很快就会衰退到某些北部异族人的程度。于是开始出现关于移民的议论，虽然议论是不明确的，自相矛盾的，但对大家都有诱惑力。因为未知的将来要比已知的当前显得无比地美妙。我生平第一次读到像卡尔戈波尔这样的农村公社的决议——这个决议本身就是绝望的声音。决议中列举了本乡所遭受的一切灾难，又是4年的歉收，又是1867年的庄稼遭冻，于是决定让乡民移居他地，谁爱到哪儿就可到哪儿。决议中说："允许移居萨马拉省、斯塔夫罗波尔省、外高加索或任何有可能去的地方。"看来，村社坚决主张移居的主要原因是在收缴捐税上遇到困难，因此村社首先要求移居者出售其微薄家当的剩货并纳完捐税。他们在多年逐渐贫困后所剩的一切都廉价地处理了。一个人出卖一座相当新的带有仓库和厢房的房子，才得到10卢布，而这座房子至少值60卢布；另一个出卖一座房子，拿到其价值五分之一的钱；第三个人以8卢布70戈比的价钱卖掉了奶牛和马，实际上，一头奶牛就值12卢布。

因此，农民已经到了没有任何希望还掉自己的债务、缴纳捐税、给地里下种的地步。他们借不到任何债，谁也不愿先借钱给他们缴税或购买谷物的种子。他们成为自己村社的沉重累赘，村社力图摆脱他们。这样的人在各乡都很多，他们的同乡不让他们安宁。人们传说，300多人已移居到萨马拉省，他们写信回来说，那里生活富足。我不知道，那种所谓许多人似乎确实移居成功了的说法有多少可靠性，但我知道，那些离开以后又回来的人落入了最悲惨的境地。村社要求他们还清所有债务，不仅要求他们缴清捐税，而且要求他们为自己找到担保人，担保他们在搬到别处去以前缴清这些捐税。那些没有用于缴纳捐税的东西作为转交给他们土地的补加物落入担保人之手。更有甚者，还要求他们缴纳储备仓库的欠缴税款。人们吃着麦秸，可是还向他们征收储备仓库的欠缴谷物！有些人在出发的时候身无分文，另一些人的家里有 6 或 7 人，只有不到 3 或 4 个卢布，只有最幸运的人才有 10 卢布。当他们回家的时候，一贫如洗，既无牲口，也无粮食，他们的命运将会如何呢？

这就是卡尔戈波尔县和普多日县的各乡所处的一些境况，而这些县在奥洛涅茨省还算是福利状况最好的县。在 1863 年，这些县的死亡率是最低的。这是唯一的一些县份，在这些县里，在男人和妇女中能干活的人占居民的一半以上。其他县份的居民状况会是什么情景呢？

如果我们现在要想解决如何在当前时刻帮助这个贫困的边区这个严肃问题，那么我们首先应当想到移民。这种地方有什么办法呢，维持生活福利的资料是那么地微薄，以致居民一增加立即就会导致生活来源的枯竭，导致居民力量的减弱，使得他们连手头具备的条件都不能利用。一个从更南一些和更幸福一些的地区嫁到卡尔戈波尔县北部一个乡的妇女诉说，她在这里已生活了 10 年，在这期间，在她的村及附近各村甚至谁也没有吃过带麦糠的分量不足的面包，总是吃掺了一半麦秸的面包。有时她回到南方亲属家，从那里带回一些普通的黑面包，她用这种面包当作蜜糖饼干请客。在这种状况下，除了移居之外还有什么能帮助不幸呢？这种移居不应只是一次，而是应当经常性的，才能使得居民不致过分地增加，不致耗尽边区的物质资料。如果英国政府在20年期间除了使爱尔兰人移居英格兰、澳大利亚和其他地区之外，单是向美国就能够移居爱尔兰的八分之三人口，那么毫无疑问，从我们北部地区向南部的经常性移民能够达到在那里根除贫困和建立福利的数额，为此，只需具备为人民谋福利的愿望。移民制度不应当只关系到奥洛涅茨一个省，而应当与总的整个北部边区都有关系。阿尔汉格尔斯克省的死亡率比北部所有其他地方都低，然而它的状况也是逐年在恶化。在1842年，那里是38个人中死1人，现在死亡的人数与40年代初期的奥洛涅茨省死亡的人数相同：如果那里的人口也变得与奥洛涅茨省一样稠密，那里将会怎么样呢？除了移民之外，首先必要的事情是更均衡地分摊捐税，有产阶级同样应当参加纳税。当然，在奥洛涅茨省如此贫困的情况下，在能带来某种超过必要的生存资料以上的收入的财产如此微少的情况下，将捐税分摊给有产阶级，未必能使得官家的收入保持目前的数额。但是，为了边区未来的恢复和使它免于彻底破产，这种牺牲将不是一个负担，而会有很好的结果。这种暂时的牺牲能造就这样的人们，他们不再遭受痛苦，不再加重自己祖国的负担，不再会使政府为难，他们将享受到福利，将使自己的祖国高兴，将成为社会上有用的成员。大量的收入更是不用打算，奥洛涅茨省由于人口稀少，不仅苦于大量的地方税，而且对穷人来说，极其苦于赋税。奥洛涅茨省与整个俄国北部完全一样，交通道路极差，许多村庄只能骑马通行，有时在这类村庄，有钱无钱都弄不到谷物，不仅是像波维涅茨这样的人口稀少的县是如此，而且像卡尔戈波尔这样的县也是如

此。虽然是这样，地方税却非常的高。在叶尼塞斯克州的偏僻原始森林地带我遇到这样的村庄，它们的地方税高到每人得缴 13 和 15 卢布，除此之外，还指派他们本人去修路。在阿尔汉格尔斯克省，税也是这么高。对穷人来说，正确的施舍是极其必要的事情。在健康部族定居的北部，早在野蛮时期就已实行了对穷人的施舍，在冰岛，早在一世纪中期，施舍就为自己留下了著名的古迹。私人的慈善事业，不管它作出多大的努力，从来都不能满足边区的需要。今年，在由饥荒产生的印象的影响下，我们的心肠比任何时候都要软得多，这又怎么样呢？普多日县和卡尔戈波尔县的移民不仅未曾享受过慈善事业，他们甚至从未听见过这件事。如果他们的贫困不值得救济，那还有谁的贫困值得救济呢？还能在什么居民中遇见比这更悲惨的人类贫困的景象呢？这种贫困是无止境的、折磨人的，它使得人的一切体力、意识和感情都达到衰竭的地步。父亲到一个地方去干活了，母亲在另一个地方干活，饥饿的孩子出外求乞了，家里就剩下一个吃奶的孩子，没有保姆，没有帮助。他躺在粪便之中，粪便中有害的恶气沤坏了他的身子，他的身上出现了蛆。他一直哭喊到失去知觉。这样发作了几次以后，他全身开始痉挛，最后，就是死亡拯救了他。第二天，饿着肚子的母亲干活去了，但是她给孩子弄到的面包对他们并没有好处，这种面包或是发着酵的，或是塞到嘴里像是带着麦秸针的唾液，或硬得像块石头。不是饿得太厉害的孩子吃得很少，变得虚弱多病，而那些长期挨饿以后得到面包的孩子则吃得太多，过了半个钟头，连哭带喊地躺在地板上打滚、抽筋。有的孩子在这样发作以后就死去了。在这个边区，对穷人的施舍应带有适应生活条件的特殊的性质。它不仅应当帮助穷人，而且应当更多地预防贫困。在边区应当建立这样的银行，这种银行能给穷人发放购买种子和牲畜的无息贷款，这种无息贷款类似于文明国家在贫困和饥荒时刻发放的无息贷款。这个边区应发放有村社、穷人的专门施舍机构或私人慈善团体担保的贷款。在歉收和牲口大量病死的场合穷人的施舍机构和慈善团体不让农民破产，不让银行破产，为农民还债。

在讨论任何社会现象的时候，我们一刻也不应忘记，我们不是和机械，而是和活的人发生关系。这里一切取决于这些人的感情和他们对事物的观点。如果我们的富农还是那样以一切可能的借口在人民的不断徒劳地劳动的全部人生道路上掠夺人民，如果这些野蛮和半野蛮的剥削者不渗入对他人的更为人道的感情，不具备关于人民劳动的伟大意义和人民有权获得应有的酬劳的更为明确的概念，那么，在这样的社会中，在劳动环境中生活的工人群众没有什么可等待的。工人群众将贫困、衰弱、退化下去。现在我们需要解决一个问题：对于北部边区，我们发现自己是充满生活和希望的人民，还是无力和悲惨的人民？在第一种情况下，我们看到那种对边区贫困的同情和关注，它们不仅给予应有数量的救济和给穷人的施舍，而且在社会发动医治边区创伤的时刻，能推举出这样的人来，这些人，可以把钱托付给他们而不用害怕他们会把钱用于自己私人的需要和袒护自己的朋友。社会有信心，认为值得牺牲，牺牲能达到自己的目的。在社会中产生了对工人的更为人道更为适合的观点。在第二种情况下，社会将轻蔑地谈论工人，冷酷地否认他的贫困，慈善事业规模很小，对穷人的施舍和对边区的救济要么根本没有，要么落入有势力人的口袋；移民的规模微不足道。社

会将充满冷漠的不信任，边区将穷下去，种族将退化。我们过分相信自己的未来和我们的必然进步。我们应当牢记，在我们面前摆着两条道路：一条是我们充当文明的首领；另一条是为我们准备的印度、中国和西班牙的命运。这3个国家一时曾起过比我们现在起的更为显著的作用。西班牙一度曾是欧洲文明的首领，现在失去了过去自己的领地的十五分之十四。为了不堕入这条悲惨的道路，需要在自己身上发展道德力量，而不是垂下无望的双手。

第五章 阿斯特拉罕省。各个民族

让我们从贫瘠的冻土地带，从它凄凉多雾的夏天，从它阴沉可怕的冬天转向南方的沙漠：即使在这里，劳动者也经常徒劳地努力想成为一个农民，即使在这里，他也经常在贫瘠的流沙堆上以祈求的目光望着大海，从中只为自己期待食物和支持。然而，情况已经完全变样了，在您的头顶是明朗的暖和的高空，您深信，在南方的影响下，即使是贫瘠的沙地也远非北方的处女密林可比。哪怕只微露一点对人们同情的人，也将会运用其口才说服人们不要涌向北方。对北方人的生活的研究激发起他的强烈愿望，希望说服自己的同胞把冻土地带的可怜居民从他们的严酷的自然的寒冷环境中摆脱出来。他完全以另外的眼光看待南部的沙漠，它在他身上激发起另一种感情和愿望。就自己的面积来说，阿斯特拉罕省喂养的牲口要比阿尔汉格尔斯克省多14倍，它的海里的鱼要丰富11倍。国有财产部的统计一览计算，每一农户有大牲口14头，小牲口29头，而卡尔梅克人的帐篷所具有的牲口还要多得多。而生产大量的、只卖半个戈比一个的西瓜地呢？还有果园？葡萄园？这里已经丝毫也不会产生往外移民的愿望了。甚至出现一种怀疑，根据官方资料的土壤生产率是被压低了的。1866年的统计年鉴表明，在阿斯特拉罕省，93%的土地是差劲的，其中包括几乎

900 万俄亩的卡尔梅克人的土地，可是就是在这些土地上，有 135 万头牲口在放牧，不仅在夏天，而且在冬天，还不需要任何干草储备。怎么能把这些土地都算成是差劲的土地呢？读者，这里的工人居民难道不是正在享福吗？可是，关于阿斯特拉罕人的财富，您将从他们的嘴里听到您在西伯利亚早就听厌了的同样的议论。不过，您还是看看死亡率的资料吧，看它们向您说些什么：

		年份					
		1856	1858	1859	1861	1862	1863
奥洛涅茨省	从……人中死 1 人	21	22	22	26	26	21
阿斯特拉罕省	从……人中死 1 人	26	27	21	25	25	34
阿尔汉格尔斯克省	从……人中死 1 人	31	23	33	37	34	30

阿尔汉格尔斯克省的死亡率低于阿斯特拉罕省，这意味着什么？这怎么能发生的呢？事情很简单。在自然恩赐慷慨的地方，立即就会出现资本家，他把它们都取之一空。在卡尔梅克人中，每个成年工人摊到 20 头大牲口和 69 头小牲口，除此之外，他们有产鱼的水面，还有瓜地，似乎生活可以过得去。但是，根据国有财产部的情报，卡尔梅克居民中的全部工人的一半到远离游牧区故乡的地方去寻找工作，靠年度身份证住在工场里，这是为什么？为什么他们如此大规模地离开自己的帐篷，甚至俄罗斯的工人都从来不会如此大规模地离开？这是因为，在阿斯特拉罕草原上，繁殖牲口很容易，因此，正如我们下面将看到的，由此而产生的利润全部落入私有者之手，而工人则一无所有。在白海，鱼很少——这就是那里的产鱼水域属于村社所有的原因。在里海，鱼很多，因此全部产鱼水域都控制在资本家手里。白海地区的村社是如何支配自己的水面的呢？例如，在坎达拉克、科夫达和克尼亚日，人们一起捕

捉鲱鱼，每个工人带来自己的工具和盐，所捕的鱼全部混在一起卖掉，所得的钱按人口平分。在鲱鱼少的地方，可以自由捕捉。在索列茨海湾，常有大量的鲱鱼，也可以自由捕捉。村社力求尽可能少地干涉自由，要是干涉的话，那也只是为了能更顺利地捕鱼，然后将捕到的鱼平均分配。资本家是怎么干的呢？当白海公司不捕捉而只是购买鲱鱼的时候，它为每百鲱鱼付 5 到 15 个戈比，实际上 1 百鲱鱼可以卖 40，甚至 50 戈比。调查白海渔业的考察团看到，这类买卖把渔民置于何种境地，不过他们还发现，如果公司从事捕鱼，它将给本地边区带来极大危害。里海的水产是如此地丰富，如果只要有从资本家手中漏掉的鱼的捕获量的价格的五分之一落到工人的手里，他们就不会饿死。在此以后，还能说他们危害边区吗？工人没有饿死，他们活着，他们还需要什么呢？难道还要给他们某种福利吗？管他们爱怎么胡思乱想哩！

俄罗斯渔民在其所有邻居中间以其灵巧著称。在奥斯捷伊边区，他获得最高的工资，他能在看来被他的先来的人捕光了的地方捕到鱼。在挪威他的名声是如此地大，外国作家将他报道给文明世界。我们祖国的海岸极少，而且我们所具有的海岸的大部分处在非俄罗斯族的地方，这一点更使我们的工人增光。在我们的所有渔民中，最灵巧的是里海的渔民，让我们看看他的状况是怎样的。

在阿斯特拉罕省，在所有工人中起主要作用的工人是农人和畜牧者、渔民、海员以及经营果园者①。考察一下上述各类工人的

① 接近似计算，在阿斯特拉罕省全部工人中，各类工人在每 1 千工人中所占的比例如下：主要从事农业和畜牧业的人占 383 名；主要从事畜牧业者占 177 名；海员、船舶工人和渔民占 263 名；经营果园和经营菜园的人占 48 名；制盐工人占 36 名；手工业工人和工厂工人占 27 名；从事商业者 22 人，当仆役者 44 人。

生产率，按近似计算的结果是：农人和畜牧者每个生产者的每年产品可达 65 卢布；经营果园和经营菜园的人的产品，每人可按 200 卢布计算；渔民是 225 卢布；而食盐的生产者每人至少可达 1 000 卢布。从此可以得出结论，捕鱼业是最赚钱的行业之一，渔民应当平均比农人多得 3.5 倍的钱，但实际上完全不是如此。在我们的俄罗斯，工人不可避免的命运是在自己手里没有自己生产的工具。如果他的生产的工具是他的工人兄弟的产品，那么它们想必是属于资本家的；如果它们是大自然作为土地、水、矿物、盐等等资源所赐予的，那么它们或是属于私人，或是村社，或是官家。海里的水不属于任何人，但只要一旦海水里出现某种可以养活穷苦工人的东西，马上这一小片水面就会出现一个主人并对他说：且慢，你首先得服从我给你规定的条件，然后你可以靠自己的劳动生活。像阿斯特拉罕的农民那样只有一个主人的人还算是幸福的。但是，像渔民，有二三个主人，或是像卡尔梅克的渔民，有四五个主人，这样的人的处境会是如何呢？在讲了这一些以后，对于那些一年内生产 225 卢布以上的价值的渔民有时没有钱买面包这件事就没什么可奇怪的了。阿斯特拉罕人对渔民不能成为鱼的主人，对河汛期份地上涨满水的时候，地主不许农民在他们的份地上捕鱼感到忧虑。捕鱼人分成两个主要类别，或多或少具有独立性的渔民和雇佣工人。他们与水的持有者和管理人的关系越复杂，他们与之发生关系的人越豪强，他们的状况越艰苦。有时持有者把水出租给公司，公司又把它们转交给一个人去管理。管理人、公司、持有者等各类人物都想从同一种鱼中获得好处，而且，他们也真的得到了好处，管理人通常发大财，所有这一切都由捕鱼人负担。当大部分捕鱼量控制在一个富有的包购者手中的时候，他的境况更糟。这种包购者变成十足的垄断者，鱼和捕鱼者劳动的价格都掌握在他的手里。在一定程度上可以说，这个渔民的人身与生活都取决于他。甚至那种可以自由捕鱼，即没有包购的地方，那种任何渔民都可以向他租船的地方，渔民照样落入资本家之手，因为船租很高，工人自己一个人是出不起的。这一切的后果是极其悲惨的。如果渔民是独立捕鱼的，那他就和资本家订立工人所谓的捕鱼合同。这种合同的通常内容有如下例子：两个渔民获得 500 卢布，条件是，他们在一夏期间把这个数量的鱼交给资本家，同时他们必须比所谓市场价格低 20%把鱼出售给资本家，而这种市场价格还要资本家乐意承认才行。除此之外，他们还必须把鱼子和鱼筋白送给主人。最终的结果是，渔民把值 700 或 800 卢布的商品卖给资本家，实际上只得到 500 卢布，他们自己勉强只剩下一点吃的东西。精彩的是，资本家自己承认这种合同是极其不公平的和压榨的。他们的这个观点是在一个极其有趣的场合暴露出来的。一个资本家，他是一些最大的资本家中的一个，拥有捕鱼的水面。有一次，他需要钱，被迫向另一个资本家借进 7 万卢布并和他订立一个普通的捕鱼合同。合同中规定，他必须以低 20%的价格把这个数量的鱼出售给另一个资本家，鱼子和鱼筋得让另一个资本家白拿。当他弄到这些鱼时，坚决拒绝履行合同。他在全体资本家、官员和法官的支持下，骂自己的债主是高利贷者。他高喊，这个合同是一个最厉害的压榨的合同，是毫无价值的，是不能生效的，这类合同是被法律禁止的，它们不是别的，是一种重利盘剥。警察局利用人们对被压榨的借债人的普遍同情，允许他出售自己的鱼，于是开始

了无休无止的诉讼。在诉讼过程中，法院明显地支持借债人，因为认为他是被压榨的牺牲者。甚至枢密院也是用这种观点看待这件事的。当只是管理生产的资本家被迫从自己的剩余的钱中支付给别的资本上述数量的钱时，他引起社会对他的普遍同情，可是，要是渔民支付给资本家也是这么多钱时，他就会被认为是渔人中最幸运的人了。虽然渔民为资本家的资本付给上述这个资本家的钱要多得多，而且把自己最后的钱都给他了，不幸的渔民却被认为是相当充分地得到全部酬劳。他们在冬天和夏天泡在水里的繁重劳动与资本家的愉快而舒适的工作是根本无法比的。我们有教养的社会从吃奶的时候就养成的那些颠倒的感情，那种颠倒的观点，渗入了它的骨髓。它没有公正的感情，在这个社会里统治着对家庭的热爱，对富人的极微小的不方便充满了软心肠的同情，对穷苦劳动者的巨大苦难则是一副极端冷漠的表情。这些合同的条件用在资本家的身上，他觉得是如此地沉重，但是，要是它们落在渔民头上，则渔民会觉得很高兴。即使在执行这些条件的过程中甚至带有各种压迫行为，他也会觉得满意，因为他所遇到的情况经常要坏得多。合同签订了，定钱拿到了，捕鱼开始了。忠实于自己诺言的渔民提供鱼，但是，使他们极其失望的是，资本家不是按低于市场价格20%接受他们的鱼，而是低于市场价格50%。他们争辩着，急得直跺脚，但是毫无办法，他们没有能力归还定钱，无处可以申诉——他们屈服于自己的命运，压缩自己的全部开支，忍受着极度的穷困，根据合同用鱼付清了全部定钱。资本家以一个卢布获取一个半卢布。严重考验的时刻过去了，渔民们松了一口气。他们和家庭整年在饥饿和贫困线上挣扎，有时家里没有面包，全家连饿两天。第二年的春天来到了，他们安心了。他们不再和这个压榨者去签订合同了，他们去求另一个资本家。的确，他们作了有可能获得成功的努力，可是，忽然警察来找他们了：警察对他们宣告，他们没有履行合同，没有遵守手续，合同中没有关于交付鱼的签字，警察要求他们再交付一次他们已经交付过的那么多的鱼。可怜的人们发誓赌咒说，他们已按不到一半的价格交付了鱼。合同是无可争辩的义务，警察没有任何异议。缺乏确凿的证据，他们不能接受申诉。警察威胁说，要查封他们的房子，至于他们全家爱到哪儿都行。他们走上了绝路，只得去找资本家求情，带着绝望的心情同意重新为他服务，恭顺地听着他关于调换主人有多么糟糕的教训。

渔民中最幸运的人的状况就是这样。大规模地捕鱼最赚钱。只有资本家认为他不值得插手的地方才能遇到这样的渔民，他自己为自己准备捕鱼所需要的一切。在捕鱼量稍为多一点的地方，资本家就总是能够压榨工人，并为他们制造无法独立工作的条件。在这种场合，资本家自己出钱购置捕鱼所需要的一切，工人的状况至少是和其他行业一样处于依附状态。如果我们的采矿工程师为了官家的利益要求工人几乎像奴隶似地依赖于他，那么在这里资本家也是以同样的理由强求工人做到这一点。对国家来说，这种状况难道是正常和有益的吗？它既压迫工人，又对整个俄国没有好处。在俄国，各条河流装载用于出售的全部鱼的几乎三分之二是在阿斯特拉罕省装载的。需要亲身体验一下，半年时间喝格瓦斯，吃葱头和黑面包是个什么滋味，才能理解鱼对穷苦的俄罗斯人来说是多么重要的享受和根本的必需。只是吃葱头和面包，他的力气衰竭了，他的人种退化了。谁否认俄罗斯人有权吃到便宜的鱼，也就是否认他有权成为健康和强壮的人。然而，鱼是非常地贵。有时其价值一半以上作为纯收入落入资本家的腰包。掌握产鱼水域的资本家甚至比采金工业家还要发财得更快，在捕鱼业的资本家中有三分之一以上是百万富翁。这里我们看到以后我们将不止一次地遇到的一个现象，它足够引起我们的全部重视。那些比谁都生产得多的工人得到的酬劳却比谁都少。在那种捕鱼量最微少的地方，水域留给捕鱼工人，这些渔民的收入在所有的渔民中最高。一旦捕鱼量多一些，这种水域就会招来受捕鱼合同约束的渔民。但是，即使是这种渔民，虽然他的境况艰难，通常也能比受雇佣的渔民多收入一半，有时甚至多一到二倍以上。在那种捕获量最丰厚的地方，渔民的劳动生产出来的东西要多得多，这里的雇佣渔民就挨饿，可是他的双手为别人创造出富裕和无数财富。因此，渔民是捕渔业的任何改进的天然敌人：在相同人数的情况下，捕到的鱼越多，所需要的工人越少，他们之间的竞争越激烈。直接的利益迫使渔民希望捕鱼量不是那么有利可图，这样可以不招引资本家，所捕到的鱼都能归工人所有，他们的境况就能得到改善。使水域成为私有物，这实际上是完全错误的观点，它只会导致鱼的灭绝。对捕鱼业的成就和稳固来说，最有利的捕鱼方式是自由捕鱼。在水域是私有物的地方，拥有捕鱼权的所有者和包购者都想从中攫取利益。为了满足前者与后者的要求，捕鱼必须以最滥捕的方式进行。由于鱼是从一处往另一处自由游动的，因此，该地段的所有者根本不考虑保护鱼的资源问题，只是想到不要让他的邻居捕得太多，于是用最贪婪的方式滥捕鱼群。人们采用各种方法，只求在自己的水域更成功地抓到鱼，在这种对谁都没有好处的成

群捕捉情况下，大量的鱼死了，岸上堆满了大量的腐烂的死鱼，甚至鸟都由于吃得过饱而不想问津了。在这种情况下，任何保护措施都于事无补：资本家过于强大了，他们的胃口太大了，行政当局无法制服他们。再也没有比不是追求小利的大资本家所进行的大规模地捕鱼能带来更大的危害了。那种所谓自由捕鱼的地方，要是船租很高的话，结果也是一样。只有那种工人自己是自己的主人、资本家或是不存在，或至少只是个别地存在的地方才能阻止灭绝式的捕鱼。在这种地方，即使不加阻止，也将不会发生滥捕现象。您尽可能地限制资本家捕鱼，推广渔民的独立捕鱼，就能保护鱼群和造成繁荣。渔场私有制甚至对那种看来最能获得成效的地方也会产生不良影响，对鱼的繁殖，对发现鱼的新的丰富来源也是如此。这方面我们在黑海有过最悲惨的教训。私有者为了追求过高的利润，封闭了所有当地经营的小渔场。在这方面，像乌拉尔那样搞最好。在那里，资本家为渔民保护或诱来鱼群，然后根据给渔民带来的好处从这些渔民那里得到酬劳。至于说到国家收入，那么从那些勉强只够地方消费的地方提取鱼的收入则意味着彻底灭绝鱼群。那些鱼是商品并可以输出的地方，则可以从商人身上征收收入。为了简化这一财政手续，可以向所有商人总的征收一定的数额，由他们自己去分摊。

按工种来说，渔民的近邻是海员。这是一些那样地有进取精神和勇敢的人，可又经常是那样地不幸的人。这些勇敢的人，三三两两，经常是丈夫和妻子坐着帆船出海，里海的变化无常的波涛吓不住他们，他们也不怕危险的风暴和浅滩，土赫曼海盗的掠夺不能使他们止步不前。在阿斯特拉罕，我认识一位 63 岁的老太婆，她是自己丈夫出海时的勇敢合作者，当她已快 60 岁的时候，仍然和丈夫两人渡海。她在自己家里享有最高的威望，全家认为她在购置家庭产业中作出主要的贡献。这个海员是工人—私有者，他的船连同设备值 600 卢布。尽管如此，他所挣的钱很有限，他日子过得比所有的小铺老板都要穷。甚至连他的可怜的收入也变得日益不牢靠，轮船很快将夺走他的面包，到那时，海上就会只剩下大资本家和可怜的生活无保障的工人……

说到这里，不耐烦的读者将打断我。他对我说，我知道，您又准备向我讲述我已从您嘴里听到过的关于阿斯特拉罕渔民一类的事情，您老是以为自己是在贫困的西伯利亚或北部的冻土地带，要知道，阿斯特拉罕完全是另一种类型的城市。请您到阿斯特拉罕的饭馆里去看看，工人们在那里快活地消遣，您马上就会发现，您从亚洲跨入了欧洲文明的门槛。您的西伯利亚野人是在小酒馆里寻欢作乐，那里除了木头条凳之外什么也没有，他喝酒一直喝到失去知觉，这就是他的全部快乐。在阿斯特拉罕的饭馆里，摆着雅致的家具，高大的窗户上挂着豪华的窗幔，乐队奏着乐，打扮得很漂亮的女人以其演唱吸引着顾客。在明亮的大厅里，在长桌两旁坐着 100 或 200 人，几乎全是工人。这种工人已具有明显的文明特征。他为了消遣，很少喝酒喝到失去知觉的地步，他需要或多或少高雅的印象，豪华而舒适的环境，音乐。在阿斯特拉罕，这类饭馆总共算起来有 10 个之多，它们使那种只见过低级酒馆的工人赞叹不已："阿斯特拉罕真是美妙极了。"——他说着，整个身心沉浸在陶醉之中，似乎回忆起极乐的天堂。可是，在整个阿斯特拉罕省，全部工人中只有极小部分人能体验到这类感受。那里还有另外一

些超越低级酒馆范围的娱乐方式，这就是阿斯特拉罕果园，马乳酒和契希尔葡萄酒的酒窖——人们聚集到这里来是为了在葡萄园里消遣，在酒窖里坐一坐，喝些马乳酒和契希尔葡萄酒，聊聊天。这里总是要比低级酒馆强一些，在低级酒馆里连坐都没地方坐，那儿，人站着，一杯接一杯地往下灌酒，直至把所有的钱都喝光为止。为了防止人们的粗暴，禁止低级酒馆备有下酒的小菜和家具。在俄国，这样一种类型的工人占统治地位，他们知道的唯一娱乐是酗酒，然后殴打自己的妻子，为了根绝这种类型的工人，应当禁止没有下酒小菜和家具的低级酒馆。工人身上存在着反对粗暴的本能，他一有可能就采用真正的抗毒素——音乐和舞蹈：我们看见过，在托姆斯克省和叶尼塞斯克省的最偏僻的地区，工人一旦有相应的钱，立即就请可怜的乐队来演奏，并和妇女们跳 8 人组舞（类似于法国的卡德里尔舞）。甚至在那种只有低级酒馆供他享受的地方，他也力求引进这一因素，搬运工拉起了手风琴，唱起了歌，以此吸引人们的兴趣。这种文明的效果很快就显露出来：在阿斯特拉罕的街道上，可以听到工人的这样的歌声，这种歌声完全不像低级酒馆的顾客的歌声。他对妻子的态度上出现了一些为低级酒馆的老板所不知道的礼貌的特点。当然，粗鲁在他身上还是占主要地位，他获得的文雅的印象太少，同时，饭馆里缺少上流社会的女人使他不能变成上流社会的人。

所有这一切我都同意，对此，我还再补充一点，在阿斯特拉罕，有这样的工人，他们的文化程度已与我们的官员和地主处于同一水平。我在那里认识了一些排字工人和其他工人，他们就完全符合这一情况。当工人已如此地文明化了的时候，资本家和官员的观点却顽固地原封不动。由于这一点,他们与工人之间的关系变得很僵,最后可能产生仇恨。在阿斯特拉罕也和在西伯利亚和彼尔姆省一样,资本家不仅需要拥有对工人的劳动产品的权力,而且需要拥有对工人本身的权力,目的是为了从工人的劳动中吸取所有他现在所吸取的利益。对工人的产品的权力完全地无可争辩地属于他——它们属于他私有;对工人的权力,他却不能那么不经过努力和忍受牺牲就能获得的。这一点使他经常很气愤。对后一个目的,官员给予他尽可能多的袒护:工人无法控告资本家,甚至在那些政府想保护他的场合也是经常如此。从最小的手工业主到捕鱼业的巨大垄断者,所有的业主都渗透着这种思想和心理。即使是任何一个皮靴匠也悲伤地埋怨对自己的学徒的权力不足。他是计件支付给工人的,他希求权力干吗;但是,如果权力使业主有可能靠工人增加自己的收入,关于竞争的政治经济学说看来也就不完全正确——无怪乎奴隶主要手执武器保卫自己的权利。有 3 个工人的手工业主依靠这个权力可以从手工业产品的每 100 卢布收入中获得 55 个卢布,而所有工人加在一起获得工资和超额生产的报酬总共是 45 卢布。工资被压缩到无法生活和维持自己的家庭如此低的数额。马车夫每月得 5 卢布的膳宿免费工资,按计件工资干活的皮靴匠所得的钱无论如何超不过 6 卢布。下面这件有趣的事充分地说明了这种权力关系。当农奴获得解放以后,阿斯特拉罕的种果园的农奴分到土地,这些土地是从国家土地里拨出来的,几乎根本没有什么用的。而他们的带宅旁园地的房子却归果园所有主支配。只是凭这一点就足够说明,某些阿斯特拉罕的官员是怎么看待工人的:剥夺他的财产,把他扔到没有任何生存资料

的大道上，这对这些官员来说是不算一回事的。更为有趣的是，这些工人情愿搞到最小一块果园和甚至为它付出租赋，只要不成为无家可归的雇佣劳动者就行：因为作为雇佣报酬，他们有时连自己产品的十分之一都得不到。

使工人成为随便受权力支配的人的意图把工人弄到绝境，这一点可以从下面的例子中看出来。在阿斯特拉罕省有一个查廖夫市，这个市曾经是一个乡村，它所处的土地以及它与村社交界的那些土地曾属于官产。以后作出决定，在查廖夫成为城市以后，市所处的土地变成市有。各种各样的人开始在这块土地上定居，很快，新的定居者开始占市民的大多数。这些定居者中的每一个人只要去请求市议会，就能得到任何一块土地的凭证，当地居民的房子就在这块土地上。他拿着这个凭证到房子的所有主那里去，要求他或是赎买这块土地或是离开此地。这些排挤变得令人不能忍受，结果许多居民决定逃离这个城市，在这个城市里，谁也没有把握，他的劳动产品将算是属他所有还是会成为别人贪婪的牺牲品。他们逃到草原上，在离查廖夫市18俄里的地方定居下来。但是，唉！他们即使在这里也未能幸免于难。他们经受了所有权对自己劳动的侵吞，还经受过权力对自己的同样危害。查廖夫市议会忽然开始下令让他们到查廖夫市去，要他们为城市提供无偿劳动。这些不幸的人必须在查廖夫无偿工作几个星期。要是一个家庭的父亲平时是得高工资的话，那么一个星期的无偿劳动就会使得这个家庭在50天期间吃不到肉和鱼。要是一个家庭的父亲平时是得中等水平的工资的话，那么它就会使得他和全家在150天期间吃不饱，喝不足。

首要和最迫切需要的是将所有这些虚假的概念和观点翻个底朝天。社会应该相信，最神圣和不可侵犯的东西是对于他的产品的劳动所有权。社会应当贯穿这样的思想，所有权只是为了保护劳动才存在于世。每当所有权从生产者手里夺去他所生产的东西和减少他的收入的时候，它就应当被取消和被消灭。人们早就明白和论证过这一切，人类为了达到这一伟大目标已经做了许多事情，但是人类将需要做的事还更多。人类已经用这种强大的能带来两种相反后果的武器斗争了许多世纪，这种武器叫做所有权。用这个巨大的权力可以使工人得到繁荣和幸福，但它也可比任何其他东西更能使工人无家可归和失去面包，使劳动失去能力，使工人成为懒惰的、冷漠的和粗鲁的人。它能够扼杀工人身上的最后一星感情的火花。他将冷漠地看待妻子和孩子们的死亡。由于无望的冷漠心情，他将只考虑如何能少干点活。由于失去了任何自尊的感情，他将只考虑如何去偷，去骗，陷入肮脏的酗酒和堕落的泥坑。

谁也没有这个世界上的强有力者知道得更清楚，所有权具有何等巨大的威力。他们知道这一点，而且已经知道，用这个劳动的伟大保护者的神圣权利作掩护可以把这个劳动本身抓到手，强盗般地享用它的全部果实，躺在闲散和奢侈的怀抱里安睡，成为劳动和进取精神的巨大灾祸。为了所有权，希腊哲学家需要人对人的无限制权力的权利，因而毁灭了自己祖国的伟大文明，毁灭了罗马的文明。封建领主以所有权的名义要求自己对封地、伯爵领地和国家的居民具有继承的权力，从而导致中世纪的贫困和中世纪的混乱。西班牙的僧侣也以所有权的名义为在美国的基督教徒要求对印第安人和他的全部劳动产品拥有无限权力，使 1 500 万勤劳的人们死亡并造成极端的野蛮状态，尽管这里也曾照耀着阳光。文明到处追究这种对所有权的险恶应用，这种对劳动的致命危害。它消灭了奴隶制，封建权利，痛斥西班牙在美国的可耻活动方式，而世界还是不能理解，所有权是一把双锋剑，它既可刺人亦可自卫。难道在完成这些伟大的功绩以后，文明事业将半途而废？难道它不能制止使所有权的神圣名义由保护者变成勤劳和进取精神的祸患的一切可能性？

工人的屈辱地位扼杀一切进取精神和勤劳性格，这种屈辱地位经常达到使工人被迫由主人完全支配自己并且没有任何确定的工资为他干活的地步。这种父权制的关系甚至在彼得堡和所有工业省份也能看到，它们在遥远的人口稀少的地区，如：西伯利亚、俄罗斯北部、阿斯特拉罕等地最为盛行，因此，这里关于这种关系要多讲几句。这种状况由于以下事实变得更为沉重，根据法律，工人在这些场合没有任何权利借助政府权力向主人追偿自己的工资，有时，主人极不诚实地利用这一点，认为他们的服务是一文不值的，使得为他服务的人落入饥饿和贫困的境地。这些不确定的关系对业主极为有利，他们尽力保持这种关系。可是，这种关系对工人来说不仅是不利的，而且把他们凌辱，使他们道德极其败坏。这类工人从最年幼的时候开始就失去了自尊心，他在对主人的关系中奴性十足，因为他知道，给他许多或什么也不给全取决于他的主人。奴颜婢膝使他的能力丧失到这种程度，正义感在他心里消失了，他怎么也弄不明白，什么是该属于他的，什么是该属于他主人的。他经常认为自己是个骗子，关于自己本人的这种可怜的看法

成为他道德崩溃的主要原因。由此产生出一些工业的可怜牺牲者，和这些牺牲者一起，同时也产生出一些这样的伙计，他们抢光自己的主人，使其破产，然后自己变成百万富翁的商人。商人在市场上用得着机灵的人，这种人能在一切的活动范围内为他服务，能完成仆役和家庭秘书的义务，能顺利地办妥各类商业上委托的事务。还有什么可犹豫的呢？他碰见的第一个人，使他觉得这个人是有能力执行他的意图的人，他答应在自己家里给他一个好差使。这个不幸的人由于某种原因失去了工作，在困难的情况下，抱着他将不会吃亏的希望，离开自己的妻子和家庭，跟着新的主人走了。主人把他带到几千俄里以外的地方，他到这里一看，原来根本没有什么好差使，主人只是想使用他的廉价劳动而已，要不是希望把他引诱到这里来，他在那里什么事不能干呢？没有办法，可怜人只得在他这里住下了。很快，他穿破了自己的衣服，他的衣服里只剩下一件衬衫了，他光脚穿着破烂的靴子在雪地里奔跑，他做各种各样的工作——又是仆役，又是伙计，又是办事员。过些日子他收到了妻子的来信——信里写道，她卖掉了所有的东西，她已有3天没吃东西了，一个孩子死了，另一个病了。然而，关于这一切他不敢告诉主人，主人极不喜欢有妻子的工作人员，因为他们需要更多的钱，既要付给他本人工资，还要养活他的家庭。因此，他跟着主人来的时候，对主人隐瞒了自己是结过婚的，或者，说得更好一些，他无法隐瞒，但是两人对这一点都心照不宣。有一次，他冻得实在受不了啦，下定决心和主人说到自己的衣服的状况，主人看见，他的衣服的确很糟，稍微给改善了一下。但是，过些日子，衣服又穿破了，不过他不敢告诉主人。不知为什么主人老找他的碴儿，他工作

得越勤奋，主人却骂得越厉害。他真想不管三七二十一不干算了，但又无处可去。祸不单行，他又收到另一封信：在描述了他的家庭的可怕状况以后，告诉他一个消息，说他的可爱的女儿病得很重，很可能就要死去。这个消息使他如此震惊，他放声大哭了，只有俄罗斯的工人才能哭得如此伤心。悲伤极度地损坏他的视力，他一度看不见东西。在这种可怜的状况下，他工作得很不顺手，在这种巨大的痛苦之上还加了许多细小的不愉快。有一次，他在出售商品时被冻僵了，眼泪直流。到黄昏的时候，商品卖完了。伙计的头目收到了 3 000 多卢布。他对我们的主人公说："我还得出城去，晚上不管发生什么事，你把钱拿着，捎到家里，等我回来时你再还给我。"路上他遇见一个熟人，这人开始告诉他各种新闻，他似乎听到过他家里的事，也一一向他诉说，使他伤心透顶。为了安慰一下，他向他建议喝杯酒。当他清醒过来时，熟人不见了，周围黑沉沉地，钱丢失了。第二天，他已经在牢里待着了。过了 3 天，他不存在了，他上吊死了，以此证明自己有罪。这些不确定的关系也会产生自己的英雄。有的伙计成为大规模的商业活动的主管人，成为在与自己主人的这类不确定关系中资格很老的人，主人在临死之际告诉自己的子女，说他们在世上再也找不到比这个人更忠诚的人了。子女对他寄以完全的信任，给予他愿意拿多少就可以拿多少的权利。从这一天起，他自己花费得比过去少一倍。他可以一年内花费 1 万卢布，主人除了感谢他之外不会说任何别的。他二十年如一日地穿着同一件衣服，自己为自己的壶取水，他身上一年的费用勉强只到 400 卢布。当他死的时候，他的财产还不足以开销最简单的葬礼。为了表达自己的感激之情，主人为他安排了

豪华的葬礼，这种做法与他的一生的整个为人是违背的。至今每当大家谈论到他时都深受感动。但是，难道这是一个好人和有益的人，他压低劳动的价格，他损害那些很难获得生活资料的人的利益，帮助那些很易获得财富的人获得财富，这些人正是由于他们很易获得财富对当今社会状况只能带来危害。这些现象产生于劳动者阶级中的目前的那种颠倒的感情和思想。经验丰富的驯马师为自己的主人花40卢布买来一匹大走马，他把它驯练好以后，用它换来三套马车，这辆三套马车卖580卢布。为此，主人给了他50卢布，主人认为自己做得很慷慨，驯马师也这样想。难道这是公正的吗？如果艺术家用别人的只值4卢布的画布和颜料画了一张画，这张画值5 000卢布，要是颜料和画布的主人只给艺术家5卢布，难道他是对的吗？我的劳动的全部产品应当完全归我所有，不能将任何好处让给资本家，即使甚至具有正式的条约，法庭也不应予以考虑。那个将马的价值由40卢布增至580卢布的驯马师完全有权获得540卢布，在这种场合，他的主人的全部合法要求只能是自己资本的利息。那种不是由于赠送而是使人无偿地失去自己劳动的果实的合同不能成立，因为它是处在饿死或极度贫困的恐惧下签订的。合同要能成立必须自愿同意，那种在恐惧威迫下的同意不是自愿的。

在手工业中，在开采、捕鱼、狩猎等行业以及商业中，到处都是主人力图将尽可能多的工人控制在手中，到处是官员或根据条例或想讨好富人促成这件事，后果到处都是一个样，那就是道德败坏和劳动衰落。手工业者没有了，虽然手工业的活计很值钱，但是谁也不愿学手艺。一个小孩无偿地为人干活，他学不到手艺，而是要干最沉重、最恶心的活计，他经常是回家时没学到一点手艺却落得一身残废而告终，谁愿意使自己如此地被人奴役呢？有些行业，如，砌石工和制革工等等，经常需要抬运沉重的物品，或是因着凉和其他原因经常有害于健康。学徒成为帮匠和从主人那里获得活计的工人以后，经常受到一种压力，面对这种压力，他没有任何办法可以保护自己。主人克扣他的工资，给他外加多余的活，要是他反抗的话，就会被主人毫不客气地送到警察局去感化。他没有任何办法保护自己，因为他没有信心。在自己的受凌辱的地位中，他仇恨主人和工作，尽可能少干一些。手工业者到处伤心地哭诉，说是找不到好的帮匠，他们无论如何也不想明白，只要帮匠与主人之间没有平等，只要他们还不是同伙，他们就永远也不会有好的帮匠。工厂主拥有官方的支持，豢养哥萨克人当听差，因此在工人头上君临着一种威慑力量，他完全控制着与工人的结算，具有任意给工人罚款的权利，如果他愿意，可以通过罚款剥夺工人的全部工资。工人要是完不成规定期限的任务，他可以对工人罚以相当于两三天工资的罚款，与此同时，他把任务定得使工人无法完成。这就很清楚，工人将处于何种境地。加之他可以用债务来完全奴役工人。这里谁也没有深入研究工人的精神状态。——每当他勤奋工作之际，心里想：算了吧，反正我为所有这些劳动到头来什么也得不着。每当人们用纵饮狂欢引诱他的时候，他想：如果我玩乐一番，至少我算是过过快活的日子了。如果我不玩乐，而是勤奋地干活，然后到末了我为自己的劳动什么也没拿到，那我将会感到非常遗憾，我没有利用这个机会痛快地玩一番。每当他有机会偷窃的时候，他心里琢磨：我要是正直，主人还是会压榨我，这样，他就占

便宜了，我可就吃亏了。如果我们的工厂主如此痛心地埋怨缺乏好工人，那么我告诉他们补救事情的办法——这就是用同伴的态度对待他们。工厂主使工人的道德败坏到如此程度，以致他们经常被迫设法补救，于是出了一个特里什金·卡弗坦。有这样一件事，这类事我听到相当多。有个主人有一个好工匠，比方说，木桶工。开头他想方设法剥削这个工匠，工匠因懊丧开始喝酒。主人力图用罚款使他难以忍受，主人越是使他恼火和剥夺他获得工资的希望，他越是拼命地酗酒。然而他又是无法取代的：马上需要质量可靠的大木桶，没有它们商品就要完蛋，事情必须就此止步。主人忽然换了一副面孔，取消了他的全部罚款，答应给他全部报酬，只希望他把工作做完。这一次他用这种狡猾的办法获得成功，可是另一次就不行——这个工人就变成了不可救药的醉鬼。您到俄国各处走走，可以看到许多灵巧的工人都昏天黑地地酗酒，仔细盘问他们的历史，它通常都是这种类型。商店店员从小就过着极刻苦耐劳的生活方式，除此之外，任何人可以使他哆嗦，揍他，把自己的罪责推到他的头上。他经受着各种多余的考验，这些考验只追求一个目的，即使他听话和培养他的奴性，比如，让他站一昼夜。所有这些使他成为狡猾、思想狭隘和非常喜好恶习的人。在他日后的生活中，主人让他奴隶似地完全依赖于自己，这种生活极大地促进这些品质的发展。在他的青年时代，他的面前摆着两条道路：一条是他交到好运气，他打算发财和日后成为独立经营的商人。在这种情况下，他既不会变成醉鬼，也不会变成坏蛋。他将按自己的性格行事——他或是将有节制地谨慎地处事，积攒着财富，谁也搞不清楚，他是如何以及何时发财的；或是他逢迎取信，忽然抓到一笔巨款，有时则使自己的主人破产。当然，店员经常是看不到自己未来能成为商人，他在自己面前只看到一点——终生处于这种不确定的关系之中，这种完全的依赖之中。在这种场合，他通常变成悲惨的醉鬼。看到自己的一生只是这种前途，是没有什么可吸引人的。商人苦恼地埋怨找不到可靠的店员，可这是谁的责任呢？的确，拥有大规模交易的商人经常在一年内碰到两三起其店员取走 2 千或 5 千卢布这类事。有的店员做事有长远的打算，用自己的圈套哄骗主人，以后用从主人那里骗来的钱自己开业，主人在当年就开始向他出售商品。在许多小店员之上统治着店员大王，这种人能弄到几十万和几百万卢布。商人悲叹自己的命运，他诉苦说，他在许多地方得委托醉鬼办事，这种人一弄不好就丢失或弄坏他的大量财物。可是他从来不采取治本的办法，即不去发展店员的奴颜婢膝，而是培养他的独立性和自尊心。这不仅会使商业得到好处，而且会使整个社会得到好处。从店员中会产生出这样的商人，他们在一生中能几次使人破产，借此赚到几十万和几百万，他们干得很狡猾，在荣誉和财富中了此一生。但是，这些行为的方式使得商业成为不正当和不可靠的，产生极高的利润，这种利润使得所有的商品都极其昂贵。

*　　　　*　　　　*

让我们由阿斯特拉罕省的一个特点即捕鱼的水域转向另一个特点——其无边无际的草原。我们已经见过北方猎人的生活，让我们再来看看南方游牧民族的生活。猎人的生活是进行斗争和给人印象深刻的生活，游牧民族的生活是富足和宁静的生活。对旁人来说，猎人的生活显得困难，但是引人入胜，而游牧民族的生活则不可忍受的枯燥乏味。牧人在劳动中遇不到深刻的感受，就到社会里去找，但社会所给予他的印象也平淡无味，在社会没有目的的地方，无所事事的人们凑到一块来，很快就无话可谈了。这就是游牧民族习惯于征服的原因——他们需要深刻的印象。在无法从事征服的地方，牧人堕入无止境的消极情绪之中。他成天地坐在那里，看着无边无际的平原，在这块平原上，他的牲口在吃草。按当地的说法，他是用眼睛放牧的。他或是什么事也不干，或是漫不经心地编个什么。他按时跳上马，喊叫着去围赶牲口。但是，即使是这种劳动，富人还是觉得太艰苦，他干别的。他坐着马从一个朋友到另一个朋友，他的姿态显得很是漫不经心，他访友的全部目的在于保持某些礼节，默默地坐一会儿，然后相互分手。一个人的消极情绪不管发展到何种程度，他还是无法忍受没有感受的生活，于是他就人为地为自己制造感受。他的创造性受他的环境的支配，在他的眼前，永远横陈着广阔的草原，那么宁静，那么神秘，星空高悬他的头顶。对他来说，宗教的感觉是最自然的感觉，在他的周围出了许多僧侣。他的生活以此为归宿，他使对感受的要求适应于在他内心滋长的消极情绪，他越来越迷恋于这种生活，最后在其中找到了无穷的乐趣。他需要在他头顶永远是辽阔的苍天，在他眼前是无际的草原，在他周围是一群默默无言的同伴。他需要与僧侣神秘地交谈和履行宗教仪式。游牧民族的生活资料要比靠野兽生活的人丰富得多，畜牧业给予人的生存资料和农业一样多，它能养活稠密的人口。英国的人口无比地稠密，它的一半土地用于畜牧业。游牧民族可以长期地在自身发展对淡漠、宁静和宗教信念的爱，它没有改变的要求。宗教信仰并不是无代价的，人民越迷恋

于它，僧侣就越多，最后这些僧侣吮吸了他的全部资财。开始，人们是自愿地捐赠给僧侣以财物，以后僧侣用圈套蒙骗了人们，已经可以用强力获取人们的东西。人民变得越消极，上层社会所施加予他们的压迫就越沉重，最后全体居民变成了奴隶。在卡尔梅克人中，三分之一以上的人口由领主和僧侣组成。每两三户除了有一个僧侣外还有两个领主，他们必须给这些人交租赋。在阿斯特拉罕，我看到过纳伊昂（公爵）及其全体扎伊桑格（贵族）的相片。卡尔梅克的纳伊昂相当于我们的地主，但是他的领地分成许多小块，它们处于他的扎伊桑格的支配之下，同一个卡尔梅克人应该给纳伊昂、扎伊桑格、官家、僧侣缴纳租赋。扎伊桑格靠不过三户或五户人家的租赋生活。卡尔梅克人为所有这些人员负担超过人力所能及的徭役。他们再也不能迷恋于过去的消极情绪和不干活了，相反，卡尔梅克人现在命中注定要永世贫困和从事苦役劳动。为自己获取生存资料和缴纳沉重租赋的必要把他抛入俄罗斯人的社会中，他为最低廉的工资干着最沉重的活。不管生活对于卡尔梅克人是多么地艰难，但它对他具有无法形容的美妙之处。当然，他现在就准备摆脱它的重负，但他很难与它的特点分离。当一个人生活在帐篷里，经常处于开阔的蓝空之下，自然给予他的机体和他的整个身心的印象是巨大的，甚至严寒都很难迫使他更喜欢门户关闭的住房。他与自己的半野蛮的同伴在一起能找到生活与喜悦，这些东西对他来说比世上的任何东西都更为可爱。他愿意一辈子放牧，玩激奋的游戏，输个精光，喝马奶酒和马奶做的伏特加，晚上则进行各种夜间猎奇，偷窃未婚妻等等。俄罗斯的农民和卡尔梅克人根本无法相互理解，他们之间只存在着轻视与相互排挤。

与此相同，俄罗斯的神父不能理解卡尔梅克僧侣的那种迷住人们心灵的方法，那种关于宏伟之渺小、渺小之宏伟的学说。卡尔梅克人的天性受感受的禁锢，而僧侣受宗教感情的束缚，无论是前者或是后者都妨碍着我们与他们接近。但难道由于这一点，卡尔梅克人就会变成我们社会中用处更少的人吗？我们的北部是荒凉的密不透风的原始森林，只有异族猎人才能利用它，在南方是贫瘠的干燥的草原，沙粒和干草的草原，无论冬夏都是黄黄的。卡尔梅克人在这里放牧，在这里俄罗斯人没有什么更多的事可干。这些牲口的肉又干又硬，似乎是能晒干沙地和植物的太阳使得牲口的全身也干燥了。在阿斯特拉罕省和邻近地区，1 千万俄亩以上的土地成了这类贫瘠的牺牲品。这些贫瘠的土地，按面积来说，比阿斯特拉罕省的沙漠小 2.5 倍，可是它们养活 10 万居民。轻视这些草原对我们来说是极不明智的，多沙的草原最不应受到轻视：英国人在澳大利亚的多沙草原上繁殖大量绵羊，对绵羊来说，这样的土壤特别适合。他们获得了很多福利。对我们来说，使这些草原的牧人——卡尔梅克人与自己疏远将更为不利。我们真应多少给予他们一些真正的保护。卡尔梅克的上层阶级很好地懂得，在这种情况下，将有何种危险性威胁着它。它力图用它所能做到的一切手段在卡尔梅克人中培养反对我们的民族和宗教的偏见。特别是僧侣们特别机灵地向他们指出我们对他们的轻视，劝导他们说，如果他们摆脱自己家里的吸血鬼想起投入我们的怀抱，那么等待着他们的会是可怕的结局。他们为了保护自己人免受俄罗斯行政当局的追查，有时干得真正奋不顾身。在阿斯特拉罕，我在监狱里看见过整个卡尔梅克寺院，它由几十人组成，他们坐牢的原因是，为了对俄罗斯警察掩盖犯罪的痕迹，烧掉了被卡尔梅克人打死的俄罗斯人的尸体。这种行动在卡尔梅克人中是很普遍的。僧侣们借以忍受监禁的这种热情和自尊的感情明显地表明，他们懂得自己事业的价值。领主们干起来的机灵程度也不错。他们不仅很好地知道自己人民的精神状态，明白什么能在心灵里造成印象，而且还知道所有有影响的人物。他们很巧妙地利用这些优越条件：有时他们减轻穷人的负担，借此取得人们对自己的普遍好感；有时他们给有影响的人物以好处，然后自己或通过僧侣指出官方公职人员在管理上的机械性，即在征收税款时，对不同的人物、对其所遭受的财产上的偶然不幸事故不作区别对待。为了顺利地克服这种障碍以及在我们和卡尔梅克人之间建立对双方都有利的关系，应当不是由这样的官员去管理卡尔梅克人，这种官员只考虑如何了结自己的公务和拿到薪水，而应当由心里装着使各民族相互亲近的良好愿望的人去管理卡尔梅克人。他们不应在阿斯特拉罕和其他城市坐着轿式马车闲逛和过着豪华的生活，而应当到当地去生活，生活在卡尔梅克人之中，很好地研究他们的语言，关心他们的需要，成为他们之间、他们的领主和僧侣之间的法官和调解人。他们利用俄罗斯国家的权力，高高在上地发号施令，他们不是卡尔梅克人的依靠，而是他们害怕的对象。卡尔梅克人不来找他们，他们只是向最高统治者那样向他们低头鞠躬，有时则利用他们的工具相互诋毁。为了审判和调解，他们有自己堆里的人，这种人与他们生活在一起，懂得他们的语言和习俗。因此，由于傲慢和疏忽，我们没有利用我们手头具有的对亲近最为有力的工具，我们同样没有为消除俄罗斯人轻蔑地对待卡尔梅克人的习惯干任何事情。热爱劳

动的好心肠的卡尔梅克人以其在劳动中的刻苦耐劳精神使俄罗斯人感到惊奇，当然他们最不应受到轻视。他看到俄罗斯国家的力量，把俄罗斯人看得很高，如果俄罗斯人像对待兄弟似地亲近他，他会认为这种亲近是自己的幸福，这样就能取消领主和僧侣对他鼓吹仇恨的可能性。尽管俄罗斯人有一切错误的看法，卡尔梅克人就是在现在也力图在一切场合在他面前显示自己的长处。亲近对俄罗斯人具有巨大的好处，卡尔梅克人可以在俄罗斯人中间在渔场干活，俄罗斯人可以把他们从本地压迫者手下解放出来的同时在他们中间定居，可以获得许多福利，可以在草原繁殖牲口，这些草原能够饲养比现在多得多的牲口。我们在对卡尔梅克人和北方异族人的关系上所处的立场显然是错误的。让我们再来看一看我们在与其他异族人的关系上的状况。

*　　　*　　　*

在这些游牧民族和北方猎人之间有一个平原与平坦高地的中间地带。村庄稀疏地分布在广宽的地域，这些村落拥有丰富的森林、草地和耕地，有时它们拥有不进行重新分配的土地。带着针叶林的北方的悲凉图景消失不见了，呈现在你面前的是暖和的气候，满天的彩霞，芬芳的菩提树和高大的橡树。在这整个地域杂居着一些定居的民族：车累米西人、楚瓦什人、莫尔多瓦人、俄罗斯人、鞑靼人和德国人。所有这些民族按其文化程度而论，多少都处于同一水平上，只有德国人可能具有决定性的优势。他们相互之间重新安置到这种程度，以致初看上去完全不能发觉，他们在移民初期曾力图按各民族自己凑到一块。只有在一个地方住的时间长了才能看到，他们曾分片定居，后来混杂得很厉害，在一个村庄里，有时住着 3 或 4 个民族。这些民族中的每一个民族都具有自己的优点，这些优点具有这样的性质，就是说，如果他们相互吸取所有好的方面，那么俄国东部将类似于相当高度文明的地区。为什么他们没有相互发生这种影响？当这种好的方面如此明显，怎么会看不见它？怎么会不羡慕它？怎么会不学会它？在所有民族中，鞑靼人的特点是，性格活泼而敏感，他最具有独立性，口齿最为锋利。他对舒适生活的要求极其强烈，只要有可能，他就随时随地表现出这一特点。他力求在其农舍中保持干净和舒适，一有可能就力求使其雅致。农舍的墙壁干干净净，有时粉刷得雪白，甚至还糊上纸，墙壁还用绣花巾装饰起来。在宽阔的铺板上铺着绒毛褥子，放上大枕头，他喜欢在其上享受一番舒适。宽大的、有时绣着花的帐子从天花板上直挂下来。他喜欢穿着便鞋和软鞋闲步。颠簸的四轮大车不合他的胃口，他为自己想出了很方便和便宜的轻便马车，这是一种长长的平板大车上的编织物，它可以向四周撑开，就是在最颠簸的路上它也能很舒服地晃晃悠悠。他的举止高尚、聪明而有分寸。在草原地带，地主没有邻居，他们就和鞑靼人结识，他们甚至喜欢鞑靼人更甚于喜欢农村牧师。鞑靼人不会穿着笨重而肮脏的长筒靴走入房间，不会散发出恶心的臭气。他的软鞋很干净，以致地主女儿的鞋在地板上留下的痕迹比他的鞋留下的多。他具有敏感人的一切激情，他是很好的猎手、骑手和摔跤手，喜欢打赌，喜欢骑马带狗猎取狐狸和兔子。除此之外，还加上喜好庄严的场面，在每个鞑靼人的村庄里都有清真寺，神秘的静寂和祈祷仪式的庄严对他的心灵具有强烈的影响，因此教士对他具有巨大的精神影响。在多少有些显要的人物手里这种影响表现为权力，人民对

这种权力比对世俗政权更为自愿服从。不能说，自从俄罗斯居民占据统治地位以后，鞑靼人不愿和俄罗斯人亲近，这种亲近的愿望从他学会讲俄语这一点得到充分的证明。他意识到自己在许多方面具有优越性，因此不仅不愿模仿那些仇恨他的人的好的方面，而且不愿看见这种好的方面，即使他看见了，也要予以否认。他在自己信仰和自己语言的环境中，看到唯一可以寄予好感的人们。他的兄弟分享他的懒散与劳动、安宁与朝圣的习俗。他的生活充满欢乐，只有他的兄弟才能理解这一些，对俄罗斯人来说，这种欢乐则只是一片野林。节日来临，这是劳动之余的休息时刻，每一个劳动者的生活时刻。在温暖的微风中，宗教长曼声地召集大家去祈祷，他的洪亮的声音从清真寺高塔的高处响彻全村。鞑靼人庄重地来到清真寺，然后在几乎全是男子的人群中度其时光，他在人群中坐着闲聊——这对鞑靼人来说是极大的享受，他的全部空闲时间都用于此。我在鞑靼人中间生活多年，一次也没见过农村的街上曾聚集着妇女，既无歌声，也无舞蹈。但是，如果读者由此得出结论，说鞑靼女人应当羡慕俄罗斯女人，那他就大错特错了，还不如说可能是相反。我在一个地方住过，这里的鞑靼人至少与俄罗斯人一样多，我多次听到俄罗斯人残酷地对待自己的妻子的事情，我的生活因此而败兴，然而，关于鞑靼人在这方面的事例要少得多。对妇女来说，多妻制是一件很不愉快的事情，如果它不伴之以她的福利状况的显著改善，那么它是无穷的争吵与妒忌的根源，它会使生活成为难以忍受的折磨。但是，多妻制仍然要比俄罗斯人家庭中与婆婆的关系好一些，更何况多妻是个例外。而且鞑靼女人受到的保护要多得多，在她与丈夫之间经常存在着审判者——

这就是教士。离婚很容易，这件事对丈夫来说特别伤脑筋，因他要失去彩礼，妇女则不会处于无保障的地位。一个鞑靼人极为恼火，因为教士不准许他打自己的妻子，而且后来甚至还使他们离婚，他因而打死了自己的妻子。我看着这个野兽的时候，不能不想起，在俄罗斯人当中，有多少这类野兽白白地打死自己的妻子。他将自己的世界观与俄罗斯人的作了对比，发现在一切方面都具有优越性，俄罗斯人的世界观整个地具有某种严酷性和生硬性，而他的世界观则带有温柔的形式和诗意的气氛。为了看出差别，只有走近俄罗斯人的村庄就行。俄罗斯人的村庄具有某种光秃秃的严酷的外表，而在鞑靼人的村庄附近则有神秘的不能触动的小树林，这里的树枝是不能砍走的，一年只能进去玩一次。在俄罗斯人那里是光秃秃的木炕和铺板、内部破损的大车、严酷无情地对待妻子；在他那里则是帐子和绒毛褥子，摇篮似的马车代替大车。所有这一切都使他极为喜欢，他与在同一环境中长大的人们血肉相连，他觉得在伊斯兰教徒环境中的生活是世界上最好的生活。我遇见过一个鞑靼人，他曾到过英国、法国和意大利，他对我说："世界上没有比土耳其更好的国家。"难道他说得不对吗？在土耳其，他遇到问候和爱，那里人们分享他的一切感情和欢乐。在英国，没有这一切，人们让他看 800 英磅的公牛，侮辱一切他认为神圣的事物，并且对他说：喂，你看，你使我们觉得奇怪，你要学会像我们轻视你那样轻视你自己。统计部分地证实了鞑靼人关于自己的高度评价。有这样一些地方，那里鞑靼人的死亡率和英国的相同，而英国的死亡率在欧洲各大国中是最低的。在俄罗斯的居民中，我从未见过这类现象。

一个人是不能没有快乐和感受而活着的，不论这些快乐的范围是多么地有限，它们构成使他迷恋于生活的一切。他感到爱慕和依恋的只是那些能给予他或与他分享其生活中愉快时刻的人。您走进俄罗斯农民的农舍和庭院，您立即就能发觉，他与鞑靼人比起来，犹如斯多噶派比伊壁鸠鲁的信徒。他的大车是颠簸的，鞋是笨重的，铺板上放着一对可怜的枕头。似乎俄罗斯人的生活与鞑靼人的生活比起来失去了快乐？俄罗斯人的第一个特点是唱歌，俄罗斯人比鞑靼人要唱得多得多，好得多，俄罗斯人欢度每周休息的日子要活跃得多。在暖和的夏日，从傍晚到深夜，人们聚集街头，每一个人都尽可能打扮得漂亮。这些节日教会俄罗斯女人不用白粉和胭脂也能打扮得比鞑靼女人漂亮，甚至最穷的女人也会打扮自己。从午后直至深夜，街上到处在跳舞，充满了歌声，呈现一片欢乐景象。在一处，有人弹着手风琴，在另一处，三弦琴丁冬作响，还有一些地方，有人在游戏和边跳舞边接吻。看着小伙子们和姑娘们的温柔劲儿，最上岁数的和庄重的人也动了心，大胡子更敞怀痛饮，而另一个人似乎喝醉了，跳起舞来并与姑娘们接吻。这时在野外发生单独幽会和各种调情。俄罗斯工人回忆起自己生活的这些时刻来比任何别的时刻都要觉得过瘾。任何一个人，从工厂的工人直至最后一个农民，只要他上了劲，马上就会开始叙述他怎样地玩和怎样地追逐女人。他还知道另外一些更庄重的娱乐，在他们中间放在首位的是隆重地讲究礼节的出访。在这种场合，他理想的东西是：好看而打扮得漂亮的妻子，像样而不寒酸的服装，带着像样的马和马具的讲究的马车。俄罗斯人习惯于同一方式的娱乐，他们理解这些娱乐所产生的一切感觉，这一点成为他们之间极牢固的纽带，村社对个人的影响几乎是无法抗拒的，他对这个村社的爱如此强烈，以致他在大部分场合宁肯牺牲财富和甚至忍受贫困，只求不与自己的兄弟分开。俄罗斯人成了中亚部落的俘虏，在那里可获得荣耀地位和财富，但他们抛弃这一切，逃回祖国，过着一年挣100卢布的生活。一个人与其经常分享快乐的村社愈亲密，这个村社的影响愈大。在这个村社中，除开同民族的影响下发展起来的共同特点之外，还存在着由同村人产生的个别特点。在一个村里，所有的人都讲究穿戴；在另一个村里，都是歌手；在第三个村里，大家都是舞蹈家和音乐家。在一个村里，大家都喜欢玩和作乐——"虽然没什么吃的，但是活得痛快"：在另一个村里，夸耀自己的财富和福利。一个村的婆娘面包烤得很好，另一个村的婆娘则会纺麻。事情到了大家知道的这一步，即全村从事同一种行业，一个地方的人全是皮靴匠，另一个地方的人都以捕捉夜莺为生。各地之间的这些特点的影响产生这样一些区别，这些区别存在于同一地区的各民族之间。在西伯利亚，农舍里很干净，但牲口在后院来回走动，后院的一部分勉强地盖了一个可怜的小棚。富人有两层楼的农舍，迎街开着5个窗户，穷人则是没有屋顶的立方体房子，周围无立锥之地。在俄国东部，大部分农舍有3个窗户，每个窗户有6块玻璃，院子里有棚子和仓库。就是最简陋的农舍也总想延伸到路上来，窗户变得小一些，棚子占去了我们道路的八分之一或九分之一。农民生活得很脏，但是他对牲口却很爱护和经心，幼畜和家禽冬天与他们一起住在农舍里。在沿伏尔加河的科斯特罗马省、雅罗斯拉夫尔省和沃洛格达省，农民用一个屋顶遮住农舍和院子，这个屋顶呈巨大的三角形状，在这高大的建筑物

上，一有可能就搞上雕刻。农舍的中间那个窗户有6块玻璃，两旁2个窗户各有2块玻璃。在大门之上还建造一个房间，院子是一个宽大的马厩，里头堆满麦秸。无论是富裕的村落还是贫穷的村落，都是这个样子，例如，伏尔加河东岸沿着科斯特罗马大道的贫穷的村落也是如此。但是，不管这个差别如何，由同一本源出身的人长期具有共同的特点。鞑靼人随时随地总是伊壁鸠鲁的信徒，俄罗斯人的特点则是斯多噶主义和稳重。鞑靼人用面和麸子等拌成的混合饲料喂自己的马，大喊大叫地骑着马奔驰跳跃，俄罗斯人用燕麦喂马，更多的情况是装得很豪勇的样子，实际上他爱惜它，只是骑着马大走而已。甚至当他完全喝醉了的时候，他也是清醒的。每个人都在这类特点中看到自己的优越性。

爱到处把人们联合起来，使他们成为一样的人，仇恨把他们分开，迫使他们走不同的道路。您要是走进莫尔多瓦人的农村，立即就能看见，这种住所既不是俄罗斯人的，也不是鞑靼人的。这儿是臭味和无法忍受的混浊空气，有害健康的不干净食物，肮脏的环境。有一次，天气很热，我向莫尔多瓦人的农舍要酸奶喝，人们给了我极酸的带酒味的奶，我根本无法喝它，只得将它喂自己的狗，狗很饿，它扑向牛奶。但是很快就不喝了，它也觉得味道太差劲了。莫尔多瓦的小孩走近碗，带着极好的胃口用手把所有的都吃光了。对莫尔多瓦人来说，莫尔多瓦社会具有不可抗拒的迷人之处，他感到很舒服，只有在自己的环境中他才感到自己挺好。鞑靼人不怕人，他有进取精神和魅力，他知道如何接近各种各样的人，力求把他引到自己的圈套里来。莫尔多瓦人同样有自己类型的进取精神，但是他腼腆。他愿意干活，但是他与其他民族的人接近感到不舒服。在楚瓦什和车累米西人那里，这一特点特别明显，当小孩看见生人的时候，喊叫着从院子逃进屋里。莫尔多瓦人喜欢让一大家子人围绕在自己的周围，对他来说，以下这件事往往是受人称道的，即如果他的未婚妻生了小孩，就意味着她将会有许多孩子。在家庭里存在着友爱和紧密的联系，像一般说的，他们爱护自己人，莫尔多瓦女人经常一连几年用自己的奶喂孩子，她舍不得让他断奶，父母很少责怪自己的孩子，总是别人有错误。姑娘有了情人，如果她想给他点不愉快，她只要把这件事告诉自己的父母就行，父母不会因此骂她，而父亲则暗中等着她的情人，随手拿着什么就向他砸去，劈柴啦，刀子啦，都说不定。鞑靼人和俄罗斯人都讲究实际，对他们来说，想象的娱乐是不存在的，他们的一切娱乐都具有实实在在的性质。莫尔多瓦人则相反，他更像诗人，对生活的环境他根本不感兴趣。肮脏的生活，恶劣的饮食不会使他难受，他满足于天真的感受。在俄罗斯人或鞑靼人的眼里，他的娱乐是可笑的。“如果你想寻欢作乐，身边带着钱”——俄罗斯人的讲究实际即使在他的娱乐中也如此地表现出来。我们习惯于用农民家里和院子里拥有的财富数量、用农民的环境的干净和富有来衡量农民的文明程度。我们似乎觉得莫尔多瓦人所处的文明程度要比俄罗斯人和鞑靼人更低一级，然而，这是不公正的。机灵和年轻的莫尔多瓦人具有轻浮和敏感的特点，他不带任何目的向妇女献殷勤，和妇女闹着玩，完全醉心于自己的感受之中。俄罗斯人觉得这种易受感动的性格是可笑的，觉得这是一种弱点：莫尔多瓦女人夸耀自己的情人，俄罗斯女人则夸耀自己情人所送的礼物。俄罗斯人与莫尔多瓦人之间的关系就如同爱尔兰人与英格兰人之间的关

系一样，他们永远无法相互理解。莫尔多瓦人不节俭和贫穷：有时，他在干活期间去搞旁的事，而且肯定地说，他干什么事都来得及；有时，当他没有别的事情的时候拒绝干活。他对财富和钱看得很低，甚至使人觉得，他们根本就不知道价格：我遇到过这样一件事。为 3 匹马吃的干草我付过 25 个戈比，可是为 6 匹马吃的干草和 8 个人吃的面包与牛奶我只付 3 个戈比，并且怎么也无法说服他再多拿一点。莫尔多瓦人具有诗人的一切特性，与其说他们是胆小的，还不如说他们是腼腆的，他们对爱抚和友好的态度非常敏感。一切印象对莫尔多瓦人的作用都很强烈，虽然房子是贫困的、脏的，可他觉得很好。某地方的人们对他稍为爱抚一下，他就会觉得那里也很好。如果他是一个在女人面前羞怯的人，他一定结婚得很早，而且是和一个老处女结婚。如果他是一个不拘小节的小伙子，他就会为自己偷走一个漂亮年轻的莫尔多瓦姑娘，但在这类场合，他没有俄罗斯人那么稳重，很快他开始喜欢另一些女人，他变成一个好色之徒，使得自己的妻子极为伤心。莫尔多瓦人的快活是发自内心的，羞耻心和事后聪明不能阻止他的激情，爱情的拥抱在他身上起首要的作用。莫尔多瓦人迷恋于妇女，很容易从一个印象转移到另一个印象，但对每个女人他都是倾心的，他对酒和聊天的迷恋也是如此。对莫尔多瓦人来说，喝啤酒所得到的快乐还伴随着一些天真的弱点，为了不使这种快乐变成痛苦，需要谅解他。

我们对人民的物质要求不予注意，但是我们对精神要求的轻视是那么严重，以致到了完全忽视它们的地步。可是精神要求的影响是极其强烈的，它不会因长期共同生活，甚至不会因教育而消失。一个在彼得堡受过教育的契尔克斯人回到了故乡以后，丢掉了他所学会的一切,重又过着过去的生活方式。各民族之间的排斥力量及同一民族环境中的结合力量达到这种地步,使得在城市中他们甚至按分开的地段定居:在喀山,城市的鞑靼人部分和俄罗斯人部分是完全相互分开的。阿斯特拉罕分成3部分——俄罗斯人部分、鞑靼人部分和亚美尼亚人部分,除此之外,波斯人住在单独的住宅里。我们的许多作家吹嘘说,俄罗斯民族具有特殊的才能,它能使与它相遇的民族俄罗斯化。我不谈那些俄罗斯化遇到反抗的地区,我只指出东部,喀山省。我们在这里能看到俄罗斯化的痕迹吗?即使我们看到了,那也是微乎其微的。这个地区在被征服的时候几乎是荒无人烟的。它的大量土地及土地的肥力招来了移民,这些移民还通过另外的途径进入东部的草原的:一些上层人物,通常是鞑靼人,在这里获得了土地,这些土地上曾经住满了俄罗斯人,这些俄罗斯人以后构成省里的所有农奴。这个伊斯兰教的上层,的确信奉了基督教并俄罗斯化了。现在我们看到什么呢?根据1867年备忘手册的资料,在喀山省,现在是异族人占大多数:在1 609 589居民中,俄罗斯人共有684 507人。为了使喀山省住进如此数量的俄罗斯人,为了使鞑靼人的上层俄罗斯化,我们曾将大量的俄罗斯人给他们当奴隶,所有过去喀山省的农奴都是由俄罗斯人组成。由于这种情况,俄罗斯人和鞑靼人相互混杂了,这种情况当然最不能使俄罗斯人感到快慰。但是,直到现在,在一些县份,鞑靼的居民还是占多数。在捷丘什县、马尔梅什县和查列沃科克沙伊县,俄罗斯人有130 472人,而鞑靼人则有154 393人。甚至在喀山县,如果撇开喀山市的话,鞑靼人也占相当大的多数(俄罗斯人是63 319人,而鞑靼人是98 075人)。至

于说到其他民族，那么他们的状况看来一点也没有改变，他们占据了自己原先的地方，大批的人住满了整个一些县份。楚瓦什人和车累米西人占据省的整个西半部，而且车累米西人还占据北部的一部分，楚瓦什人占据南部一部分。在亚德林县、齐维尔斯克县、切博克萨雷县、查列沃科克沙伊县和科斯莫杰米扬斯克县，车累米西人和楚瓦什人是394 452人，俄罗斯人是71 442人，鞑靼人是31 477人。在喀山省的斯维亚日县、斯帕斯县、拉伊雪夫县和奇斯托波尔县，俄罗斯人占多数——那里有377 990个俄罗斯人，但是，他们当中有168 333人是农奴，自由民共有209 657人。其他民族的人，那里有210 328人，但他们全是自由民，——那里其他民族的自由民还是比俄罗斯人要多。到目前为止，喀山省的最不幸的居民是俄罗斯人，他们的死亡率最高，他们最为贫困。不论什么时候千万不要让我们用这种靠我们自身的不幸的方式来使我们的地区俄罗斯化。在俄国的东部，在移民运动自然之流涌入的那个地方，情况就是如此。俄罗斯的移民运动往那里迁去了俄罗斯人，但它所迁去的人是否幸福，回答这个问题要困难得多。喀山省的状况我们已经看到了。在辛比尔省，973 125个农业人口属于过去的非自由民，只有87 992人，即占全部农业人口的8％以上是自由民。虽然辛比尔省是东部各省份中异族人比其他省少的省，但是，即使在那里异族人仍有30万。我们在东部边区有大量的俄罗斯人，我们做到了使那里的贵族和官员上层人物全部由俄罗斯人组成，我们使这些贵族和官员处于这样一种状况，他们管理边区不需要使自己承当丝毫麻烦。对他们来说，管理的任务减轻到尽可能轻易的地步。官员只用俄文来办事，只说俄语，至于人们是否能听懂，那他就不管了。成千上万的鞑靼人、莫尔多瓦人、楚瓦什人和车累米西人，为了和一个官员谈话，必须学会讲俄语，由于他们没有办法和没有可能学会俄语，这种必然性就成为无数欺骗和舞弊的工具。这种活动方式使我们得到这样的结果，即东部边区的异族人最怕见俄罗斯人，特别是怕见那些按欧洲方式穿着的俄罗斯人。我曾在东部边区生活和旅行多年，我是这一可悲现象的经常目击者。在偏僻的异族人的村庄里，只要穿着欧洲服装的俄罗斯人一出现，居民就四散奔跑和躲进角落。小孩哭喊着从他身边跑开，就像从熊的身边跑开一样。我记得这样的时期，在这时期中，对官员来说，在异族人的乡里不诚实的贪污比什么都容易，在那里靠受贿发了大财。我不知道，现在是否变得好一些。在征收捐税、分派徭役、发放收据之际，甚至每次都发生舞弊行为。官员们不仅自己敌视异族人，而且在其他俄罗斯人当中挑起对他们的仇恨和轻视。这甚至变成他们凌辱异族人和促使其增加贿赂的策略。他们用这种手段极端地挑拨异族人反对占统治地位的民族，并从根本上阻碍他们和这个民族的融合。任何强制性的措施都无法达到这种融合，——强制性的措施只能使他们疏远。它们的结果已经在实际中出现，——异族人到处带有遭到征服的居民的迹象。在自己的同一水平的环境中，所有的人都具有接近和创造的自然倾向，这种倾向遇到了不可克服的障碍，这个障碍就是那些受过教育的阶层的人力图把俄罗斯人摆在统治民族的地位。俄罗斯人从这种企图中除了损失之外什么也得不到。某些异族人穿起了像俄罗斯人穿的服装，我们感到高兴，并在这里看到了俄罗斯化的征兆和后果。可是，这样看待事物是极其表面的。如果那种

妨碍各民族联合的俄罗斯化不成为这件事的根本障碍的话，那么异族人早就采用更方便和更美观的服装了，正如同我们毫无阻碍地采用欧洲的服装一样。别把俄罗斯人自己放在统治民族的地位，别去吓唬异民族，那么我大概就不会遇见这样的俄罗斯妇女，她穿上了莫尔多瓦的难看的服装，不仅讲莫尔多瓦话，而且装出她似乎不懂俄语的样子，来表示她已经完全与她过去所属的民族脱离关系。要是我们不是对自己明显有害地用傲慢推开异民族和迫使他们紧缩在自己的狭隘的圈子里的话，俄罗斯产品和俄罗斯服装大概已被他们普遍使用了。使他们和我们联合的最有效的办法是提高他们本民族的地位。我们如此习惯于用守旧的，或说得更好一些，用原始的观点看待事物，设想一下莫尔多瓦人或车累米西人充当官员，我们甚至觉得是奇怪的，至于在政府机关中，往来公文用莫尔多瓦文或车累米西文书写，或是在中学和大学里教授这些语言等想法则更使我们觉得奇怪。然而，还有什么能比下述思想更公平的呢，那就是，莫尔多瓦人、楚瓦什人或鞑靼人缴纳同样多的捐税，派出同样多的徭役，他们理应从行政当局方面享受同样多的方便。如果由熟悉他的语言和生活的人来管理他们，如果他用自己的文字递交公文，如果直接与他有关的公文是用他自己的文字书写的，那将完全是合理的。当然，如果政权机构本身不补充莫尔多瓦人和车累米西人，这一切都将是不可能做到的。亚德林县有110 347个楚瓦什人，所有其他民族的人总共只有6 607个，那么县地方当局要是完全由受过教育的楚瓦什人组成，除了好处与合理之外，难道还会发生别的什么事吗？这些楚瓦什人将能充当消除分离楚瓦什人与俄罗斯人的偏见的有力工具，将给我们显示这个民族的优良方面，将能使自己人不再害怕生人。在查列沃科克沙伊县，有车累米西人 51 791 人，22 043 个鞑靼人，俄罗斯人则只有 14 547 人，难道地方官员不懂鞑靼语和车累米西语能应付得了吗？如果对于像鞑靼或莫尔多瓦这样的民族，所有最主要的命令，例如，关于他们应缴捐税的数量或应征新兵的命令，用他们的文字在他们中间付印和散发，难道不是合理和有用的吗？俄罗斯东部的鞑靼居民等于萨克森和巴坚的居民加在一起，莫尔多瓦的居民和瑞士联邦的 14 个州的居民一样多。约有 120 000 意大利人的捷辛州有意大利语的宪法、全部公文和法律；切博克萨雷县、齐维尔斯克县和亚德林县的楚瓦什居民大批地占据着比捷辛州多 4 倍的地域，居民比它要多 2 倍，难道不值得花些劳动哪怕是把最主要的法令翻译出来吗？昔时，胜利者认为用被战胜者的语言说话是丢脸的事情，他与他们的联系只是通过翻译来进行，他越使他们遭受凌辱或越使他们不幸，越觉得自己幸福。追随这种政策的土耳其和奥地利弄到彻底崩溃的地步，可是，与此同时，无论是在瑞士、比利时，还是在美国，民族问题甚至连提都没提起。在瑞士和比利时，盛行着宗教容忍思想，因此那里的宗教问题分裂居民，削弱了国家的联系。在美国，则根本不存在这类问题，宗教问题所起的作用与民族问题一样小。不过，我说的不是政策问题，而是关于工人阶级，我将不谈我们对那些本身想靠别的民族得到扩展的民族应持何种态度的问题。上帝保佑，让我们在这方面别再重犯土耳其人与奥地利人的错误。我将只谈及和睦地居住在俄国北部、东部和南部的各民族。在奥斯捷伊边区，约有 725 000 拉脱维亚人和 700 000 爱沙尼亚人，他们占奥斯捷伊边区居民的六分

之五。次于他们的人数最多的民族是德意志人，占那里人口的十分之一弱。

在他们当中，归附于其他人口更多的民族的要求是自然的，而且也是必然的。他们不仅要自然地寻找这类依靠，而且他们自然地要在俄国寻找它。在俄国领土上，住着350万左右的它们同民族的人。俄罗斯是斯拉夫—芬兰国家，与俄罗斯的联盟是能够对芬兰民族具有意义的以及使它有可能以教育事业的功绩闻名于世的唯一联盟。应当看到，芬兰人在谈到自己的同族人时是多么地感动，西部的芬兰人甚至非常喜欢我们极东地区的芬兰人的生活和环境。如果他们的民族多少有所提高并具有意义和名气，芬兰人将会感到多么地幸福。如果我们能使这个勤劳、机灵和极其诚实的民族认为有意义，我们只能感到高兴。

在喀山省，楚瓦什人的农业最好，他们的死亡率最低，这是他们勤劳和正派的象征。俄罗斯人与芬兰民族的真诚、紧密的联盟是有可能的，这对我们有极大的好处。芬兰族的人从芬兰、埃斯特兰、利弗兰像一根连绵的链条一直延伸到西伯利亚，并几乎直到里海。他们到处都有许多人，无论是在俄罗斯西北部，在湖泊地区和直到乌拉尔的密林区都是如此。在东部，他们一直延伸到南方的唐波夫省、萨拉托夫省和奥伦堡省，在某些县占居民的大多数，甚至全部。在俄国的全部芬兰族人有300万以上。如果我们能够提高这个民族，通过在他们人中间出身的知识分子与它发生联系，深切重视它的要求和予以满足，那么我们就为自己做了比俄罗斯化的尝试多得多的事情，西部边区与东部的联系就会紧密得多，而这种俄罗斯化的尝试只会是徒劳的。如果不到500万的匈牙利人能具有世界意义，那么为什么我们的芬兰人做不到这一点呢？如果把他们置于有利的条件之下，无疑他们的才能使他们能做到这一点。要是拉脱维亚人和爱沙尼亚人用自己的语言与我们的政府谈话，要是他们在学校和教堂里用自己的语言听取自己同族人的教训，他们就能成为我们在这一边区的最可靠的支柱，这种支柱对我们具有极其重要的意义。如果我们在完成这一意图时在某处遇到了困难，我们值得向芬兰知识界的杰出人物请教，他们会给我们提出建议并给予积极的帮助。

自我保存的健全本能应该使我们想到提高芬兰族的文明水平，并得承认，为了与150万拉脱维亚和爱沙尼亚居民交谈，一个俄罗斯官员学会讲拉脱维亚话和爱沙尼亚话要比这几百万拉脱维亚人和爱沙尼亚人为了与几个官员交谈学会讲俄语合理得多。自我保存的本能应当促进我们走上与那条波兰人、土耳其人和奥地利的德国人危害自己的道路不同的道路。我们应当深信，我们最应顾忌那些希望靠被统治民族获利的假爱国主义的感情和信念，地域和财富的探求者经常在统治民族中散布这些感情和信念。最可靠的政策是那种能使被统治民族幸福的政策。为了保存自己的利益，我们应当如此对待拉脱维亚人和爱沙尼亚人；为了保持自己在欧洲的政治地位，我们还应当完全这样对待散居于从波罗的海到黑海的广阔地域的白俄罗斯人、小俄罗斯人、莫尔多瓦人和其他民族。在比萨拉比亚，莫尔多瓦人占居民的三分之二。更不要说波兰，从北冰洋到黑海的俄国西部广大地域，我们遇到8个民族(3个芬兰族、然后是拉脱维亚、白俄罗斯、小俄罗斯和莫尔多瓦等民族)，这些民族在广阔地域成为最多的居民，在边区总计不少于

1 800万，而边区的全部居民不多于 2 100 万。这些民族具有支持我们的极重要的意义，并总是对我们表示真诚的支持。莫尔多瓦人和保加利亚人与我们由于同一信仰而关系密切，当然他们对俄罗斯必定有自然的好感。小俄罗斯人对俄罗斯的好感是古老的历史性的好感。小俄罗斯人与在北部散居于俄罗斯人中间的芬兰人完全一样，分布在南部由西延伸到东，在伏尔加河一带，我们能遇到他们最边远的居民点。如果由西伯利亚往俄国的西南边境移动，往下走到北纬 50 度，开始你将遇到一些小俄罗斯人的村落，但是，在伏尔加河附近，从顿河开始，你就能感到置身于俄国南部的环境之中，能看到白色的土坯房和犍牛，语言变得越来越难懂，很难说南方俄罗斯人在哪里结束，真正的小俄罗斯人从哪里开始。小俄罗斯的知识分子在我们中间很著名，有许多天才的杰出的人物。我们越能提高这个民族，越能给予它为我们的世界文明发生作用的机会，我们对我们自身的利益理解得越正确。不仅是对内政策的利益，而且还有对外政策的利益迫使我们这样做。在对外政策中，我们的主要支柱只能是斯拉夫人和希腊人对我们的好感。历史向我们充分地表明，具有牢固基础的人民运动即使是在它们反对强盛大国的利益之际也能达到自己的目的。相信自己力量的欧洲大国认为自己在它们的小国联盟面前能支配弱国的命运。它们制定了欧洲的地图，而民心完全重新制定了它。比利时从荷兰分离了出来，意大利变成了统一的强大国家，奥地利衰落了，而普鲁士则上升了，希腊从土耳其分离出来，英国只得让给它爱奥尼亚群岛，土耳其的各部分具有如此程度的完全独立性，以致它们能以战争威胁英国。大国普遍得出这样的信念，即，对他们来说，最明智的做法是在那种它们无法阻止胜利的地方保护胜利者。与生气勃勃者保持联盟，与有前途者保持联盟，——这是通往幸福和上升的道路，与这些生气勃勃者争吵，——这是通往衰落的道路。如果斯拉夫各民族看到，在对小俄罗斯人的关系方面我们的政策是在于提高和给予他们民族的地位，在与我们的联盟中帮助他们做到他们单独无法做到的事情，那么他们就会带着希望看待我们。他们应当知道，我们不仅不想当保护人和父亲，而且我们还不想当斯拉夫人的兄长，我们应当是平等的、相亲相爱的兄弟，在这些兄弟中，同一思想使得自己的兄弟都幸福，使得他们都具有地位。不管斯拉夫人对我们的好感是多么巨大，如果他们看到，与我们的联盟不是导致他们民族的幸福和地位的提高，而是让他们担负变成俄罗斯人这样一种困难而难以完成的任务，这就会把他们从我们身边推开。在 18 世纪，我们在对待小俄罗斯人的问题上已经犯过一个大错误，那就是废除了他们的自由制度。这个错误向我们表明，如果我们不关心他们的幸福，追求我们的自私目的，我们的同族人能够期待到什么呢？开始，我们把他们赶入到我们最危险的敌人之一卡尔十二世的联盟中去，以后，我们又把他们弄到不仅为他们所仇恨的穆斯林效劳，而且甚至迁入他们的领土，准备变成我们最凶恶的敌人。我们逃脱威胁我们的危险，只是由于我们周围的邻居即穆斯林人和波兰人，比我们还眼光短浅，他们不善于利用提供给他们的使我们削弱的机会。虽然我们靠这种不值称道的方式逃脱了危险，但是我们的错误带来了自己的后果，它们在小俄罗斯人中播下了对我们的不信任，这种不信任可以发展为仇恨，如果我们将用俄罗斯化的企图折磨他们和不摆脱本世纪的病态现象的话，

看来，这种病态现象注定要给人们带来无数灾难，迫使他们追求不可能实现的目标，无穷地在他们中间滋生枉然的敌意。在如此地对待小俄罗斯人的同时，我们在对待俄罗斯人的问题上也并不显得更为明智。我们用宗教迫害把旧教徒驱赶到敌视我们的邻居那里去，我们把我们的天然朋友搞成自己的敌人，这些人为与我们打仗的大国效劳，使我们流血。更何况他们对我们特别危险，他们在我们祖国具有广泛的联系，能够比任何外部敌人给我们带来更大的危害。在西伯利亚，在比斯克州，有这样一些旧教徒的村庄，在这些村庄里来了一些从波兰来的人，虽然他们都是纯粹的俄罗斯人，甚至不说波兰话，但是，在那里大家都称他们为波兰人，他们自己也这样称呼自己。更有甚者，他们至今还保持着对波兰人的好感和对俄罗斯人的反感。这些例子能够很明显地使我们相信，对一定国家或一定民族的好感和反感产生于在它的环境中生活得好或坏的概念，至于同民族的因素所起的作用则要小得多。

利用上面描述的在各民族中由自幼的教育发展起来的各种习气，当然可以在他们中间散布和发展民族仇恨。在大部分场合，这种活动能找到自己的土壤。但是，我们看到，除开语言以外，各民族的不同特点使他们分离经常不比同一个大民族的各个集团的分离厉害。因此，相互忍让的趋向能和民族敌对的倾向一样，快而容易地盛行起来。历史表明，各不同宗教和各不同民族的群众所持的这种或那种倾向几乎完全取决于上层和受过教育的阶级的特性，——在这些阶级的良心里，灌注着一切这样的血液，这种血液从中世纪开始就是为宗教和民族的敌意而流动的。巴尔干半岛和奥地利的居民应当为自己所遭受的全部苦难感谢这些阶级，——

让我们尽力避免祖国的兄弟对我们的这类责难吧。让我们播种的不是仇恨，而是爱好和平与亲近的意愿。为了做到这一点，我们需要的不是懒惰和自私的活动家，而是需要其心里装着民族亲近事业、为了研究某种半野蛮的语言和为了在民族的爱与亲近事业上工作不惜花费劳动的活动家。人们的成绩取决于他们大量工作的饱满精神，要是缺乏这种精神，那么法律的和行政的措施只是一架没有动力的机器而已。

第二篇 俄国农业地区的劳动者

第一章 沃洛格达省土地地主所有制下的农民

在从彼尔姆省到维亚特省的时候，除了悲惨和愁闷的印象之外，还能期待什么呢？无论是这个省或那个省都是北部的和多森林的。这是同一个家庭的孩子，但是，彼尔姆省是自然界的心爱的女儿，而维亚特省则是不幸的受虐待的女儿：自然界给予它的礼物，这只是彼尔姆土地的财富的微弱反光，自然界在彼尔姆山区的内部蕴藏了极其大量的金属，它分给维亚特省的勉强只及它邻居获得的十五分之一。维亚特省稠密的森林只是单调地铺陈着，沿着彼尔姆的山冈美丽如画地雅致地蔓延着同样的森林。一条卡马河无论在这里或那里都显得丰富多彩。由于丰富的金属，彼尔姆省工厂生产的价值要比维亚特省的多 6 倍，在其中工作的人数要比维亚特省多 3 倍。在人口相同的情况下，两个省生产差不多同等数量的农产品，然而，由于丰富的金属，彼尔姆省的产品价值几乎比维亚特省多一倍。彼尔姆省的财富还由于下述条件而得到增加，即在卡马河、伊尔比特和秋明之间只有陆路交通，无论冬、夏运往伊尔比特和尼日戈罗德集市的所有商品都通过陆路进行。然而，在维亚特省，商品是通过水路运往尼日戈罗德集市的，在伊尔比特集市结束不久航行业很快就开始了。甚至沿彼尔姆省河流装载的商品也要比维亚特省多6倍。所有这一切直接导致这样的结论，即彼尔姆省的劳动者至少应比维亚特省的富一倍。可是，沿水路和陆路走遍彼尔姆省，根本看不到这一点，只能看到一个现象，那就是，从彼尔姆到伊尔比特的道路的确增加了沿路村庄的福利，这种福利状况在维亚特省是找不到的。同样可以看到，维亚特省的工作机会比较少，维亚特省的工人需要到远离自己故乡的地方去寻找工作，例如，维亚特省为西伯利亚的制酒厂提供箍桶匠。还可以作出一个很奇怪的评语：维亚特省的工人要比彼尔姆省的安定得多，更满足于自己的命运。如果沿着维亚特省走一趟，将它与西伯利亚作一比较，那么西伯利亚显得享有更多的福利。可是，高高的维亚特农舍给人留下印象，每一个农民有2幢或3幢农舍，按其建筑物来说，维亚特省要比俄国东部的许多省富裕。维亚特省和彼尔姆省的工人阶级的对比状况就是如此，——上层阶级的对比状况则完全是另一种结果。且不说彼尔姆省的大部分财富被住在国外的最大的俄罗斯贵族所花光，彼尔姆省的富人仍然要比维亚特省的多一倍，其中一等商人几乎要多一倍，石头住房要多30%。在叶卡捷琳布尔格有在维亚特省所找不到的豪华的石头房子。维亚特省的最好城市维亚特卡有170幢石头房子，伊尔比特也有170幢石头住房，而叶卡捷琳布尔格有330幢。为受过教育的阶级生产东西的手工业者的人数，在彼尔姆省要比维亚特省多一倍。

在说了这一切以后，彼尔姆省的工人既不安又不满于自己的命运就不足为奇了。在彼尔姆省的全部70万劳动者中，60万农民生产一半价值，10万工厂工人生产另一半，而这后10万人是工人中最强的一部分。按自己的劳动生产率来说，他们应当比农民多得5倍，可是他们得到的和农民一样多，有时甚至还少。在农民当中，三分之一由农奴出身的农民比其他三分之二的农民约多生产价值25%，可是他们为此得到的却少27%。很明显，处于这种不正常的社会地位中的居民是会不满和痛恨的。劳动者把自己产品的价值与他所得到的东西进行比较，发现连这个价值的一半也没有得到，可是他却得忍受贫困，生活过得很艰苦，几乎无法忍受。在痛苦中，他把自己与其他劳动者进行比较，发现他劳动得更辛劳，生产得更多，有时要多得多，那又怎么样呢？这不仅没有改善他的福利，而且他还得遭受更大的最难以忍受的贫困。由于工厂和工场里资本家不进行核算管理，那种劳动得最少、劳动最轻松的工人却得到最多。由于存在土地地主所有制，同一悲惨现象也带到了农业部门。生活在土地地主所有制下的彼尔姆省的农民勉强只得到自己产品价值的37%，而国家农民则得到70%。在维亚特省，只有五十分之一的农民生活在土地地主所有制下，这些人也可能不满，但他们的人数是太少了，不可能对人心具有实质性的影响，他们的贫困不受人注目，它被一般水平所掩盖。在维亚特省，在上层阶级的富有和工人阶级的贫困之间对比没有这样明显，工人中最富的与最穷的人之间的差别也不太大，这就是维亚特省的工人更为安定的原因，虽然他也并不比彼尔姆省的工人富有。如

果将维亚特省与它的一个邻居彼尔姆省进行比较，它的贫富对比是这个样子；如果将它与它的另一个邻居沃洛格达省进行比较，那么沃洛格达省的贫富对比将还要更惊人一些。沃洛格达省的产品价值总共只有维亚特省的产品价值的三分之一，勉强只到彼尔姆省的六分之一。沃洛格达的劳动者生产的东西几乎比维亚特省的少一倍。这个省的工厂生产的盐和铁只有维亚特省同类劳动生产的四分之一，比彼尔姆省则少 24 倍。而且，在这个不幸的贫穷的省份里，农业人口的四分之一生活在地主所有制的土地上。这些可怜的人经常一家一天只摊到不多于 5 戈比，甚至比这个还少。这不是生活，而是整年在饥饿线上垂死挣扎。他生产得比彼尔姆人要少，而与维亚特农民支付的一样和更多，还能期待别的什么呢？这个可怜的人在所有不幸之上还加上不幸的邻居们。沃洛格达省肯定要比西伯利亚更穷，它比南部、东部和西部的所有地区都要穷，而且它还有俄罗斯省份中的雅罗斯拉夫尔省这样一个邻居，在这个省里，工人阶级的消费水平比哪个省都要高。农奴出身的不幸的沃洛格达农民本来就已很穷，而雅罗斯拉夫尔的富裕状况对他更是厉害的刺激。亚麻便宜，农民没有什么可卖的，交不起租赋，地主立即以雅罗斯拉夫尔人教训他：他对他说，懒汉，你看，雅罗斯拉夫尔人生活过得多好。地主无法理解，没有他的责备农民看着雅罗斯拉夫尔人就已很不好受，他完全是用另外的观点来看待这件事的，他清楚地知道，雅罗斯拉夫尔人的一块面包要他付出多少代价，沃洛格达人的一块面包则要他付出多少代价。如果从雅罗斯拉夫尔边界进入沃洛格达省，不禁明显地看到，沃洛格达人力求模仿雅罗斯拉夫尔人并倾心于他们。开始甚至无法区别雅罗斯拉夫尔省和沃洛格达省。俄国东部和西伯利亚那时候的生活特点是简单化,在简单化的普遍掩盖下,不总是能看清富裕和福利的。靠近雅罗斯拉夫尔省边界的沃洛格达省的格里亚佐维茨县的福利状况根本不具有用这种简单外表掩盖的习惯,光是农舍上的雕刻一项就不仅能提供关于福利和贫困的概念,而且能看出他们的无数细微的差别。在这个边区的农民身上,对用雕刻装饰自己农舍已嗜好成僻,这种酷嗜是如此地强烈,以致农民在它上面表现了自己的全部能力。按照我已提到过的习惯,这些地区的居民的院落、农舍和仓库——统统用一个总的高高的屋顶遮起来。房子建得很宽敞,在富有的农民那里,这种房屋的全部正面从上到下都用各种各样的、艳丽夺目的雕刻装饰起来。为了再加上雕刻的装饰品,这里的每个地方都被利用起来,院子铺上地板,极精致的雕刻甚至延伸到房顶以上。富裕程度次一等的特点是,雕刻物的数量是相同的,但是没有涂上各种颜色,这种雕刻有时的确很雅致,从图案可以看出,这是雕刻能手的杰作。富裕程度再次一等的住户的雕刻更简单一些,数量也减少了。最后,只在窗户上、墙檐上和房顶上剩下一些雕刻,这些雕刻的图案非常简单,发黑和破旧,没有一点美化房子的作用。富裕在这里告终,贫困从这里开始。尽管穿着可怜的破衣烂衫,人们还总想流露一下多少满足对雅致的要求。院子变得越来越脏,最后发臭,成了对人、对牲口都是有害的无法通行的水坑。农舍里很脏,地板破破烂烂,破旧的小房摇摇晃晃,终于出现了不仅既无雕刻又无装饰的可怜的小农舍,而且主人不能给可怜的一俄寸高的窗户安上窗檐。但是,即使处于这种绝境,主人还是没有放弃装饰的爱好,他没有能力美化自己的农

舍，就在窗户周围的圆木上刻满条纹，结果反而显得难看而可怜。这是一块招牌，上面写道："我穷，我不仅是穷，我的穷困对我来说是双倍地沉重，因为我无法克制对福利的追求。"农民不只是在自己的房子上，而且在所有一切物品上都表现出对美观和舒适的追求，他还在轭、马具、马车和衣服上涂上各种色彩。靠近雅罗斯拉夫尔边界的沃洛格达人就使人们感觉到他们是这样的贫困的。但是，事情并不到此结束，在这之上还加上另一类痛苦的根源——这就是沃洛格达本身。在那种地主所有制土地多的省份，经常有大量属于社会的上层和富有阶层的居民，即贵族、僧侣和商人。维亚特省的人口比沃洛格达省多 1⅓ 倍，而财富则多 2 倍，可是，上层人物的人数两个省几乎是相等的（只差三十分之一）。由于这一点，在沃洛格达奢侈发展到与其财力不相称的程度，同时，为这种奢侈服务的工人得到了不相称的报酬，例如，要求她穿得像样的女仆和一些手工业者——我所知道的沃洛格达的一些从农民出身的手工业者，每月得 16 卢布的除膳宿外的收入。甚至那些手艺不是特别高明的皮靴匠每年能挣 180 卢布，这已是彼得堡的价格了。裁缝甚至能发财：在沃洛格达有这样的人，他们缝制衣服所花的钱就得上千卢布。极度贫困的农民不能不被这些事例所吸引，他想不到，这类有利工作的数量是有限的，他去追求这些工作只能压低价格。沃洛格达的价格被压低到饥饿的极限，一个人可能得长期忍受这种饥饿。可以只用较例如托姆斯克便宜 30％雇佣女仆，可以只用一个面包白白地从农民那里得到女仆。女日工拿 15 戈比——比托姆斯克便宜一倍半。所有这些人还算是幸运的，还有真正不幸的人，虽然这是很普遍的女工阶层：花边女工和缝制皮衣服的女工即使经常卖力地干活一个月，怎么也挣不到1卢布50戈比或2卢布以上，而且还不能经常有活干，这类女工经常只得满足于一个月得1卢布，甚至更少。这点钱不够一天买一俄磅半面包。一个母亲必须用这类工作养活六个年幼的孩子，其结果不难猜测：大儿子在他能挣钱以前就死于肺病，同样的命运等待着他后面的那个儿子，看来，整个家庭总的命运都将如此。这种艰难的境况经常促使在工人中流行疾病，而且都是最致命的疾病。父亲没有腿，母亲带个吃奶的孩子，孩子们都很小——这就是真正悲剧的状况。怎么办——向人乞讨，但是职业乞丐是如此地灵活，他们拼命地吸干了所有的施舍来源，由于他们，你什么也休想得到。所有慈善事业的场所早已被他们占满，只有一个地方永远是空着的，这就是坟墓。在农村，一个成年的男工和两个成年的女工一个月能挣5个卢布，人们就认为其境况极佳，自己的命运值得庆幸。但不应忘记，他们必须从这5卢布中拿出2卢布30戈比用来向官家和地主缴纳捐税。给他们剩下用于一切花费的钱每天只有9戈比，而丈夫和妻子、孩子，即家庭，每天只摊到6戈比。当农奴获得解放后，他们高兴地想象，他们改善自己可怜境况的黄金时代来到了，他们认为，可以开始要求劳动的高价，于是地主异口同声地喊叫，在这种价格下，无法用雇佣劳动来耕种土地。然而，这是一些什么样的价格呢？从4月26日到10月26日，丈夫和妻子可以挣45卢布，如果他们缴纳两口人的捐税，那么他们还剩下22卢布，也就是说，全家每天得6戈比。竞争把这点可怜的满足也给挤掉了，妇女的工资减少了20%。如果有谁认为这种事是不可能的，那么我将告诉他，在沃洛格达省，农民在冬天为每天挣3

戈比去打谷。农民们对我说，不仅从手上，而且从脸上和脚上要脱掉3层皮，膝盖和小腿肚也冷得脱皮。干一夏的活，吃东家的饭，再得30卢布，被认为是极好的工资。也有这样的情况：干6个月的活才得30卢布，还要吃自己的饭或至少自带面包。在所有这些可怜的工资里有一种工资比其他工资显得较为有利，这就是每周干一天活。这种工作对工人从事个人经营的妨碍要小，而且它能挣到12卢布，这笔钱约占农民缴捐税和租赋的60%。这种出色的工资使农民有可能逃脱饥饿，因此，立即出现竞争并压低了价格：在下一年，它下降了16½%，过了一年，又降低16½%，因此，一年只能挣到8卢布。

这就是悲惨境况的真相，但是，还能期待别的什么吗？国家农民和生活在地主所有制的土地上的农民在同一市场进行竞争，国家农民负担沉重的捐税和租赋，他无论如何无法纳清，总是身负欠缴税款。如果国家农民不缴清他应缴的税款，严酷的后果在等待着他，于是，他急着寻找工作。但是工作没有，从230人中只有一人能在工厂里找到工作，在别的地方，人更拥挤。要想在彼得堡或其他大的工业中心找到工作，必须在那里有关系，否则，就可能饿死。少数人走了运，他只是为了不饿死，极廉价地为人提供自己的服务。生活在地主所有制的土地上的农民也争抢这同一工作，但他应缴的捐税和租赋几乎要多一倍。这个不幸的人在绝望中无论如何要抢到工作，这就更进一步压低了价格，从而使他们到了无论是他、还是国家农民都无法生活的地步。由于同样一些原因，在大多数场合，靠自己经营的农民的境况丝毫也没有好一些。在平常的年景，沃洛格达的农民怎么也无法靠自己的份地生活。他在耕种份地中，平均可以生产价值 25 卢布 50 戈比，在好的年景，按夸大的计算，可以生产 44 卢布 40 戈比。他应当从中交给地主和官家捐税 17 卢布 25 戈比；在平常年景，给他剩下 8 卢布 25 戈比，即一天不到 2⅓ 戈比。如果他交不到好运，找不到还挣点别的钱办法，他就得出卖牲口，如果出卖了牲口以后还是这种平常的年景，而且还是找不到工作，他就无法按时缴纳租赋，而他的不上肥的土地将提供越来越差的收成，总之，大量土壤趋向贫瘠，大量农民遭到破产。在好的年景，他还剩下 27 卢布 15 戈比——全家每天还剩不到 7 个半戈比。如果他将与家里人每天吃 3 俄磅黑麦面包，那么他在面包上就花掉了 5¼ 戈比，他根本无法再花什么钱了。平常年景和好年景的生活就是如此，歉收年景该是如何呢？！① 关

① 沃洛格达省的每一个工人一年耕耘和播种不超过一俄亩。1866 年的统计年鉴可以证实这个计算并没有夸大。在统计年鉴中的耕地数甚至是夸大了的，它是 800 000俄亩，而在沃洛格达备忘手册中，总共是 726 000 俄亩。划给农民的地主土地通常是极差的，以致完全无法靠它们过活，只有那种用地主的名义购买土地的农民多少可以过得去。农民们痛心地埋怨，在农奴解放期间拨给他们这些土地的时候，人们是如何对待他们的。这些用他们的血汗钱买来的土地同样被认为是地主的土地，他们肯定地说，他们被迫为无疑属于自己所有的土地付给地主报酬，他们个人所有的土地变成他们的份地，甚至干脆被地主占为己有。我不只是从一些农民那里听到过关于某些地主似乎把这类土地占为己有的事例。在迁入地主土地上的沃洛格达农民中，在份地之上还有附加土地的农民共占十分之一，这些土地共占农民份地的十八分之一。在沃洛格达县、格里亚佐维茨县和卡德尼科夫县，集中了所有的生活在土地地主所有制下的农民，共有耕地 307 070 俄亩，农民有 346 223 人，其中男性人口有 166 111 人。每个男性人口摊不到 2 俄亩耕地，从这里需要除去无论如何不少于九分之二的属于地主庄园用地的土地和富裕农民耕种的超出份地所占的土地。农民留下的土地每口人不到一俄亩半。根据统计学家的计算，沃洛格达省的收成不多于种子的 2 倍和 3 倍。根据 1864 年的备忘手册的夸大计算，1863 年的平均收成，黑麦是种子的 5.5 倍，燕麦是种子的 3 倍。计算平均收成是极其困难的，但可以参照下述资料来进行计算：在好的年景，在施肥充足的情况下（这后一点只有地主及富有农民才能办到），土地所提供的收成，黑麦可到种子的10倍；在平常的施肥的情况下，土地所提供的收成是种子的

于沃洛格达省的歉收会是个什么样子，可以根据这一点来判断，那里在南部地区有时甚至到5月中旬全部土地还覆盖着雪，因此5月15日以前无法开始耕种。在靠份地生活的农民中，只有引起普遍

2.5倍到6倍，每人有一头以上牲口的农民可进行平常的施肥；每人有一头以下牲口或根本没有牲口的农民占生活在地主所有制的土地上的全部农民人口的三分之二（在黑土带以外的地区，要有5到6头牛才能为1俄亩提供足够的肥料，沃洛格达省耕种540 000俄亩土地，而牛只有370 000头），黑麦的收成是种子的1.5倍到3倍。——关于没有牲口的农民，据说，他们根本不必播种，他们自己也逃避这种事。1.5份地是2¼俄亩，在三区轮作制情况下，工人一年需要耕作1.5俄亩。黑麦的好处最大，他种了四分之三俄亩。根据统计学家的计算，一俄亩播下8普特种子，实际上，沃洛格达省和俄国其他地区的农民播下要多一些，他们在3块份地上播下黑麦16到20普特，而收获并不像统计学家计算的那样是种子的4倍，而是种子的2.5倍。如果像统计学家那样计算，那么农民从四分之三俄亩收获18普特，按我的计算，他应当收获20普特。在沃洛格达备忘手册中，1864年国家农民土地上的收成是种子的2倍多一点，土地地主所有制下的农民的收成是种子的5.5倍。这后一个数字明显是被夸大了的，目的是为了说明土地地主所有制下的农民能获得更多的福利。我给他们作些让步，取个平均数——种子的3.75倍，农民除24普特种子外将能得30普特，价值为18银卢布。从春播作物的地里他共得3卢布，从牲口得3卢布，从木头，也就是说，他将用自己份地上的干灌木生火，得1卢布50戈比、总共是25卢布50戈比（我减去了养马和劳动工具所需要的一切）。的确，许多农民得到这样的收入，如果他们不是这样多，那么谁也不会为30个银卢布去当工人的。只是十分能干的工人才能得到30银卢布，然而，有三分之一的工人是由太老的、太年轻的、力气小的和有病的人组成，他们得到的要少一些。有自己产业的农民非常不愿去当工人，要好处特别大才行，他不仅在收入少的情况下，而且在需要忍受暂时穷困的情况下，宁肯经营自己的产业。在一口人的代役租情况下，他一天可有3⅓戈比，若有一口半人的代役租，他就根本无法生活。现在我们拿最有利的情况为例。农民播种了10普特黑麦，收获55普特（即甚至是种子的5.5倍），他需要留下10普特的种子，需要用6普特作磨坊主的报酬、老鼠偷吃的损耗及其他，他还剩下39普特。走运时，他能将它们卖得27卢布30戈比。他播种5普特燕麦，他用三分之一俄亩播种他认为最合算的作物——土豆、亚麻等等。他收获15普特燕麦，根本不能将它出卖——他需要留5普特作种子，10普特养马和牲口，这点粮食喂马，一年只能喂30天，这样，马只能很瘦。从最后的四分之一俄亩中他得到6卢布50戈比的收入。每个工人摊到两头以下牲口（一头大牲口和一头小牲口）。这种牲口经常不能给他任何利润，甚至使他亏损，因此穷人牲口养得很少。沃洛格达省的刈草场几乎比耕地少一

羡慕的幸运儿才能一天有 11 戈比的生活费，一年是 40 卢布 15 戈比，加上租赋和捐税，再加上维持劳动工具的费用是 67 卢布 40 戈比，全家的伙食费毕竟还只剩下一天 7½ 戈比，也就是说，一天只能买不到 4.5 俄磅面包：这终究不是生活，而是缓慢的饥饿性死亡——种族退化是不可避免的，而且确实也发生了。根据医学上的要求，这类家庭需要 14 俄磅富有营养的食物，按俄国行政机关的统计人员的最低要求也需要 6 俄磅。然而，为了使沃洛格达省的农民的平均所挣的钱达到 67 卢布 40 戈比，需要在沃洛格达省每人每天多生产 3 俄磅以上的谷物，而酿酒厂所消费的谷物还要除外。在这种条件下，谷物的价格能降到每普特 35 戈比，然而沃洛格达的谷物比雅罗斯拉夫尔省贵 13%。为了使所叙述的状况的全部可怕性更清楚起见，我讲一讲下述情况。在沃洛格达，我认

倍，牲口只得用禾稭来喂。农民用租来的草场养牲口总是亏损的，有时他为一普特干草得交 5 戈比租费。如果他得到的份地有丰富的草场，那么他一年从牲口身上可得 2 普特肉和半普特油，共值 6 卢布 50 戈比。如果他靠贫瘠草地的土地为生，那么他的收入就少一些。他喂养牲口只是因为家用需要以及需要从它获得厩肥。我们从农业获得 33 卢布 80 戈比的收入。如果把这个结果与 1864 年沃洛格达省备忘手册里的资料比较，那么它还是夸大了的。根据上述资料，国家土地上的、皇家领地上的和地主土地上的农民从农业中所得的平均收入每人不多于 25 卢布。在编制这些资料的时候，极其偏袒居住在地主土地上的农民，把这些农民说成是富有的，而把地主本人说成是贫穷的。因此，地主的播种面积只占农民的五分之一，而地主土地上农民的收入几乎比国家土地上的农民的收入多 2 倍。然而，事实上还不如说正好相反。甚至根据这些夸大了的资料，地主土地上的农民的总收入，除去种子以外，每人只达 59 银卢布。如果除去具有超过份地的土地的富裕农民所获的收入，那么每个工人就不到 50 卢布。要是除去喂马（即劳动工具）所需的燕麦，那么从所有土地上得到的收入是每人 43 卢布，而如果除去超过份地的，那么总共是 35 卢布，还需要除去 1 卢布 20 戈比的鼠食和损耗。虽然备忘手册里的资料进行了一切的夸大，计算与上述数字趋向一致。妻子在冬天干活的收入、木头及其他收入是 4 卢布 10 戈比，总共勉强达 44 卢布 40 戈比。

识一个灵巧的多面手农民，这个农民一年挣 72 卢布 75 戈比。他之所以能挣到如此大钱，是因为他在收获谷物中很走运[①]；除此之外，他获得了特别有利的冬天的工作，他所得到的钱比普通工人几乎多一倍，加之，他总共只缴纳一口人的租赋和捐税。因此，他还剩下约 57 卢布的生活费，他靠自己所挣的生活费及妻子所挣的钱过活，他与家庭一年花费 78 卢布，他一天花费 21⅔ 戈比。虽然他们全家只有 3 口人，他和全家要想吃肉，这些收入就不够用。他和全家整夏没吃过肉——他自己在一年中只有 37 天能吃到肉，即每 10 天吃一回。在冬天，他为家里人宰了 3 头小羊羔。父亲和家庭一年吃了 4 普特肉，每人每天几乎只摊到七分之一俄磅肉。每天得 1 到 5 戈比的穷人该如何生活呢，他与全家吃各种令人厌恶的食物，有时二三天根本不吃东西，能乞讨到一点才吃一点，恶霸行为成为最可怕的和最可恶的。下面就是一个生活在土地地主所有制下的农民家庭一年半生活的情景。这一家算是富裕的，它的境况是属于最有利之列的。它由父亲、母亲和 6 个儿子组成。与别家比较，这一家的土地算是多的，它有 4 份份地。他们有 4 头母牛和 2 头小牛，3 只绵羊和 4 只小羊羔——总共是 13 头。全家有 12 口人，因此每人摊到一头以上牲口，而别的这样的农民摊到的牲口要少一倍，有的根本就没有牲口。他们的谷物长得挺好，特别是土豆，收成尤佳。当他们需要缴纳租赋的时候，他们才明白，拥有大量的份地意味着什么。他们一年需缴纳租赋和捐税 46 银卢布；没有土地不好，有了土地未必不更糟，你简直不知道，究竟应该挑什

① 他在农业中的收入总共是 29 卢布 25 戈比，黑麦的收成几乎是种子的 10 倍。

么。他们一直没有吃肉，但按他们的概念，算是能吃到各种各样的食物——他们吃土豆、牛奶和黑面包。在初冬，他们为交租赋必须出售全部土豆，好像故意与人作对似的，偏偏在这时候所有的母牛停奶，于是他们就剩下一种食物即黑面包。黑面包吃得很快，在1月份就已很清楚，他们已没有储备了。他们开始担忧，很快村里就有传闻，说他们只得去要饭了。每一个农民家庭都或多或少有过这类传闻。春天来到了，眼看又到夏天了，这一家靠自己过活，没有向任何人求助，农民们感到很惊奇。但是，本来问题极简单，原来有一个儿子是很灵巧的木工，夏天他在沃洛格达和托特马每月挣18卢布，直到冬天他挣了约110卢布，他一个人的工资占全部家庭收入的三分之二。很清楚，他被视为掌上明珠，大家都把希望寄托在他身上，他是家庭里真正的主心骨。在他们的这段美妙的时期里，除了缴纳租赋和捐税以外，他们每天还能花费约33戈比。上面我详细计算过3口之家的平均收入，在很多情况，每天是2⅓戈比；在一些情况，每天是7.5戈比；在少数情况，则每天是11戈比。如果将这12口之家按3人一组分成4组，则每组每天摊到8¼戈比，他们比第二级贫困多四分之三戈比。然而，即使在这些幸运的日子里，他们也是很可怜，既吃不到肉，也吃不到鱼，他们甚至买不起洗衣服的肥皂，必须买盐对他们来说是件大苦事，每次都得唉声叹气。幸运不能持久，生活之轮支配着人。宣布要招兵，木工被招走了。他全家人泪流满面、号啕大哭地依依送别了他，然后回到家里，都清楚地意识到，悲惨的前景在等待着他们。时候不等人，绝望不能压制住苦恼贫困的声音，——我们可怜的人只得被人随便支配。他们播种了32普特黑麦，唉，只收割了80普特，除去

种子，他们只剩下黑麦48普特，价值是35卢布20戈比，他们的全部产品值53卢布60戈比，从这里需要缴纳租赋46卢布，全家整年剩下7卢布60戈比，每人每天只摊到五分之一戈比。租赋有如命运，哪怕你就是饿死，也是不能求免的，你只得交。在冬初，他们缴纳了一半。谷物的数量开始很快地减少，吃口很多，有11人，家里人的心情日益像被风浪抛到不毛的悬崖的轮船上的乘客的心情，他们看到，一旦最后那个小桶里的面包干吃光了，等着他们的就是饿死。经常地相互不满，无休无止的冒火和争吵，每人都把别人看成是增加自己饥饿的工具，于是心里思量着，不能分开过吗。那个曾经使家庭幸福的木匠的妻子，第一个受到了大家的攻讦，在这个环境中她没有保护者，她只得出卖自己的一切东西，甚至皮袄，离开了家，受雇于人，——饿死的前景扼杀最热烈的感情。虽然如此，谢肉节以后家里就已经没有谷物了，可还得过7个月，夏天还得缴纳另一半租赋。幸好在春天到来时，众兄弟中的一个有机会受雇于人当木工，但他一个月只拿4银卢布50戈比，他不能使家里人免受挨饿，但保证了赋税的缴纳并减少一口人吃饭。家里其余的人日益饿得厉害，几昼夜吃不到东西，人瘦得不成样子，家里的父亲衰弱得走不动路。没有办法，只得去求人施舍。当家里人得知，士兵的妻子找到了工作，每天能吃饱，心宽体胖，他们高兴得发狂，他们反复地说："哪怕能看她一眼哩。"说实在的，对一个挨饿的人来说，看到自己亲近的人能吃饱饭，能不感到很大的快活吗？只要这些小兄弟之中不出现一个像他们去当兵的哥哥那么能干的人，那么这个家庭的命运已注定，它将每况愈下，最后只得与乞丐为伍。这就是幸福的家庭之一的历史。另一个7口之家，除

去卖掉交租赋的燕麦和种子以外，一年从地里收获 2 俄石黑麦，每人每天摊到三分之一俄磅，虽然这对读者来说似乎是不太可能的事情，但人们肯定地对我说，还有收获得更少的家庭。读者说，但这是意味着得饿死啊，完全正确，他们正在饿死。

这些不幸居民的贫困发展了独特的风气，即使每个人同样地都要落入不能保持自己的健康和甚至无法养活家庭这样的境况，在这种时刻，习俗已确立了一种义务性的帮助。一家有一个小孩，但是既无面包，也无牛奶，小孩必将饿死，有牛奶的邻居们认为轮流维持小孩的生命是自己的义务。在沃洛格达省，生活在土地地主所有制下的居民至少有三分之二或是经常当乞丐，或是有时当乞丐：今天这个人向乞丐施舍东西，这些乞丐不断地开门关门，使他的农舍灌进冷风，而过了一个月，他自己拿起了讨饭袋。当一个质朴而正派的农民遭到需要乞求施舍的时候，开始向储备仓库借债，或是想别的办法，所有办法都想尽了，只剩下向人伸手乞讨了，但他下不了决心。他坐在自己家里，整昼夜和更长时间地饿着肚子。他饿着肚子反复地念叨："我就是死，也不去乞讨。"邻居们发觉他已虚弱已极，越来越坚持地说服他去要饭，但他固执地反复说："我就是死，也不去乞讨。"最后，邻居们根据他的苍白和衰弱的样子得出结论，他的固执会带来严重的后果，没有办法，他们自己为他送来施舍物，这时，他不能再拒绝了，也就接受了。一个农妇向我描述了农村的行乞情况，她说："5 辆大车驶近农舍，每辆车上有 4 或 5 个乞丐，刚走开，又来了 6 大车乞丐。"这里的乞丐把自己的手腕发展到很高的、可以说是巧妙的程度，他们善于迎合农民的低级口味，迎合贵族的极雅致的贵族口味，善于对每个人说他喜欢

听的话。征收租赋和捐税的铁面无情不给农民自由喘息的机会，他刚交了点好运，饲养了牲口，过了2年多又全卖掉了，不上肥的地里谷物长得很差，于是农民又得拿起讨饭袋。地主大声喊叫，说农奴改革使他们破产了，而一些人经常在私下小声地说，他们的收入增加了。一些人寄希望于这种增加，与农民的知识分子展开竞争，着手干起工业来。他们忘记了，为了靠工业发财，只靠那种把别人劳动果实奉送给他们的威信和权力是不够的，为此还必须有一些善于趁机谋利的本领，他们以其投机行为损失了靠自己威信所得来的一切。这种艰难的状况使沃洛格达省南部各县越来越贫穷。虽然这些县的土地很多，虽然只有俄国的2个省差劲的土地少于它们，那里的农业仍然处于完全的衰落之中。在这些县，每个居民共摊到耕地0.83俄亩，而在俄罗斯，一般每个居民能摊到1.5俄亩，即几乎多一倍。沃洛格达省人口的增加与气候和工人的艰难状况这两个主要影响相适应：在最北部地区，严寒的气候使得根本就不可能富裕，谷物不生长，草地没有，只有一片森林。中部的县份能享受到最多的福利，虽然这里的气候也是寒冷的，状况要比西南角的状况不利得多，但是这里的人口增加最快，因为这里没有地主。最有利的气候状况——这是在南部各县，但是在土地地主所有制下的农民生活胜过气候带来的一切好处。国家土地上的人口比皇室领地上的人口增长得快，皇室领地上的人口又比地主土地上的人口增长得快。根据统计年鉴资料与刊登于1864年沃洛格达备忘手册中资料的比较，国家农民的人口增长0.27%，可是皇室领地和工厂的人口减少0.04%，而生活在土地地主所有制下的农民则减少0.62%。是否会奇怪：这些可怜的人们经常生活在

这样极其可怜、烟气腾腾和黑暗的洞穴里，他们还羡慕最贫穷的游牧民族的人。对于那种觉得所有这些结论是夸大了的人，我再援引一个资料。根据登载在1864年备忘手册上的资料，在沃洛格达省，共播下谷物和土豆767 715俄石，收获了2 163 781俄石，除去种子，剩下1 396 066俄石。假定每俄石是9普特(很多了)，总共是12 264 594普特谷物。根据1866年统计年鉴的资料，从这个数量中用于酿酒及沿河外运4 279 682普特，剩下用于人民消费的是8 284 912普特。因此，沃洛格达省974 723居民中的每个人一年摊到8普特20俄磅，或是340俄磅，也就是说，每人每天少于一俄磅，3口之家每天摊到2⅔俄磅。

在备忘手册里登记着丰年，歉收的年份要多得多。在这些不幸的年份里人民遭罪的故事说不完。甚至在国家土地的乡里也发生这样的情况，在坏年份，农民没有东西可播种，从储备仓库获得种子。到秋天，虽然收成是好的，农民还是到了根本无力偿还债务的破产地步。临近春天，他们已经没有谷物了，虽然他们还有三分之二应缴的货币捐税尚未缴纳。根本没有东西可以播种，他们又求助于储备仓库，取来了谷种。如果他们遭到拒绝，则田地就完全种不上，就陷入毫无出路的境地。谷物拿到手了，但不料播种无法开始，直至5月底田地覆盖着雪，等雪化了，但在6月地里还积满着水，甚至都无法进行耕地。过晚播下的谷物来不及成熟，这就完了。农民在焦急等待中计算着日期，唉，吃着拿来的谷种，其结局是谁都能看到的。

土地地主所有制、租赋和直接税的存在给沃洛格达省最肥沃的3个县——格里亚佐维茨县、沃洛格达县和卡德尼科夫县招来如此可怕的灾难。在这 3 个县里几乎集中了所有的地主土地。沃洛格达省的 97 378 块份地中有 93 843 块份地在这 3 个南部的县份。北部县份的居民处在只有人才能应付的最不利的状况。我已经说明过了，他们当中的半数就生活在这样的贫困之中，伦敦和巴黎的贫民的生活与它比起来则是天堂。然而，这个世人中最不幸的人的生活比之于生活在沃洛格达省土地地主所有制下的农民的生活还是值得羡慕的。在南部，土壤和气候是这样好，黑麦收成能达种子的 10 倍，和北部比较，这应当是富足和繁荣的地区，而现在却相反，这是贫困和受苦的地区。生活在土地地主所有制下的农民的这种处境不仅使这些农民变得可怜和贫困，而且通过这些农民使整个边区变得可怜和贫困，被剥夺了获得福利的一切手段。全体居民一年几乎有三分之一时间都无所事事地待着，饿着肚子，哭诉着和发着愁，说是找不到工作，同时几乎要饿死。地主埋怨说，劳动的价格这样高，耕耘土地根本得不到报偿。资本家埋怨说，工厂没有收入，工业不能前进。许多有惊人洞察力的人认为，给予工厂以各种方便与优待就可以帮助不幸：这些聪明人连想都没想到过，为了振兴工业需要造就的不是卖者，而是买者，只要有买者，卖者就能找到。您瞧，有这样一个国家，这里的地主不能耕耘自己的土地，因为没有资本，他们必须出售还未曾生长和不知是否能生长的谷物，他们必须靠农民无力积攒的租赋生活。他们是贫穷而可怜的人们，他们每年必定变得越来越穷，他们什么也不能消耗，什么也不能购买。和地主一起的是无数僧侣，他们想靠地主和农民为生，而农民自己却没有什么可吃的。这两个阶层都极端不满意农民，骂他们是懒汉和醉鬼，把自己的贫困记在农民的这些

臆造的恶德的账上。僧侣和贵族喊道:“这些懒惰的庄稼汉把我们搞穷了。”所有这些上层的消费者是这样众多,他们是如此地苛求,把农民的最后一点财产都剥夺掉了,——他甚至最菲薄和粗糙的食物都不能吃饱,他有时没有自己种地的种子,有时没有耕耘和上肥的牲口,在这种状况下,他不仅不能致富和恢复,而且年复一年变得越来越穷。可是在英格兰,每个农民一年生产1千卢布的价值;在爱尔兰,220卢布;而在沃洛格达省,每个农民所生产的价值勉强只达35卢布。他变得越穷,他生产得就越少,而减少了的生产使贫困更趋严重。在这种可怜的状况下,这3个阶层相互拖着往下沉,到最后,大家都彼此给挂上讨饭袋。在这样的国家里,资本家没有什么事情可做:让他们在那里生产出几百万卢布的商品吧,这些商品将因没有买者而摆在市场上,——农民买不起,他考虑的是怎么出卖的问题;僧侣压缩自己的花费;贵族不是靠地方的生产来供应,而是靠国外市场,而且它靠租赋生活,这种租赋到目前为止还能靠最无情的严厉手段勉强收起来,但很快地,从农民那里每年能收到的东西将越来越少。所有社会各阶层将感到拮据,就会出现没有希望的反作用趋向,它必将扼杀残存的一点点福利。

为了安慰公众,地主收取高租赋的辩护士们断言,似乎这只是暂时的现象,只是在改革的初期是如此,到后来一切都会改变的。我可以肯定地告诉读者,处在土地地主所有制下农民的上述情况现在根本没有任何变化,对它的未来的改变也不抱任何希望。1862年,在沃洛格达省的北部地区曾发生饥荒,在我们的报刊上,这个饥荒被描述得很可怕,那里的人们不仅吃带谷糠和麦秸的面包,而且掺进了苔藓、桦树皮和其他杂物。尽管如此,这些地方的灾难与沃洛格达省南部各县的灾难比起来，也就算不了什么了，南部各县的居民有三分之二是属于农奴制取消后仍须为领主服务若干年的农奴。沃洛格达省最北部的各县：维尔斯克县、索尔维契戈德斯克县、亚连斯克县和乌斯季—瑟索利斯克县，几乎靠近极圈，但那儿没地主，27 人中死 1 人。位于彼得堡以南的南部各县，23 人中死 1 人。当地居民看到，在南部，人们既不吃树皮，也不吃苔藓，因此认为该地居民比北部的更享福。但是他们所吃的面包完全和北部的面包一样低劣。当我们让南部各县居民看皮涅加和奥洛涅茨省的面包时，他们回答我们说，先生们不必对这种面包感到惊奇，他们中的许多农民吃它，这些农民甚至离沃洛格达不到 3 俄里。其实，死亡率高的主要原因不在于劣质的面包，而是沉重的劳动和折磨，与此同时，再加上无力缴纳的租赋。我们将不止一次有机会看到，沉重的劳动所起的作用比饥饿更是致命性的。这就是为什么在饥荒以后北部地区居民能得到恢复、死亡率较低的原因，而在南部地区，它毫不留情地依然如此。在沃洛格达省北部地区的上述各县，在 1864 年就已经 31 人中只死 1 人。但在南部 3 个县，还是 23 人中死 1 人。解放后的时间过得越长，这些南部各县的状况更无希望改变。1866 年，沃洛格达县、格里亚佐维茨县和卡德尼科夫县这 3 个县已到了死亡的人数比出生的人数还多的地步。然而在沃洛格达省的所有其余各县，包括最北部的各县，出生人数超过死亡人数，有时超过很多，尼科尔斯克县超过 25％以上。虽然如此，南部各县的死亡率对全省的死亡率仍有重大的影响，在 1866 年，省里人口减少达 582 人，比 1864 年多减少 10％，已经达 21 人中死 1 人。然后，1867 年接着歉收，1868 年又将损失了秋播

作物的春播地重耕一遍并重新种上庄稼。这些歉收的主要原因在于农民贫困日益增长。沉重的租赋和征收租赋的过分严厉的措施是农民卖掉自己的牲口和谷物的原因,然而在俄国北部,没有足够的牲口和粮食是无法搞好农业的。只要看一眼本地的土壤就立即能明白,它是多么地需要肥料。在肥料差劲的情况下,最小的一个偶然因素就会导致歉收。除此之外,这里歉收的重要原因在于洪水和庄稼被冻死,农民经常早在春天就已看到,他的秋播作物将遭到损失,他将没有东西可养活自己的家庭。为了活命,他或是需要扩大播种面积,或是耕耘秋播地并种上春播作物。但是,他只有一半能养活自己所需要的土地。周围有大量的空地,它们对任何人都没有带来好处,但这些土地不属于他,而属于地主。为了重新耕耘自己的地并重新种上春播作物,他又没有种子。

不难用事实证实,农奴制取消后仍须为领主服务若干年的农奴的现状将使他们的福利和国内的生产率降到何种程度。不难表明,这种破产甚至不是由于份地少,而是由于租赋太高,同时,即使农民有权改变成另外的土地所有制,也没有希望能期待这方面的改善。沃洛格达省的卡德尼科夫县提供了这方面十分具有特点的现象。它是土地辽阔的俄罗斯中人口最稀少的一个县,在这个县里,每平方米里亚共有 468 人,它的人口与萨马拉省的尼古拉耶夫县同样稀少,它的土壤根本不缺肥,这可以从它出名的亚麻生产率和能吸引出口谷物的商人中看出来;亚麻甚至还运往英国。这个县的面积总共是 1 552 938 俄亩,其中只有 294 991 俄亩,即不到五分之一以下是属于农民占有,并且几乎都是属于交田租的农奴所占有。那里的所有者共有 18 181 人,而交田租的农奴却有

117 702人。有一个事实最初就使人惊奇，这几百万俄亩中摊到28 497个国家农民份上的总共只有份地13 779俄亩，每人约只有半俄亩。因此，农奴制取消后仍须为领主服务若干年的农奴在将来改变到国家农民土地所有制以后也得不到改善——甚至连那些现在靠份地生活的人都感到份地不足。农民将和现在处于地主的权力之下一样受地主的控制。与国家农民比较，农奴解放后仍须为领主服务若干年的农奴和土地私有者的份地还算是多的，在他们当中，105 944人有278 255俄亩，即每人有2.5俄亩以上。因此，在地主庄园集中的乡，这就是应当找到高度的生产率、大量牲口的地方。地主有大量的土地，农民的份地比较多，——这就是聚宝盆，永不枯竭的福利源泉。但是请看一看实际情况又是如何。在第一区的索科夫乡只居住着国家农民，这个乡有2 395人，他们摊到牲口5 718头，播种谷物2 529俄石和亚麻528普特。在卡尔诺夫乡和乌斯季扬乡2个乡里，农奴解放后仍须为领主服务若干年的农奴和土地私有者有3 854人，国家农民总共只有11人，牲口共有3 756头，播种谷物2 713俄石，亚麻只有418普特。因此，对比起来，国家农民的牲口要多一倍半，而亚麻播种面积多一倍。这就毫不奇怪，商人们发觉卡德尼科夫县已逐渐贫困化，——对于谷物贸易它已经几乎没有意义，只有购买亚麻还能招揽人。这就没有什么奇怪的了，那里的死亡率达到可怕的程度。1866年，那里死亡的人比出生的人多1 093人，——在一个县里就多了1 093人！觉得奇怪吗？甚至在极北地区的饥荒，那里人们吃着桦树皮和苔藓，所造成的危害也没有农奴解放后仍须为领主服务的农奴所负担的沉重的租赋所造成的危害来得厉害。可以举出无数证据说明大地产所有制会降低我们国家的生产率。在那些有土地地主所有制的地方，地主及其农奴解放后仍须为领主服务的农奴一起生产的东西总是比国家农民要少，甚至即使这些国家农民处于不利境地，也是如此。在格里亚佐维茨县的第一区和第二区的 2 个乡，住着国家农民 12 987 人，在 1866 年，播起 24 614 俄石谷物和 5 440 普特亚麻。在那些区的另 7 个乡，住着 60 个地主和 21 634 个农奴解放后仍须为领主服务的农奴和土地私有者，只播种谷物 16 818 俄石，亚麻 5 126 普特。在这 7 个乡里，有牲口 24 349 头，而在有 20 992 个国家农民的 3 个乡里，有牲口 28 701 头。如果以整个县比较，结果也是一样：北部的乌斯季—瑟索利斯克县，虽然靠近极圈，它的牲口比沃洛格达县多 2%。在俄国，北部的环境对牲口的数量具有决定性的影响，但是仍然不能超过大地产所有制带来的影响，在死亡率方面也完全如此，前者不能胜过后者：在沃洛格达县，21 人中死 1 人；而在乌斯季—瑟索利斯克县则是 28 人中死 1 人。

您瞧，要是沃洛格达省的农业人口不缴纳任何租赋，官家的和地方的捐税以及直接税，将会怎么样呢？设想这一点只是为了使问题更清楚起见，因为完全做到这一点是不可能的，但使农民减轻一些负担仍然是可能办到的。行政收入因此减少 15%：它们将仍然占全部国民收入的 17%，文明世界里的任何一个国家都没有将这么多的钱用于行政上。由此将产生什么样的效果呢？第一个效果是，农民将不会被迫廉价出售自己的劳动和产品，大量的农产品将留给他自由支配，其中的一部分他用于改善自己的生活，另一部分用于扩大播种面积，——土地很多，问题不在于土地，而在于种子不足。在沃洛格达省南部各县的农民极想达到富裕的情况下，可以预计，他将把一半产品用于增加自己的播种面积。但是，我们假定，他甚至使用少于三分之一的产品，在沃洛格达县、卡德尼科夫县和格里亚佐维茨县将多耕种 32 000 俄亩土地，农民从这些土地上将收获 3 900 000 普特谷物，从这些谷物中取一半用于下一年的播种，下一年则能收得 9 750 000 普特。我们假定，由于谷物的充足，价格将下降 15%，在邻近省份人口稠密的情况下，不可能降得再低。每个劳动者一年多得 53 卢布，而不是他现在所有的可怜的 23 卢布 40 戈比，他将有 97 卢布 40 戈比。在谷物和肉的价格更便宜的情况下，他有 27 戈比一天。他将有能力一年消费 36 卢布的工业产品。沃洛格达省的富裕的农业居民一年将消费 1 200万卢布的工业产品，官家的收入将比现在增加一倍，资本家的收入比现在地主的收入多 5 倍。沃洛格达省的工厂里将有 5 万名每年得 200 卢布的工人，而不是可怜的 3 千名每年得 50 卢布的工人。农业工人冬天将从事手工业。现在将已有人可以买得起手工业产品了，过 5 年，他的收入每年可达 150 卢布。这就是使国家富裕的办法，比起那种所谓对工厂进行鼓励的蹩脚办法来，这完全是另一种类型的办法。

第二章　土地关系中混乱现象的实例

三套马车沿维亚特省的多林道路飞速奔驰，很随便的马车夫灵活地驾驭着它。唿哨和吆喝不妨碍他与我进行长时间的议论。他对我讲，官员怎样来到他们那里为分摊赋税而评估土地，他们对这些怎样不满意并递交了一些呈子。不只是一个维亚特省这么干，我在别的省里也听到过同样的事，不仅从农民那里，而且也从调查征税对象的官员那里都听到过。一旦招来农民让他们为分配赋税评估土地，他们就异口同声地喊："按老样子。"他们过去和现在都害怕官员和甚至政府政权对自己的社会事务的任何干预。在这方面他们对还是不对呢？

我的马车夫一会儿和我说话并冗长地说得特别详细，一会儿又对着马凶声地吆喝，三套马车在平坦的大道上疾驰。这时，在我的想象当中呈现出俄罗斯和西伯利亚的无边无际的平原及其各类居民和各式各样的土地关系。我想象着北冰洋的曲折海岸，它的雪岛和巨大的冰块，它的开化前的冰花，它的鸟、鱼、熊和海生动物。挨着海岸是荒凉不毛的冻土地带和在其上像海似的宽阔、奔腾的河流。苔藓地带之后则是无边无际的森林。这里对人是不自由的吗？连他的食物也是任意可取的，——河里的自由自在的鱼、林中的自由自在的鸟、毛茸茸的野兽、大群的鹿，有谁在森林里看管它们，有谁测量和分配土地呢？在森林里出现了我们的第一批先头岗哨，没有牲口，没有谷物，只有无人烟的野林、松子、野兽、鸟和鱼、木头，如果谁需要它们——这就是一切。土地是自由的，其他的土地关系是不可能的。工作是有得做的，但缺少谷物，人们因饥饿而死亡。再前进一步，开始出现饲养牲口：沿河向阳面的村庄，院子前面的空地和野外，这里具有贫穷的、土地很少的养畜场的样子，周围是无边无际的森林，牲口在岛屿上和森林里吃草，储备干草很困难，在严冬有时牲口要饿死。要花费很多劳动才能在森林里开垦出一小块土地，得砍伐，得放火烧。土地能提供很好的收成，或许有种子的 100 倍，但很快就变贫瘠了。食物微薄，土地冻透，经常什么时候也不化。人在这里第一次接触土地，在他脑子里第一次出现土地关系的概念，概念是自然的和完全正确的。清理和耕耘土地很困难，加工好的地段在其变贫瘠以前一直掌握在那些把它弄得便于耕种的人手里。在这期间，占有者有权将它交给另一个人使用并从这人得到酬劳，因为他使这人免除清理和首次加工的劳动。地块一被抛弃，长满了野草，劳动对它的影响也就结束了。它又成为不属于任何人所有的东西，这是自由的森林，自由的土地，这里生活着自然的自由创造物，这里人可以自由活动。这就是爱好和平的人、劳动和文明的人的法律概念。劳动，也只有劳动才赋予物品所有权：我是自由的——干活或不干活，随我的便。我可以无所事事地躺在炕上，没有劳动，也就没有他的产品，因此，自然地我可以随意支配自己的劳动产品，随我的意消费或不消费它，但是劳动总是赋予所有权。在同样的环境中，在无边无际的森林里，野蛮的日耳曼人创造出完全另一些所有制的概念，他夸耀在几百米里亚周围谁也不敢靠近他，他说："别碰，所有这一切都是我的。"他带着武器进攻邻近的村社，把它的一切东西抢走，把土地说成是自己的财产，他对村社说：你现在在我的所有制下生活，给我纳贡，派来劳役，保证我的富足，我将什么事也不干，神圣的所有制给予我这种权利，——这就是征服者的所有制概念。它的根源——侵占。

森林和沼泽继续覆盖大量土地，但处在这些荒凉地方上工人的状况完全变样了，他们不仅沿河居住，而且沿大道居住，不仅住在个别的房子和庄子里，而且住在人口很多的大村落里。毛茸茸的野兽因人多而逃跑，有时为了打死一只驼鹿或熊，需要跑 100 俄里或更多。猎兽业变成不重要的副业，工人需要靠农业和畜牧业生活。土地在他四周无边无际地伸展开去，似乎可以尽力开垦和发财致富，而实际上则完全不是如此。挑选一小块适于耕种的地方很困难，把它清理和加工则更困难，挑选草场和加以利用也困难。清理和耕耘 1 俄亩土地所需要的劳动有时要值 30 卢布，为了从它得到收入，需要将它耕而又耕，但它仍然很快就变贫瘠了。农民到远处去寻找新的地块，他可能到那种人迹从未到过的地方去，他用斧头和火光打破了森林的宁静。新的地方清理出来了，耕地给予好收成，但它离老的住处很远，得住在那里不是几天，也不是几周，而是几个月。他在那里建造了另外一所临时的农舍。新的地方显得更方便，他在那里集中了越来越多的自己的产业，最后就完全搬到那里去住了。

清理耕地很困难，土地很快就又变成不宜于耕种，但寻找适宜

的刈草场则更困难。周围长满野林，它想到处建立自己的世界，甚至最不适宜的土地、石头和泥沼也无法阻止它。在无法长森林的地方就长起灌木和细小的罗汉松。有时农民在几十俄里周围徒劳地寻找着合适的草地，有时森林显出一块开阔地，像是一块林中空地吸引着人，而走近一看，原来是一片无法割草的、所有地方都长满细小的灌木或布满带许多陷坑和土墩的沼泽。不管林中居民多么习惯于割灌木丛中的草，但对任何人总是有一定限度的，长成这种样子的草地，任何能手也无法刈除它们。也有方便的地方，但割它们是不合算的，或是长着苔藓，或是草很少或没有用的。周围延伸着一片无际的空地，可是北部森林区的居民为草地不足而遭尽了罪，周围到处都是草，但无法取它，水逼近喉咙，但干渴折磨着人①。

北部的稠密森林在 2 万多平方米里亚的范围内蔓延开来，这里的居民是在远离喧嚣和好斗的人类文明的地方、处在和平和劳动的习俗中教养出来的，他形成了对和平的劳动者最为自然的所有制的概念，他只是把那些用自己的双手创造出来的东西看成是自己的，他是一切多余的限制自由、一切为了远离现实的原则而作出禁令的本能敌人，这种禁令经常是那样地有害和少有用处。他不仅不知道私有的土地，而且村社土地的界限对他不能有任何作用。它们对他有什么用呢？为了人能够在这种不欢迎客人的地方生活，他需要自由移动。今天这里土地为他提供了丰富的东西，过

① 在俄国欧洲部分的 10 个草原省份的整个区域内，草地占 31.9％，每个居民摊到 2⅖ 俄亩草地。在俄国欧洲部分的 32 个中部省份的整个区域内，草地占 6.3％，每个居民摊到 2.1 俄亩草地。在俄国欧洲部分的 7 个森林省份的整个区域内，草地占 2.5％，每人共摊到草地 1¾ 俄亩。

了 10 年，它可能只给他贫困，但是 30 或 50 俄里远的另一小块地方也许重新能使他致富。只有那种他自己双手烧出来和清理出来的土地才被他认为是自己的，一直到它变贫瘠为止，而其余的一切地方他都认为是自由的，让劳动与进取精神不受任何人为的界限约束吧。他只对草场感到狭窄，但草场是大自然给的，他没有用劳动创造它们，他怎么能完全地将它们据为己有呢？他不是征服者，因此他不知道侵占的理论。他承认它们是公共财产，得重新分配它们。再南一些，草场很多，他甚至连分都不分它们，谁能割多少就可以割多少。在水里和在森林里，一切都是自由的，任何人都是主人，任何人都可以尽其所能地砍伐森林，猎取野禽和野兽，收集榛果和草莓。人们很不愿意放弃这些自由的规则，限制的规定要与迫切需要的范围相一致。

紧接着俄国的这个荒无人烟的森林地带，就是广阔的土地很多的地带，这个地带包括从北部、东部、一部分南部直至高加索山脉和黑海的俄国欧洲部分。其中包括北部和东部的省份以及西西伯利亚的一部分。它的面积大于整个西欧，它的居民达 1 500 万。它的北部——严寒和贫困地区，布满森林和沼泽。随着它往南延伸，土壤变得更肥沃，而森林变得稀疏，从占地一半，到少于一半，最后森林变得很少，一边铺满沙漠，另一边无际的碧绿的草原延伸到黑海，直到塔弗里奇半岛的山峰。这是不毛的沙漠、一望无际的草原、果园和葡萄园地区。在这整个广大的区域里，每平方米里亚的平均人口不多于 200 人，这里人们居住得如此相互靠近，通过这一点他们对土地关系的看法明显地发生了变化。人口分布得很不平衡：一旦每平方米里亚的人口接近 100 人，就已感到需要重新分配土地了，然而，甚至在每平方米里亚的人口超过800人的那些县里却存在着村社，这些村社掌握着土地，不进行重新分配。我们遇到了新的现象，这就是拥挤。我们已经见过居住在猎人中的人们，现在让我们来看一看居住在游牧民族土地上的人们吧。

游牧民族的人比谁都更具有侵占的论理，这是劳动的第一个敌人，侵占理论的第一个捍卫者。他在草原上放牧牲口，对这些草原他没有动过一下手，牲口的繁殖未经他的帮助，他甚至不愿为它储备冬天的饲料，只是为了防备它免受暴风雪的危害勉强愿意盖个可怜的牲口棚。他的懒惰和淡漠使自己失去了任何爱好和平的习性。他把土地划出界线，不仅为了过冬的处所，而且为了夏天的游牧区。他为自己搞到这么多的地方，以致自己占有地的边界都无法确定。要是他是爱好和平的和尊重劳动的，他就不会把那种自然创造的东西认为是自己的，他就不会认为自己有权妨碍农民耕种他游牧的那块土地，他就会力求用自己双手劳动创造的东西来代替过去自然给予他的东西，他就会力求储备干草，在更小的地段上，饲养同样多或甚至更多的牲口，他就会力求逐步过渡到农业。这种唯一合乎人类尊严的决心他是不知道的。他为自己量定甚至多于他所需要的一倍的地段，并说："所有这一切都是我的，谁要是敢侵占我的这份财产，我就打死谁。"但是，只有那种其所有成员或多或少公共使用土地的人民这样说过。在某些游牧民族中，那种认为他们所游牧的土地就是他们的财产的思想是非常根深蒂固的，他们认为自己有权将它出让，而且，作为其他的人只能是临时占用土地，他们从蒙古草原转移游牧到伏尔加河沿岸再折回。

在认为自己是所有者的游牧民族的土地上，他们有时允许其他定居民族如鞑靼人落户。这些定居农村占去了大量的地方，不仅不需要在自己中间重新分配土地，而且甚至可以允许自己的成员将其出租给农民和牧人，有多少自愿者都够。直到如今，在这些鞑靼人中间还流传着传说，说土地是出让给他们所有的，他们认为自己有权擅自出卖它。这就是俄罗斯的地主会出现在这些土地上的一条道路，他们廉价地购买了土地并认定它永远属于自己所有。官家不承认侵占是游牧民族所有权的有理依据，企图宣布所有这些土地都是自己的。声明之后，在这些土地上出现了俄罗斯的村社。这些村社本身完全否认官家的所有权，他们只简单地认为自己是隶属者，因此有义务交赋税，而土地则被认为是公共的。在那种初次耕耘需要花费很多劳动的地方，即多林地区，和那种土地很快就能开垦出来的地方，他们认为它属于清理它的人所有。在那种开垦土地不需花特别劳动和土地很多的地方，任何人都可随心所欲地处理它，甚至没发生过这种情况，即有谁欺侮了另一个人，或是有谁侵占了别人的劳动，而村社不认为这是犯罪行为。只是对那种特殊有利的土地，比如，靠近村庄的土地，特别是好的草地，进行重新分配。当来了新的移民，他们不仅允许移民住在村庄的附近，而且还可住在自己村社的范围内。这些爱好和平的劳动人们连想都没有想到过，可以把任何什么不是自己双手生产的东西看成是自己的财产。他们甚至都不知，官家把这些土地宣布为自己的私产，许多人直到现在还不知道。他们说到这些土地的时候称它为自己的，但这根本不是因为他们认为它是自己的私有财产，而是因为他们在它之上居住。当人们取走农民的谷物或马，他会非常气

愤，认为这是抢劫，认为自己的所有制受到破坏。但是，当新的移民分走他的一部分土地，或移民住进了他的村社，他却无动于衷，丝毫也不认为这是破坏他的权利。地主和游牧民族则完全用另外的眼光来看待事物，他们力图用一切办法来肯定自己的土地所有权，他们知道得很清楚，这些权利使得他们有可能靠别人的劳动而生活，或者至少是可以不劳动而生活。地主对自己的状况知道得更清楚，他们确立了自己的权利。游牧民族拿起了武器，住在他们土地上的民族也帮助他们。从所有这些各流派中得出极混乱的概念，无法制定任何正确的土地关系的学说，无法使这种学说在人民的意识中造成印象并使人入迷。在一些地主当中，制定出很明确的权利，但不幸的是，对工人阶级来说却是很悲惨的，极具有压迫性的。因此，它必将衰落，——这是农奴制的权利。然后，无论是官家、游牧民族和农民都不能把自己的观点搞彻底。出现了不确定的关系，它阻止了国家在几个世纪内的发展，在可能致富的地方产生妒忌心理、纠纷和贫困。从彼尔姆省开始几乎直到里海的大片土地属于巴什基尔人，在18世纪的前半期，巴什基尔人发生过暴动，接着出了法令，根据法令，允许愿意移居到他们那里去的人移居。许多巴什基尔人的土地上住满了完全是鞑靼人、莫尔多瓦人、俄罗斯人等等的村社。巴什基尔人甚至忘记这些土地是属于他们的了。关于这种归属只存留在当地居民的传说中。其他村社移居到这样的巴什基尔人中间，他们不断坚持认为这些土地是自己的财产，并决心用一切手段、狡猾和强力将它们弄回来归自己掌握。在18世纪，他们得到了赦免，这时，他们就把所有的移民从自己土地上赶走。这些移民是这样地众多，巴什基尔人的要求不仅会产生秩序混乱，而且他们根本是无法办到的。政权的干预成为不可避免，在采取了一系列不成功的措施以后发布了命令，根据这个命令，移民被承认有权留在巴什基尔人的土地上。巴什基尔人每口应当得到60俄亩土地，米舍尔亚克人得30俄亩，普里普辛尼克人得15俄亩。这种决定不表达任何法律原则，对从法律观点讨论土地关系不能提供任何支点。土地关系既没有从占有学说的观点，也没有从劳动产生所有制的观点来看待。从占有的观点来看，那种长期属其占有的土地应归巴什基尔人所有，只有那部分很久以前就已被其他人获得的土地得被人拿走。从劳动产生所有制的观点来看，只有那种其价值取决于早先加于其上的劳动的土地才构成所有制，只要加诸土地上的价值尚存在，所有制就存在，他的劳动使土地发生了变化，所有制不会失效。建立在占有之上的所有制学说是罗马和日耳曼的学说，这完全是发达和现成的学说，在这种学说中，有许多对劳动权利专横和轻视之处，但终究是十分清晰的理论，根据这种学说，每个当事人能够准确地确定自己权利的开头和结尾。如果这种学说显得对受压迫者过分专横，那么能否期待人们将遵循劳动产生所有制的学说呢？这种学说必将建立高级得多的秩序，但这种学说只是没有文化的人民意识创造的，不具有任何法律理论。当俄国受过教育的阶层敌视任何法律理论，对它进行讥笑，把它看成是脑筋迟钝、学究气和纯粹多余的东西的时候，能否期待，当时俄国受过教育的阶层会在这种场合尽力帮助人民，发展这种如此敌视自己利益的和仇恨无数上层阶级剥削者的理论呢？在俄国农民的观点不断发展的情况下，地方拥挤的巴什基尔人的土地必须在耕耘它们的人中间平均分配，其余部分归

公共占有。受过教育的阶层对这种观点绝不会有好感，光是一个有关平等的学说就足够使它反感的了。这件事的结果是公布一个命令，这个命令甚至根本不具有旨在确定法律关系起重要作用的特点。它的唯一目的似乎是在于表明对各种原则和各种人的好感。米舍尔亚克人和巴什基尔人属于军人阶层，为了对军人阶层表示好感，分给他们的土地数量比农民多一倍和三倍，为了表明对以占有为依据的所有制的好感，分给巴什基尔人的土地数量比米舍尔亚克人多一倍。这里否定了这样一种观点，即土地关系首先应当为农业服务，它被视为一种具有完全另外一种用途的收入来源。同时确立了政府擅自支配土地的无限权利，并作了一种恢复封建领地制的最不成功的尝试。除此以外，在这命令中既对事实，又对法律原则表现出藐视态度。当需要将它运用于实际时，结果是巴什基尔人的土地按规定的比例只分给一些巴什基尔人都不够，更不用说分给其他人了。存在着这样的乡，那里的巴什基尔人、米舍尔亚克人和普里普辛尼克人每人只摊到 10 俄亩以下土地，当然这里就更难按 60 俄亩、30 俄亩、15 俄亩的比例来划分。这种轻率行为的后果是，具有 70 万以上人口的整个边区坠入财产混乱现象的深渊，这个边区是极好的能丰产的地方，有极肥沃的土壤，丰富的森林、草地和大量的水路交通。这个地区可以说是俄国东部最美妙的地区，它处于贫瘠的北部和多沙的南部这两个极端的中间，俄罗斯人只能在能丰产的地区满意地留下来，巴什基尔人的土地就是这样的地方。但是，这里他遇到了贫困的另一根源，这就是财产的混乱现象。这里谁也不知道，他的土地权从哪儿开始，到哪儿结束。讼争丛生，每一乡都有拖得没完没了的讼案。枢密院堆满了请求和控诉状，要解决这些讼争是不可能的。法庭怎能在那种地方解决土地的争端呢？在这里这种土地关系是由偶然的想法来调节的，没有建立在任何坚实的法律理论基础之上。居民在讼争中破产，没有得到任何好处，他们讼争得越起劲，混乱现象和无法纪现象产生得越多。当地方上发生这种不幸事件的时候，在彼得堡，人们著文讨论此事。一些人认为，用迁移部分居民到其他地方去的办法可以减轻不幸，但是，国家财产部的部长阻止这种意图。按设立本部者的原来想法，这个具有许多缺点的部应把关心农业和劳动人民看成是自己的义务。它应比谁都更容易懂得，作为劳动工具的土地不应成为寄生者的收入来源，而应成为鼓励勤劳的手段。按自己的好感来说，国家产业部的部长比其他人更接近劳动者的观点，他根本不赞同用土地奖励军功的意图和以此限制农业的发展。他反对将所有的和平农民从巴什基尔的土地上赶走的企图，理由是，在俄罗斯有 500 万农业人口没有足够的土地，因此没有土地可用于巴什基尔的普里普辛尼克人移民。在他述说这件事的时候曾引起反对意见。靠近巴什基尔人的土地有一个地区，这里每平方米里亚总共只摊到 16⁹⁄₁₀人，在这里的肥沃土地上，不仅可以将 10 倍以上的住在巴什基尔土地上的人移来居住，而且可以将俄国欧洲部分的全部农业人口的五分之三移来居住，在这里可以提供他们与故乡使用的同样肥沃的土地。如果部长与他的反对者们之间的争论是认真的，那么他所作出的反对意见会不值一提地被否定。但是，当时对这类事情没有进行认真的争论。部长知道得很清楚，为了阻止事情的进行，只要表明反对的决心就足够了，因此他不认为有必要讲出自己的真正动因。部长

的打算是对的，移民问题中途停止了，但当地的居民并不因此而轻松一些，他们受尽了灾难，一些人又担心失去土地和住宅，害怕从这地区被完全赶走，而另一些人则希望占有他们的土地和享用他们的财产。在上百年的灾难以后，最后重新发生确定巴什基尔人、米舍尔亚克人和普里普辛尼克人的土地关系问题，而谁又能想到，对这问题的解决未曾搜集任何统计资料，未曾确定各乡的数目和人口，不知道每乡有多少巴什基尔人、米舍尔亚克人和普里普辛尼克人，他们掌握多少土地，他们是如何使用它们的，不知道他们的要求是什么，他们是根据什么提出这些要求的。问题这样地摆着，似乎 80 万人的命运是这样微不足道的事情，甚至连认真考虑它都不值得。我将不谈此事的未来命运，它还未成为历史。这些地方的工人就他所能学会的程度学会了利用它的财富、它的耕地和森林，并努力繁殖蜜蜂。西伯利亚南部的西伯利亚人让蜂栖留在森林的树上和自己的养蜂场里，收集到大量的蜂蜜，巴什基尔土地上的居民也和他们一样，把森林变成养蜂场，还加上自己菜园里的蜂箱，只要能养蜂的地方都养上蜂。当然，要是有科学知识，会造蜂箱并在冬天也能保住蜜蜂，那么他能得到多一倍的蜂蜜，但是，有谁向他传授这种知识呢？他利用自己的草地繁殖大量牲口，但是他还是没有办法防止牲口的大量病死，这种现象在这些地方很严重，经常使得繁殖牲口不仅不能获利，而且得亏损很多。看，这些地方的托管和社会监护制度会导致什么结果。如果不是这样，而是迫使当地居民自己通过乡代表会议行事，那么早在 100 年以前就已经建立了正确的、一定的土地关系了，这些关系的正确的法律理论也会被确立起来，牲口的疫病也可以通过两条必要

的途径得到预防，即医学的途径，这在托管的时候也能办到；另一条很好地保护牲口重要得多的途径，地区只有在那时才会采取，这就是各乡代表在派别的激烈斗争中把劳动者的注意力引向这件事情的重要性上去的时候。

在我们描述的这个土地很多的边区，住着170万哥萨克，这些人大规模地从事渔业、农业、畜牧业和栽种果园。实际上，这是一些比军人要和平得多的公民。他们从事农业很辛劳，在哥萨克顿河地区每个居民摊到3⅘俄亩耕地，即几乎有4俄亩。而在俄国的欧洲部分平均每人只有1⅖俄亩，即1.5俄亩左右。他们的草地经营还要多。

*　　*　　*

看，有一次我从哥萨克那里听到的是什么样的世界观：一个农民老太婆说："这些老爷们真幸福，不知他们向什么样的上帝祷告：又不用怕干活，而钱多得没地方放。"一个哥萨克神气地回答她："你这傻瓜不懂事，老爷，这是所有的长官，有的人穿着破衣烂衫来到这个地方，过10年你瞧他，他已是个财主了。所有的军人都得服从老爷们，因此你们大家都得给他们交租赋。军人就凌驾于你们之上，而军人之上是长官即老爷们，你们还得给老爷们交钱。比如说哥萨克吧，他们到处君临于你们头上，在什么工厂里或干活的地方，或是在农村维持秩序，所有的工人都应当尊敬他，也就是说，哥萨克收取自己的贡物，因为他挂着马刀走路。除此之外，给他们的土地也定得多一些，给你们规定土地只是为了从你们身上可以拿到租赋，也就是说，你们命定该要饭，而为哥萨克规定土地是为他的服役。你最好是到我们哥萨克顿河去一趟，那才叫土地哩，那里几乎不用耕种，谷物自己就长出来了。那里把草场、耕地看得不算一回事，那里的果园好极了，在河里一次就能捕到几千普特鱼。”但是，对哥萨克人来说，这种粗野的世界观是十分自然的。在喝醉酒的时候，他还会说出不是这样的事情。哥萨克和地主不能把自己看成别的，只能是看成受优待的阶层，他们财富的基础不是劳动，而是他们的政治地位，农民也完全是这样看待他们的。他把自己的贫穷与苦难跟他们的富裕相比，很觉得羡慕，心里很沉重。哥萨克的邻居所居住的地方，每平方米里亚摊到 1 600 人到 3 000 人，手工业很少。例如，在弗拉基米尔一个省，工厂里工作的人就要比 6 个省的工厂里工作的人多 50%，剩下靠一种土地生活，那又怎样呢？每个农民的总耕地加草地只有 $1\frac{4}{5}$ 俄亩！旁边是原先土地多的省份叶卡捷琳诺斯拉夫省、赫尔松省、比萨拉比亚省，但是那里现在每平方米里亚已有 1 000 到 3 000 人了，而土地经常是不好的。然而，在哥萨克顿河区的肥沃的土地上每平方米里亚仍然还不到 340 人，那里每个农民的耕地和草地不是 $1\frac{4}{5}$ 俄亩，而是 $14\frac{1}{6}$ 俄亩，光是耕地就有 $4\frac{1}{6}$ 俄亩，还有一倍以上的土地只要花少量的劳动就能变成耕地。这块土地是天生为勇敢的移民设的，它以富饶和土壤的肥沃吸引着近邻，这些近邻在自己的人口稠密的土地上唉声叹气，徒劳地祈求上帝把他们从饥饿的贫困里拯救出来和赐予他们劳动与面包。在其无际的荒漠地区，这块土地上稀疏地散布着马群、过冬小屋及游牧民族的帐篷。库尔斯克省的濒临饿死的可怜的人只得移居到西伯利亚去。他习惯于温暖，迷人地晒着太阳，他的旁边就是顿河的土地。那里生长着葡萄，那里有辽阔的土地和草场，他没有草场，他这里每个农民只摊到 $\frac{1}{5}$

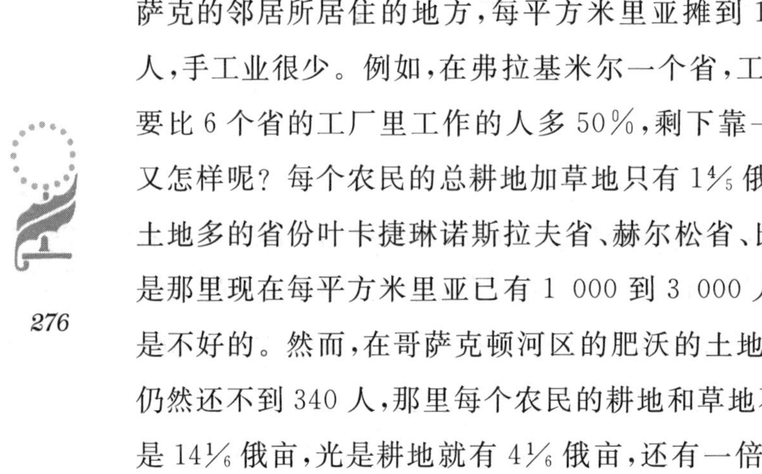

俄亩草地，在顿河地区则比这里多近50倍，他得在田间窄道和路边割草，而在顿河地区，牧草在茂密的草地上烂掉，谁也不需要它，——一切都万分地吸引人，但是他不敢越过这个禁止越过的边界。他只得到遥远的西伯利亚草原去，去品尝零下40度的严寒。到顿河去，他只要8天的路程，而他却要漂泊一年。他饱尝的忧患还少，——还得去经受那种他所不知道的苦楚。您想听一听他的悲惨的故事吗？他的小屋很糟糕，已经完全坍塌了，它没有窗户，而似乎只有被石头碰开的几个窟窿，他抛弃了它，上了路。在这里，他既给自己、也给别人带来了沉重的负担。他赶着车走了很久，路上他给瘦弱的家人做了个树皮车顶。他不知道西伯利亚的路和寒冷，但当他只得在刺骨的严寒中赶路时，他将感到可怕。全家人含泪坐在带篷的马车里，只想着一件心事，他们得冻僵。还得走漫长的路，村庄离得很远，走出了15俄里，风暴卷着成团的雪飞舞，忽然看不见道了，所有的地方都是一片平地。10俄丈以外的地方，一匹劣马拖着车，忽然陷入没鬃的雪里。他想帮它的忙，自己也陷入齐肩的雪里，他从雪里爬了出来，同伴可陷进去了。他受折磨到极点，要是当场死去，他会感到高兴。深夜来到一个村，村长把他领进一家农舍。他恭顺地进了农舍，心里很紧张，他知道自己在这里是不速之客。主人唠叨地埋怨说："得张罗流刑犯，得喂养逃犯，鬼还把这些流浪汉弄到这儿来，给他们脖子上都套上枷锁就好了。"他还将熟悉春天的道路，每走10步，马就得在松散的路上摔一跤，路上可能会有几俄尺深的雪。他还将知道西伯利亚的泥泞，它能使最强壮的马累得只剩下一副骨头。但所有这一切都只是小巫，大巫还在后面哩。在当地他只得住在这样的小农舍里，

在里面不仅是男人，就是连妇女也无法直起腰来，没有玻璃，一片昏暗，像个狗窝。他仍然寄希望于这里大量的土地，的确，土地走不到头，多得无法丈量，但很难迫使它听他支配。人们不让他用现成的土地，而新的土地他无法开垦，他的马不拉东西才只能勉强挪得动步。在严冬，他将饿着肚子坐着，和妻子一起哭泣，回忆着自己的温暖的故乡。他对所有的人含泪哭诉，老家是多么地温暖和美好。他不断地想：还是去当侍役好……当然，妻子将要号哭、伤心、劝他留在家里，他自己将为与家业分离而感到痛心。他坚持了好久，含泪离开了家庭，终于去当侍役了。在这里，他第一次知道吃饱肚子是怎么回事：家里人加倍地挨着饿，他想不到这一点，他看不见他们的痛苦。请把这种命运与顿河地区等着他的命运比较一下吧。他不用远道折腾就能到疏松的土壤上，这里开垦新的地段与耕种老的土地一样容易，牲口可以有大片的草地，气候舒适而温暖。

其实，不能说哥萨克顿河地区的土地没有为移民开放，移民有到那里去的，甚至人数还很多，现在他们在那里计有 282 288 人，但这些移民全是农奴。在这些土地上，谁也不敢比哥萨克更幸福，如果这里来了移民的话，那他只能是农奴。这里土地关系的特征也是完全缺乏正确的法律理论，法令是一团矛盾的乱麻，它们给任意处理提供最充分的余地。这种出发点是把土地看成是一种养活顿河军人和使他能武装起来的手段的观点。每一个军人应当按自己的军事上的作用获得土地，军官根据官衔，普通士兵根据相等的兵种，由于骑兵的武器是马，因此连马群也得到份地。但立即又出现一些不合规定的做法，——允许农奴在这些土地上定居，是否因为在俄国不幸的人太少，需要把他们的叹息弄到这块富饶的土地上来。命令划给他们的土地要比哥萨克少一半，为什么是一半呢？如果土地是因军人的勇敢而拨给的，那么他们根本不应有土地，他们不具备任何军人的勇敢；如果拨给他们土地是为了满足他们的需要，那么他们应该比哥萨克得到更多，因为他们的境况要艰难得多；如果用正确的眼光看待土地，把它看成是劳动的工具，那么应该留给劳动者完全支配：暂时还不拥挤，让每个人想耕多少就耕多少，想割多少就割多少；一出现拥挤现象，就让劳动者按自己知道的方法在自己中间进行调配。

对哥萨克人采取了对巴什基尔人采取过的同样的手法，它具有悲惨的后果。给每个普通的哥萨克规定了一定数量俄亩的份地，对于军官，份地按军衔增加。这个法令在这里也导致混乱、无法纪和任意处理，浑水摸鱼的人善于如此机灵地利用这一点，他们经常能惹起纪律紊乱，在那种应当繁荣和富足的地方造成极端贫困。按法律规定的份地是这样地大，例如，在哥萨克顿河地区，土地刚够分给普通的哥萨克和农奴的农民。要想按完全的比例把土地分给所有的人，哥萨克顿河地区的土地需要增长 7%。即使这个美妙的现实得以存在，在这种情况下，分配份地也将遇到不可克服的障碍。只有居民在地面上是按等比例的几何图形分布的情况下，份地才可能无阻碍地进行分配，然而，哥萨克土地上各部队之间的居民分布得极不平衡，在一些地方，每平方俄里摊到 5 人，在另一些地方，摊到 11 人。当无法准确执行时，就出现按可能的范围办理，或怎么都一样，进行无限的任意处理，实际上，这种任意处理不仅在顿河地区，而且在所有的哥萨克军队中都占有优势。它

不仅关系到土地，而且牵涉到一切来源，哥萨克靠这些来源用自己双手的劳动获得生存资料。例如，捕鱼的水域遭到与土地同样的命运。让谁都来看一看，这种不取决于公民的官员等级的任意处理会具有何种意义，它不仅使他们有可能支配公民的全部财产和一切劳动来源，而且这件事成了他们的义务：谁也不能依靠自己福利状况的稳固性，最勤劳、最正派的劳动者也不能说，他的家庭明天是否还有块面包？一切取决于长官的个性和他对事物的观点，长官只要大笔一挥就能使成千上万人幸福或坠入贫困和绝望的深渊。这些长官的作用极大，难怪在当地人们称他们为哥萨克人的皇帝，难怪人们用以下的道理解释这个称号，在过去，哥萨克人感到他们不仅在服役方面得服从长官，而且他们的人身和全部财产都由长官完全支配，他们不知道如何称呼这个骑在他们头上的有权势的人物为好，于是在极端恐惧的时刻，使用了皇帝这个头衔。任命新的长官不仅使受他管辖的哥萨克男人惊慌，而且在所有的哥萨克女人的心中造成激动和不安。每一个人都在想，我们将会怎样，我们将会富有还是将会贫穷呢？是夺走还是给我们捕鱼水域呢？这种无法纪状况之所以发生在哥萨克土地上，是因为这些土地应当为保证和武装哥萨克军队的目的服务。但是，如果这件事是这样，如果哥萨克长官对所有这些土地的影响不能减少，否则的话，军队的武装会由此而受到损害，那么为什么那里允许存在农奴的私有土地，为什么这种私有制被允许存在的范围这么广，以至现在生活在私有土地上的过去的农奴还占哥萨克顿河地区总人口的30%？所有这一切都明显地不是为了地区的福利，爱国的目的，而完全是为了另一种目的，对当官的哥萨克来说，有利于对普

通的哥萨克人的土地具有尽可能多的权力，有利于尽可能多地攫取这些出色的肥沃土地，所以他们就用社会福利的目的来掩盖自己个人的利益。允许在哥萨克土地上移民对他们是不利的，因为这时将在这些土地上出现不从属于哥萨克长官的居民，他们将不能任意支配。给哥萨克规定不相称的大量份地具有两个好处：第一，也可以给长官管辖下的农奴规定大量份地，还可以擅自处置哥萨克人的土地；第二，可以用这里的土地不够，甚至连给哥萨克人做份地都不够的理由来反对国家财产部把不幸的、土地很少的近邻移居到哥萨克土地上的企图。他们在有必要分给自己农奴份地的借口下侵占了土地，当农奴高举解放的旗帜时，他们又以自己私人的名义对这些土地提出自己的权利，这时却不用自己的农民的名义了，给农民规定的份地不是 15 俄亩，而只有 3、4 俄亩了。最为精彩的是，由于农民没有选派代表的资格，政府对了解这些土地的现状产生极大的误解，因此把哥萨克顿河地区的土地看成是土地少的省份，把这个每平方米里亚总共只摊到 338 人的地区与那种每平方米里亚有 1 500 以上居民的地区并列，而把它放到每平方米里亚摊到 373 到1 518人或更多人的地区之上。① 同样一个

① 哥萨克顿河地区的土地分成四个地区：在第一区，法定份地是 3 俄亩；第二区是 3 俄亩 1 200 俄丈；第三区是 4 俄亩；第四区是 4 俄亩 1 200 俄丈，——所有这一切都是在每平方米里亚 338 人的情况下规定的。在黑土地带，下列省份的一些县的份地规定为 6 俄亩：萨马拉省的布祖卢克县，这里每平方米里亚是 781 人；萨马拉省的尼古拉耶夫县，这里每平方米里亚是 487 人；彼尔姆省的克拉斯诺乌芬斯克县，这里每平方米里亚是 401 人。黑土地带的下列省的一些县的份地规定为 5 俄亩：萨马拉省的布古尔马县，这里每平方米里亚是 957 人；布古鲁斯兰县，每平方米里亚 814 人；萨马拉县，每平方米里亚 810 人；斯塔夫罗波尔县，每平方米里亚 944 人。彼尔姆省的叶卡捷琳布尔格县，每平方米里亚640人；伊尔比特县，每平方米里亚534人；奥辛县，每平方米里

地区，当需要给地主分拨土地时，被认为这是个土地很多的地区，而当需要给农民分拨土地时，则又成为受少地之苦的地区。在哥萨克顿河地区，这里的钱是这样地贵，而土地是这样地便宜，农民被迫为一俄亩土地所缴纳的租赋与那种土地更少的地方为一俄亩土地所缴纳的租赋一样多，三分之二的农民为一俄亩土地所缴纳的租赋与那种耕地比这里少2倍的地方的农民为一俄亩土地所缴纳的租赋相同。有的地方，他的租赋比地租超过39倍。在讲了所有这一切以后，让读者自己去判断吧，为了调整土地关系，是否需要有农民的代表，还是只要有官员的行政活动就足够了……

亚467人；沙德林斯克县，每平方米里亚828人。在非黑土地带，下列各省的一些县的份地规定为5俄亩：沃洛格达省的卡德尼科夫县，每平方米里亚为468人；科斯特罗马省的布依县，每平方米里亚为1 139人；加利奇县，每平方米里亚为1 176人，尼日戈罗德省的瓦西里耶夫卡县，每平方米里亚为1 518人；马卡里耶夫县，每平方米里亚为533人；奥斯塔什科夫县每平方米里亚为653人；雅罗斯拉夫尔省的波舍霍县，每平方米里亚为933人；诺夫戈罗德省的博罗维奇县，每平方米里亚为678人；瓦尔代县，每平方米里亚为622人；克列斯捷茨县，每平方米里亚为434人；诺夫戈罗德县，每平方米里亚为582人；斯塔罗鲁斯县，每平方米里亚为872人；契列波维茨县，每平方米里亚为754人。非黑土地带的科斯特罗马省的下列各县的份地规定为6俄亩：瓦尔纳文诺县，每平方米里亚443人；马卡里耶夫县，每平方米里亚为530人；索利加利奇县，每平方米里亚740人；楚赫洛马县，每平方米里亚699人。诺夫戈罗德的基里洛夫县的份地规定为7俄亩，这里每平方米里亚为373人。

第三章　土地地主所有制对俄国的福利状况的影响

您是否有机会听到过，人们把不幸归罪于一个你所热爱的好人和不幸的人，一个有许多理由值得人们深深地尊敬的人，而那些责备的人往往是这些不幸的主要根源。当我每次听到人们责备俄国的劳动者，特别是俄国的农民懒惰、无知和贫困时，我就有这种感觉。人们把我们的贫困与外国的富有进行比较，把我们的农民与德国的移民作了对比，于是说什么德国的移民有某种铁的神经，他有百折不回的意志和孜孜不倦的勤劳。我可以使读者确信，在移民的神经里没有那种使神经成为非凡坚固的铁，它们也是由和俄国农民的神经一样的材料组成的，如果俄国人的命运也是这样幸运的话，那么他也就会像移民那样富有。移民很容易致富，他们每人每天能摊到7俄磅谷物，每人约有5头牲口。不管他们的土地有多少，他们总有东西播种它们，他们有使土壤肥沃的足够的肥料，同时他们自己吃得饱饱的，他们的马肌肉结实，喂养得很好。但是，俄国的农民是怎样生活的呢？为了保存播种所必要的种子，他每天得与饥饿进行斗争，他喂养着牲口，但他只能在出卖时看到自己牲口的肉，他的瓦罐里是从来见不到肉的。稍不顺手，他就得加紧出卖牲口。牲口的数量在减少，经常他得卖掉最后一头牲口。

牲口比较多的农民仍然只有很少厩肥，他所播种的土壤日趋贫瘠。当他的牲口数量减少的时候，他的经济必将完全衰败。他的田地里的收成将不好，就是在收成好的情况下，他也只能勉强缴纳自己的捐税，好歹填饱肚子，保存所需要的种子。他在努力设法保存足够的谷种的时候，越是使自己、自己的家庭和马遭受困苦，他的工作就进行得越慢，他从工作中能获得的好处就越小。让任何人来试一试看，和全家人也一连饿上两三天，而在旁边就放着黑麦的种子，饥饿的全家人又哭又喊地围着他，要求他把这些黑麦磨出来让他们吃，这时他感到什么滋味。要与这种压力作斗争，需要有英雄精神，而在我们俄国这样的英雄有千百万。的确，穷苦的农民群众是这样的众多，在他们中间也能遇到没有足够毅力如此行动的人，这些人到了春天既无谷物可吃，也无谷物下种。他们不需要任何毅力来挨饿，他们必然得挨饿。他们每年从贮备仓库借种子播种，到秋天归还。贮备仓库变成了种子仓库。这样挨饿的农民更为可怜。这个不幸的人的全部不幸在于他过多地考虑如何劳动，而过少地思考如何保护自己免受压迫，免遭归罪于懒惰！受过教育的阶层责备他不会利用自然力量，而它自己本身对这个国家里的这门艺术懂得比他差10倍，在这个国家里，几乎一切有益的事情都是农民知识分子做的。哪怕他一有点最微小的轻松，他立即能达到在类似境况中所尽可能达到的福利水平。在各种斗争的成功的可能性上，大概并不亚于比利时人、德国人、英国人和美国人。当在俄国的部分地区，即哥萨克顿河地区，由于制止了各种舞弊行为，农民的状况得到极大的改善，它已接近于欧洲农民的状况，他立即如此地发展自己的福利，甚至超过欧洲一些很繁荣的国家，进

入最发达的国家之林。根据统计年鉴的资料，在 1866 年内，哥萨克顿河的耕地比俄国的其他部分多 1.5 倍，那里 41 个居民中死 1 人，出生人数对死亡人数的超过额达 116%。根据我所搜集的 6 年的资料，哥萨克顿河土地上的死亡率如下：

	年份					
	1856	1858	1859	1861	1862	1863
从……人中死 1 人	47	47	40	39	40	41

然而，在奥地利和普鲁士，总是在 30 来人中死 1 人的数字上来回摆动，只有在英国和法国超过 40。英国在从 1847 到 1857 年的 10 年中，出生人数超过死亡人数最多的年份是 1856 年，——但是，就是在这一年中它也只有 69%。法国在从 1836 年到 1855 年这段期间，超过最多的是 1841—1845 年这 5 年期间，只有 21%。虽然生活在土地地主所有制下的 30%的农民境况还是非常艰难的，他们在往后退，只有 70%的哥萨克往前发展，哥萨克顿河地区仍然获得了这样的成绩。

农民比其他任何人都更懂得自己的根本要求，因此竭力追求那种最能保证他的福利的和能使他的劳动得以最大发展的土地关系。不幸的是，他的这种追求遇到了以下几方面的不可克服的障碍，即，受过教育的社会不理解这种追求，忽视对他的利益以及存在着直接与社会福利对立的利益。农民需要摆脱对他的劳动的任何压力，摆脱妨碍他的活动充分发展的任何东西。达到这一目的的所有障碍中的最巨大和最可悲的障碍是必须给那些不以任何方式参加劳动和不能给他带来丝毫益处的人付钱，这里我不是指赋税，赋税不是仅仅一种负担很重的无益的付款，它是劳动的报酬。无益的付款可以完全取消，这只会带来好处，完全取消赋税将会产生混乱，这里只能谈减少开支的问题，谈用其他负担轻一些的赋税形式来代替负担重的赋税形式的问题。那种历史形成的不具有生产目的的付款，要是不能取消，那么应该快一些赎买，否则它们将是达到福利的永久的障碍。在下列两种情况下，这种付款加在农民的身上，那就是他在别人土地上生活的时候，或是他被迫租地种的时候。对于我们的祖国来说，没有任何东西会像几乎唯一地建立了大土地所有制这样具有如此巨大的和极有害的后果。由于历史的和其他的原因，这个因素在欧洲和美国恶果要少一些，它不仅成为俄国农民的灾难，而且也是所有国家的福利的灾难。这是我们土地贫瘠、我们的贫困和缺乏文明的主要原因。我将不把生活在大私有制为主的土地上的居民的状况与国家土地上的农民、哥萨克土地上的农民及其他农民的状况来进行对比，我将作有意义得多的对比：我将把那些土地大私有制为主的地方的状况与那些土地大私有制最少的地方的状况进行对比，从而证明，它们是地方上所有居民的贫困和不幸的原因。在存在农奴制的时候，曾经得到证实，国家农民的人口要比皇室农民的人口增加得快，而农奴的人口甚至有所减少，就是从农奴解放以来，这一常规也很少改变。而且，私有土地的存在对地区的全体居民引起几乎是与过去完全一样的不良后果，只是在某些场合，1861 年 2 月 19 日的命令的好处是明显的，能有一些原因来很好地解释。为了对比起见，我举俄国欧洲部分的 36 个省，而不举有政治动乱的西部的省——奥斯捷伊地区和高加索。我将根据 1866 年统计年鉴的资料和其他来源把生活在这 36 个省的居民的状况拿来进行比较。我把它们分成两组，每组 18 个省，我在一个组里集中那些大私有土地最少的省份，在另一个组里则集中那些大私有土地最多的省份。在第一组里，有3个最北部的省份——阿尔汉格尔斯克省、奥洛涅茨省和沃洛格达省。在阿尔汉格尔斯克省、阿斯特拉罕省和萨马拉省3个省份，贫瘠的土地占全部面积的50%以上。塔弗里奇省和奥伦堡省的贫瘠土地占20%以上。在私有土地最多省的分组里根本没有这类省份。在第一组里，将有5个省份（阿尔汉格尔斯克省、阿斯特拉罕省、沃洛格达省、奥洛涅茨省、奥伦堡省），由于气候的严寒和土壤的贫瘠，每个居民只摊到一俄亩以下耕地；在第二组里这样的省份没有一个。因此，大私有土地的组在气候和土壤的肥沃方面具有明显的优势，它在工业生产率方面也具有优势。但是，请看一看，对比表明了什么。

	地主土地较少的省份	地主土地较多的省份
40人以上死1人的……	1省	0省
30人以上死1人的……	4省	0省
25人以上死1人的……	8省	7省
20人以上死1人的……	5省	9省
10人以上死1人的……	0省	2省

如果为了明显起见，将所有这些省份按其死亡率的高低排列起来，那么我们得到下列图表。

生活在地主土地上的人口较少的省份			生活在地主土地上的人口较多的省份		
省　名	生活在地主土地上的人口占全部人口的百分比	多少人中死1人	省　名	生活在地主土地上的人口占全部人口的百分比	多少人中死1人
1.哥萨克顿河区	30	41	1.梁赞	55	28
2.阿斯特拉罕	4	34	2.萨拉托夫	51	28
3.塔弗里奇	6	32	3.卡卢加	64	27
4.阿尔汉格尔斯克	20	30	4.诺夫戈罗德	62	27
5.叶卡捷琳诺斯拉夫	31	30	5.普斯科夫	59	27
6.喀山	15	28	6.辛比尔	82	27
7.波尔塔瓦	37	28	7.科斯特罗马	69	25
8.唐波夫	40	28	8.弗拉基米尔	64	24
9.彼得堡	37	26	9.斯摩棱斯克	69	24
10.库尔斯克	40	26	10.奥尔洛瓦	53	23
11.沃洛格达	34	25	11.特维尔	54	23
12.平扎	40	25	12.哈尔科夫	41	23
13.契尔尼戈夫	37	25	13.莫斯科	51	22
14.奥伦堡	20	24	14.尼日戈罗德	64	22
15.萨马拉	30	24	15.图拉	70	22
16.奥洛涅茨	23	21	16.雅罗斯拉夫尔	57	22
17.沃龙涅什	26	20	17.赫尔松	41	19
18.维亚特	13	20	18.彼尔姆	41	18

在确定地主土地上的人口的百分比时，把农奴制取消后仍须为领主服务若干年的农奴以及除国有财产部门的农民外的其他农民列入同一范畴，因为他们比起国家农民来同样处于更为不利的境况。在唐波夫、库尔斯克、平扎、哈尔科夫、赫尔松、彼尔姆这6个省中，不是生活在国家土地上而是生活在地主土地及其他土地上的农民与全部人口的对比关系几乎是相同的，还考虑到这些农民的人数和国家农民的人数的对比关系。

这些省份的全部农民人数中存在着下列比例：

国家	农民	农奴制取消后仍须为领主服务若干年的农奴及其他农民	国家	农民	农奴制取消后仍须为领主服务若干年的农奴及其他农民
1.唐波夫	55%	45%	1.赫尔松	49%	51%
2.库尔斯克	55%	45%	2.哈尔科夫	53%	47%
3.平扎	56%	44%	3.彼尔姆	55%	45%

关于彼尔姆省还应看到下面作出的调查，调查表明，极北的和土壤极其贫瘠的县份对居民福利状况所具有的有害影响要比山区的和土地地主所有制的县份小。因此，无论如何不能不承认大地产所有制对这个省有极大和特别有害的影响，不能不把它列入那些这一土地占有制具有最为有害后果的省份。在巴黎，人们一旦看到在 30 多人中死 1 人，法国人就觉得很可怕，开始认为法国城市的贫困超过了一切限度。在法国，50 个居民中死 1 人的现象是经常能遇到的，然而在我们国家里，在土地地主所有制为主的那些省份里，没有一个省能达到 30 多人中死 1 人，几乎都在（16 个省）20 多人中死 1 人波动，而有 2 个省令人可怕地降到 10 多人中死 1 人。我们有 5 个省的死亡率与欧洲文明国家的死亡率相等，即在 30 多人和 40 多人中死 1 人。

根据 1866 年统计年鉴的资料，俄国欧洲部分的平均死亡率为 26 个居民中死 1 人。在土地地主所有制最少的省份里，有 10 个省处于较为有利的境况，只有 8 个省较差。在另一类省份里，有 12 个省处于较为不利的境况，只有 6 个省较好。总的说来，在俄国是 28 人中死 1 人。那些土地地主所有制最少的省份在这方面几乎分成两个相等的组。而在那些土地地主所有制为主的省份则完全是另一幅情景，只有 2 个省处于较为有利的境况，其余 16 个省都处于较为不利的境况。

如果我们将出生人数对死亡人数的超过额拿来比较，也得出完全相同的结果，这种超过额是人民福利状况的毋庸置疑的征候。

	地主土地较少的省份	地主土地较多的省份
出生人数超过死亡人数在100%以上的	1	0
出生人数超过死亡人数在50%以上的	3	2
出生人数超过死亡人数在25%以上的	8	7
出生人数超过死亡人数在1%以上的	5	6
死亡人数多于出生人数的	1	3

还有什么能比这类统计数字更雄辩的呢？它们的稳定性是惊人的，在统计数字中极少能遇到这样的情况，它们以其经常的一贯性如此鲜明地证实了作为证据的事实：无论是在表明死亡人数与居民人数关系的数字上，还是在表明出生人数超过额的数字上都没有丝毫波动。前者在各省份中由18波动到41，后者的差别大于116，它们之间的如此巨大差别是由各种原因引起的；然而，在比较地主土地多和少的省份的时候，它们保持着不变的稳定性。很清楚，这里如此强烈地发生作用的原因具有决定的和经常的影响。这类稳定性难道只能在关系到农奴制影响的数字中看到吗？的确，在那些同样的省份存在农奴制的情况下，农奴制对人口的运动所产生的影响与上述情况是十分相像的。以下就是从1851年到1863年人口增加的资料：

	地主土地较少的省份	地主土地较多的省份
人口增加10%以下的	4	9
人口增加20%以下的	7	7
人口增加35%以下的	6	1
人口增加51%以下的	1	1

不幸的是，我手头没有表明各省各阶层死亡率的资料。关于

国家农民的死亡率我只能根据1861年出版的国有财产一览表作出结论，但是死亡率的资料编制得极为粗糙，在很大程度上不能依靠这些资料。我只能挑选18个省，这18个省的资料较为可靠。在这18个省里，有的省的国家农民是40人以上中死1人，有7、8个省是30多人中死1人，只有2个省是20多人中死1人。这里应当指出，由于有怀疑，我必须否定那些死亡率最低的省份的资料，因此，我所考虑的省份的平均死亡率是34人中死1人，而在我否定的省份中则是37人中死1人。如果计算1861年、1862年和1863年的平均死亡率，那么它对土地地主所有制还更为不利。

这证明，我们可以充分相信，如果我们没有土地地主所有制，俄国的福利水平很快就能与欧洲看齐，而在改善财政制度的情况下，可以赶上美国，这一点从哥萨克顿河的土地的例子中可以看出来。如果我们拿小俄罗斯的3个省——波尔塔瓦、契尔尼戈夫和哈尔科夫来看，头两个省的私有土地占37%，后一个省占41%，它们的情况如下：

	契尔尼戈夫	波尔塔瓦	哈尔科夫
多少人中死1人	25	28	23
出生人数多于死亡人数的百分比	40%	38%	22%

如果把黑土地带土地少的省份——卡卢加、库尔斯克、奥尔洛瓦、梁赞、图拉拿来进行比较，那么图拉省是私有土地最多的省，有70%的居民生活在私有土地之下，因而居民的状况也最为不利：

	卡卢加	库尔斯克	奥尔洛瓦	梁赞	图拉
多少人中死1人	27	26	23	28	22
出生人数多于死亡人数的百分比	27%	34%	25%	50%	25%

类似的对比也可以在同一个省的各不同县份中进行，数字保持其恒定，例如，如果将彼尔姆省分成两半，一半列入私有土地和山区土地最多的6个县份，另一半列入私有土地和山区土地最少

的 6 个县份，把自 1861 年即农奴解放以来的人口增加拿来进行比较，那么情况如下：

地主土地和山区土地最少的县份	自 1861 年以来人口增加的百分比
1. 切尔登	2.6
2. 卡梅什洛夫	2.4
3. 伊尔比特	2.1
4. 奥辛	1.9
5. 沙德林斯克	0.9
6. 库古尔	减少
地主土地和山区土地最多的县份	**自 1861 年以来人口增加的百分比**
1. 叶卡捷琳布尔格	2.3
2. 克拉斯诺乌芬斯克	2.2
3. 索利卡姆斯克	1.1
4. 奥汉斯克	0.9
5. 维尔霍图利耶	减少
6. 彼尔姆	减少

生产率最高的县是对人口最不利的那些县，这些县的人口密度是每平方米里亚 353 人，因此，无论如何不能把问题归之于人口的稠密。况且，人口最为稠密的两个县份——沙德林斯克县和卡梅什洛夫县都属于私有土地和山区土地较少的那一类。最北部和最贫瘠的县是切尔登县，但是，这个县的福利状况最好，这只是因为在这个县里生活在地主土地上的人口极少，它几乎是另一组中生活在地主土地上的人口最少县份的六十分之一，是另一组中生活在地主土地上的人口最多县份的一百四十分之一。如果把那些生活在地主土地和山区土地上的人口极少、只占全部人口 5％以下的县份和那些占全部人口的 14％到 96％的县份进行比较，那么结果还要更为明显。

生活在私有、山区和其他土地上的居民占5%以下的县份	人口的增加
1.切尔登	2.6%
2.卡梅什洛夫	2.4%
3.伊尔比特	2.1%
4.沙德林斯克	0.9%
生活在私有、山区和其他土地上的居民占14%以上的县份	人口的增加
1.叶卡捷琳布尔格	2.3%
2.克拉斯诺乌芬斯克	2.2%
3.奥辛	1.9%
4.索利卡姆斯克	1.1%
5.奥汉斯克	0.9%
6.彼尔姆	减少
7.维尔霍图利耶	减少
8.库古尔	减少

我们比较了那些工厂工业很发达的省份的各个县，现在我们把那种几乎完全没有任何工厂工业的省份拿来进行比较，而我们所取的年份不是那些1866年统计年鉴中为其搜集了资料的年份，而是更近的1864年，为了看一看，离我们更近的时期是怎么回事。我们比较沃洛格达省的3个南部县份和3个邻近的北部县份，而且气候和其他条件都是对南部各县有利的。但是，进行比较时的情况却是如下：

私有土地少的北部各县	1864年出生人数超过死亡人数的百分比
1.维尔斯克	39%
2.托捷姆	33%
3.乌斯丘日那	20%
私有土地多的南部各县	1864年出生人数超过死亡人数的百分比
1.沃洛格达	31%
2.格里亚佐维茨	30%
3.卡德尼科夫	18%

对于俄国各省中工业最发达的省份——弗拉基米尔省和雅罗斯拉夫尔省来说，农奴制是灾祸，它经常使它们遭受最严重的创伤。在地主土地最多的18个省中，从1851年以来，人口增加最少的省是卡卢加省（增加2%），这个省的土壤不肥沃，它更多地靠手工业生活，较少地靠农业生活，它的很大一部分居民从事矿业，与其说它是农业省份，还远不如把它归入工业省份较为合适。其次，居民比所有其余省份增加较少的省是雅罗斯拉夫尔省（增加3%）和弗拉基米尔省（增加4%）。从农奴解放以来，弗拉基米尔省的人口状况有了明显的好转，而雅罗斯拉夫尔省一点也没有得到休整，那里的状况和以前一样极为悲惨。

	1851年后人口的增加	1863年在多少人中死1人	1863年出生多于死亡的人数
弗拉基米尔省	4%	24	28%
雅罗斯拉夫尔省	3%	22	死多于出生

这种现象的原因在于弗拉基米尔省的居民对土地的依赖性要比雅罗斯拉夫尔省的居民小得多，它的工厂业务要比雅罗斯拉夫尔省多4倍，在俄国，只有两个省（彼得堡省和莫斯科省）的这种业务超过它，只有一个省（彼尔姆省）接近于它。在不是对土地而是对人口课以租赋以前，弗拉基米尔省是最可怜的，当只是对一种土地课以租赋以后，它的境况有所好转，但仍很悲惨。可能在俄国没有一个存在土地地主所有制的地区比工业地区更为不利。在工业地带的省份中，有两个省生活在私有土地上的居民为最少，这两个省的出生人数对死亡人数的比例关系最佳，其他任何一个省都没有这种现象。喀山省在人口增加方面同样也占第一位，奥伦堡省是占首位省份中的一个。总之，它们占据决定性的首位。

比较情况如下：

	出生人数超过死亡人数		出生人数超过死亡人数
奥伦堡省	33%	弗拉基米尔省	28%
喀山省	31%	尼日戈罗德省	16%
		科斯特罗马省	13%
		特维尔省	9%
		莫斯科省	8%
		彼得堡省	7%
		雅罗斯拉夫尔省	死亡超过出生
		彼尔姆省	死亡超过出生

	多少人中死1人		多少人中死1人
喀山省	28	彼得堡省	26
奥伦堡省	24	科斯特罗马省	25
		弗拉基米尔省	24
		特维尔省	23
		莫斯科省	22
		尼日戈罗德省	22
		雅罗斯拉夫尔省	22
		彼尔姆省	18

这一切似乎足够可以说服最固执的乐观主义者了：我们比较了没有地主土地的省份和有地主土地的省份，地主土地最多的省份和较少的省份；我们比较了工业和黑土地带的省份，工业省份和纯农业省份的各县；我们比较了小俄罗斯的各省，用了各个时期的资料。我们表明了农奴解放做了些什么和剩下要做的事情还很多。我们指出，要是我们这里没有地主土地所有制，那么我们也能享受到与西欧同样的福利水平。我们还未曾比较过南部各省，这里赫尔松省的农奴人口最多，我们将它与其余各省进行比较：

	多少人中死1人		多少人中死1人
赫尔松省	19	哥萨克顿河区	41
		阿斯特拉罕省	34
		塔弗里奇省	32
		叶卡捷琳诺斯拉夫省	30
			出生人数多于死亡人数
赫尔松省	死亡人数多于出生人数	哥萨克顿河区	116%

塔弗里奇省	60%
叶卡捷琳诺斯拉夫省	53%
阿斯特拉罕省	50%

要是赫尔松省没有40%的居民生活在私有土地上，这该是个多么幸福的地区①。

① 这里我附上一些图表，根据这些图表可以作出所有上述推测。

生活在私有土地上的人口较少的18个省	生活在私有、皇室和其他土地上的人口的百分比	从1851年到1863年人口增加的百分比	多少人中死1人	出生人数超过死亡人数的百分比	每个居民摊到的耕地俄亩数	每个居民摊到的草场数	贫瘠土地占全省总面积的百分比
1. 阿斯特拉罕	4	减少	34	50	0.61	2.60	93
2. 阿尔汉格尔斯克	20	21	30	20	0.25	0.45	64
3. 彼得堡	37	减少	26	7	0.57	0.40	28
4. 沃洛格达	34	13	25	2	0.80	0.50	4
5. 沃龙涅什	26	20	20	10	1.90	0.60	12
6. 维亚特	13	19	20	出生少于死亡	1.43	0.24	3
7. 哥萨克顿河区	30	20	41	116	3.80	9.15	10
8. 叶卡捷琳诺斯拉夫	31	34	30	53	1.55	2.42	19
9. 喀山	15	20	28	31	1.54	0.90	7
10. 库尔斯克	40	10	26	34	1.53	0.22	14
11. 奥洛涅茨	23	13	21	1	0.86	0.30	16
12. 奥伦堡	20	8	24	33	0.75	1.90	44
13. 平扎	40	12	25	29	1.30	0.43	7
14. 波尔塔瓦	37	16	28	38	1.05	0.53	16
15. 萨马拉	30	28	24	47	1.19	1.60	56
16. 塔弗里奇*	6	减少	32	60	1.65	4.45	27
17. 唐波夫	40	19	28	39	1.83	0.38	10
18. 契尔尼戈夫	37	9	25	40	1.75	0.42	14

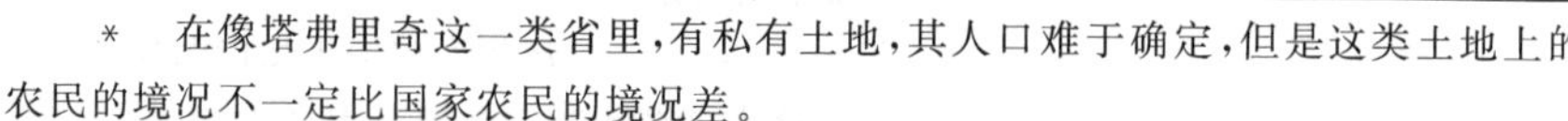

* 在像塔弗里奇这一类省里，有私有土地，其人口难于确定，但是这类土地上的农民的境况不一定比国家农民的境况差。

读者，您在统计中是否能经常遇到如此有说服力的数字？

生活在私有土地上的人口最多的18个省	生活在私有、皇室和其他土地上的人口的百分比	从1851到1863年人口增加的百分比	多少人中死1人	出生人数超过死亡人数的百分比	每个居民摊到的耕地俄亩数	每个居民摊到的草场数	贫瘠土地占全省总面积的百分比
1.弗拉基米尔	64	4	24	28	1.60	0.24	2
2.卡卢加	64	2	27	27	1.61	0.33	10
3.科斯特罗马	69	5	25	13	1.40	0.29	8
4.莫斯科	51	14	22	8	0.77	0.20	12
5.尼日戈罗德	64	14	22	16	1.40	0.22	5
6.诺夫戈罗德	62	14	27	22	1.30	0.47	20
7.奥尔洛瓦	53	9	23	25	1.51	0.16	12
8.普斯科夫	59	9	27	39	1.85	0.45	10
9.彼尔姆	41	23	18	出生少于死亡	1.41	1.25	8
10.梁赞	55	9	28	50	1.50	0.25	12
11.萨拉托夫	51	17	28	67	1.20	2.00	18
12.辛比尔	82	15	27	34	1.54	0.37	11
13.斯摩棱斯克	69	6	24	27	1.73	0.76	10
14.特维尔	54	11	23	9	1.22	0.84	14
15.图拉	70	5	22	25	1.74	0.27	10
16.哈尔科夫	41	17	23	22	1.45	0.95	11
17.赫尔松	41	50	19	出生少于死亡	2.22	1.90	15
18.雅罗斯拉夫尔	57	3	22	出生少于死亡	1.14	0.52	11

根据1864年的资料，沃洛格达省各县的死亡人数与出生人数之间的对比关系如下：

县份	出生	死亡	出生多于死亡
1.沃洛格达	5 390	4 098	31%
2.格里亚佐维茨	4 142	3 172	30%
3.卡德尼科夫	7 742	6 546	18%
4.维尔斯克	3 555	2 574	39%
5.托捷姆	5 151	3 869	33%
6.乌斯丘日那	4 647	3 856	20%

当我向你们说明，生活在土地地主所有制下的沃洛格达省的居民是如何地死于贫困，他们如何地无法摆脱赤贫，有时他们如何地只能靠其工资中的一个戈比维持全家一天的生活，您很可能会责备我偏心眼。您会怀疑地听着下面的叙述，那里大部分家庭每年都要过全家挨饿、几昼夜吃不到东西的日子，如果它能吃到黑面包，那就认为是很大的幸福了，这时，要是能吃到土豆和牛奶，那就

彼尔姆省的各县	生活在私有、山区和其他土地上的人口	1861 年的居民数	1864 年的居民数	人口增加的百分比
一）生活在私有、山区和其他土地上的人口较少的县份				
1. 切尔登	1 264	68 358	70 064	2.6
2. 卡梅什洛夫	8 384	202 474	207 294	2.4
3. 伊尔比特	2 754	114 448	116 825	2.1
4. 奥辛	61 184	168 285	173 143	1.9
5. 沙德林斯克	424	243 372	245 448	0.9
6. 库古尔	14 038	95 820	95 368	减少
	88 048	892 757	908 442	1.8
二）生活在私有、山区和其他土地上的人口较多的县份				
1. 叶卡捷琳布尔格	172 384	276 438	282 999	2.3
2. 克拉斯诺乌芬斯克	69 080	165 362	169 447	2.2
3. 索利卡姆斯克	131 446	165 031	166 881	1.1
4. 奥汉斯克	125 909	196 436	198 047	0.9
5. 维尔霍图利耶	116 898	179 104	176 812	减少
6. 彼尔姆	140 752	154 531	146 709	减少
	756 469	1 136 902	1 140 895	0.3

认为是丰盛的食物了。看，统计数字来帮我说话了，它们证实，我在一些地方描述的事实是普遍地存在的。这些不幸的人对我说："您知道吗，光是吃一种黑面包就多么地困难，当吃着它的时候心里盘算，我是否吃得太多了，是否还够明天吃的。"当我向他们细读关于他们不幸的描述，他们哭了起来。他们说："这里写着的统统都是事实，每句话都是对的。"他们含着眼泪专心地开始叙述，他们如何地只得挨饿，典当自己的东西，牧师如何地收走他们的谷物，然后，在这种谷物每普特只值 65 到 70 戈比的时候，以每普特一卢布的价格赊卖给他们。近些年完全证实了我上面所说的事情，由于过重的租赋和征收租赋时的令人难堪的情状，不仅农民，而且是整个俄国必将一年比一年穷，最后达到极度贫困。最近时期，农民的状况变得极其难以忍受，他们群众性地开始行动起来。在图拉省发生最激烈的运动。在我们上面进行比较的所有省份里，我们发现，在图拉省生活在土地地主所有制下的人口最多，自然，那里的农民最深切地感到自己困苦难堪的处境。只有辛比尔省一个省占有者的土地比图拉省多，但是这些土地的居民只有一小半生活在地主所有的土地上，一大半生活在皇室土地上，那里的状况无论如何要好一些。

我们这些乐观主义者不想相信，我们这里的人民正在死于贫困和苦难。当有谁开始对我们描述俄国工人的不幸生活的悲惨图景时，我对其置之不理，并说：不对，我们这里土地很多，我们这里不可能有这样的情况。看，上面所列的确切统计资料告诉我们，无论是在欧洲还是在美国，都没有比俄国人更贫穷更不幸的工人，英国、法国或比利时的贫民的生活与我们的苦难比较起来，那是天堂的生活。我们面前的统计使我们相信，从我们不幸的劳动者伙伴的劳动产品价值中取走任何一个卢布，都不能不以他孩子的生命作代价。我们应当把靠他生活的思想抛到九霄云外，尽自己的一切努力，做到靠自己的劳动生活。我们可以十分肯定，只要我们达不到这一步，我们将只是有害的，我们徒劳地想望可以不花劳动而带来好处。让乐观主义者来拼命推翻这些可恨的事实吧。让他们肯定地说，我们的人民贫困的原因是酗酒、懒惰和无知，他们将不能证实这种恶毒的诬蔑，也不能证实反对他是极大的不公正。他们归之于酗酒，但是让我们来看一看，那些如此雄辩地说明了俄国土地地主所有制带来害处的统计资料告诉我们什么。我们还是拿那同样的36个省来看，把它们分成两个相等的组，在一个组里列入酒喝得最多的18个省，在另一个组里列入酒喝得少一些的18个省。结果怎么样呢？资料不是很分明的，但从最终的结果来看，那些酒喝得多的省份的状况更为好一些。酗酒对人民福利状况的影响比起土地地主所有制的影响来是微不足道的。人民富一些的地方，那里大部分的人喝酒就多一些，这就是从这方面的统计资料中所能得出的全部结论。俄国的人民喝得如此的少，这对其福利状况不可能具有任何决定性的影响①。

① 这就是能证实这个结论的一些图表：

	酒喝得多的18个省	酒喝得少的18个省
40人以上死1人	0	1
30人以上死1人	3	1
20人以上死1人	14	15
10人以上死1人	1	1
	18	18

	酒喝得多的18个省	酒喝得少的18个省
出生超过死亡人数达100%	0	1
出生超过死亡人数达50%	4	0
出生超过死亡人数达25%	8	8
出生超过死亡人数达1%	4	7
死亡人数多于出生人数	2	2
	18	18

需要极少了解俄国工人和用不公平的眼光盲目看待他才能相信所指责的懒惰，那些靠他生活的人就是如此喜欢责备他。俄国工人的主要缺点不是懒惰，而是过分勤劳，这种勤劳累垮了他的身体，使他的劳动效率变得很低。英国工人得出这样的信念，即生产率最高的劳动是在有丰富的肉类食物的条件下进行的8小时劳动。我们的工人吃着一种黑面包，劳动14小时以上。他到处负担着大量的劳动，为此却得到极少的报酬。他沿着俄国的泥泞道路踯躅千百俄里，来为自己寻找微薄的工资。他干活只获取最低的价钱，他经常在这种低价的条件下干比条件规定得多一半的活：在

死亡率数字对比的结果如下：

酒喝得多的省份	多少人中死1人	酒喝得少的省份	多少人中死1人
1.阿斯特拉罕	34	1.哥萨克顿河区	41
2.塔弗里奇	32	2.阿尔汉格尔斯克	30
3.叶卡捷琳诺斯拉夫	30	3.喀山	28
4.波尔塔瓦	28	4.唐波夫	28
5.梁赞	28	5.诺夫戈罗德	27
6.萨拉托夫	28	6.普斯科夫	27
7.卡卢加	27	7.辛比尔	27
8.彼得堡	26	8.沃洛格达	25
9.库尔斯克	26	9.科斯特罗马	25
10.平扎	25	10.弗拉基米尔	24
11.契尔尼戈夫	25	11.奥伦堡	24
12.奥尔洛瓦	23	12.萨马拉	24
13.哈尔科夫	23	13.斯摩棱斯克	24
14.莫斯科	22	14.特维尔	23
15.图拉	22	15.尼日戈罗德	22
16.雅罗斯拉夫尔	22	16.奥洛涅茨	21
17.沃龙涅什	20	17.维亚特	20
18.赫尔松	19	18.彼尔姆	18

干土方工程的时候，人们给他移动记号，用欺骗的手法给他增加有限期的工作量，与此同时，还发生伙食变坏的现象，因此，他的力气完全消耗尽了。在干捕鱼的活时，人们漫无节制地给他压低鱼价。把贫瘠的土地给予农民，可又要求他缴纳高的租赋。有时强迫他向主人购买价格高1倍的他所需要的东西，有时用废商品给他支付。为了他本人的福利和俄国的利益，要是这个工人能更高地估价自己的劳动并拒绝在不利的条件下干活，那就要好得多。没有一个雇主不诉说，工人是如何纵饮作乐，扔下工作不干，因而产生了多大的亏损。这当然是会有的，在英国和法国经常遇到这样的

酒喝得多的18个省	每个居民摊到缴纳的消费税		多少人中死1人	出生人数超过死亡的百分比
	卢　布	戈　比		
1.阿斯特拉罕	2	3½	34	50
2.彼得堡	5	—	26	7
3.沃龙涅什	2	—	20	10
4.叶卡捷琳诺斯拉夫	2	81	30	53
5.卡卢加	1	65	27	27
6.库尔斯克	1	52	26	34
7.莫斯科	3	50	22	8
8.奥尔洛瓦	1	86	23	25
9.平扎	1	76	25	29
10.波尔塔瓦	1	98	28	38
11.梁赞	1	65	28	50
12.萨拉托夫	2	10	28	67
13.塔弗里奇	1	73	32	60
14.图拉	1	92	22	25
15.哈尔科夫	2	52	23	22
16.赫尔松	2	39	19	出生数少于死亡数
17.契尔尼戈夫	2	50	25	40
18.雅罗斯拉夫尔	1	76	22	出生数少于死亡数

事，最能干的工人酗酒很凶，每周有 3、4 天不干活，所有的活因此而都停下来了。不过，跟俄国一样，只是那些能挣很多工资的能工巧匠才干这种事，普通工人则没有什么可供奢侈。当我将谈到俄国工业的时候，我将在自己的文中介绍由于过度勤劳带来的不幸后果所造成的悲惨情景。过度经常是有害的，劳动过度是一件最有害的事情。

无知的确给农民带来巨大的害处，但与其说是农艺上的，还不如说是法律学上的。一个民族，它的农业劳动者经常在全国各地流动，只要有东西使用，传播农业知识不会遇到任何困难。但是，

酒喝得少的 18 个省	每个居民摊到缴纳的消费税		多少人中死 1 人	出生人数超过死亡的百分比
	卢　布	戈　比		
1. 阿尔汉格尔斯克	1	17	30	20
2. 沃洛格达	—	76	25	2
3. 维亚特	—	90	20	出生数少于死亡数
4. 哥萨克顿河区	1	20	41	116
5. 弗拉基米尔	1	47	24	28
6. 喀山	1	3	28	31
7. 科斯特罗马	1	28	25	13
8. 尼日戈罗德	1	50	22	16
9. 诺夫戈罗德	—	93	27	22
10. 奥洛涅茨	—	45	21	1
11. 奥伦堡	1	93	24	33
12. 彼尔姆	1	25	18	出生数少于死亡数
13. 普斯科夫	1	30	27	39
14. 萨马拉	1	14	24	47
15. 斯摩棱斯克	1	38	24	27
16. 辛比尔	1	15	27	34
17. 特维尔	1	12	23	9
18. 唐波夫	1	50	28	39

如果没有种子，没有牲口，土壤由于肥料不足而贫瘠，那么任何农艺知识也将无济于事。只要农民还负担如此沉重的捐税和租赋，以致他必须将多余的每普特粮食、每头幼畜立即弄到市场上去，那么，农民就将是贫穷的，他生活的那个国家就将是贫困的、不幸的国家。

我已举出统计资料证明了大土地所有制在俄国人民中传播灾难和造成早死。现在我举出其他至少具有说服力的事实。穆罕默德—阿里妄想教化埃及和改进埃及土地的耕作，他并没有想出更好的办法，只是把土地据为己有和利用这种所有权传播高度的文化。在此以后，他开始这样思考问题：难道他，有高度文化的穆罕默德—阿里将在这块土地上为低贱的人民种植卑贱的食物，在这种场合他要是这样做，那就完全和不文明的西亚和北非的佃农农民一样了。正当他的臣民死于饥饿之际，他却在自己土地上栽培法国工厂所需要的原料，并亏本地销售它，也就是说，他的人民的状况因此而恶化了，而不是改善了。但是，法国人颂扬他，他经常听到，说他是天才、东方君主中最开明的君主！俄国的每一个大地主都是一个小穆罕默德—阿里，他把农业引到危害人民的错误方向。我们看见离奇而又极其悲惨的现象。当工人极端吃不饱的时候，他所必需的大量农产品却被输往国外。我理解，要是澳大利亚、美国或英国的居民为其国外贸易的发展而高兴，他会用自己多余的东西换回增加他的生活享受的物品；但是，我们的农民从这种贸易中能得到什么好处呢？通过这种贸易他得到的不过是2千万①棉花。他

① 原文无数量单位(下同)。——译者

用出售一种亚麻的办法即可轻易地获得这种棉花，亚麻销售可以扩展到2 500万。然后，他出卖给外国1亿谷物、肉和其他产品，这些东西对他自己的食用来说都是极其必需的，这对他有什么好处呢？如果这种贸易使我们亏损，如果它的价值的15%到20%因外国商人在我们这里的投资而落入他们之手，我们有什么可高兴的。除用于生产这些对外贸易的物品的土地外，其余土地的七分之三用于生产根本不列入人民消费的产品，更谈不上生产那些组成上层人民和下层人民一般消费的产品。我们这里的农民家庭在冬天穿着极其不足，绵羊给予它唯一暖和的衣服，然而全部绵羊中的四分之一以上是细毛绵羊，这种绵羊几乎全由地主繁殖，不能做人民群众的衣服之用。要是我们将出售国外的1 600万羊毛用于人民的服装，多少冻死的人就都能活着。

我们的一半工人生活在土地地主所有制之下①，这些人必须缴纳繁重的租赋与捐税，使他们忍受着极度的贫困，只能吃到黑面包，但是他们仍然无法纳清租赋，还必须搞副业，或是家中得有一人出外挣钱。这种工人成为工业的雇佣不是为了获得好处，在其受压迫和悲惨的境况之中，他连这种想法都不可能产生。只要能逃脱由于缴不够租赋和捐税而产生的灾难，他完全同意只吃一种黑面包。他进入工业市场以后，马上就碰到竞争者和同伙。在他们当中，历来的工厂工人和血统的手工业者充当首要的角色。这种工人具有利于并能使国家繁荣的工人的一切特性。他的要求普

① 小市民和行会工人4 292 876人，国立农民23 138 191人，非正规军1 736 342人，总共是29 167 409人。列入地主土地、皇室土地及其他土地的农民26 348 474人。

遍，他愿意干活，但也想过好生活，如果他吃饭时没有肉，不仅感到困苦，而且他的虚荣心要求很普遍。他比谁都善于发展自己的灵活和劳动的才能，但是他也追求高工资。不幸的是，在市场上这样的工人不超过几十万，他们把工资往上抬。同时地主土地上的农民把工资往下拉，这样的工人有几百万。在他们中间有国家土地上的农民，这种工人也先学会只吃一种黑面包，然后出去找工作；比起接近前一类工人来，他更倾向于接近后一类工人。他有时甚至自行压低地主土地上的工人所确立的价格，这样的工人也有几百万。原先的工人，如彼得堡的小市民，或工业省份的工厂工人从心底里仇恨这些竞争者，他们如此厉害地压低价格，使工人不能保住自己的位子。在这两类工人凑在一起的地方，经常组成两个敌对的集团，原先的工人把击败他所蔑视的竞争者看成是最大的乐事。这个竞争者有局限性、能力差、工作中不灵活，这些品质使他不能彻底压垮原先的工人，并把他导致乞讨生涯。因此，大家都很穷，吃得很坏，其结果是，对农产品需求得少，而提供的农产品则很多；当俄国工人像渴求天堂似地渴求这些农产品时，它们却被运往国外去了。

大地产的存在及谷物生产的减少，正是这一些阻碍人口的增加。缺少谷物当然会出现提高价格。看，谷物的价格对人民的生活意味着什么。在西伯利亚各省，从 1851 年到 1864 年人口的增加完全适应于谷物的价格。在托姆斯克省，一普特黑麦面粉由 17 戈比增加至 35 戈比，人口增加 50%。在托波尔斯克省和叶尼塞斯克省，黑麦面粉的平均价格是 70 戈比，人口增加了 28%。在伊尔库茨克省，黑麦面粉的价格达一卢布，人口增加了 24%。在雅库茨克省，黑麦面粉的价格还要高，人口只增加了10%①。

到处都有许多土地处于私人占有之中，产品的昂贵还由于以下情况得到保持，那就是这些土地的很大一部分所进行的生产，只是对其占有主有利可图，而人民只会因此而遭受损失，什么好处也得不到。在这类省份中，佃农的状况非常困难，他无论如何也不会去冒险。在生产产品很少遭受意外的情况下，歉收的风险对于他已经是十分痛苦的事情，他怎么也不敢在自己的土地上增加播种那些虽然收入更高但会遭受很大意外的产品。这样的产品是那些靠雇佣劳动来耕种自己的土地的人的宝贝。耕种的土地数量愈大，风险就愈少，而且可以把市场控制在自己手里，可以靠极端地提高价格来获取高额利润。这些产品中的某些产品是人民极其需要的，本来他是可以很便宜地得到这些产品的，但现在他必须付出高价。在俄国的有些地方，生活在土地地主所有制下的农民，在自己的土地上，除了播种黑麦和燕麦外，别的什么也不播种。荞麦只是在地主土地上才播种，可是农民十分需要它。荞麦是娇嫩的不好摆弄的作物，它特别容易冻死，但是它具有很大的结果实的能力：这一年冻死了，到下一年它自己还会长出来并能给予收成。实际上，这是一种最有利可图的谷物，它本来应当比黑麦便宜，可是由于只有在地主的土地上才生产它，所以它变得很贵，正是在我所说的那些地方，它比黑麦贵20%，而这种昂贵的产品经常占农民生活费的25%，贫困迫使他放弃这种多样化的食物。可是，对多

① 如果把由于自愿和不自愿移民而增加的人口除外，那么真正的人口增加情况如下：托姆斯克省——32%，托波尔斯克省——16%，叶尼塞斯克省——15%，伊尔库茨克省——12%，雅库茨克省——9%。

样化食物的需要是人的机体的根本的需要，丧失多样化的食物等于损害健康。

土地地主所有制对俄国的福利状况的影响是这样：越是肥沃的地区，越是有利于工业发展的地区，遭受大量地主土地的苦越大，还有什么比这种思想更可悲的呢？我们古代的土豪不是傻瓜，他们为自己划走了俄国的最好的部分：那些最以自己的工业及土壤的肥沃著称的省份——弗拉基米尔、莫斯科、尼日戈罗德、雅罗斯拉夫尔、奥尔洛瓦、梁赞、萨拉托夫、辛比尔属于地主土地最多的省。它们中的每一个省都有一半以上的人口生活在私有土地之上，在辛比尔省，甚至达82%。在北部垅岗后面的贫瘠地区，在阿尔汉格尔斯克省、沃洛格达省、奥洛涅茨省和彼尔姆省，在里海附近的多沙的草原地带几乎没有私有土地，就是这些地方才归不幸的俄国农民无可争辩地占有，然而，即使在这里，租赋也不会让他安宁。半数地主土地最少的省份，其面积的16%以上是贫瘠的，在一个省里，贫瘠土地占93%，另一个省是64%，再一个省是56%。在私有土地占一半以上的省份里，没有一个省，其贫瘠土地占20%以上，只有2个省，即九分之一的省份，占16%以上。而在此以后，我们感到奇怪的是，俄国贫穷，我们还埋怨，在俄国工业得不到发展，土壤日益贫瘠！那些既不能扩大自己的播种面积、又不能增加自己的牲畜的人们能不贫困吗？土地占有主用租赋把农民变成乞丐，农民与其他工人进行竞争，全部人口的92%以上的人每人一年中所能购买的工业品不多于25戈比，每人所能购买的酒不多于90戈比，在这样的地方，工业能得到发展吗？那些农民根本无法增加牲口的地方，除了田地贫瘠之外还能期待什么呢？在

农民的内心里，再也没有更比用施肥改良自己土壤这种愿望更强烈的东西了，特别是在工业省份和北部省份。他说："上多少粪，就能收割多少庄稼。"当然，他不是在村社土地上遇到障碍，在村社土地上他可以栽种果园和菜园，他可以经营过十来年就将有成果的种植业，而施了肥的田地在来年就能给他好处。他不能增加牲畜数量的罪责当然不在村社占有制。这里地主土地占有制占首位，而某些官员的专横则占第二位。我们已经看到过，这种专横给巴什基尔和哥萨克的土地招来何种灾祸：在这种专横被私有制的权力作掩护的地方，这些灾祸更为严重。在彼得堡省，早在农奴解放以前，皇室土地的农民就对我叙述过，他们由于无法忍受某些皇室长官的任意支配而抛弃了自己的土地。那里一车粪值一个银卢布，要想使一俄亩土地变得宜于种植，得花上 200 银卢布，这一俄亩的租费是一年 15 到 30 卢布。而且，经常发生这样的事，农民花了这么多钱的这块土地，一个小官就可以轻易把它夺走。在农奴解放的过程中，在皇室农民中间只能听到对某些地方官员处置他们的哭诉和怨言。在尤里耶维茨市附近，我遇到一些皇室农民，他们只有极小的一块土地，穷得要命。要是在离他们村庄几十俄里的地方划给这些可怜的人全部份地，他们肯定地说，这些土地根本没有什么用，可是向他们却征收全部租赋。我很少看到过比这些农民更穷和更不幸的人。他们根本没有使用自己的土地，对他们来说，缴纳租赋是完全无法承受的重担。他们在尤里耶维茨按神话般的低价弄到最繁重和最难以忍受的工作，这种活是谁也不会接受的。他们是最残酷剥削的对象，有时他们被承包人利用来完成某些官家的包工工程，他们只得到包工费的四分之一。在另一

个地方，皇室农民对我说，人们强迫他们购买他们借以为生的那块土地，但是，他们是如此地穷，花了极大的努力才刚够纳清租赋，至于购买土地连想都不敢想，他们拒绝了：这时，他们的土地被夺走了，分给他们不毛之地——这些不幸的人们完全破产了，他们几乎死于饥饿。这类任意处置的做法使得工人失去了最后一块面包，工人总是觉得这是犯法的行为。实际上，它就是这么一回事，这是用似乎是农民自愿同意的手续瞒过最高政府机构的一种专横和压榨。在一个监狱里，我遇到过一整批皇室农民。开始也是强迫他们购买自己的土地，当他们办不到这一点时，他们的土地被夺走了，转给了交田租的农民耕种，给了他们一些贫瘠的份地。这些人忍无可忍了，他们身上自我保全的感情过分强烈地迸发出来：当交田租的农民想实现自己的要求时，他们举起镰刀和顺手拿起别的东西扑了过去，于是他们作为罪犯被逮捕了。我几乎到处都听到怨言，说在皇室领地上所发生的事情根本不符合于改善农民的生活：谁应对此负责，我不知道。在俄国各地，我多次听到说："皇室农民现在成为不幸的人了。"不适应人民的想法和要求的脱离实际的理论原则，除了害处之外，从来不能带来别的什么东西。一切罪恶都产生于下述情况，在对土地的看法上，皇室行政当局的成员中某些官员与生活在这些土地上的农民完全不同。农民视土地为劳动工具，是保证自己生活的手段；而这些皇室行政当局的官员把土地看成是可以从别人劳动和靠别人的贫困生活来吸取巨大收入的工具与手段。这类观点是私有土地很多的省份充满了贫困的主要原因。这就是皇室农民的死亡率比国家农民的死亡率更高的原因，在地主土地上也遇到完全同样的情况。皇室农民的生产率和福利状况不如国家农民的，甚至即使是皇室农民的份地多得多的情况下也是如此。在维尔斯克，拥有 16 507 俄亩份地的 34 634 国家农民有 51 727 头牲口，播种了 21 483 俄石谷物和 4 384 普特亚麻，而拥有 115 988 俄亩份地的 37 626 皇室农民，只有 40 764头牲口，只播种了 18 795 俄石谷物和 3 009 普特亚麻。我认为，最高皇室行政当局在这里犯了这样一个错误，它没有尽力教育皇室行政机构的官员首先应当关心农民的福利，然后才是皇室的收入。那样，他们就会失去干这类事的诱惑力，他们就不会希望从皇室土地中增加收入来表功，也就不会为了变成有利的田租来源从农民手里夺走农民所需要的土地。最高政府当局从来不可能支持的事情就不会在皇室土地上发生。为了指出问题的核心何在，解决问题的实质是什么，有必要在俄国的、西欧的和美国的农民之间进行比较。我们这里有些人把西欧在农业中作出的一切成就记在土地所有制的制度的账上。按照他们的意见，这种制度是欧洲福利和文明的基石。使他们遗憾的是，欧洲历史所教导的完全是另一个样子。西欧农业的历史——这是劳动反对对劳动产品的各种侵占的光荣而英勇的斗争历史，这种侵占是一种为了神圣的所有权而宣称的专制。西欧农民利用中世纪的混乱，早在 8 世纪，对自己的劳动产品所具有的权力就比现在俄国农民的要大。在 8 世纪，他宁肯牺牲自己的荣誉，也不愿失去自己的劳动，他顽强地反抗从自己劳动中支付贡物。早在那时，在农民的眼里，对劳动的权力就比对人的权力具有更为重大的意义。在传到我们这里来的圣—惹尔曼领地的财产清册中我们看到，土地分成各种庄园，一些庄园称之为奴隶庄园，另外一些庄园是自由人和宾客的庄园。

劳役根据财产和土地面积来衡量，不具有任何人身的性质，它们的原始意义已完全丧失了，自由人生活在奴隶的庄园里，奴隶也生活在自由人的庄园里，原来，奴隶制对分派劳役没有任何影响。同时，这些劳役要比当今俄国甚至是最轻的劳役还轻得多。住着6户家庭的地段，每周出8天劳役，如果这6户人家只有6个男劳力和6个女劳力，那么每个劳力每月分摊到3天：如果我们现今的农民有这种便宜事，那他就是很幸福的了。在后来的几世纪期间，贵族和僧侣为了支配工人的劳动和任意剥削他，做了人所能做的所有的一切：他们想用所有权的名义到处确立这种专横，他们想让土地、人和政权等一切都成为他们的财产。这里他们既表现出与坚强的人们斗争的勇气，也显露出在迫害劳动中的精力与贪求。但是，不管他们多么轻视劳动者，劳动者还是维护住了自己的利益。他们针锋相对地反对贵族们的贪求，贵族们叫嚷说，土地是他们的财产，不可能有不是贵族的土地。而农民们认为，上帝自己已把土地分给农民所有。针对使他们成为奴隶的企求，他们用追求自由来回答。针对把权力变为自己私物的贪求，他们回答说，他们不需要长官。热心者尽力设法将这些原则弄到公开斗争的场所去。一些人不止一次地牺牲了自己，人民不止一次地掀起过群众斗争。他们强烈地反对沉重的任意的劳役，反对任意处置土地。他们成了逃亡者和强盗，占满了森林，他们充当破门而入的匪帮，在大路上抢劫和打死农民。他们盲目地崇拜这些强盗，认为他们是神圣的人。他们装成乞丐，极机灵地藏起了自己的财物，就是最敏锐的眼睛也无法发现它们。他们在斗争中精力发挥得愈充分，他们所获得的成绩愈大，但是距离目标还很远。西欧的上层社会当然是很不光彩的，它把人民弄到采取这些无政府手段的地步，这些无政府手段必然会对社会的道德状态产生最不利的影响，——人们为此以野蛮社会的名声痛斥它是完全公正的。工人顽强地反对沉重的缴款和劳役以维护自己，在西欧的大部分地区，这些缴款要比当今俄国农民的租赋少得多。因此，农民能达到这样的福利水平，在意大利、西班牙、法国和英国，他们几乎全都能逐渐地赎免而获得自由，使得群众性的解放成为多余之事。在目前的这种租赋的情况下，俄国的农民永远也达不到这一步。只是德国东部的状况更难堪一些，但是即使在那里，生活在私有土地上的农民的劳役与当今俄国的租赋比较起来也是完全不算多：在一些土地上，它们等于地租的三分之一；在另一些土地上，等于地租的一半。然而，目前俄国农民所缴纳的租赋，有的地方比地租高出 8 倍，总起来说，超过地租 75%。欧洲农民的状况就是如此。可是，它对欧洲的作家们来说似乎是可怕的：请去看一看，某个邦舍尔是用怎样的笔调来描述它的。英国的状况是最为有利的，那里的租赋表现在固定数量的货币上，随着美洲的发现，货币大大贬值了，这些租赋变得十分微不足道的了。

工人当然不会停步在这个结果上，他们极力想从应当给领主缴纳贡物的状态中解放出来，从领主手中夺走那种使他们成为纳贡者的所有制，以便使自己成为所有者。在这个斗争中，他们表现出同样的坚忍不拔和旺盛精力，他们不止一次地血流成河，不止一次地经受艰难的岁月，斗争是一场生死搏斗，抵抗过分强烈，他们不能完全战胜它。工人白白地在内战中和街垒上流了鲜血，他们徒劳地对社会表露自己的痛苦，他们无益地将地主大批地赶出国内并进行得十分残酷，他们白白地极力去影响社会，有时引起它对自己苦难的同情，有时引起它对群众的可怕力量的恐惧：有时他们指着死于饥饿和肮脏的妻子和孩子，有时大批的人可怕地聚集在一起，充塞街头和广场，搞得地动山摇。社会恐惧地看着这些可怕的运动，但是不能满足他们的要求。有时安抚和讨好他们，有时把他们淹没在血泊之中。像永恒的犹太人，命中注定都得走啊走，永远也走不到头。工人也是如此，似乎应当永久挣扎，无穷地流注自己的鲜血，永远也达不到自己的目的。他在这种斗争中耗尽了自己的全部力量。在那些既不能用革命的流血场面，也不能通过用可怕的示威游行从立法者身上逼取和平改革的途径获得什么东西的地方，他就极力用大量的金钱去达到自己的目的。可是又怎么样呢，他努力得越起劲，越遭受巨大的牺牲，事情就变得越清楚，目标就像他所行进的那条道路上的捉摸不到的幻影一样从手中滑掉了。在西班牙和意大利南部，大地产犹如荒凉、偏僻的草原控制着各地区，在这种贫瘠的社会土壤上，除了贫困和粗野之外，什么也长不出来。在欧洲的中部，农民希望从这种境况中摆脱出来，变成小土地占有者。他为了最终能买到一小块土地，整个一生都以英勇精神、宗教狂热病者的热情忍受着最艰苦的生活。从这里得出什么结果呢？那些最能干活和挣钱的工人，由于努力积攒资本，一生中什么东西也不购买。工业也就按这样的程度发展得很少，以致在那些没有购买者的地方，也就没有工业；每一个被从市场上引开的购买者都成为工业发展的障碍，只有工人阶级中的大量购买者才可能是工业的肥沃土壤。整个劳动的一生的节约，要在多年的无益的存放以后，才能成为发展农业的资本，它只是为投机商和交易所经营者的发财致富服务，这些人买了大地产，然后将它们分成小块出卖。英勇的艰苦生活以购置土地而告终，这是为了什么呢？农民说，为了保证自己家庭的生活，但是，一旦他死了，地块在孩子中间分配，每个人只能得到很小的一部分，他靠它所能挣到的钱比受雇于资本家的工人要少。但是，我不想成为雇佣劳动者，成了贫困生活的样板。所有这一切，产生一个好处，那部分想存钱的工人因此而不压低劳动的价格，而另一部分不存钱的工人可以生活得好一些，这就养育了工业。国家不可能达到那样的贫困，这种贫困在到处是租赋或专横与大地产所有制猖獗的地方才有。相当多的农民仍然在土地所有制中得到福利，这就吸引了其他工人的注意，这些人对那些过去认为是正常的事情开始觉得是灾难。

欧洲工人中最英勇、精力最充沛的人即英国人，按另外的方式处理问题，——他看得清楚，问题的实质何在。开始他用逃亡和抢劫搞得自己的地主日夜不安，他敲掉他们的锁，把他们打死在大路上，他干得如此起劲，以致英国从此以后直到今天仍是拥有最大胆的窃贼和强盗的国家。这些持续不断的过去热病的残余直到 19 世纪 60 年代仍引起整个伦敦的恐怖。地主害怕压迫工人，他怕把工人弄得忍无可忍。因此，工人获得自由、高工资，获得土地也要比欧洲其他部分早一些。但是，贵族极力阻止通过遗产分散土地。工人从心底里仇恨自己的贵族和它的一切举动。在转移到新大陆时，他愤怒地否定了使他想起贵族的一切事物，而在旧大陆他则应当服从。这时，他不仅不购买土地，而且那些有土地的人开始出卖土地。这种一半是被迫出来的投机原来是极为有利的：这时，他的购买者从土地里只能获得不多的收入，而他作为佃户，用经常使用于同一块土地的资本获得了多1倍的收入。他没有像自己的海外邻居那样,为了最终买到土地而终生挨饿。他舒服地过活,最终还能获得增加他的收入的资本。他的命运对他的工人伙伴来说是吸引人的先例,由于这种状况,他们当然不会同意廉价干活。国内的工人得到许多钱,不以过分节省使自己受罪,而是统统消费掉了。工人比任何其他地方的工人购买更多的东西,工业和农业能够获得最广阔的发展:早在本世纪初,在英国的工人中就能发现购买得多并把其所购买的一切都花费掉的倾向。英国的工人比欧洲的任何别的工人都要购买得多,于是英国成了最富有的国家。西班牙,这是摩尔人文明的国家,这是激发诗人的美妙的国家,具有自己的幸福、自己的富有进取精神的人民,它具有比英国成为工业和财富的中心的可能性大9倍。西班牙和葡萄牙作出了最重要的海外发现,它们占据了美洲最好的地方,它们首先找到了通往印度的道路,源源不断的黄金、白银财富和为当时欧洲所未知的产品从四面八方流往这些国家。谁都一定会预言,成为欧洲商业中心和工业进取精神首领的未来属于西班牙和葡萄牙。但为什么没有发生这种情况呢?为了人民的繁荣,大概需要某种别的东西,而不是发现新市场和海外财富。在一个国家里,工人的状况最不艰难,他所负担的不干活的人最少,这些不干活的人从他的工资里拿取最少的份额,这个国家就具有最远大的未来。在意大利,教皇的出现增加了无数僧侣,他们是加在工人身上的沉重负担,虽然在罗马财富横溢,意大利还是开始变穷,——离罗马最近的地方成为最穷的地方,而年代久远的伦巴迪亚仍是意大利最繁荣的部分。在西班牙,与摩尔人的斗争滋生了无数的军人和僧侣,在西欧,不存在这样两个阶层从人民的收入中拿取得更多的国家。工人能购买的很少，西班牙和葡萄牙的命运就注定了，它们的工业也就不可能获得发展。无论它曾是古代罗马和中世纪阿拉伯文明的国家，还是在外国获得大量财富，都帮不了它的忙。在德国，一些领主极其强大，他们能完全保持自己对国家首领的独立性，但为此他们必须作出一切努力，尽可能培养许多军人阶层，然而他们不让僧侣发展。在德国，对僧侣施加最厉害的迫害，宗教改革最为流行。德国所获得的国外财富最少，尽管如此，它高于西班牙和意大利，它的工人身上只压着一半重担：贵族，而不是僧侣。在法国，贵族比所有这些国家都要弱得多，僧侣弱到不足以妨碍邪教徒国王的登基。工人的负担还要更微小，他以极大的毅力反对沉重的负担，他比德国更早地进行农民战争，他进行了革命，因此，按其财富与工业来看，法国在这四个国家中占第一位。这里不是充满证据的地方，但可以搞到无数这类证据，不仅可以拿一些国家进行比较，而且可以用同一国家的各个地区来作对比。例如，德国的中部比北部和东部更为富有，因为那里在所有时期都有更多的自由和负担轻的工人，可是照理来说，德国的这一部分应当最穷，它没有海岸，地域里横贯着山脉。

在欧洲，没有一个工人像英国人那样给最高阶层只出让那么小部分自己的产品。它的贵族力量很弱，人数很少，它要想对抗国王，除了联合其他阶层和巴结人民之外，没有其他办法。历史学家说，英国的贵族在玫瑰战争中几乎完全灭绝了。它是这样地穷困，在清晨跪拜君主以后，甚至无法过御前的生活。明智的叶莉卡维妲发觉，英国贵族要是模仿法国贵族，那会是致命的，她把他们分送到农村去，因为他们无钱过御前生活。僧侣是这样地少而弱，国王可以任意改变宗教和全部夺走他的领地。在英国，工人得到最高的工资，资本家得到最少的资本利息，而英国却成为欧洲最富有的工业国，它变得比那些盛行小土地所有制的国家更富有。欧洲把它的财富归功于它的商业和国外领地，却没有注意到，虽然西班牙有国外领地，但还是处于更低的水平，在英国，那些为人民的需要生产物品的资本家财富最多，因此，人民中福利的增加对这些资本家也是有利的。

欧洲对英国的财富感到惊奇，并把它们归之于英国的贵族和资本家的功劳。人们不明白，英国之所以富有，正因为它的贵族和资本家比其他国家相对地要少一些和穷一些。在英国，地主和资本家的收入比工人阶级的收入多得不多，而在普鲁士，资本和土地的收入要比工人阶级的收入高出好几倍。聪明的英国工人最不满意这些成绩，他把对贵族、资本家的统治、教阶制度的仇恨随身带往海外。在美国，他按自己的意图重新安排一切，他完全消灭了上层僧侣，财产上的收入减少到只占工人收入的八分之一以下。美国的工人和欧洲的工人完全一样，力求获得土地所有权，认为它会给予他完全掌握自己的全部劳动产品的手段。但是，他和欧洲工人一样也发觉，这种手段不能使他达到目的。因此，他产生重新分配土地的思想，这种思想在小所有制占优势的地方是不实际的和无法实现的。

这就是欧洲工人历史生活概况，欧洲工人的整个历史生活自始至终都是反对上层阶级用所有制的名义从他身上拿取贡物。工人越能降低这种贡物，整个国家越繁荣，它的工业获得发展，科学

的光明得到普及。反之，最高阶层越能推行自己的所有权，他们越能增加工人阶级给他们支付的贡物，在国内就越流行贫困和粗野的习俗。负有精神工作使命的人要是多得多，不是科学的普及，而是无知的流行、工业的消失。虽然工人强烈追求小所有制，但它不能使工人从贡物中解脱出来，工人体验到用其他途径更能摆脱贡物获得自由，在人民的财富和教育发展的历史中，小所有制只是一种次要因素。如果由于某种特殊情况，推广农业知识和合理化农业不能与从支付给最高阶层的份额中解放出来的农民携手并进，在这种情况，这个动力与下述这个重大原理比较就显得微不足道，这个原理是：一个国家的福利状况、工业发展和教育状况与工人阶级支付给最高阶层的份额的减少成正比。由于某些特殊情况，埃斯特兰省、利弗兰省和库尔兰省的合理化农业比俄国的其他省份更为发展，那里的农奴解放早在本世纪头 25 年就开始了，它必定会带来自己的一切成果。那又怎样呢？奥斯捷伊各外省如此引以自豪的著名的合理化农业甚至不能胜过由于大量私有地主土地所产生的危害。只要工人的境况还是艰难的，这些知识就不能带来任何好处，丝毫不能给予国家更多的财富和工业的发展，这就是对所有那些将俄国的贫困归咎于缺乏农业和技术的知识的人的回答。如果把奥斯捷伊边区从 1851 到 1863 年的人口增加与俄国其他省份的人口增加进行比较的话，那么埃斯特兰省、利弗兰省和库尔兰省的状况只能与那些也有同样数量的人口生活在土地地主所有制的土地上的省份进行比较才较为有利：如果不是这样，那就太可悲了，——那里盛行着合理化的农业和工人的自由，这里则是农业上的无知和农奴劳动。但是，一旦我们将奥斯捷伊边区和那些

地主土地较少的省份进行比较，结果立即就改变了。在地主土地数量多的省份中已经有五分之三的省份的状况比奥斯捷伊边区的状况更为有利。在这些省份中，有 40％的人口生活在地主土地上，但仍然比库尔兰省要少①，只有十分之一的省份处于较为不利的状况。在私有土地较少的省份中有三分之二的省份处于更为有利的状况，只有九分之二的省份处于与奥斯捷伊边区同样的不幸状况之中。读者可能把这一切归咎于人口的稠密和土壤的贫瘠，但是，他的这个假设是错误的。地主土地上人口较多的省份的确是比奥斯捷伊边区的土地更为肥沃，但在这些省份中人口也更为稠密。在地主土地最多的省份中，人口的密度大一半，在其余省份中，甚至大三分之二。在私有土地较少的省份中，人口的密度比奥斯捷伊边区几乎大一半(4/9)，而几乎三分之一(5/18)的土地更为贫瘠，——在不受地主土地占有制影响的所有方面，这些省份比奥斯捷伊边区处于更为不利的状况。不应忽略的是，奥斯捷伊边区的湿度和降雨量比俄罗斯的所有其他地区都要大，在俄国，人们把坏收成更多地归咎于湿度不足，它对人民的福利状况具有致命的影响②。

还有什么比这类结果更为自然的呢？在人民中，一只手取走了另一只手所给予他的东西，科学又能给予什么帮助呢？制造着商品，同时又阻碍购买者的出现，这就意味着得亏损地工作，扼杀那个我们努力建立和推广的生产部门。那种从工人手中挖走其产

① 在 3 个奥斯捷伊省份中，库尔兰省的地主土地最少。

② 这就是我们据以作出上述比较的一些图表：(见下表)。

品的大部分并使工人饥饿和不幸的所有制，除了使生产昂贵之外，不能带来任何别的东西。的确，奥斯捷伊边区的价格是俄国最高的价格之一。奥斯捷伊的地主的同族人，萨拉托夫的移民，不是这样干的。他们为自己连骗带求用村社占有制代替私有制。他们抛弃了无结果的开端，这个开端使工人成为纳贡者、穷人和可怜的劳动者，使整个地区流行着贫困和无知。这个开端使得工人不能达到自己的目的。文明世界只是通过残酷的斗争和别的途径才摆脱了它的恶果。在远离文明世界的俄国东部的遥远草原地带，这些文化很少的人所具有的通过合理经营获得福利的办法要比奥斯捷

从1851到1863年人口的增加	从3个奥斯捷伊的省份中有：	在私有土地上的人口与奥斯捷伊各省一样多的8个省份中有：	在有大量的私有土地、但仍然少于奥斯捷伊边区的10个省份中有：	在有少量私有土地的18个省中有：
12%以上	0	2	6	12
由6%到12%	3	2	3	4
6%以下	0	4	1	2（其中有塔弗里奇省，是战争的舞台并让鞑靼人迁出）
每平方米里亚的人口在1 166人以上	0	4	7	8
每平方米里亚由872人到1 166人	3	2	2	1
每平方米里亚的人口在872人以下	0	2	1	9
贫瘠土地在39%以上	0	0	0	5
贫瘠土地在39%以下	3	8	10	13

伊的地主少得多，而且，奥斯捷伊农民的福利状况及其土地的生产率与萨拉托夫移民的情况相比，只能充分地显示出村社土地占有制的优越性。在 15 年中间，移民区的人口增加 1 倍，谷物的生产率等于美国的生产率，那里的牲口比奥斯捷伊边区多 1 倍半。所有这一切都发生在那些人口密度与奥斯捷伊边区许多地方的人口密度一样的地区内。

省份	生活在地主私有土地和皇室土地上的人口的百分比	从 1851 到 1863 年人口增加的百分比	省内每平方米里亚的居民数	贫瘠土地相对于全省面积的数量
1.阿尔汉格尔斯克	20	21	20	64%
2.阿斯特拉罕	4	减少	94	93
3.比萨拉比亚	1%以下	50	1 619	19
4.弗拉基米尔	64	4	1 415	2
5.沃洛格达	34	13	135	4
6.沃龙涅什	26	20	1 600	12
7.维亚特	13	19	852	3
8.叶卡捷琳诺斯拉夫	31	34	983	19
9.哥萨克顿河地区	30	20	338	10
10.喀山	15	20	1 440	7
11.卡卢加	64	2	1 720	10
12.科斯特罗马	69	5	741	8
13.库尔兰	58	6	1 166	28
14.库尔斯克	40	10	2 228	14
15.利弗兰	72	12	1 120	18
16.莫斯科	51	14	2 598	12
17.尼日戈罗德	64	14	1 392	5
18.诺夫戈罗德	62	14	481	20
19.奥洛涅茨	23	13	125	16
20.奥伦堡	20	8	384	44

这就是出现在萨拉托夫移民区的成绩。对他们来说，村社土地代替了那些广泛的政治权利，美国工人通过这些权利，在几乎每个农民都变成小私有者同时，获得了自己的福利。

省　　份	生活在地主私有土地和皇室土地上的人口的百分比	从1851到1863年人口增加的百分比	省内每平方米里亚的居民数	贫瘠土地相对于全省面积的数量
21.奥尔洛瓦	53	9	1 785	12
22.平扎	40	12	1 711	7
23.彼尔姆	41	23	353	8
24.彼尔塔瓦	37	16	2 117	16
25.普斯科夫	59	9	901	10
26.梁赞	55	9	1 864	12
27.萨马拉	30	28	584	56
28.萨拉托夫	51	17	1 137	18
29.辛比尔	82	15	1 340	11
30.斯摩棱斯克	69	6	1 117	10
31.塔弗里奇	6	减少	548	27
32.唐波夫	40	19	1 643	10
33.特维尔	54	11	1 311	14
34.图拉	70	5	2 069	10
35.哈尔科夫	41	17	1 610	11
36.赫尔松	41	50	1 018	15
37.契尔尼戈夫	37	9	1 514	14
38.埃斯特兰	87	8	872	39
39.雅罗斯拉夫尔	57	3	1 561	11

第四章　乌拉尔河与伏尔加河间草原地带的农民

人不具备在极北的严寒中生活的本性。想想这个庞然大物都会觉得可怕，它由芬兰海岸一直延伸到白令海峡，面积在 150 000 平方米里亚以上，散布着山崖、苔藓、冻土和针叶林。当你从这个荒漠地带下到俄国东部平原之际，心里就会充满喜悦。在这个平原上，耕地和明净的草场在橡树林和椴树林中有趣地向四处伸展，这里的天空霞光四射，田野变得更为肥沃，——这里，荞麦花铺满大地；那里，在碧绿的草地间，成熟的黑麦一片金黄。地形平稳地层层往上延伸，犹如风平浪静时候的海洋的波浪。这也是海洋，是在坚硬土地上的平原海洋。你不知不觉地上升得越来越高，山峰向四面八方伸展，牲口在山上来回走动，黑压压地一大片。当一个人开始发觉，他从越来越高的地点眺望四周，他面前的地平线一派开阔气象，地形变得越来越丰富多彩，心里就会涌现出一种愉快的感觉。在多种地形中的一个地方（谢尔基耶夫斯克附近），由于有厚层水藻的土壤，呈现出奇妙的红色；在另一个地方，稍为往北一点，有许多山峰，它们似乎是由大量水流构成的、陡峭的、被水冲刷的斜面和一堆堆被水冲得四散的石块；在第三个地方，高山犹如波浪浮动，层层往上延伸，以陡峭的斜坡而告终。居民越来越稀少，在无边无际的草原上，零零星星地散落着耕地，村与村之间的平均距离达7俄里，开始出现贫瘠的土壤。这里肆虐着草原的暴雨和暴风雪，转瞬间，乌云四合，云层在空中飞驰，一层厚似一层，闪电将所有的花朵击落在草原上，雷声隆隆，暴风阵阵，冰雹和着大雨倾泻大地，以致在10俄丈距离就看不见农舍。有时，大雨倾盆而下，你在路上受阻，但是过了半小时，天空重又晴朗了，空气宁静而清新，水顺着斜坡流淌，潺潺作响。走40俄里的路程，可以三次被淋得湿透，又三次被晒干。这些暴雨把所有的泥土从山顶冲刷到山谷，只是森林才将它保持在原地。在森林被砍伐殆尽的地方，高山露出乱石成堆的或是不能耕种的峰顶，肥沃的土壤变成贫瘠地。从山脚到山顶好好地观察一番耕地和草地是很有意思的：在山谷里，密密麻麻的黑麦在徐徐摆动，沉甸甸的麦穗弯下了腰，折断了秆。每往上走一步，麦穗就稀少一些，它们不这样下垂了，黑麦稀少一些了。再往前，它们像刚毛似地竖立着。最后是光秃秃的野地，极稀疏地散落着的麦穗，样子显得极为可怜和悲哀。在这些半贫瘠的山上，森林像被妖术控制似的，只长到一半高。橡树长到2俄丈高就再也不往上长一俄寸了。在散落在草原上的乱石堆中，干燥的银白色羽茅占大部分，它像巨大头盔上的羽毛似地被风吹得四面摆动。日落前，阳光照射在羽茅上，大片地域呈现出一派霓虹，微风吹来，羽茅摆动，形成一片波浪，霓虹快速地粼粼浮动，一浪赶过一浪。在这些草原上，诗意般地散落着牧人的窝棚。牧人带着他们的狗，骑着备好的马，羊群在广阔的草原上无忧无虑地走动，牧人的灯光照亮了荒无人烟的草原，灯光周围传来了欢快的语声和笑声。村社允许资本家付钱放牧他们的牲口，似乎这就是这

些草原的唯一用处。山峰像正在停歇的波浪，渐渐地消失，森林也消失不见了，土地越来越贫瘠，最后是一望无际的沙漠。干旱也循着这条道路往前伸展：森林越少，湿气就越少，沙粒越多，干旱就越厉害，欢快的森林草地的翠绿被某种暗淡、悲哀的色彩所取代。沙粒和太阳轮流地在烤。较南部地区的欢乐景色就要消失了，出现另外一种荒凉的沙漠，这里，北部的森林被南部的沙粒所代替。

沿着这整个地域，开始是流着卡马河，然后是伏尔加河。从四月到八月，它们将春水流注里海，同时淹没草地和平源。有时，它们流入浓密的森林；有时，从密林和阴影处流入光亮和宽敞处。河水四处广阔地流动，朝霞自由自在地映在水中。直到遥远的地平线都看不到河岸，只是某处有两个磨坊，似乎具有魔力似的，居临其上，屹立在空气中。在一边，耸立着一些高山，有的枝叶纷披、林木茂盛，有的呈白粉色而带着绿树的条纹，有的陡峭而露出层层山峦。越往下游，奔流在绿岛丛中的河水越是宽阔，越往下游，两岸的瓜地和果实累累的果园越是丰富多彩和繁多。在伏尔加河与乌拉尔河之间的地带，早已开始出现一些贫瘠的地区，而伏尔加河两岸仍然还是肥沃的，有一边的河岸多山，很漫长。萨拉托夫处于高山之间，风景优美，在郊区的山上可以看到许多别墅。萨拉托夫四郊以其果园闻名，卡梅申稍南一些的地区以其西瓜著称。在阿斯特拉罕，果实满枝的果园明显地表明已靠近南方，它以其葡萄而闻名，那里的李子和桃子一样鲜美可口。从7月份开始，部分居民以水果和面包为食。最后是伏尔加河口，这是果园区。在同一纬度上，从萨马拉越往东去，虽然那里也长着扁桃树、小豆果和野樱桃，但是果园、西瓜和瓜地却越来越少了。在靠近乌拉尔河的哥萨克土地上，

西瓜重又大量出现：越往南去，差别越明显。在远离伏尔加河的贫瘠土地上，人口越来越稀少，最后到了诺沃乌津斯克县，每平方米里亚只有 240 人，然而沿伏尔加河的萨拉托夫县和沃尔斯克县，每平方米里亚几乎达 1 500 人，在察里津县，仍然还有 600 人以上。

最后，就连伏尔加河也经受不住土壤贫瘠的压力。山消失了，伏尔加河河水在无边无际的单调的沙丘之间奔流。在其两岸再也没有庄稼了，游牧的卡尔梅克人建造了自己的过冬小屋，无数的畜群散布在单调的原野上，啃着稀疏的草，干燥的芦苇代替了森林，最后，出现了大海。

这就是同这里的农民有关系的大自然。它使农民遭受到多少次最不公平和严厉的责难。他的土地是黑土，土地往往很多，但是，这种财富是骗人的和不稳固的。可能只有三分之一的土地是肥沃的耕地，他经常得白白地花费自己的劳动并后悔自己相信了土地，这种土地上的石头比土壤还多——他的周围长满了草，但是他必须到 10 俄里以外去割草。还有什么能比在静悄悄的夏夜沿着这些冈峦起伏的草原漫步更美妙的呢？月光柔和地泻在森林和山峰上，投下了明显的阴影，畜群神秘而安静地来回走动，某处听到犬吠声，某处马在打鼻响。沿着森林和山峦的周围，在河岸和湖岸上，亮起了火光，——这里，一群群的农民和割草人在宿夜。骑着马沿山梁快速奔驰，倾听着马蹄声，你注意不到时间是怎么流逝的。学究认真地责骂农民，这些幽美的火光何苦来呢，为什么他要浪费时间长途跋涉呢。唉，要是耕地和草地一小块一小块地零星散落在贫瘠的土地上，那他还有什么办法呢！

每个国家人民的生活都处在这样的时期，在这时期中，工人阶

级的社会地位从剥削者那里得不到任何保证，人们从工人手中挖走了他的产品的最大部分，因此贫困化威胁着整个国家。在西欧，这个时期适逢政治上的完全无政府状态的时候，这对西欧来说，是幸运的形势。贵族在自己领地的范围内是完全的统治者，但是超出这个范围，它的影响就结束了。如果它对自己的奴隶和被统治者过分苛求，他们就会跑到强大的邻居或它的敌人那里去，而地主就再也不能把他们从那里弄回来。在城市里他们甚至可以得到充分的自由。俄国是在18世纪上半叶，在行政集权制充分发达的情况下，度过这一经济上依赖的时期的。国内秩序井然、十分安定，最上层阶层压榨的已不是分散的个人，而是全部有组织的群众。这就是为什么俄国的工人摆脱这种压迫如此困难，为什么他变得贫困和力量薄弱。

俄国的工人不识字、分散，对自己的公民的权利与义务不具有任何概念，受到农奴从属制的教育，他比其他阶层处于如此不利的境况，以致必定得降低自己的地位，低得不得了。如果他没有降到罗马帝国工人时的那种完全的奴隶地位，这可能是由于他有某些智能上的优越性。

在俄国的东部，私人土地占有制加速地导致整个地区的贫困。那些拥有丰富的森林和必然伴随着该地森林而存在的肥沃土壤的最好土地都成为私人所有：有时得沿着美丽如画的森林走上几十俄里，这些森林都属于一个显贵的老爷所有。这些老爷们盘算着自己土地上的财富，把大量的赋税加在自己的农民身上，每一课赋单位达20卢布。同时，那里没有副业，没有人买谷物，所以，谷物的价格最低，因而，在这些地方官家的租赋和捐税也是沉重的。农民要缴纳它们，必须使出全部能力来忍受贫困，这种能力使得俄国成为流浪者的国家，这里的进取精神不是为了致富，而是为了忍受痛苦的贫困。在萨马拉省，由于没有副业，农民在有农活的季节丢下自己的土地和家庭，出发到几百俄里以外去割羽茅，或是用马运盐巴。他是这样地穷，在路途中，没有能力用燕麦喂自己的马，只得停在野地，用草来喂它。很容易想象，这匹马在载运货物走了几百俄里以后，没有吃燕麦，然后又得去耕地，它还能干多少活。所有这一切都对马的品种产生不利的影响。我在那里看到过一些瘦弱的马，从远处看，它们像牛犊；走近看，这是很轻盈的玩具，就是最不像是一匹干活的马。甚至那里的马车夫有时也驾着小个儿的瘦弱马，这种马疾驰不到 10 俄里以上。要是连国家农民缴纳捐税都很困难，那么，可以想象，生活在私有土地上的农民在缴纳租赋时的困难将会是多么巨大。在农奴解放时期，只要能从这种使他彻底破产的重担下解脱出来，他愿交出自己的全部土地。在农奴解放以前，只有生活在森林丰富的土地上的农民能够在多少可以过得去的生活的条件下纳清租赋，他们缴纳租赋完全靠毫不爱惜地滥伐森林，——更有甚者，他们不仅自己能砍多少就砍多少，而且允许周围的农民付钱砍伐。把他们带进森林，给他们指定地点，然后，当他们砍好以后，带着砍伐的树木一直送他们到村口。机灵的邻居在知道这种底细以后，不经允许就在这些有漏洞的地方砍起树来了。我曾有机会经过这类森林。在远离道路的地方，人们在那里进行这类砍伐，森林里堆满了落枝，到处可以看到偷窃所造成的毁坏留下的痕迹。在一处，为了砍走一段做犁用的木头，把整棵树都破坏了。在另一处，大片地方覆盖着腐烂的砍伐剩余物，不让新茎发芽。总之，到处都是乱砍滥伐和森林被毁的痕迹。

如果在土地地主所有制下就农民所处的地位来看森林毁灭是完全必然的现象，那么就应该预料，在官家的土地上，情况将会好一些。为了从现在的观点看一看这件事，不应忽视，在维亚特省土地私人占有制则是国家森林的灾难。在那里，为了用这样的办法致富，可以买到地产。在需要营造私人别墅的木头的借口下，那里有大量的国家林木被运走。现在被谈到的俄国东部的一些地区，我遇到了一些有教益的场面。有一次，我在一块林地上停留在一个富裕农民的身边，他负有保护森林的责任。这个农民非常忙碌，他请林务区长的客，酒席摆得极其阔气。我很惊奇，他哪儿来这么多的钱。他对我说，这次请客的钱是从农民的捐税里弄来的。再过 14 年，我路过这个地方，发现这里只剩下过去曾是富裕森林的可怜残迹。另一次，我去看一个鞑靼人的村庄，这个村的周围全是一片极好的森林。我的主人当着我的面做了一笔供应相当大量林木的交易。当我问他，从哪儿拿木料来履行自己的义务时，他以天真的坦率解释说，他可以不受处罚地砍伐周围的森林，因为当林务区长每次在村里停留的时候，他们从每口人身上收一卢布送给他。那时是一个时代，现在则是另一个时代，我们没有任何权利认为，这类舞弊行为也一直继续到现在。但是，毁灭森林的事实无疑是存在的。它的根源之一是直接税和租赋，这与从前一样，仍是情况改善的不可克服的障碍。在俄国北部，我们看到了同盛行烧林来扩大草地与耕地的斗争，可是，在那里，有时这类现象与其说是有害的，还不如说是有益的。在由林木灰烬上了肥的土地上，能长出更好的农作物，在被烧毁过的林地上，能出现更高级的森林。而在这里呢，灭绝森林的与扩大贫瘠地区是一码事。在这里，森林灭绝

是社会混乱的必然结果。只是在一些森林丰富的地区可以看到某些富裕的迹象。在处于森林中间的幽美的林中空地上，茂盛的草地和肥沃的耕地给人产生愉快的印象。走近村庄的时候，看着无数谷垛，不能不感到高兴。虽然村里都是只有三个窗户的农舍，但建筑物很多，在许多院落里有两个大农舍，它们不显得贫穷和破烂。在许多农民那里可以看到质量不差的马和大量的蜜蜂，——不过，所有这种迷人处很快就破灭了：经过更仔细地观察村庄生活的情况后，发现大部分人仍然是贫困的，土豪行为使得上百无能为力的人痛苦不堪：当富裕的土豪与自己朋友畅饮糖酒的时候，依赖于他的许多穷人却吃着极少量的食物。我在一个富裕的土豪家里看到，连同他的家庭成员，男工和女工达50人之多。但是，这些可怜的人们很珍视自己的可怜的处境，他们知道，在无林地区会遇到何等严酷的贫困。他们已失去了整昼夜不吃东西的习惯，可是，他们知道，要是停止森林砍伐，他们必定会落到这一步。因此，他们比富裕的老爷还更起劲地维护毁灭森林的权利。在地主的土地上，阻止森林灭绝的尝试遭到了最强烈的反抗。在那些采取反对毁灭森林的措施的管理人员那里，谷物被烧掉了，租赋的钱被偷走了，人们还威胁要烧死或打死他。将这个村庄和附近的村庄比较一下，就能理解这种行动的方式，他们是在维护自己的生存权利。土地私有者在反对森林灭绝的斗争中就像是这样的医生，他把疟疾患者放在发疟疾的地区，然后力图用药物来阻止病情的发展，在这种行动之后必然跟随着机体的败坏和失调。由于这类原因，在整个俄国可以看到在地主土地上森林灭绝的迹象。把尽可能处于相同条件下的省份拿来进行比较，我们发现，例如，在维亚特省，那

里人口比科斯特罗马省更为稠密，但生活在私有土地上的人口相对地要少4倍半，森林被毁坏也就要少一些。在科斯特罗马省，地主土地上的森林被破坏得最厉害。在官家那里，在1 000俄亩土地中森林占833俄亩，而在地主那里只占702俄亩。每个国家农民摊到17⅓俄亩森林，而每个生活在私有土地上的农民则只有9⅓俄亩。在尼日戈罗德省，由于私有土地上的人口相对地要少一些，森林就比辛比尔省多得多，虽然尼日戈罗德省的人口要比辛比尔省稠密。在沃龙涅什省，私有土地上的人口比哥萨克顿河区较少，森林被破坏得就少，虽然那里的人口几乎要稠密5倍。

在对比库尔斯克省和图拉省时表明，虽然库尔斯克省靠近黑海，即靠近无林地带，而且人口也更为稠密，但是，那里的森林被毁坏得较少，因为，在图拉省，私有土地上的人口要比库尔斯克省几乎多1倍。如果在所谓中部地带的14个省份之间进行比较，那么绝对优势在私有土地较少的那些省份。①

最近时期，塔弗里奇省一旦增加了私有土地的数量，森林毁灭现象就特别严重，以致政府开始建议地主把他们的森林去换另外的土地。地方自治会担心森林的彻底灭绝，但是束手无策。

私有土地如何影响我们的林业，图拉省是极好的证明。它的周围是莫斯科省、卡卢加省、奥尔洛瓦省和梁赞省，在所有这些省

① 为确定毁灭森林的程度，将森林进行比较，是相当困难的事情，因为，这里需要考虑很复杂的情况。在这种场合，除了考虑人口的密度起着很重要的作用以外，还要考虑这种情况，即森林由北部边界千篇一律地向前只延伸到黑土地带边界为止，然后它就以不平衡的地带往前伸展，因此，在这种地带的各省中进行确切的比较是根本不可能的。只是在无林的南部草原地带袒露的草原像北部森林一样，千篇一律地往前伸展。开始我列出按人口密度分配的各省名单，然后我将作出能够进行比较的各种组合：

里，图拉省私有土地上的人口最多，只有8%的面积覆盖着森林，

	每平方米里亚摊到的居民数		每平方米里亚摊到的居民数
1. 阿尔汉格尔斯克	20	19. 辛比尔	1 340
2. 阿斯特拉罕	94	20. 尼日戈罗德	1 392
3. 奥洛涅茨	125	21. 弗拉基米尔	1 415
4. 沃洛格达	135	22. 喀山	1 440
5. 哥萨克顿河地区	338	23. 契尔尼戈夫	1 514
6. 彼尔姆	353	24. 雅罗斯拉夫尔	1 561
7. 奥伦堡	384	25. 沃龙涅什	1 600
8. 诺夫戈罗德	481	26. 哈尔科夫	1 610
9. 塔弗里奇	548	27. 比萨拉比亚区	1 619
10. 萨马拉	584	28. 唐波夫	1 643
11. 科斯特罗马	741	29. 平扎	1 711
12. 维亚特	852	30. 卡卢加	1 720
13. 普斯科夫	901	31. 奥尔洛瓦	1 785
14. 叶卡捷琳诺斯拉夫	983	32. 梁赞	1 864
15. 赫尔松	1 018	33. 图拉	2 069
16. 斯摩棱斯克	1 117	34. 波尔塔瓦	2 117
17. 萨拉托夫	1 137	35. 库尔斯克	2 228
18. 特维尔	1 311	36. 莫斯科	2 595

在人口密度或多或少相同的地区中，阿尔汉格尔斯克省和阿斯特拉罕省因状况完全不同无法进行比较。而奥洛涅茨省和沃洛格达省之所以无法进行比较，是因为这里根本谈不上森林灭绝问题：两个省都有96%的森林和贫瘠的土地。把彼尔姆省、奥伦堡省和哥萨克顿河区进行比较，不可能有什么结果，因为，整个彼尔姆省处于森林地区，在奥伦堡省，有部分地区是无林的草原，而整个哥萨克顿河区全处于无林的草原区。哥萨克顿河区与阿斯特拉罕省无法进行比较，这是因为，阿斯特拉罕的多沙的草原极为贫瘠，那里贫瘠的地区占总面积的93%，而在哥萨克顿河区，贫瘠的土地只占10%。彼尔姆省和沃洛格达省的比较得出这样的结果，沃洛格达省生活在私有土地上的人口较少，森林的相对数量较多，但是，彼尔姆省的人口较为稠密，而且那里还有采矿工人。因此，我不认为，可以把彼尔姆省的森林的减少仅仅算在土地地主占有制的影响的账上。诺夫戈罗德省没有可与之比较的省份。塔弗里奇省和萨马拉省，由于它们的状况不同，无法进行比较。但是，塔弗里奇省可以与哥萨克顿河区进行比较。结果是，人口密度较大的塔弗里奇省，生活在私有土地上的人数较少，森林较多，而人口较稀的哥萨克顿河区，生活在地主土地上的人数较多，森林较少。沃洛格达省和彼尔姆省，比

可是在其他省份中，没有一个省的森林少于22%的。莫斯科省

起科斯特罗马省来，生活在地主土地上的人口较少，森林较多。但是，这可能是由于科斯特罗马省的人口较为稠密的缘故。维亚特省的森林数量比彼尔姆省和沃洛格达省少也可以用这个理由来解释。普斯科夫省和诺夫戈罗德省的比较得不出结果；诺夫戈罗德省地主土地较多和森林较多，这应当是归结于，普斯科夫省的人口几乎比诺夫戈罗德省稠密一倍，而且它离北部森林较远。把叶卡捷琳诺斯拉夫省与哥萨克顿河区和塔弗里奇省进行比较所得出的结果是不可靠的，因为，虽然在这种比较中表明，在这3个省份中私有土地越多，森林越少，但是，叶卡捷琳诺斯拉夫省的人口较为稠密。在比较斯摩棱斯克省和诺夫戈罗德省、普斯科夫省时，结果是不确定的：斯摩棱斯克省的人口较稠密、私有土地的数量较多，森林较少。萨拉托夫省也完全是如此，它的人口比萨马拉省稠密，私有土地的数量也比它多，结果森林较少。特维尔省按人口密度来说，最接近辛比尔省和尼日戈罗德省，但它们是无法比较的，因为它们处于完全不同的地区。然而，比较辛比尔省、喀山省和尼日戈罗德省所得出的结果却是很显明的：辛比尔省的私有土地最多，森林就最少，它的森林比喀山省少，虽然喀山省的人口要稠密得多：每平方米里亚的人口要比辛比尔省多100。弗拉基米尔省，按人口密度来说，在其所有的邻省中只是和尼日戈罗德不相上下，但是，这里私有土地上的人口是相同的。小俄罗斯各省相互之间无法比较，因为它们的人口的密度差别太大。由于同样的原因，雅罗斯拉夫尔省不能与其邻省比较。

比较中部各省，得出下列结果：

一）私有土地较多的省份	每平方米里亚的居民	私有土地上的人口百分比	森林相对于总面积的百分比	二）私有土地较少的省份	每平方米里亚的居民	私有土地上的人口百分比	森林相对于总面积的百分比
1)科斯特罗马	741	69	67	1)沃洛格达	135	34	92
2)诺夫戈罗德	481	62	62	2)彼尔姆	353	40	73
3)尼日戈罗德	1 392	64	49	3)维亚特	852	12	68
4)普斯科夫	901	59	48	4)奥伦堡	384	16	51
5)弗拉基米尔	1 415	64	46	5)喀山	1 440	15	40
6)雅罗斯拉夫尔	1 561	57	34	6)莫斯科	2 595	51	38
7)特维尔	1 311	54	31	7)平扎	1 711	40	35

这里可以看出，地主土地上森林毁灭的范围较大，这不仅在人口稠密的地方如此，人口较稀的地方也是如此。雅罗斯拉夫尔省和特维尔省虽然处于较北地区和人口较为稀少，但比起平扎省和莫斯科省，森林被毁灭得较多。如果为了将接近的地区进行比较，除去平扎省和普斯科夫省，或者在普斯科夫省的地位上放上斯摩棱斯克省，那么所得出的结果还要更为明显。在第一种情况下，森林的百分比数字将是这样的对比：(67—92)(62—73)(49—68)(46—51)(34—40)(31—38)；第二种情况是，(67—92)

在其中心有首都，在这个省里，每平方米里亚的人口比图拉省多

(62—73)(49—68)(46—51)(34—40)(34—38)(31—35)，因为，在斯摩棱斯克省，每平方米里亚的居民是1 117人，69%的人口生活在土地私有制下，森林的面积占34%。

在观察我们森林界的整个景象时，我们看到，我们的森林从北部的冻土地带开始一直蔓延到地主的土地为止，那儿浓密林带继续往南部、东部和西部伸展，而在中间它们变得稀疏了：这里，稠密的人口和较多数量的地主土地在毁灭森林的过程中相互争先。如果说，平扎省的稠密的人口比辛比尔省的大量地主土地占了上风，多毁灭了2%的森林，那么，图拉省的私有土地对莫斯科省的稠密人口取得了最决定性的胜利，多砍伐了30%的森林。在唐波夫省和平扎省，哪一方也没有占优势。

很快就能看到，还存在着对森林的分布具有重大意义的第三个因素，这就是土壤的贫瘠，它的影响在极北地区就已经开始了。阿尔汉格尔斯克省有64%的贫瘠土地，奥洛涅茨省有16%，沃洛格达省只有4%；而以上3省的森林则分别占35%、80%、92%。从维亚特省开始到普斯科夫省结束的整个地带，贫瘠土地的数量直到特维尔省不断在增长，然后，在普斯科夫省逐渐减少。在特维尔省，森林数量同样逐渐减少并达到再也不能少的地步，而在普斯科夫省又突然增多了。在后面接着的地带，喀山省的森林数量相对地不算多，往西部去又很快多起来了。在辛比尔省，一些贫瘠的土壤和特别是大量私有土地，与喀山省和尼日戈罗德省比起来，一下子显得森林数量大大地减少。在弗拉基米尔省，森林由于人口的稠密而减少。在莫斯科省，过分稠密的人口和大量贫瘠的土地不能带来辛比尔省和斯摩棱斯克省的私有土地所产生的那种结果，在后两个省中，虽然人口稀少和贫瘠土地的数量较少，但是，森林被毁灭得较多。在后面紧挨着的地带，直到辛比尔省的南部边界，森林都很浓密。在梁赞省，三个原因结合在一起，使得森林比平扎省减少三分之一，这就是稠密的人口、大量的私有土地和日益增长的贫瘠土壤：平扎省比起辛比尔省来，每平方米里亚多370人，因此，森林数量减少了……，但是，只少十八分之一。如果我们假定，梁赞省的森林的减少，稠密的人口和贫瘠的土地得负六分之一的责任，那么私有土地的责任仍然在六分之一以上。这在邻近的图拉省可以得到很明显的证实，那里更稠密的人口的影响被贫瘠土壤的减少所抵消；但是，增长更快的私有土地使森林减少几乎三分之二。在卡卢加省，森林重新很快地增多了，那里人口的密度和私有土地的数量一下子减少了。接着，在奥伦堡省和萨马拉省的南部贫瘠地区完全是一片无林区，沿着这一地带向西，森林的数量逐渐增加：在萨马拉省，森林地带占面积的10%，唐波夫省占17%，最后，奥尔洛瓦省占23%。这里无林草原的坏影响超过了私有土地、稠密人口和贫瘠土壤的影响。在紧接着的地带，无林区沿着同样的途径往前伸展：在沃龙涅什省，森林又多起来了，在库尔斯克省，稠密的人口和私有土地的增加结合在一起，妨碍森林的增长。在契尔尼戈夫省，森林增加很快，这里人口较稀，私有土地数量较少。在下一地带，稠密的人口发生着决定性的影响：在哈尔科夫省，森林多起来，到了波尔塔瓦省，又很快减少了。完全无林区从阿斯特拉罕南部十分可怕地延伸到黑海沿岸，但是，在哥萨克顿河区森林仍然很快地增加了，在赫尔松省和叶卡捷琳诺斯拉夫，忽然又减少，这主要应归咎于私有土地的增加。

500 人，尽管如此，莫斯科省的森林几乎比图拉省多 3 倍半。然而，在图拉省，70%的居民生活在地主土地上，而莫斯科省只有 51%。在列举的 5 个省份中，卡卢加省是在图拉省之后生活在地主土地上的人口最多的省：这个省曾以其森林著称，这曾有过 1 240 910俄亩森林，而现在总共只有 723 206 俄亩，其中建筑用林已经只剩 399 853 俄亩了。现在它的森林比莫斯科省要少得多，虽然莫斯科省的人口稠密，首都的需要又很大。可是，莫斯科省只有 51%的人口生活在地主土地上，而卡卢加省则有 64%。

农奴解放的日子来临了，将会怎么样呢？森林转归地主所有了，灭绝森林的现象是否就到此为止了呢？一点也不是，——灭绝森林的主要原因即地主的投机和林木资本家向他们提出的诱人的建议还在起作用。梁赞省曾以其茂密的森林而闻名，现在，曾拥有几万俄亩建筑用林的许多过去著名的砍伐区只剩下了一个名称。早在上世纪末，梁赞省的森林比现在要多一半。现在，梁赞省只有 22%的面积有森林覆盖；在有的林场，五分之四的地方已经只是一些沼泽，在另外的林场，四分之三是灌木或散沙，这算什么森林。人们认为，如果从那些正式被认为是森林的地方中除去烧掉的地方、沙地、沼泽，甚至草场、耕地和庄园，那么得去掉整整三分之一是虚假的森林。梁赞省的森林如果不是较大量地保留在国家农民的份地上的话，可能还要被毁灭得更多。这些农民在自己的七分之二份地上保留着森林，而地主在自己的土地上只有十四分之三，即不到 25%。那里只有六分之一的官家森林归官家所管，其余的都在农民的份地上。在喀山省，森林在西部和西北部保留得最多，那里住的几乎完全是一些国家农民。在这个省里，全部土地的五

分之一属于地主和皇室领地，而全部森林却只有七分之一属于地主和皇室领地。在斯帕斯县，土地在官家和地主之间的分配几乎是各占一半，可是在官家的土地上有 108 558 俄亩森林，而在地主土地上总共只有 54 280 俄亩。地主和官家，即大占有者所掌握的森林被毁坏得如此严重的主要原因在于，他们把森林交给林木资本家砍伐来从中获得收入。在把大量资金花在滥伐森林上的情况下，林木资本家只考虑如何尽可能多地为自己捞到好处。在梁赞省，地主的林场曾特别以其森林丰富而著称，然而通过这样的途径，森林却被砍伐一空。林木资本家从地主那里购买森林，并不是有选择地加以砍伐，而是将整个地带的林木砍个精光。下一年，地主在被砍光林木的地段放牧牲口，牲口啃光了幼芽。森林变成一片只留下一些腐烂树根的田野。在科斯特罗马省，地主可以几乎非常便宜地从伏尔加河得到建筑用材和烧火用的木料，爱惜森林看不到有任何利益，他们让林木资本家带着斧头和马进入林场，由他们在那里任意支配，或者卖给资本家木头，任他们从整个林场中挑选，自己一点也不管。购买者由于疏忽大意糟蹋了大量的幼树，森林就被破坏了。富有的地主多半占有大量的森林面积，这里是真正存在森林灭绝现象的地方。许多地主住在远处，从来就没见过自己的森林，他们只关心如何从林木资本家那里得到钱，一点也不注意森林财富在毁灭。大地产如何对待森林灭绝这件事，可以从下面例子中清楚地看出来，甚至在比萨拉比亚地区，那里总共只有 9%的面积上有森林，地主除了将森林交给林木资本家砍伐一空之外，找不到别的办法能从森林获得足够的收入。他们甚至很少关心这种灭绝现象，他们认为，先从林木资本家那里拿到可观的

钱，然而将原先的林地变成耕地或草场，这对他们是有利的。大量砍伐树木，特别是通过林木资本家的大量砍伐，对官家所有的森林带来的危害也不见得更少。在喀山省的西部，一方面是，农民，甚至生活在森林中的农民，很少使用木材，由此忍受着贫困；另一方面是，林木资本家以最残酷无情的方式毁灭森林。这类大量的砍伐也毁灭了沃龙涅什省的丰富的森林。除了通过林木资本家毁灭森林之外，地主也通过发展对森林是致命的大规模生产来毁灭森林。例如，在喀山省和附近地方，地主通过钾碱的生产毁灭了自己的森林。在全俄的地主土地上，森林灭绝的最重要原因之一是地主的争论和争吵。地主们在土地继承问题上大吵一通以后，立即砍光这块土地上的森林，以便在事情的结局不妙时，它不会落入别人之手。这个因素起多大作用，可以从下面一件事中看出来，几乎在所有的省份中，地主的森林被测量得很差，只能近似地确定其数量，因此，甚至官家和农民的森林的数量都要比它清楚得多。所有这一切可得出这样的结论，即那些不为缴纳租赋和捐税而被迫毁灭森林的村社农民来占有森林最为理想。

当2月19日的章程对多林地区的农民宣布的时候，它使他们非常不安。森林消失了，而租赋还留着：他们相互询问，在这种情况下怎么办？害怕租赋减少的地主忙碌地张罗，是否能想出某种补充的缴款，在俄国的许多地方他们能办到这一点，这时，除了森林之外没有其他副业的农民预见到自己的破产，甚至在他们的租赋减少的情况下，也是如此。恢复元气和使自己免受贫困与沉重的拖欠租赋的唯一希望寄托在农忙的时刻，当极需收割谷物的时刻来临之际，人手缺乏，他们收割1俄亩谷物，可以从地主那里拿到 5 卢布，这就可以还清租赋。唉！希望无情地欺骗了他们，地主很快就猜到该怎么办。所谓地主中的机灵的人干起了土豪的行当来，他们兴奋地谈论着这种行当的好处。林区的村庄，别看其境况表面上不差，农民也得为地主收割庄稼。因此，穷人不断地来到：有的要谷物，有的要钱或抵偿租赋，他们负责在收割谷物的农忙季节干活，他们把价格压得很低，使得利用这种辅助劳力来耕作土地极为有利。但是农民的生活很差，他在自己的黑麦掉粒的时候，或是自己草地的草因雨发黑的时候，放下自己的田地，忙着为别人去干活。他说得对，他在出卖自己和自己孩子的生命。

我们离开了森林，离开了它们的肥沃的原野和令人喜悦的风景，森林远远地退到了地平线的边缘，在我们面前延伸着遥远的起伏的草原。在地主土地上的农村，到处全是带有禾秸屋顶的农舍，有的地方，国家农民的房子也是如此。大半的农舍都是两个窗户代替了三个窗户，窗户只是小小的可怜的窟窿。没有森林，没有副业，用什么来支付租赋呢？眼前是一片无边无际的绿色草原，这就是极好的来源，还有什么能比在这类地方繁殖牲口更为自然的事呢？唉！但是这里的畜牧业不仅不特别获利，而且经常亏损。我在这里遇到过很有头脑的业主，他们饲养牲口只是为田地施肥。牲口的疫病是这里的畜牧业的灾难。我多少次有机会看到过，有几百头牲口的大批畜群，过了几年就无法辨认了，它只剩十分之一、十五分之一。可怜的 30 来头奶牛和小牛散布在原野上，这就是有 600 或 800 居民的村庄的全部财富。在私有土地上，这类地方经常能看到被认为是富裕农民的儿子出外做工。土地比国家农民的要少，谷物便宜，卖给谁呢，——几乎是 150 万农业人口只摊到 4 万多一点的城市人口。在这些经常是贫瘠的土地上，地主吹嘘说，这儿的农民和西伯利亚的农民一样，吃着小麦面包。而农民学会了少吃的本事，他吃得很慢，人们可能以为他在细嚼反刍的食物，他以这种方式来使很少量的食物能达到吃饱程度。我可以肯定地告诉这个地区的地主，在西伯利亚，没有像这里生活在地主土地上的这样穷苦的农民。在西伯利亚，人们可怜，又穷，这可以在前面描述中看到，但是，大多数的人仍然不仅要比这里生活在无林的地主土地上的农民富裕，而且要比生活在林多的私有土地上的农民富裕。比这些人更不幸的人也许只能在极北地区找到。这个状况有什么奇怪的呢？他们的土地比邻居要少，土地更差，而缴款则更多。

为了对生活在森林少的地主土地上的农民的状况有个概念，我来描述一下处于喀山省和阿斯特拉罕省之间的一个土地多的地带的农村。这个农村处在偏僻的地方，远离任何活跃的交通要道，农民没有副业。在农奴解放以前，他们的土地曾经很多，但是，这些土地是多石土壤，而且很贫瘠，他们放弃了它，因为预见到，将无力为这种土地缴纳租赋。他们还有一个不幸，那就是处于无林地区的边缘，——他们的邻居那里就有丰富的森林。

这个小村位于风景幽美的地方，紧靠多石的山峦，它宽敞地坐落在菜园的令人心醉的翠绿丛中。当菩提开着鲜花、邻近大片森林的清香飘送到殷勤的小屋上空之际，农民不由自主地羡慕那些生活在如此良好环境中的人们。他们的小屋与普通的农民的建筑毫无区别，看不出富裕，但也看不出惊人的贫困，几乎全是普通的无林区的两个窗户的农舍，大小也一般。过路人会不加任何注意地走过这个村庄。这个村的居民有 300 人。在按顺序的第一个农舍里，住着一个 8 口之家。丈夫是个恬静的人，妻子健康而强壮，有 6 个孩子，全是姑娘。他们养活自己全家很困难，妻子甚至在怀孕的时候也必须去干全部农活。这是一个模范母亲，这个精力充沛、勤劳的人生下了一些极虚弱的孩子，优良的人种退化了。还有什么能比这更自然的呢？当怀孕的母亲必须去割草的时候，胎儿能发育得好吗？女读者，请您想一想，当您劳动得精疲力竭，勇猛地干活，才能维持您的家庭的生活和健康，然而您又看到，您越是以更大的自我牺牲精神劳动，您的加倍努力却只带来您的家人的死亡，在这种时候，您是一种什么心情呢？旁边，在样子挺好的农舍里，住着七口之家，其中有两个成年劳力。他们在农奴解放的前几年，因搬家破产了。他们只剩下一个过去富裕生活的痕迹，这就是农舍。他们用它换回了过去自己的住处。他们曾有些牲口，但是，这一家的孩子们说，他们有时得连着饿两三天，甚至还去要过饭。生活怎能没有不幸的偶然事件呢？根据行政当局统计，每年全部农业人口中有 2%遭受火灾，而在 50 年内，所有的人都得临一遍火灾。除此之外，还有歉收、牲口瘟疫、霍乱和流行病。如果农民处于这种境况之中，在经受这类事件以后，他不可能很快地好转，那么贫困必然要逐渐地蔓延整个地区。每年有千百个牺牲者在这类灾祸下遭殃。在地主的土地上，农民只要一旦破产，就永世不得翻身。下面就是有教训意义的例子：有一个不大的家庭，其中有两个勤奋、清醒的劳力。但是，它遭了火灾，从此挣扎来、挣扎去，怎么也无法摆脱贫困。在遇到这类境况的地方，就得担心，过

不了两三代,整个农民的家族就会消失。在紧挨着的一个农舍里,是一个5口之家,其中,一个劳力,一个白痴,一个残废者,一个由于缺盐而得坏血病的重病人,一个健康的妇女。这个家庭的整个状况显得极度贫困:没有牲口,有一匹马,是惊人地瘦弱,这里没必要赘述,事实胜于雄辩。紧接着的一个农舍则很是有条有理,显得富裕。里面住着9个人,其中,有一个劳力是这家的主人,这人特别聪明和具有活动能力:虽然他的儿子被抽去当兵了,在他身上留下一大家子人,他还是有牲口和蜜蜂,而且进行了各种有利的周转。生活当然仍然很困难,免不了遭受贫穷,他决定把漂亮的女儿嫁给一个富有的教派信徒,从而帮了自己的忙。他的女儿感到很幸福,并不让父母落入贫困。开始,他的决心使农民们感到令人伤心的惊奇,然后,他们大家都开始羡慕他。接着,住着一个富有的身为庄稼汉的富农:他的家庭由30人组成,其中有包括3个20来岁小伙子的5个劳力。他有50个蜂箱,6匹能驾车的马和4匹小马。但是,就连这个农民也只是在大的节日才吃鱼,只在冬天吃荤的日子才吃肉,一星期只吃3次,他们在家里一年喝5次酒,喝得大醉。后面紧接着3家,这3家不穷,但是,只在冬天过节时才吃肉,有一家从来没喝过酒,另两家一年喝3次酒。这3家有7个劳力和16个其他的人。在村庄的那半边,还有一个富农,他用一切手段勒索钱财,甚至还偷过东西:这一家有5口人,其中有3个劳力,他们有4匹能驾车的马和3匹小马。按生活水平来说,他们与上述的富裕的富农家相近。除此之外,还有4家,这4家只吃面包和土豆:这里有8个劳力和11个其他的人。有3家,有时得挨饿:这里有3个劳力和10个其他的人。有4家,得完全挨饿,饥饿是这里的常客,折磨人的贫困完全取消了他们的生活。在这些不幸的人们中间,有 3 个劳力,1 个白痴,1 个瘫痪患者,1 个疝气病人,1 个男老病号,2 个经常生病的妇女和 10 个其他的人。

每当不得不作这类描述的时候,不禁羞得脸红。我描述了一条街的情况,我很难继续进行下去,因为我面前没有更好的情况可写。在整个村庄,没有一个能经常吃到鱼和肉的人。走遍整个俄国东部地区,走访最富有的建立在地主土地上的村庄,除开那些有相当多的数量的工人靠受雇于人生活的地方之外,找不到一个能经常吃到鱼和肉的成年农民,要是您能找到的话,那这肯定是资本家,他已经是靠别人的劳动才享受到这种舒适的,而且,这种人中一部分是居住在那些鱼比肉便宜、肉比俄国的平均水平要多得多的地方。夏天吃肉的农民,犹如卵石中的金屑那么稀少。我描述过的这条街道,其中住着 111 人,在这些人中,只有 59 人常年能吃饱,而且一部分人还只是吃面包和土豆。在其余的 52 人当中,有 2 个白痴(1 个根本不干活,1 个活干得很差),2 个畸形的人,5 个病人,6 个显出人种退化的人,在此种种之外,还加上一个古怪的人,他轻微地发作宗教狂,不过,这不影响他干活。我提到过两个富农,这是可怜的富农。两家勉强出卖 150 卢布的谷物,如果将他与西伯利亚的富农相比,这是最可怜的角色。西伯利亚的富农一次就能大方地出卖 500 甚至 1 000 普特谷物。离这个村庄两俄里的地方,有一个国家农民的小村庄,住着 100 多口人。这个村庄的最富有的农民有一个很大的养蜂场,它比上述村庄的所有农民的蜂箱加起来还要

多，在割草的季节，他雇用10个割草手，一年出卖1 000以上普特谷物。我描述过的那些富农对他无比地尊敬，深深地向他鞠躬，而他有些瞧不起他们，因为他永远不会想到用如此肮脏的勒索手法，这些富农就是靠这种勒索来保证自己的富裕的。纵观这些地方的农民的生活，不难理解，他们的富裕程度由两个因素决定，他们的土地越多，支付得越少，富裕程度就越高。大量的土地只是在农民有能力耕种它这一定的限度内能增加富裕程度，在此后的所有其余的土地对他来说都是多余的，他把它看得很次。在这些地方，农民无力耕种所有属于村社土地的多地村社是罕见的。可是，他们耕作了最肥沃的和离村最近的草地和耕地以后，所有其余的土地就无人管了，村社的所有成员不仅可以在其上耕种和割草，而且如果能找到承租人的话，可以经公众同意后将它出租。这里能遇到这种情况，沿草原驱车30俄里，遇不到一个村庄。看看周围，只能看到极少量的被丢弃的耕地。看着这些其上空翱翔着猛禽的辽阔的草原，会觉得是处在荒无人烟的地方，这里太阳只是偶尔地能晒着人的脸孔。经过这类跋涉后我知道，什么在等待着我：这就是被大量的谷垛围着的村庄。我悲哀地看着所有这些谷垛，心里想，所有这些财富都将廉价地卖给到处为找便宜而乱窜的富农。可以担保，农民将把自己的谷物便宜地卖掉，用很大一部分拿来缴捐税，他自己只勉强剩下点种子和少量养活自己家人的粮食。然而，在这种干旱的土壤上，不幸的偶然事件从四面八方威胁着他，如果他的牲口患疫病死掉，那么他的谷物不仅会因贫瘠的土壤、旱灾、冰雹和昆虫的危害而遭灾，而且会因种子的退化而遭灾：经常是他播下去小麦，而地里长出燕麦。有时他需要改变种子，有时得买牲口，以致甚至在土地很多的情况下，他只能勉强过活。在这种境况下，他为了不把谷物卖给富农和投机商，而卖给某个别人，经常需要走上 100 俄里。在这个他如此困难才到达的市场上，谷物的需求量不多于 3 万，而供应量则是 100 万。[①] 在出卖牲口时，他的境况可能更为不利。需要畜产品的商人和投机分子廉价地在广阔的草原上放牧，繁殖自己私有的牲口，他只能用农民得不到任何好处的极低的价格购买农民的畜产品。这里的供应也远远超过需求。工人本来会生活得一年比一年好，工人居民当中本来会每年出现新的需求，而这种新的需求又会产生新的生产力。但是所有这一切都成了激烈竞争的牺牲品。这种竞争把工人抛进投机商之中，他们需要工人廉价地出卖自己的劳动。这就是在土地最多的村社看不到富裕特征的原因，而在那种农民很容易屈从于土豪的地方，如在莫尔多瓦人或车累米西人那里，甚至看到悲惨的贫困。我在莫尔多瓦人中看到过许多因恶劣的食物而瘦弱的人和极其委靡不振的人。甚至进取精神强的鞑靼人也无力摆脱这种境况。在有 100 户以上的农村，只有 8 户可以算是富裕的，其余勉强地过着贫困的生活。鞑靼人比这个边区的其他任何民族更喜欢几代人住在一块。在宽大的院落里，接连不断的一排粮仓和敞棚像围着一堵围墙，有时四五家住在各个农舍里。在过去的历史年代，我们在

① 甚至在人口稠密得多的地方，由于只得把谷物卖给富农和商人，而不是卖给直接的消费者，价格就受到影响，这种影响到什么程度，可以从下面的例子中看出来。平扎省的人口比萨马拉省的人口稠密 2 倍，相对于这个人口的城市人口大 1 倍。在 1864 年，在歉收以后，粮食价格下跌了 25%，甚至 30%，只是因为减少了酿酒的数量。

各国人民的工人阶级中看到这类生活。法国人在封建的混乱年代曾过着这种生活，塞尔维亚人则在土耳其人的沉重压制下曾如此。中世纪的压迫消失了，在法国就没有留这种生活的痕迹，土耳其人的压制削弱了，塞尔维亚人的家族就分成家庭了。这种力量很强烈，行政当局也无力阻止他们。在俄国，直至现在甚至在工业省份也能遇到 50 人组成的家庭。我记得好几个反映草原地区村庄的可怜状况的例子。有一次，我坐一辆质量极其普通的三套马车跑 60 俄里地，有一个地方的大官乘车与我同行。虽然他为了赶上我曾 4 次换马，把 4 辆三套马车弄得精疲力竭，仍然没能赶上我，到目的地时，他还是比我晚 15 分钟。我不能不怜悯地看着这些被称为驿站三套马车的不幸的牲口。由于力畜是俄国工人的唯一帮手，我们的牲口的衰弱无力对农业的影响极为不利。在土地少的地方特别感到这一点。东部地区的农民单是为了缴付他的全部贡赋就需要一俄亩半肥沃的耕地，而他总共只有 $2\frac{2}{3}$ 俄亩土地，因此，他总共只剩下一俄亩多一点的土地用来养活 3 口之家、马和牲口，在这部分土地中有三分之一的土地勉强只能收回种子。根据统计资料，他把从土地上收获的一半以上用来出卖，因此，他只抵偿他应缴捐税的三分之二。然后，如果他生活在国家土地上的有利条件下，他的全家每天可剩下 3 俄磅以上谷物，要是在私有土地上，他连 3 俄磅也没有。原来，萨马拉农民在福利状况方面与沃洛格达的农民差得并不太远，虽然根据众所周知的统计资料，他单从自己的耕地就比沃洛格达农民多出售 2.5 倍以上产品，他所出售的其他农产品还要多得多。实际上，在萨马拉省与沃洛格达省的

农民之间出售产品数量上的差距还要更大一些[①]。沃洛格达省的

① 在萨马拉省,计有耕地 2 百万俄亩,如果在这个数目中约十分之一算作属于地主庄园用地,那么经营草原的农民每人约摊到 $1\frac{1}{5}$ 俄亩,这里只有部分土地是按三区轮作制耕种的,而部分是按熟荒地法耕种的;$1\frac{1}{5}$ 俄亩中只有三分之二俄亩能产粮食。假定每一俄亩的一年纯收入是 30 普特农产品(这是过多了,但是让人们不要责备我夸大),从三分之二俄亩将收获 20 普特。农民为自己耕种 981 989 俄亩土地,假定为 1 百万俄亩,而从 160 万俄亩将收获 3 千万普特。根据 1866 年统计年鉴的资料,1863 年,萨马拉省运走和用于酿酒的谷物和耕地的其他产品为 21 108 145 普特,再加上 36 000 城市居民所需的耕地产品,共为 2 千 4 百万普特。我假定,这个数目中 6 百万普特是地主庄园的,1 千 8 百万普特是农民出卖的。每人出卖 24 普特多一点,在某些地方,这 24 普特的价格不到 6 卢布,假定,平均每人摊到 7 卢布 50 戈比——这种出售无论如何不能抵偿租赋和捐税。此后,农民手头还剩下 2 千万普特,每人不到 8 普特 10 俄磅。土地多的农民的村社拥有的土地比地主要多,但是,我假定,它们耕种的土地与地主和私有土地上的农民加在一起耕种的土地一样多。在这种情况下,应当认为,土地多的农民拥有养家的谷物比平均水平多三分之一,土地少的农民达到平均水平,生活在私有土地上的农民比平均水平少三分之一。第一种人每户每天有 $3\frac{2}{3}$ 俄磅,第二种人 3 俄磅少一些,第三种人不到 2 俄磅。将这种结果与我看到过的进行比较,我认为,统计数字近似地表达了现实中存在的情况。根据 1866 年统计年鉴的资料和在对萨马拉省所作的同样的计算下,沃洛格达省约出售 7 百万普特耕地的产品,即比萨马拉省少 2 倍半。如果考虑到沃洛格达省的农民出售自己的产品比萨马拉省的农民要贵 1 倍甚至 2 倍,同时卡德尼科夫县和北部县份的农民更多地用亚麻缴纳自己的租赋和捐税,为 1 普特亚麻他能得到 8 卢布,那么这个结果应当是接近正确的。在沃洛格达省,约有 43 万男性人口属于农业人口,而在萨马拉省,这样的人口有 724 457 人。在沃洛格达省,每人摊到 17 普特左右从耕地出售的产品,而在萨马拉省则摊到 33 普特左右。要是萨马拉省不出售如此大量的畜产品的话,这种结果甚至是难以置信的:当从沃洛格达省的土地上出售 180 万亚麻和其他产品时,从萨马拉土地上则出售 280 万牛油、腌猪油及其他产品。考虑到一切情况,应当认为,萨马拉省的福利状况仍然可能比沃洛格达省稍高一些,但差别很微小。从 1866 年统计年鉴的资料来看,萨马拉省的死亡率甚至比沃洛格达省的要高(萨马拉省 23 人中死 1 人,而沃洛格达省则 25 人中死 1 人)。不仅在霍乱和鼠疫的时期,甚至在普通时期,死亡率能达到 23 人中死 1 人的地方只能代表极端贫困的图景。观察 6 年期间的情况,同样可以看出,沃洛格达省处于优越地位。

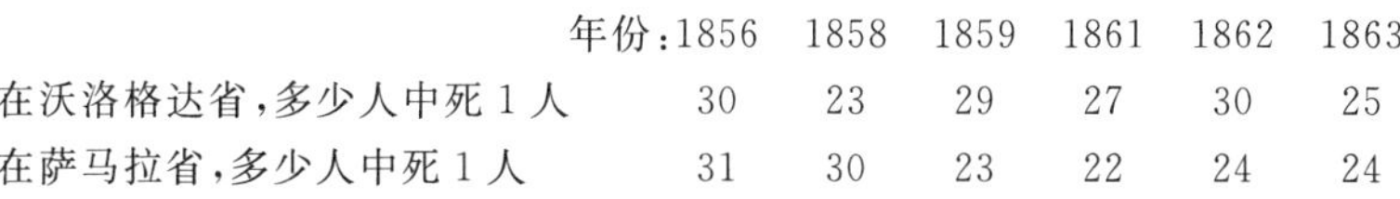

年份:	1856	1858	1859	1861	1862	1863
在沃洛格达省,多少人中死 1 人	30	23	29	27	30	25
在萨马拉省,多少人中死 1 人	31	30	23	22	24	24

村庄及其居民的外表甚至显得更为富裕。如果沃洛格达的农民更多地挨饿，然而他却比萨马拉的农民穿得更好，归根结底，他们很难相互有所羡慕。这是那种在为租赋所逼的农民不能有所储蓄和保证其未来的状况下的自然结果。他得千方百计在市场上出售许多产品，致使一切竞争的机会都变得对他不利。他必须从院子里运出大量谷物，这些谷物本来能养活农民和扶植工业的，但是，它们既不能养活前者，也不能扶植后者。工业家由于没有其产品的买者而挨饿，而谷物则从俄国运往国外。

在这种条件下，土地多的农民生活过得困难，那么，土地少的农民又怎么样呢？缺少其他工业部门还使土地少的农民处在其只能靠农业生活并把土地弄得贫瘠到再也不能给他最必需的生活资料的不利状况。这里经常能碰到从俄国中部人口稠密的地区来的移民，而同时又能出乎意料地碰到这样的村社，由于土地少，这些村社的成员自己往远处移居。从中部省份来的移民在这里不会碰到像我在西伯利亚经常感到惊奇的那样冷淡的接待。这里，他在耕种新的土地时不会遇到那些困难，而且可以很容易地适应新的环境。这里的移民的住房不是建在可怜的村尾，也不显得可怜的穷相。这里移民的村庄与邻村比较，有时给人以愉快的印象。无林土地上的土地少的村社给人的印象是沉重的。这些被广阔的土地包围着的人们在自己面前看到幸福，但是不能获得它。为了满足自己的需要，他们得出售谷物，而且得出卖许多，而附近的村社用自己产品充斥市场，以其竞争来扼杀他们。富农是贫困化了的工人的通常的伙伴。一旦富农阶层固定起来，他们就产生从社会驱逐出令人讨厌的穷人的愿望，这些穷人妨碍他们扩张。他们首

先使社会接受有必要移民的思想，这种思想他们曾长期地枉然地藏在心里。对可怜同行的剥削使富农获得他的一块面包，但是，不管这种剥削如何厉害，村社的大量土地与财富对他来说要有利得多。在穷苦农民生活艰难时刻，富农廉价地掌握他的劳动和财产，但是，这种财产很可怜和微不足道，而他越是便宜地用压榨手段获得劳动，这种劳动的生产率就越低。而且，土地少使得富农租种邻居的土地，而在这些土地上生产率低的劳动经常不是带来赢利，而是获得亏损。如果富农是优等的强壮的劳力，那还好，这时他干在头里，大家都得跟着他干。如果自己干活的农民可以从雇用劳动和奴役性劳动中比地主获得多得多的利益是完全正确的话，那么，这些利益仍然不可能是大量的，因为他得租种土地和雇劳力，得缴纳租赋，还得和免除所有这一切的地主竞争。廉价购买穷人的财物的确是很合算的，但这引起穷人的极大仇恨，有时引起报复，经常使得富农破产。愤怒的激烈的穷人有时给予富农以预谋的报复，把他偷个精光，烧掉他的谷物，毁坏他的牲口，力图损害他的健康和破坏他的家庭幸福。总之，在这类状况下，大家相互推入共同贫困的深渊，不幸的是，人们太容易达到这个目的。最后，境况变得无法忍受，在移民中能为自己找到出路的村社就是幸运的了。有一次，我有机会亲眼看到移民出发的场面。村庄幽美地坐落在山上，在草原的切列姆尚河之上。在村头可以看到古老的泥土筑成的工事，壕沟用于和平用途，在里头泡着树皮。移民静悄悄地聚集拢来，他们的脸部流露出深切的悲哀，低声地在交谈，每个人的脸上显出对未来的忧虑。亲属在哭诉着，但是，那些留下的人高兴地看着。在他们兴奋的姿态和言谈中显露了某种庄严感，似乎他

们战胜了敌人或是摆脱了可怕的累赘。没有什么比这种为一小块面包而斗争的样子更能产生令人悲哀的印象了。我悲哀地看着这幅景象并心里想，难道这个农民能算是比任何一个爱斯基摩人更幸福吗？虽然这些爱斯基摩人住在英属美洲的极圈内，生活在满是冰雪和光秃秃的石头的环境中，这种石头丛中只能长出稀疏的苔藓。他完全与爱斯基摩人一样，有着每年定期来临的饥饿时刻。爱斯基摩人穿着暖和的衣服，可以抵御风寒，草原的农民在大风雪和冬天的风暴中却没有这样幸福。寒风穿透他的可怜的茅舍，里头找不到一个角落可以躲避风寒。他的可怜的破烂的短皮袄与爱斯基摩人的不透风、雨、寒的皮袄是无法比的。爱斯基摩人不知道有肥皂，但他一年中的大部分时间每天可吃到5俄磅肉和同样多的油脂，他的身体和体力很强壮，从来不能吃饱面包的、饥饿而虚弱的草原农民是无法达到这一步的。他太穷，不能在浴室洗澡，只能在炉边洗澡，虽然报上很有说服力地劝告说，炉边不能洗蒸浴，洗澡经常会冻僵身体。农民不看报也知道，在炉边洗蒸浴是不舒服的，如果他没有钱在浴室洗澡，他有什么办法呢？可以深信，爱斯基摩人的妻子无论如何不会同意与草原农民的妻子交换命运。这个妇女在自己的家庭里享受到温存和爱，她真诚地眷恋着自己的孩子。难道她愿意与这样的妇女交换命运吗？这种妇女挨饿而不幸，她的孩子十分困苦，当他们死去时，她往往感到高兴，她经常把孩子放在炉边蒸得死去活来，在这些情况下，心里不禁产生忧郁的怀疑。除开这一切，这个妇女还经常遭到残酷的待遇，她引不起任何人对其境况的羡慕。当然，在极北地区也会有草原地区的人从未经受过的磨难。但在我的想象中掠过了爱斯基摩人的自由和勇敢的生活，我将它与草原农民所生活的那种笼罩大地的沉闷气氛进行比较。我看到，在他的生活中贯穿着饥饿和体罚的恐惧。我不由地想起，如果这些移民能进行我所作过的同样的比较，可能他们会羡慕爱斯基摩人。如果当文明的欧洲人读到对北部爱斯基摩人的生活的忧郁景象的描述时心里充满恐惧的话，那么让他们想一想，在更良好的大自然中生活着的草原农民，他有时希望自己能有爱斯基摩人的命运，他把它看成是不可企求的理想的幸福。我从高高的山上，在古老的泥土筑成的工事的脚下，环视周围。在山下，透明的切列姆尚河在绿岛丛中流淌，令人愉快的夏风把天空染成一片金黄，悦目的彩色照耀着四郊，黑麦发黄了，荞麦的白花铺满一地。远处的整个地平线上长满森林，靠近森林有某一个村庄，四周围着一排排的谷垛，在林中空地也堆着一堆堆的干草垛。我的脑子一刹那转到冻土地带和北部的森林，想起了呼啸的风、铅灰色的云、潮湿和寒冷，在那里，夏天也是如此，这时，我感到一阵寒冷。我十分赞赏环绕我周围的令人愉快的温暖。我心里想，要是这里的人贫穷，大自然是没有罪过的。劳动者在这件事情上也没有罪责，一旦生活条件哪怕变得对他有一丝丝好处，他的福利状况立即开始很快地转好，更好的命运不仅落到他的头上，而且落到他的牲口和土地上。甚至土豪也变得稍好一些，卑劣的压迫的程度变得稍轻一些，虽然他比在贫困的土地上获得更多的东西。在无林的地主所有制的土地上，土豪勉强能达到一年内吃 50 次或 60 次肉和鱼的境况。英国工人认为这种境况是穷得可怜，然而达到这种享福的途径使他变成一个渺小的诡计多端的狡猾的家伙。在自己的农村里，这种人给人产生一种可鄙的印象，人们认为他会

干一切卑鄙的勾当。我在这类村庄里没有看到过一个不被农民指摘为会偷窃和甚至会巫术的土豪。在土地少的国家村社里，人们经常谈论村里最富的土豪，说他有3 000钱，虽然他可能连这笔钱的十分之一都没有，不过他已经具有这种身价。他终究是大骗子手，人们十分仇恨他的压榨，但是对他来说，财富的源泉远不只是一种土豪行为。在土地多的村社里，需要使用土豪行为就显著地减少，而且能遇到一些真正有钱的农民。处于较不可怜状况中的居民已经有购买东西的可能，发大财的农民能从小商中获得收入，能进行5 000银卢布的周转。诚然，人们把这种数量不多的钱描绘成3 0000卢布的资本，农民们谈论着它。在那些全部谷物贸易掌握在为数不多的几个土豪手中的村庄里，在莫尔多瓦人、车累米西人及其他人那里的这些土豪使即使是富裕土地上的农民也成为贫穷的。甚至在这类村庄里，土豪从其投机交易中往往一年获得任何不多于150卢布的收入，人们就会对此叫嚷他拥有几万卢布。①

① 为了搞清楚这些地区的生活，我描述约400平方俄里面积的地区，这块地处在这样的地方，这里多林的和肥沃的土地正在和一些贫瘠的地块作斗争，这里有森林和肥沃的土地，但已经有相当大的一部分地段只有差劲的草场或被根本没有用的森林所占据。这种森林由介乎灌木和烧柴木或建筑用材木之间的某种中间状态的林木组成。在由总面积的五分之一土地组成的南部一角，几乎全部土地都覆盖着森林，还有许多肥沃的林中空地，许多小河在流淌，森林与极茂密的草地与极肥沃的耕地交错地分布着。这块极肥沃的土地是私有制的，其上坐落着一个中等大小的村庄。这个村庄的北部有一块土地，也是属于私有制的。这块土地虽然也不缺乏森林，但已经几乎有一半是多石的土壤，这种土壤上的作物收成极差，森林长得高不过灌木，草场长着可怜的干旱的草。这里有两个不大的村庄。这块土地的三面环绕着起伏的草原，在草原上散布着8个村庄，7个村庄土地多，1个村庄土地少。这些村庄中有2个根本没有森林，有1个的森林是根本没有用的。这8个村庄的土地，有三分之一以上或根本产不了作物的，或只能生长一些稀疏、干旱的草，是一种差劲的牧场。土地少的村庄只能靠租地生活。草原村落中的一个村庄具有极宽阔的田界，村社允许自己的成员愿耕种多少土

对农民来说，劳动和资料的联合是摆脱贪得无厌的土豪的剥削的唯一出路。当农民用一张笨重的犁就能开垦生荒地或耕种熟

地就耕种多少土地。遗憾的只是这种土地太差劲。在所有这些村庄中，按自然条件来说，那个坐落在私有土地上的森林中间的村庄，无疑是最幸福的。属于这个村庄的所有土地都是极其肥沃的。林中空地里的草场，一小块地方就能产许多干草。农民除了贵重的木材及其产品以外，还能从养蜂业中得到一笔很可观的收入。按村庄的外表而论，的确可以认为，它比其他村庄要富。它被无数的谷垛包围着，村中几乎全是三个窗户的外表相当体面的农舍，房子对面的街上延伸着一排排的谷仓。但是，他们的福利状况原来是很不稳固的。它完全取决于看管森林的强弱，一旦这种看管变得严格一些，他们的福利就像影子似地消失了。他们的大量的谷垛、一排排的粮仓原来完全不足以缴纳租赋。大部分的人在一年期间得被迫求助于地主和富农，这使得地主和富农有可能以极低廉的价格收割自己的庄稼，以无数的谷垛包围村庄，给予它以富裕的假象。在农民中，一个铁匠、一个磨坊主及两个农民很有钱，他们不仅喝伏特加，还喝糖酒。除了土豪行为、打铁坊和磨坊之外，养蜂业也是财富的一个重要来源。除此之外，村里还有几个农民的境况相当好，他们每户有两匹普通农家马的体格的马，但不是瘦弱和无力的。那个土地少的小村没有森林，土地少得农民必须租耕地和草场才行，其外表当然要穷一些，因为购买木材的村社的建筑物从来也不可能比那些身边就有木材的村庄的建筑物好。虽然如此，还是很难确定，究竟是哪个村庄的农民享受到更多的福利，是地主土地上的有森林的村庄，还是这个居住着国家农民的村庄。虽然居民少，这里仍然有很富的农民，邻村没有一个农民可以和他相比，虽然邻村有森林，土壤肥沃。在这个土地少的村庄里，牲口相对地要多一些，居民穿得很舒适。在这块地区的北部的一些村庄里几乎全部住着鞑靼人，全是国家农民，只是在这些村庄中的最大的村庄里才住着部分俄罗斯人和车累米西人。在我上面描述过的两个村庄里没有一个有水火壶，然而，在每个土地多的村庄里却有好几个。另一种奢侈品，无论在林多的村庄或地少的村庄都还不知道，这就是钟。然而，在每一个最近的村庄里，都有拥有钟的农民。虽然，这些邻村中的每一个村庄都要比林多的村庄小得多，但每村都有两个磨坊，而且有两个磨坊主很富，这样富的人在林多的村庄里是没有的。一个具有重大意义的事实是，磨坊主中有一个人甚至为自己搞了一个像花园似的设施。我们走进一个鞑靼人的农舍，墙上糊着花纸，门旁有钟，在柜子的格子上放着三排器皿：茶壶、碗、杯子及其他，炉边摆着擦得很干净的水火壶，在天花板上、墙壁上挂满了长长的绣花织巾，床板上堆放着绒毛褥子和枕头，从天花板顶上挂下绣花帐子。这种阔绰，是这个地区的最高程度的福利。这说明，俄国草原地区的工人是多么贫困。要是将它与美国及澳大利亚比较，则甚至是可笑的。连西伯利亚的村庄也要阔绰得多。在我所描述的整个 400 平方俄里的地域内，不仅没有一座三层楼的房子，而且甚至没有一座与一般农村建筑式样有所区别的房子。城市里的建筑物与农村的建筑物差别很大，它们之间

荒地的时候，这种犁有一张就能办到这一点（在草原经济的条件下，开垦荒地是十分必要的，在这里是被认为最合算的），那么，他

无法比较，而在西伯利亚，城市和农村经常是相像的。尽管这里土地很多，没有一个人会想象一个农民能耕种几百俄亩地并拥有上百头牲口。上述住房的阔绰程度超过了我在林区村落所遇到的一切村庄。在另一个村庄里，一个鞑靼人的富裕程度不比他差。而在另一个人那里我看到了一匹极好的养马场的马，这使我非常惊奇。在北部的村庄里，有一个成为不大的资本家的铁匠，他可能比林区村落的铁匠要富两倍。部分由于家族生活方式，在所有这些村庄中，几乎不存在土豪现象。许多家族分家，是因为达到了为独立生活所足够的富裕程度。要是说，这些多土地的草原村落的福利状况要比私有土地上的林区村落好一些，那么这种福利状况最不能引起人们羡慕。在一个村庄里，只有 4 个人有像样的鞑靼人的外衣，他们的床上摆着足够的枕头和绒毛褥子，他们可以穿软皮靴，外加鞑靼便鞋。在村里只有 6 把水火壶。一个最富有的鞑靼人有 6 个成年的儿子，其中 5 个与他住在一个院子里，只他一个人有水火壶和绒毛褥子，他的儿子们对毡子就感到满足了。在闹霍乱期间，我一家家地走遍了全村，只看到 6 家的病人躺在褥子上，病人大部分躺在光铺板上。很经常的是，窗户上安着牛尿泡，而不是玻璃。大部分男人和女人穿着树皮鞋走路。夏天期间和播种以后，经常在干活时期内能遇到打谷的人，这意味着，农民中有的较不富的人把谷场保存在谷垛里，但是他的谷物不够吃了，为了不致饿死，只得在夏天把它们打出来吃。春天，大部分居民饿肚子。他们感到，如果他们提早将谷物脱粒，他们将不能保存种子所需要的谷物。因此，他们将谷物留在谷垛里，只有播种的时候才进行脱粒。这样饿起肚子来似乎可以轻松一些，需要先打谷，再扬场，然后磨成粉：等这一切都干完了，甚至性格软弱的人也有时间清醒过来，鼓足继续挨饿的勇气。播种用自己的产品来缴纳租赋和捐税所需要的那么多田地，大部分人没有足够的生产资料，他们必须放下自己的田地，受雇于人去割草和干其他夏天的活。霍乱使他们遭到可怕的毁灭：在他们所生活的艰难条件下，几乎每一家都得死几个病人。至于处于不好的私有土地上的村庄，那么，它们的境况是最悲惨的。在外表上，在一切方面他们都流露出贫困。几乎所有的农舍不仅都是两个窗户的，甚至有一个窗户的。在村里，农民的谷仓不多于两个，四分之一的农民根本没有牲口。如果有人想研究一番，牲口能干瘦到什么程度，他可以有成效地观察这个村庄的牲口。居住在国家土地上的村庄的一个很重要的特点在于其居民的更多的独立精神。林区村庄的居民，由于他们的土地很多，可能会享受到更多的福利，不管他们的缴款是那么的多，要是奴性和屈辱的性格不妨碍他们的话，这是勤劳的最凶恶的敌人。当鞑靼女人不仅会由于贫困而感到屈辱，而且会由于缺少某些舒适的用品而感到羞耻的时候，对私有土地上的农妇却感不到这是屈辱。这发展到某些人丢下自己的家业，甚至在没有特别需要的时候也去受雇于人，只要能摆脱对家业的操心就行：而西伯利亚的工人说，谁丢下自己的土地，谁就是出卖自己孩子的生命。这在这样的农民与西伯利亚工人之间存在着多大的差别啊?!

们把所需要的自己的六到八头马或公牛联合起来，用这种方式就可以不求土豪的帮助。有这样一些幼稚的人，他们把这种塞尔维亚式的家族生活的被迫的紧密联系与村社占有制这种现象等同起来。但是值得考虑一下，以便完全弄清，村社占有制与这类机构处于两个极端，其所追求的目的正好相反。村社占有土地能使工人获得独立，这是它最本质的长处，这一点使得它比分散的所有制具有决定性的优越性。家族生活使得人们相互依赖。对土地的私有使得一个人有可能干涉另一个人的劳动事务，它不仅剥夺了工人很大一部分劳动产品，而且使得他或是成为穷人，或是成为坏蛋，经常是两者得而兼之。它有时通过别人的影响如此地压迫工人的劳动，使这种劳动对国家或是无生产率的，或是有害的。村社占有制把土地完全交给工人支配，使他处于不受任何旁人干涉的完全独立状态。甚至在不好的制度下，村社所有制也能给予掌握劳动工具的权力。不可靠的地方只是在未来，或是把这种权力给予一个人太多，而给另一个人则太少，这时所有制使劳动完全依赖于旁人。土地私有制远比村社占有制接近共产主义。

农民对自己目前的境况满意到这种程度，以致他把自己的全部创造力集中在用尽可能便宜和可怜的方式来满足自己的需要。为了冬天在自己的农舍里能为牲口热水，为了在这种情况下房子不会因潮湿而倒塌，而居民不会因煤气而死亡，他想出了没有烟囱的农舍。这样，他就不必建造热水用的专门的房子，他的牲口保存住了，农舍的寿命长两倍。但是，他所住的住房，只是对游牧民族来说是像样的。在沃洛格达省，他到了穿粗麻布的地步，这种粗麻布一俄尺值两戈比，这是命中注定的创造，它使地区成为贫困的，农民成为不幸的。不，相反，在耕种土地方面，他比边区的知识分子显得更有才能。甚至地主们也说，谁也无法像农民那样善于精打细算地经营，并从经营中获得如此多的利益。地主由于耕种不合算而放弃了的土地，在农民手里可以变成有收入的项目，它能抵偿他的支出，酬劳他的劳动，还提供地租。而且，农民善于利用土地，他能够为此忍受巨大的牺牲。在那些土地不施肥就没有收成的地方，他为了得到粪肥，决心忍受那些受过教育批评他的人所无法忍受的牺牲。为了增加粪肥的数量，他把整个院子盖上顶，地上铺满了麦秸。这样一来，院子变成了个大马厩。受过教育的批评家为这个肮脏的院子责备他，同时想不到他责备这种人是多么地可笑，这种人完全感受到这种被责备的不方便所带来的苦处，以坚强的毅力忍受着它。农民对肮脏的院子感到讨厌，以致只要他一有可能，马上就愿意摆脱它。可是，这时思想深刻的批评家又得责备他使土壤贫瘠了。为了使自己的牲口在冬天不被冻死，他决定和娇嫩的牲口住在一起，于是自己的住处变成了个牲口棚，这种自我牺牲的精神也不亚于前面的所作所为。为此，思想深刻的批评家同样不吝惜对他进行指摘。他们责备他给自己的土地施肥不足，不注意他为了获得这点可怜的粪肥所忍受的牺牲。批评家们心安理得地不看一看，比如在萨马拉省与沃洛格达省之间进行比较时，农民出售多两倍半产品，却得到同样的收入，享受同样的福利。如果将俄罗斯的农民的经营与那些在俄国土地上的以最高的生产率而著名的农民的经营比较，原来他在从土地获得收入的本领方面根本不亚于他。根据众所周知的资料，塔弗里奇省的水质肥沃的田地上生产率如下：

秋插作物产种子的 3 倍	在沃洛格达省产 6 倍
春插作物产种子的 8 倍	在沃洛格达省产 3 倍
土豆产种子的 8 倍	在沃洛格达省产 3 倍

如果考虑到气候上的差别，那么这个结果本身并不能说明对沃洛格达省的农民不利。水质肥沃土地上的农民的主要作物小麦的产量是种子的 5.9 倍，几乎相等于沃洛格达省的农民的主要作物黑麦的产量，黑麦的产量是种子的 5.6 倍。我不争辩，由于穷困，由于牲口与肥料不足，沃洛格达省农民的农业生产率不可能有水质肥沃的土地上的移民的生产率那么高。但是毫无疑问，它能做到这一点。在沃洛格达省，犹如上述，拥有足够牲口的农民很容易就能获得种子的 10 倍的收成，而水质肥沃土地上的上述收成中只有大麦能达到种子的 10 倍。在沃洛格达省，黑麦的收成能达到种子的 10 倍和 12 倍是很普遍。只要农民能从压迫他的贫困中挣脱出来，甚至在不肥沃的土壤上每个农民都能获得这样的收成（在水质肥沃的土地上黑麦产种子的 3 倍）。

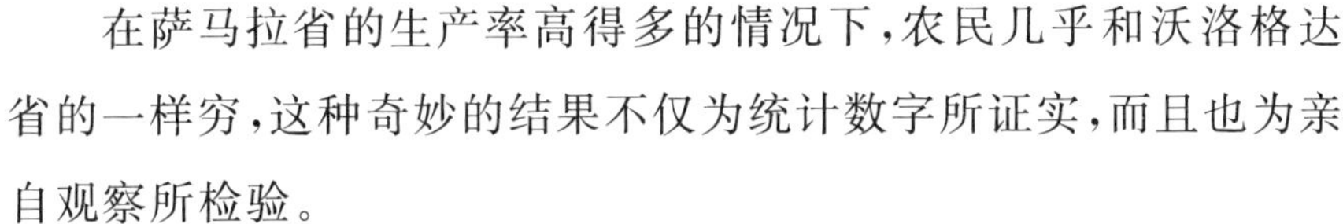

在萨马拉省的生产率高得多的情况下，农民几乎和沃洛格达省的一样穷，这种奇妙的结果不仅为统计数字所证实，而且也为亲自观察所检验。

第五章　黑土地带的农民

我们逐渐地往南方走下去，最后到了极端贫瘠的地区，到了著名的阿斯特拉罕省。统计年鉴认为，这个省有93%的面积是贫瘠的土地，北部冻土地带只能使阿尔汉格尔斯克省有64%的贫瘠土地：还有什么能比这些多沙而无林的草原的样子更悲惨的呢？它们的样子呈现出悲哀的景象，这些地区的工人为燃料焦急得如热锅上的蚂蚁，他们用芦苇烧火，抓到什么烧什么，只要一提起这件事，则感到更悲哀。这里的草是干燥的，只在沟壑和潮湿的地方有肥沃的土地，耕地甚至比萨马拉省和奥伦堡省还要少，马几乎都是一副可怜相。有一件事有点使人感到奇怪，那就是农村的外表：它的房子并不比俄国东部无林的村社差。更有甚者，出乎意料的是，根据1863年的资料，在阿斯特拉罕省34人中死1人，按喝酒的数量，阿斯特拉罕省在我们对比过的36个省中占第7位，而且那里还喝许多葡萄酒。阿斯特拉罕省是否忽然想赶一阵西欧的富裕呢？在其典型的贫瘠土地上，它难道能希望取得成功吗？可能这是一种纯粹的偶然性，就完全与出生人数大大地超过死亡人数约50%这件事一样。但是，有些情况使我们看到这里不单纯是一种偶然性。这里南方的气候与没有地主土地结合起来，此外还要加上其他一些有利的条件：在土地很多的情况下，拥有大量的城市人

口和充足的牲口,在这一点上,阿斯特拉罕省在所有俄罗斯各省中占据第一位。所以,在这种有利的条件下,阿斯特拉罕省具有仅在法国的贫困省份中才能遇到的死亡率,就可以理解的了。读者向我指出贫瘠的土壤,让我们来看一看,这种贫瘠的罪过有多大。如果从阿斯特拉罕沿陆路往上走到伏尔加河,那么在黑雅尔就能看出德国移民的影响。这种影响表现得不明显,但仍然有所表现。在黑雅尔能找到那种在彼得堡难以找到的优质面包。在往萨列普塔去的路上,这种影响变得越来越明显,最后,在好奇的目光前出现了富裕的萨列普塔移民区。谁期待在这里能看到什么了不得的惊人事物,那他就算错了。他将看到一个可能在俄国不止一次地看到过的那种工业中心,但是在俄国罕见的优质农产品将不禁使他注目,面包和烤制食物质量很高,即使在彼得堡也是很难碰上的,而且惊人地干净。移民处在初次见面中就显出自己的富裕。我们已经看到,萨马拉省和萨拉托夫省的许多居民享受到特殊的福利。除此之外,萨拉托夫省日趋繁荣还有许多其他因素。萨拉托夫省和阿斯特拉罕省一样,在土地很多的情况下拥有大量的城市人口(达全省人口的12%)。大量的城市人口经常能大大地减轻我们贫困农民的困难。说到萨马拉省时,我作过说明,为了缴纳租赋和捐税,农民被迫无论如何得把谷物卖给富农,这使他落入贫困。大量城市人口的竞争使农民处于有利得多的境况。在萨拉托夫省,农业人口较少,城市人口对农产品的需要多2倍,由于比较靠近市场①,水路运出的谷物可以按较高的价格出售。萨拉托夫省的更为肥沃的土地使农民

① 为了确信,大量的城市人口对俄国工人的福利的确具有良好的影响,我们将34个省拿来作对比,我们将它们分成两组:我们将城市人口较少的省份放在一个组内,将城市人口较多的省份放在另一个组内。哥萨克顿河的土地和莫斯科省将除外,前者由于无法确定城市人口,后者由于它所处的情况过分特殊。对比情况如下:

可能饲养更多的大牲口。萨拉托夫省的农业人口较少,而草地却占25%以上①。更肥沃的土地还加上其必然的结果——较少人

省名			省名		
a)城市人口较多的组	城市人口的百分比	……人中死1人	b)城市人口较少的组	城市人口的百分比	……人中死1人
唐波夫	8	28	喀山	7	28
比萨拉比亚地区	19	36	梁赞	6	28
阿斯特拉罕	16	34	辛比尔	6	27
塔弗里奇	20	32	普斯科夫	6	27
叶卡捷琳诺斯拉夫	13	30	诺夫戈罗德	7	27
阿尔汉格尔斯克	10	30	库尔斯克	6	26
波尔托瓦	9	28	科斯特罗马	6	25
萨拉托夫	12	28	沃洛格达	5	25
卡卢加	9	27	斯摩棱斯克	7	24
契尔尼戈夫	10	25	弗拉基米尔	7	24
平扎	9	25	奥伦堡	4	24
哈尔科夫	12	23	萨马拉	4	24
奥尔洛瓦	11	23	尼日戈罗德	7	22
特维尔	9	23	奥洛涅茨	7	21
图拉	10	22	维亚特	2	20
雅罗斯拉夫尔	9	22	沃龙涅什	5	20
赫尔松	16	19	彼尔姆	4	18

这个对比结果之所以精彩,不仅在于数字是恒定的递增,而且更重要的还在于,其死亡率接近文明国家死亡率的所有省份,30人中死亡人数不多于1人的地方都是处在城市人口较多的省份的一组里。对我的目标来说,重要的正是正式的城市人口,即官员、军人、市民(无产者),因此我不曾考虑工业村落。上述对比,可归纳于下表:

……人中死1人	城市人口较多的省份	城市人口较少的省份
30以上	5	0
25以上	6	8
20以上	5	8
19以下	1	1

① 在萨拉托夫省,农业人口是1 485 747人,大牲口是480 000头。萨马拉省的农业人口是1 614 776人,大牲口是464 000头。

口情况下拥有较多耕地。取决于土壤肥沃程度和其他情况的较多数量的耕地对于工人阶级的福利状况所具有的有利影响，几乎完全和土地多的省份中大量城市人口所具有的影响一样[①]。最后，

① 耕地较多的省份与耕地较少省份的对比情况如下：

耕地较多的省份	每个居民摊到的耕地俄亩数	……人中死1人	耕地较少的省份	每个居民摊到的耕地俄亩数	……人中死1人
哥萨克顿河区	3.80	41	比萨拉比亚区	1.18	36
唐波夫	1.83	28	阿斯特拉罕	0.61	34
塔弗里奇	1.65	32	阿尔汉格尔斯克	0.25	30
叶卡捷琳诺斯拉夫	1.55	30	萨拉托夫	1.20	28
喀山	1.54	28	波尔塔瓦	1.05	28
梁赞	1.50	28	诺夫戈罗德	1.30	27
辛比尔	1.54	27	沃洛格达	0.80	25
卡卢加	1.61	27	科斯特罗马	1.40	25
普斯科夫	1.85	27	平扎	1.30	25
库尔斯克	1.53	26	奥伦堡	0.75	24
契尔尼戈夫	1.75	25	萨马拉	1.49	24
弗拉基米尔	1.60	24	特维尔	1.22	23
斯摩棱斯克	1.73	24	莫斯科	0.77	22
奥尔洛瓦	1.51	23	雅罗斯拉夫尔	1.14	22
哈尔科夫	1.45	23	尼日戈罗德	1.40	22
图拉	1.74	22	奥洛涅茨	0.86	21
沃龙涅什	1.90	20	维亚特	1.43	20
赫尔松	2.22	19	彼尔姆	1.41	18

在所有这一切之上还加上较为南部的地理位置。①整个萨拉托夫省位于伏尔加河的右边，处在离多沙草原较远的地区。看，萨拉托夫省集中了多少有利的条件。虽然集中了这么多有利的条件，可是死亡率却是28人中死1人。这种死亡率存在于英国的乞丐中，在法国最穷的省份中都找不到这么高的死亡率。在我们可怜的状况下，我们却得为这种结果而感到高兴。萨马拉省的死亡率比伦

这个结果本身是十分明显的，这时还没有考虑到土壤质量、收成以及哪部分耕地归私人占有。这已足够证明，农业的成就对我们工人的福利状况具有何等重大的影响。如果在土地较少的省份中不列入所有北部的和贫瘠的省份，那么上面的结果还要更为明显。在这些北部的和贫瘠的省份中，地主所有制的土地没有或很少。它们的耕地很少，或是因为过于北部的地理位置，如阿尔汉格尔斯克省那样，或是由于贫瘠，如阿斯特拉罕省那样。在这些省里，由于没有地主所有制的土地而带来的好处超过了耕地不足的害处。在耕地较少的省份中，上述3省是唯一的30以上人中死1人的省份。

① 较为南部的地理位置对一个省的工人的福利无疑具有某些有利的影响。在30以上人中死1人的6个省份中，5个省属于南部的省份。在处于从土耳其边境到里海的同一地带的6个南部省份中，只有1个省是19人中死1人，而5个省都是30以上人中死1人。但这还不能算是令人满意的证据，因为在这6个省中，阿斯特拉罕省几乎没有地主土地，有2个省的地主土地少（哥萨克顿河和叶卡捷琳诺斯拉夫省），而在第六个省，赫尔松省中，私有土地比其他的省多，19人中死1人！有3组省份的对比可以充当更有说服力的证据，在这3个组中，一个组比一个组靠北，每组的私有土地几乎是一样的，甚至，越靠近北部的组私有土地还更少一些（最南部的组情况如下：卡卢加省，27人中死1人，64%居民生活在私有土地上；图拉省，22人中死1人，70%居民生活在私有土地上；梁赞省，28人中死1人，55%居民生活在私有土地上；平扎省，25人中死1人，40%居民生活在私有土地上；辛比尔省，27人中死1人，82%居民生活在私有土地上。中部的组情况如下：斯摩棱斯克省，24人中死1人，69%的居民生活在私有土地上；莫斯科省，22人中死1人，51%的居民生活在私有土地上；弗拉基米尔省，24人中死1人，64%的居民生活在私有土地上；尼日戈罗德省，22人中死1人，64%的居民生活在私有土地上；喀山省，28人中死1人，15%的居民生活在私有土地上。最北部的组情况如下：普斯科夫省，27人中死1人，59%的居民生活在私有土地上；特维尔省，23人中死1人，54%的居民生活在私有土地上；雅罗斯拉夫尔省，22人中死1人，57%的居民生活在私有土地上；科斯特罗马省，25人中死1人，69%的居民生活在私有土地上；维亚特省，20人中死1人，12%的居民生活在私有土地上）。多少人中死1人的比较情况如下：

敦的最可怕的贫民窟的死亡率高，在伦敦的贫民窟里，25 人中死 1 人。在这种悲惨的结果里，不幸的偶然性占几分呢？在这类数字里，波动一般说来是很微小的。在法国，在从 1836 年到 1851 年的 15 年期间，各地区的波动为从 37 到 39 及从 41 到 44。在巴黎，从 35.93 到 38.18。在沃洛格达省，从 1846 年到 1864 年，我们看到波动为从 25 到 28；在彼尔姆省，各年的波动为从 18 到 23。如果假定，萨拉托夫省的上述死亡率是在最不利的条件影响下出现的，在有利的年份，死亡率的差距很大，是33人中死1人，那么这最有

						生活在私有土地上的居民百分比				
南部的组	28	27	27	25	22	82	70	64	55	40
中部的组	28	24	24	22	22	69	64	64	51	15
北部的组	27	25	23	22	20	69	59	57	54	12

北部省份的私有土地较少这一较为有利的因素可以与较差的土壤相对消，气候的影响就变得明显了。如果为了对比，将处于比南部的组更南的一组省份拿来，也就是说，取契尔尼戈夫省、奥尔洛瓦省、唐波夫省和萨拉托夫省，而且在这些省里地主土地较少，那么数字将更显明：

	多少人中死 1 人					生活在私有土地上的居民百分比				
南部的组	28	28	25	—	23	53	51	40	—	37
靠北的第一组	28	27	27	25	22	82	70	64	55	40
靠北的第二组	28	24	24	22	22	69	64	64	51	15
北部的组	27	25	23	22	20	69	59	57	54	12

然后接下去的 5 个省——库尔斯克省、波尔塔瓦省、哈尔科夫省、沃龙涅什省和哥萨克顿河的数字如下：

第 5 个南部的组	41	28	26	23	20
	41	40	37	30	26

一般说来，南方气候的影响虽不很显著，但仍然可以看得出来。私有土地最少的最北部的 5 个省，出乎意料地处于第 5 个南部的组以后最为有利的地位。它们的情况如下：

30	27	26	25	21
62	37	34	23	20

最北部的组是：彼得堡省、诺夫戈罗德省、奥洛涅茨省、沃洛格达省、阿尔汉格尔斯克省。

利的年份的死亡率仍然还是远远高于欧洲文明国家的死亡率的平均水平：英国(45)，法国(42)，普鲁士(38)。如果相反，不是取最有利的死亡率，那么最不利的情况(23 人中死 1 人)下的死亡率比伦敦最可怕的贫民窟的死亡率(25 人中死 1 人)还要高。

让我们继续上路，看一看伏尔加河、奥卡河与顿河之间的黑土地带的情景。在阿斯特拉罕省的一些村落的建筑物很少反映出缺乏森林，这些村落位于伏尔加河沿岸；但是在伏尔加河与顿河之间的无林的草原上，森林缺乏现象就表现得很明显，——农舍很小，只有两个窗户。圆木的小屋像个玩具，外面涂着泥土，粉刷上白灰，干净而招人喜欢，虽然它们像是侏儒的住处，而不是高个子的人的房子。如果不知道原因，会以为这里住着最贫困、最不幸的人们。但是，即使是知道原因的人，走进烟雾腾腾的小屋，也不禁想起，这里的人因缺乏森林而遭受多少罪。别的一些福利的迹象多少给人以安慰，比如，牲口和马的样子要比阿斯特拉罕省或萨马拉省的好得多。

沿着唐波夫省往上走，你可以开始看到建筑物逐渐好起来。冬天的傍晚，走进一座村里最大的农舍：在三脚架上插着一块松明，它照着宽大的昏暗的房子。当你突然走进这种照明的房子，可能会认为它是中世纪的阴暗监狱。甚至可能即使是中世纪的监狱，也很少有像这座自由人的房子这样可怕地阴暗的。它同时使人想起监狱和某种塔楼的遗址。小小的窗户使人想起塔楼，墙壁上铺着一厚层烟炱，地板上的脏物更厚，它甚至不成脏地板的样子，无法猜想，它是木板，而会把它当作不知是什么玩意儿的灰黑的堆积物。地板上有一些大窟窿，有四分之三俄尺长和两三俄寸宽。从这些窟窿里有时冒出这样大的风，能把松明吹灭。松明经常掉下大的火团，使女主人不断地跑来跑去，往地板上泼水来熄灭火团。潮湿从地板上产生闷人的一氧化碳。整个天花板上铺着厚厚的一层白霜，农舍里很冷，甚至穿着棉袄都不觉暖和。孩子们的发紫的脸和冻红的鼻子表明，他们经受着什么。在这个农舍里，住着享有小康生活的人们，这是赶马车的工人。大家从这里可以想一想，在穷人的农舍里会是什么个样子。关于马车夫得到什么样的工资的问题，我得到的回答是一个月 5 卢布。这个回答使我感到难受。我走遍了俄国，不止一次地发觉，在极其不同的地区，在需要极不相同、谷物的价格差异很大的情况下，工资却都是一样的。似乎有谁把工资定死在一种形式中，可是产品的价格却是自由波动的。皮靴业和裁缝业的帮匠在阿斯特拉罕、沃洛格达，甚至在库兹涅茨克、托姆斯克省都是挣 6 卢布左右。每双皮靴的计件工资是 1 卢布 30 戈比，在特维尔省和托姆斯克省也都是这样。在俄国的黑土地带、工业地区、多土地地区的极不同的地方我都看到马车夫的工资是每月 5 卢布。在托姆斯克省和彼尔姆省，采金场的月工资是 10 卢布。在奥卡河的上游，由奥尔洛瓦和姆岑斯克码头到卡卢加和科隆姆纳，一次航程的通常工资是 4 卢布。在乌恩日河和伏尔加何，由沃洛格达省到尤里耶维茨、马卡里耶夫，甚至尼日尼，一次航程妇女得 2 卢布 50 戈比，男人得 4 卢布。人们干活干得精疲力竭，还得步行回来。主人需要在工人干活及回来的路上负责工人的生活，因此极度地匆忙。为了减少自己的开支，工人们得每昼夜沿着乡间小道走 18 俄里，有时得在没膝的水和污泥中走 30 俄里。妇女在这种强行军中累垮了，最后根本无法和大家

一起走了，落后了，接着的路程就得自己出钱了。这就是人们经常责备他们懒惰的工人的劳动情况。这些事实意味着什么？工人为什么要在如此不同的条件下为同样的工资干着无法忍受的活？为了弄清原因，用不着多费脑子：工人干活和用力不胜任的活计使自己精疲力竭，不是为了富裕和保证自己家庭的生活，不是为了用加劲的劳动来增加自己的享受或获得稳固的幸福，唯一地纯粹地只是为了缴清租赋和捐税。这些租赋和捐税在俄国的所有地方几乎都是一样的，这就是工资之所以单一的原因。这里他本身的福利退居于最后的位置，只要主要目的能达到，有可能缴清租赋和捐税，他愿意忍受一切，准备将一切的重担和匮乏落到自己的家庭成员身上。为此目的他往往让自己的女儿、非常年轻的姑娘一个人去流送木排。她被这种无力胜任的活计搞得疲惫不堪，这个不幸的人成为各种压迫的对象。她没有防护自己免受这一切罪恶的足够的经验和意志力。她必得经常在淫荡的男人中间度过日日夜夜，她成了蓄意腐化堕落的不由自主的牺牲品。我们这里人们习惯于以某种可怕的冷漠来看待这类现象，甚至认为，在俄国，工人群众对两性关系的道德是漠不关心的。只有肤浅的观察家才会把俄国工人说成这个样子。我遇见过的工人阶级中真正有福利的地方，到处都看到两性关系上的严格道德。我不仅在遥远的偏僻地区看到它们，按照某些经济学家和道德学家的肤浅的看法，这些地方的人们是不想防止堕落的；我也在彼得堡郊区的农民中，在彼得堡本城，在彼得堡的小市民中，即在彼得堡工人的最富有的阶层中遇到它们。彼得堡省这类农村的农民，富裕家庭的小市民要是遇上与丧失童贞的姑娘结婚，会认为是莫大的不幸和羞辱。具有这类观念的小团体散布在俄国各地。可以完全肯定地说，在每个大城市里都能找到这类小团体。在有富裕的地方，不过，只是在较低水平上的富裕，都能碰到那种在欧洲也知道的道德。姑娘往往在结婚前就丧失童贞，但是她只是决心与那种最后能娶她的人发生关系。在绝大部分情况下，工人很穷、很不幸、地位很低下，他顾不得面子，他不能考虑如何防止自己的女儿落入那种境况，在这种境况下，她自主不自主地走上贫穷的劳动妇女的腐化堕落的艰难道路。只要有地方可以挣钱，他会让她陷入任何处境。诚然，堕入那道德堕落深渊的妇女狂热地沉湎于罪恶，但是须知，连小偷也是热心地醉心于偷窃的。然而，难道小偷的生活，这种充满艰难与危险的生活，能对谁具有吸引力吗？谁也不会羡慕沉溺于狂饮的人、小偷或道德败坏的女人，尽管他们带着不可克制的热情委身于自己的行当。不，只是贫困、极度的屈辱和生活的逼迫迫使不幸的俄国工人走上这条悲惨的道路。有些受过教育的人，面带笑容地谈论用堕落为自己获取服装的我国的农妇，每当我遇到这种人，对我们社会的这种假有教养的成员的渺小不禁感到轻蔑。

穿过哥萨克顿河地区的田庄，很容易看出沃龙涅什省和唐波夫省人多的村庄在人口密度上的差异，同样也不难看出森林财富上的差别。接近北部，在唐波夫省的大村落里，小小的房子被有两三个窗户的农舍所代替，在俄国的东部经常能看到这种农舍。同样，不需要特别的观察，就不仅能明显地分清唐波夫省的建筑物与北部森林地带的建筑物，而且能明显地看出它与俄国东部多林地区村庄的区别。最后，可以看出哥萨克顿河地区的牲口质量要好一些，但是根本不可能猜到，你是处在那些工人阶级享受到最大福利的地区之一，你处在最有利的条件之中，——工人阶级的苦难与幸福之间的差别则是那么地微小；无论是在哥萨克顿河地区的田庄里，还是在唐波夫省的大村落里，旅行者甚至在冬天都找不到肉或多少可以凑合的食物。除了糟透了的小鱼，什么也没有，农民把这种小鱼当作美味。我的同行者在唐波夫省的一个人多的大村里有妻子和亲属，他在分别多年以后与他们团聚了，这是在12月份，他和他的亲属为了在村里找肉或鱼，尽了一切努力，但都是徒劳。他们为我弄到了一只母鸡，这只母鸡是专门为我宰的，当把它做好了，我对它的瘦惊奇不已。可是，在这些省份里集中了可以促使俄国工人富裕的一切条件：南部的位置、良好的土壤、大量的耕地、大量的牲口、数量相对地少的私有土地和大量的城市人口。它们只有一个不足之处，这就是森林财富少，但是其他优越条件弥补这个缺点绰绰有余。在耕地的数量方面，哥萨克顿河地区与唐波夫省是一些占据首位的省份。在俄国，4人摊不到一匹马，在唐波夫省则2个半人可摊到一匹马以上①。虽然唐波

① 在俄国，牲口的数量是对俄国工人的福利状况具有最决定性影响的因素之一，36个省的对比结果如下：

(一)牲口较多的省份	每人摊到的牲口头数	……人中死1人	(二)牲口较少的省份	每人摊到的牲口头数	……人中死1人
1.哥萨克顿河地区	3.72	41	1.萨拉托夫	1.10	28
2.比萨拉比亚地区	2.20	36	2.卡卢加	1.08	27
3.阿斯特拉罕	6.35	34	3.诺夫戈罗德	1.01	27
4.塔弗里奇	5.11	32	4.普斯科夫	1.19	27

夫省具有这一切优越条件，它的死亡率仍然不能超出20多人中死

牲口较多的省份	每人摊到的牲口头数	……人中死1人	牲口较少的省份	每人摊到的牲口头数	……人中死1人
5.阿尔汉格尔斯克	1.70	30	5.沃洛格达	0.90	25
6.叶卡捷琳诺斯拉夫	3.60	30	6.科斯特罗马	1.04	25
7.唐波夫	1.52	28	7.弗拉基米尔	0.73	24
8.喀山	1.40	28	8.萨马拉*	1.37	24
9.波尔塔瓦	1.77	28	9.斯摩棱斯克	1.35	24
10.梁赞	1.42	28	10.奥尔洛瓦	1.25	23
11.辛比尔	1.41	27	11.特维尔	0.81	23
12.库尔斯克	1.41	26	12.莫斯科	0.59	22
13.平扎	1.40	25	13.雅罗斯拉夫尔	0.90	22
14.契尔尼戈夫	1.46	25	14.图拉	1.11	22
15.奥伦堡	2.00	24	15.尼日戈罗德	0.93	22
16.哈尔科夫	1.61	23	16.奥洛涅茨	0.86	21
17.沃龙涅什	1.84	20	17.维亚特	0.98	20
18.赫尔松	2.66	19	18.彼尔姆	1.38	18

对比结果是如此地明显，牲口数量对工人阶级福利状况有很大影响不容任何怀疑。而且可以推测这种影响在统计资料如此明显地能证实它以前就已存在。如果我们作那种我们对地主的土地所作过的同样的对比，情况如下：

	牲口多的省份	牲口少的省份
40以上人中死1人	1	0
30以上人中死1人	5	0
25以上人中死1人	8(7)	(7)6
20以上人中死1人	3(4)	(10)11
15以上人中死1人	1	1

* 根据1866年统计年鉴的资料，萨马拉省的每个居民摊到1.37头牲口，而根据1864年萨马拉省备忘手册的资料则每个居民摊到1.92头牲口。这不会引起质的变化，我把改变了的结果放在括号里（应当是，统计年鉴有刊误，而备忘手册有夸大）。

1 人的范围(28 人中死 1 人),阻碍的原因太大,其他有利条件很难战胜它。

如果我们从阿尔汉格尔斯克省的无林冻土地带开始一直往南走,到达位于乌拉尔河与伏尔加河之间的地带,那么沿途的省份是:阿尔汉格尔斯克、沃洛格达、维亚特、喀山、萨马拉,最后是阿斯特拉罕。在阿尔汉格尔斯克的冻土地带和密不通行的森林里,土地从来不解冻,夏天显得和冬天一样,谁也不会去寻找大量的耕地和丰富的广阔的草场。的确阿尔汉格尔斯克省的农业和畜牧业一样也不发达。一直往南去,北方的寒冷一步步地维护着自己的确立贫瘠统治的权利,耕地和草场的数量只是慢慢地逐渐增加。开头,北部的贫瘠在一点上作出让步,似乎力图从另一点上补偿自己:它给予沃洛格达省更多的耕地和草场,但是取消了其繁殖鹿的可能性,阿尔汉格尔斯克省的鹿远远超过牲口的数量,虽然它的普通牲口较少。这是北部的最后一个的胜利。维亚特省的耕地和牲口都比沃洛格达省要多,喀山省比维亚特省在一切方面都具有优越性。

继续往南走,应当期待的是农业和畜牧业更快地向前发展。人口变得较不稠密,气候较为温暖。村社的土地多,气候好,看来没有什么能妨碍它们繁殖牲口和扩大耕地。而且,应当期待农产品甚至畜牧业发展的多样化,那里的樱桃是野生的,浆果硕大和味道鲜美,野生浆果是大量的,软果糕成为农民普遍的吃食。可是,使我们极感惊奇的是,萨马拉省的耕地不仅比喀山省,甚至比维亚特省还要少得多。与此同时,草场继续增加,萨马拉省的草场比喀山省几乎多一倍，但根据1866年统计年鉴资料，牲口却比喀山省少①。虽然阿斯特拉罕省有93%的贫瘠土地，仍然高于萨马拉省；如果它的耕地少，那么它的畜牧业的规模却在所有俄国欧洲部分的省份中占第一位。它的牲口比奥伦堡省多两倍，比哥萨克顿河几乎多一倍②。萨马拉省的这种贫困状态的原因何在？使萨马拉省的工人如此贫困和不幸的原因何在？这个原因可能会是萨马拉土壤的贫瘠吗？但是，在这种情况下大量的草场和不相称的少量的牲口又意味着什么呢？——在有许多草场的地方，就可以有许多耕地。如果萨马拉省的一半是贫瘠的，然而那里的人口也比喀山省稀少一倍半以上，从最终的结果来看，就人口来说，萨马拉省仍然拥有比喀山省更多的肥沃土地。

①　这就是对比情况：

	每个居民摊到			
	带鹿的牲口	不带鹿的牲口	俄亩	
			草场	耕地
1.阿尔汉格尔斯克省	1.70	0.72	0.45	0.25
2.沃洛格达省	1.70	0.90	0.50	0.80
3.维亚特省	1.70	0.98	0.24	1.43
4.喀山省	1.70	1.40	0.90	1.54
5.萨马拉省	1.70	1.37	1.60	1.19
6.阿斯特拉罕省	1.70	6.35	2.60	0.61

②　每人摊到2头牲口以上的省份：

1.阿斯特拉罕………………………………… 6.35头
2.塔弗里奇 ………………………………… 5.11头
3.哥萨克顿河………………………………… 3.72头
4.叶卡捷琳诺斯拉夫………………………… 3.60头
5.比萨拉比亚………………………………… 2.20头
6.奥伦堡……………………………………… 2.00头
7.赫尔松……………………………………… 2.66头

旅行者在领略了萨马拉省的辽阔草原以后，就会感到喀山省的地形很单调。在萨马拉省，平坦的高地上绿色的地毯犹如一望无际的波浪往前伸展，勉强可以望到遥远的地平线，头顶上的温暖的傍晚的天空一片金黄，粉红色的云彩与暗红色的草原远景隐约可辨，在暗红色地带之后，伸展着一片淡红景色，这仍然还不是云彩，而是遥远的高低不平的草原。在喀山省，天空没有这样鲜红，暴风雨不像是南方的，为什么周围能看到更为富足，为什么喀山省的村落拥有更好的房子？这种房子在萨马拉省是看不到的。为什么在喀山省两层楼的农舍根本不是个别情况？为什么喀山省的农民有高大的良种马，而在萨马拉省这只是极个别的情况？为什么喀山省的人们穿着得更好，日益增长的福利表现出人们不可能看不到的各种迹象？原因清楚而简单。喀山省只有六分之一以下的人口生活在土地地主所有制下，而在萨马拉省，则占人口的三分之一，喀山省的城市人口几乎多一倍，它靠近那些谷物价格高的地区。

喀山省的农民所缴纳的租赋和捐税几乎与萨马拉省的农民相等①，但他所应出售的农产品却少 1 倍。这时，不幸的萨马拉省农民需要卖掉所有他所生产的东西，只给自己留下最少量的不足的食物，留下的种子很少，他根本不用想扩大播种面积，相反，经常担心歉收会迫使他减少耕地。喀山省的农民，虽然人口较为稠密，村社的土地少，却能进行更大规模的经营。现在请想象一下这个无

① 萨马拉省农民的租赋和地方税，每个农业人口 1 卢布 75 戈比，喀山省是 2 卢布 24 戈比。

法缴纳任何租赋和直接税的萨马拉省的农民吧！

这个习惯于担惊受怕的不幸的农民，当看到他的家庭每天每人吃掉 1 俄磅谷物的时候，立即采取措施压缩这种过量和奢侈。让我们设想下述情况。要是这个一年只有 28 普特谷物养家的农民忽然变成能支配 58 普特谷物和 3 普特黄油、腌猪油、牛肉的农民，那么，过去全家每天不到 3 俄磅食物的人，现在每天能得到6.5 俄磅食物，其中还包括油与肉。他改善了自己家庭的伙食，饲养了牲口，仍然还剩下多余的 10 普特谷物，可以用来做种子。他马上可以增加 30％的播种面积。过了 2 年，萨马拉省的农民可以播种 300 万俄亩，而不是 200 万。过了 6 年，他可以与德国的移民一样富足。让我们假定萨马拉的农民与俄国各地（从芬兰湾到雅库茨克山区，从太梅尔的冰地到克里米亚葡萄园）的农民一样，无论是他的勤劳、节俭、农业知识丝毫没有什么两样，过了 6 年，他仍然至少能像德国移民那么富有，很可能他将更为富有。要是读者不信，这就是证据：目前萨马拉省有 200 万俄亩耕地和 2 648 000 俄亩草场。按上述的计算，萨马拉省目前从耕地能收获 34 700 000 普特①，而按我认为是夸大的计算，可以收获40 000 000普特。其

① 这里，关于我们的乐观主义者统计学家的记述的可靠程度，我想说上几句。在萨马拉省的 1863—1864 年的备忘手册中刊登着杰柳热夫对索斯诺夫卡村的描述。我觉得这个描述极为有趣：我没到过索斯诺夫卡，可是我知道，这个村以比附近的居民富裕而著称。对我来说，有趣的是从作者的记述中相信自己的结论，作者在讲到索斯诺夫卡的家禽时写道："我们这里主要的家禽是鸡。"以此使人想到，他把索斯诺夫卡当成是自己的居住地。索斯诺夫卡的居民属于处于最有利条件下的农民：他们是国家农民，他们的村庄位于多林地区，他们的一半土地长着森林。土壤和一般森林地区的土壤一样，是最肥沃的。记述的作者确定居民数为 1 285 人，播种小麦 50 俄石，黍子 15 俄石，二粒小麦 90 俄石，燕麦 700 俄石（原文有误，根据下文核算，应为 100 俄石。——译者），荞麦81俄石，豌豆20俄石和黑麦300俄石。根据杰柳热夫关于索斯诺夫卡平均

中600万普特以上属于地主私人所有。总共应当收获谷物不少于

收成的夸大资料计算收获量，谷物的收获量如下：小麦250俄石，黍子75俄石，二粒小麦540俄石，燕麦600俄石，荞麦567俄石，豌豆100俄石，黑麦1 500俄石。除去种子，得如下收获量：小麦200俄石，黍子60俄石，二粒小麦450俄石，燕麦500俄石，荞麦486俄石，豌豆80俄石，黑麦1200俄石，总共是2 976俄石。每个居民摊到近$2\frac{1}{3}$俄石，也就是说，按照夸大的计算，约有20普特。一半出售用于支付租赋，剩下的约够每人每天一俄磅。这样的结果也应该是我们所期待的：我由于知道在我们祖国喜好乐观主义和担心责备我夸大人民的苦难，经常把工人的生活描绘成玫瑰色，我把他们所享受的福利描绘得比他们实际享受到的要好。这就是为什么自然地发生这种情况，即甚至乐观主义者描述的农民也要比我所描述的农民更为不幸。俄国的乐观主义描述了萨马拉省的一个最繁荣、幸福的村庄，这个村庄只播种了656俄石谷物，他以此足够清楚地证实，我是用玫瑰色来描述工人的生活的，并把它说得比实际情况要幸福得多。杰柳热夫在说到索斯诺夫卡村的每个农民都有绒毛褥子的时候，显然是夸大了。关于衣服的描述同样是美化了不少：但是，怎么和他争论呢，他说得极不肯定，——谁有，多少，什么样的衣服，这一切他都没说，这就是问题的全部实质。这里他说到伙食：夏天——小麦面包，各种蔬菜。杰柳热夫以此表明了他肯定不知道萨马拉的日常生活：正是在萨马拉省的那个地区，即索斯诺夫卡的那个地区，农民认为小麦面包在夏天也是营养不丰富的，在活忙的季节，几乎只吃黑麦面包。杰柳热夫自己也说，索斯诺夫卡的农民播种300俄石黑麦，而小麦只种了50俄石，即少5倍，这个地区的农民叫小麦面包或二粒小麦面包为糕点，与其说把它看成是营养丰富的食物，还不如说把它看成美味的点心，他吃不少小麦面包，但黑麦面包吃得更多。完全合情合理的是，索斯诺夫卡的农民完全与全俄国的农民一样，夏天是不吃肉的。杰柳热夫接着说：冬天的伙食——加小牛肉的白菜汤和粥。农民在夏天、秋天和春天是不吃肉的，因为这种季节的肉容易变质。腌起来吧，盐太贵，他们腌不起。因此他们在寒冷彻底稳定了的时候宰牲口，吃肉只是一直吃到开始暖和的时候。他们在11月和3日之间有可能吃肉，在这151天的5个月中，42天是圣诞斋期，44天是谢肉节和大斋期，在剩下的9周零2天的期间内——18天到19天的斋期，总共的斋期日是104天或105天，荤食期是46天或47天。因此，杰柳热夫说索斯诺夫卡的农民整个冬天都吃加小牛肉的白菜汤，显然是不对的。因为在151天的冬天的日子里，他们有105天的斋期。但是杰柳热夫不需要事实，他只需要表达这样的思想，即索斯诺夫卡村的农民一天比一天幸福，津津有味地吃着肉和小麦面包。如果他甚至说，他们在一年中有47天吃肉，那么，他大概要接着寻找事实了！接着，杰柳热夫表明他是一个很机灵的乐观主义者，他说："夏天，由于东西充足和农活重，女主人做的午饭要比冬天更丰富。"这使读者产生这样的想法，即农民的午饭充足而丰富。但是，让我们问一下杰柳热夫，他根据什么肯定地说，夏天做午饭的东西丰富充足。所有做午饭的东西，白菜也不例外，在秋天才成熟。因此，

4 000 万普特，从农民的土地上收获 3 000 万普特。根据这个计算，得到可怜的结果，萨马拉省的农民每人只拥有 25 普特谷物，除去缴纳租赋，每人每天只能消费 1 俄磅左右。他每年必然得挨饿。与他相比，德国移民享受到令人羡慕的福利。在俄国东部，德国移

夏天不是农民最充足的季节，而是最拮据的时刻。如果农民不考虑这一点，冬天吃得比夏天更少，那么完全合情合理地表明，这不是充足和丰富，而是午饭的特别贫乏。因为他在夏天必须吃饱饭，否则干不了活，所以他在冬天挨饿，农民家庭挨饿得最厉害的季节是春天，春天他最害怕农忙季节面包不够吃。在那种每天平均不超过 1 俄磅谷物的地方，谈得上农民的午饭的充足和丰富吗？如果他有东西可吃，他会整年吃得一样饱，——很容易猜想，在吃食是一个人很有限的满足之一的情况下，吃不饱的午餐意味着什么。索斯诺夫卡的家族生活，这是工人阶级的悲惨的贫困和艰难的处境的产物，同样被当成是安宁闲逸的田园生活。我要问，每一个上岁数的读者是否会同意自己与妻子、孩子和全部财产在不贫困的情况下受另一个人的指挥，即使这个人是自己的兄弟……帮工，这是土豪行为和压迫的重要手段，在杰柳热夫那里成了爱的联合和相互帮助。大概杰柳热夫没有看到，当富人在节日与打扮得漂漂亮亮的大群免费的工人出发到田野去的时候，穷人只在自己的一只狗的伴随下拖着步子走向自己的田地。如果杰柳热夫正确地确定了播种量，因为对此只要问一下农民，他们播种了多少并写下来，就足够了，那么，他计算的平均收成无疑是不对的。按他的话来说，例如荞麦，收成是种子的 7 倍。在索斯诺夫卡所处的那些地区，荞麦生长良好，但是它经常被冻死。我知道，甚至地主都不种它了，因为最终是不合算的。忽略这个情况，不计算这种情况下发生的损失，就是歪曲事实。杰柳热夫确定了一切谷物的很高的平均收成，自己和自己发生了矛盾，因为他另一方面说，有些地方的土壤是贫瘠的，谷物经常被夜寒冻坏。他说，畜牧业不多，然后他却说每俄亩草地摊到 29 头牲口。1 俄亩好的草地能产 150 或 200 普特干草。牲口一年至少得喂养 6 个半月，母牛每天需要 普特干草。但是我们假定，每头牲口每天需草 10 俄磅，这就是说，为了饲养 29 头牲口，需要 1 413 普特 30 俄磅干草：在说了这些以后，在索斯诺夫卡 1 俄亩草地养活 29 头牲口，有可能吗？在俄国，1 俄亩草地摊不到 2 头牲口，为了养活这个数目的牲口，平均需要收割约 100 普特干草，差不多是对的。因此，在杰柳热夫那里得出这样的结果，即在索斯诺夫卡，有 6 215 头牲口，每人约 5 头，也就是说，比德国移民还多 25%。如果这样的畜牧业还被称为不多，那么当然可以认为萨马拉省的农民很富有啰。看，索斯诺夫卡的统计材料引起多少怀疑。很遗憾，这种证明带有明显的不合理。要是这篇文章不是刊载在由萨马拉省统计局出版的萨马拉省备忘手册上，我甚至不会谈及这种微不足道的文章。这类文章使我们了解到，能赋予官方的统计资料以何种意义。

民每人有 80 普特，在塔弗里奇省有 90 普特；在俄国东部每人有 4 头半牲口，而在塔弗里奇省每人有 5 头以上，而且他缴纳的租赋和捐税要少得多。萨马拉省的农民摊到的赋税、租和捐税达 3 卢布 10 戈比以上，移民只摊到 1 卢布 66 戈比。请设想一下，萨马拉农民不缴纳任何捐税，牛肉、腌猪油和黄油都无条件地归他支配，——他全家食用的谷物量增加一倍。毫无疑问，他将立即增加播种面积，就完全与俄国农民到处一旦有可能的情况下所干的一样。假如他们从归其支配的每人 10 普特的多余谷物中只用 4 普特增加自己的播种面积，那么他们能耕种的土地，连同私有主的土地在内，就达 300 万俄亩，而不是 200 万。为此而需要的土地完全足够，他们有耕地和草场 4 648 000 俄亩。如果他们耕种 300 万俄亩，还能剩下足够的草场。全萨马拉省的谷物收获量将达 5 200 万普特以上，与必需的种子及其他加在一起，共达 7 000 万普特。因此，归农民的份额达 6 400 万普特，每人约 40 普特，即每人每天约摊到 4 俄磅半谷物。很清楚，他不仅将用谷物养活自己的家庭，而且饲养牲口。在我们畜牧业的当前状况下，在唐波夫省饲养一头牲口需要四分之一俄亩草地，萨马拉省农民每人有一俄亩以上草地，因此每人可有 4 头以上牲口。在肥料增多的情况下，当然收成也必然增加。在沃洛格达省，在施肥良好的情况下，农民可收获种子的 10 倍。我们的农民甚至在工业地带的不好的土地上都能靠肥料获得这样的收成。但是我假定平均收成是种子的 5 倍。乐观主义者肯定地说，在萨马拉省的良好土地上，黑麦和小麦平均收成现在已达种子的 5 倍，比小麦种得多的二粒小麦、燕麦达种子的 6 倍，养麦达种子的 7 倍。5 倍于种子的收成低于移民区

的平均收成，但是 300 万俄亩土地在三区轮作制的情况下仍然能收获 1 亿 1 千 4 百万普特，或者每人几乎有 71 普特谷物。所有农民群众的福利状况已经很接近移民的状况。如果假定，在这种肥料增加的情况下，收成像乐观主义者目前设想的那么多，——这种设想是有可能的，——那么谷物收获量将达 1 亿 2 千 8 百万普特，或每人 79 普特，全萨马拉省的福利状况就完全和当前移民的状况一样。它的人口将增加，财富将完全和美国一样增长。如果情况到处都像萨马拉省这样，那么过 50 年，俄国将有 2 亿人口，而这时整个欧洲的人口共有 4 亿，俄国在其富有的情况下，在政治天平上的重量将超过欧洲的一半。从地方统计员的记述中，尽管这些统计是多么地可疑，同样可以看出，萨马拉省的农业规模可以扩大得多。这些记述表明这样一个悲哀的事实，阻碍我们农民富裕的因素不是土地不足，也不是人手、勤劳和技能不够，而是那种艰难的境况，这种境况使他没有任何可能来增加畜牧业和储备足够数量种子。有 3 口纳税人的农民家庭可以轻易地耕种 10 俄亩土地。在肥料良好的情况下，他们能收获种子的 4 倍到种子的 10 倍，将得到 600 普特谷物，每人约有 100 普特，即甚至比塔弗里奇的德国移民的收获量还要多。我再重复一次，既非人手不足，亦非土地不够，而是人手和土地都闲着，因为无事可干。农民的贫困使工业的发展瘫痪。工厂的活计很少，劳动的价格不是由市场的需求决定，而经常由工厂主个人斟酌而定，取决于他的慷慨或吝啬。在这方面很有趣的事实是将萨马拉省各酿酒厂的工资与酒的价格进行对比，酒在零售和批发中到处确立了市场价格，除少数例外情况，在布古鲁斯兰县和布古尔马县，酒的价格完全相同，在布祖卢克县，

它稍高一些，斯塔夫罗波尔县更高。可是工资不因县而异，而是不同的工厂有不同的工资，在布古鲁斯兰县和布古尔马县的各厂，同样劳动的月工资由 2 卢布 30 戈比到 4 卢布以及由 3 卢布 30 戈比到 7 卢布：酒的价格是一样的，工资的差别却很大。萨马拉省各地酒的出售价格的差别不超过 18%，而一个工厂同样劳动的工资差不多高于另一个工厂 2 倍①。当生产的价格已经从个别人物的任意处置中摆脱出来的时候，人还得成为它的牺牲品，他得像等待施舍似地为自己的劳动期待着酬劳，他犹如看待恩人一样看待那个以此劳动发财的人。当然，在俄国，还有更偏僻的地方，那里工人

① 下面就是 1863—1864 年萨马拉备忘手册的劳动和酒的价格的资料：

谁的工厂工人的工资等级	月工资						
	货币		黑麦面粉		麦仁	盐	酒糟
	卢布	戈比	普特	俄磅	俄磅	俄磅	桶
a)布古鲁斯兰县和布古尔马县：							
奥索尔金厂							
一级	2	30	2	20	10	2	—
二级	3	30	2	20	10	2	—
三级	4	30	2	20	10	2	—
舍拉什尼可夫厂							
一级	4	—	2	—	15	2	10
二级	7	—	2	—	—	2	20
三级	8	—	2	—	—	—	20
米库林厂							
一级	3	71	2	—	10	2	—
二级	4	50	2	—	—	—	15
三级	7	—	2	—	—	—	100
叶拉契奇厂							
一级	3	75	2	—	10	2	10
二级	6	50	2	—	—	—	15
三级	8	—	2	—	—	—	15

的状况更艰难，那里酒厂主不仅可以任意确定劳动的价格，而且可以任意确定谷物和酒的价格。

对北部和东部边区的观察使我们相信，那里的工人穷。工业不能发展，资本不能增加，都是这种穷困缘故。我们看到，这种贫困是可以补救的，在同样的自然条件下，在同样的技能和勤劳下，农民可以很容易地富得不亚于移民，而这件事的障碍是直接赋税。这种赋税给官家带来少量收入，只是将它们取消这一项就会由于增加的富裕和酒的消费使官家的收入增加。那时，贫困和悲惨的命运将不再促使农民犯罪，他犯罪几乎比移民多4倍，即几乎与他

谁的工厂工人的工资等级	月工资						
	货币		黑麦面粉		麦仁	盐	酒糟
	卢布	戈比	普特	俄磅	俄磅	俄磅	桶
雷奇柯夫厂							
一级	3	25	2	—	10	2	—
二级	6	—	2	—	10	2	15
三级	8	—	2	—	10	2	15
b)布祖卢克县							
希什柯夫厂							
一级	4	04	2	—	10	10	—
二级	8	—	—	—	—	—	12
三级	10	—	—	—	—	—	20
什列依尔厂							
一级	3	50	2	—	20	2	—
c)斯塔夫罗波尔县							
米勒尔厂							
一级	5	50	—	—	—	—	—
二级	8	—	—	—	—	—	—
拉扎列夫厂							
一级	6	50	—	—	—	—	—
二级	10	—	—	—	—	—	—

谷物少的倍数一样多。纳不清赋税的恐惧迫使他秘密潜入森林，

酒的价格如下：

	县份							
	斯塔夫罗波尔		布古尔马		布古鲁斯兰		布祖卢克	
	卢布	戈比	卢布	戈比	卢布	戈比	卢布	戈比
工厂酒窖一桶酒的售价								
一月	3	13	2	80	2	80	2	90
二月	3	—	2	60	2	60	2	70
三月	3	—	2	50	2	50	2	70
四月	2	90	2	55	2	55	2	65
五月	2	85	2	55	2	55	2	65
六月	2	80	2	53	2	52	2	60
七月	2	80	2	50	2	50	2	60
八月	2	75	2	50	2	50	2	60
九月	2	70	2	40	2	40	2	50
批发栈一桶酒的售价								
一月	3	50	3	40	3	40	3	90
二月	3	30	3	30	3	30	3	30
三月	3	25	3	15	3	15	3	25
四月	3	15	3	—	3	—	3	20
五月	3	15	3	—	3	—	3	15
零售点一桶酒的价格								
一月	4	80	4	60	4	60	4	70
二月	4	50	4	—	4	—	4	20
三月	4	—	3	50	3	50	3	80
四月	3	50	3	40	3	40	3	50
五月	3	40	—	—	3	40	3	70
六月	3	40	—	—	3	50	3	70
七月	3	30	3	40	3	40	3	70
八月	3	30	3	40	3	30	3	70
九月	3	20	3	20	3	10	3	70

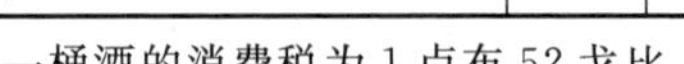

一桶酒的消费税为1卢布52戈比。

工厂酒窖的一桶免除消费税的酒售价一般为75戈比到90戈比。

所有这些资料引自“关于萨马拉省的酿酒生产和伏特加酒的贸易”一文，该文1863—1864年萨马拉省备忘手册中，由管理饮酒消费税的沃罗诺夫公布的。

他在那里落入护林人之手，然后被指控为犯罪。在他头顶有两种灾难，一种是难以逃避的——这是欠税，另一种是他希望借幸运与黑夜之助躲开的，——这是对其砍伐森林的惩罚。他以后者冒险并成为罪犯。在其艰难的境况下，他怎么也无法理解，他无权为减轻纳租赋捐税的重担而砍伐森林。如果他下不了决心干这干那，他就抛弃自己的家庭，任其听天由命，自己一逃了之，外出过流浪者的悲惨生活。他由监狱转到森林，由森林转到监狱。这类犯罪构成国家农民所犯的全部罪行的一半。从1860年到1863年的4年期间，按所有被判决的罪犯计算，173个居民中有一个罪犯，在国家农民中，170人中有一人被法院判决。要是将反对信仰、个人和官家财产的犯罪除外，那么这个比例关系就有所改变。除开这些犯罪，438个国家农民中有一个罪犯，而总的是363人中有一个罪犯。光是流浪罪和砍伐官家森林就构成俄国所有犯罪的四分之一。虽然国家农民的境况是悲惨的，但是还有更为悲惨的工人，——这是生活在地主土地上的农民。这种农民被判决为反对信仰的罪要比国家农民少得多，他顾不得信仰问题，然而他经常被判决犯了侵犯私人财产的罪。社会出现这样的事实，在科斯特罗马省的维特卢加县产生的乞丐中，有一个国家农民的乞丐，就得有20个生活在地主土地上的农民乞丐。在科斯特罗马省，农奴制取消后仍须为领主服务若干年的农奴与国家农民之比是3比1弱。人们可能会认为，我所描述的悲惨现象只涉及俄国北部和东部各省，但是黑土地带也未必能以其大量财富夸耀于人。捷克的农学家盖伊杜克调查了黑土地带工人的生活，在其于哈尔科夫省的讲课中说："外国工人要是只吃俄国工人所获得的这点粮食，就得饿

死，在俄国，有这点粮食的人就算是好的。”[①]他引了哈尔科夫省的工资作为低工资的典型。那里冬天的日工资，男人是12到18戈比，妇女是8到15戈比。春天的工资，男人是18戈比，少量的达20和25戈比。只是在农忙季节，一个劳动日支付20到40戈比，妇女是15到30戈比。根据同一年的资料，哈尔科夫的工人收割1俄亩黑麦得2到3卢布。年度工人得36到50卢布。在卡卢加省，在同一年，年度工人得30到54卢布，男人在农忙季节干一天活，得25到30戈比，妇女夏天干一天活，得15到17戈比。在唐波夫省的科兹洛夫县，在这个闻名的农业工业中心，全部耕种一俄亩土地，连同最后收割燕麦、小麦、黍子和亚麻等作物，值3卢布，若收割荞麦，甚至只给2卢布57戈比，收割黑麦值2到3卢布。耕种秋播作物需花10天左右，值1卢布71戈比，即每天得20戈比以下。因此，所有这些地区的地主土地上的工人的状况一点也不比哈尔科夫省的好，盖伊杜克的话对他们完全适用。盖伊杜克感到如此低的女工的平均工资是一天19戈比(由8到30戈比)。位于苏拉附近的村庄，妇女平均能挣16戈比一天(由12到20戈比)。这个工资对她们具有这样的吸引力，以致她们不愿出嫁：她们为这样的工资而拒绝结婚的生活会是什么个样子呢[②]？当我说过，萨马拉省和沃洛格达省的农民在每年春天日子很难熬，读者可能会想，这是这些省的例外状况。但是请看看地方统计员关于1865年奥尔洛瓦省农民的状况的话。他说：“很少村庄吃不是买

① 参看：《农业报》，1866年，第33期。

② 所有这些资料涉及1865和1866年，在1866年的农业报中可以找到它们，部分地可以在1866年的《自由经济社会的劳动》中找到。

来的面包，但这不是了不起的倒霉事，因为我们的农民已经习惯于在春天或是买面包吃，或是随随便便混日子。”①（要是不客气的人就会说“挨饿”二字）还有什么比这种悲惨境况更令人悲哀的事呢，难道只有地方统计员对事物的观点能产生更为痛苦的印象。他发现，这还不算是了不起的倒霉事。诚然，他下面描述了如此严重影响我们祖国富裕的灾难，这就是牲口在春天的饥荒，这件事每年春天在俄国到处重复出现，因此每年死掉许多牲口。天真的统计员哭诉着这一不幸，悲哀地诉说，饥荒如何在春天把牲口送进坟墓，认为这是比人的饥荒还要大的灾难，人的饥荒在每年春天使大量的孩子和妇女死亡。看，我们这里人们习惯于用何种眼光看待工人的生命。将盖伊杜克的讲话声调与我们国家的统计员的语言作一比较，不能不使人羞得脸红，——这就是我们的不合时宜的乐观主义的悲哀后果。在 3 月份，奥尔洛瓦省的男工的日工资降至 5 甚至 3 戈比，——这种现象类似于我在概述沃洛格达省所描写的现象。毫无疑问，这类现象能在俄国的大部分地区遇到。奥尔洛瓦省的工资，和许多其他地区的工资一样：农忙季节，男工日工资为 30 到 40 戈比，耕作 1 俄亩土地付 3 卢布，因此，与唐波夫省、哈尔科夫省、卡卢加省和其他省份一样。那里的谷物价格与萨马拉省的差不多（1 普特黑麦面粉约值 35 戈比）。就耕地数量而论，奥尔洛瓦省属于耕地多的省份，每人摊到 1 俄亩半以上。根据 1865 年谷物收成的资料，奥尔洛瓦省远非落在最后，它的收成大体上是种子的 3.6 倍，除去种子，每人摊到 4.1 俄石谷物。将属于地主的

① 参看：《农业报》，1866 年，第 18 期。

谷物大概数除外，每个农民摊到 40 普特谷物，而萨马拉省的每个农民只有 25 普特。例如，平扎省的耕地比奥尔洛瓦省少，收成大体上只有种子的 3 倍，除种子外，每个居民只摊到 3.9 俄石。基辅省的收成甚至不到种子的 3 倍，每人总共只摊到 1.4 俄石谷物。卡卢加省的收成是种子的 2 倍和 2 倍半，除去种子，每人只摊到谷物 3.8 俄石。将属于地主的谷物大概数除去，每个农民约摊到 30 普特谷物。此外还得补充一点，卡卢加省的牲口比奥尔洛瓦省的要少。叶卡捷琳诺斯拉夫省的生活在私有土地上的农民勉强只能收回种子。从上述情况中可以想见，连奥尔洛瓦省的农民都只得为一昼夜得 3 和 5 个戈比受雇于人，那么所有这些省份的农民会处于何种境况。尽管这些资料不怎么可靠，它们表明，与俄国东部和北部地区比较时，夸大中部黑土地带的富裕程度是没有根据的。① 因此，统计证实了上面谈到的观察。在俄国的北部、东部和

① 在奥尔洛瓦省，1865 年播种了秋播作物 881 294 俄石，春播作物 1 420 018 俄石，土豆 225 636 俄石；收获秋播作物 2 930 880 俄石，春播作物 5 269 639 俄石，土豆 887 662 俄石。全省居民共 1 593 619 人，农业人口 1 377 821 人，每个居民摊到耕地 1.51 俄亩，牲口 1.25 头。在平扎省，1865 年播种了秋播作物 831 931 俄石，春播作物 1 234 543 俄石，土豆 114 820 俄石；收获秋播作物 2 995 272 俄石，春播作物 3 484 381俄石。全省居民 1 179 080 人，农业人口 1 076.388 人，每人摊到耕地 1.30 俄亩。在基辅省，播种了秋播作物 649 978 俄石，春播作物 769 078 俄石，土豆224 170 俄石；收获秋播作物 1 208 216 俄石，春播作物 2 282 548 俄石，土豆 858 631 俄石。全省居民 2 012 095 人。在卡卢加省，播种了秋播作物 911 485 俄石，收成是种子的 2 倍以下，播种了春播作物 1 806 528 俄石，收成是种子的 2½ 倍以上。全省居民 964 796人，农业人口 872 416 人，每人摊到牲口 1.08 头。在叶卡捷琳诺斯拉夫省，地主和生活在地主土地上的农民播种了秋播作物 106 004 俄石，春播作物 202 072 俄石，土豆 10 431 俄石；收获秋播作物 144 938 俄石，春播作物 267 557 俄石，土豆 19.457 俄石。

中部黑土地带旅行的时候，多林和无林地区的影响表现得很明显，人口的密度在村庄的数量和大小上反映出来，但是大的富裕一般都不明显。死亡率的统计以另外的方式使我们得出同样的结论①。

农民的境况始终是可怜的，但是当他需要基本建设的花费时，境况变得更为可怜。我已经提到过，责备农民不为自己建浴室是多么地可笑，要知，农民不能为自己建造砖炉，只能弄个碎土砌成的炉子。的确，农民最艰难的时刻是当他的破旧的小屋倒塌而只得重建的时候。为了此后恢复元气，他需要许多年。在这种场合，农民的主要盘算是农忙季节。这个幸福的时刻终于来临了，当他用繁重的劳动每天可挣得 1 卢布 30 戈比，甚至 1 卢布 40 戈比的时候，这是极大的幸福。他负责收割整俄亩的庄稼，希望用拼命劳动来增加自己的收入：收割期开始时，1 俄亩的价格是 3 卢布，到快结束时，降到 2 卢布。他自己的谷物还没有成熟，他急着利用时间，割完一俄亩再割一俄亩，不让自己有喘息的时间，最终彻底用尽自己的力气。眼看他的谷物已得收割了，他还远未挣到他所应

①	在俄国北部、东部的 9 个省中（阿尔汉格尔斯克、奥洛涅茨、诺夫戈罗德、沃洛格达、维亚特、彼尔姆、奥伦堡、萨马拉、阿斯特拉罕）。	在中部黑土地带的 12 个省中（沃龙涅什、库尔斯克、奥尔洛瓦、平扎、波尔塔瓦、梁赞、萨拉托夫、辛比尔、唐波夫、图拉、哈尔科夫、契尔尼戈夫）。
30 以上人中死 1 人	2	0
25 以上人中死 1 人	2	8
20 以上人中死 1 人	4	4
18 以上人中死 1 人	1	0

缴纳的租赋和捐税的一切。他把自己的收割期一天天地往后拖，一直拖到不能再拖为止。最后着手收割自己的土地，忽然发觉，无论是他还是他的家里人都已无法干活，所有的人由于用力过度，手脚肿起来了，每当弯曲和伸开指头，就痛得要命。病痛之外还加上体力消耗殆尽。谷物每时每刻在成熟，放下不收就意味着为自己准备讨饭袋和穷死、饿死。由于这种可怕的必然，任何疾病、任何精疲力竭都不能阻止干活，但是，不管拼命的精力多么充沛，它总是有限度的。活干得很慢，熟过头了的谷物掉落一地，由于肥料不足，本来就微薄的收成变得更少。最终的结果是很难确定，这些巨大的努力给工人带来的是好处还是坏处？家庭还是和过去一样穷，不过变成了有病的、精疲力竭的穷。所有这些苦难的情景掠过我的眼前，它们是如此地多，我不知道应该怎样忍受。看，神父从重病人家中取走了最后一点劣质的烤面包，这引起全村的普遍不满。看，全家边哭边诉地在路上走着，这是什么？他们是给谁送葬吗？不是，他们从院子里牵出了最后一头牛犊，为了让地方当局帮助卖掉：已不能不严厉地征收租赋，就是这样，地主也都已经破产了。的确，要是不对农民采取如此深刻印象的措施，地主连十分之一的租赋都收不起来。要知道，从农民身边夺走奶牛，从农舍取走3个月婴孩所需要的最后一壶牛奶，就是宣判小孩的死刑。关于这些需要用这种手段征收的租赋有什么可说的呢？我们的地主对财政法研究得很差，财政法规定禁止从必要的生活资料收取租赋。土地的地主所有制在俄国创造了惊人的奇迹。我们已经看到，它们减少全国的富裕程度，促进毁灭森林，使俄国最肥沃地区的农民与自然条件很差的地区的农民一样穷。最后，可以从统计资料中

令人信服地看出，它们阻碍畜牧业的发展，从而成为俄国土壤贫瘠的主要根源。①

① 因此，在我们这里，那些私有土地最多的省份，畜牧业最不发展，如果以我们上面用来比较过的俄国欧洲部分的 34 个省为例，则：

	地主土地较少的 17 个省中，每人摊到的牲口	地主土地较多的 17 个省中，每人摊到的牲口
2 头牲口以上	5 省	1 省
1½ 头牲口以上	4 省	1 省
1 头牲口以上	5 省	11 省
1 头牲口以下	3 省	4 省

省份	生活在私有土地上的人口的百分比	每个居民摊到的牲口头数	省份	生活在私有土地上的人口的百分比	每个居民摊到的牲口头数
1. 阿斯特拉罕	4	6.35	1. 赫尔松	41	2.66
2. 塔弗里奇	6	5.11	2. 哈尔科夫	41	1.61
3. 哥萨克顿河区	30	3.72	3. 梁赞	55	1.42
4. 叶卡捷琳诺斯拉夫	31	3.60	4. 辛比尔	82	1.41
5. 奥伦堡	20	2.00	5. 彼尔姆	41	1.38
6. 沃龙涅什	26	1.84	6. 斯摩棱斯克	69	1.35
7. 波尔塔瓦	37	1.71	7. 奥尔洛瓦	53	1.25
8. 阿尔汉格尔斯克	20	1.70	8. 普斯科夫	59	1.19
9. 唐波夫	40	1.52	9. 图拉	70	1.11
10. 契尔尼戈夫	37	1.46	10. 萨拉托夫	51	1.10
11. 平扎	40	1.46	11. 卡卢加	64	1.08
12. 库尔斯克	40	1.11	12. 科斯特罗马	69	1.04
13. 喀山	15	1.40	13. 诺夫戈罗德	62	0.01
14. 萨马拉	30	1.37	14. 尼日戈罗德	64	0.93
15. 维亚特	13	0.98	15. 雅罗斯拉夫尔	57	0.90
16. 沃洛格达	34	0.90	16. 特维尔	54	0.81
17. 奥洛涅茨	23	0.86	17. 弗拉基米尔	64	0.73

按照事物的自然进程,应该是,在不仅农民而且地主也繁殖牲

如果再在畜牧业最发达的俄国南部和东部的草原省份之间进行比较,将那些生活在地主土地上的人口较多的省份和那些生活在地主土地上的人口较少的省份进行比较,那么,那些私有土地较少的省份处于决定性的优势。对比情况如下:

省份	生活在私有土地上的人口百分比	每个居民摊到的牲口头数	省份	生活在私有土地上的人口百分比	每个居民摊到的牲口头数
1.阿斯特拉罕	4	6.35	1.哥萨克顿河区	30	3.72
2.塔弗里奇	6	5.11	2.叶卡捷琳诺斯拉夫	31	3.60
3.奥伦堡	20	2.00	3.赫尔松	41	2.66
			4.萨马拉	30	1.37

最后,如果在我们上面比较过的黑土地带的12个省份之间进行比较,那么,在它们之中,生活在私有土地上的人口较少的地方,畜牧业较发达,对比情况如下:

省份	生活在私有土地上的人口的百分比	每个居民摊到的牲口头数	省份	生活在私有土地上的人口的百分比	每个居民摊到的牲口头数
1.沃龙涅什	26	1.84	1.哈尔科夫	41	1.61
2.波尔塔瓦	37	1.71	2.梁赞	55	1.42
3.唐波夫	40	1.52	3.辛比尔	82	1.41
4.契尔尼戈夫	37	1.46	4.奥尔洛瓦	53	1.25
5.平扎	40	1.46	5.图拉	70	1.11
6.库尔斯克	40	1.41	6.萨拉托夫	51	1.10

每个居民摊到	私有土地较少的黑土地带的省份	私有土地较多的省份
½ 头牲口以上	3	1
¼ 头牲口以上	3	3
1 头牲口以上	0	2

精彩的是,在3个草原省份——萨拉托夫、沃龙涅什和唐波夫之间,萨拉托夫省的牲口数量在12个黑土地带省份中居于末位,沃龙涅什省和唐波夫省居于前列(第一和第三),可是,萨拉托夫省不仅人口要比唐波夫省和沃龙涅什省稀得多,而且草场数量要比后二省多得多。看,大量的地主土地创造出何种奇迹!

口的地方，牲口比人口要多，可是结果相反。这样，生活在地主土地上的农民怎么能不穷呢？如果他们的牲口和粪肥都这样少，他们的地怎能不耕种得差劲呢？一个人在这样的条件下还得缴纳得比国家农民更多，而国家农民的缴纳任务已经是够沉重的了，这个人的境况会是怎么样呢？

当统计资料对乐观主义者指出俄国北部工人的贫困和束手无策时，他们觉得，我们这里一切罪过都在于气候。但是严寒气候的影响甚至在冻土地带和茂密的森林地带①的范围内都只具有次要的意义，这可以从许多事实中清楚地看出来。北美的英国领地与

① 如果将北部6个省份（阿尔汉格尔斯克、沃洛格达、奥洛涅茨、诺夫戈罗德、维亚特、彼尔姆）与俄国欧洲部分的34个省在从1851年以来的人口增加方面的情况进行比较，那么优势在北部各省，原因当然不在气候，而在于北部的地主土地数量少。

人口增加情况如下：

	在北部各省中	在俄国欧洲部分34省中
15%以上	3省	11省
15%以上	3省	23省

如果把不完全属于大片密林地带的省份（诺夫戈罗德、维亚特、彼尔姆）除外，那么优势仍然在北部各省方面。

俄国欧洲部分从1851年以来的人口增加情况如下：

	在3个北部省份（阿尔汉格尔斯克、诺夫戈罗德、奥洛涅茨）
15%以上	1省
15%以下	2省

在下述各省中：阿斯特拉罕、比萨拉比亚区、弗拉基米尔、沃龙涅什、哥萨克顿河、叶卡捷琳诺斯拉夫、喀山、卡卢加、科斯特罗马、库尔斯克、莫斯科、尼日戈罗德、奥伦堡、奥尔洛瓦、平扎、波尔塔瓦、普斯科夫、梁赞、萨马拉、萨拉托夫、辛比尔、斯摩棱斯克、唐波夫、特维尔、图拉、哈尔科夫、赫尔松、契尔尼戈夫、雅罗斯拉夫尔、利弗兰、库尔兰、埃斯特兰。

15%以上	11省
15%以下	23省

俄国的欧洲部分处于同一纬度上，按其气候的严寒程度来说，与其说前者小于后者，毋宁说前者超过后者。在17世纪初期，英国的死亡率也和现在的俄国一样高，因为当时英国的工人在满足自己的需要方面也和目前的俄国完全一样地差。有意思的是，在当时，从最终结果来看，在受过教育的上层中，文明水平都一样地低。如果英国的教育在某些方面由于时代的严酷性显得更为粗陋，那么在许多方面它远远超过俄国。在英国，当时的莎士比亚和牛顿能够发挥自己的天才。在俄国，莎士比亚就会既写不了哈姆雷特，也写不了麦克佩斯，牛顿就会在发现万有引力定律前饿死。

为了对俄国东北部农民的道德状况看得更为清楚，让我们来到这一广大地域的远离交通要道的最偏僻的地带，看一看那里是怎么回事。结了婚的年轻小伙子开始过自己的家计生活，他的父母还能干活，家里还有个16岁的弟弟，他们有2匹马和1匹半大不小的马，3头牛和8只羊，他们一年生产180普特谷物、2普特黄油和10普特肉和脂肪。他们需缴纳租赋和捐税23卢布。他们为此出售1普特黄油、5普特肉和脂肪、16普特谷物，他们将49普特谷物留作种子。这样，剩下家庭食用的谷物是92普特(每人每天2俄磅)，23普特谷物用于饲养牲口。除此之外，在47天荤食的冬日期间，他们每人每天几乎有1俄磅肉。按欧洲人的概念来说，这样的伙食是极其微薄的，但是按萨马拉农民的低陋概念而论，这还算是较好的生活。据萨马拉农民说，地方上受过教育的阶层认为，这样的日子是挺好的。但是，看，情况改变了。过了8年，年轻的小伙子有了3个孩子，父亲，特别是母亲变得老态龙钟了，弟弟去当兵了。他们只生产了90普特谷物，而缴纳租赋和捐税需要30

卢布，现在为了养家，仅谷物一项，至少就得 125 普特：牲口还多少需要一些谷物。为了生活得和过去一样，他们需要 104 卢布，而他们总共只生产了 58 卢布 80 戈比。于是，他们面临着经常吃不饱、春天更严重的饥饿和给农民生活带来的一切不便。不习惯于这种贫困生活的家庭，特别是对丈夫还拥有某些影响的妻子，每天责怪他并要求让家里人吃得更好一些。他无力对抗这些影响，开始不好好地缴纳租赋和捐税。官员来了，强烈要求他纳清欠款。迫得无路可走的农民向村长认了错，说他的毛病的根子在于家庭，特别是妻子对他的纠缠不休。村长建议说：“你好好教训教训她。”丈夫回到了家，揪住妻子的辫子将她捆在大车上，用鞭子残忍地抽打她。在适时的场合，就用劈柴敲打两下自己母亲的脑袋，顺手抄起什么来吓唬自己的父亲。在此以后，谁也不敢使他烦心，他忽然开始觉得自己可以为所欲为。现在他吃得很多，租赋和捐税缴不清，对于任何有关需要的不愉快的言论，他立即用鞭子和责打来阻止。如果家里有谁由于匮乏而死去，则归咎于命运。丈夫变成家庭专制和粗暴的积极维护者。恬不知耻和粗暴的自私成为他的行为的主要特征，从其消遣与玩笑直至最严重的做法都贯穿着这一点。我在这些地方多次看到一个人的这类变态。妇女们经常埋怨家庭中的这种残酷待遇，在这种影响下，青年人很少一开始就是专制和粗暴的，他绝不会在 35 岁前开始打自己的父母。当他超出了孩子的年龄，经历着意识觉醒的时刻，他参加晚会，和姑娘温柔相处，姑娘开导他不应打架，通常他充满最美好的愿望。但是，环境的压迫使他屈服于那个成为他的灾难根源的开端。农民在他自己成为粗暴的牺牲品之前，不会受凶狠感情的控制。这就是为什么在这些

地方的受过教育的阶层异口同声地议论必须采用体罚等等措施。对一个受过教育的人来说，这类内容的作品是经常的课程，他从中看到对自己的责难，因此他反感读聪明的书，他将全部空闲时间都用来打牌。在上层人们中，粗暴与无知同在下层人们中一样流行。在最贫困和人少的村庄里，这种粗暴带有某种残忍严酷的特点。一年一年地过得很无聊，很少有什么消遣，生活感受不多，在令人消沉的单调气氛中为操心一小块必不可少的面包度过一生。如果从这种地方转到那些按习俗温和来看应处在更高级的村庄，则不止一次地令人怀疑：新的状况是否就比前者好一些。这类村庄的主要特征是，打人现象要少得多，妇女们更明显地爱打扮，独身人们数量更多，甚至还有老处女，可是她们对贞洁并不重视，就如同叶莉卡维妲女王的贞洁一样。在这些村庄里，每个星期天都是寻欢作乐的日子和节日，一切带有无数接吻的游戏都导致最粗鲁的性欲感。在这些村庄里盛行着腐化堕落，它的必然后果是打胎和杀死儿女。在这些村庄里已能遇到管理家庭的妻子，不听丈夫的话的妻子，甚至还有与丈夫离婚的。尽管习俗的这种改变很少令人慰安，但它是如此地进步，以致自农奴制取消以后，前一类农村日益消失。在农奴制统治时期，许多村庄极其粗野，在这些村庄里，人们漠不关心地看待兽奸。这样，在4万8千平方米里亚的广阔地域，在相等于英国、法国、德国、普鲁士、奥地利、比利时、荷兰、瑞士和丹麦的地域，上述的家庭专制类型成为主要的基础。在那些出现享有某种福利的工人小团体的地方，而这种工人要多到他们已经能够过单独的生活，能够在其劳动福利中、在其较文雅的性格中看到自己对粗野的群众的优势，只有在这些地方，光明才开始

照耀。据我所能观察到的，我觉得，一旦在某地出现相当数量的工人，他们能轻易地缴纳租赋和捐税，同时他们不会以懒惰来减少自己的富裕，必然立即出现这类小团体。变成资本家的工人，因拥有过多的空闲时间，遭受了那些不靠自己的劳动而生活的人们的共同命运，他的道德精神堕落。我所说的这种小团体从来不会以其影响感染悲惨的贫困，它们只能引起贫困的羡慕。穷苦家庭内部的严厉关系总是重新成为粗暴的家庭专制和残酷的根源，最后还是不能摆脱这种粗暴。我认为，如下特征标志着这些小团体的分界线：丈夫羞于打自己的妻子；如果发生家庭吵架，则秘密地进行；在集体玩乐的场合不许接吻，把它看成是性欲的过分粗野的表现。一个喝醉酒的人，在有妇女在场时，说无礼的诺，做愚蠢的动作，会遭到一致的责难。成年的男人对这类行为会说："呸，恶劣透了。"这些小团体像彼得堡附近的德国移民，在这些小团体中能遇到一些其文明程度高于移民的人。他们充分证明，在有利的条件下，甚至在这些边远地区的俄国工人很快就能和欧洲工人并驾齐驱，要是受过教育的阶层不进行阻挠，很可能会超过它们。

第三篇　俄国工业地区的劳动者

第一章　采金工人

（本章写于1866年）

让我们暂时将农业劳动者及其悲惨的生活状况放在一边，转过头来看看另一批劳动者，虽然他们的人数较少，但其重要性并不亚于前者。当您接近叶尼塞斯克的时候，您会发觉，您已接近工业生产的中心，产品价格提高了，劳动价格也如此。你期待能看到富有的工人，关于采金工人的大肆挥霍的传说进一步维护了这种希望。您与任何一个警察所长或劳动管理员交谈，您能听到无休止地埋怨采金工人无条理和放荡。一旦采金工人得到定钱和出发去采金所需要的衣服，他立即将自己全部的钱喝光，将所得到的东西送入当铺。这些东西只有靠警察才能赎回来，一群采金工人被逐出城去。一有机会，工人又把自己的衣服送入当铺，需要重新赎回衣服。这群采金工人在其路上遇到的第一个大一点的城市里，重又开始狂饮，工人召集不起来，又必得求助于警察。据警察所长说，采金工人是乱花钱的任性胡为的纵酒作乐者。您在雇用采金工人的城里所能看到的事实证实了这些话。城市显得热闹非凡，到处能听到歌声、喧嚣。在一处，一群醉汉敲着钟鼓快活喧哗地在跳舞；在另一处，人们在音乐的伴奏下和妇女在跳民间舞。在城里您能遇到许多房主，他们靠租给采金者住房而赚钱。您若与他们交谈，他们会告诉你，他们从采金者手里弄到许多钱，采金者如何纵酒作乐和典当自己的东西。他们会转告您最不幸的疏忽大意的事件，采金工人赚取了200或700卢布，他们只到手一天，第二天早晨醒来，这些钱就无影无踪了，人们从醉得不省人事的醉汉身上取走了所有的钱财。请看一眼这个穿着黑色的讲究的棉天鹅绒服装、披着漂亮披肩的美男子吧，再也没有什么能比这种服装对他更相称了。他在妇女群中显得高傲，妇女们对他心悦诚服。流浪乐师尾随着他奏乐，朋友和一群好奇的人簇拥着他。他的脸部表情表明，他既聪明又机灵又幸运。但是，同一张脸孔还表明，这个好汉过分迷恋于在这种环境中吃喝玩乐的享受，所挣的钱中他没剩下一个子儿。从另一方面看，您会觉得以下这种说法是可疑的，当雇用他们的时候，可以用酒引诱他们，靠一杯酒就可以随心所欲地愚弄工人。要是真的像资本家所说的给工人这么多的钱，那么何必又要愚弄他们呢？接着您会知道，远不是所有的工人都住在城里，甚至派班者不总是能负担城市的昂贵生活费和城市的奢侈，他们往往住在农村里；大部分工人在农村过着困苦的生活。采金的活计和其他活计一样，是极其多种多样的。在所有的活中，主要有以下五类活：总合同工、饲马员、开采泥煤工、淘金工、找矿组。当然，总合同工占工人的大部分，因此是工人中最有意思的阶层。他们担负着最繁重的活，在平日，在节日里，从清晨到深夜他们都干着重活。他们干着打开泥土层这种所有活计中最沉重的活。有时他们翻动石块，有时在污泥脏水中挖掘。另外的工人可以与计件工人相比，他们认为自己比他们处于优越的地位，他们说自己想干就干一点，躺一会儿和休息一会儿都有时间。总合同工的活计更重，而工资较少。例如，泥煤工每天得一俄磅半肉，而总合同工只得一俄磅。他们所得的定钱是从 25 到 50 卢布，通常的定钱是 25、40 和 45 卢布。如此大量的定钱使许多人感到惊奇，并使他们相信，采金工人的工资同样应当是大量的。让我们来看一看，他们有多少钱可以用来吃喝玩乐和阔绰地花费。采金工人干活的时间大约从 4 月 15 日到 9 月 10 日，即 5 个月。在这段时间内，他与别人一起干规定期限的工作和淘金的活，除主人供给膳宿外，每月拿 3 到 15 卢布的工资：每月伙食免费的工资是 10 到 15 卢布——这是极好的工资，您是这么说的吗？让我们看看再说。在指定期限的工作中，淘金工人挣的钱很少，他甚至连定钱都挣不够。为了购置点什么，他必得干淘金的活，他需要取消自己的休息时间，在星期日和节日也得干活，这种拼命干活的做法损害了他的健康，可是这又给予他什么呢？受雇于采金场的人常有从俄罗斯来的，但主要是在西伯利亚雇人，例如，在位于托姆斯克市那一边的农村。假定，雇工的中心点在托姆斯克本市，那么到采金场需走 900 到 1 千俄里。让我们根据这种考虑来计算一下工人的费用。他需要用 25 卢布缴纳租赋，下面我们将会看到，对大部分人来说，这是不够的。为了为自己请求到许可证，他得付出 5 卢布，——工人和办事处认为这是通常的至少限度。这样他总共需花 30 卢布。到采金场需走 1 千俄里。士兵在远行军时是规定走一天休息一天，他一

天能走 20 到 30 俄里，平均是 25 俄里，因此，一昼夜能走 12 俄里半。假定工人走得更快一些，他在一昼夜将走 20 俄里，而休息日是在走 2 天以后的第三天。这样，他在 3 天期内将能走 40 俄里：他至少得走 65 天。在路上他不能吃得太少太差，至少他应吃车船工人的份额，即每天 1.5 俄磅肉，他得为 1.5 俄磅熟肉付 8 戈比，为2.5俄磅烤面包付 5 戈比，为熟食付 2 戈比，总共是 15 戈比。在 65 天内他吃掉 9 卢布。他在最恶劣的季节在泥泞的道路上行走，他需要付摆渡的钱。在如此严寒的气候下，他不能不喝茶或伏特加。假定他在 2 个月内为此花掉 1 卢布 25 戈比，这些钱可以买半俄磅茶叶和 2 俄磅白糖。即使他自带茶壶，而煤是向人乞讨来的，这点钱也是不够的。为 1 什卡利克①伏特加他得付 5 戈比，这样，在路途他得花 3 卢布 25 戈比。这是太贵了，我想，他不会喝伏特加。他沿途还要穿破衣服，在西伯利亚没有树皮鞋，因为椴树只生长在南方，因此他必得穿皮靴或跑鞋，他光是花在鞋上的钱就得 2 卢布，花在衣服上的钱是 1 卢布，总共是 3 卢布。他在最节省的情况下，路上就得花 13 卢布 25 戈比，但是一般说来，他做不到这一点。他需要如期赶到，因此他雇大车坐。他不用 2 个月来徒步跋涉，而是坐车走了 1 个月，因此，他节省了 4 卢布 50 戈比的伙食费，但是他需要支付驿马费。1 俄里的驿马费按 1.5 戈比计算，1 千俄里的驿马费是 15 卢布。如果按 1 匹马载 4 个人计算，即 3 个旅客和 1 个马夫，那么他摊到 5 卢布。但是他难于办到 1 俄里只付 1 个半戈比，有的地方向他要 1 倍和 2 倍的钱。按最低限度计

① 1 什卡利克约合 0.06 升。——译者

算，他得支付 8 卢布的驿马费。这样，他在路上的费用是 16 卢布 75 戈比。这是太贵了，因此，工人们很少全程都坐大车，他换着来，有时坐车，有时走路，他在路上的费用大约是 15 卢布。工人自己的估算最能证实这个算法的可靠性。通常雇主在与金场资本家签订的合同中负责付 45 卢布的定钱，考虑到 30 卢布用于租赋和捐税，15 卢布用于路上的花费。不是穷苦的工人少于这个数字的定钱是不要的。那些有理由值得重视的工人可拿 50 卢布。那种不得不急于找工作的不幸人拿 25 卢布。在采金场的 6 个月内，他需要穿衣服，假定他花费 6 卢布。这笔钱是很少的，不应忘记，他还得购买从俄罗斯经陆路运到原始森林来的商品。他从垄断者那里购买这种商品，垄断者是任意规定价格的。在原始森林里没有竞争者，所有的东西都必得从金场资本家那里购买，——2 双靴子值 7 卢布。然后，还得回家走 1 千俄里，又得花 15 卢布，这样，总共是 66 卢布。整个夏天他在原始森林中干活，他未曾耕种，没有任何储备。冬天他找不到工作，通常他连找都不去找，而是在屋旁干点什么。他要靠那些同样多的钱度过冬天的 5 个月。他不干活，因此他将不吃肉，他将只吃面包和熟食。他每天吃 3 俄磅面包，值 3 戈比，还吃 2 戈比的熟食①，——1 个月花 1 卢布 50 戈比，5 个月是 7 卢布 50 戈比。5 个月的囚犯伙食费规定为 9 卢布 18 戈比。冬天，他得穿单薄的和暖和的衣服，他穿衣服的钱应当不少于 6 卢布。这样就还需要花 13 卢布 50 戈比。除此之外，他应当

① 为了简化，我使用这个字眼，这里我不仅是指白菜、盐和其他，而且也指土豆、稀饭等等。

整年养活自己的全家人。假定，他的妻子能自己养活自己，——为了养活孩子，他得花多少？如果人口不增加，那么应当设想他平均有3个孩子，但是假定需要靠他养活的是2个孩子。孩子如果不比大人吃得更多，那么至少也不比大人吃得更少。除此之外，小孩需要好的食物，否则他是会死的。根据已知经验，孩子比自己的母亲多吃一半。假定他吃面包和熟食，每周只吃2次肉，他一年吃108俄磅肉，价格是2卢布70戈比，面包和熟食是18卢布，衣服比父亲少穿1倍，即一年花6卢布——养活一个小孩，他一年需花26卢布70戈比。2个孩子——53卢布60戈比。这样，他为了能和自己的家庭穷苦过活，总共应当挣133卢布。如果他在采金场每月将挣10卢布，他能挣到50卢布，——他在干活期间就全部花光了，在工作结束时，他什么也没剩下。为了能回家，他需要从自己的口袋里多拿出16卢布，那么冬天靠什么过活，自己的全家靠什么养活？如果他每月挣15卢布，那么他共能得到75卢布，——在结算时，他还剩24卢布，除去回家时的旅途费用，他还剩下9卢布。为了度过冬天，他还差4卢布50戈比。至于家里的人，这是空中的鸟，让上帝来养活他们吧！如果他只完成规定期限的活，即在这种工作量下，工人干一昼夜活可以不感到精疲力竭，节日也可以休息，那么，他这么干活，只能挣到定钱的三分之一，即15银卢布。为了光是挣够定钱，他就应当在平日和节日干得精疲力竭，只有强壮和灵巧的工人才能挣到点什么。在这样干活以后，他就无法保证能过冬。更有甚者，如果他得了病，就被迫离开采金场，饿死在原始森林中，这是经常发生的事情。从这种描述中可以看到，采金工人的工资甚至不够养活他自己，至于家庭，则根本无从谈起。金场资本家推诿于酗酒，是徒劳的。他们如此差劲地保证自己工人的生活，以至即使工人不喝一滴伏特加酒，其全家也得饿死。采金场的活计是致命地繁重，报酬却很微薄，而且在支付的时候还受到这样的欺压，所以在为采金场招工时需要采取强迫人去当兵的那种手段才行。出其不意地抓住醉汉，逼使他同意。当他一落入采金场，人们就千方百计地让他负债，这样就能强迫他下一年再来干活。一大群不满的和变得冷酷无情的工人聚集到一起，他们得负担无法忍受的繁重的活计，这种活计使得肌肉和神经最强壮的人都感到绝望。这就是为什么饲马员得到与他们的劳动完全不相称的报酬的原因。他们的任务是用极其残酷的体罚来维持工人的秩序。只要工人违反他们的规矩聚在一起谈论，他立即被宣布为暴动的教唆犯，毫不怜悯地遭到毒打。这就毫不奇怪，失望总是等待着受雇于采金场的工人。工人们说："谁要是从不受雇于采金场，谁就不用讨饭。"被重活折磨得半死不活的、骨瘦如柴的采金工人等待着结算，——忽然发觉，主人不仅什么也不欠他，他反而成了负债人。您再设想一下采金 工人所处的环境，他不是在某种偏僻的地方，而在只住着都像他这样的穷人的遥远农村，他置身于钱堆中，这里人们用铁锨搂金子。他周围的人们，所挣的钱不少，他们最大的享受就是拼命地酗酒，挥霍钱财，以挥霍来满足虚荣。他们从金场资本家那里学会了这一套，金场资本家本人以其榜样在采金场煽起这种气氛。全俄国纷纷议论采金工人的纵酒和阔绰的生活。很少有工人不带着美美地玩乐一番的希望到采金场去的，一下子现实却使他大失所望。他不仅得不到钱吃喝玩乐，而且没有任何希望获得它们。同时，活计比他想象的要繁重得多，它

是致命的,苦役般的。他在深知连最必要的花费的钱都不够以后,他对自己的衣服甚至连最必要的修补也不愿干了,他穿得破破烂烂,他的身体盖了一层脏的皮,在这层脏的皮外挂着一层更脏的皮,这就是他的衣服。因此,这个或那个工人经受不住诱惑,干了一些绝望的事情,这就没有什么奇怪了。一个人干了,传说就是所有的人都干了。这就是关于采金工人无休止地纵酒以及他们典当衣服、赎回来以后又被他们典当出去的传说的来源。较不遥远的地方,例如托姆斯克原始森林,状况毫无改变。无论采金工人所处的环境条件怎样改变,一个条件始终是不变的:工人获得很少,以至他甚至无力穷苦地养活自己及家庭。在托姆斯克原始森林,例如定钱减少到 5 个卢布。要是工人不想无情地扔下自己家庭听天由命,任妻子爱怎么养活自己就怎么养活自己,让孩子像苍蝇似地死去,他无论如何也不会拿这么低的价格的。的确,工人的孩子是像苍蝇似地死去,下面我将详细地阐述这一点。这就是工人群众的奴性发展和棍棒教育的好结果:如果我们的工人具有自尊感,难道他会同意在这样的条件下干活吗?光为人们散布他的流言,他就得发疯。他更不会同意这种没有任何必要的事情。支配工人命运的人势力越大,工人的状况越艰难。例如,他在私人的金场资本家那里要比在矿业当局管辖下轻松得多。人们肯定地说,工人对矿业当局怀有的仇恨,有时是无限度的,这种仇恨是矿业城市经常发生火灾和纵火的主要原因。我在参观一个属于矿业主管部门管辖范围内的城市的监狱时,发现四分之一的囚犯是暴动的主谋。一个政治经济学家对我说,有什么办法呢,工资由竞争规律决定,只得服从这种规律。这样一来,如果工资由竞争决定,那么社会因此就应眼睁睁地看着所有由这种状况产生的岂有此理的现象、这种不仅损害个别的人而且损害所有的工人群众的现象而放任不管吗？要是说所有权对社会具有某种有益的意义，那只是因为通过它劳动可以得到全部报酬。不花劳动的获得就是靠别人劳动来获得，靠别人劳动来获得是对所有权的破坏，让我们不要忘记这一点。现在让我们回过头来讲采金场。除上述的总合同工之外，在采金场还有另外一些工人，他们的活计较不繁重，得到的报酬则较多。在他们当中，境况最佳的是淘金工。淘金工人——这是在金场资本家所信赖和熟悉的人领导下的劳动组合。这个人起包工作用。他得到2百或5百卢布的定钱，然后，金场所有的活完全由他独立经营，还专门拨给他场地。根据契约，他交给主人每所洛特尼克的金子，得到1卢布20戈比到1卢布70戈比。这样，在不亏损金场干活的淘金工，每人可得约1百卢布。每所洛特尼克黄金，看行情如何而定，金场资本家可得到3卢布65戈比到4卢布50戈比或更多。因此，如果淘金工人交每1所洛特尼克黄金不是得1个半卢布，而是4卢布50戈比，即得到自己劳动的全部报酬，那么他们每人所得就不是1百卢布，而是3百卢布了。考虑到他们的工资不高于最好的总合同工的所获，他们本应得到225卢布。人们对我说，他们从资本家那里得到定钱。好极了，让他们付完这份定钱的本息吧，他们还应剩下许多。假定，30人得到定钱5百卢布，淘到20俄磅黄金，这20俄磅的黄金的每1所洛特尼克值4卢布50戈比，这种情况是很不少见的，淘金工通常淘到比这更多的金子。他们归还资本家定钱，并为此付给资本家巨额利息，每月2%——他们过8个月归还定钱——这样计算，每人能得268卢布66戈比。谁也不能说，资本家受到亏待，资本家得到了比他合理

应得的更多的钱。在现在的章程下，淘金工每人得到 96 卢布，即几乎少 2 倍。不应忘记，淘金工所加工的地段是金场最差的地段，他们都用手工操作，没有机器协助，因此生产率较低。总合同工所能摊到的份额本应大得多，每个总合同工平均开采 1 俄磅以上黄金，为此约得 50 卢布，加上维持他的生活费用，达 65 卢布，可是他的劳动产品值 430 卢布以上。这些工人的工资本可应增加 7 倍以上，他们本来可以保证自己及家庭的生活不贫困；他们付给资本家的份额本应很小。资本家已经从工人在金场购买的一切中得到自己的利息，剩下的是他还应得到定钱的利息，购买马、食品储备、铁器和其他的资本的利息。假定，例如有一个金场，70 人在一次作业中开采 2 普特黄金，这是工人开采的平均数字，金场将这些金子在交易所卖 34 400 卢布。工人从这笔数目中为用于定钱、食品储备、铁器和其他商品的资本付给资本家 15%的利息——8 个月付 15%——这个利息是很高的，几乎每月达 2%。很明显，其中还需要计算死掉的马、用坏的物品及其他逐步磨损的资本。工人应当支付下列资本的利息：每人的定钱 45 卢布，共 3 150 卢布；每月每人的食品储备 3 卢布，5 个月每人是 15 卢布，共 1 050 卢布；12 匹马，每匹 40 卢布，共 480 卢布；用于铁器及其他器具的资本是 1 100卢布。总共的资本是 5 780 卢布，15%的利息为 867 卢布①，加上 1 050 卢布的食品费，总共应付给资本家 1 917 卢布。然后还给工人剩下 32 483 卢布——每人摊到 464 卢布 4 戈比，即

① 如果这种资本按 6%的利息计算，则为 346 卢布 80 戈比，因此，逐步使用的磨损资本一年是 520 卢布 20 戈比，这个全部资本是 1 580 卢布。它将于 3 年内收回。但是，难道马只能劳动 3 年？难道铁器只能用 3 年？

比他们目前得到的多8倍。

在荒无人烟的原始森林里，矿业当局不可能看守所有的采金场。有时，金砂为农民所发现，他们秘密地进行开采。他们从这些金场赚钱，从来不会破产。一旦他们发现，金场没有收入，立即扔下不干，转到另外的行业。在淘金工的工作中也能看到同样的情况。一些不利于大规模开采的官家和私人的采金场被提供给淘金工人，这些淘金工人在这里可随心所欲地干活，这些采金场的监管员的全部工作在于从淘金工那里收取交给他的金子，按一定的价格付给工人钱，例如每所洛特尼克付1卢布50戈比。监管员监视着，以免他们把黄金卖给旁人。在这样的采金场，是个人单独干或一组人一起干。这种采金场犹如从老爷桌子上扔给狗的骨头，还有人监视着，以免把宜于出售的骨头混在里头。不能不重视在这类采金场干活的工人是有理智和知识的，毛遂自荐的工人热情地进行建议，经常受到取笑，但这对事情毫无害处。可以这样说，他的全部空闲时间都用于逐一提出建议，——这正是所谓三思而后行。看，他开始干活了，开头事情进行得很顺利，但是忽然遭到了麻烦，一天过去了，没有金子，第二天过去了，还是没有，他已经非常着急了，他对所有的人道穷、哭诉、建议，大约在2周的期间内、他为自己我到了有利的地方。工人从来不会自己使自己破产，如果有谁使工人破产，那就是资本家。对工人来说，这门行业是生死攸关的事情，对资本家来说，这是图虚荣的事情。有时他醉心于想成为百万富翁，他过得太阔绰了，或者让其事业发展得与其资本不相适应。他破产了，并使得上千工人成为乞丐。他的自尊心无限膨胀，单是由于固执，他就准备危害自己和别人。他具有一派暴君

的作风。他说了，某个金场有利可图，但发觉相反，无限的自尊不允许他承认自己撒了谎，他在这里固执地开采几年，害了自己和别人。大家都看到，他穷，他也的确是穷，而他依然故我，和从前一样狂妄地高傲，他越是固执和重虚荣，他越是害人。金场资本家如此多地谈论工人的放荡。让我们听一听，别人是如何谈论他们当中的放荡的。看，几个金场资本家坐在饰之以东方的豪华的厅堂里，在桌子上散摆着几堆金子，在几个钟头内，输掉好几万。形成了整整一个阶级的人们，他们的财富和收入的唯一来源是与金场资本家进行赌博，这里输掉了千百工人的生命与鲜血。需要用来付给工人、养活工人的钱被输掉了，用巨额的利息向别人借来的钱也输掉了。在最富有和最可靠的金场干活的工人破产了。他们在受够了饥饿和贫困以后，身无分文地回到家中，致使全家人挨饿。但是也有另一种性格的资本家，他不干无利可图的事情，他发财致富并越来越富。但是他之所以能富起来，只是因为在他的性格中具有主要的特征，——这就是贪婪。上千工人在他的采金场干活，给他提供了5万利润，但是他希望全年获取7万利润来安慰自己。他绝望地自怨自艾，不把钱送到金场去进行最终结算，而是以送去细则作为代替。根据各种理由表明，他不仅不欠工人什么钱，而且工人还是负债者。开始了争执，工人们很快看到，合法的途径毫无办法，为此需要弄清和解决一团乱麻似的事情，这将得用不下于3年的工夫，而3年时间内吃空气是不行的，因此工人开始暴动。暴动引起当局的迅速而强烈的行动，一部分工人被判为用鞭子抽打，另一部分工人被投入监狱。金场资本家被迫进行结算，但是他的处境由不利变成极为有利，他开始是自己毫无道理，而现在他却与有罪的人发生关系。他们愿意作出一切让步，只要能摆脱这种麻烦的事就行。这样一来，2 万卢布又落入了资本家的口袋……资本家的管理具有有害的消灭差异的性质，这里采金地点不是为人而确定，而是人被选配到采金地点去。资本家预先规定，他需要多少工人，怎样的工人，按何等价格，在这个范围内，根据与专门从事雇用工人的人预先签订的条件，委托他们进行招工。在让淘金工自主处理的采金场，则是另一种情况。这里采金场按对单独的工人有利的规模进行开采：我看到过在洗含金量最少的沙子的工人，他们每月靠金子得到的钱不多于 5 卢布，但是由于他们所处的特殊环境，这对他们是有利的，他们进行了开采。毫无疑问，工人管理的话，将会扩大采金工业的范围。

经济学家异口同声地喊道："您想出了什么鬼主意，没有一个资本家会同意在这种条件下生产，您会把所有的资本家都赶到国外去的。我们这里资本家这样少，大企业要求鼓励，而您想吓唬他们，扼杀大企业。"所有这些威胁就像 5 个月的婴孩会打我一下的威胁那样可怕。大企业所要求的一切鼓励，是对所有制神圣不可侵犯。当前的社会状况是，劳动与知识归大企业支配，这对工业的进步是极其有害的。靠劳动和知识鼓励大企业，就如同为鼓励种植场主与地主建立奴隶制一样有害。我再重述一次，雇佣不是别的，只是继奴隶制后得到改进的第一步。奴隶制将被消灭，将让位于雇佣制，而雇佣制必须让位于合伙关系。在劳动与资本大企业之间应当是平等的，在劳动者与资本家之间则应当是合伙关系。

这里顺便讲几句关于勘探队的情况。勘探队由以队长为首的几个人组成。他们的任务是在原始森林里寻找含金的沙子。5

个、10个、15个大胆的人进入不能通行的密林，在那里寻找新的财富来源。听一听他们的叙述，他们的全部生活是一系列惊险的奇遇。但是最好先看一看，什么 是原始森林。为了解释什么是原始森林，我将对西伯利亚稍加描述。西伯利亚由一些大城市组成，例如：秋明、托波尔斯克、鄂木斯克、谢米巴拉丁斯克、托姆斯克、巴尔瑙尔、克拉斯诺亚尔斯克、伊尔库茨克。这些城市由一些大道连接起来，沿着这些大道在任何季节都可以行驶三套马车。在这些大道上，每隔15、20和30俄里就能碰到村庄和相当大的村镇，例如，离克拉斯诺亚尔斯克20俄里的地方有一个村镇，通过它需要驾车行驶6俄里。位于大道上就能看见的地方的农村是少量的，但是在离大道两旁相当一些距离的地方就有村庄，它们建立在原始森林里。接着的是中等城市，例如：叶尼塞斯克、库兹涅茨克、比斯克。连接这些城市的道路往往是很窄的，在这些道路上，冬天只能用纵列马车行驶。再接着的是各种工业企业、矿场、采矿企业、酿酒厂、采金场、小城市，例如：纳雷姆、苏尔古特等。这里的交通只有在冬天才是方便的，在夏天，或是积水，或是极不便利。经常碰到的是桥和用木柴、圆木等铺成的泽间小径，但是在其上驾车行驶比在沼泽里行驶还要危险。坐大车经常是不可能的，只能骑马通行，不会骑马的人，或是坐拖车，或是坐摇篮，那就是，在马的身上拴两根带树枝的新生树，在马的后面拖一个筐，乘客就坐在里头。树枝在地上拖着，以免车倒入沼泽。或是让两匹马纵列行走，栓上两根竿，中间挂上一个筐。在像纳雷姆和苏尔古特这样的地方，夏天除了水路之外，根本没有其他交通，而且这是一种什么样的交通：你走上200俄里，不仅看不到人烟，而且连有人存在的征候都没有。最后在岸上出现了小船，真有趣：看来是有人烟了，原来是3个奥斯恰克人的帐篷。再走上150俄里，有人烟了，在岸上有五六个农舍，这些农舍建在某个沼泽里，泥水始终是没过膝盖。走出村外，没有大路，小径也罕见，有的是浓密的原始森林、潮湿、沼泽。城市本身也是农村的样子，建在沼泽里，一片从来无法通行的污水脏泥，它们的周围同样是浓密的原始森林和没有道路。此外还加上两个半月的冬天，寒冷的气温不低于零下35度，而夏天始终是刮着冷风的阴天，有时是雾，有时下雨，有时下雪，光是回想一下就使人冷得发抖。接下去是原始森林里的村落和异族人的乡村。这里除了骑马和走小径之外，没有任何交通。有时连骑马也无法通行，唯一的办法就是步行了，需要攀登陡峭的山和通过沼泽。需要在小树丛间通过沼泽，一只脚碰上树根，另一只脚陷入没腰的污泥里。走过3俄里，呈现出一小块林中空地，在鼻尖底下就有小河在流淌，小径直通到河边，而在河的那一边却没有小径，虽然河水流得很快，但外表都是一个样子：哪儿浅，哪儿深，看不出来，不小心踩进水里，就会掉入深渊。为了走入浅滩，需要走过20俄丈没有小径的地段，然后在灌木丛中走进水里。水不深，只齐膝盖，走过这片水域要走50俄丈，然后走上小径，这条小径通往浅滩。浅滩很窄，只能单人通行，山河流得很急，一失足，就会永不复返地掉入旋涡。发生过这样的事情，一些退职的官员喜欢到这种原始森林里来旅行，结果他们死在这里，不知是怎么和何时死的。但是，这还不是勘探队所要通过的原始森林。在勘探队需经过的原始森林里，几千俄里没有人烟的影子，这种原始森林，照诗意的形容，是真正的原本的黑林。从山巅俯视着它，这是向四方伸展的无边无际

的黑沉沉的森林。这片黑林,有的是极其单调的,有的是极其宏伟、美妙的。像西伯利亚这样的大规模的千篇一律,除非在撒哈拉大沙漠才能遇见。要是森林往两边延伸,那么在200、500、1 000俄里内你只能看到森林和天空。但是你看那多山的原始森林,这里重岩叠嶂,完全像是巨人的巧工,原始森林变得丰富多彩。在平坦的原始森林里,如果开始出现松树,那么松树也是无边无际。开始长着云杉和雪松,你只碰到云杉和雪松,一片长达100俄里。一旦遇到树莓丛,那就望不到边:这儿,则相反,土壤,有的是沙土,有的是沼泽土,有的则是多石土。植物犹如在南方,不断变更,每一棵小草都是不同类型的植物。多山的原始森林是如此地美妙,不可能不夸张地谈论它,无法形容其全部丰富多彩的美景。它使人们向往,它最强烈地刺激着人们的进取精神:要是它不伤害人,多少人得向往这种进取精神。只是一些异族人漂泊在这些原始森林,整个冬天他们进入该地猎取野兽。虽然他们的经验很丰富,有时也找不到回家的路,失踪了。勘探队进发这些原始森林里,必须在那些最危险的地区——多山的原始森林里碰运气。冬天,勘探人员在看不见路的雪面上滑雪而行,穿过高山陡壁,肩负卧具、炊具。他在陡直的悬岩上滑雪飞驰,稍不留神,就会撞到树上,他的躯体就会被撞得粉碎。他躺下睡觉,——上下全是风和雪,整个星期暴风雪肆虐,堆成大雪山。他不小心睡着了,雪山就会盖住他,谁也不会来挖掘他,如果他自己不帮助自己,就永远也不会活过来。他可能会在刮暴风雪的时候饿死,他也可能会迷路。春天,他可能得在没颈的冰水中行走,冰的急流冲撞着他,把他淹死。夏天,他在树莓丛里遇见一打狗熊。能不列举他所遭受的无数危险吗？能不叙述他所经受的一切折磨吗？他经常面临着饿死的危险：要是人们不能及时搞到食物，会饿死在苏尔古特城里，那么饿死在荒凉的原始森林里，那就容易得多！即使人还活着，他的健康也受到损害，他再也没有头发和牙齿了。他为谁经受所有这些牺牲，他为谁以如此繁重的劳动弄到无数宝藏？可能为这样的一种人，这种人将与堕落的情妇喝光他的劳动果实，将在与坏蛋玩牌中输光。而在这同时，勘探人员的家里人将死于贫困与饥饿，因为他在勘探时着凉死去了。难道这是公平的吗？难道资本家有权靠不多于 400 卢布，而常常是靠 50 卢布来抢走工人以如此艰难的劳动获得的东西吗？他应当为 50 卢布交出这些东西，而这 50 卢布可能是资本家在前一天与喝醉酒的朋友玩牌时赢来的。大自然在地下蕴藏了无数宝藏用来奖励他的进取精神，而人们从地下取出用于鼓励资本家大企业。人们说：他不是一等商人，根据法律，他无权申报砂金矿。难道因此您就说，劳动与资本家大企业获得的成果应归资本家大企业独家所有，工人应当受资本家管辖。请看一看，这里劳动占多少份额，资本家大企业占多少份额。这种做法是否意味着扼杀勤劳和进取精神？在这种情况下的结果是，在金矿的开采中，越少参与事业和作用越小的人，获得的利益越大。资本家几乎分文不花而获得几百万钱。勘探队的队长之所以成为队长，并不是因为他比其他人更好地知道地点，他根本不知道地点，而是享受了资本家的信任。这个队长在勘探中很是舒适，危险的地点他最后一个去。如果说他也经受着困苦和危险的话，那么他仍然到处享受着许多优待。队长获得的报酬是工人的 10 倍。工人所经受的困苦和危险最多，他穷，因此在进发到原始森林时，他

随身带的衣服和食物都更差。在最恶劣和危险的地方，他应当走在头里，有时他正是那种知道地点的人。如果他死在原始森林里，他的家里人很快就死于贫困和饥饿。可是他所得到的报酬份额却是最少。报酬只够他在找矿期间及找矿以前养活自己，他家庭的生活却没有任何保障。

奇怪的是，由于工人阶级问题而拼命挣扎的西欧的社会主义者们无法理解，最大的不公平是在于资本和劳动的产品成为资本一方所有。他们过去和现在都力图通过工人罢工来达到自己的目的，他们给这些工人带来无数苦难和破产，有时使整个国家处于无益的动乱之中。要是采取老老实实的做法不是更好吗？工人对事业的进程具有与资本家同样的影响，他们是合伙者。工厂的收入，工厂的一定的资本，前者与后者都同样知道。资本家得到担风险的酬劳利息，工人获得其余部分。

关于金场资本家与工人的关系已经说得够多的了。让我们来谈谈别的事情。我想讲几句关于出现大小工厂或各种行业对地区所发生的影响问题。政治经济学家早就发觉，谷物和土地的产品在市场上按同一价格出售，而生产它们的费用却是极其不同。由这种生产费用上的差别而产生的农民的收入称为地租。同时他们还注意到，对土地产品，例如谷物，其单一的市场价格，决定于那种生产它需要花费最贵的谷物的价格，也就是说，那种从最远的地方运来的谷物，或那种在需要最多的劳动和资本的土地上种植的谷物的价格。对于工资，也可以看到完全与此相应的现象。一旦在一定的地区存在着其生活负担和费用各不相同的工人，工资则由那种需要最多的必要生活费的工人决定。您看，生活在地主土地上的、官家土地上的、国家土地上的农民、小市民、移民在同一市场上获得工作，他们当中有的是有家室的，有的是单身汉。一些人缴40卢布的租赋，另一些人缴30，第三部分人缴25，第四部分人缴15，第五部分人缴3卢布。有家室的人的必要生活费是一年60卢布，单身汉是一年35卢布。工资将是一年100卢布；只是生活在地主土地上的有家室的农民才只获得最必要的生活费，所有其余的人都将有余额或地租一类的收入：一些人将得到10卢布的余额，其他的人是15、25、35、37、40、50，最后是62卢布。最后一类人的生活能比第一类人好3倍。假如需要远处来的工人的话，这个余额将还会增加更多，——工资由最远处的、有家室的工人的最必要的需要和他的路途花费来决定。在叶尼塞斯克原始森林的采金场正是可以看到这种现象，出生和生活在叶尼塞斯克的工人可以得到很多余额和地租一类的收入。这里的工资不仅适应于最远处工人的最必要的生活费和路费，而且要稍为超过它们。出发到1千俄里外去干活挣钱，这在某种程度上从来都是冒险的事情。为了有人同意这样干，需要用某种东西引诱他，人们用伙食和服装等等改善来引诱他，虽然这是暂时的。人们从金场回去后和别人说，他们在那里每天得到1俄磅肉，喝砖茶，穿印花布。偏僻地区的工人觉得很幸福，因为这些可怜的东西对他来说是奢侈品。这些诱惑物的必要性重新又变得有利于本地工人。不过叶尼塞斯克的奢侈品只局限于上述物品。棉绒是英国最下层工人的普通衣料，那里是罕见的，背心是俄罗斯工厂工人的必需品，那里是没有的。本地工人在采金场得到的这个余额普遍反映在那个地区的工资中。这就是为什么我在叶尼塞斯克州不仅遇到城市工人，而且

也遇到农村工人一年拿60和120卢布。可是在托波尔斯克省,农村工人甚至只拿40卢布。同时也引起谷物、肉和所有地方产品的价格上涨,因为对它们的需求增加了,结果需要从远处将它们运进来。所有这一切的最终结果是货币贬值。当所有的产品变贵了,这就意味着货币不值钱了,在叶尼塞斯克生产费变得昂贵了。这就是为什么我们看到,在快速发展工业的国家,例如在英国,货币变得不值钱了,而不是值钱了。虽然初看起来,应当期待相反的现象,因为随着商业周转次数的增加,对货币的需要也应当增加。同样的现象也可以在俄国看到:在最少牵涉到工业的最偏僻的地方,货币最值钱,在最活跃的工业中心,货币最不值钱。在俄国,没有一个地方的钱比在彼得堡更不值钱的了。我在西伯利亚的偏僻地区非常清楚地看到这一现象,那里的工厂几乎是在我眼前发展起来的。地方产品的价格和工资立即开始增长,货币日益不值钱,在几年之内,生活就变得昂贵了。这一经济现象的后果往往是在工业发达地区的生产要比偏僻地区的贵。这是自然本身为鼓励偏僻地区的工业所给予的奖金:一些人虽然有这种自然的奖金,还是不会生产,还要求人为的奖金,即禁制关税,这种人应该说是多么地迟钝!货币贬值变得对工人有害,他的工资的价值减少了。但是这种损害永远也不可能大到使工人因工业的发展而吃亏,他一定能获益,原因很简单,犹如上述,除了偏僻地区的工人的生活得到改善之外,他还应当得到报酬的余额或地租一类的收入。这就是为什么随着工业的发展,随着它必然的后果——人口密度的增加,工人的福利也违背着马尔萨斯的规律而增加,而不是减少。这就是为什么尽管人口稠密,英国的工人比欧洲的任何地方都享受到更多的福利，正如当代政治经济学家所完全正确地指出的那样，他的福利经常地在增长。在人口不断增加情况下，工人阶级福利的下降只有在那种地方才会发生，即那里人口的增加不取决于工业的发展，而依赖于其他原因，或那里的事情被特殊的不幸情况的汇集所损害，这方面的情况我将在后面详加阐述。

第二章　矿工

（本章写于 1866 年）

在离开西伯利亚的时候，不能不带着悲哀的印象。根据边区的大量土地、丰富的福利源泉来看，那里照理应当看到生活得完全心满意足的居民，而结果却是贫困，常常是窒息人的无出路的贫困。有的地方，例如在遥远的采金场，工资是高的，但是这种高工资很少给工人带来好处。为了找到这种工作，他必须长途跋涉，路上花费很多，结果他连必不可少的面包都不够。看，这一下出现了另一个省。这个省的土地很多，同时拥有无数富有的大小工厂，这是彼尔姆省。让我们看一看这个省的应该是最为富裕的那部分，看一看从彼尔姆到伊尔比特和秋明的大道。它除去具备彼尔姆省的所有其他优越条件之外，还拥有一个巨大的有利因素，它是俄罗斯与西伯利亚之间的唯一通道。这个有利因素是如此地巨大，光是沿大道的交通一项，按近似的计算，就给当地居民的口袋留下 360 万以上。沿大道村庄的每个工人家庭约摊到 150 银卢布的收入。的确，与西伯利亚相比，这条大道一派繁华景象。村庄里三层楼的房屋数量要多得多，所有的建筑物都要好一些。沿途的城市，按其富裕和建设的美观而论，远远超过西伯利亚的城市。居民的外表也是如此，他们的服装、他们的马和车辆表现出很为富足。虽

然这里也有上面已部分地谈到的例外，但毫无疑问，居民从由彼尔姆到秋明和伊尔比特的大道的交通所获得的大量的钱给它带来普遍的富裕。但是，如果这是如此，则不应忘记，生活在这条大道上的村落里的居民可能不超过6万，而全省的所有居民却有2百万以上。从以下事实可以获得事情真实情况的某些概念，在全省，每年23人中死1人，甚至18人中死1人；可是在英国，42人中只死1人。出生的婴孩，在第一年就死去的，要占一半以上，然而在欧洲，只占四分之一。在出生后头五年死去的婴孩占三分之二，而在欧洲，只占一半以下。在彼尔姆省的城市里，手工业工人的数目占居民的十五分之一，他们比工厂工人少13倍，比城市里的工厂工人几乎少3倍。然而，例如在英国，手工业工人的人数要比工厂工人的人数多。这个指标是相当重要的，工厂的工人没有时间为自己做点什么，他得购买他所需要的一切。假如他只购买一些农产品，而为他工作的手工业工人却没有，这就意味着，他得在不存在手工业才能给予人的一切东西的情况下过活，他不能满足自己最重要的需要，勉强地混日子。在彼尔姆省，手工业工人的人数比贵族、僧侣、商人的人数少2倍。很明显，他们刚能满足后者的需要。因此，不足为奇，在彼尔姆省，孩子像苍蝇般死去，那里的工厂居民不满和愤慨，为了维持彼尔姆省的秩序，每2个工厂工人就必得摊到1个士兵或哥萨克。如果比较一下彼尔姆省大小工厂工人的工资，那么它原来并不比西伯利亚的平均工资高。在采金场，它在有的地方甚至还低一些。在西伯利亚，每月自负膳宿的平均工资是3到5卢布，在彼尔姆省，这种工资是每天20戈比，或每月4卢布80戈比。除此之外，那里还有童工，他们中的某些幸运者每月得2

卢布 50 戈比。但是参加生产的妇女要少得多,她们常常得全靠自己丈夫养活。同时,在西伯利亚的农业工人,除伙食外,每人得 30 到 60 卢布,在彼尔姆省,有的地方的平均工资是 40 到 50 卢布。这种工资在彼尔姆省的工人中引起高死亡率,比美国黑人中的死亡率还要高,甚至比最受压迫和最不幸的黑人的死亡率还要高。在俄国的有些地方,工资和我们在彼尔姆省看到的工资一样,但那里的谷物价格平均要低 35%,甚至 45%,即几乎低 1 倍。让我们来看一看,在这些价格便宜的地方,这个工资给工人带来什么好处。我们拿这样的省为例,在这种省中,不仅谷物更便宜,而且工人的一切用品都更便宜,这是由于它靠近工业中心,卡卢加就是这样的省。在这个省的工厂里,和彼尔姆省的工厂完全一样,平均工资也是每天 20 或 25 银戈比。同时,还有以下情况:还有不拿计件工资而拿月工资的工人,每月挣 4 到 6 卢布。在干计件活的情况下,平均工资要低一些。如:钳工平均得 5 卢布 50 戈比,锻工得 4 卢布 50 戈比,铸工得 3 卢布 50 戈比,手车搬运工得 4 卢布。挖 1 普特矿石并运送 30 俄里,得 5 到 7 戈比。运 1 立方俄丈木头,得 1 卢布。有的地方运 1 普特矿石只得 2 戈比。如果将工人的必要费用与这些相比的话,那么结果是,他每月需面粉 1 普特 30 俄磅,每天按不多于 $2\frac{1}{3}$ 俄磅计算,就得花 $87\frac{1}{2}$ 戈比,30 个银戈比的 20 俄磅荞麦米,1 个银卢布的熟食。在这种情况下,他每天可吃 $4\frac{1}{3}$ 俄磅的有营养的食物。可是,根据医学原理,一个成年男人需要吃 6 俄磅有营养的食物才能算吃饱。这样,他每月花在食物上的钱就需要 2 卢布 17 个半戈比。假定,除盐外他的妻子将不吃任何熟食,因此,将比丈夫吃得更少。在这种情况下,她每月需花 1 卢布

25 戈比。如果家里有小孩或老人，那么还需要 1 卢布。租赋和捐税每月需 1 卢布 9 戈比。这就是 5 卢布 51 戈比，也就是说，比钳工的平均计件工资或比那些获得最多的工人的平均计件工资还要多。衣服从哪儿来，工人每月需花 1 卢布 20 戈比，才能穿大麻制的衬衫、木头鞋底的树皮鞋、男长衣。在许多情况下，这对工人是不够的，铁匠和钳工的衣服也是很容易在干活中穿坏的。至于铸工和手车搬运工，他们与烧红的铁打交道，衣服很快就会被烧坏。从哪儿取钱用于取暖和照明？此外，统计表明，每户平均不应是 3 口人，而是 4 口人以上，第四口人靠什么养活？结果是，在上述的所有工人中，没有一个能靠自己的工资与家庭一起生活的，没有家庭，自己能养活自己的，只有钳工。实际情况就是如此，工人无法靠自己的工资过活，经常得借债，他们的债务有时高达一个人欠 300 卢布。但是，即使借这么多的债，他们还是无法养活家庭。有 4 个年幼孩子的工人，为了养活他们，所需的钱得比他获得的工资多 3 倍。他把全部亏空推到妻子身上，而妻子没有任何方法可以用来弥补这些亏空。如果她年轻的话，她会用堕落来摆脱倒霉的境况。某些妇女勾引人的艺术很高超，她们能将这无耻的行当继续干到 40 岁以上。漂亮的妇女能靠这种行当弄到印花布的，甚至绸的连衣裙。妻子的堕落要是帮不了忙的话，可能偷窃能帮忙。而如果这也不行那也不行的话，那么只得让孩子听天由命并任其死去。那种谷物比较便宜的地方的工人的状况是这个样子；在彼尔姆省，每普特谷物达 90 银戈比，3 口（丈夫、妻子、小孩）之家的工人每月光是谷物就得吃掉 6 卢布，用什么来缴纳租赋，用什么来买盐与衣服？如果他有 2 个孩子，那么他连谷物也弄不到。这种

真正可怕的状况具有可怕的后果。由于贫穷，彼尔姆省的工人中的死亡率很高，甚至人类的可怕灾祸霍乱都不能与之相比：在1832年和1849年，可怕的霍乱猖獗于法国，死亡率大大增加了，那里，34人中死1人。然而在彼尔姆省，没有霍乱，却23人中死1人。在法国，霍乱与鼠疫从来没有创过这样的奇迹。根据刊载于1866年的统计年鉴的资料，在彼尔姆省，18人中死1人。如果整个欧洲的军队都拥入法国，鼠疫还来帮他们的忙，即使在这样的情况下，后果也不可能如此巨大。彼尔姆省工厂的工人很愤慨并喜好动乱，这是没有什么可奇怪的。在农奴解放的时候，分给工人土地，他们看到，这些份地招来租赋，在他们之间流行着普遍的愤怒：在他们艰难的处境中，他们觉得为他们无法利用的土地缴纳租赋是不能容忍的。在托姆斯克省的皇室地产也发生类似现象。

难道彼尔姆省的所有企业真的是如此地无利可图，以致它们甚至不能多少保证自己工人的生活？西伯利亚的商业和工业企业，看资本的多少和其他条件而定，每年提供40%—25%的利润；由于土地资本的利息很高，以致虽然所有这些贷款资金都是政府提供的，私人也把自己的资本借给工业企业，每年可拿取18%—24%的利息，即月利率为1.5%或2%。在西伯利亚拥有大规模事业的资本家，也把事业扩展到彼尔姆省，这是证明彼尔姆工厂得到的好处应该不小于西伯利亚工厂的最好证据。这种分析为许多值得注意的资料所证实。例如，大家知道，继英国之后最易于开采铁矿的地方是乌拉尔：有的地方开采铁矿的费用每普特不超过22戈比，甚至假定资本付12%的利息，也只需25戈比。这种铁在出售中与卡卢加省的铁进行竞争，卡卢加省的铁的生产费用是每普特25.5戈比。同时，卡卢加省的铁在当地出售比生产费用贵1倍以上，彼尔姆省某些工厂的铁按比其生产成本贵4倍以上的价格出售。彼尔姆省的资本家没有吃工人的亏的另外的证据是，按最缩小的计算，彼尔姆省所有工厂的产品价值比工人的工资超出3倍。在采金场，收入超出工资7倍。在开采生铁和铁中，超出4倍。甚至根据官方的关于矿业纯收入的资料，这种收入与工资之比是5比3[①]。用自己的双手生产所有价值的工人只得到这些价值的八分之三，而把生产投入保险的资本家得到八分之五。保险费（260万）构成巨大的数目，几乎是全部所保险产品价值（约900万）的29%，比生产者的收入超出50%以上！不能说这类保险的条件是正常的。此外还得加上一点，即彼尔姆省全部工人中的93%从事这样的生产，这些生产，取决于从土地获得财富的难易，在不同的工厂费用的贵贱是不同的。可是所有这些产品在市场上是按同一价格出售的，也就是按那种生产它们需要花费最贵的工厂的价格出售，这种工厂还要加上高的利息。市场价格经常根本不是由彼尔姆省工厂的生产来决定，而是由其他地方的工厂的生产来决定，这些工厂的生产费用更贵。这样，大多数工厂除给予由彼尔姆省工业企业一般获得的大量资本利息外，有时还提供相当大量的纯利润。在有的情况下，所有的工厂都提供这样的利润。1863年彼尔姆州的铜的开采，在官家的工厂里，每个工人比彼尔姆省的私人工厂里的工人少开采9倍，比博格斯洛夫州的官家工厂的工人少

① 原书为3比5，显然错了。——译者

开采 1.5 倍，虽然这里的矿石冶炼只多三分之一：很清楚，彼尔姆省私人工厂的工人照理应当得到比彼尔姆州官家工厂的工人收入多几倍的工资和利益，而博格斯洛夫州的工人应多得 1 倍以上。最后，外高加索私人工厂在冶炼矿石数量更少的情况下却给每个工人要多 1 倍以上，因此工人的收入照理能增长 1 倍以上。在所有这些情况下，虽然工人的收入增加了，资本家完全能得到自己资本的利息。给予工人一切他所应得到的钱难道不合理吗？这就能把工人从难堪的贫困中解救出来，同时这点钱加到资本家的身上只不过是多余的几文钱。采金场的差别还要更大。这里，一些工人（按 1863 年的资料）比其他工多得 9 倍。如果收入最少的采金场的工人得到一份工资，那么另外的工人多得 25%，第三类工人多得 50%，第四类多得 2 倍，第五类多得 2 倍半，第六类多得 3 倍，第七类多得 4 倍，第八类多得 4 倍半，第九类多得 5 倍等等，直到 9 倍以上。如果读者没有忘记上面阐述过的关于资本的观点，如果读者明白当代经济学家关于资本的观点完全是错误的，那么他应懂得，资本根本不包含在工人干活的工厂里，也不包含在他所吃的面包里，所有这一切都是劳动的产物。资本是那些藏在资本家口袋里的钱，他用这些钱买劳动工具和其他工人所需要的东西。这种资本不具有丝毫生产力。只有工人的手和头脑以及那些为他生产生产工具、面包和其他东西的工人的手和头脑才具有生产力。如果工人自己为自己生产所有这一切，那么他不需要任何资本家。在那种所有这一切是信任他的同伙生产的情况下也完全一样。但是，这些都是对他完全异己的人生产的，这种人对他一点也不信任。这就是为什么他需要借助于资本家的原因。资本家完全是一种因人们之间缺乏信任产生的交换工具，就和有价证券一样。如果人们之间存在着信任，那么既不需要资本家，也不需要有价证券，只要在纸上写一下就行了：购买了这样那样的东西，按这样的价格，我将用商品支付。事情就顺顺当当地了结了。根据没有货币就不能生产这一点，难道政府、铸造的货币就应当得到国内的一切劳动产品的所有权吗？政府有权为货币得到用于铸造货币的材料价格和用于铸造的劳动价格，既不能多，也不能少。资本家有权掌握自己资本的价值，只是当他未用它们来冒险时，他不应多得一个戈比。当他用它们来冒险以后，他为之冒险的那些工人应当对此予以酬劳。资本家把自己的资本用于工业企业，工人对此应该酬劳他，但无论怎样，他也不应该成为工人产品的所有者。我的双手和我的头脑生产的东西是属于我的，谁也不能将它据为己有。所有工厂的产品是工人的财产，从理论的观点看是毋庸置疑的。工人的状况证实，他们之所以放弃这种权利，完全是由于环境对他们施以沉重的社会压力。这和中世纪完全一样，他们放弃自己的自由，——千百万人来到有钱有势人身边，愿意充当奴隶。最后人们明白了，这种卖身是极不自愿的，让自己当奴隶的事被禁止了：根据同样的道理，某时将到处被禁止雇佣，由于雇佣，工人的产品变成了资本家的财产。俄国企业主很容易会发生与土耳其军队的总司令发生过的同样的事情，这个总司令问英国报纸的记者，他的部队有多少士兵。我们这里在缺乏任何簿记或簿记很不完善的情况下干千百万件事业。更经常的是，账簿也记了，决算也填了，但所有这一切不是为了在其中记述事情的真实状况，而是为了达到各种目的。在每个律师的一生中，他所看到的虚假的预算、账本、

决算要比真实的多得多。在制造这类假货的艺术方面，我们俄国达到了惊人地完美。结果是，按决算和预算来看，企业经常有大量亏损，买东西很吝啬。很经常的情况是，根据指令记账和填决算，企业年复一年地亏损，最后导致破产，债主为 1 卢布得到 10 戈比，而结果主人赚到几十万。我让每个人来判断一下，在合伙的事业中是怎样记账和填决算的。至于说到工厂的主管人，那么靠他们中许多人来发财的大资本家会代替我说的。经常发生这样的事：两个主要的人物和一个很次要的人物，在他们之间组成一个公司。根据主要人物的委托，次要人物看管事业，而主要人物只得到收入和决算。最后，决算结束了，过了几年，收入也停止了，——根据账本和决算，原来主要人物的资本早就不存在了。当事业发生亏损时，他根据他们的要求经常寄去钱，从他们信中可以看到，他们很需要这些钱。次要人物用自己的钱代替寄去的资本部分还不够，主要人物还需要一大笔钱。决算造得很狡猾，但这种狡猾还是不难揭穿的，次要人物知道，他在和谁打交道。账本和决算的阴谋诡计到了这种程度，不仅才能平常的主人将被它们欺骗，不慎重的人会被弄得破产，甚至聪明和懂行的主人会在有利的事业中发生亏损，如果他是如此地好心肠，忽视收集情报工作，——此后，则连最能干的人也会变得无能管理事业。如果他们是如此地精力充沛，决心来对付它们，虽然如此，在人们心目中他们虽然是聪明的人，但是个不实际的人。在这种状况下，决算和账本对企业主来说只不过是一张写满字的纸，他完全用另外的办法来看管事业。在目前的状况下，企业主为了不破产，不仅应当是聪明的，而且应当是有活动能力的、平易近人的和了解人的。摆架子和傲慢毁掉了许多失去这些品质的人。他在有几千人受自己支配的情况下，了解他们当中的几百人，对很多人了解得很深刻。他知道，他们中的许多人能充当告密者能达到何种程度，他们的告密有多少是可信的。他根据自己的设想，将这些人掺和进去。因此他给自己制造了个晴雨表，根据它，他可以知道，在哪一方面危险威胁着他。聪明的、虚荣心重的企业主根据这个晴雨表监视着自己事业的进程，经常提防着：一旦哪里发生糟糕的事情，他立即赶到现场，起劲地恢复秩序。企业主年迈了，他感到过去的敏感和精力消失了，他知道，就是在自己风华正茂的岁月里，有时也难免会有严重失着之处。他开始压缩最危险的事业，只留下那些光靠一些制定好的旧成规就足以确定结果的事业。他把自己的事业移交到别人手里，而自己积蓄钱财，到了很老的时候，或是成为高利贷者，或是大概想保存资本，收取最少量的利息。说了这一些以后，我让大家来判断，官家能在何种程度上经营这类事业。如果私人，甚至是聪明的和有经验的私人，都毫无办法防止通过精巧拟制的预算和决算使收入比支出减少一半，使实际上更为有利的企业不亏损，那么官家在这种场合如何能保护自己？官家生产的历史足以使大家信服，甚至制定这些工程的预算变成不可能的事情。这里预算成为没有任何实际结果的纯粹形式的东西，它只能使真实的状况模糊。当从预算转入开工之际，预算原来却是无法执行的。开始了超预算的开支，这些开支每年得积累几百万。审查这些预算的彼得堡官员，根本无法确定它们的可靠性或不可靠性，只能起盲目工具的作用。当他甚至没有任何办法获得地方价格的正确概念的时候，他根据什么迹象，才能确定例如含金量或含矿量、其开采的困难和费用。

如果列出参考价格，那么错误可能会是巨大的，即使甚至列出真实的市场价格，能干的业主可以便宜一倍弄到手，按平均结果计算，官家买东西要贵两倍。如果说官家在自己的工厂和采金场没有完全破产的话，那么这取决于两个原因：第一，由于官家手里掌握着最有利的矿区和金沙，而且只由它单独开采。这些矿区和金沙要是落在私人手里的话，我们这里的百万富翁会像蘑菇似地长出来。对私人工业来说，少得多的资源就被认为是宝藏了。第二，由于这些地方资源丰富，资本家迫不及待地想攫取这些宝藏的某些东西。要想描述这种焦急的心情是不可能的，——只要看一看，资本家以何种战栗的心情等待着皇族部门的一些新地方提供给他们的命令，就可想而知了。不管矿业工程师多么地豪强，不管他们在彼得堡的关系多么深广，他们仍然害怕资本家的采金场占了他们的上风，这就是他们被迫给官家某些好处的原因，这些好处至少得使其足以阻止转让给私人的念头。在业务结束之际，他们造出自己的账本，决算也造好了，传来了胜利的喊声："巴尔瑙尔赚了！""叶卡捷琳布尔格赚了！"这种喊声使资本家灰心丧气。资本家痛苦地说："他们当然要占上风啰，他们干得很齐心，而我们只是考虑如何相互拆台。"但是在叶卡捷琳布尔格和巴尔瑙尔人们喊得最多的是，他们的黄金时代已经过去，现在已经再也没有那些香槟酒四处横流的神话般的宴席，满载服装的大车不再为一个家庭而行驶，叫喊得越多，工人的状况就越坏。

所有这一切导致我们工业生产的极大混乱，给我们工业生产设置许多障碍，使得它根本不能前进。不管工业企业中的资本利息有多高，资本家只有充分了解他所从事的事业，警惕地监视着它，了解自己的人，完全善于利用他们为自己的目的服务，才能获得好处。因此在这些情况下，他得到是无穷的好处，一个一文不名的人，在25年内，可以成为一个百万富翁。在我们的工业生活中，这绝不是个别现象。否则，工业会处于最不稳当的境况之中：善于巧计胜过主人的管理人员和善于使它中计的高利贷者威胁着它。有时官家也威胁着它，官家给予自己的代理人以政权和立法方面的优越条件，这种优越条件甚至在它不知道的情况下起着作用。公司变成某种可怕的怪物，资本家喊道："千万不要公司。"这就是后果：几百万资本藏在资本家的钱柜里，不让它周转，谁也不储蓄，储蓄起来——白丢，把它花光了——不可惜，快活地生活过了。政府绝望地不知道如何提高工业，靠采取禁制关税的办法，采用了"大剂量的药方"，仍然无济于事。结论是，我们寻找手套，而手套却在怀里。如果资本家与工人是合伙者，在这种情况下，可以不记账，或不可能马虎地记账。对官家来说，对工人的这种关系具有无疑的巨大好处，甚至还不可能设想需要如此大量人员的管理机构，而这些人员还不能正确记账。一旦存在某个公司或旁人参与事业，立即就得记账和做决算。但是在公司的事业中，糟糕的是，远离事业的股东根本无法确定提供给他的报表的可靠性。相反，工作人员对此却有一切办法。如果事情取决于固定在并习惯于工厂生产的工作人员，那么劳动组合的事业无疑会进行得很顺利。他们在这种情况下将以其普通简单和合理的办法工作。只是新手会搞错，而在一切工作里新手和第一年工作的人员总是例外。如果工作人员迷恋于某种事业，那么他经常总是在这种事业里寻找工作。因此，在一切生产中，大部分的工作人员都是有经验的。只要

事业掌握在主人的手里，主人就可以驱使工人竞争。但是事情牵涉到谁对谁更可信，那么工人对主人要比主人对工人更可信得多。主人很好地知道这一点；他们知道，工人对工厂事情的状况要比他们知道得好得多，因此，经常认为工人在欺骗他们。工人从自己方面不由自主地遭受主人的剥削，竞争迫使他们接受主人向他们提出的一切条件，但是他们不怕受骗，因为主人无法欺骗他们。甚至主人用他们掌握在似乎以欺骗来酬劳自己的工人的手里这一点来解释条件的苛刻。对工人来说，没有什么比相互检查、监督出纳员和“仓库”更为容易的事了。生产由一些使用某些同样材料的连续工序组成。每个工人知道，他做了多少，这也写在他的账单里。同一工种的生产者聚集到一起，每个人说出他干了多少，有人算计着：看他们这就知道了，大家一共干了多少，因此，工厂的产品应当是多少。这种检查对主人来说是很难的事情，一切都在他的背后进行，而对工人来说，这是最简单的事情。有经验的工人在检查以前只要根据自己一人的想象，就知道他的利益应有多大。事情主要仅在于工人从监督管理工厂中期待自己的利益。在工人管理的情况下，账目可以记得无可指摘地准确。官家通过在工厂里与工人的合伙关系可以保证对工厂事业进程的最可靠的监督。当然，为此需要好好地安排这种新的合伙关系。首先需要给予工人独立性，通过独立的、人人易于享用的法庭来摆脱工厂当局。其次在选择监督和监督员方面给予充分自由。最后在他们当中传播数学知识：我们无法想象，计算对工人来说有时是多么困难。当然，期待一开始事情就进行得很顺利，那是愚蠢和轻率的，一切都得学习，对一切都有个适应过程。但是，不容任何怀疑，如果工人被安排得很好，那么在几年时间内，他们完全能学会利用他们的自然境况提供给他们的一切有利条件，工厂的事情将会像玻璃似地清楚和透明。在这类合伙关系中，特别重要的东西是与资本家结算的方式。如果这种结算不是建立在固定不变的原则的基础上，而是建立在任意的条件上，那么所有这一切就变成伪善行为。如果资本家连在这种制度下都能有权给工人加上任意的条件，那么他就能压迫他们，重新导致目前的状况。任何时候也不能忘记，在工人与资本家之间不可能存在自愿的协约。如果人们谈到工人与资本家之间的似乎建立在自愿同意基础上的契约，那么这不是别的，只是一种表现方式而已。工人同意资本家的条件的性质犹如威尼斯与伦巴迪亚有一个时候自愿同意隶属于奥地利帝国一样。工人服从资本家的条件，——这与被征服者服从于征服者是同样的自然现象。正直的人可以冷静地看待这种事实，只有当他看到事情即使没有他的帮助也安排得不得罪人的情况下，他才让事情自流地进行。可以认为，只有在资本家获得不多于他应当得到的东西时，工人与资本家的关系才能建立在不得罪人的基础上。如果在一定的地区，破产的工厂给其所有主每年带来亏损，在 15 年期间内，共亏损 1 百万，那么拥有工厂的所有资本家的收入同样应当扩展 1 百万卢布。在这种情况下，他们得到他们所应当得到的，即得到为自己冒险的酬劳。如果工人的生存将得到完全的保证，他将能够生活并教育自己的子女，同时还不会影响到他的健康，如果这种工资将随着其劳动的有用性的提高而提高，则工人得到的就是他所应得到的一切。为此彼尔姆省的工人每年应当为简单的工种至少获得

250 和不少于 200 银卢布的工资和利益[①]。请问，彼尔姆省的工业能否如此保证自己工人的生活？工人的这种生活费的支出，约占 1863 年彼尔姆省备忘手册计算的彼尔姆省工厂收入的四分之三，根据 1866 年统计年鉴的计算，工人的这种收入占他们产品价值的三分之一稍强，这比较接近实际。很难有人会认真认为，彼尔姆省的工业对自己的工人甚至连如此微薄的生活费都不能保证。在这个国家里，农业人口占全体居民的 75%，每个居民摊到 1½ 俄亩耕地，1¼ 俄亩草地，每人可有 3 俄亩土地用做草场和耕地，能摊到 8 俄亩半森林[②]，每个工人摊到 5 个农业男劳力和同样多的女劳力，难道工人还不可能有足够的面包和肉？的确，在目前的状况下，每个工厂工人和农业工人每天只摊到十分之一俄磅肉。所有这些肉几乎都是被富裕的农民和市民以及那些负担最轻工作的工厂工人吃掉的。劳动者工人摊到最小的份额，每人不到四十分之一俄磅。但是不能由此作出结论，事情不可能有另一个样子。如果彼尔姆省工厂的工人的工资和利益增加 2 倍，那么他们的福利

① 这种计算是这样作出的：每个工人至少在其一生的一个时期应当养活 2 个孩子。自己喂养小孩的健康妇女每 2 年生一个孩子。10 岁以前的小孩根本无力养活自己。假定，5 个孩子中死 1 个，剩下 4 个得养活，但是我不取应当取的这么多的人。我假定，在我们不幸的俄国人中，他们的 5 个孩子死掉 3 个。在工厂里没有妇女劳动，因此，应当算计，妇女得由丈夫养活。但是我假定，丈夫只养活她一半，她得为他忙碌，照顾孩子，喂养乳婴，生小孩，——所有这一切都减少她的工资，——我算计，工人吃 6 俄磅有营养的食物，其中只有 1 俄磅半肉。妻子和孩子按 4 俄磅计算，乳婴减少一半。工人用于食物上的钱是 111 卢布 80 戈比，衣服 65 卢布，取暖和照明的住宅 20 卢布 95 戈比，孩子教育费 12 卢布，租赋 10 卢布 25 戈比，各种其他开支 30 卢布。

② 根据 1866 年统计年鉴的资料，彼尔姆省每个居民摊到近 1½ 俄亩耕地、1¼ 俄亩草场、10½ 俄亩以上的森林和 1 俄亩不大的牧场。这些资料的缺点是过分详细。

仍然比英国的工人差，但已经能比法国的工人好。他们就能将福利在自己周围扩大，他们就能为农民的剩余产品付给农民 600 万卢布，每个农户就能摊到 18 个多余的卢布。农民和工厂工人将利用 50 万卢布的手工业劳动，手工业者将增加一倍，将产生其劳动完全为工人阶级服务的 5 千手工业者。难道这样的结果不值得将资本家放到他应当处的位置上吗？我们如此习惯于资本家的逻辑，它已进入政治经济学的骨髓，甚至西欧的社会主义者也经常如此地来论证问题。根据资本家流传的概念，任何交换应当提供利益，任何生产提供利润。可是按照合理的看法，交换中的任何利益，生产中的一切利润都是工业不正常状态的象征。在正常的生产下，等量劳动交换等量劳动，不应存在利益和利润，任何人不花劳动都不应得到酬劳。如果劳动得到更多的酬劳，那么它完全应当是由于其质量高的缘故。资本家拥有最终劳动的价值，因此这个劳动已经得到自己的酬劳。如果资本家还得到某种东西，那么这是成功冒险所得：请问，因为什么他还可以得到酬劳？说资本家只为冒险得到酬劳，这件事是如此地清楚，它不需要解释。除了冒险之外，资本家没有别的什么理由可得到酬劳。而如果他只是为冒险得到酬劳，那么这种酬劳应当等于冒险，即它应当相等于冒险的资本家的亏损的数量。如果我说，劳动产品的利益应由工人获得，那我仅仅是为了将下面这件事表达清楚：如果彼尔姆省的农民为 1 普特谷物得到 80 和 90 戈比，而库兹涅茨克州的农民得到 15 戈比，那么根本不应由此得出结论，说他得到利益，每人得到的是对其劳动产品的估价。如果天才艺术家的 1 小时工作被估价为 100 卢布，而普通工人是 7 个半戈比，那么根本不应由此得出结

论，出售这个艺术家的图画的商人有权只给艺术家1小时7个半戈比，而其余的钱都自己拿走。工人劳动产品的出售价格是这种劳动的酬劳，根本不是利益和利润。它表明社会对这种劳动作何估价，谁也无权将它从工人那里夺走。彼尔姆省的例子向我们表明，甚至在资本家只为冒险获得酬劳的情况下，工人也才能勉强生存，自己和自己孩子的生命和健康才不致遭受危险。每一个落入资本家口袋的多余的卢布都将以工人的孩子的生命作代价。我尽量压缩工人的花费，在租赋方面，我甚至举例外的情况，应当是不将它定为10卢布，而是25卢布。我没有列入任何家具设备，消遣。人不能像牲口似地生活，没有任何消遣，这至少需要18卢布。应当考虑治病和生病期间没有工作的生活，一年至少得花20卢布，——多余的花费应是53卢布。这样的工资就要花尽彼尔姆省工厂宣布的全部收入。减少资本家的收入不是奇怪的念头，而是根本的需要。社会不能淡漠地看待这件事。

当工厂的业务通过消除雇佣、采取工人的合伙关系成为公开时，收入和支出将正确地予以记载，总之，将在现在存在完全混乱和无秩序的地方确立秩序。在这种情况下，就这一情况就将促使资本的利息显著降低。存在着强制正确记账的很有效的办法。不准许有任何未证明无误的开支，没有这种证明，从工厂的任何商品发放都应视之为偷窃。在工人当中总是能找到会查账的人的；诚然，至少在那些不全是由长期工人组成，而一部分人是由各种各样的人凑成的企业里，大部分人不会干这件事，但是，也总是能按自己的方式进行算账。不应忘记，普通的人即使不识字也能干千百万件事业。计件工人只要知道商品的售价，按自己的账单立即就能算出，他们应有多少利润。如果社会舆论感到它应帮助工人，应使他们从其所处的可怜状况中摆脱出来，调解法官将支持他们的独立，不允许恐吓他们，使他们陷入奴性。在这种情况下，事情的顺利进行就有很大的希望。按实际的而不是形式的方法办事，那只有直接参与其事的并日夜在场关心它正当地和开诚布公地进行才能达到。实际方法是一件很重要的事情。只要当它能与完全公开和真正坦率一起得以确立，资本家就会对工厂充满感情；股东将深信，在他们的报表里记载的是实际情况，而不是写着遵命的东西；资本家就会打开锁着的钱柜，掸掉其20年积满的灰尘；工人和群众都会因此随利息的降低而得到好处，甚至资本家也能得到好处。实现这类方针的巨大障碍首先是矿山主管部门。它是奇妙的政治现象，它使我们想起某种类似国中之国的现象。如果将它与这样的现象，例如，僧侣骑士团和耶稣会进行比较，那么它对人们的影响和其养成小圈子习性的手段的影响可能甚至显得更厉害。一种严密的组织赋予僧侣骑士团和耶稣会以权力，对于国家，它们与其他公民一样，处于从属的地位。它们只能施加影响而不能指挥和裁判。矿山工程师不仅拥有与耶稣会和僧侣骑士团同样严密的组织，而且要严密得多，因为它建立在军事纪律的基础上，这个组织享有充分的庇护。它不仅为自己的目的而存在，而且还培养自己的接班人，进行指挥和裁判工作。通过这个，它不仅拥有制造小圈子习性的手段，而且拥有以不可抑制的力量实现小圈子习性的手段。可以肯定，在这个组织统治的地方，它比所有其他政权都强大，它把自己的思想方式和自己对事物的观点不仅强加于地方管理机关，而且强加于中央管理机关。政府很容易就能粉碎这个

组织，因为在那些该组织统治着的地方，再也没有什么比它更不受欢迎的了。但是，只要这个组织一直存在，政府将在那里眼睁睁地看着一切。它具有不可克服的消极抵抗的力量，就像约翰四世时期的大臣所具有的力量一样。他们在国内极其不受欢迎，沙皇可以随心所欲地处死或折磨他们，谁也不会为他们说话。但是当他想获得关于国家及如何管理国家的概念时，发觉他对此根本没有任何办法。他过于聪明，不会不明白他是透过大臣们制造的玻璃看着国家的。在这些玻璃里，一切都呈现出他所需要的样子。他过于聪明，不会不感到这个保护对象是累赘。但是，他产生了通过罗马和东方的行政手段摆脱它的可悲思想。对工业的成就来说，还有什么能比劳动人民的军事组织更不合适的呢？劳动人民之间的竞赛越多，才智、活动和精力越发展，他们的独立性就越大。每当工业中扼杀进步精神和被任人唯亲的作风所代替时，就出现军事纪律的倾向。专卖力图到处在自己的成员中间传播军人精神和军事纪律。当检查员走进做木桶和修理木桶的地方，木桶匠列队等候，全体立正。现在人们想起这件事就感到可笑。专卖中的一切位子都按亲戚关系和按情面被占据了，知识和能力没有任何作用，千百人都按情面受到雇用，而真正的劳动者只得啃骨头。在矿业部门的地区，人们称矿业工程师为矿业之家，因为他们互相之间都是亲族，或是娶彼得堡的大官的亲戚为妻。和克里米亚的贵族把位子和抚恤金分给自己的亲戚一样，矿业部门的工作位子也如此地分掉了。这里，能力与知识的作用是很值得怀疑的，在他们中间可以遇到能力很差的人，以至无法找到哪怕是多少有些智力的伙计和私人事业的管家。但是，要是说矿业部门的活动与能力的

程度不高，可是那里却统治着惊人的一致性，他们所有的人都好像是在一个模子里铸出来的，同时他们还有广泛的联系。这赋予他们很大的力量，他们不仅能按自己的意图改造地方行政当局的上层人物，而且能制服和解中间人对社会财富的妒忌。例如，来了一个自由主义者的省长，他是体罚的敌人，罪恶的追究者。在矿区转了一圈以后，他深信，没有体罚是不行的，它们是必不可少的。工程师们是很有势力的，反对他们是危险的，按他们的想法办事，只会有好处。随着农奴的解放，曾给予矿业组织第一次有分量的打击。他们的庇护权有所减小。无数的农民，过去是在他们统治之下，通过管理员几乎是无限制地受他们管理，现在离开了他们，受和解中间人管理，管理员失去了职位，矿业部门的奢侈程度也有所减轻。在这期间，贪权欲控制了和解中间人，他们想和矿业部门较量一下，但是这种试图结果是完全不能奏效。在那些完全消除矿业的影响并成为不再需要照管的地区之外的范围内，他们的胜利是很微小的。在偏僻的地区取消了某种沉重的邮政服役，——这就是他们所能做到的一切，但是，即使连这一点也使矿业部门极端恼火。他们通过自己的关系使省长失去自主性，迫使他们按自己的意图办事。他们用同样的手段使和解中间人听命于自己。和解中间人埋怨自己降到了单纯执行者的地位。如此强有力的机构君临于其上的工人感到自己是完全无力自卫的，他的虚弱的意识很强烈，单是这种意识就导致他感到绝望。矿业官员对农民和工人的专横权力完全和地主一样地大。农民在地主和矿业官员之间很少看得出差别，他们称矿业官员为自己的老爷，而对农奴主也是这样称呼的。以后这个称号又转到了和解中间人的头上。印象是如

此地相似，以至当我住在矿区的时候，我不止一次地想起，残酷的地主使几百人不幸，而残酷的官员使几万人不幸。在农奴解放以后，农民和工人曾经希望一切都将改变。但结果是，他们大失所望，官员和以前一样可以采用体罚。如果矿工是一个受欺骗同其受屈辱同样程度的人，那么这只能导致他的消极、放荡和无穷的奴性。他将成为经常可以在农民中看到的那样的一个人。但是，问题在于，工厂工人是工人阶级中的知识分子，农民羡慕地看着他们。农民们说："他们比我们强。"他们很经常是比工程师还懂行，①他们感到，他们是工厂里、作坊里和矿场里既勤劳又有知识的力量，可是人们仍然想把他们弄成世上最末等的人，不说话的机器，盲从的工具。在那种需要想象力和灵巧的地方，人们想让他们表现出这些素质，而在那些这些素质不是为矿主管部门工作的地方，人们想让他们沉默。如果在工人自己的队伍里没有那些现存秩序的卫护者，所有这一切会引起工人的反对可能不会到如此程度。存在着一整批乖巧、机灵、善于钻营的下属人员，他们利用当局的好感，靠事业和自己的工人兄弟发财。这种机灵的人完全摸透了该组织的小圈子心情。他以同样的机灵善于欺骗自己的当局和在工人面前为当局辩护。他们的大胆往往是惊人的，为了了解它达到何等可怕的程度，需要在开诚布公的时刻和他们的妻子谈谈。有一次，这类先生的生活中的漂亮伴侣告诉我说："我曾经是

① 我们这里人们经常埋怨熟练矿工不足，这完全对，如果说的不是墨守成规的工作，而是在文明的国家中所进行的那种工作。乌拉尔的工人没有可能出国旅行并在那里进修，因此，根本就不能要求他们做到这一点。但是，对自己墨守成规的工作，他们比工程师要知道得更好，而且在勇气和灵活方面超过他们。

十足愚蠢并且什么也不知道，当我嫁给他的时候，他给我打扮起来，请我吃好的，我什么也不用干，我有一个女佣人。但是当我知道，他干了什么，钱是怎样流进我家来的，我日夜焦虑不安。当夜晚我家的门打开的时候，我全身像一片树叶似地颤抖。而他却平静得很，笑了起来，并对我说，没有什么危险，对此他永远不会出什么事，有人会搭救他的。”她悄悄地补充说：“他们是亡命徒，他们说，‘他们打死了一个人’，我痛苦地开始酗酒，成了一个醉鬼。”这些力图经常把工人弄糊涂、使其尽可能遭受更大剥削的能言善辩的人，最惹工人愤恨。他们对性格软弱、头脑愚钝的工人影响越大，那些看清他们的人心里越恨。要是没有这些人，工人就能看清自己无出路的境况。但是工人沉默着，像一切讲究实际的人一样沉默着。这种人感到自己是如此地虚弱，以至动一动就只可能使自己的境况变得更糟。但是，人们像给予他某种恩赐似的夸奖他的境况，这件事经常刺激着他。他天生就具有天才和机智，在社会的日常生活中这些素质又获得了发展，不可能克制自己的才智外露，于是，幽默的歌曲与抨击的文章就像蘑菇似地涌现出来。它们多得很，可以将它们编成一本极其有趣的书，这本书将比政府的报告更好地描述工厂管理的弱点。这是很有说服力的证据，说明工人对工厂管理的影响不会没有用处：工人们说，我们知道一切，在工厂里，连一根针也无法在我们面前藏起来。这些人能知道工厂的事情的真实状况和揭露其一切秘密。他们道出了工厂的全部实质，说在工程师的无知与不干事的情况下，工厂的事情经常能按自己的秩序进行。在这种情况下，工厂里存在着某种意义上的自我管理，即工厂自己管理自己，或者更好地说，工厂没有任何管理也

过得去。人们知道，在普加乔夫时代，乌拉尔的工厂在没有任何矿业当局的参与下继续工作。只有那种完全不知道工厂生活的人才会认为工人管理工厂是空想主义。有可能工人不总是能够顺利地管理国家，这没有什么可奇怪的：为了正确地确定国家的需要，必须具备国际政策的概念。那种甚至不知道国际联盟中有哪些国家的人，很难不使自己迷失方向。但是，当工人对工厂的需要及工厂里所进行的一切比资本家知道得清楚得多的时候，怎么能说工人不能管理工厂呢？因为工厂里所进行的一切是他的工作的成果，工厂里的物资和劳动具有什么意义，这些东西会发生什么情况，他现在已经比资本家知道得更清楚。如果他有一点点兴趣想知道一切最细节的情况，他甚至可以不费任何劲从一些谈话中就达到这一目的。完全像军官经常谈论兵营和训练，官员谈论供职一样，工人从早到晚处在一起经常谈论工厂的事情，他们极详细地反复谈论一切。在这种情况下，工人的独立精神对矿业管理当局来说当然是极其危险的，无论如何得培养工人的顺从性格，如果没有另外的办法，就得求助于皮鞭、监狱和苦役。据传说，大胆的抨击性文章及作者，特别是在过去，不仅遭到惩罚，而且受到残酷的折磨。人们谈到一个抨击性文章的作者时，说了不可想象的事情，似乎是强迫他把自己的著作吃下去。矿业主管部门将工人中必须有顺从性格的观点还在工厂和矿场的私有主之间传播。矿业警察局局长、检查员和其他人是散布这种思想的强大工具，管理私人企业的矿业工程师也在其内。鞭打和诸如此类的镇压工具帮助骗子、官产偷窃者和剥削者掩盖自己的犯罪行为，但是这些东西难道只是对这些人有用吗？希望发挥工人的勤劳和技艺的人必定会认为它

们是极其有害的，它们发展工人的某种绝望心理，这种绝望心理不管任何障碍也能迫使工人趋向放荡、懒惰和酗酒。它们所起的作用比无家的独身生活所起的作用还要坏，这种无家的独身生活已经能给我们的工人带来许多害处。善于持家的并能享受一些福利的工人，把许多空闲的时间花在安排自己的家庭和家计上，然后他想享受一番自己操心的成果，也就是说，穿得整整齐齐与妻子很有礼貌地去做客。如果他在那里喝酒的话，那也要有节制得多，他不会在街上撒野、喊闹或高唱，力图回家时能和来做客时同样具有身份。如果他偶然自不量力，喝得太多，那么主人不会放他回家。主人给他雇了马车，打发他回家，以便使他不在街上发生丢脸的事。这类工人因喝醉而进入警察局的事要比小录事和小官员的少得多。到巴黎的俄国人对其街上没有醉汉感到惊奇，毫无疑问，如果我们这里不用体罚威胁工人并尊重他们，那么我们这里也会是这样的。在彼尔姆省已经有这样的工人，用体罚和不尊重他们来减少他们的数量，这是令人愤慨的野蛮。鞭打既不能强迫人学习，也不能强迫人工作。学生的知识可以靠鞭打而增长的看法就和用鞭打可以增加劳动量的看法同样是虚假。学校的教师知识较多，更多地关心学生，则该学校的学生将知道得更多，那种享受更多福利的工人阶级将劳动得更多。如果在需要有纪律的军队里，承认不受处罚的士兵不遭受体罚会给我们带来这样的好处，那么，在军事纪律是工业劳动生产率的致命打击的工厂里为什么不应承认工人应和世袭贵族等一样免受体罚？在矿业主管部门，军事纪律和体罚经常导致工人获得报酬不是由自己的劳动，而是依其奴性和顺从的情况而定。

还有一种观点，我们需要用这种观点看一看矿业生产。对任何工业企业的成就来说，必须具备丰富的生产资料，或者像工业家通常所表述的，丰富的资本。需要工厂购买的一切都能及时并便宜，在最有利的条件下销售产品。为此，需要具备工厂的无限信用和作为商业信用的最好代表货币。可是，官家工厂不具备最必要方面的，也就是资本家方面对官家方面的信用。工程师埋怨官家，说他们从来得不到所必需的资本，从数量上说，不足够，从时间上说，不及时。而对工厂的真实需要从来只有最模糊概念的官家不敢轻率地花钱。他们当中谁有过错，谁是对的，这不用我们来评论，只是事业停步不前。

将所有的官家工厂和矿场移交给工人，这是官家获得工厂里干什么、其目前周转的真实概念的唯一办法。在目前，这种事情已经不能认为是不可能的；而如果关心工人来掌握会计知识，那么，事情就会变得再好不过了。如果工人将选举事业的管理人员，那么可以相信，在矿业中任人唯贤将取代任人唯亲。工人虽然懂行，一些人还具有丰富的经验，但是他们的科学知识毕竟是不足的，如果工程师用科学使他们的旧办法富有成效，他们将会十分满意。如果工人在事业的成就中能获益，那么他们比任何人都能重视工程师的真正用处。知识、洞察力与才智永远吸引着他们，但是，那种蠢人的杂乱的渊博学识，特别是当它与雄辩结合在一起的时候，虽然经常使受过教育的人进入歧途，对工人却不会有影响。不仅是这一事业的成就，而且是俄国全部采矿工业总的成就都与消除矿业机构紧密地联系着。这种军事机构可能对消灭从北冰洋入侵的敌人是很有用的，但是对于生产，它却无能为力。它是如此地强大,只要它统治着矿业,那里就一直存在着专制主义,而知识与才能就不会具备应有的作用。俄国土地中自然蕴藏着的财富没有被开采,甚至谁也不知道,它们是多还是少。为了打开这座迷人殿堂的大门和进入其内,需要的不是只是为了掩盖自己弱点的机构,而是能揭露和消除这些弱点的竞争和竞赛。只要这个机构存在一天,工人的独立与其悲惨命运的改变就根本不可能。工人的勤劳和进取精神将无法存在,既不可能有富有成效地劳动,信贷与资本也帮不了他的忙。如果假定,政府作了一切改进,这些改进得到了官家管理机关的同意。在这种情况下,只要官家力图从行业中吸取尽可能多的收入,就难以希望改善工人生活和更为正常的生产。结果将永远是,工人处于悲惨的状况,官家也得不到收入。我们假定,工业成就的首要敌人、军事纪律和军事机构将被取消,所有地方总管理局、所有总办事处、矿局警察长和检查员将被废除,只剩下一些矿场和工厂的管理员,私人工厂在财政和其他一切方面只听命于一般政权。我们还假定,组合由每个工厂的工人组成,组合将享受利润,并根据这个目的对管理机构起必要的影响,为处理工人、资本家和官家代表之间的争执,设立独立的裁判所:但是,甚至在这种情况下,难道能够期待担心自己收入的中央管理机构不给予自己的从彼得堡来的管理者以庇护,而想讨好这一庇护的地方政权会不干有利于管理者、有损于工人的事?政权、管理者与工人之间的关系将和现在一模一样,或者将和过去的专卖中一样。在专卖中,任何职员差点没成为专卖管理机构的农奴。最后,无论如何不能期待,官家会给予自己的管理员或甚至工人如此无限的信任,以致他们会在任何时候为最有利的生产提供必要的资本。在

这些条件下,最好的结局是,官家只信任工人,给他们提供生产所必需的资本。如果它拿不定主意这么干,那么它可以成立银行,让它有权发放有别于国库信贷券的无息信贷证,通过这些证券为工厂和矿场提供必要的周转资本。为了这些信贷证能像有价货币那样流通,必须完全由抵押保证其支付。一切足够用于此的财产,官家的也好,私人的也好,都可用作抵押。其条件是,抵押人能保证给工人的工资,例如,每年最低限度应当是200卢布。我们已经看到,这种工资不足以使工人和自己的家庭免除贫困,这种贫困会导致疾病和过早死亡。我不能不极伤心地想到,我只能指定如此可怜而不能令人满意的最低限度。但是,我是被迫这么干的,因为我担心有人会指着矿业生产收入的官方资料指责我提出了过分的要求。例如,1863年彼尔姆省的备忘手册表明,拥有64 050工人的冶铁、铸铁和制铁工厂生产了14 864 578卢布6½戈比。如果每个工人每年得200卢布工资,那么得付给工人12 810 000卢布。当然,备忘手册中列举的数字对工厂产品的估价是太低了。根据我的计算,如果将工人每年的工资增至200银卢布,不遭受资本不足和不良管理的彼尔姆工厂仍然能每年提供15%—25%的利润。顺便提一下,甚至根据当今的统计资料,200卢布在许多情况下显得是过低的最低限度。例如,根据1863年彼尔姆省金砂开采的资料,在官家采金场,每个工人能得550银卢布,在私人采金场是300卢布。同一年,叶卡捷琳布尔格州的官家工厂的铁的生产,每个工人能得400卢布。在生铁和铁的生产的所有部门,每个工人平均得370银卢布。按铜的生产看,每个工人得520卢布。在这些情况下,照理应有可能规定最低限度为250卢布,这样的工资就能给予工人某些真正的保证。如果不能用这种办法减少资本家服务的酬劳到这种程度，那么如果这种酬劳，例如约6%或甚至更多一些，即和现在资本家为别人的投资所付的钱一样多，它也不会成为工人的沉重负担。对于资本家的酬劳如此之高，社会已不能袖手旁观，因为这件事的后果将是二者必居其一：或是工人将贫困，或是社会将因产品的昂贵遭受损失。应当采取能吸引新的投资的措施，同时要使资本家对投资的安全感到放心。例如，应当研究工厂和矿场的状况，搞清楚投资所带来的亏损的数量，如果亏损的确说明需要如此高的利息，那么应当采取消除这些亏损的措施。之所以能发生如此大量的亏损，只可能或是由于管理不善，或是由于生产力的使用不经济。如果发现，导致资本家要求自己的投资如此高的利息不是由于亏损，而是由于攫取许多东西的过分欲望，如果发现，资本家不顾其已知的少量亏损而不降低价格，那么应当用其他有效的措施迫使他们这么干，例如，招引外国资本家来参加竞争，同时向他们宣布研究的结果和为他们提供投资的可能。可以成立另外的银行和为银行保证信贷券的保险机构，这个机构支付全部生产亏损，从而将资本的利息降低到真正为保险费所需要的数字。只要像明智的人所干的那样干事，社会就可以拥有千百种办法，足以改善工人的命运，驱散无法通行的黑暗和混乱。这种黑暗和混乱由于资本对工业的专制政权而在工业中居统治地位。在中世纪，人们力图用使全体人民完全从属于少数幸运者的办法来建立国家的秩序。但是，由此并没有产生秩序，而是无政府状态和无穷的内乱。当今，人们将人民的劳动产品交给少数资本家无限支配，结果是人民的上层阶级和下层阶级之间的无穷敌对、混乱、

革命和昂贵的生产。无息贷款落入非生产者之手的确是很危险的，但是要是掌握在生产者之手，那就只会消除劳动分工的不便。当一个人自己为自己生产一切的时候，他无求于资本，也不用支付利息，因为他在干活的时候自己就准备了储备。当出现了劳动分工，它一方面增加了人的生产力，另一方面使人需要工业信贷，即其他生产者对他的信任，他可以从其他生产者那里获得储备。如果这个信贷是充分的，即这个信任不亚于人在没有劳动分工进行生产时自己对自己的信任，或者这个信贷是无息的，这两者完全一样。在这种情况下，生产者与社会就能从劳动分工中得到可能从它得到的一切。只要生产者不具备充分的信任，即没有无息信贷，而生产又需要资本家，他使生产者能在没有信贷的情况下干活，那么应当说，工业还处于幼年状态。因为在欧洲劳动产品因此得让购买者付贵3倍的钱，而工人差点没饿死，——这相当于建筑业所处的半野蛮状态，人不用房屋的直立墙壁，而建了截锥和角锥。如果无息贷款被认为是在战争中和国家的非生产性用途中可行的办法，那么，当它被要求用于生产目的的时候，当然不能遭到拒绝。资本家的有抵押品的无息贷款还有一个优点，它使资本家对这一事业关切，因为，它给资本家的资本提供广阔的活动场所，从而减少资本家的反对，使资本家与工人之间的合伙关系思想易于实现。

我不将指明能达到目的的今后的道路。我们不是与铁和木头发生关系，这些东西在机器中是按力学的规律发生作用的。我们所触及的是人的机体，这个机体是如此地复杂和多变，只有在很少的场合能对它作出准确的计算。这里所能指明的只是应当在其中起作用的方面。力图指出一切能够碰到的情况通常会导致预见的情况一个也碰不到，而碰到的却是完全未预见的。政治的和社会的空洞计划只能引起笑话，可是，揭露政治和社会生活的缺陷，指明可能纠正这些缺陷的方向，经常有很大的教益。我深信，读者会正像我所希望的那样理解我。我的全部目的在于指明科学的基础和途径。如果我采取这种有时像是起个草案似的叙述方式，那么这只是为了使我谈的问题更明显和可感起见。如果将这些基础的运用编制成一个能保证生产成就和改善工人生活的草案的程度，那么需要写整整一本充满极详细情节的书，大众将买不起这样的书。在进一步分析我们的工厂工人所获的酬劳的时候，我们看到，计件工资通常是资本家压迫工人的工具，强迫工人从他那里拿取实物而不是钱。在计件工资的情况下，工资通常是这样定的：拿一个日常固定工人的平均日工资，例如25银戈比，然后进行观察，工人一天能出多少产品。但是，这不是一个普通工人，而是加紧劳动的优秀工人。计件工资是这样定的，即让这类工人只能挣到平均日工资。因此，平均计件工资总是低于平均工资，有时低到工人完全无法生活。这样一来，在那些按日计算的月平均工资是6卢布的地方，平均计件工资是4卢布50戈比。计件工资有的低于按日计算工资的45%，甚至55%。我们看到，在彼尔姆省，平均按日工资有时都不足以让工人以黑麦面包来养活自己一家，那种获得少1倍工资的人又将会处于何种可怕的境地！这些不幸者的状况比最可怜的农民的状况还要惨。但是难道由此就应作出结论，应当消灭计件工资。按日工资，——这是最粗陋的劳动报酬形式，它既不考虑技艺也不考虑勤劳，它使工人士气涣散，诱使他懒惰。随着工业的发展，计件工资比按日工资越来越占据上风。在英国，计件

工资比任何地方都盛行。结果是，在这种工资制度下，工人很快地发展了自己的才能和灵巧，优秀工人比差的工人多挣3倍。计件工资不应被取消，所有的人具有保持自己个性的毋庸置疑和神圣的权利，计件工资是工人具有的唯一手段，借此可以在工厂里继续作为个人而存在。更有甚者，计件工资应当得到完善，工人的全部长处应当得到评价。工人——他不是役畜，对待马的确可以这么干：给它燕麦，让它吃饱为止，然后它能干多少就让它干多少。遗憾的是，我们这里有极多的人把工人看作是役畜。他们认为，如果工人吃饱了或吃得半饱了，他也就具有了他所需要的一切。这类人是这样论证问题的，认为，如果工人吃饱了，那么资本家就做了能够要求他做的一切，其余的一切就应当属他所有。让人相信，在工人与役马之间是有某些差别，这毫不困难。只要让他想一想，把一个人喂饱，然后驾上车，用鞭子在闹市驱赶他。这时，这类先生就会看到，在工人身上具有马所没有的某种东西，这就是某种人类的尊严。为了工人能迫使人尊重这种人类尊严，本性使他成为其劳动和能力的唯一和无限的主宰。一旦社会把人和他的劳动交由别人掌握，并借此凌辱他的尊严，他就可用在劳动中既不使用精力也不发挥才能来进行报复。因此，社会这样干，不仅是糟糕的，而且也是不合算的。由此可见，消灭计件工资意味着消灭人的个性，让不合理评价工人工作的根源成为不可侵犯，意味着把工人等同于役畜。这就是为什么工厂和矿场的管理一有可能就应从资本家之手转到工人手里的最主要原因之一。要资本家合理评价工人的劳动就完全像要奴隶主合理评价奴隶的劳动一样是不可能。一些资本家在这种场合运用自己的影响压制工人，另一些资本家自愿

或不自愿地也得效法于他们，以免破产。除此之外，资本家与工人之间的关系是冷淡无情的关系，它建立在单纯盘算的基础上，这种盘算将俄国人引上了违反其应有的本性的道路。劳动组合的生活则算计不太严格，这里有时钱的算计让位于尊重，这就是他的真正的所习惯的环境。在这种环境下，工人不丧失自己的个性和尊严。功劳很难用钱来评价，他出自尊重为组合干活，组合为此赐予他荣誉。与资本家也如此行事，出于尊重为他干活，这意味着伤害自己的尊严，成为自己同伴的叛徒。压低工资，这是为人们所轻蔑和仇视的奴性。工人与资本家斗得越厉害，他越受到自己同伴的尊重。在这种条件下，总的工作顺利地进行是不可能的，——资本家用剥削使工人屈服，工人用差劲的工作来回敬他，结果出现了梭鱼、天鹅与虾的寓言。我在谈到采金工业时，由于对资本家事业的特殊影响，我已经注意到工资的不合理分配。所有这一切都适用于工厂，同时还会出现新的不合理。

我们这里较多谈论矿业生产中盛行的墨守成规和无知，也不少谈论为消除这种保守而推行矿业教育的必要性。我们矿业中的这种墨守成规不仅是很自然的事物，而且要是它不存在的话，那倒是非常奇怪的事。那些将被任命为领导我们矿业生产的人，在矿业主管部门的学校受到培训。这些学校对待矿业行会就完全像耶稣会教徒学校对待耶稣会教徒一样。在这些学校里，人从幼年起就被塑造成行会所需要的样子，他成为对行会很有用的人。至于他对我们祖国有多少用处，我们这里的矿业生产状况最足以说明问题。事实如下：乌拉尔拥有国外闻所未闻的铁矿资源，我们应当看到，我们这里铁的生产正在下降。根据俄罗斯帝国年鉴的统计资料，我们的铁的生产从1860年到1863年减少了16%以上，而在官家工厂，减少了25%以上。当铁是一切工业进步的基础的情况下，如此下去，我们将落到何种地步？从2月19日的章程以后，我们这里铁的生产理应增加，因为自由劳动的生产率更高。这种劳动的昂贵不应是生产减少的原因，因为，从上述可以看出，这种劳动的廉价超出了一切明智的限度：有家室的工人得到的是如此之少，以致光吃黑面包都不够。甚至农奴和奴隶的劳动都不可能比它廉价了。那么生产减少的原因是什么呢？这个原因是矿业机构，这个机构从最幼年开始就教育自己的成员并使他们思想一致，这种思想一致是史无前例的。人们肯定地说，行会不满意2月19日的命令，如果由于这个命令结果对工业不利，那么对行会是有利的。也可能只由于这个原因，它们才显得这样。如果由于2月19日的命令工厂工人变成苦役犯，那么生产也有可能会增加。不管如何，要是生产的减少是由于矿业机构不善于像俄国的和国外各地的私人工业那样为增加生产而更多地利用自由劳动，那么这还是证明，取消矿业机构对矿业生产率的发展是必要的。如果我们想从涉及矿业事业的专门知识中得出的是我们工业的动力，而不是阻止工业前进的工具的话，那么应当从取消一切受矿业当局支配的学校开始。它们总是渗透着矿业行会精神，这种精神就如同酒类专卖精神一样，对我们的工业是致命的。为了使乌拉尔的矿业知识确实能带来它们所能带来的用处，必须让它们极其普及，来搞大规模的竞争。在矿业生产动用了20万工人的地方，只不过有150个学习矿业的人，这实在是太少了。在乌拉尔山岭延伸的省份，主要的财富是农业，然后是林业和采矿工业，最后是林产品、畜产品加工和酿酒业。因此，对这一地区所需要的知识是：数学、化学、矿物学、部分植物学与动物学，以及这些科学的应用，——数学应用于力学，化学与力学应用于矿业、农业、制革生产、酿酒及其他行业，植物学与动物学应用于农业、畜牧业与林业。这些知识应当是这些省份的中学中的主要教授课程，除神学外，它们也应在课堂讨论中讨论。如果这些学校的学生能用 10 个学时中的 8 个学时来研究这些课程，那么他们在学习期间就能足够学会它们。主要的注意力应当花在图书馆和教学参考书，它们比授课本身重要得多。用这种办法，光是在这些省份就将有 2 万学矿业的人。在外省，如此大批懂行的人对于他们所从事的那个部门的发展极其有用，而且会真正使这一部门得到像国外那么完善。例如，我曾有过机会观察在喀山聚集的医生，这激发这门科学富有活力的生命，这门科学在那里本来已完全是死气沉沉的了。进步潮流大大增强，淹没了大部分教授，他们显得落后了，结果用更现代化的人替换了他们。我知道，墨守成规者将会说我扼杀教育，造就狭隘的专家。吞食全部科学是办不到的，它由 3 千万卷书组成。如果一个人知道上面所列举的那些不同种类的科学的部门，那么，他还根本谈不上是专家，他还需要获得某些法律科学和政治经济学方面的知识，他将知道上述省份的人所应当知道的一切。当然，他将不去获知无用的废物，而去获知他应当获知的东西。在这些地区，对于官员、资本家、生产者来说，这些知识都同样必须和有用。至于说到工厂的工人，那么，犹如上述，对他们来说，最必需的是会计学。当工厂在组合的基础上转交工人支配的时候，为事业取得成就，工人最缺乏的是会计学知识。我将不作重复，不用说谁都知道技术知

识、素描等是什么。在矿业工厂，教育是最迫切需要的事情，这是使我们的矿业生产繁荣和从目前不正常状况摆脱出来的唯一条件。在目前，垄断的一切不合适方面集中表现在教育上。我们的矿业工厂和矿场，大部分掌握在官家之手，或著名的极富的私有者之手。无论是官家也好，或是这些私有者也好，都不能建立管理秩序，带来廉价生产。他们的代理人和管理者在社会上所拥有的影响使其有借口无休止地压榨工人，使工人的命运极其悲惨。许多人完全不关心自己的财富，而其他人的操心，虽然有时对生产有利，但工人往往因此甚至更糟。矿业生产对国家的福利越重要，它越是被垄断者所掌握。在俄国全部生产的铁中，官家占10%，马利佐夫占4.5%，根据登戈鲍尔斯基的计算，杰米多夫家和亚科夫列夫家占25%。从处于这种状况的生产中，我们能期待些什么，它的历史能说明问题。还在不久前，曾有过这样的时候，这些生产者的代理人，通过其强大的影响，如此地压榨工人，每月平均付给工人不多于3卢布25戈比，而这笔工资中几乎三分之二是强迫拿取实物的，不幸者必须用这点钱维持自己的家庭。可是，在彼尔姆省的监狱里，光是犯人家庭的伙食就得每户花3卢布60戈比。工人在幸运的情况下每天可有3个半戈比用于伙食。在大部分情况下，他每天用于自己及家庭每个成员不多于1个半戈比或2个戈比。就是在现在，工人的这种空前贫困也并没有停息，它只是在大多数情况下不再存在了。虽然生产是如此地极端低廉，他们却生产得很少，只给我们比英国的生产者少29倍的钱，比法国的生产者则少4倍。这种生产占用了10万工人，它是国内最重要的生产，也就是说，铁的生产，难道可以停留在这种状况吗？对人民来说,重要性不亚于此的另一种生产,是盐的生产。这种生产掌握在按财富和声望都远离本行的所有者手中并由他们支配是最为不利的。没有一种生产能像盐的生产那样,提供如此多的充假和欺骗的可能,也没有一种廉价的和良好的生产能像盐的生产那样,光靠消除这些欺骗就能对人民的福利具有如此巨大的影响。空气的温度和湿度对全部的盐具有巨大的影响,它可以用不被觉察的方式轻易地被掺进沙子。我在前面谈到过,农民有时得被迫购买随便什么样的盐。盐是人民所必需的商品,由于消费税,其价格已经增长了,这里还加上大所有主对价格的影响。官家一家就生产近全部盐的四分之一。如果盐的消费税已为财政科学所否定,那么,如果在消费税之上还加上垄断,该怎么说呢!我们这里盐很贵,例如,在彼尔姆省,盐场和煮盐工厂的每个工人约摊到700卢布的盐。要想将俄国从所有这些灾难中解救出来,只有通过将矿场和工厂移交给工厂组合手中。在各组合之间将存在竞争。这里,资本家完全是多余的,一有可能,就必须摆脱他。如果能做到这一点,那么1普特盐就会只值3戈比,就会与哥萨克人那里一样,那里的盐是自由加工的。矿业掌握在大所有主之手的状况就是如此。掌握在小所有主之手,情况经常并不见佳。这些所有主——经常是地主——是彻底破产了的。他们想好好地经营行业,可是没有钱,贷款也没有,兴趣与技能同样不具备。于是,经营得马马虎虎,用的是破旧的老机器,参加生产的工人是被不合理的工资和各种管理上的无秩序糟蹋和惯坏了的。现在,工人的确受资本家残酷地剥削,由此原本可以得出结论,他们在管理中将是软弱的。但是,这个结论根本不是从前提中得出来的。如果现在工人允许

资本家剥削自己，那么其原因完全不在于工人的软弱，而在于他没有可能找到审判资本家的法院。除少数例外，正直的和非正直的官员都偏袒资本家。不偏袒是危险的。资本家拥有各种关系，具有厉害的手段，他可以用教唆工人不守秩序和暴动的办法把官员赶走。这使得官员的道德极其败坏，有这样一些官员，他们甚至认为做一个不正直的官员是最保险的。事情到了这种地步，人们肯定地说，似乎存在着资本家付给某些官员的固定的价格，例如，每月 25 或 50 卢布。从一些工人身上每月抽 1 卢布，从另一些工人身上每月抽 3 卢布。如果这笔钱支付了，那么资本家若与工人发生问题，资本家总是对的。如果这笔钱不支付，则就会相反。工人的组合能通过选举进行经营，这可以从地方机构中看出来。一旦他们哪怕获得对地方经济的不大的影响，他们那里就能出现合理的办法。他们开始力图挑选对事业有用的人才，有时为他们提供的范围甚至显得狭窄了。当然，像资本家与工人之间的合伙关系、靠无息贷款和资本家的抵押提供资本的工厂这样一些新的事业应当谨慎从事。但是须知，在谨慎从事与完全消极不管之间有着巨大的差别。

第三章　工业省份和统计资料所产生的印象

我在前面已经谈到过，在进入喀山省的时候，富裕程度明显地在增长。在这个黑土地带的省份里，生活在私有土地上的居民最少。沿着伏尔加河从南部和沿着卡马河从北部，可以进入这个省，也可以沿着大道或小径从维亚特省或萨马拉省进入这个省。稍为留神一点的人都能注意到富裕在逐渐增长。这种富裕除表现在村庄、人们身上和牲口上之外，还可以根据增多了的工资看出来。在俄国中部各省份，例如，在哈尔科夫省、卡卢加省、奥尔洛瓦省、唐波夫省、平扎省，在农忙季节，男工每日值 20 到 40 戈比，女工 15 到 30 戈比，收割 1 俄亩黑麦值 2 到 3 卢布。可是在喀山省，在农忙季节，男工每日值 60 到 70 戈比，女工 35 到 40 戈比，收割 1 俄亩黑麦值 3 卢布 50 戈比到 4 卢布。而且，喀山省比它的邻省享受到更大的福利，它意识到自己的优越地位。有一次，我坐轮船从阿斯特拉罕来到喀山。载我进城的马车夫，问了我一些从哪里来到哪里去的普通问题。当他得知我从阿斯特拉罕来，将沿着伏尔加河继续旅行到特维尔时，他对我说，我经过了黑城。他是如此称呼伏尔加下游的所有城市的，也正是这样称呼阿斯特拉罕和萨拉托夫的。照他说，沿伏尔加河再往上去，住着一些有教养的人们，他们住在一些干净的城市：喀山、尼日尼、雅罗斯拉夫尔。从 1851 年

起，喀山省的人口比所有的俄国欧洲部分的没有移民的其他省份都要增长得快。在与喀山省处于同一纬度的所有省份中，只有它一个省是28人中死1人。而在与喀山省处于同一纬度的所有省份中，没有一个省生活在私有土地上的人口比它少。在与喀山省处于同一地带的所有省份中，没有一个省出生人数超过死亡人数能有喀山省那样多。在与喀山省处于同一纬度的所有省份中，没有一个省牲口数量有像喀山那样大①。这是又一个足以说明俄国

① 从1851到1863年俄国欧洲部分没有移民的省份的人口增长的百分比：

	人口增长		人口增长
1. 喀山	20%	14. 特维尔	11%
2. 唐波夫	19%	15. 库尔斯克	10%
3. 维亚特	19%	16. 奥尔洛瓦	9%
4. 萨拉托夫	17%	17. 普斯科夫	9%
5. 哈尔科夫	17%	18. 梁赞	9%
6. 波尔塔瓦	16%	19. 契尔尼戈夫	9%
7. 辛比尔	15%	20. 斯摩棱斯克	6%
8. 莫斯科	14%	21. 图拉	5%
9. 尼日戈罗德	14%	22. 科斯特罗马	5%
10. 诺夫戈罗德	14%	23. 弗拉基米尔	4%
11. 沃洛格达	13%	24. 雅罗斯拉夫尔	3%
12. 奥洛涅茨	13%	25. 卡卢加	2%
13. 平扎	12%		

与喀山省处于同一纬度的那些省份的居民死亡率、出生人数对死亡人数的超过额、牲口数量的对比情况如下：

	从1851到1863年的人口增长	多少居民中死1人	出生人数对死亡人数的超过额	每个居民摊到的牲口头数	生活在私有土地上的人口部分
1. 喀山	20%	28	31	1.40	15
2. 尼日戈罗德	14%	22	16	0.93	64
3. 弗拉基米尔	4%	24	28	0.73	64
4. 莫斯科	14%	22	8	0.59	51
5. 斯摩棱斯克	6%	24	27	1.35	69

土地地主所有制的影响有重大意义的事实。

在经历了西伯利亚、俄国北部和东部的各城市以后，喀山以其壮丽使我惊奇，喀山的某些街道的确像西欧建设得很好的那些城市一样。到处能看到消费日益增长的迹象，工资也同样增加了，——9卢布的工资几乎相当于托姆斯克的6卢布。如果沿伏尔加河往上去，陆路和水路都一样，逐渐增长的福利景象引起最不

在同一纬度邻接的是西部省份维捷勃斯克省和科温斯克省，但是完全与我在上面这类对比中所坚持的做法一样，我不与这些省份进行对比。原因是，这些省份的富裕程度与人口增长在60年代暴动以前与俄国欧洲部分的其他省份毫无区别，甚至在其中占较低的地位。在暴动年代，富裕程度突然增长得特快，死亡率降低了，出生人数对死亡人数的超过额变得特别有利，在所有这些方面西部省份在俄国占首位。1863年政治动乱的一切可怖事件丝毫不能抵消劳动人民的负担突然减轻所产生的好处。这种美妙的结果就是如此。它完全证明了我上面所说的一切，每减少一卢布的租赋使数千人获生，使数百万人获福。

从1851年到1863年的人口增长：

	基辅省、格罗德诺省、科温斯克省、明斯克省、莫基廖夫省、波多尔斯克省、维连省、维捷勃斯克省和沃伦省	俄国欧洲部分和西伯利亚的44个省
50%	0	3
40%以上	0	0
30%以上	0	1
20%以上	1	9
10%以上	5	16
10%以下	3	13
人口减少了的	0	9

表中用于对比的44个省如下：阿尔汉格尔斯克、阿斯特拉罕、比萨拉比亚、弗拉基米尔、沃洛格达、沃龙涅什、维亚特、哥萨克顿河、叶卡捷琳诺斯拉夫、喀山、卡卢加、科斯特罗马、库尔斯克、莫斯科、尼日戈罗德、诺夫哥罗德、奥洛涅茨、奥伦堡、奥尔洛瓦、平扎、彼尔姆、波尔塔瓦、普斯科夫、梁赞、萨马拉、萨拉托夫、辛比尔、斯摩棱斯克、塔弗里奇、唐波夫、特维尔、图拉、哈尔科夫、赫尔松、契尔尼戈夫、雅罗斯拉夫尔、利弗兰、库尔兰、埃斯特兰、托波尔斯克、托姆斯克、叶尼塞斯克、伊尔库茨克、雅库茨克。

留神的观察者注目。旅行者经历了沿西伯利亚各河流、卡马河和喀山以下的伏尔加河的长期旅行以后，不仅愉快地感到惊奇，而且甚至被喀山与特维尔之间的伏尔加河普遍拥有的生气勃勃景象所吸引。在广阔的鄂毕河的富有诗意的单调流水声中，不仅能看到轮船和小船，而且甚至飞鸟也是心满意足的。卡马河与伏尔加河下游仍然使人想起旅行的单调乏味，那儿只是偶尔才能遇上某种

1863 年死亡情况：

	前述西部 9 个省	俄国欧洲部分 36 个省
40 以上人中死 1 人	2	1
30 以上人中死 1 人	6	5
20 以上人中死 1 人	1	28
18 以上人中死 1 人	0	2

1863 年出生人数对死亡人数的超过额如下：

	前述西部 9 个省	俄国欧洲部分 36 个省
100%以上	0	1
50%以上	8	6
25%以上	1	15
25%以下	0	10
死亡超过出生的	0	4

每省死亡人数对比如下：（多少人中死 1 人）

1. 格罗德诺	42	1. 哥萨克顿河	41	12. 卡卢加	27	25. 奥尔洛瓦	23
2. 科温斯克	40	2. 比萨拉比亚	36	13. 诺夫戈罗德	27	26. 特维尔	23
3. 维连	37	3. 阿斯特拉罕	34	14. 普斯科夫	27	27. 哈尔科夫	23
4. 波多尔斯克	35	4. 塔弗里奇	32	15. 辛比尔	27	28. 莫斯科	22
5. 基辅	34	5. 阿尔汉格尔斯克	30	16. 库尔斯克	26	29. 尼日戈罗德	22
6. 沃伦	32	6. 叶卡捷琳诺斯拉夫	30 28	17. 沃洛格达	25	30. 图拉	22
7. 明斯克	32	7. 喀山	28	18. 平扎	25	31. 雅罗斯拉夫尔	22
8. 莫基廖夫	31	8. 波尔塔瓦	28	19. 契尔尼戈夫	25	32. 奥洛涅茨	21
9. 维捷勃斯克	27	9. 唐波夫	28	20. 科斯特罗马	25	33. 沃龙涅什	20
		10. 梁赞	28	21. 奥伦堡	24	34. 维亚特	20
		11. 萨拉托夫	28	22. 萨马拉	24	35. 赫尔松	19
				23. 弗拉基米尔	24	36. 彼尔姆	18
				24. 斯摩棱斯克	24		

活物，而在喀山与特维尔之间的这段伏尔加河有时显得如此活跃，就像是彼得堡的涅瓦河一样。在一个美妙的夏天日子里，我坐在高高的河岸上，靠近一个幽美地坐落在雏谷和绿树丛中的修道院，一连几个钟头欣赏着伏尔加河。一只轮船消失了，另一只轮船又出现了，有时两三只轮船同时奔驰而过，激起阵阵浪花，拍打河岸。我一直等待着河道最终到了空荡荡的时刻，但始终没有等着。如果

每个省出生人数对死亡人数的超过额对比情况如下(按百分比计算)：

1.维连	87	1.哥萨克顿河	116	11.唐波夫	39	22.图拉	25
2.明斯克	77	2.萨拉托夫	67	12.波尔塔瓦	38	23.诺夫戈罗德	22
3.科温斯克	79	3.塔弗里奇	60	13.库尔斯克	34	24.哈尔科夫	22
4.格罗德诺	65	4.叶卡捷琳诺斯		14.辛比尔	34	25.阿尔汉格尔斯克	20
5.莫基廖夫	58	拉夫	53	15.奥伦堡	33	26.尼日戈罗德	16
6.沃伦	56	5.阿斯特拉罕	50	16.喀山	31	27.科斯特罗马	13
7.基辅	56	6.梁赞	50	17.平扎	29	28.沃龙涅什	10
8.波多尔斯克	55	7.比萨拉夫亚	48	18.弗拉基米尔	28	29.特维尔	9
9.维捷勃斯克	45	8.萨马拉	47	19.卡卢加	27	30.莫斯科	8
		9.契尔尼戈夫	40	20.斯摩棱斯克	27	31 沃洛格达	2
		10.普斯科夫	34	21.奥尔洛瓦	25	32.奥洛涅茨	1
		死亡人数多于出生人数的省有：维亚特、彼尔姆、赫尔松、雅罗斯拉夫尔。					

由于负担的减轻，西部各省的工人在政治动乱中获得了很大的福利。在格罗德诺省，在一年中变得这样的有利，其死亡率与法国的平均死亡率一样，成为俄国各省中的第一名。在科温斯克省，死亡率变得比普鲁士的平均死亡率还低。所有西部各省一下子都低于奥地利。在骚乱和政治动乱的一年期间，保存了 84 042 人的生命，这些人要是在过去的制度下，在完全平静的和平年代，也是会死掉的。根据这同一算法，俄国每年要死掉 42 万人，他们本来是可以活着的，能给自己周围带来福利的。一年中死掉的 42 万人可不是什么寄生虫，而是诚实的工人之手！由于骚乱和政治动乱年代的各种情况的凑合，发生了这样的结果，当然应当知道，由此可以得出什么结论。如果 在美洲各国的任何一个国家中，奴隶突然暂时从奴隶制下获得解放，由此突然提高了他们的福利，那么由此可以得出有利于自由和反对奴隶制的结论。但是无论如何不能得出有利于无政府状态的结论，无政府状态必定将每个社会引向最微弱的地步。西部各省的现象是有利于小私有制和无租赋的土地占有制的证据。是与无政府状况背道而驰的，因此它更具有说服力。

西伯利亚和乌拉尔的大自然是幽美的，那么这里的大自然中的生活更幽美。当一个人的周围四处都出现了繁荣的村庄和城市的时候，他就会产生一种生气勃勃的感觉。随便是一个瓦西里苏尔斯克，在夜晚的灯光下，犹如半圆形剧场似的高高地坐落在高山的翠绿之中，或是尼日尼，分布在沿山的广阔水面之上，点缀着以翠绿为背景的白石修道院。——所有这一切，给人以极美好的印象，连同覆盖着常年积雪和布满黑压压森林的宏伟山景，令人难以忘怀。如果沿陆路走，那么村庄的繁荣景象远远超过在俄国中部、东部和北部所能看到的一切。你很快就会发觉，这些村庄比沿从秋明到伊尔库茨克大道的村庄更富裕，最后，甚至比沿从秋明到彼尔姆大道的村庄更富裕。房屋的丰富多彩的雕刻有如埃及宫殿的写照。要是设有乡政府的那些房屋不是那么粗笨的话，那么它们的建筑以其丰富多彩超过许多住房。我不说像雷斯科沃那样的有着无数石头房子的富裕的村庄。越是往西部去，这种繁荣的景象越是明显。从雅罗斯拉夫尔到莫斯科的大道超过了到目前为止所看到的一切。装饰着雕刻的农舍，经常是两层楼的，有着 5 个以上的窗户，这里经常能看到城市建筑样式的房屋。你还能在从莫斯科往梁赞去的那个方向看到同样的繁荣景象。牲口的质量、居民的外表和服饰完全与这种初次的印象相符合。这里似乎以同样数量的钱可以比其他地方生活得好得多。这里每月像俄国其他地方一样得 5 卢布的马车夫，穿得更讲究，外表要富裕得多。如果仔细问问工资情况，那么你收集到的资料是惊人的。人们会对你说，这里的妇女经常每月挣 10 卢布，男人挣 15 卢布和 20 卢布。听够了这些谈话以后，你会觉得，这里的工资不比法国的低，工厂的工人也和法国的城市工人得到一样多，工业中的妇女劳动也和法国城市中

的妇女劳动得到同样高的估价。在作一些详细打听以后，你会感到，这里的平均工资也接近于法国各省的工资，稍为低一些，但看来低得不多。这里的工人舍得大手大脚地花钱，爱好丝绸的衣服，还带有长衣裙，使你感到惊奇。总之，这里到处散发着俄国方式的欧洲文明的味道。类似下列的一些特点会使你惊奇：在伏尔加河右边的科斯特罗马省，你所看到的富裕程度，与尼日戈罗德省的富裕程度毫无二致；可是左边的一些地区却使你突然感到是俄国最悲惨的地区。这时，你就想要确定这种福利状况的界限及它何以如此突然地结束的原因。在对这一地区的这种亲自观察以后，你很愿意看看统计，你希望能在这里遇到提起文明的欧洲和甚至是法国的资料，如有的地方 50 以上居民中死 1 人，等等。如果你将得知，根据雅罗斯拉夫尔统计委员会的计算，在雅罗斯拉夫尔省，每人总共只摊到 2 俄石半谷物，也就是说，比萨马拉省或沃洛格达省还要少，你会是何等地失望；根据弗拉基米尔省的统计，我们甚至还看到了每个居民所摊到的大大少于 2 俄石谷物的资料。你会想，这不能说明任何问题，那里的人民主要是吃肉。但是，事实证明那里牲口很少。在俄国欧洲部分的 36 个省中，只有 4 个省的牲口比雅罗斯拉夫尔省少，而这 4 个省中有 3 个省是属于工业地带。这个工业地带是很繁荣的，这 3 个省是莫斯科省，弗拉基米尔省和特维尔省。按牲口的数量来说，尼日戈罗德省与科斯特罗马省同样与它们差不多。雅罗斯拉夫尔省的耕地不知怎么同样很少。所有这一切不能归之于人口的稠密，黑土地带的人口更为稠密。不可救药的乐观主义者！您力图将这一切归咎于不良的土壤。您发表议论道，这个有进取精神的人民不关心自己的土壤，土壤只是吝啬地酬劳农民的劳动，他们把自己的全部力量都集中到工业生产

力上去了，那里是他们的聚宝盆。这种议论抹掉我们头脑中的回忆，记得所有工业的和有进取精神的人民都是很细心地加工自己的土壤的。你已经开始想，虽然这些地区的工资接近于法国，但是法国的工人不用付这样的租赋和捐税，也就是说，他在工业地带得到的要少一些。更何况，在法国，无论是工业品或农产品都要更为便宜。在这种时刻，你闪过一个奇妙的想法，你想象，虽然法国工人的境况可能要好一些，但是对俄国来说，工业地带的工资是好极了。如果丈夫挣到 15 卢布，妻子每月 10 卢布，那么，全家一年能挣到 300 卢布。如果他们从这笔钱中缴纳 17 或 20 卢布的捐税和租赋，那么他们一年仍然能剩下 280 卢布，或者说，全家每天有 78 戈比。这样的工资与沃洛格达省的农民的工资相比，是有很大的差别的，沃洛格达省的农民每天只挣到 3 至 11 戈比，而谷物的价格是一样的。你受到这类思想的鼓舞，重又将注意力转向统计，当然首先是转向最准确的资料，转向关于人口变动的资料。但是，可悲啊！当你进行这些研究的时候，你感到何等可怕的失望。对于人口的增长，从 1851 年到 1863 年期间，俄国的工业地带起着最可怜的作用。在所有的俄国欧洲部分，这种作用占了最可怜的末位。此中的原因何在呢？可能是严寒的天气和不良的土壤？但是俄国东北部的气候要严寒得多，土壤也更坏。可能是人口的稠密？但是黑土地带的人口要更为稠密。这已经是第一个巨大的失望。工业地带只在一个方面超过俄国的所有其他部分，这就是地主土地的数量。我们重又碰到了土地地生所有制的这些影响，在工业的俄国我们还是躲不开它。但是，这种影响可能只是在农奴制统治的时期是痛心的，可能在农奴解放以后情况有所改变了，发达工业的繁荣占了私有土地所带来害处的上风？唉！在第一个失望的后面跟着另外一个，这个失望并不更小，——进步的确是显露出来了。工业地带多少接近并几乎相等于极北地区了，可是仍然起最小的作用。①

① 为了进行这种比较，我将俄国欧洲部分分成6个部分：第一部分是3个奥斯捷伊区的省和彼得堡省，这些省份，作为没有与其相应的省份，我将其从比较中排除掉。在其余5个部分中——第一地区由西北地区的9个省份组成，第二地区是9个工业省份，第三地区是9个西部省份，第四地区是9个中部和黑土地带的省份，第五地区是9个东南角省份。虽然在归入其余地带的省份中有真正的工业省份，如彼尔姆省，但是，为了保持地域的一致性，我将它们列入其他部分。如果采取另一种做法，如果将那些最具有工业特点的省份——彼尔姆省、奥伦堡省、赫尔松省，列入工业省份，而将图拉省、梁赞省、特维尔省列入其他地带，在这种情况下，印象将更为强烈，并将表现出，俄国的工厂工业不仅不能使工厂人口幸福，而且土地地主占有制和工厂主的联盟使俄国工人彻底不幸和过着贫困的生活。

从1851年到1863年5个地带省份中人口增长的百分比对比情况如下：

1)西部省份	百分比	2)中部和黑土地带省份	百分比	3)工业地带	百分比	4)西北地带	百分比	5)西南角	百分比
1.基辅	22	沃龙涅什	20	莫斯科	14	彼尔姆	23	赫尔松	50
2.波多尔斯克	18	唐波夫	19	尼日戈罗德	14	阿尔汉格尔斯克	21	比萨拉比亚	50
3.科温斯克	15	哈尔科夫	17	特维尔	11	维亚特	19	叶卡捷琳诺斯拉夫	24
4.维连	14	波尔塔瓦	16	梁赞	9	诺夫戈罗德	14	萨马拉	28
5.格罗德诺	12	辛比尔	15	图拉	5	奥洛涅茨	13	哥萨克顿河	20
6.莫基廖夫	10	平扎	12	科斯特罗马	5	沃洛格达	13	喀山	20
7.沃伦	9	库尔斯克	10	弗拉基米尔	4	普斯科夫	9	萨拉托夫	17
8.明斯克	7	契尔尼戈夫	9	雅罗斯拉夫尔	3	奥伦堡	8	阿斯特拉罕省和塔弗里奇省的人口有所减少，后者是由于战争造成的。	
9.维捷勃斯克	4	奥尔洛瓦	9	卡卢加	2	斯摩棱斯克	8		

搜集的统计资料最后达到了使你不相信自己眼睛的地步。按工人阶级的境况来看，工业地带起初显得是俄国所有各部分中最悲惨的，但是你想不用工业发达这一点来解释这种现象，而从工业地带各省中存在大量地主土地来究其原因。可是，在你面前出现了新的可怕的怪影——你挑出了工业最发达、同时又有大量地主土地的省份。工业发达的省份，不仅与那些私有土地最少的省份比，处于最悲惨的境况，而且与那些私有土地最多的省份比也是如此。这里想把自己的不幸归咎于私有土地已不可能了，因为生活在私有土地上的人口比工业省份还要多的省份，工人阶级的福利状况要好得多。归咎于人口的稠密同样是不可能的，因为按人口密度来说，工业省份不是处于一等，而是处于二等。如果将这些资料与俄国其他省份的资料进行比较，它们是可怕的，但是如果偶尔将其与外国的资料进行比较，那么你就会看到天壤之别。当法国最优越的工业地区是70人中死1人时，我们工业省份的最有利的

生活在上面这些省份的私有土地上的人口的百分比对比情况如下：

1.波多尔斯克	69	辛比尔	82	图拉	70	斯摩棱斯克	60	萨拉托夫	51
2.莫基廖夫	67	奥尔洛瓦	53	科斯特罗马	69	诺夫戈罗德	62	赫尔松	41
3.明斯克	61	哈尔科夫	41	尼日戈罗德	64	普斯科夫	59	叶卡捷琳诺斯拉夫	31
4.维捷勃斯克	59	唐波夫	40	弗拉基米尔	64	彼尔姆	41	萨马拉	30
5.沃伦	56	平扎	40	卡卢加	64	沃洛格达	34	哥萨克顿河	30
6.维连	45	库尔斯克	40	雅罗斯拉夫尔	57	奥洛涅茨	23	喀山	15
7.格罗德诺	43	契尔尼戈夫	37	梁赞	55	奥伦堡	20	塔弗里奇	6
8.科温斯克	32	波尔塔瓦	37	特维尔	54	阿尔汉格尔斯克	20	阿斯特拉罕	4
9.基辅	—	沃龙涅什	26	莫斯科	51	维亚特	13	比萨拉比亚	—

5 个地带人口密度的对比情况如下：

西部省份		中部和黑土地带省份		工业地带		西北地带		西南角	
每平方米里亚的居民		每平方米里亚的居民		每平方米里亚的居民		每平方米里亚的居民		每平方米里亚的居民	
1. 波多尔斯克	2,424	库尔斯克	2,228	莫斯科	2,598	斯摩棱斯克	1,117	比萨拉比亚	1,619
2. 基辅	2,177	波尔塔瓦	2,117	图　拉	2,069	普斯科夫	901	喀山	1,440
3. 科温斯克	1,429	奥尔洛瓦	1,785	梁　赞	1,864	维亚特	852	萨拉托夫	1,137
4. 格罗德诺	1,294	平扎	1,711	卡卢加	1,720	诺夫戈罗德	481	赫尔松	1,018
5. 沃伦	1,238	唐波夫	1,643	雅罗斯拉夫尔	1,561	奥伦堡	384	叶卡捷琳诺斯拉夫	983
6. 维连	1,176	哈尔科夫	1,610	弗拉基米尔	1,415	彼尔姆	353	萨马拉	584
7. 莫基廖夫	1,064	沃龙涅仁	1,600	尼日戈罗德	1,392	沃洛格达	135	塔弗里奇	548
8. 维捷勃斯克	952	契尔尼戈夫	1,514	特维尔	1,311	奥洛涅茨	125	哥萨克顿河	338
9. 明斯克	618	辛比尔	1,340	科斯特罗马	741	阿尔汉格尔斯克	20	阿斯特拉罕	94

1863 年上面这些省份的死亡率对比情况如下：

西部省份		中部和黑土地带		工业地带		西北地带		西南角	
多少人中死 1 人		多少人中死 1 人		多少人中死 1 人		多少人中死 1 人		多少人中死 1 人	
1. 格罗德诺	42	波尔塔瓦	28	梁赞	28	阿尔汉格尔斯克	30	哥萨克顿河	41
2. 科温斯克	40	唐波夫	28	卡卢加	27	诺夫戈罗德	27	比萨拉比亚	36
3. 维连	37	辛比尔	27	科斯特罗马	25	普斯科夫	27	阿斯特拉罕	34
4. 波多尔斯克	35	库尔斯克	26	弗拉基米尔	24	沃洛格达	25	塔弗里奇	32
5. 基辅	34	平扎	25	特维尔	23	奥伦堡	24	叶卡捷琳诺斯拉夫	30
6. 沃伦	32	契尔尼戈夫	25	莫斯科	22	斯摩棱斯克	24	喀山	28
7. 明斯克	32	奥尔洛瓦	23	尼日戈罗德	22	奥洛涅茨	21	萨拉托夫	28
8. 莫基廖夫	31	哈尔科夫	23	雅罗斯拉夫尔	22	维亚特	20	萨马拉	24
9. 维捷勃斯克	27	沃龙涅什	20	图拉	22	彼尔姆	18	赫尔松	19

死亡率是 27 人中死 1 人——它不仅比所有欧洲文明国家中的平均死亡率要高得多，而且比俄国的平均死亡率也要高。在 12 个工业省份中，有 9 个省份的死亡率要高于伦敦最可怕的贫民窟的死亡率，在这些贫民窟中住着一些窃贼和乞丐。爱国者看到这种资料，会发疯。工业，这个原是人民福利与幸福的源泉，在我们这里成了致人死地的祸患，成了连鼠疫与霍乱都无法与之相比的灾难。能使工人成十倍地增加生产的劳动分工成为其饥饿、贫困、死亡的根源，达到了如下的地步，致使在12个工业省份中，有3个省份的

为了描述在那些工厂生产的影响与大量地主土地的影响结合在一起的地方工厂生产借助大量资本对工人阶级的福利所具有的影响，我将俄国欧洲部分的省份分成 4 部分。在 3 个部分中每一部分有 12 个省。在第一部分中，列入工厂工业的发展和大量的地主土地都同时显得突出的 12 个省份。在第二部分中所列入的省份，其大量人口生活在地主土地上，但其工业活动相对地不发达。在第三部分中所列入的省份，地主土地少，或工业少，或二者均少。我把西部省份和奥斯捷伊地区列入第四部分，把它们作为处于特殊状况的省份。在比较时，与其说能弄清问题，还不如说会搞得更乱。因为在作这种比较时，不能弃置彼得堡省于不顾，而俄国省份中的任何一个省都没有彼得堡省那样拥有如此大量的工业活动。这样一来，应当进行比较的俄国欧洲部分的省份就不是 36 个省，而是 37 个省，即一个省是多余的。因此，在那个工业和私有土地都多的部分我列入 13 个省，而不是 12 个省，让读者自己可以删掉他认为最应该删的省份。我将奥洛涅茨放入工业省份中：虽然在这个省地主土地少，但是很大一部分居民处于矿业主管部门的支配之下。矿业主管部门的影响比土地地主所有制的影响更为不利，读者可以在维亚特省看出这一点，结果将更为明显。因此，列入工业省份的将有：1）彼得堡省，2）莫斯科省，3）彼尔姆省，4）赫尔松省，5）尼日戈罗德省，6）卡卢加省，7）科斯特罗马省，8）雅罗斯拉夫尔省，9）特维尔省（可以将特维尔省和图拉省换个位，将前者列入具有大量私有土地的省，将后者列入工业的省份，其结果不变），10）奥洛涅茨省（或维亚特省），11）奥伦堡省，12）弗拉基米尔省。列入私有土地上的居民最多的省份有：1）库尔斯克省，2）诺夫戈罗德省，3）奥尔洛瓦省，4）平扎省，5）普斯科夫省，6）梁赞省，7）萨拉托夫省，8）辛比尔省，9）斯摩棱斯克省，10）唐波夫省，11）图拉省，12）哈尔科夫省。列入或是工业不发达或是私有土地不多的省份是：1）阿尔汉格尔斯克，2）阿斯特拉罕，3）比萨拉比亚，4）沃洛格达，5）沃龙涅什，6）哥萨克顿河，7）叶卡捷琳诺斯拉夫，8）喀山，9）波尔塔瓦，10）萨马拉，11）塔弗里奇，12）契尔尼戈夫。

人口减少了，有1个省份人口完全没有增长。

难道工业发达地区的这种总的命运或人口的资料可能不足以充当福利状况的尺度？所有这些问题大量充塞我们的头脑，我们不禁将目光移向俄国之外，——文明欧洲的资料很难使我们安心：在欧洲的所有国家中，英国的工业最为发达，然而那里的工资最高，死亡率最低。如果将这个欧洲的工业中心与我们的工业中心

(一)37个省的死亡率对比，即多少居民中死1人。

(1) 有大量地主土地的工业省份		(2) 有大量地主土地的省份		(3) 工业少或地主土地少的省份	
卡卢加	27	梁赞	28	哥萨克顿河	41
彼得堡	26	萨拉托夫	28	比萨拉比亚	36
科斯特罗马	25	唐波夫	28	阿斯特拉罕	34
弗拉基米尔	24	诺夫戈罗德	27	塔弗里奇	32
奥伦堡	24	辛比尔	27	阿尔汉格尔斯克	30
特维尔	23	普斯科夫	27	叶卡捷琳诺斯拉夫	30
莫斯科	22	库尔斯克	26	喀山	28
尼日戈罗德	22	平扎	25	波尔塔瓦	28
雅罗斯拉夫尔	22	斯摩棱斯克	24	契尔尼戈夫	25
奥洛涅茨	21	哈尔科夫	23	沃洛格达	25
赫尔松	19	奥尔洛瓦	23	萨马拉	24
彼尔姆	18	图拉	22	沃龙涅什	20
维亚特	20				

	工业省份	有大量地主土地的省份	工业或地主土地少的省份
40以上人中死1人	0	0	1
30以上人中死1人	0	0	5
25以上人中死1人	3	8	4
20以上人中死1人	7	4	2
18以上人中死1人	2	0	0

(二)37个省中出生人数对死亡人数的超过额，即出生人数多于死亡人数的百分比。

进行死亡人数、死亡人数对出生人数的超过额的对比，那么结果表明，在我们与西欧之间存在着多大的差别。这时我们只能看到，我们的不可饶恕的对工人阶级利益的忽视使工人阶级遭受痛苦与不幸到何等地步，使我们的工人又是何等地悲惨与贫困。我们在学校中受到了农奴制的教育，只是考虑如何从工人手中夺取其尽可能多的产品，将它们用于满足虚荣的狂热激情和无穷的挥霍。我

(1) 有大量私有土地的工业省份		(2) 有大量私有土地的省份		(3) 工业或私有土地少的省份	
奥伦堡	33	萨拉托夫	67	哥萨克顿河	116
弗拉基米尔	28	梁赞	50	塔弗里奇	60
卡卢加	27	普斯科夫	39	叶卡捷琳诺斯拉夫	53
尼日戈罗德	16	唐波夫	39	阿斯特拉罕	50
科斯特罗马	13	辛比尔	34	比萨拉比亚	48
特维尔	9	库尔斯克	34	萨马拉	47
莫斯科	8	平扎	29	契尔尼戈夫	40
彼得堡	7	斯摩棱斯克	27	波尔塔瓦	38
奥洛涅茨	1	奥尔洛瓦	25	喀山	31
赫尔松	死亡多于出生	图拉	25	阿尔汉格尔斯克	20
雅罗斯拉夫尔	死亡多于出生	哈尔科夫	22	沃龙涅什	10
彼尔姆	死亡多于出生	诺夫戈罗德	22	沃洛格达	2
维亚特	死亡多于出生				

出生超过死亡	工业省份	有大量私有土地的省份	工业或私有土地少的省份
100％以上	0	0	1
50％以上	0	2	3
25％以上	3	8	5
1％以上	6	2	3
死亡多于出生	3	0	0

在工业省份中，出生人数超过死亡人数30％以上的省份只有1个，在地主土地多的省份中，有6个，在私有土地和工业企业都少的省份则有9个。

们并没有想过，那些使我们在国外获得狂热挥霍名声的千百万卢布导致了千百万人的牺牲。于是结果是，人口密度远远超过我们的欧洲工业中心，即使我们认为其人口密度可能是工人极度贫困的原因，在人口增长方面却存在着如此有利的条件，将它们与我们的工业省份比就好像是将马尼拉岛的气候与北极地带的气候比一

可以说，根据统计资料，我们的工业省份的状况是既可怜又可悲。如果我们将它们与文明欧洲的工人状况进行对比，状况则将更为可怕。为此目的，我作如下对比。12 个工业省份共有居民 15 376 609 人。我在英国取 12 个地方，共有居民 15 558 682 人。我计算这些地方的死亡率和出生人数对死亡人数的超过额的做法完全与我计算俄国省份的一样。我取俄国的 1863 年，而英国的是 1851 年。我作这种计算的根据是刊载于英国政府出版物的“1851 年大不列颠人口调查——根据首席登记员的资料”。由于英国的郡比我们的省要小，所以我将几个混合的郡合并到一块，力求搞出来的地方不太小，也不太大，同时让我挑选出来的地方尽可能是英国有名的工业区。以下就是我拟定的地方，并注明了它们在 1851 年的居民数、出生人数和死亡人数：

郡	居民人数	1851 年的出生人数	1851 年的死亡人数
1. 伦敦	2 362 236	78 300	55 488
2. 兰开斯特	2 031 236	79 693	54 928
3. 约克	1 797 995	66 157	42 110
4. {格洛斯特 蒙默思}	616 223	19 227	12 861
5. {伍斯特 沃里克 北安普敦 贝德福 牛津 白金汉 希罗普}	1 652 900	55 994	35 594
6. {德文 康沃尔}	922 656	29 328	18 722
7. {苏塞克斯 汉普 威尔特}	996 435	31 322	19 364

样，将天堂与地狱比一样。虽然如此，我们的工业省份的人口密度不仅不比欧洲稠密，而且也不比俄国的其他省份稠密。统计学家

郡	居民人数	1851年的出生人数	1851年的死亡人数
8. 林肯、德比、诺丁汉、莱斯特	1 204 041	40 895	24 317
9. 斯塔福德、切斯特	1 064 441	39 969	25 310
10. 萨默塞特、多塞特	628 123	19 878	12 758
11. 诺森伯兰、达勒姆、坎伯兰、威斯特摩兰	948 344	35 620	20 405
12. 剑桥、诺福克、萨福克、埃塞克斯	1 334 652	43 610	26 612

每一个单独的郡的资料如下：

1)贝德福：人口 124 478，出生 4 766 人，死亡 2 487 人；2)白金汉：人口 163 723，出生 4 916 人，死亡 2 979 人；3)剑桥：人口 185 405，出生 6 581 人，死亡 3 896 人；4)切斯特：人口 455 725，出生 15 019 人，死亡 9 443 人；5)康沃尔：人口 355 558，出生 12 031人，死亡 7 599 人；6)坎伯兰：人口 195 492，出生 6 538 人，死亡 3 937 人；7)德比：人口 296 084，出生 8 924 人，死亡 5 350 人；8)德文：人口 567 098，出生 17 297 人，死亡 11 123 人；9)多塞特：人口 184 207 人，出生 5 757 人，死亡 3 326 人；10)达勒姆：人口 390 997，出生 16 657 人，死亡 9 183 人；11)格洛斯特：人口 458 805，出生 13 096 人，死亡 9 198 人；12)汉普：人口 405 370，出生 12 823 人，死亡 7 856 人；13)兰开斯特：人口 2 031 236，出生 79 693 人，死亡 54 928 人；14)莱斯特：人口 230 308，出生 8 598 人，死亡 5 103 人；15)林肯：人口 407 222，出生 13 312 人，死亡 7 533 人；16)蒙默思：人口 157 418，出生 6 131 人，死亡 3 663 人；17)伦敦：人口 2 362 236，出生 78 300 人，死亡 55 488 人；18)诺福克：人口 442 714，出生 14 345 人，死亡 9 384 人；19)北安普敦：人口 212 380，出生 7 512 人，死亡 4 193 人；20)诺森伯兰：人口 303 568，出生 10 629 人，死亡 6 221 人；21)诺丁汉：人口 270 427，出生 10 061 人，死亡

越是进行比较，他的心中越是苦恼。满怀忧愁的统计学家看到自己的祖国充满极大的保证和可能性，既冷酷无情又公正的数字使

---

6 331人；22）牛津：人口170 439，出生5 556人，死亡3 661人；23）希罗普：人口229 341，出生7 014人，死亡5 041人；24）萨默塞特：人口443 916，出生14 121人，死亡9 432人；25）斯塔福德：人口608 716，出生24 950人，死亡15 867人；26）萨福克：人口337 215，出生11 366人，死亡6 834人；27）苏塞克斯：人口336 844，出生10 727人，死亡6 475人；28）沃里克：人口475 013，出生17 639人，死亡11 868人；29）威斯特摩兰：人口58 287，出生1 799人，死亡1 064人；30）威尔特：人口254 221，出生7 772人，死亡5 033人；31）伍斯特：人口276 926，出生8 591人，死亡5 365人；32）约克，东区：人口220 983，约克市：人口36 303人，约克郡，东区和约克市：出生8 368，死亡5 671人，33）约克，北区：人口215 214，出生6 202人，死亡3 496人；34）约克，西区：人口1 325 495，出生51 587人，死亡32 943人；35）埃塞克斯：人口369 318，出生11 318人，死亡6 498人。全英国共有42个郡（更确切地说是40个），我从中取33个郡（更确切地说是31个郡）和伦敦用于比较。我没有考虑瓦里斯郡，也没有考虑苏格兰和爱尔兰。

英国的这些地区与我们的工业省份在死亡率方面的比较结果如下：

英国的各郡	1851年多少人中死1人	俄国的各工业省份	1863年多少人中死1人
1. 苏塞克斯，汉普，威尔特	51	1. 卡卢加	27
2. 德文，康沃尔	50	2. 彼得堡	26
3. 林肯，德比，诺丁汉，莱斯特	50	3. 科斯特罗马	25
4. 萨默塞特，多塞特	50	4. 弗拉基米尔	24
5. 剑桥，诺福克，萨福克，埃塞克斯	50	5. 奥伦堡	24
6. 格洛斯特，蒙默思	48	6. 特维尔	23
		（图拉	22）
7. 伍斯特，沃里克，北安普敦，贝德福，牛津，白金汉，希罗普	47	7. 莫斯科	22
8. 诺森伯兰，达勒姆，坎伯兰，威斯特摩兰	47	8. 尼日戈罗德	22
9. 伦敦	42	9. 雅罗斯拉夫尔	22
		（维亚特	20）
10. 约克	42	10. 奥洛涅茨	21
11. 斯塔福德，切斯特	42	11. 赫尔松	19
12. 兰开斯特	38	12. 彼尔姆	18

他相信，在他的祖国可能会有比其他欧洲国家更多的幸福。然而

	上述英国地区	俄国各工业省份
50个居民以上死1人	5	0
40个居民以上死1人	6	0
30个居民以上死1人	1	0
25个居民以上死1人	0	3
20个居民以上死1人	0	7
15个居民以上死1人	0	2

这就是应当让每个俄国人感到害臊的结果，只有那种冷漠无情及丝毫不爱自己的祖国的人才会平静地对待它。

出生人数与死亡人数的比例关系的对比应当引起我们不亚于前的严重思虑。情况如下：

英国各郡	1851年出生人数超过死亡人数的百分比	俄国各工业省份	1863年出生人数超过死亡人数的百分比
1. 诺森伯兰，达勒姆，坎伯兰，威斯特摩兰	74%	1. 奥伦堡	33%
2. 林肯，德比，诺丁汉，莱斯特	68%	2. 弗拉基米尔	28%
3. 剑桥，诺福克，萨福克埃塞克斯	64%	3. 卡卢加	27%
4. 苏塞克斯，汉普，威尔特	62%	4. 尼日戈罗德	16%
5. 斯塔福德，切斯特	58%	5. 科斯特罗马	13%
6. 约克	57%	6. 特维尔	9%
		(图拉	25%
7. 伍斯特，沃里克，北安普敦，贝德福，牛津，白金汉，希罗普	57%	7. 莫斯科	8%
8. 德文，康沃尔	57%	8. 彼得堡	7%
9. 萨默塞特，多塞特	56%	9. 奥洛涅茨	1%
		(维亚特)	死亡多于出生
10. 格洛斯特，蒙默思	50%	10. 赫尔松	死亡多于出生
11. 兰开斯特	45%	11. 雅罗斯拉夫尔	死亡多于出生

同样的数字向他说明，他不敢期待这种幸福，他必须眼看自己祖国的兄弟成为悲惨的、贫困的、受难的、最末等的、被文明家庭所抛弃的一部分人。像命运一样确定不移的统计数字向他说明，在欧洲

---

12. 伦敦	41%	12. 彼尔姆	死亡多于出生

上述英国各区出生人数超过死亡人数		俄国各工业省份出生人数超过死亡人数	
70%以上的	1	70%以上的	0
60%以上的	3	60%以上的	0
50%以上的	6	50%以上的	0
40%以上的	2	40%以上的	0
30%以上的	0	30%以上的	1
20%以上的	0	20%以上的	2(3)
10%以上的	0	10%以上的	2
1%以上的	0	1%以上的	4(3)
死亡人数超过出生人数	0	死亡人数超过出生人数	3(4)

现在让我们对比一下人口的增长：

英国各郡	1851年的人口增长	俄国各工业省份	1863年的人口增长
1. 诺森伯兰、达勒姆，坎伯兰，威斯特摩兰	1.61%	1. 奥伦堡	1.26%
2. 斯塔福德，切斯特	1.38%	2. 弗拉基米尔	1.17%
3. 林肯，德比，诺丁汉，莱斯特	1.38%	3. 卡卢加	0.95%
4. 约克	1.34%	4. 尼日戈罗德	0.74%
5. 伍斯特，沃里克，北安普敦，贝德福，牛津，白金汉，希罗普	1.23%	5. 科斯特罗马	0.58%
6. 兰开斯特	1.22%	6. 特维尔	0.38%
		(图拉	1.15%)
7. 苏塞克斯，汉普，威尔特	1.21%	7. 莫斯科	0.37%
8. 剑桥，诺福克，萨福克，埃塞克斯	1.28%	8. 彼得堡	0.26%
9. 德文，康沃尔	1.17%	9. 奥洛涅茨	0.06%
			人口减少
		(维亚特	0.08%)
10. 萨默塞特，多塞特	1.14%	10. 雅罗斯拉夫尔	0.04%
11. 格洛斯特，蒙默思	1.04%	11. 赫尔松	0.28%
12. 伦敦	0.97%	12. 彼尔姆	0.32%

各国中，本来应当是没有一个国家的人口能像俄国增加得那么快；

上述英国各区人口增长		俄国各工业省份人口增长	
1.50%以上的	1	1.50%以上的	0
1%以上的	10	1%以上的	2(3)
0.50%以上的	1	0.50%以上的	3
0.01%以上的	0	0.01%以上的	4(3)
人口减少的	0	人口减少的	3(4)

但是，这可能是拿英国的有利年份和俄国的不利年份来进行对比的缘故吧。根据英国50年来的计算，每年人口增加1.41%：在上述12个地区中，只有1个地区人口的增加大于这个平均数，有11个地区少于这个平均数，也就是说，挑选了英国的最不利的年份之一。在俄国欧洲部分的49个省份中，根据从1851年到1863年12年的计算，每年人口增加1.08%，1863年人口增长1.16%，因此，这是最有利的年份之一。

但是，这可能是由于人种本身繁殖力不强，可能英国繁殖力强的原因在于种族的性质。让我们比较一下，哪里的繁殖力更强，哪一个种族在这方面更具有未来的前途：

英国各郡	1851年多少人中出生1人	俄国各工业省份	1863年多少人中出生1人
1.兰开斯特	26	1.奥伦堡	18
2.约克	26	2.弗拉基米尔	19
3.诺森伯兰，达勒姆，坎伯兰，威斯特摩兰	26	3.尼日戈罗德	19
4.剑桥，诺福克，萨福克，埃塞克斯	30	4.彼尔姆	19
5.斯塔福德，切斯特	27	5.科斯特罗马	20
6.伦敦	30	6.莫斯科	20
7.伍斯特，沃里克，北安普敦，贝德福，牛津，白金汉，希罗普	30	7.奥洛涅茨	20
8.林肯，德比，诺丁汉，莱斯特	30	8.赫尔松	20
9.德文，康沃尔	31	9.卡卢加	21
10.苏塞克斯，汉普，威尔特	31	10.特维尔	21
11.萨默塞特，多塞特	31	11.雅罗斯拉夫尔	22
12.格洛斯特，蒙默思	32	12.彼得堡	24

上述英国各区多少人中出生1人		俄国各工业省份多少人中出生1人	
20居民以下	0	20居民以下	8
25居民以下	0	25居民以下	4

它们也向他说明，要是俄国的死亡率也像英国的那样，那么在25年中人口就能增长一倍。大自然赐予以极大的繁荣震惊世界的可能性，就像美国的民主使世界惊奇一样。可是，社会条件迫使我们对工人阶级的极大贫困目瞪口呆，这种贫困几乎是闻所未闻的。多次被人们哭诉的欧洲赤贫的命运与这种贫困相比，就成了天堂的幸福与不可企及的繁荣了。

俄国的乐观主义用表面现象逼使我们自欺欺人，我在回敬它几十个应得的诅咒之后，便着手更深刻地观察问题。我在走遍了西伯利亚、俄国的北部和东部以后，不知不觉地到了尼日戈罗德省的农村：雕刻的和油漆得五颜六色的农舍大言无愧地证明它的繁荣，人们卸下了我乘坐的三套马车，它至少值500卢布。看，一堆

30 居民以下	8	30 居民以下	0
35 居民以下	4	35 居民以下	0

这样，我们现在遇到了与上面遇到的完全相反的情况。优越的条件绝无疑问是在俄国这边，就如同真正的成就也绝无疑问是在英国那边一样。如果俄国在1863年的死亡率和英国通常的死亡率相同，那么俄国的出生者对死亡者的超过额就会是126%——这将会是比上面比较过的各郡有利一倍。

可以轻而易举地证明，笼罩在我们工业省份可怕的死亡率最不应称之为是工业造成的不可避免的命运或必然后果。在彼尔姆省，1863年最可怕的死亡率猖獗一时，人口比其他工业省份减少得更多，根据1863年彼尔姆省的备忘手册，在处于更为有利的社会条件卜的伊斯兰教徒中间，人口增长了1.37%，在我们比较过的12个英国地区中，只有3个地区的人口增长大于这一增长。在伊斯兰教徒中，30人中死1人。这样有利的死亡率，我们不仅不能在任何一个工业省份中遇到，而且在那些私有土地较多的12个省份中，也没有一个省份能达到。彼尔姆省的伊斯兰教徒大部分是巴什基尔人，其福利最不能归功于其文明程度。一旦俄国工业出现更为有利的条件，在那种私有土地少的地方，或工人能部分地独立劳动的地方，就也会出现完全是另一种类型的结果。阿尔汉格尔斯克省和阿斯特拉罕省，按其居民的工业活动而论，名列俄国的前茅，可是那里的结果与存在土地地主所有制的工业省份相比，却完全是另一种样子：这两个省的死亡率极为有利，在那些工业与地主土地最多的24个省份中，没有一个省份有这样低的死亡率。

年轻人正在议论着自己的主人和地主,——这是什么样的表述啊:"他们喝着我们的血","他们吞食着我们的性命",——这些话我曾经在某地听到过……我想起来了,这是在彼尔姆省①。一个黝黑的小伙子急剧地转过身,用手指着说:"那就是它,恶棍,正在走着呐。"我顺指的方向看了一下,没看到任何人,但是我猜到了:这些话是指轮船。我说了几句维护轮船的话,但感到痛苦的失望,他们立刻开始用另一种心情说话,并且很快就走开了。但是,一个更年轻一点的小伙子没能忍住,在告别的时候说:"对我们来说,它是恶棍,吃着人呐。"我想,难道这里有仇恨机器的情绪;很快我就信服了,的确是如此。谈话中的特别谨慎和含蓄同样使我惊奇,不过工人对我解释说,他们当中有一半是密探。一个工人对我说:"要不是这个,就不会那样了。"但是我不能获得解释。接着,我遇到了渲染的传说,说人们出于对压迫者的仇恨如何地放火、抢劫和凶杀。我还听到这样的谈论,说地方当局因极严苛地对付工人而从资本家与地主那里得到礼物:"否则,他们早就被烧光了,或是在光天化日之下被杀掉了。"有时,人们还这样作补充。我还听到传闻,说似乎这些资本家和地主到彼得堡去了一趟,达到了撤换省长的目的,似乎这些省长曾妨碍他们压迫人民。富人所作出的有利于国家的牺牲,这里经常引起工人们的仇恨:"这是他们想行贿,然后可以喝我们的血。"我曾遇到一个想逃往"瑞士民主国家"的工人:他不能肯定,那里的工人生活得很好。但是他认为,那里存在着沙皇,沙

① 不管别佐奥拉佐夫的观点如何宽容,但是连他也在伊凡诺夫村听到过这类话,可惜的只是他避而不谈引起这些话的那些原因。可能他没注意到它们,——很可惜,在这个地方发觉它们是不困难的。

皇有一些总参谋官，这些人不受贿，因此他们维护着人民免受压迫。在轮船上，我走近一群在听饱经世故的人说话的人。饱经世故的人叙述说，他怎样从沃洛格达省和科斯特罗马省流送木材。按他的话说，当他们流经沃洛格达省和科斯特罗马省时，他们看到的所有人民都是富足的。当进入俄国工业区时，木排被卖掉了，接着，领来赶木排的是一些衣衫极其褴褛的人，这些人的下体都能看见。他补充说，那里生活着最穷的人。这就是没有被雕刻的农舍和石头的房屋弄昏头脑的见证者。另一次我听到了妇女对草原省份和工业省份所作的这类对比。一个妇女说："我们那里的人很简单，他们走着，下体看得很清楚。这里的人是阔气的，又有皮靴，又有胶皮套鞋，家里还有水火壶，可是却没有吃的。"我们工业省份被称为化妆的荡妇逐渐地在我眼前暴露出来：除去假的美貌和系上的头发，洗去人工的红晕，摘下假牙，我的面前出现了一个半佝偻的干瘦的身躯。为了获得关于工业省份的应有概念，开始应当沿着热闹的大道走一趟。这里你既能看见雕刻的农舍又能看见三层的楼房、富裕、阔绰。然后，沿着经商道路走走。差别是巨大的，你很快会认为这里住着与俄国普遍的同样贫穷的人民。末了沿着乡间小道走 遭：这里你会知道，你遇到了多么贫穷的居民，为什么本地的农民被称为衣不蔽体的人。开始农民的喊叫从四面八方包围着我，他们异口同声地反复说："我们要饿死了，没有土地。而我们有的土地需要肥料，牲口无处去搞，没有东西喂它。请看看吧，我们都把路边的草割光了，我们把每根草都割下来了，而我们的牲口仍得饿死。在别的地方连好的草地都是一年割一次，而我们却一年割两次草，草原的农民对这种草连瞧都懒得瞧一眼。租赋和

苛捐杂税完全把我们压死了。农奴解放稍为使我们轻松一点，要是没有解放，这里的人就剩不下了，我们统统会逐渐死光。”我想起了工业省份雅罗斯拉夫尔、弗拉基米尔、卡卢加在从 1851 年到 1863 年的人口动态的名单中居于末位，我明白了这些话的整个含义。人们继续说：“老爷们要我们交租赋，而土地却不给我们。只要能给我们土地，我们会付给他们钱的，我们就可以在土地上喘口气。现在所有的土地都在富人手里，而我们必得死去。真的，最近老爷们在彼得堡靠我们的租赋挥霍，我们很快就会饿死，到那时就连租赋也没人交了。过去，哪怕干活的马还能拉我们一把，要是没有马还有鱼，而如今人们想出了可恨的机器，运货停止了，鱼被吓走了。现在只有一些商人才发财致富，全体人民受他们奴役。”四面八方都可听到：“我们没有土地，我们没有工作。”的确，你能碰到这种类型的农民，他们是衣不蔽体的人和乞丐。甚至在西伯利亚的流浪汉中间也很难找到如此可怜相的人。夏天戴着个冬天的帽子，穿着一件像阿卡基·阿卡基也维奇穿的制服大衣式的男长衣，不仅男长衣挂着碎片和补丁加补丁，而且甚至连树皮鞋也带着补丁。当你看到那种无论是在俄国的东部还是北部都没有见到过的农舍的时候，雕刻农舍的诱惑力也消失了。如果将那种农舍砍成木块，这种木块连烧火都烧不着。这些人被愚弄到白痴的程度，似乎他们已失去了为自己的不幸而激动的能力。为了听到激烈的怨言，需要去找较为幸福的人，但是即使是在他们身上也只看到乞丐般的屈辱。在这些地方能遇到完全变野的小孩，他们只会乞讨，几乎不会说别的什么。人们曾试图在他们较大的年龄时对他们进行教育，但是任何教育都无力克服他们粗野的愚钝。我曾向一个工人提醒过农奴制所传播的奴性。在西伯利亚，如果你让一个女仆遭受不纯贞，她会感到委屈。只有最可怜的人，像盲乞丐之类，才会同意去打扫厕所。而在那种农奴制统治的地方，这类感情是没有的。他回答我说："您说到哪里去了，这里不仅会打扫，这里人们为了一个子儿可以给打扫得光亮，——看，这里的人民是多么地穷。"我怎么也无法将这种悲惨的状况与工业省份居民的有名的进取精神联系起来。人们对我说："饥饿驱赶我们进行毫无意义的几千俄里跋涉，我们这里连娘们也得养活丈夫，而终究逃不脱饿肚子。"一个饱经世故的人对我说："贫困不由地驱赶着人们，在西伯利亚可以得到 40 和 50 卢布的定钱，而这里干最重的活得不到多于 5 卢布的钱，这点钱在这里办不了什么事。"当我提到高工资的时候，人们回答说，为此必须成为工长。为了当工长，需要机遇。人们对我说："这里不经常是那个样子，这里也能看到那样的人，今天是乞丐，过了一两年，成为一个富翁。"据了解，在工业省份，工厂劳动和副业不仅不能保证人们的生活，而且使他们更穷。因为，通常一部分家庭劳动者从事农业，另一部分找旁的工作。为了缴清租赋和捐税，工厂劳动的价格被压得很低，他们根本无法独立生活，　　工人指望农民的补贴，而农民自己也处于悲惨的境况，只是勉强能过日子。更经常的是，他们指望妻子的农奴性劳动，妻子像奴隶似地必得去干最不适合于自己性别的活，去耕地、收割、打谷。不需要特殊技术的工厂劳动每月得 4 个半卢布，食宿由自己负责，这是经常遇到的价格。可是给官家和社会的缴款却很高：在国家农民中，很经常是每口至少缴 10 个半卢布。为了描述与草原省份和北部省份比较的工业省份状况，我说几句弗拉基米尔省的

状况。弗拉基米尔省的全部工业生产可以估价为 45 135 990 银卢布，农产品和林产品可以估价为 26 615 000 卢布，——总共是 71 750 990 卢布。从这些价值中，官家、资本家和地主得 59 619 000卢布，工人得 12 131 990 卢布。每户工人家庭约摊到 45 卢布①。这个计算不仅是可靠的，而且工人的收入甚至是夸大了的。这可以从以下这一点中看出来，按平均工资计算，大部分工人的每户家庭不是摊到 45 卢布，而是 23 卢布。为了家庭能过每年 45 卢布的生活，维持家庭的工人至少必须获得 80 卢布的工资，这个工资只有很有限的少数人才能获得。每户家庭生产出来的价值多于 265 卢布，而只消费自己生产的十分之一以下。因此，人民贫困和受罪也就毫不奇怪了。谁要是觉得这种悲惨的状况是不可能的话，那么我说，甚至那些能变成资本家的工人也过着最悲惨的生活。货郎——一半是工人，一半是乞丐。他同时卖货同时乞求施舍。巡回售货的货郎即比较富的货郎的小孩只靠面包生活。这个处于优越地位的货郎是这样的穷，他在暴风雪、严寒和风雨中不能在住宿处过夜，而是歇宿在野外。在寒冷的秋季走遍俄国的大路小径，看到这些人不能不产生同情，他们湿透了全身，在沟壑的某处龟缩着。同时，他的一匹马夹着尾巴，全身颤抖，在吃着草。在一年中最严寒的季节，货郎过着比北极的野人还要艰苦的生活，碰到什么吃什么，经常是干脆挨饿。这是工人中最聪明的人，工人们自己都为他的聪明和教养而感到惊奇，而他对自己的估价很高：

① 在弗拉基米尔省，整个省的男工约有 270 000 人，由于在弗拉基米尔省 91 人中 1 人摊到结婚，所以我假定那里有同样多的家庭，虽然实质上它们要少一些，只到 225 000户。在这种情况下，每户摊到 53 卢布 91 戈比，但是每户的平均人口将是 5 人。

他把自己的收入完全归之于自己的高度才智和自己的知识才能的优越性。这类人中的一个人，在将自己与别的工人比较的时候，对我说："他们靠双手挣钱，而我们靠的是聪明。"货郎业主要集中在维亚兹尼科夫县。下面我们将看到，维亚兹尼科夫县的福利程度接近欧洲，而弗拉基米尔省的其他县落到欧洲最可怕的贫民窟和欧洲道德沦丧之下。如果这个县的骄傲——货郎过着我刚才讲过的那种生活，那么不幸县份的工人会处于何种境地呢？这里的平均工资水平要比俄国北部和东部高一些，但是，不幸的是，在工业俄国不能按平均水平来看问题。工业的俄国——这是贫困与富足的国家，这里有一个家庭一年挣到300卢布，而邻近的另一家却死于饥饿。没有任何一个地方为生存而进行的斗争会像工业省份那样引起如此拼命的挣扎。这里谁都运用自己的一切手段，力图用技艺、劳动、才智、斗争获取东西。工业省份的所有工人都特别地机灵和善于钻营，如卡卢加那样的省份也不例外。这里的任何人都力图用富裕的外表掩盖破衣烂衫，为了得到带雕刻装饰的农舍和漂亮的服装，他愿意落入最艰难的境况和以饥饿残害自己的孩子。俄国北部和东部的农民一年中的部分时期没有工作，消极地待着，甚至连获得工作的希望都没有，可是工业俄国的工人却从来没有安闲的时候。这里从四面八方听到对工作不足和工作不合算的埋怨。这里人们仇恨机器，因为它们精减了工人数量并把收入转移到资本家方面。这里，一旦资本家缩减工资，人们就仇恨他们。这里的工人在意志力和智力方面都比较发达，这里的富裕农民不像西伯利亚或俄国东部和北部那样用"帮忙"来欺骗穷人。这里不为请客而干活，而要求纯粹的钱。这里组织组合，搞罢工。这

里人们动用一切可以与资本斗争和增加自己收入的手段。在西伯利亚或诸如此类地方工作的工业省份的组合通常能使自己处于比当地居民有利条件的境况。如果它们在生存的斗争中更为勇敢，那么这种斗争的条件对它们也更为艰难。它们与富有和强大的资本家和更为富有和更为强大的地主发生关系。我长期有那种误解，认为在富有和强大的地主土地上的居民在我们这里构成某个受优惠的阶层。我认为，它没有苛捐杂税的重负，比城郊的居民能获得各种优越条件。如果工人阶级的贫困和状况引起广泛的重视，我们这里就可能会是这样的。不幸的是，社会没有给予它们这种重视。而需钱用的强大的地主经常摆弄工人的利益，不考虑这种摆弄对于不幸的劳动者将会产生何种结果。他们认为根据自己的个人利益支配自己的财产是自己的权利，不考虑这个财产同时也是贫困劳动者的劳动工具。大所有者用巧妙方法赚取的多余的几百卢布，将使几十个工人破产，给全国带来危害，因为财富与工业是不可能在那些工人破产的地方获得发展的。不管工业省份的工人阶级在与资本家的斗争中的机灵如何增长，在那些警察局的官员必定要巴结工人阶级的对手的地方，这种机灵也不可能给它带来胜利。这就是为什么我们能看到，尽管工业工作要发达得多，劳动的价格不仅由全部资本家集体任意规定，而且甚至由他们中的个别人规定。这里的劳动价格不是市场贸易的结果，它由资本家指定的，几乎完全与租赋和捐税由法律和总命令指定一样，而工人必得接受它。资本家与工人之间的市场贸易只有在相对极少的场合才谈得拢，那就是资本家雇用具有技术的工人或具有有利条件的工人的时候，而这种工人的有利条件就像资本本身一样很少能遇上。在另外的情况下，资本家按照各种个人的想法行事，有时干脆就根据个人的性格行事。如果工人是由主人提供伙食，那么一个资本家可以让他们吃得好，供养得让人满意，另一个资本家在繁重的劳动下只给一点燕麦，挤掉一切别的。在工资方面也经常如此。对于他们为什么要到这样贪婪的吝啬鬼那里去干活的问题，工人们回答得很普通："我们无处可去。"总的结果是，所碰到的极端不幸的工人至少是极端幸福的工人的10倍。一个工人为全家一年甚至不能花费20卢布这种现象要比一个工人为全家花费150或300卢布的现象普遍得多。在70戈比1普特面包的情况下，一天5个半戈比需要维持5个人，——这种日子怎么过？这就不得已得疏散自己的家庭，将自己年幼的孩子交由他人奴役来换取一点面包，——在这种状况下，人口不得不减少。工业无论怎样发达，除了莫斯科和彼得堡之外，在我们的所有工业省份中，工资都由农民的收入来调节。纯粹由除农业劳动外的其他劳动为自己挣取食物的成年男居民，仍然是工人阶级中较不多的部分。例如，在弗拉基米尔省，可以视为它占全部成年男居民的25%，在彼尔姆省占19%，在卡卢加省占18%，在奥伦堡省占14%，在别的省份还要少一些。即使甚至假定，全部农民收入的三分之一是由非农业的其他来源组成的，在这种情况下，主要的劳动量还是集中花在农业上。在这种状况下，在那些农业差劲、没有肥料的土地收成就不好、能提供肥料的牲口又很少、工业中出现任何一个缺位就会涌来3个农民候补人的地方，工业居民难道还有可能兴旺吗？为了了解把我们的工业省份搞到如此悲惨境地的那些不幸的全部重担，首先应当深入剖析当地居民的道德状况。工业地带的工人自

最幼年的时候起，就受到了那种使他后来变得如此不幸的感情的熏陶。他刚是孩提时候，就开始记得，邻居的房舍是那么地显眼，三层楼，每层楼有5个窗户，雕刻得很漂亮，油漆得五色缤纷，就和玩具一样。这还没什么，但是在这房舍里住着主人的儿子，他每天和他玩。这个傲慢的顽童似乎担负着用一切办法凌辱他的任务，对他们家的一切——物件、牲口、人，他都予以指责和讥笑。说他的父亲是大傻瓜，是衣衫褴褛的人，说对这种傻瓜应当抽打到体无完肤为止。他经常用自己父亲的财富很厉害地刺激他，似乎他父亲的大钱柜塞满了钱，货物用大车都拉不完。在工业地带发财致富的工人的孩子身上流露出的粗鲁傲气激发我将我们这里的受老爷习气熏陶的孩子拿来进行对比。被触及痛处的这个未来的工人早在这种年龄就开始注意到，富人从来是处处走运的，他占据着最好的地位，为自己获得最有利的工作，而别的人只啃富人桌上剩下的骨头。看，贫困的童年时代过去了，他长大了，长高了，成了个很帅的小伙子，漂亮，活泼，机灵。他的心激动起来了，同村的一个漂亮姑娘看上他了。但是高傲的美女喜欢服饰，她对倒霉的穷汉连瞧都不想瞧一眼。她只是谈论富人和财富，她的想象中充满了黄金带来的宏伟和享福的景象。如果意中人穿着寒酸的衣服到她那里去，她只勉强地瞟了一眼这个漂亮和机灵的意中人。她给予这个心扉微启的年轻人在爱情上的享受很少，却使他备受贫困的折磨和财富的诱惑。我们钟情的主人公充分理解这一切，他早就学会了歌曲："如果你想玩个痛快，随身带着钱。"他是如此地胆怯，在能以相当阔绰引人注目以前，他甚至不敢表露自己的感情。最后，期待的时刻到了，他挣得了一年60卢布，伙食还免费，但是他是多么地不幸啊！他的邻居，一个老色鬼，以金币迷住了他的意中人，她成了他的情妇。到末了，使他恼火的老色鬼又醋意大发，又非常自信，他相信，这个有魅力的女人会在所有最热情的情人面前另眼看待他的黄金。小伙子还没来得及掩盖自己的感情，老家伙却在每一个场合傲慢地逗弄他。他最喜爱的手法是向好小伙子表明，黄金对美女产生多深刻的印象，以此来引他发怒。一旦他们 3 人聚在一起，他立即开始诸如此类的谈话："我借给某个地主 5 000，为某种商品付了 2 000，而我的钱仍然还很多。"在这些时刻，年轻人是感到多么地受损害与受凌辱，他完全同意只有金钱才能使人像个人样的信念。但是，不幸的是，在那种没有金钱的地方，人的心脏也是在跳动的。他看着迷人的美女在节日穿着的极出色的带长衣裙的绸布拉吉，想起了这甚至不是借来的，而是她自己的。他明白了，为了具备这样的宝物应当挣多少钱。他觉得一年 60 卢布这是极丢脸的工资。晚上躺下睡觉、早晨起床时他也在想，如何才能发大财。他已经对机器诅咒一千次，而对把其土地租给富有的国家农民和他的邻居的自己的地主诅咒得更多。他议论道："要知道，这是我们的土地，为什么他要把它分租给邻近的富人，没有土地我们是他的什么纳款人。"虽然地主也许纯粹是考虑到富人之手中的租金更为可靠，可是我们的小伙子完全同情社会的意见，认为地主的行动是对自己的农民某种仇恨的表现。在工业省份，这类感情不仅只使个别的人激动：我不止一次地遇到过一年挣 60 卢布的工人对自己境况的不满和口出仇恨的语言。挣 60 卢布，他们觉得艰苦，让我们来看一看，他们那里挣得更多的可能性有多少。在工业省份，除去缴纳租赋和捐税，三分之二的农民在自己的土地上

一年平均能挣到6卢布，三分之一的农民平均能挣到10到16卢布：靠这样的收入是无法生活的，这是不说自明的。在这种状况下，百万农业人口向市场提供30万饥饿的男工和女工，这些人愿意为任何价格干活，只求不饿死和缴清租赋予捐税。不幸的是，市场上只需要这个数的一半或三分之一。幸运的人被要走了，这些人或是具有特别的技能，或是积蓄了一些资本，或是特别可靠。这些命运的宠儿所维持的家庭算起来大约占全部农业人口的十二分之一。他们的平均工资可以认定为120银卢布，他们中间的死亡率是40人中死1人。接着被要走的那些人，他们分担着所有俄国劳动者一般的命运：他们的食物——粗劣的黑面包。按自己的生活方式而论，他们属于这样一类工人，关于这类工人盖伊杜克曾经谈到过，如果外国的工人只得到这样的食物，他们是会死掉的。他们感到肩上负着受屈辱的重担，他们带着哭泣的声调谈论自己的工资。按他们的话来说，靠这样的工资是无法过活的，或是必须在下面有利的条件下才能过得去：这些工资的平均水平是55卢布，除去缴清租赋和捐税，他们还剩下每天10戈比用于养家。每天消费4俄磅面包的话，家庭的其他消费每月不能多于1个银卢布。你可能会想，这是工业俄国受压迫的一批不幸的人？不对啊！这是幸运者，他们的数量占工人数的三分之一到五分之二。我认为，他们中间大约是27人中死1人，总而言之，俄国省份中只有三分之一享有这个工人阶级所享有的福利。在他们面前，像死亡的幽灵似地聚集着居民的大多数。面包不足以维持生活，没有土地，没有牲口，没有工作，或是干着致命的重活。这就是大多数的穷人，关于这些人，每月拿到4个半卢布的工人们说：“还有比我们更穷的人，还有这样的人，我似乎认为，他们与其这样生活还不如早一点躺进棺材好，特别在农民当中更是如此。”这个贫困的大多数经受着各方面的压力。工业地带在年轻的工人中滋生出一种花花公子和好汉类型的人，这种类型的人在年轻姑娘的想象和心目中特别具有吸引力。在工人的艰难境况下，这些花花公子行为往往导致乞讨生涯。这些花花公子——也是父母的绝望，这些父母力图用一切办法使自己的女儿不嫁给这类人物。在他们中间存在着这样一种看法，即无论如何不能允许姑娘来挑选未婚夫，她一定会选中将使她与全家都遭受不幸的挥霍之徒。人们经常归咎于这个贫困的根源，但是，实质上它与酗酒一样是微不足道的。人们还归咎于另外一个更执着有力的原因，那就是比任何实际法律都更厉害的农村习俗：农民宁肯让自己及全家挨饿也要履行习俗。在农村经常流行着对农民负担极重的习俗，即使是生活极端困难，也很难不按这些习俗办事。在农村中流行着这样的看法，那些没有丝绸连衣裙的姑娘，谁也不会娶她。为了给女儿搞到丝绸连衣裙，父母竭尽全力，可能不止一个小孩得为这种努力而牺牲。无力承受这类习俗的家庭年复一年地增加着。最后，农村衰落到对丝绸连衣裙想都不许想的地步了。在丝绸连衣裙上发生的这种情况现在发生在带雕刻装饰的农舍上了。不穿皮靴感到丢脸，没有水火壶感到害臊。为了置个水火壶忍受饥饿，卖掉了最后一头牲口。这种使自己安置得多少像个样的需求是一种野蛮行为和缺乏人性的做法，因为俄国工人中的这种强烈需求，对他来说，是过分地难于满足的一种需求。这种需求本来是十分合理的，这是未来进步和繁荣的最好保证：经验表明，工人将不顾一切障碍去追求需要的满

足，但是他却为此送掉了命。为了这种需求他贪婪地扑向一切工作，并允许贪婪的资本家完全按其意愿对付自己、损害他的健康和幸福。我们这里连根据法律应该保护工人免受克扣和损害其健康的措施都不够，至于要执行它们则根本谈不上：资本家可以毫无阻碍地为所欲为，用权力来阻止他们的现象更是极为稀少。工人必得让资本家克扣自己，以拿取商品来代替拿钱。有时干 16 小时的活，累得精疲力竭，他可以让自己的妻子和孩子累死累活地干活。这一切还不够，在上述情绪的影响下，他一点也不提防有害于健康的工作，不为减少这种危害采取任何措施！他在很高的温度下干活，或是在布满有害于健康的灰尘的空气中干活，例如，在打麻、做烟草及其他活时，从干净空气里出来的人无法理解，怎么可能在这类环境中待上一小时而不晕倒，更不要说待上一天了。干这种活的工资有时不仅不更高，甚至比工厂工人的平均工资还低。抢这种工作做的工人往往是那些破产的人，他们需要弄到钱来还清债务和所欠租税，因而不顾一切。在这种情况下，他们力图尽可能地节约。往往发生这种情况，一个工人，通常的工资是每天 15 到 20 戈比，用这种办法每天挣到 60 戈比，却经常只吃一些黑面包和喝一些水。食物不足以恢复机体，在有害的环境里干活损害了他的健康，——每人都能想象到其后果。人口多的家庭所遭受的灾难最为深重。面包的需要量很大，可是出现这样的情况，所有的面包需要供给修理农舍的木工。农舍极为破旧，木工将它剁为碎木头。孩子没有东西可吃，被千方百计地打发到别人手里，小孩在野蛮人的手下干活，累得精疲力竭。他在某处把皮革加工成小块，环境潮湿而臭气熏天，活计极为繁重。自我生存的感情使他感到绝望，他埋怨父母，而父母则说服他要忍耐。小孩得不到发育，末了变得极为虚弱，成了死亡的牺牲品。父母却说他们弄不清孩子究竟是怎么回事，为什么他会如此“消瘦”。如果观察上层工人的那种同样不可克制的虚荣心，可以看到同样悲哀的现象。看，这个以其清醒、诚实和勤劳著称的家庭，它以艰苦的劳动与忍耐为自己挣得了像样的房子，他给高利贷者和那些在盖房时帮助过他的吸血鬼前后付了许多钱。当您走进房间时，可以看到壁纸和相当好的家具，虽说不是太贵重，但终究是备有蒙面的。您可以透过玻璃看到柜子里摆着许多小玩意儿。您打听一下这个柜子的来历，那可是很美妙的：为购买所有这些玩意儿，靠节省伙食，压缩最必要的开支，一个戈比一个戈比地积累起来。平日，您在随便什么时候走进这一家，都可以遇到从小孩起的所有的人在干着最勤奋的活。女儿们的疲惫的眼神、苍白发青的脸和发育不全的身材向您表明，他们为了获得这些不起眼的宝物付出了多少代价。节日来临了，您的眼前是端正漂亮的脸庞，水灵灵的大眼睛，浓密漂亮的头发，女孩的富有表情的脸蛋不禁使您着迷。但是您看着她不能不寒心：这个苍白发青的疲惫不堪的塑像，穿着华丽的服装，像是一个被宣判死刑的和为盛大的游行打扮起来的牺牲品。您细看一下这种服装，可以发现，它全是一些便宜货，全被裁小剪短了。您和这个女孩谈一谈，她很有头脑，她的言谈聪明而头头是道。您立即可以发现，不是棍棒，而是信念和她的父母心中存在的那种激情的刺激迫使她干活。由于这些激情，她的脸变得苍白发青，她的身材发育不全。人们没有残害她，而是那种想把荣耀和诚实结合起来的愿望说服她残害自己。这个女孩并不是我们记忆中出现的第一个形

象。请您回忆一下您不止一次地遇到过的苍白、消瘦、神经质的工人，他在您面前如此滔滔不绝地诅咒机器、资本家和赋税。这个形象使您觉得比农民的贫困更为难堪，农民的贫困虽然有春天的饥荒，在食物里掺进麦秆，但有时在您面前出现好的脸色，从来看不到这种令人震惊的沉思的目光，它充满心事和强烈的追求，——这里不仅躯体正在死亡，而且高尚的心灵也正在熄灭。这些能干的和经常是残害自己的模特儿就是这样，普通工人无法和他们竞争。他们善于为自己挑选最有利的工作并比其他任何人更好地适应它。他们旁边有一批居民，土地很少，肥料不足，收成差，处于最悲惨的境地。尽管他们穷，他们比俄国其他地方的任何一处都吃得差，他们仍然被认为是富人，人们把他们与那些有时多拿 2 倍工资的工人混淆起来，等同起来，这种状况就更为可怕了。上面对他们更为苛求：特别是在农奴解放以前，一些规章到了极端严苛的地步。一些心肠不太好的资本家认为占他们的便宜不算是什么大罪过。官员、地主、资本家齐声高喊："他们拿很多钱。"

例如，雅罗斯拉夫尔省也是这类状况的类似牺牲品。没有一个俄国人不知道这个省的工业名声的。沿这个省的大道的外表是很繁荣的，表面观察所能得到的情况也是较为令人安慰的。例如，将 1864 年萨马拉省和 1863 年雅罗斯拉夫尔省的备忘手册中所记载的关于工厂工资的资料拿来进行比较，那么萨马拉省成年男工的工资是 2 卢布 30 戈比（同时还有 1 个银卢布的产品）到 6 卢布 50 戈比，而在雅罗斯拉夫尔省，小于 14 岁的孩子挣到 3 卢布至 5 卢布，大于 14 岁的孩子挣得更多，达 10 卢布，即比萨马拉省的成年工人的最高工资还要多。甚至 14 岁的小女孩都能挣得比他多。

妇女所挣达10卢布，即几乎多50%。只是一个制绳工厂看守人的工资降到3卢布，这个厂的做粗活的工人得12到16卢布，平均工资是14卢布，大多数作坊工作的工人和精纺工甚至挣16卢布。在棉制品纺绩厂，看守人的工资定为6卢布和6卢布50戈比，而较好的工人拿到20卢布：这里的平均工资到13卢布。不仅为活计所付的钱要多一些，而且找到活干的机会也要多得多。萨马拉省在1858年全部运入货物约计100万卢布，运出货物约计900万卢布。而光是在雅罗斯拉夫尔省的雷宾斯克一处，1858年运入的货物就达3 600万卢布，运出货物约3 700万卢布。因此，单是沿伏尔加的航运所能提供的活就要比全萨马拉省的交通运输所能提供的活要多。然而在这种眼花缭乱的财富表面现象的背后却掩盖着极悲惨的贫困。雅罗斯拉夫尔省的一切都建立在奢侈的基础之上，可是却没有东西可维持这种奢侈，居民贫困到这种程度，看来甚至农奴解放都不能带来什么结果。农奴解放那一年对雅罗斯拉夫尔省来说是中常年份，甚至可以说是较为有利的年份，这一年全省的死亡率与英国的乞丐的死亡率相等，——25个居民中死1人。这一年在雅罗斯拉夫尔省1万个出生婴孩中，头一年就死掉的有3 630人，即在三分之一以上，而在欧洲是死四分之一。从出生到5岁期间的死亡人数超过出生人数的半数，居民中48%活不到10岁。结果是，在正当年的男工和女工中，完全能干活的人数甚至不到三分之一，在全体居民中勉强能干活的人数甚至不到6%。幸运的1861年雅罗斯拉夫尔省的居民的状况就是如此，但是福星远非经常高照着我们的工人，往后一些年份远远没有这样幸运。在农奴解放命令发布后的头3年期间，雅罗斯拉夫尔省的

居民减少了 $1\frac{1}{3}\%$，这种情况下的牺牲品主要是生活在地主土地上的农民，因为国家农民的人口在这一同时期增加了 $4\frac{2}{3}\%$。雅罗斯拉夫尔省受过教育的阶层夸耀生活在地主土地上的工人，即居民的主要群众。它人为地作出推算，根据这种推算，生活在地主土地上的农民为自己生产的东西几乎比生活在国家土地上的农民多一倍。每一个农奴制取消后仍须为领主服务若干年的农奴生产4俄石谷物，而国家农民只有2俄石半。对读者来说，这类现象不应是新鲜的，他已在沃洛格达省遇到过它们。私有土地上的农民到处在享福，只是由于无人知道的原因，他们像苍蝇似地死去。根据1863年的结果看，人口继续有所减少，死亡率很可怕，死亡人数超过了出生人数，死亡的牺牲者是如此地众多，从1838年到1857年，只有2年的死亡率较低。根据这20年的平均结果看，雅罗斯拉夫尔省的死亡率与伦敦乞丐的死亡率相同，——25人中死1人。按农奴解放的幸福年代和1863年的平均结果看，死亡率还要更高，是24人中死1人，1863年是22人中死1人。我们在俄国其他地方遇到的事情在这里也同样能遇到：那些私有土地最多的县份死亡率最高，这些地方同样出现贫困的其他迹象，例如，牲口数量较少。在两个甚至根本没有工厂的县份里，工业活动的发展，尽管名声很大，对死亡率有利或不利的影响显得十分微弱。然而，在城市里，工业运动对死亡率却具有显然的影响，唉，但是结果是，最繁荣的工业带来最大的贫困。在那些一部分居民是上层人物并享有极大福利，而另一部分居民不负担租税的城市里，居民的死亡率可能达到在俄国算是很低的程度，达到30多人中死1人。但是，所有那些特别富裕的城市都是一些或是不起眼的或是具有第二流工业意义的城市:有一个城市的死亡率与普鲁士的平均死亡率相同,——这就是微不足道的柳比姆市。雅罗斯拉夫尔市和乌格利奇市,工厂和工业劳动最为发达,在死亡率方面起着最为可怜的作用。甚至在那些城市和县里 26 人中死 1 人的有利的年份里,这些城市还是 24 人中死 1 人。在农奴解放后的头 3 年,在地主土地最多的 5 个县里,有 3 个县的人口减少了:梅什金诺是雅罗斯拉夫尔省中生活在地主土地上人数最多的一个县,它的人口减少 9%以上,可是,在其他县份,没有一个县的人口减少达 3%的。生活在地主土地上的居民较少的 5 个县份中,只有 2 个县的人口减少了。这是两个工业最为发达的县份——雅罗斯拉夫尔县和雷宾斯克县。雷宾斯克县是在梅什金诺县之后人口减少得最多的一个县。纵观一切这类事实之后,不能不对上述关于高工资的官方资料失去信任。这些资料是从片面的来源采用的,即从资本家那里采用来的,这也如同从地主那里汲取关于其土地上的农民收成的资料一样,因此不足为信。并且,在雅罗斯拉夫尔省统计委员会的同一些出版物中,将更为详尽的资料与较为粗略的资料进行比较时,可以发现后者有所夸大。如果仔细向工人打听,那么事情就完全是另一种样子,例如,关于计件工资的资料就至少夸大 1 倍。[1]

① 以下就是得出全部上述结论的资料:

在萨马拉省 1864 年的备忘手册的第 109 页中写明,普通工人的月工资如下:在奥索尔金的工厂是 2 卢布 30 戈比,2 普特 2 磅黑麦麦粉,10 磅麦仁和 2 磅盐。在雷奇柯夫的工厂是 3 卢布 25 戈比,2 普特黑麦麦粉,10 磅麦仁和 2 磅盐。在什列依尔的工厂是 3 卢布 50 戈比,2 普特黑麦麦粉,20 磅麦仁和 2 磅盐。在米库林的工厂是 3 卢布 71 戈比,2 普特黑麦麦粉,10 磅麦仁和 2 磅盐。在叶拉契奇的工厂是 3 卢布 75 戈比,2 普特黑麦麦粉,10 磅麦仁和2磅盐。在舍拉什尼可夫的工厂是4卢布,2普特黑麦麦粉,

不只是一个雅罗斯拉夫尔省的生活事实说明我们工业省份的工人的可怕状况，在其他工业省份——彼尔姆省，在索利卡姆斯

---

15 磅麦仁，2 磅盐和 10 桶酒糟。在希什柯夫的工厂是 4 卢布，2 普特黑麦麦粉，10 磅麦仁和 10 磅盐。在米勒尔的工厂是 5 卢布 50 戈比。在拉扎列夫的工厂是 6 卢布 50 戈比。

在雅罗斯拉夫尔省 1863 年的备忘手册的第 199 页及以后各页，月工资规定如下：在茹拉夫廖夫的制绳工厂里——96 个工匠，15 卢布到 25 卢布。282 个精纺工，14 卢布到 18 卢布。280 个木工，10 卢布到 18 卢布。102 个做粗活的工人，12 卢布到 16 卢布。16 个守卫，3 卢布到 5 卢布。其余 58 个工人，12 卢布到 167 卢布。在雅罗斯拉夫尔省统计委员会的第二分册著作中，在同一工厂的价格规定如下：35 个制绳工，每月 17 卢布 50 戈比。55 个工人，11 卢布 50 戈比。250 个精纺工，拿计件工资。50 个梳理工，拿日工资，45 戈比到 60 戈比。37 个工人，一年的工资是 47 卢布。37 个童工，拿 17 卢布 50 戈比。26 个锯工，每月 6 卢布。这 100 工人的膳宿由主人负担。11 个钳工、镟工、锅炉工，每月 25 卢布。3 个铁匠工长，每月 27 卢布。5 个铁匠，每月 7 卢布。8 个锻工，每年 47 卢布 50 戈比，膳宿由主人负担。烧木炭窑的一个工匠一年 80 卢布。2 个工人每月 6 卢布，膳宿由主人负担。1 个细木工每月 24 卢布。12 个细木工每月 14 卢布。石灰窑中的 1 个砌砖匠，16 卢布。1 个工人，拿 6 卢布。在煤焦油厂里，1 个工匠，8 卢布，1 个工人，6 卢布。在面包作坊，5 个面包工，9 卢布，3 个工人，6 卢布。以上 12 个工人是膳宿由主人负担的。木工的工资：1 个工长，每月 50 卢布。50 个木匠，每月 20 卢布。60 个木匠，拿 12 卢布 50 戈比，30 个凿子工，17 卢布 50 戈比，160 个造船工是计件工资，15 个斧子工也是拿计件工资。在码头上，11 个掌柜的助手，17 卢布 50 戈比，200 个工人，6 卢布。在养马场：4 个饲马员，每年 100 卢布。15 个挖土工，8 卢布，5 个砌炉匠，15 卢布，12 个灰泥匠，15 卢布。以上 247 个工人是膳宿由主人负担的。20 个石匠拿计件工资，1 个镶玻璃工，15 卢布，4 个油漆匠 15 卢布——所有这 5 个人都是膳宿由主人负担。7 个锯工是计件工资，26 个守卫，3 卢布，2 个马具匠，9 卢布 1 个月。1 个种菜园的工人，夏天拿 100 卢布。所有 29 个人是膳宿由主人负担的，全部其余的 13 个人由 1 月 18 卢布到 1 年 2000 卢布。从这一概述中已经可以看到，甚至在像茹拉夫廖夫这样的工厂里，许多工人为夏天的工作每月拿 6 卢布，或为 1 年的工作每月拿 3 卢布，即 1 年不超过 36 卢布。甚至大部分木工 1 年只拿 75 卢布。当遇到这一类事实的时候，我开始考虑，我说在工业地带属于农民阶层的工人中的十二分之一每年平均拿 120 银卢布，是极度夸大了的。不应忘记，这些刊载于文章的资料差点没把茹拉夫廖夫变成英雄。在这篇文章中，茹拉夫廖夫被描绘成自己工人的恩人，因为说他在工厂里设立了出售工人所需的各类商品的小铺子。我读了这一点以后，不能不为雅罗斯拉夫尔省统计委员会这样的机构的对我们工业事务的无知感到惊奇：工厂主拥

克市，1861 年 9 人中死 1 人，其中 73％即四分之三是当年出生的孩子。在奥汉斯克，11 人中死 1 人，其中一半多是当年出生的孩子 。在沙德林斯克，14人中死1人，其中仍然几乎有一半出生的

有的工人所需产品的小铺子的产业并不是什么慈善事业，而经常是罪恶和他们手中压榨的工具。可能统计委员会认为茹拉夫廖夫在这方面是个例外？我不争辩，但是我们这里爱好这种投机买卖的人不少，我看够了他们的勾当，听够了他们的保证，说是他们所取的不会超过 10％。可能光凭这一个原因，工人的收入至少得减少 25％。不幸的是，文章如此明显地暴露出过分颂扬的意图，以至使人产生怀疑，它的错误原因难道只是由于一种无知吗？例如，怎么能不设想一下，如果茹拉夫廖夫想赐恩于工人，那么他应当把他们组成组合，使他们有可能设立在组合基础上的店铺，并把这件事由他们自己去办。只要这件事由他在无监督的情况下处置，他就得和那些投机商一鼻孔出气。这些投机商在向工人出卖消费品的时候力图增加自己的利润，从而减少工人的工资，这类投机商在俄国多的是。在 1863 年的雅罗斯拉夫尔省的备忘手册中还标明了下列工厂的月工资：在诺尔手工工场合伙经营的亚麻纺厂里，男工，6 卢布 50 戈比到 16 卢布，女工，5 卢布到 10 卢布，童工，3 卢布 50 戈比到 7 卢布。在特洛依茨棉纺厂里：钳工、锻工、细纱工，10 卢布到 19 卢布，清棉工人及其他工人，5 卢布到 8 卢布 50 戈比，守卫人员和工人，6 卢布到 6 卢布 50 戈比。女工，4 卢布到 7 卢布 50 戈比。童工，3 卢布到 3 卢布 50 戈比。在科尔津金和伊古姆诺夫的棉纺厂里：14 岁以前的孩子（男孩和女孩），3 卢布到 5 卢布。男工，6 卢布到 20 卢布，女工，5 卢布到 9 卢布。在别哥夫的工厂里，在伏特加酒窖、酿造啤酒酒窖和酒精澄清酒窖里，每斤 75 卢布到 120 卢布。在酒釉厂，每月 8 卢布到 10 卢布。

在萨马拉省备忘手册的第 8 页中写道：关于省的商业活动：1858 年的商业周转总额，进货 1 116 959 卢布，卖出货物 8 817 982 卢布。1862 年进货 886 315 卢布，卖出货物 13 806 280 卢布。在雅罗斯拉夫尔省备忘手册的第 36 页上写道，1858 年运到雷宾斯克码头的全部货物是 36 361 473 卢布，运到 36 884 243 卢布。

根据 1866 年统计年鉴的资料，雅罗斯拉夫尔省拥有 87 053 人的 10 个城市具有 258 223 卢布的城市收入。托波尔斯克省拥有 92 013 人的 10 个城市具有 74 752 卢布的收入。托波尔斯克省和托姆斯克省拥有 146 072 人的 18 个城市具有 132 714 卢布的收入。雅罗斯拉夫尔省的每个居民摊到 2 卢布 96 戈比，托波尔斯克省则只有 81 戈比，也就是说少 2 倍以上。在 1863 年，雅罗斯拉夫尔省的人口是 969 642 人，农业税为 552 557 卢布，沃洛格达省的居民是 974 723 人，农业税为 216 895 卢布。

在雅罗斯拉夫尔省，1861 年的居民是 982 539 人，1863 年是 969 642 人，少了 1.32％。1861 年的国家农民是 265 201 人，1863 年是 277 630 人，多出 4.64％。

孩子死亡。可是，总的结果表明，在1861年彼尔姆省的城市比起

雅罗斯拉夫尔省1838年以来的死亡率和出生率表

年份	多少人中死1人	出生人数对死亡人数的超过额	年份	多少人中死1人	出生人数对死亡人数的超过额	年份	多少人中死1人	出生人数对死亡人数的超过额
1838	25	11%	1848	18	死亡人数超38%	从1838到1857的平均数	25	
1839	23	8%	1849	30	16%			
1840	28	22%	1850	25	22%			
1841	23	死亡人数超过出生人数	1851	27	17%	1861	25	
1842	28	29%	1852	26	死亡人数超出	1863	22	死亡人数超过出生人数25%
1843	29	23%	1853	17	7%			
1844	28	21%	1854	23	3%			
1845	26	15%	1855	24	20%			
1846	25	1%	1856	27	13%			
1847	26	11%	1857	25	—			

1861年出生人数是47 464人，出生头一年就死去的人数为17 224人，5岁前死去的是24 099人，10岁前死去的是25 109人，20岁前死去的是25 960人。

1863年备忘手册的第183页写道：1861年的播种和收获情况如下：

	播下种子	收割的数量	收成
秋播作物	388 800俄石	1 117 526俄石	将近种子的3倍
春播作物	792 031俄石	1 593 909俄石	种子的2倍多
土豆	130 114俄石	459 217俄石	种子的3½倍

其中在地主的领地上收割的数量：秋播作物873 587俄石，春播作物1 265 406俄石，土豆277 832俄石；国家农民收割的数量：秋播作物243 739俄石，春播作物328 143俄石，土豆178 900俄石；其余数量分散在各城市。在地主的领地上，归农民的地段收割的谷物远多于归地主的地段收割的谷物，谷物的生长情况如下：

	在老爷的耕地上	在农民和公共的耕地上
秋播作物	103 402俄石	770 185俄石
春播作物	151 395俄石	1 114 011俄石
土豆	39 707俄石	238 125俄石

农村和矿厂要处于更为有利的境地。由此可以想象，那里存在着多大的灾难，这种灾难从未呈现于社会的眼前。索利卡姆斯克和

将收获的谷物数量按人头分配，结果如下：农奴制取消后仍需为领主服务若干年的农奴收割所有品种的谷物为 2 122 321 俄石，国家农民 750 782 俄石。因此，前者每人摊到 4 俄石，后者 $2\frac{1}{2}$ 俄石以上。

雅罗斯拉夫尔省 1863 年的居民为 969 642 人，出生 42 542 人，死亡 42 832 人。

1861 年雅罗斯拉夫尔省某些县份和城市的情况如下：

生活在私有土地上的人口较多的县份名称	生活在私有土地上的人口百分比	每个居民摊到的耕地俄亩数	每个居民摊到的牲口头数	从1861到1863年人口增加百分比	多少人中死1人	生活在私有土地上的人口较少的县份名称	生活在私有土地上的人口百分比	每个居民摊到的耕地俄亩数	每个居民摊到的牲口头数	从1861到1863年人口增加百分比	多少人中死1人
1.梅什金诺	70	1.48	1.37	−9.16	26	1.乌格利奇	41	1.49	1.14	0.17	28
2.丹尼洛夫	67	1.25	0.66	−1.46	26	2.雷宾斯克	49	1.54	1.19	−2.87	27
3.柳比姆	66	2.07	1.24	5.92	25	3.罗斯托夫	45	1.16	0.62	1.37	26
4.罗姆—博里索格列勃斯克	63	1.73	0.65	−2.02	25	4.波舍霍	59	1.95	1.35	1.03	26
5.莫洛加	61	1.82	1.01	1.96	23	5.雅罗斯拉夫尔	51	1.09	1.03	−1.86	24
在生活在私有土地上人口较多的5个县份中 每人1头牲口以上的有3县 每人1头牲口以下的有2县						在生活在私有土地上人口较少的5个县份中 每人1头牲口以上的有4县 每人1头牲口以下的有1县					

从 1861 到 1863 年

	私有土地上人口较多的县中	私有土地上人口较少的县中
人口增加的县	2	3
人口减少的县	3	2
1861 年死亡情况：		
26 个居民以上死 1 人的县	2	4
25 个居民以下死 1 人的县	3	1

沙德林斯克，——这是彼尔姆省最富足的城市之一，它们仅次于叶卡捷琳布尔格、彼尔姆、伊尔比特和库古尔。在沙德林斯克有 76 座石头房子和 24 个工厂。这些最好的城市本身向世界表明，俄国的工业中心意味着什么：彼尔姆和伊尔比特是17人中死1人，

城　　市	在工人的工厂里	1861 年多少人中死 1 人	城　　市	在工人的工厂里	1861 年多少人中死 1 人
1. 雅罗斯拉夫尔	1 621 人	24 个居民	1. 柳比姆	58 人	38 个居民
2. 乌格利奇	504 人	24 个居民	2. 罗姆—博里索格列勃斯克	116 人	33 个居民
3. 雷宾斯克	107 人	26 个居民	3. 丹尼洛夫	94 人	32 个居民

小城市里的这种有利的死亡率，在那些工资被代役租劳动者的竞争所压低以及小市民不能致富的地方，不能引起特别的兴趣。如果死亡率的资料牵涉到许多阶层的人们或广阔的地区，那么它们可以在确定福利状况时充当相当可靠的证据。但是若在一些小城市和个别农村，那就许多情况下都会出自于偶然因素。在 1861 年，我在彼尔姆省的小城市奥萨遇到过 45 人中死 1 人的情况。

1861 年彼尔姆省城市和县份的死亡率资料如下：

城　　市	所有死亡人中第一年死去的百分比	县　　份	所有死亡人中第一年死去的百分比
库古尔	66	叶卡捷琳布尔格*	(66)30
克拉斯诺乌芬斯克	64	奥辛	65
索利卡姆斯克	62	彼尔姆	65
沙德林斯克	54	库古尔	64
阿拉帕耶夫斯克	53	伊尔比特	63
维尔霍图利耶	49	奥汉斯克	62
伊尔比特	49	沙德林斯克	59
奥萨	49	克拉斯诺乌芬斯克	58
彼尔姆	48	卡梅什洛夫	55
杰久欣	46	索利卡姆斯克	54
叶卡捷琳布尔格	44	维尔霍图利耶	49
达尔马托沃	43	切尔登	49

叶卡捷琳布尔格是20人中死1人。在1861年,当全省是23人中死1人的时候,彼尔姆省是这副情景,当1863年全省是18人中死1人时,又会是何种境况呢?

虽然彼尔姆省的结婚生殖力高得难以想象,奥汉斯克死亡的人还是比出生的人多一半。将两个工业省份——彼尔姆省与雅罗斯拉夫尔省进行比较,不能不注意到其居民具有相反的习气。我们在一个省里可以看到极度的放荡,而在另一个省里我们则遇到至少对俄国来说是高度的节欲。可是在彼尔姆省,我们在沙德林斯克遇到13人中出生1人,在索利卡姆斯克甚至是11人中出生1人。在雅罗斯拉夫尔省的小城市丹尼洛夫,我们可以看到在32人中死1人的情况下人口却还减少,——那里是40人中出生1人。刚才叙述的中间地带的工业工人的虚荣心带来了自己的后果。这种节欲导致什么?1861年彼尔姆省的12个县中,人口减

* 这里出生第一年即死去的人虽然总共只占所有死亡人中的30%,但从1岁到5岁期间死去的孩子却如此地多,这种现象我从未遇见过,我不得不将这一死亡率的百分比放入括号里。

在切尔登市和奥汉斯克市,出生第一年死去的孩子占死亡人中的40%,卡梅什洛夫市则占37%。几乎是一系列以工业著称的县份列入对孩子危害最严重的行列里:叶卡捷琳布尔格、彼尔姆、库古尔和伊尔比特。接着的是奥汉斯克,这个县的196 000居民中,有125 000人生活在私有土地上。再下面是沙德林斯克县,它有225个工厂。在彼尔姆省只有一个县的工厂比它多。

1861年彼尔姆省总的说来是2 117 945人中死91 786人,即23人中死1人。城市中的死亡情况:索利卡姆斯克是9人中死1人,——在出生的255人中,没活上一年就死去的有181人。奥汉斯克是11人中死1人,——出生了78个孩子,当年死去的就有46人。沙德林斯克是14人中死1人,——这里出生了445个孩子,他们中当年死去的有216人。彼尔姆是17人中死1人,——在1 787个出生和死亡的事件中,出生者的超过额只有5人。彼尔姆逃脱人口的减少只是由于前所未闻的大量生育。只是在彼尔姆和沙德林斯克能遇到17人中或甚至13人中有1人出生。

少的县只有 3 个，在雅罗斯拉夫尔省，10 个县中就有 5 个县的人口有所减少。从 1861 年到 1863 年，雅罗斯拉夫尔省的人口几乎减少了 1.5%，尽管那里是 25 人中死 1 人和 22 人中死 1 人。在彼尔姆省，人口几乎增加 1%，虽然那里是 23 人中死 1 人和甚至 18 人中死 1 人。请看，一方面，这就是平淡、自私、虚荣的节欲！美妙的姑娘从幼年开始就为了漂亮的连衣裙以繁重的劳动残害自己：人们爱抚地看着她的正在发育的美，而她只想望着要是把自己出卖给富有的老头就好。为了逃避生育，她研究打胎的艺术，这样数千牺牲品无声无息地死于压挤和打胎药物。妇女的机体或是由于节欲和无法忍受的劳动，或是由于野蛮的打胎而受到损坏。小伙子以全部的精力只是为了追求如何满足自己的堕落需要，他迷住了他的童年的女伙，他对她施加影响，来把她变成和自己一样的堕落者。每天他在她面前发誓，说他一定要娶她为妻，一旦她成了他的诱惑的牺牲品，他就开始使她习惯于自己的哲学，教会她打胎和堕落的全部秘密。家庭的父亲受到孩子的拖累，他不想再要他们，他抛弃自己的妻子并养了姘头，这种姘头早就掌握了不孕的技术。被轻视和被遗弃的妻子每天遭受毒打，孩子任其饿死，可是主人奢侈地接待无数的客人和朋友。请看，另一方面，就是败坏的不负责任的粗暴的放荡，——它不顾全家挨饿，甚至经常以粉红色的双颊出现在你的面前。结婚得很早，每年生孩子，几乎每年死孩子。孩子吃得很差，有病，不断地哭喊，妻子还经常挨丈夫棍棒揍，这使得被不断生育拖垮了身体的母亲日益感到绝望。家里连一点和睦相处的影子都没有，每个人只是想到满足自己的需要，毫无心肝地牺牲较弱者。小孩哭喊起来，母亲揍他几下；妻子抱怨，丈夫用鞭子抽她。这就是摆在您面前的两个极其丑恶的怪影，任您挑选吧，哪一个更好①。您可能会挑选节欲，我希望，你们通过这种苦痛的方法最终能避免采用它们。节欲就和放荡一样，充满自私与堕落，充满致命的后果，都是枉然的：罗马帝国末期的强迫结婚的历史，危害西班牙和意大利的僧侣生活的历史，——这就是节欲的历史。不是节欲，而是用劳动满足自己的需要，人道地看待人类的需要，——这就是我们应当追求的东西。统计资料向我们表明，节欲对人口的增长甚至没有丝毫影响，无论是节欲还是放纵，对人口增长没有什么不同，人口增长完全取决于工人阶级的福利程度。如果我们对比一下英国的郡和俄国的工业省份，并拿我们上面讲过的省份做例子，那么我们可以看到，英国的郡的节欲程度要高得多，这可从出生者的数量少得多上看出来。尽管如此，英国郡的出生人数对死亡人数的超过额要比我们的工业省份大得多，相应地，人口增长也要多得多。俄国工人家庭的境况艰难，食物粗劣，环境恶劣，如果俄国工人不比英国工人生育更多的孩子，俄国就会开始真正的人口死绝。从上面我们作过对比的俄国欧洲部分 37 个省中，没有一个省的出生率有像上面提到的 34 个英国郡那么小的。我们土地很多的省份只有靠过分的、神话般的大量出生来避免人口的减少。在萨马拉省是 16 人中出生 1 人，在奥伦堡省是 17 人中出生 1 人。在彼尔姆省和赫尔松省，虽然是 19 人中出生 1 人，人口还是减少了。维亚特省是 20 人中出生 1 人。请看，这个伟大

① 穷人的节欲理想总是像上面描写的那样来实现的。下面将要表明，富人受节欲的罪要少一些，但是节欲所起的作用仍然将是有害的，损伤人的身体。科学不应宣扬节欲，而是应当提出，如何在没有节欲的情况下应付过去。

的受难者，俄罗斯的母亲，是用何种牺牲来维持我们的人口，而有的政治经济学家却想为此给她脸上抹黑。学者先生，你们吃着美味的橙子和新鲜的煎牛排高谈阔论，当然是很惬意的事，要是只吃一些黑面包和喝变酸的格瓦斯，你们来试试看怎么维持人口。雅罗斯拉夫尔省曾试图以 22 人中出生 1 人来减轻自己的负担，人口立即就减少了。同时，弗拉基米尔省以 18 人中出生 1 人才保住了人口不减。①

① 上面是对英国的郡和俄国工业省份作的比较。为了表明，节欲对人口增长方面的影响是何等地微不足道，我说一个情况，在援引的 12 个英国的地区，那些结婚的人较少和单身汉较多的地方出生的人数反而较多。

各郡名称	100 个单身汉摊到的已婚者	多少居民摊到 1 个出生者	各郡名称	100 个单身汉摊到的已婚者	多少居民摊到 1 个出生者
1. 萨默塞特，多塞特	188	31	1. 伍斯特，沃里克，北安普敦，贝德福，牛津，白金汉，希罗普	176	29
2. 剑桥，诺福克，萨福克，埃塞克斯	183	30	2. 林肯，德比，诺丁汉，莱斯特	175	29
3. 德文，康沃尔	176	31	3. 斯塔福德，切斯特	172	26
4. 伦敦	170	30	4. 约克	171	27
5. 格洛斯特，蒙默思	164	32	5. 兰开斯特	164	25
6. 苏塞克斯，汉普，威尔特	157	31	6. 诺森伯兰，达勒姆，坎伯兰，威斯特摩兰	146	26

在伦敦，1851 年的单身汉和寡妇计有 233 921 人，20 岁以上的已婚男人 398 624 人；在兰开斯特，单身汉和寡妇计有 203 927 人，已婚者 335 148 人；在约克郡，单身汉和寡妇是 174 229 人，已婚者 298 984 人；在格洛斯特和蒙默思，单身汉和寡妇计有 60 082 人，已婚者 98 782 人；在伍斯特、沃里克、北安普敦、贝德福、牛津、白金汉、希罗普，单身汉和寡妇为 156 832 人，已婚者为 277 399 人；在德文、康沃尔，单身汉和寡妇是 83 410 人，已婚者为 147 135 人；在苏塞克斯、汉普、威尔特，单身汉与寡妇为 100 957 人，已婚者为158 648人；在林肯、德比、诺丁汉、莱斯特，单身汉和寡妇为

在沃洛格达省的城市里，按1863年和1864年两年总起来算，

---

114 334人，已婚者为201 088人；在斯塔福德、切斯特，单身汉和寡妇为102 394人，已婚者是176 718人；在萨默塞特、多塞特，单身汉和寡妇有55 108人，已婚者有103 734人；在诺森伯兰、达勒姆、坎伯兰、威斯特摩兰，单身汉和寡妇有103 665人，已婚者151 995人；在剑桥、诺福克、萨福克、埃塞克斯，单身汉和寡妇是120 784人，已婚者为221 608人。

1863年俄国欧洲部分的37个省情况如下：

	多少居民中出生1人		多少居民中出生1人		多少居民中出生1人
1.阿尔汉格尔斯克	21	2.阿斯特拉罕	22	3.比萨拉比亚	24
4.弗拉基米尔	18	5.沃洛格达	24	6.沃龙涅什	18
7.维亚特	20	8.哥萨克顿河	19	9.叶卡捷琳诺斯拉夫	19
10.喀山	21	11.卡卢加	21	12.科斯特罗马	21
13.库尔斯克	19	14.尼日戈罗德	18	15.莫斯科	20
16.诺夫戈罗德	21	17.奥洛涅茨	20	18.奥伦堡	17
19.奥尔洛瓦	18	20.平扎	19	21.彼尔姆	19
22.彼得堡	23	23.波尔塔瓦	20	24.普斯科夫	19
25.梁赞	19	26.萨马拉	16	27.萨拉托夫	16
28.辛比尔	19	29.斯摩棱斯克	18	30.塔弗里奇	19
31.唐波夫	20	32.特维尔	21	33.图拉	17
34.哈尔科夫	19	35.赫尔松	19	36.契尔尼戈夫	18
37.雅罗斯拉夫尔	22				

将20个出生者最多和出生者最少的省份进行比较的结果如下：

出生最多的省份	出生者超过死亡者的％	出生最少的省份	出生者超过死亡者的％
1.萨拉托夫	67	1.阿斯特拉罕	50
2.萨马拉	47	2.比萨拉比亚	48
3.契尔尼戈夫	40	3.喀山	31
4.奥伦堡	33	4.卡卢加	27
5.弗拉基米尔	28	5.诺夫戈罗德	22
6.斯摩棱斯克	27	6.阿尔汉格尔斯克	20
7.奥尔洛瓦	25	7.科斯特罗马	13
8.图拉	25	8.特维尔	9

毫无例外地到处出现人口减少的情况。3个城市——沃洛格达、

9.尼日戈罗德　　16　　9.沃洛格达　　2

10.沃龙涅什　　10　　10.雅罗斯拉夫尔　　死多于生

根据这张表可以看出，出生者较少的地方人口增长得较少，最终人口开始减少。

以下是1861年雅罗斯拉夫尔省的城市和农村之间的对比情况：

城市名称	多少民民中出生1人	出生者超出死亡者的%	县份名称	多少居民中出生1人	出生者超出死亡者的%
1.莫洛加	15	43	1.梅什金诺县	19	37
2.柳比姆	27	40	2.乌格利奇县	21	33
3.梅什金诺	17	35	3.罗斯托夫县	19	32
4.罗姆—博里索格列勃斯克	25	28	4.莫洛加县	17	31
5.罗斯托夫	25	18	5.雅罗斯拉夫尔县	18	29
6.雅罗斯拉夫尔	21	16	6.雷宾斯克县	22	22
7.乌格利奇	23	6	7.罗姆—博里索格列勃斯克县	21	19
8.波舍霍	23	死多于生	8.丹尼洛夫县	22	18
9.雷宾斯克	28	死多于生	9.波舍霍县	22	17
10.丹尼洛夫	40	死多于生	10.柳比姆县	22	8

1861年彼尔姆省的城市的出生者的资料如下：

城市名称	多少民民中出生1人	出生者超出死亡者的%	城市名称	多少居民中出生1人	死亡者超出出生者的%
1.彼尔姆	17	0.6	1.库古尔	19	29
2.叶卡捷琳布尔格	17	15	2.维尔霍图利耶	24	20
3.阿拉帕耶夫斯克	17	24	3.奥汉斯克	15	50
4.伊尔比特	16	5	4.索利卡姆斯克	11	15
5.卡梅什洛夫	17	15			出生者超出死亡者的%
6.奥萨	32	40	9.沙德林斯克	13	6
7.杰久欣	26	0.1	10.达尔马托沃	17	34
8.切尔登	18	11	11.克拉斯诺乌芬斯克	22	15

乌斯丘克、索尔维契戈德斯克的节欲与英国郡的节欲相同，可是人口的减少则可怕得多，在乌斯丘克，死亡者比出生者多33%，沃洛格达多25%。雅罗斯拉夫尔省有一半城市，即10个中有5个，出生者的人数与英国郡一样，但是却有3个省的人口减少了。没有一个县份曾发现这类节欲情况，因此人口减少的县一个也没有。要是尼科尔斯克市也具有英国节欲的特点的话，那么在1863年和1864年期间，它的居民可能会死绝四分之一。在库古尔市，虽然是19个居民中出生1人，1861年死亡者仍超过出生者29%。叶卡捷琳布尔格和彼尔姆之所以避免人口减少，只是由于那里是17个居民中出生1人，同时，彼尔姆的人口甚至还没有增加。在所有我们比较过的省份中，只有比萨拉比亚地区一个地方在1863年出生的人数大大超过死亡的人数，虽然那里24人中只出生1人，可是比萨拉比亚地区的福利比任何其他省份都要好，那里的农民缴款不多，它可与我们国家农民的缴款相比较，同时那里畜牧业也

沃洛格达省的城市1863年和1864年两年总和的出生者的资料如下：

城市名称	多少民民中出生1人	死亡者超出出生者的%	城市名称	多少居民中出生1人	死亡者超出出生者的%
1. 沃洛格达	27	25	6. 维尔斯克	24	1
2. 乌斯丘克	35	33	7. 托特马	13	22
3. 索尔维契戈德斯克	38	22	8. 尼科尔斯克	7	8
4. 格里亚佐维茨	17	5	9. 亚连斯克	17	9
5. 卡德尼科夫	19	11	10. 乌斯季—瑟索利斯克	16	8

1864年，尼科尔斯克计有居民1 706人，死183人，出生234人；1863年，死307人，出生221人。对于小城市的出生者和死亡者的数字不应忽略的是，郊区农村有时也属于城市教堂的教区，这就使得出生者与死亡者对居民数的比例的资料不正确。

大量地发展。在所有以出生者如此大大超过为特征的省份中，只有阿斯特拉罕1个省是22个居民中出生1人。在所有其余省份中，没有1个是多于19人中出生1人的。在萨马拉省，在16个居民中出生1人的情况下，出生者对死亡者的超过额并不大。

有的人力图通过宣扬节欲来逃避对人民福利的关心，上面引用的事实可以使这些人看清他们的浅薄和毫无心肝。正如上述脚注中所看到的，如果在英国郡中可以发现，那些单身汉最多的郡孩子生得最多，那么此后再多的证据也就没有必要了。我们让工人自己去慎重考虑节欲问题，可以深信，他做得要比我们根据理论和表面的观点所作出的建议好一些。任何细小的节省都不能使我们摆脱必须力求给工人阶级提供巨大的福利。为此工人阶级只有一种工具，——这就是自己的劳动。他所能做的一切在于增加这种劳动的生产率。但是，如果统计向我们表明，在俄国，生产率的增长丝毫也不能使工人更幸福，而经常变成他受难和死亡的根源，我们还有什么可说的呢？还能比弗拉基米尔省的舒雅县增长更多的生产率吗？那里，全体人口有一半在工厂工作，他们所生产的价值超过1 000万，每个人生产的价值超过400卢布①。除此之外，在农业和畜牧业方面，舒雅县也远不是居最后一名：在畜牧业的发展方面，弗拉基米尔省的12个县当中，有7个县在舒雅县之后。舒雅县大多数工人所生产的东西要比俄国工人平均生产的多7倍，

① 舒雅县有25 152个工人，他们生产的价值是10 540 802卢布——每个工人生产419卢布。维亚兹尼科夫县有6 276名工人，他们生产的价值是1 307 020卢布——每人208卢布。

那又怎么样呢？他们享受到福利了吗？他们幸福吗？他们咒骂自己的命运，他们属于俄国最不幸的工人：1863 年，舒雅县是 22 人中死 1 人，——这是雅罗斯拉夫尔省最惨的死亡率。在弗拉基米尔省，它是最后一批中的一个。在俄国欧洲部分的 37 个省份中，只有 8 个省具有这样的死亡率，在这 8 个省中有：莫斯科省、尼日戈罗德省、奥洛涅茨省、彼尔姆省、图拉省、雅罗斯拉夫尔省，也就是工业生产最发达的 6 个省。在维亚兹尼科夫县，在工厂做工的工人要比舒雅县少 3 倍，生产价值几乎少 8 倍，每个工人每年生产 200 卢布多一点，最后，畜牧业也比舒雅县处在可怜得多的境地。那里 32 人中死 1 人。在 37 个省份中，只有 4 个省有这样有利的死亡率：1861 年，当雅罗斯拉夫尔省的死亡率比 1863 年有利的时候，没有一个县的死亡率能处于如此有利的情况。在弗拉基米尔省，有利的死亡率需要到那些大规模生产最少的县份去挑，这些县份是：维亚兹尼科夫县、苏多格达县、科弗罗夫县、亚历克山大罗夫斯克县和戈罗霍维茨县。在工厂的工人数方面，这些县中没有一个县甚至能与维亚兹尼科夫县相比的，而戈罗霍维茨县的工人要比舒雅县的少54倍①。这些不利的结果可能是由于弗拉

① 亚历克山大罗夫斯克县的工人是 4 411 人，他们生产 2 269 904 卢布——每个工人生产 514 卢布。苏多格达县有工人 1 584 名，他们生产 614 332 卢布——每个工人生产 387 卢布。科弗罗夫县有工人 1 047 人，他们生产 689 700 卢布——每人生产 658 卢布。戈罗霍维茨县有工人 430 名，他们生产 149 985 卢布，——每人生产 348 卢布。

弗拉基米尔省具有最有利的死亡率和最不利的死亡率的各县份的比较情况如下：

基米尔省的腐化堕落和酗酒造成的吧？不是啊！在俄国欧洲部分的 37 个省份中，有 21 个省喝的酒要比弗拉基米尔省多。

死亡率有利的县份	多少人中死1人	在工厂的工人数	生产价值（卢布）	死亡率不利的县份	多少人中死1人	在工厂的工人数	生产价值（卢布）
1. 维亚兹尼科夫	32	6 276	1 307 020	1. 舒雅	22	25 152	10 540 802
2. 亚历克山大罗夫斯克	26	4 411	2 269 904	2. 穆罗姆	24	5 770	1 171 898
3. 苏多格达	26	1 584	614 332	3. 波克罗夫	22	5 437	3 402 701
4. 科弗罗夫	27	1 047	689 700	4. 弗拉基米尔	23	4 950	1 969 682
5. 戈罗霍维茨	25	430	149 985	5. 麦连基	24	4 685	1 371 379
				6. 佩列亚斯拉夫	21	3 703	1 957 548
				7. 苏兹达尔	23	3 143	851 270
				8. 尤里耶维茨	20	2 112	763 600
总　　计		13 748	5 030 941	总　　计		54 952	22 028 880
在这 5 个县里总共有居民 439 503 人，31 个（强）居民摊到 1 个工厂工人				在这 8 个县里有 777 116 个居民，15 个（弱）居民摊到 1 个工厂工人。大约是 3 户人家有 1 个工厂工人			

第四章　工厂生产与小生产。出外做工

在尼日戈罗德省所能作的观察，至少与上述关于雅罗斯拉夫尔省、彼尔姆省、弗拉基米尔省的情况同样有意思。根据5年来的计算，在尼日戈罗德的各城市，死亡与出生的比例到处都比农村不利：在各县份中，死亡率最有利的是谢尔加奇县，这是一个纯农业的县份。在这个县里，颇大部分生活在地主土地上的俄罗斯居民的死亡率是最一般的，而生活在国家土地上并构成全县人口五分之一的鞑靼人的死亡率，与法国的甚至与英国的相同。在所有工业县份中，最有利的死亡率比例关系是谢麦诺夫县。这个县的土壤被认为是最贫瘠的，居民被迫将自己的全部希望寄托在工业生产率的成效上。他们的工业活动不仅比其他的工业县份，而且比大部分农业县份都对其要有成效得多，这是为什么？要猜透这个谜毫不费力。在谢麦诺夫县，全部工厂总共还不到75个工人。在尼日戈罗德全省还没有一个县的工业生产是这样微不足道的。它们的主要行业是毡制品生产，其次是铁业生产和磨石生产。在谢麦诺夫县，只有6个作坊是属于工厂一级的，小作坊一级的计有795个，其规模比尼日戈罗德省的任何一个县的作坊都要小。人们认为谢麦诺夫县只有73个毡业作坊，而算出从事这一行业的村庄有100个，即约占全县的三分之一。更重要的还有，在谢麦诺夫

县国家农民要比生活在地主土地和皇室领地上的农民多。如果在5年中再加上第六年(1863年),那谢麦诺夫县的死亡率占最有利地位。因此,统计证实了工人的抱怨,不能不对他们寄予同情。您试着在尼日戈罗德省各处走走看,当你对人们提问的时候,首先和最经常听到的是对租赋的抱怨。请看,有这么一个县,按其自然条件来说,各方面都比别的县差,土壤特差,经常是无用的,在这种土壤上只能种春播黑麦,收成只达种子的$2\frac{1}{2}$倍[①],但是它是最享福的县,——就是只由于这个县里生活在私有土地和皇室领地上的人口比生活在国家土地上的人口少得多。在谢麦诺夫县之后,生活在国家土地上人口最多的县份是卢科亚诺夫县和谢尔加奇县,这两个县的特征都是具有有利的死亡率。马卡里耶夫县和克尼亚基宁县生活在国家土地上的人口最少,它们在死亡率方面占最末位。在从1857年到1861年的5年内,那里21人中死1人,在1863年,甚至19人中死1人和18人中死1人。在那些土壤贫瘠迫使人们从事工业行业的地方,可以听到对机器和对一切不管生产如何增长仍然提供极少工资的工具的痛苦抱怨。政治经济学家们喊叫道:"别理这些抱怨!如果您听他们的,您就会危害国家的工业。"我回答说,如果您不重视这些抱怨,您就会给我们祖国带来数不清的灾难,并危害祖国的工业生产率。在创造卖主的同时还应当创造买主,否则卖主必得关掉自己的工厂,而人民则会由于对其过分诚实的本能漠不关心而一贫如洗。无怪英国的著名生产者

① 1865年尼日戈罗德备忘手册,第14页。

坚信地说，如果他们每年不为其工业开辟新的广阔市场，他们的工业就会完蛋。人们的绝望的喊叫不是由某种古怪的要求或人为的需要引起的，而是因致人于死命的严酷匮乏而产生的。只有蠢人才可能抱着希望，认为他对这种绝望的喊叫毫无心肝地漠不关心也可以不受惩罚地混过去。有些人认为，工业的发展只取决于更紧张地生产，他们忘记了，它还更取决于工人本身的福利和财富。在尼日戈罗德省，每一个农业工人每年为自己平均耕种 3 俄亩左右的耕地和草地，年雇佣工人则每年耕种 8 俄亩。可是，他得到的工资和独立的工人同样多，有时还要少一些。在谷物价格提得更高的情况下，农业工人的工资不比俄国中部一些省份如哈尔科夫省、卡卢加省、奥尔洛瓦省的工资高。尼日戈罗德省的居民如此借以自夸的工业发展，一点也没有促进工资的提高。尼日戈罗德省的工人在生产更多价值的同时，一点也没有因此提高自己的福利。现在请你们设想一下，尼日戈罗德省的全部土地如果都属于地主，他们就会用年雇佣工来耕种这些土地。为了生产那同一数量的谷物，需要不到五分之二的真正农业工人，每个工人几乎可生产 3 倍以上的谷物，可是工资却会降得更低，三分之二的工人将无事可干并饿死。与此同时，富有的尼日戈罗德省的地主们要把大量的粮食运出国外，用卖得的钱购买贵重的画和外国的稀有物品。这样，全俄国将会喧嚣尼日戈罗德省农场的财富，在尼日尼可能会上演意大利歌剧，幸福与爱情的温柔歌声将会淹没那些饿得濒临死亡的人们的悲惨痛苦的绝望喊叫。很快四分之三的酿酒厂厂主将会破产，为人民从事生产的大部分工业工人将会无事可干，因为谁也不会再来买酒和他们的产品了。最后对谷物的需求也将会减少，

那些使工人的劳动变得如此具有高度生产率的地主也将会破产。工业和文明的衰落,全面贫困,——这就是这种更加紧的生产将会给尼日戈罗德省带来的后果。现在再请设想一下,要是每一个尼日戈罗德省的农业工人耕种不是3俄亩,而是8俄亩,要是由于自己加紧生产而获得的全部收入都放进自己的口袋:则仍然是三分之二的工人必须不再搞农业,但是农业工人的收入将会增加2倍,他们不会用这些钱到国外去买牡蛎,置贵重的画,也不会去引进意大利歌剧。他们会将自己的产品提供给那些不再搞农业的同伴,以便这些同伴因此能改善其住宅,制作家具、器皿和各类其他的农民所需的货物。这样一来,国家的生产就会增加2倍,工人会富2倍,酿酒厂厂主不仅不会破产,而且会比过去富1倍,国家很快就会繁荣昌盛起来。如果谢麦诺夫县的所有小工业变成大工厂工业,那么谢麦诺夫县就会变成吸干尼日戈罗德省全部劳力的吸血鬼。每个工人就会多生产2倍,可能多4倍,但是三分之二的工人将会无事可干。尼日戈罗德省的工业产品的供应就会多一倍,而需求将会减少,因为失业的人手无力购买东西了。富有工厂主的妻子将会使巴黎的时装女成衣匠和里昂的纺织厂发大财,她们把谢麦诺夫县的正在饿死的工人称作革命者和捣乱者,还会证实机器生产的全部好处。政治经济学家说:“这些灾难是转瞬即逝的。”在工业占统治地位的国家中,它们是转瞬即逝的,那里为失业人手的活动年复一年地在世界各地开辟无数新市场。但是,谢麦诺夫县的贫苦工人就会挨饿,而且只能挨饿,因为对他们来说,市场就是俄国工人的全部那点购买力。他们会像我们工业省份一样挨饿,他们的人数会减少,就如同现在工业省份的人口减少一样。在

1851 年,9 个工业省份用自己的产品供应俄国欧洲部分的 37 个省份、高加索和西伯利亚,在这些工业省份中,每 1 千人口中计有 235 个工人,而在 1863 年,工人只有不到 218 个,——这就是借助机器和资本家来加紧生产给他们带来的幸福!在同一个舒雅县,现在它的居民特别遭难,而要是它生产的全部价值在工人中分配,那么它的福利程度就会比俄国任何地方都高,就会需要大量的农业和手工业劳动,使任何人都会有足够的工作和钱。可是现在舒雅县年复一年地受灾受难,无法得到改善。就是在谢麦诺夫县,幸福也不是很了不起的,那里也痛苦地埋怨定货人和商人,这些人搞走了他们生产价值的大部分。但是这里最多只有商人,而在舒雅县,既有商人又有工厂主。我们的工业省份生产得很多吗?请您拿尼日戈罗德省为例吧:它被认为是工业最发达省份之一,请看一下 1865 年备忘手册里的关于它的工业活动的描述。每一个县的描述都以这样的句子开头:“农业是居民的主要职业”,或是,“某某县,由于某某原因,工业的发展具有很大的局限性”。只有关于巴拉赫纳县和谢麦诺夫县才写到,这些县主要是工业县份。统计年鉴认为那里的 1 285 000 居民中有 14 500 个未被征消费税的工厂工人,在铁工厂中,未被征消费税的工人是 3 876 人,被征消费税的是 1 014 人,总共是 19 379 人①。在 66 个居民中只摊到 1 个多一点的工厂工人,——在普鲁士,26 个居民中就摊到 1 个工厂工人,此外,17 人中还有 1 个手工业工人。顺便说一句,对我们来说,就连这一点工人也显得太多了,大概因此而使得尼日戈罗德省不幸,使得那里的死亡率是 22 人中死 1 人,使得工业省份的居

① 原文数字有误。——译者

民较之农业省份经常在减少。①

研究者想在广泛范围内确定各类生产部门对人们的生活和命运所发生的经济影响，然而他们所遇到的现象是很复杂的。某一工作部门的经济影响经常只是这种无数环节中的一个环节。很难说，它在多大程度上促进福利的普遍增长，它是否压低生活水平。那些有兴趣于为自己的利益谈论问题的人总是能找到碴儿的。很少能作这样的对比，在这种对比下，所有的条件都是相等的，只是那种能解释观察对象的事物是对立的。但是，我有幸为确定工厂工业和小工业生产率的影响挑选出这样的比较。这是尼日戈罗德省的阿尔达托夫县与戈尔巴托夫县的比较。这两个尼日戈罗德省西部的邻近县份在一切方面都是相像的。同时阿尔达托夫县在一切方面都具有优越性：它们的人口几乎是相同的，但是在戈尔巴托夫县比较稠密。同时阿尔达托夫县的土壤要肥沃得多，部分土地

① 舒雅县计有230个工厂，连同沃兹涅辛斯克镇和舒雅市共计277个工厂。弗拉基米尔省的细平布和印花布厂共有119个，在其中工作的工人是33 429人，生产的价值是13 918 379卢布。舒雅县有91个工厂，而这91个工厂中，有38个分布在沃兹涅辛斯克镇和舒雅市。除此之外，在9个有9 243个工人和生产600万卢布的棉纺织厂中，有3个在舒雅市和舒雅县。

弗拉基米尔省的一些县份每个农村人口摊到的牲畜头数情况如下：佩列亚斯拉夫县1.21头，戈罗霍维茨县1.30头，苏多格达县1.07头，尤里耶维茨县0.94头，弗拉基米尔县0.86头。而在以下各县：舒雅县0.72头，苏兹达尔县0.70头，穆罗姆县0.69头，麦连基县0.61头，波克罗夫县0.61头，亚历克山大罗夫斯克县0.57头，科弗罗夫县0.55头，维亚兹尼科夫县0.40头。

维亚兹尼科夫县共有9个工厂，科弗罗夫县有94个工厂，不过其中有76个是榨油厂。在弗拉基米尔省的榨油厂，每个作坊只有1个多一点工人。在苏多格达县，除了榨油厂外，还有19个玻璃厂和精制玻璃厂，共有工人1 324个，生产价值达544 192卢布。亚历克山大罗夫斯克县计有24个工厂。

1865年的备忘手册在第193—196页中对尼日戈罗德省的城市和县份的居民的出生和死亡的比例关系作了计算。我根据这一计算制成下列图表：

甚至是属于黑土地带的。阿尔达托夫县的森林要丰富得多，这个条件能改善土壤，而且，众所周知，能大大促进居民福利的增长。生活在国家土地上的人口与生活在地主领地地段上的人口比起来，哪个县都不算多，但是更好的土壤使得阿尔达托夫县的农民有可能饲养多得多的牲口。总之，在相互之间很相像的情况下，阿尔达托夫县经常保持了某些优越条件。在工业方面，它们同样是很相近的：两个县都有10万以上人口，约计有1万4千工业工人。

尼日戈罗德省各城市	从1857到1861年的情况		差　额
	多少人中出生1人	多少人中死1人	
1.谢尔加奇	21	男人——$24\frac{4}{7}$ 女人——$29\frac{1}{6}$	+5
2.谢麦诺夫	27	男人——$29\frac{2}{5}$ 女人——$33\frac{4}{5}$	+4
3.阿尔达托夫	16	男人——19 女人——$21\frac{3}{6}$	+4
4.戈尔巴托夫	$23\frac{2}{5}$	男人——$23\frac{1}{3}$ 女人——$29\frac{4}{5}$	+3
5.巴拉赫纳	$16\frac{1}{2}$	男人——19 女人——$19\frac{3}{10}$	+3
6.马卡里耶夫	$15\frac{1}{4}$	男人——18 女人——$17\frac{4}{5}$	+2
7.阿尔扎马斯	23	男人——$25\frac{1}{6}$ 女人——$23\frac{1}{2}$	+1
8.卢科亚诺夫	$17\frac{1}{4}$	男人——$18\frac{3}{5}$ 女人——18	+1
9.克尼亚基宁	25	男人——$23\frac{1}{2}$ 女人——27	+1
10.瓦西利	$22\frac{1}{2}$	男人——19 女人——$25\frac{4}{5}$	±0
11.尼日戈罗德	$26\frac{1}{4}$	男人——20 女人——$24\frac{1}{3}$	−4

有着这样大量的工人，其状况必然对人口的死亡率发生影响。他们的主要行业是一样的，都是金属生产，两个县都有一半以上工人从事这门生产，而且这部分人的数量也几乎是一样的。这两个县之间的全部区别在于在阿尔达托夫县大规模的生产占统治地位，

尼日戈罗德省各县	从 1857 到 1861 年的情况		差　额
	多少人中出生 1 人	多少人中死 1 人	
1. 谢尔加奇	21	男人——27 女人——$30\frac{2}{10}$	+7
2. 谢麦诺夫	$19\frac{1}{2}$	男人——$25\frac{1}{10}$ 女人——$29\frac{2}{5}$	+8
3. 阿尔达托夫	$18\frac{1}{2}$	男人——$23\frac{1}{2}$ 女人——25	+6
4. 戈尔巴托夫	$19\frac{1}{2}$	男人——$24\frac{7}{10}$ 女人——$27\frac{1}{2}$	+6
5. 卢科亚诺夫	$18\frac{1}{2}$	男人——$22\frac{1}{10}$ 女人——$26\frac{1}{10}$	+6
6. 巴拉赫纳	$17\frac{1}{2}$	男人——$21\frac{1}{10}$ 女人——$24\frac{1}{10}$	+5
7. 阿尔扎马斯	$16\frac{1}{3}$	男人——$19\frac{3}{4}$ 女人——$23\frac{1}{10}$	+5
8. 瓦西利	19	男人——$23\frac{1}{3}$ 女人——$24\frac{1}{2}$	+5
9. 马卡里耶夫	$17\frac{3}{4}$	男人——$20\frac{1}{2}$ 女人——$22\frac{1}{4}$	+4
10. 尼日戈罗德	$18\frac{1}{2}$	男人——$21\frac{1}{3}$ 女人——$23\frac{2}{5}$	+4
11. 克尼亚基宁	18	男人——$21\frac{1}{2}$ 女人——$22\frac{9}{10}$	+3

在 1863 年，尼日戈罗德省各县的死亡率情况如下：谢麦诺夫县，25 个居民中死 1 人，戈尔巴托夫县，24 个居民中死 1 人，卢科亚诺夫县，24∶1，阿尔达托夫县，22∶1，巴拉赫纳，22∶1，阿尔扎马斯县，21∶1，尼日戈罗德县，20∶1，谢尔加奇县，20∶1，瓦西利县，30∶1，马卡里耶夫县，19∶1，克尼亚基宁县，18∶1。

它集中在少数工厂里,使用大量工人。这个县计有 11 个工厂,其中有 6 个炼铁厂和制铁厂,6 个厂中的 1 个厂拥有 7 284 个工人,这就占全县全部工业工人的一半。居民的小工业是很有限的。戈尔巴托夫县则相反,金属生产分布于 42 个村庄,其干活的工人也达 7 千人,地区的其余工业生产大约分布在 29 个村庄和 2 497 个小作坊和工厂。虽然如此,农业仍然在阿尔达托夫县和戈尔巴托夫县占主导地位。戈尔巴托夫县的农业对农民的劳动酬劳很少,以至本地的谷物不能满足居民的粮食需要。与阿尔达托夫县相

从 1863 年年底农奴解放以来,尼日戈罗德省居民的福利不仅没有增多,而且死亡率的资料甚至是令人悲观的。同时也证实了尼日戈罗德省农民的看法,他们认为,从农奴解放以来,他们在物质方面现在还有所失,他们全部获益的地方是在于精神方面,即地主失去了以体罚凌辱他们的权利。农民们对这种获益评价很高,也许这一点使得死亡率不至于更高。

按从 1857 年到 1860 年的 4 年总和计算,尼日戈罗德省是 23.41 个居民中死 1 人,按 1861 年和 1863 年 2 年总和算,23.37 人中死 1 人:1861 年的人口是 1 283 022 人,而在 1863 年年底是 1 285 195 人,这连 0.2%的增长都不到,——可是从 1851 年开始,尼日戈罗德省的人口每年增长 1.1%以上。在谢尔加奇县,在大部分人是生活在地主土地上的俄罗斯居民中,按 5 年总和算,男人的死亡率是 24 人中死 1 人,女人是28⅖人中死 1 人,可是在全部不在地主领地上生活的信伊斯兰教的居民中,死亡率是 48$\frac{1}{10}$人中死 1 人,男人是 43⅙ 人中死 1 人,女人的死亡率和英国的相类似。

在尼日戈罗德县,国家土地上的农民有 16 988 人,私有土地上的农民有 90 821 人。在阿尔扎马斯县,国家土地上的农民为 29 524 人,私有土地上的农民为 78 502 人。在阿尔达托夫县,国家土地上的农民有 8 839 人,私有土地上的农民是 100 610 人。在巴拉赫纳县,国家土地上的农民是 15 386 人,私有土地上的农民是 74 691 人。在瓦西利县,国家土地上的农民为 34 500 人,私有土地上的农民为 56 267 人。在戈尔巴托夫县,国家土地上的农民有 10 739 人,私有土地上的农民有 85 411 人。在克尼亚基宁县,国家土地上的农民有 12 633 人,私有土地上的农民是 79 574 人。在马卡里耶夫县,国家土地上的农民为 18 311 人,私有土地上的农民为 59 248 人。在谢麦诺夫县,国家土地上的农民有 46 344 人,私有土地上的农民有 31 447 人。在卢科亚诺夫县,国家土地上的农民是 77 710 人,私有土地上的农民是 71 349 人。在谢尔加奇县,国家土地上的农民为 45 228 人,私有土地上的农民为 77 817 人。

比，小生产是如此地增加了戈尔巴托夫县的福利，以至在 1863 年，戈尔巴托夫县是 24 人中死 1 人，这是尼日戈罗德省的仅次于谢麦诺夫县的最有利的死亡率，而阿尔达托夫县则是 22 人中死 1 人。根据记载于尼日戈罗德省 1865 年备忘手册第 195 页的 5 年来的计算，阿尔达托夫县属于那些死亡人数最高的县。可是，根据那些同样的计算，5 年来，戈尔巴托夫县属于名列前茅之一（11 个县中的第三位）。在戈尔巴托夫县，男人是 $24\frac{7}{10}$人中死 1 人，阿尔达托夫县是 $23\frac{2}{5}$人中死 1 人。女人中死亡率的差距还要大，——在戈尔巴托夫县是 $27\frac{1}{2}$人中死 1 人。对俄国来说，这已经是有利的死亡率了，而在阿尔达托夫县是 25 人中死 1 人。在 1861 年，阿尔达托夫县的死亡率仍是悲惨的，——22 人中死 1 人。机器，这个人类的极伟大的恩人，这个生产硕果的工具，它使工人能够以少得多的努力不仅生产 2 倍、3 倍的东西，甚至有时生产 100 倍以上的东西。可是这些机器变成了工人阶级的祸害。目睹此情此景，难道能无动于衷吗？生产得少和贵较之生产得多而便宜，不仅对工人，而且对整个地区都要有利得多。耕种 3 俄亩的农业工人要比耕种 8 俄亩的享福，生产 100 卢布的工业工人要比生产 500 卢布的享福，这类社会缺陷难道不需要改变吗？难道我们这里应当让诱惑工人生产得少而贵的现象继续存在下去吗？难道我们的那些至少比农业省份要多生产 1 倍的工业省份应当永远充当灾祸的典型吗？这些灾祸能使工业成为比饥饿、战争和霍乱带来更严重死亡的可怕的吓人之物。因此毫不足怪，我们这里的工人要逃离机器生产，迁移到随便一个偏僻的草原去避难。在那里，他所生产的东西要少9倍，可是生活得比较安定和幸福。工厂引诱不了他，他宁肯要生产率低得多的小工业，这又有什么可奇怪的呢？在尼日戈罗德省，在工厂工作的工人约有1万9千名。可是在一些城市里，计有1万1千名手工业者和单独的生产者。在城市和县份里，约有1万5千个小作坊。在3 600个农村、田庄和庄园中，有400个以上的村庄从事单干的小手工业，并有3万以上人出外长期干手工业和其他工作。在普鲁士，工厂工人与小生产者之比是1比1.5，可是在尼日戈罗德省，工厂工人远不到全部生产者的四分之一。在彼尔姆省，有10万工人从事工厂生产，这个省是18人中死1人，死亡人数多于出生人数①。请仔细观察我们工业发展的特点，看一看它所处的条件，迫使我们的人们干活的动

① 1854年，法国曾发生饥荒、战争和霍乱，那里这时的死亡率是36个居民中死1人。

根据1863年尼日戈罗德省统计年鉴的资料，在628个不征收消费税的工厂里，有14 489个工人。在尼日戈罗德省的铁工厂里，有3 876个工人，——未标明征收消费税的工厂里的工人数目。在1863年的尼日戈罗德省备忘手册的统计表里，标明啤酒酿造厂、蜜酒制造厂、麦酒酿造厂、伏特加酒酿造厂、酒曲厂、磨曲厂的工人数是1 014人。总共是19 379人。根据备忘手册的计算，在城市里，加入和未加入行会的手工业者（或当地称之为行业者）共有10 809人。在县份和城市里，小作坊有15 020个。干下列职业的人被算入行业者的行列：肉商、园丁、种菜园者、捕鱼人、厨师、锯工、城市木材商和船舶商、木匠、石匠、灰泥匠、织布工、椴皮席工、挖土工、房盖工、雪橇—大车工、织麻工、造桥工、制盒工、清扫工、马车匠、凿石工、磨坊工、染布工、箍桶匠、造船工、领港员、排水工、马车夫、腌制工、制手套工、运木工、制勺工、铁匠、熟制毛皮工、编结工、制花边工、制绳工、帽子匠、制箱子工人、耍熊者。列入小作坊的行业有：制醋、制钟、磨坊、制曲、精制蜂蜡、制脂油蜡烛和炼脂油、制砖、制皮革、煮胶、制熟羊皮、制毡、制碱、制果酱、染布、炼松焦油、制筛子、制磨具、弹毛、打铁、榨油、制小磨、制碾谷机、制陶器、制凿子、纺纱、镟光、煮肉汤、制饼干、制干性油、制斧、制锚、制车轮、制马具、铸生铁与铸钢、制马车。标明从村庄出发到外地干各种手工业活和其他活计的共有110 000人，其中34 260人是一年度工和半年工。那里还列举了390个从事各种行业的村庄的

因,您可以看到,值得慰藉的是多么地微小,爱国者将会感到非常绝望。请环顾一下周围,看一看是什么迫使我们的工人去干工业的活:您可以看到,是贫困、悲惨的贫困驱赶他进了工厂。尼日戈罗德省的整个东南角,是黑土地带,它的特点是工业很不发达。本省的西部和北部,收成勉强只达种子的2倍半,这里的谷物甚至不能满足居民的粮食需要,全部地区布满了稠密的工业村网。如此大量的生产者当然不仅无法在本地找到自己的买主,而且也找不到生产用的原料,他们从远处运进原料,并将产品送到几千俄里以外去出售。在这种状况下,大生产只有借助机器和劳动分工才能正常进行。尼日戈罗德省每年生产200万普特生铁,这些生铁是在本省的西部生产的。这里很需要工业生产率,有200万俄亩以上的土地覆盖着森林,森林覆盖着全省的一半地域,在这种情况下,还有什么能比尼日戈罗德的这种工业方向更自然的呢?如果

名称,除此之外,许多小生产的规模没有确定,特别是在巴拉赫纳县、卢科亚诺夫县、马卡里耶夫县更是如此。

阿尔达托夫县和戈尔巴托夫县的对比:

	阿尔达托夫县	戈尔巴托夫县
居民	119 200	103 441
每平方米里亚摊到居民数	1 139	1 715
国家农民	8 839	10 735
生活在私有土地上的农民	100 610	85 411
每个农业居民摊到的牲口头数	0.92	0.63
工厂	11	148
工厂中工作的大约人数	7 700	1 500

阿尔达托夫县有903个小作坊和29个工业村庄。戈尔巴托夫县有2 349个小作坊,52个磨轮,908个钳工台,71个工业村庄,其中42个工业村庄有7 000钢制品工人。阿尔达托夫县的工厂工人多4倍,而戈尔巴托夫县的小作坊多1.5倍,工业村庄也多1.5倍左右。

机器和劳动分工能10倍或20倍地增加工人的生产率，那么借此就能补偿运入原料和运出产品的费用。对俄国而论，劳动分工是更为合理和更为有利的事情。可是当前我们看到的是一种什么情况呢？尼日戈罗德的小作坊的生产率比大工厂超出3倍。在这种生产率中，占最首位的是木材和毛皮生产、农民的器皿、家什、家具和马车、毡制品和皮革制品。在工业最发达的县份，巴拉赫纳县和谢麦诺夫县，大部分村庄从事这类生产。可是，尼日戈罗德省是属于那些畜牧业最不发达的省份之一，它需要运入皮毛来制成产品。尼日戈罗德的工人经常得到上千俄里以外去采购做木头器皿的小木料。虽然尼日戈罗德省的铁很充足，尼日戈罗德省的单干工人，戈尔巴托夫县的铁匠和钳工仍然缺少这种材料，他们需要到外面去搞铁、钢、铜和铁丝。为了在巴拉赫纳县造船，科斯特罗马省每年运来4万根木料。为了不仅使牲畜很多的俄国东部地区，而且使西伯利亚都能购买其产品、器皿和毡制品，尼日戈罗德省的工业工人必须生产得很便宜。这类商品从尼日戈罗德省运出并能四处卖光，不仅是当这类商品要求特殊的技术、所花的工比材料要贵得多的情况下是如此，而且当这类商品的工艺很平常，甚至有的商品用处不大的情况下也是如此。为了迫使萨马拉省、奥伦堡省和西伯利亚的工人发现用那里便宜得多的材料来生产是无利可图的，尼日戈罗德省的工人不应当为廉价物品而劳动吗？弗拉基米尔省的大生产要发达得多，但是那里它也同样不足以保证工人阶级的生活。它对工人阶级是个沉重的负担，工人们也只得扑向那些小生产。尼日戈罗德省的工人正是在这个领域拼命挣扎，将自己的木头和皮毛制品供应市场。可是，弗拉基米尔省的皮毛还要比尼

日戈罗德省更为罕见，后者的绵羊比前者几乎多一倍。饥饿的卡卢加省的农民也和他们进行竞争，他们也是用外省购进的原料进行生产的。事情以工人变成乞丐而告终。卡卢加省的备忘手册关于这件事是这样写的："卡卢加的商人为自己雇用了莫萨尔斯克县的地主账房的工作人员。这些人还把为最微薄的报酬而工作的大量农民家庭赶入卡卢加。这就是卡卢加的为严酷的现实所逼的穷人曾经行乞和现在还在行乞的原因。"因此毫不足怪，尼日戈罗德省的工资这样地低，工人中的死亡率如此可怕，工人犹如在荒无人烟的草原里一样，饿死在繁荣的村庄之中！同时，由于悲惨的社会条件，对他来说，这种借助机器和劳动分工的生产应是自然的和唯一正常的生产，结果对他却是致命的。大生产极为普遍的卡卢加省以其工人的贫困而著称：可以说，卡卢加省的人口从1851 年以来就没有增加，在俄国和西伯利亚的所有省份中，它在这方面是居于末位。工厂的工人到处被置于靠自己的工资无法生存的境况，虽然他的生产率足以维持豪华的生活。由于不够用的工资、恶劣的结算和克扣，他到处负债。工厂主很少正直地保证工人的生活，他们更经常地通过这类债务找到更为有利的无耻的方式来奴役工人。工人甚至也用无力负担的工作来折磨孩子，每天得干 16 小时。雅罗斯拉夫尔省的统计委员会找到了一个工厂工人处境的好样板，它看到工厂里男工、女工和孩子每昼夜工作 14 个半小时并且住在集体宿舍里！可是这时英国已顺利地争取到 8 小时工作制。我们的行政官员、统计学家和资本家连知道都不想知道，繁重和力所难及的工作是会危害国家的人口的。不采取任何保护工人健康的措施，同时，工人死于

非命，资本家却每年获得资本的60%①。最经常的是行政当局不采取保护工人健康的任何措施，但是就是连那些按各种场合应采取这些措施的地方，这些措施也是徒然的。请看，卡卢加省的备忘手册关于这一点是怎样写的："虽然企业主具结保证要安装火箱及其他零件都改进过的通风设备以净化空气，但是至今都没有履行自己的甘结。到目前为止，还没有一个被指定应搞这种装置的工厂被迁出城外去的，而且还重新擅自建立了一些作坊。"

这种悲惨的局面把工人置于最糟糕的境况之中，工人只得采取最后一着，他抛弃了自己的房子和家庭，到几千俄里之外去找钱以付清租赋与捐税。从这一天起，这类工人的不幸的家庭就成了牺牲品。这一类工作是所有工作中最悲惨和最有害的，它以最可怕的方式普遍地反映在工人阶级的福利和人口上，而且它在俄国是大规模的。我们已经看到，从尼日戈罗德一个省就外出了3万人。同时，尼日戈罗德省是持身份证外出的人要比其他省份较少的一个俄国中部工业省份。这可以从各种名目的税收的收入中看出来，在各种名目的税收中，身份证的收入构成三分之一以上；在尼日戈罗德省，这种收入是最无足轻重的。除了首都省份外，这一收入最多的是那些遭受苦难最深重的省份。雅罗斯拉夫尔省的这一收入比俄国欧洲部分和亚洲部分的一切其他省份都要多，至少是相对于人口来说是如此。1863年，雅罗斯拉夫尔省

① 1863年，新纺织业合股公司发放红利480 000卢布，资本是800 000卢布，即每年60%。参看：1866年统计年鉴，第196、197页和第205页。

是22人中死1人，1861年，其人口还有所减少。卡卢加省紧跟其后①。

在这个不幸的省份中，对工人的3种灾难影响结合在一起：大量的私有土地，众多的靠机器和资本的工厂生产，大量的在与自己的家庭分离的情况下工作的工人。这就使这个省在1851年以来的人口增长方面处在全部俄罗斯省份中末位，甚至比雅罗斯拉夫尔省还低。按其自然财富而论，对它来说处于这种地位是极不光彩的。在俄国欧洲部分的36个省份中，只有8个省拥有的耕地比它多。虽然大量的地主土地妨碍了畜牧业的发展，因而这种土地产量较低，但是卡卢加省仍然属于那些生产谷物最多的工业省份。在这些省份中，谷物按较低的价格出售。在12个工业省份中，只有2个省份的谷物比它便宜。虽然在除彼尔姆省之外的所有工业省份中，没有一个省比卡卢加省用更多的谷物来酿酒，但按人口而论，卡卢加省仍居于除奥洛涅茨省之外的所有其他省之后。对于人口来说，彼尔姆省的酿酒几乎比卡卢加省少1倍。此外还加上大量的金属财富，单凭这一项就足以提高工人阶级的福利。

请看，卡卢加省的备忘手册是如何描述卡卢加省的最能获利的零工即随军饮食用品的商贩（伙计）的：农民到敖德萨、赫尔松、尼古拉耶夫、叶卡捷琳诺斯拉夫省、斯塔夫罗波尔省、奥伦堡省和

① 在1863年卡卢加省的备忘手册中，标明发给市民和国家农民的为期半年的身份证是29 191张。除此之外，备忘录中还谈到，发给农奴制废除后还需为领主工作若干年的农奴的为期一年的身份证是45 000张。因此，相对于人口而论，总共几乎比尼日戈罗德省多1.5倍。

其他省份去，至少是两年半，有时是四五年或不定期。常有这样的情况，这种商贩过 20 年回到了原居住地。回到故乡后不能干任何农活，成了寄生虫，不能负担自己的家庭，因而家庭破了产。这种家庭甚至当这种商贩每年给 100 卢布的补助（这是罕见的）时，也会破产。由于缺少年轻的男人，农村只剩下老头、小孩和妇女，最经常的家务农活落在这些人身上。请您走进随军饮食用品商贩的农舍，看一眼他的整个定居处并观赏一番……您从外表就可以看到，房舍往一边倾斜，麦秸屋顶防不了雨；下面的麦秸已经腐烂，上面又铺一层薄薄的新麦秸，这样，每年都铺上一层，虽然每年都能听到埋怨缺少麦秸用作厩肥，但还是这样做。在院子里，牲口棚顶千孔百疮，柱子摇摇晃晃。母牛在冬天遭到寒风吹打，开春以后，需用九牛二虎之力把它们扶起来。院角的马与其说是在嚼林地的干草，还不如说是在跺脚。板棚和禾捆烤干房有倒塌的危险，后者还易起火灾。整个木栅搞得马马虎虎，勉强立在那里。农舍内部并不更佳：恶心的龌龊令人惊奇，到处是灰尘、垃圾，窗框上挂着碎纸片和留着玻璃碎块，炉子正要倒塌。当家的老太婆躺在当炕用的大炉子上，正在叹气、呻吟。"瓦西莉沙，你怎么了？……""我去喂牲口，抱了一满抱麦秸，骶骨在哪儿撞了一下，从下面折断了脚，这就一直躺在这儿了，睡不着觉，吃不下饭。"为什么经营不顺手？那是因为很少考虑良种马匹和牛羊的养畜场问题："人们试着搞过，但不知怎么总不受欢迎，办不下去。"土地的耕耘和播种都靠碰运气，甚至大麻也不总是好好地上肥。夏天没有劳力是混不过去的。需要给雇来的劳力付 30 多卢布，还得管饭。的确，雇工整天挖掘、耕、耙、播种、收割；但是他的活干得疲疲沓沓，不灵活，笨

拙，靠这种活所获的谷物、干草和其他产品比买来的还要贵。农业的必要条件，就是纵然有经验的家主自己能照应一切，也要自己能改善一切，修理一切。但是商贩的家里是办不到这一点的。犹如上述，全部轻、重活的重担通常都压在可怜的妇女身上。她们除了干自己习惯的活计——纺纱、织布、家务之外，还得耕地、耙地，从田里和草场里运回谷物、干草，脱粒，运木头，修路，驾车。她们中的一些人还会播种谷物，甚至会割草。当商贩回到故乡，让家里人继续干地里的全部的活，自己则到小酒馆里逞能，大吃大喝一通，狂舞一阵。这样混了 2 个月，商贩从邻居那里哀求到购买身份证和回去路上所需的钱。要是其留在家里的人能勉强混得上吃穿，那么商贩的全部作为尚情有可原。但是他像蛀虫似地蛀空了地区的根基，使人口减少，让土地贫瘠，破坏了家庭的幸福，对于这种职业就不能无动于衷。可以确切地预言，如果由于某种情况，随军饮食用品的商贩这种职业不予停止，那么卡卢加县的许多居民聚居点将变成无人的荒野。K—C. 村在 1861 年的人口构成如下：经常住在家里的当家人——6 人，受雇于邻村的人——4 人，随军饮食用品的商贩——10 人，年幼者——8 人。这一小表可以让人想象，当 120 俄亩土地留给 6 个老头、娘们和少年耕种的时候，我们这一地区的农业能繁荣到什么程度。在那些有商贩的国家农民的村庄里，人口同样显著地减少，许多土地未曾耕种，长满了灌木丛和杂草。不应忽略，这个故事是一个地主讲的，他拼命地维护自己的权益，用轻蔑的口吻谈论工人。无论如何不能怀疑这样的讲述者会对工人过于温柔。我对这一讲述没有改动一个字，但删掉不少，那里整页充满了对破坏农奴制的辛辣埋怨。叙述的口气很傲慢，虽然我想方设法在记录里避免那种高傲得不礼貌的表述，但我仍然把应该写的内容写进去了，没有删去最本质的东西，把像“娘们”这样不礼貌的话也放进去了。

这就是工人中最幸运的、出去打零工的工人命运，这就是他们的家庭的命运。货郎与商贩差不多是这类工人中最富有的工人，货郎挣得了资本并变成商人，商贩一年得 300 卢布。可是我们看到，是什么样的幸福在等待着他们。有些不幸的群众，饥饿和缴纳租赋、捐税的任务把他们赶出家门，在大道上踯躅，他们除了干粗活之外，不能为自己找到更好的工作，他们的命运又该是何等悲惨！

只有那种仅看见事物的表面和光明面的人，才会赞赏俄国人民的这种进取精神。请看看这些工人，悲惨，饥饿，褴褛不堪。他们含着热泪，心里诅咒着离开了自己的村庄，不是为了什么好处，也不是为了什么幸福，而是为了廉价出售自己的生命和身体，就如同贱淫妇出卖自己一样。谁也不会问他们，你们饱还是饿，健康还是要病死，忍受这种匮乏是否还能干活？人们甚至不问他们，你们有否住处，你们是否有暖和的角落过夜？当我参观雷宾斯克的时候，人们让我看一个富丽堂皇的教堂，这是当地的商人集资兴建的。我问：“到你们这里来的这些大量工人晚上宿在哪里？”人们回答我说：“碰着看，有的睡在河岸，有的随便找个地方。”当时我无法忍受，说道：“你们怎么不给工人造个他们不可能有的栖身地！你们像偶像崇拜者一样，建造了奇妙的教堂；可是你们忘记了，基督教徒的职责首先是关心自己的兄弟，然后才谈到豪华。耶稣基督不住金碧辉煌的宫殿，他从来不愿意把那些用于拯救我们的穷兄弟免于死难所需要的钱用来满足他的奢侈,偶像崇拜者却用这种奢侈来为上帝服务。”还在不久前,我听到说,人们看到这些不幸的人怎样死在河岸,可能在此以前这种事也是经常发生的。当慈善事业在我们祖国可以说还不知为何物之际,能发生别的吗?我们带着铁石心肠走过我们受苦受难的兄弟身旁,而我们准备为他做的一切难道就在于草率地埋葬那种死于无数易于消除的苦难的人。在尼日戈罗德,每年约有3万8千居民,此外还有5千到7千人,来到这里寻找工作,他们的工作主要是那些对健康最有害的工作:每年他们当中有多少人身无分文,这些有病缠身,濒临死亡的人只得听天由命。——而为救济这些不幸者又干了些什么呢?在尼日戈罗德省的公民、教会、军事的学校中共计有7 109名学生,在一个尼日戈罗德的这些学校名下就有4个医院,可住2 229个病人。几乎全属于社会上层的7千孩子都能进残废收容所和医院,但是我在1865年备忘手册的慈善事业栏下徒劳地寻找为拯救7千外来工人免于疾病与提早死亡的某种设施,可是这些外来工人为社会上层人物创造了幸福与财富。设有300个床位的市医院不是为他们,甚至也不是为4万市内居民而设立的,它主要是靠军人的一笔款子维持的。在工业省份中,尼日戈罗德的身份证的收入比其他省份少,尽管如此,1863年该城仅给农民就发放了110 613张身份证,其中一年与半年为期的身份证有34 260个。在人口如此大量流动的情况下,我们甚至没有这些不幸的外出者所需的医院。我们已经看到货郎是如何生活的:冬天和秋天,他日日夜夜在露天底下度日。商贩比他幸福一些,他的作业是在宽敞、暖和的室内进行的,可是甚至连商贩也有很大一部分人过早死亡的。在我刚才摘录的那一栏中，援引了一个村庄的例子。在这个村庄里，1851 年只死 1 个幼年人，成年的商贩却死了 4 个。可以想象，在不幸得多的大量工人中的死亡率会是多么高。如果连社会都这样对待他们，那么他们从私人那里还能期待到什么呢？谁不知道伏尔加河—顿河铁路上 3 万工人的那件轰动一时的事件呢？他们受到严寒与重活的折磨，还不付给他们钱，用鞭打虐待他们，最后有几个人被枪打死。这事件暴露了这类工人的毫无保障的情况。这个不幸的人被饥饿赶出家门，为了 5 个卢布的可怜定钱与人签订合同。他对合同的内容毫无所知，把自己交给人任意支配，完全像个临时的奴隶。他精疲力竭地来到了工作地点。如果是他自己到工作的地点去，那么他为了减少费用，就采取那种连军事史上都闻所未闻的强行军来奔波：有一次，我遇到过一批每昼夜走 90 俄里的人。他不是走 100、200 俄里，而是有时走了 4、5 千俄里，即从尼日戈罗德省到叶尼塞斯克原始森林。他有时在冬日的严寒中赶路，冻得发僵；有时在春季的泥泞里跋涉，浑身湿透。在如此漫长的强行军期间，他遭受到好几次染病的危险。他身处异乡，分文不名，精疲力竭，坠入了苦难的深渊：人们四处驱赶他，他无处可待，他不敢为病痛而叹息和抱怨。他只要稍一抱怨，他面前的所有出路都会被堵死，——谁都害怕病人，警察侦讯的怪影四处赶走了怜悯。他心怀绝望，掩饰着自己的痛苦，走啊走，直到倒毙在大道旁的某个脏水沟里，或是围墙的角落里。他极廉价地出卖了自己的劳动，无缘无故地付出了生命。他的祖国冷漠无情地看待这一切，在他死后，人们解剖他们的尸体用于医学研究，冷淡地确定他的死因。雇主把他带进企业，但他的境况也并不更佳。

从他得到定钱那一天起，他就处在雇主的任意监视底下：雇主为节约而对他提供越来越次的伙食，把他置于那种完全无法保持健康的生活境况之中。工人在这种情况下不断发生的风潮表明，他很难找到申诉。在发生这类风潮的时刻，官方开始总是站在资本家一边，甚至那种令人发指的、过分明显的压迫也不能使它转到工人方面来。它始终站在资本家一边，只是到一定程度时，官方才迫使资本家承担过分的、令人不能容忍的罪责。工人因饥饿所迫签订了主人可以在任何对自己有利的时刻解雇他的合同。一群群的工人多少次引得满城风雨，他们在工作的一开头就被解雇了，没有栖身之地，流落在城市街头。为了得到满足，几昼夜站在当局的门外傻等。成群的工人倒有引人注目的优越性，而个别的工人却总是处于最悲惨的境地。需要完全缺乏人性才能对这种人的境况不表同情。这种人离家远出千把俄里，是因为家里没有吃的，没有钱可缴纳租赋和捐税。贫困迫使他签订对自己负担沉重的合同，使他忽然流落在异乡，没有吃的，也没有栖身地。他只剩下一条出路，那就是讨饭或和押解犯人一起回到自己饥饿的家，成为他应该解脱其贫困的那些人的新负担。他面前横陈着何种灾难的深渊：他们将吃什么，如何缴纳租赋？资本家只是因为保险工人的工作才得到收入，他收入的合理基础不是劳动，而是冒险。我们这里却是相反，不是资本家保证工人的收入，而是工人确保了资本家的收入。所有不幸的偶然事件都落在工人身上，所有幸运的事都降在资本头上。远出千里的受雇工人成了病人，被人抛在路上，死于贫困和折磨，而雇主在名单中将他列入未报到者一项；在上工时生病，也是如此地将他解雇。继续工作对主人不利，或是解雇部分工

人显得更有利可图，主人就解雇他们，对他们为其找工作走了上千俄里、现在却必得彻底破产或甚至死掉，他并不关心。如果资本家预见到事业的结局不好，他就立即开始降低伙食水平和增加工作量。俄国中部工业地区的本地工人力图使这件恶事失效，他自己管饭受雇于人。但是在俄国中部，吃雇主饭的工作甚至一半都还没取消。他没有任何办法反对繁重的工作量和增加工作时间：对他来说，计件、按立方俄丈和其他计酬方法的工作在大多数情况下比按日工资制还要不利。工人被资本家任意支配到这种程度，吝啬的资本家可以成为工人无数灾难的根源。在资本家与工人之间的斗争中，全部的成功机会都在资本家一边，同时，我们的社会只关心工人不要得罪资本家才好。如果谁觉得工人没有履行其对资本家的条款，有时甚至会鞭打工人。那些允许按照资本家的要求对自己搞这类事情的人之所以下决心同意这一点，只是因为预先定下一个条件，那就是如果觉得工人不履行自己的条款，资本家可以派人鞭打自己。对我们的工人来说，有利的工作很少，它是他的沉重负担。只有很小一部分工人把资本家看成是能使其有利地使用力气的人。我看到，凡是工人从资本家那里获得有利的工作的地方，工人都对资本家怀有最强烈的依恋感情和友谊。但不幸的是，在绝大多数情况并不是这样。在靠资本进行的生产中，劳动通常要比可怜的个体农民或手工业者的劳动繁重得多，同时这种劳动更无利可图。还能期待别的什么吗？如果工人的生活在靠资本进行的生产中得到了保障，那么资本家只能从自己的资本中得到生活来源。而他所需的是，这一资本在其生活期间增长 1 千倍，有时还是 5 千倍。特别是在大规模的农业生产中，我看到资本家与

工人之间存在着强烈的仇恨。这种仇恨不仅传给了资本家雇来的掌柜和资本家所信托的人，使我极感奇怪的是，也传给了小官吏、哥萨克军人和其他的人。他们不是公正的裁判，而是站在资本家的营垒里。我看到过处理过土方工程和这类工程许多年以后的商业代理人和政府官员，他们不能不带着仇恨和残酷无情来谈论工人，他们是体罚的热烈维护者。在这种情况下，最使我感到惊奇的是官吏，的确，一些官吏天真地承认，他们从资本家那里得到的薪金比从政府那里得到的要多。这些人对我们的有教养阶层的影响危害最烈。他们在社会上宣扬不仅是虚假的而且也是对我们极其有害的信念，说什么削弱对工人的厉害将损害我们的工业，——他们时刻把我们重新引人那条导致我们在农奴制下乞讨生涯的道路。他们妨碍社会理解这样的道理，对繁荣工业有利的只能是那些能提高工人工资并从而改善工人阶级生活的生产，任何给工人提供不利工作以及靠鞭打与强制的资本利用方式，对工业都会与农奴制一样是致命的。在农奴制的劳动条件下，使用雇佣劳动耕种土地是无利可图的。完全一样的是，如果一部分资本家靠鞭打和强制来进行生产，那么很大一部分资本家就得或是关闭自己的企业，或是也用同样的方式进行生产。在贫困的工人阶级中间，工业由于其产品的销售市场不足而不能迈进一步：一些最高阶层是极有限和不足的市场。没有市场的工业，完全同没有读者的文学一样很难繁荣。工人在工作期间受到强夺，虽然他生活得像帕里亚人中的最末一人，他所穿的衬衫像树皮似的又黑又硬，在结账的时候，结果他通常是负债的。这些债务迫使工人在所有那些需要他超过预约的条件或延长合同规定的期限进行生产的场合顺从主人。在所有这类场合，工人就起来闹事，开始无休无止的争执，当局的干预就成了不可避免的了。资本家和工人们以其无休止的大叫大嚷的辩论和论证包围了官员，这些辩论和论证能使认真的官员发疯。通常事情总是很复杂，完全无法用迅速的办法来公正地解决它。可是对当局来说，必须结束骚动。官员实在无法忍耐了，只是力图想个办法来平定，确立安定局面和避免进一步的纠纷和申诉。官员根据经验知道，如果裁决不符合资本家的意愿，他是不会作罢的。而事情无论怎样刚一结束，工人是会默不作声的。官员经受着最强烈的诱惑，并就此倒向资本家一边。在这方面有过少数公正的例外事例。不幸的是，根据资本家与工人之间的合同所作的最公正的判决对工人来说仍然是个沉重负担，因为在大多数情况下合同本身就是个负担。那种使成千上万的人从俄国各处涌来的劳动价格根本不比简单工种的当地普通价格高，也不比工人的故乡存在的价格高，此外，还得加上大量的旅途费用。为了勉强获得这一可怜的工资，工人在春、夏、秋季经常是在露天度过，在地上架起了木杆撑的窝棚，盖上草皮土块。在木排上、船上和平底货船上则架起某种类似狗窝的小棚子。我看到过一些资本家，他们为了发财和就近监视工人，自己也过这样的生活。结果怎么样呢？虽然他们具有多得多的保护健康的办法，他们还是脱落了头发和牙齿：不幸的工人命运又会是怎么样呢？甚至连那些钢、铁原件压片工人也不会羡慕这些工人，虽然这些压片工人都染上了肺病并活不过40岁。这些因素是如何影响人口的，可以从下列事实

中看出来，在从远方来的工人流入的城市里，发现成年男人的死亡率之高为居民的死亡率所无法比拟。例如，在尼日戈罗德市，从 20 到 50 岁的成年男人中，1863 年死了 380 人，尼日戈罗德县死了 225 人；可是县里的全部死亡人数要比尼日戈罗德市多 2 倍，而县里的居民比市里的最低居民额多 2 倍以上，比最高居民额几乎多 2 倍。在县里，成年男人是 135 人中死 1 人，在尼日戈罗德市是 30 人中死 1 人。在外来人中，死亡率可以推测为 17 人中死 1 人。按照这种死亡率，到 37 年后他们就得死光。如果在全体人口中有这样的死亡率，那它将是可怕的；如果是在成年男人中有这样的死亡率，那它将导致绝望。这类现象也可以在流入许多人的其他城市中看到。大家都习惯于把纤夫和挖土工人看作是工人中最不幸的人。尼日戈罗德省、弗拉基米尔省和雅罗斯拉夫尔省的工人到西伯利亚的采金场或阿斯特拉罕的捕鱼场去寻找工作，来与当地工人竞争，而同时，市场也充斥了当地的竞争者：不难理解，这类不请自来的竞争者必然处于最悲惨的境地。在价格被竞争压低的情况下，当地工人勉强能靠这种工作生活。而远处来的工人，由于其费用花得更多，只得穷困至死。这类工人的不幸遭遇不止一次地给我产生了不可磨灭的深刻印象。关于流动的手工业者和小商贩，我们这里完全是另一种看法。他们的进取精神受到赞赏，他们所挣的钱给最夸大的传说提供了口实。在手工业者当中，的确可以碰到一个夏天就挣 80 卢布甚至 200 卢布的人。在商贩中间则能遇到一年挣 75 卢布的人。这样的幸运者主要是在大城市里能找到工作，不管怎么说，他们仅是流动手工业者中的一小部分，他们中的大部分人只得到普通的甚至是低的工资。我认为，在俄国中部和北部一年共需 450 万个木匠工，其中勉强有 50 万工是那些每年得 80 到 200 卢布的木工干的，至于其他的工，则是有时一夏挣 20 卢布以下的工人干的。在最遥远的草原农村里，甚至可以在纯鞑靼居民中遇到从弗拉基米尔省来的俄罗斯染色工。那里的居民很穷，他和妇女打交道，这些妇女只有在一年的花费不超过 15 戈比的时候才感到满意，因为许多人自己就会染色，而且愿意为最微不足道的工资干活，这种职业能在这样的居民当中给他提供什么利益呢？有时真令人惊奇不已，贫困把这些不幸的人驱赶到何等偏僻的地方去干何等悲惨的工作！作为彼得堡入股的组合成员的雅罗斯拉夫尔人每年可得 400 到 500 卢布，与其并存的还有这样的工人，对他们来说，他们生存的最幸福的日子就是死亡那一天，他们在一生中不断地由流动工人变成漂泊的乞丐、由漂泊的乞丐变成流动工人，同时也有可能变成小偷和流浪汉。当工人在异乡经受所有这些焦虑不安之际，他的家人在家里也困苦不堪。父亲很少关心他，甚至一年得到 300 或 400 卢布的工人有时只有经过几年以后才知道，他妻子生了儿子或女儿。有的工人对家庭的关怀只是表现在，长期分离以后回家几天，似乎只是为了把自己的妻子打得死去活来，然后重新离家。如果出门挣钱的人是大家庭中的一个成员，在这个环境中留下了他的妻子和儿子，那么他们的境况是最不值得羡慕的。关于与大家庭相关的家族生活和感情，随便写作多少田园诗都可以，但是所有这一切远不像我们在现实中看到的那样。生活在一个大家庭中的这种类型的每一个家庭成员

都力图用一切最有效的手段剥削另外的家庭成员：这里强制、甜言蜜语、阿谀逢迎、阴谋诡计等等，无所不用其极①。不具备自卫手段和不能用对等办法斗争的那部分人，受到了这些被劳动和贫困压得喘不过气来的不幸的人的残酷压榨和排挤，后者竭尽全力企图把自己的一部分饥饿和繁重劳动转嫁到前者身上。这类剥削的企图最多地落在外出挣钱的人及其不能自卫的家庭的身上。如果工钱是有利可图的，而且工人力图不回家的话，那么家庭会千方百计从他身上攫取尽可能多的钱来购买身份证。如果他回到家里，那么人们使用一切可能的阴谋和狡猾以骗取钱财与礼物。事情到了这种地步，一个带回家 150 卢布的工人向我诉苦说，他的父亲说服他的小弟弟偷走他的这些钱。这类工人的妻子和孩子，特别是如果他长期不回家的话，成了各方面贪图其便宜的对象，谁都力图把自己的过错和活计推到他们身上，他们不断地遭受咒骂和各种不快。如果丈夫赠给妻子服装，那么别人就力图将其据为己有，她经常处在家庭的贪图和丈夫殴打的威胁之间，左右为难。当饥荒来到的时刻（这种时刻是每年必有的），她和她的孩子受苦最深。除了她的不幸之外，还会遇到这样的事，靠工资过活的丈夫在那里搞了个姘妇，和她私生了孩子，最后甚至和这个姘妇回到了父母的家中。他之所以敢于走这一步，只有当他赚到了许多钱，比如，一年约 200 卢布的时候。不管他干了些什么，他对于自己的家庭来

① 那种把这类行为归咎于俄国人民的性格的人是大错特错了。不是工人的性格，而是工人的状况是这些行为的主要根源。当您仔细观察这些人的时候，经常可以看到，他们身上显示出善良感情的意愿，但是，艰难处境的铁钳无情地消灭了一切善良的意图。

说总是亲爱的人，但是他的妻子和孩子就变成了家庭的十足的外人。当他将她疏远时，如果她没有保持与父母的联系，或是没有父母的话，这个不幸的人就得听凭命运摆布，经受孤立无援境况的一切苦难。在所有这些日常生活风暴和焦虑中，在威胁到经常长期地被自己的丈夫留在家中的妇女和母亲的所有这些危险中，她不能不感到需要有一个能保护自己的保护者，这个保护者就像维护其他成员一样来维护她。她看到，所有的压迫都集中在她和她的孩子的身上，因为她一个人的身边没有能立即阻止家庭利己主义的各种贪图的拳头与嗓门。于是她一心想着自己的艰难状况，并成了自己丈夫的父亲或长兄的情妇。这个自己丈夫的父亲或长兄是这个家庭里掌权的令人恶心的老色鬼。她与孩子立即由末位转变为第一位，将支配家里的所有妇女和孩子。只有她的情夫的法定妻子永远无法冷漠忍受这一统治，她们之间将发生无休止的和丢脸的争吵和殴斗。法定的妻子被丈夫的情妇骂得狗血喷头，咬得遍体鳞伤，被自己的丈夫鞭打得死去活来，但始终不肯让权，只有到死才平静下来。被丈夫丢弃在他父亲家里的妇女就是走到了如此极端的地步。她感到自己在丈夫的家里地位不稳，总是被当作外人，就力图与自己的娘家保持联系，只是在罕见的场合她不感到对娘家的依恋。为此，她偷偷地帮助自己的父母，而她丈夫的家庭把这件事简直看作犹如偷窃。被父亲抛给自己亲戚负担的家庭是悲惨的，但是那种没有任何依靠的家庭的境况还要更为悲惨，而这几乎是经常发生的。在这种场合，全部繁重农活都压在妇女身上，她得耕地、耙地、割草、收割庄稼和脱粒。俄国妇女的精力令人惊奇不已：在工业省份，她成了种地人；在阿斯特拉罕，她成了水手

和捕鱼人，并勇敢地出海。但是，这种精力使她吃够了苦头，而且对她的孩子的影响经常是致命的：他们发育不良，虚弱，或是出生头几年就死掉，或是永远成为衰弱的人、病人或白痴。这一切的后果是，我们看到在那些外出挣钱的人最多的工业省份中的妇女中，死亡率很高。这种死亡率在成年的妇女中间表现得特别明显：当男孩、女孩经受到同样死亡的命运时，男孩要比女孩死得更多。在成年人中，妇女要死得多得多。根据二十年来的观察，在雅罗斯拉夫尔省，经常是男孩出生得更多，妇女死亡得更多。如果雅罗斯拉夫尔省在家的妇女要比男子多得多的话，那是因为男子很多人外出挣钱。但是她们中的死亡率仍然是无可比拟地高：可以看出，除了同时对妇女和男子都起作用的一般原因外，还有专门损害妇女的因素，——这是被丈夫丢弃不管、作为任由命运摆布的家庭母亲的艰难境况。这种对一切方面——男人、妇女、孩子都同样艰难的境况对整个人口的影响都是不利的。如果对比一下如此众多的人出外谋生的 16 个省份，这种挣钱的方式已经能对人口的运动发生实质性的影响，那么那些工人漂泊不定最严重的地区状况最为不利①。

① 为了确定外出谋生的人的数量，最好的办法当然是根据他们所领取的身份证来判断。遗憾的是，在国家收入的名目中，身份证收入列入各种名目的税收内。但是它占这一收入的三分之一以上。在这一收入的基础上得出的各省份配情况已足够可靠的了，可为我们的目的效劳。这里工业省份站在前列，接着的是沿海省份和俄国黑土地带的人口稠密的省份，最后是多土地地带的东部和北部省份。根据这一特征来判断，这些税收的其他三分之一来评定水、陆路交通的运行将尤为可靠，水、陆路交通的发展总是能增加流动工人的数目的。俄国欧洲部分 37 个省份这方面的情况如下：

省　　名	每个居民摊到多少戈比税收	省　　名	每个居民摊到多少戈比税收	省　　名	每个居民摊到多少戈比税收
1. 彼得堡	$47\frac{2}{3}$	13. 斯摩棱斯克	$5\frac{1}{2}$	26. 契尔尼戈夫	3
2. 莫斯科	$19\frac{1}{4}$	14. 塔弗里奇	$5\frac{1}{2}$	27. 库尔斯克	$2\frac{3}{4}$
3. 雅罗斯拉夫尔	$13\frac{1}{4}$	15. 尼日戈罗德	$4\frac{3}{4}$	28. 沃洛格达	$2\frac{2}{3}$
4. 卡卢加	$12\frac{1}{4}$	16. 阿斯特拉罕	4	29. 比萨拉比亚	$2\frac{1}{2}$
5. 阿尔汉格尔斯克	$9\frac{3}{4}$	17. 叶卡捷琳诺斯拉夫	4	30. 彼尔姆	$2\frac{1}{3}$
6. 特维尔	9	18. 奥尔洛瓦	$3\frac{3}{4}$	31. 萨拉托夫	$2\frac{1}{3}$
7. 梁赞	$7\frac{2}{3}$	19. 赫尔松	$3\frac{3}{4}$	32. 维亚特	$2\frac{1}{4}$
8. 奥洛涅茨	$7\frac{1}{2}$	20. 哈尔科夫	$3\frac{1}{3}$	33. 辛比尔	$2\frac{1}{4}$
9. 弗拉基米尔	$6\frac{1}{3}$	21. 沃龙涅什	$3\frac{1}{4}$	34. 喀山	$1\frac{3}{4}$
10. 图拉	$5\frac{3}{4}$	22. 诺夫戈罗德	$3\frac{1}{4}$	35. 奥伦堡	$1\frac{2}{3}$
11. 科斯特罗马	$5\frac{1}{2}$	23. 平扎	$3\frac{1}{4}$	36. 哥萨克顿河	1
12. 普斯科夫	$5\frac{1}{2}$	24. 唐波夫	$3\frac{1}{4}$	37. 萨马拉	1
		25. 波尔塔瓦	3		

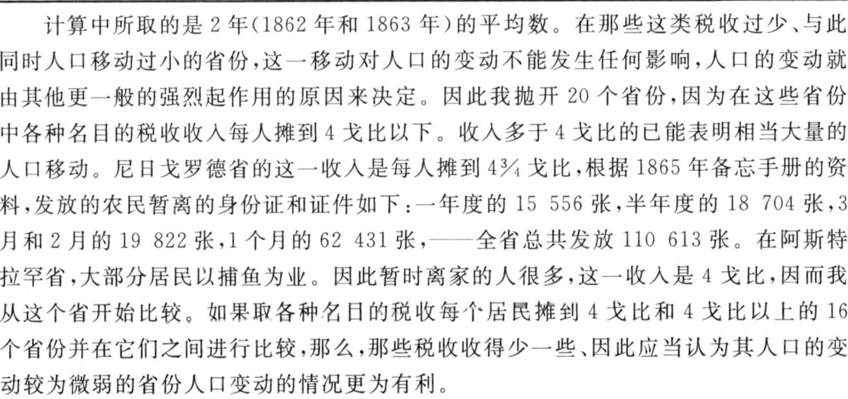

计算中所取的是 2 年(1862 年和 1863 年)的平均数。在那些这类税收过少、与此同时人口移动过小的省份,这一移动对人口的变动不能发生任何影响,人口的变动就由其他更一般的强烈起作用的原因来决定。因此我抛开 20 个省份,因为在这些省份中各种名目的税收收入每人摊到 4 戈比以下。收入多于 4 戈比的已能表明相当大量的人口移动。尼日戈罗德省的这一收入是每人摊到 $4\frac{3}{4}$ 戈比,根据 1865 年备忘手册的资料,发放的农民暂离的身份证和证件如下:一年度的 15 556 张,半年度的 18 704 张,3 月和 2 月的 19 822 张,1 个月的 62 431 张,——全省总共发放 110 613 张。在阿斯特拉罕省,大部分居民以捕鱼为业。因此暂时离家的人很多,这一收入是 4 戈比,因而我从这个省开始比较。如果取各种名目的税收每个居民摊到 4 戈比和 4 戈比以上的 16 个省份并在它们之间进行比较,那么,那些税收收得少一些、因此应当认为其人口的变动较为微弱的省份人口变动的情况更为有利。

对比情况如下:

身份证、水陆交通运行及其他税收收得较多的 8 个省份	多少居民中死 1 人	身份证、水陆交通运行及其他税收收得较少的 8 个省份	多少居民中死 1 人
1. 阿尔汉格尔斯克	30	1. 阿斯特拉罕	34
2. 梁赞	28	2. 塔弗里奇	32

身份证、水陆交通运行及其他税收收得较多的8个省份	多少居民中死1人	身份证、水陆交通运行及其他税收收得较少的8个省份	多少居民中死1人
3.卡卢加	27	3.叶卡捷琳诺斯拉夫	30
4.弗拉基米尔	24	4.普斯科夫	27
5.特维尔	23	5.科斯特罗马	25
6.莫斯科	22	6.斯摩棱斯克	24
7.雅罗斯拉夫尔	22	7.尼日戈罗德	22
8.奥洛涅茨	21	8.图拉	22

从1862年到1864年工业省份用于酿酒的谷物数量如下：

	居民数	从1862到1864年用于酿酒的		
		面粉(普特)	酒糟(普特)	土豆(普特)
1.弗拉基米尔	1 216 619	1 781 136	177 813	77 304
2.卡卢加	964 796	2 519 104	102 479	15 450
3.科斯特罗马	1 073 971	1 108 515	68 192	没有
4.莫斯科	1 564 240	283 913	39 825	27 430
5.尼日戈罗德	1 285 196	1 911 444	149 515	没有
6.奥伦堡	1 843 371	2 620 404	8 640	没有
7.奥洛涅茨	296 593	8 336	1 134	没有
8.彼尔姆	2 138 548	2 971 748	33 644	没有
9.彼得堡	1 174 174	350 591	33 399	23 390
10.特维尔	1 518 077	1 436 445	123 997	7 073
11.赫尔松	1 330 138	1 764 963	31 311	没有
12.雅罗斯拉夫尔	969 642	1 779 500	135 154	没有

在1865年的尼日戈罗德备忘手册中，1861年尼日戈罗德省的居民大概标明是38 065人，进入本省临时工作的是45 000人，而根据1866年统计年鉴的资料，1864年尼日戈罗德市按警察局的计数是36 914人——按1864年年底的调查是37 996人，而按1865年6月的调查是43 027人，——根据1863年尼日戈罗德省备忘手册的资料，标明的人口是41 543人。在那份备忘手册(第10页)中写道：省(尼日戈罗德省)里归社会救济厅管的医院，在省城里有1个，设有300个床位。在各县城里有10个，各设有10—25个床位。医院的维持费主要靠从莫斯科委员会得来的钱(为医治军职人员的付款)支付。在未能及时寄来汇款和医院的资金不足的情况下，社会救济厅由自己的资本支付借贷补助金。除了上述的医院外，省里还有下列医院，在尼日戈罗德市：

	1862年住院人数
1. 马林斯克贵族小姐学院附设医院1所	97
2. 亚历克山大罗夫斯克贵族学院附设医院1所	51
3. 宗教学校附设医院1所	1 182
4. 军事部门学校附设医院1所	899

在“慈善事业”栏下列举：1)从用于对贫穷小市民补助的佩列普廖奇科夫资本中来的收入400卢布；2)为穷人自愿捐献的13 946卢布，其中10 000卢布用于监狱机关医生的工资，其余的3 946卢布用于哪里，——用于其他官吏的工资或用于穷人，关于这一点备忘手册并未提及。穷人委员会的慈善事业扩及贵族、官太太、士兵和被释放而自由的农奴。为此，使用了从尼日戈罗德剧院收取的税款2 000卢布，为慈善目的演出的捐税，慈善家的一次性捐献以及上述3 946卢布中的一部分。除此之外，在尼日戈罗德市有残废收容院，那里救济104人。此外，在尼日戈罗德省有257人得到救济。总共有1 285 196居民，他们的贫困在西欧工人中是闻所未闻的，可是只有361个穷人得到救济！在英国，工人的富裕在西欧是未曾预闻的，贝德福郡有居民124 478人，有991个穷人得到救济。在尼日戈罗德省的监狱里关了1 060人，可是在贝德福省只有131人。在诺福克有4 082个穷人得到救济，其监狱里关了430人。

1863年在尼日戈罗德市1岁以下的男孩死366人，女孩273人；1岁到5岁的男孩死110人，女孩114人；5岁到10岁的男孩死29人，女孩42人；10岁到15岁的男孩死8人，女孩7人；15岁到20岁的男人死30人，女人10人；20岁到25岁的男人死56人，女人17人；25岁到30岁的男人死62人，女人42人；30岁到35岁的男人死65人，女人36人；35岁到40岁的男人死88人，女人30人；40岁到45岁的男人死53人，女人27人；45岁到50岁的男人死56人，女人16人；50岁到55岁的男人死39人，女人15人；55岁到100岁的男人死149人，女人135人。在尼日戈罗德县，1岁以下的男孩死1 487人，女孩1 280人；1岁到5岁的男孩死586人，女孩573人；5岁到10岁的男孩死84人，女孩109人；10岁到15岁的男孩死20人，女孩30人；15岁到20岁的男人死31人，女人29人；20岁到25岁的男人死32人，女人30人；25岁到30岁的男人死32人，女人35人；30岁到35岁的男人死34人，女人45人；35岁到40岁的男人死37人，女人46人；40岁到45岁的男人死36人，女人52人；45岁到50岁的男人死54人，女人55人；50岁到55岁的男人死53人，女人63人；55岁到100岁的男人死360人，女人421人。——尼日戈罗德县的人口是116 421人。在弗拉基米尔市，20岁以下的男人死195人，20岁到50岁的男人死114人。在弗拉基米尔县，20岁以下的男人死1 737人，20岁到50岁的男人死184人。弗拉基米尔市的男居民是8 623人，弗拉基米尔县的男居民是53 335人。在彼尔姆市，20岁以下的男人死250人，20岁到50岁的男人死95人。在县里，20岁以下的男人死2 690人，20岁到50岁的男人死215人。彼尔姆市的男居民是 8 021 人，县里的男居民是 71 670 人。

从 1838 年到 1858 年，雅罗斯拉夫尔省的 5 岁以下男孩死 191 887 人，女孩 174 106 人；5 岁到 15 岁的男孩死 15 896 人，女孩 15 181 人；15 岁到 35 岁的男人死 21 693 人，女人 25 965 人；35 岁到 55 岁的男人死 33 451 人，女人 41 401 人；55 岁到 75 岁的男人死 44 527 人，女人 61 779 人；75 岁到 100 岁的男人死 15 575 人，女人 17 708人；100 岁以上的男人死 109 人，女人 125 人。在这同期，共出生男孩 418 704 人，女孩 402 075 人；男孩死 363 664 人，女孩 379 176 人。

在俄国欧洲部分的 49 个省份中，1863 年计有男人30 082 790人，女人 30 826 519 人。在雅罗斯拉夫尔省，男人 443 476 人，女人 526 166 人。在这 49 个省份中，男孩出生 1 559 384 人，女孩 1 485 607 人。雅罗斯拉夫尔市有男人 21 872 人，女人 20 670 人。在这 49 个省份中，男人死 1 191 667 人，女人 1 149 158 人。在雅罗斯拉夫尔省男人死 21 527 人，女人 26 305 人。如果雅罗斯拉夫尔省的妇女对于全体人口和全部死亡人数来说，与俄国普遍有的一样按同一比例死亡，那么妇女的死亡人数将是 18 204 人。在俄国，虽然男人比妇女少，但是他们比妇女死得多。在雅罗斯拉夫尔省，即使男人和女人死得一样多，那么妇女的死亡人数也只有 25 540 人。

第五章　工业省份和文明欧洲的劳动者的道德精神状态。——俄国的无产者

不管俄国工业省份的苦难多么深重，它仍然是我们祖国的最文明部分。哪儿的工人都没有这里的工人那样把智力与道德精神发展到这样的程度。在俄国的所有其余部分，尽管工人的天生才能是无可置疑的，但是在其一生的主要和总的表现中，最经常的是着眼于追求自己需要的短暂满足，没有任何打算未来或抱有偏见的思想，他从来未曾试图分析或弄清这些思想。可以说，只有当他没有那些搞得他的头脑与心灵昏昏欲睡的成规可循的时候，或是当环境不迫使他在完全异己的活动场所活动的时候，而这种活动场所却使他变成骗子的玩具和知识浅薄者的嘲笑对象他才会在其一生的这些不平常场合中合理地行动。在工业省份，他似乎懂得生活。他第一次抛弃那种消极的生存状态，在这种状态中，人机械地生活着，没有热情的追求，没有与生活的斗争。假如财富轻易地偶然落在他的途中，他就发财；他要是贫困，也完全与此类似。他首次摆脱了可怜的社会环境，在这种环境中，每个人都会只考虑其头脑中所出现的各种需要，并用初次碰到的方法来满足这些需要。姑娘感到需要爱情，但是知道，出嫁的生活是艰难的，因此她力图

不出嫁来满足自己的需要。可是她只有短期内能这么办，因为任何成年的青年需要在家里有个主妇，而无缘无故地养着她，对父母是不合算的：姑娘认为自愿出嫁是没有面子的事情。这就是俄国非工业省份的幼稚的道德规范。在俄国的工业省份中，工人作了摆脱这种原始状态的可怜而不成功的初次尝试，力求达到那种最强烈、最长期地影响他的想象的理想境界。对他的想象产生最强烈的印象是那个居于其上的和自称为受过教育的阶层。这一阶层生活中的所有突出特征开始在他身上有所反映。工业省份的工人的道德精神与上层阶层的关系就如同用肉眼看到的物体与通过照明增大 100 倍的同一物体的关系一样，——这是上层阶层的微弱的拉长了的形象。在道德精神的一个方面，工人阶级完全不像上层阶层，而具有属于他的独特色彩，——这就是在精力方面。工人阶级以其精力惊人地超过上层阶级，它在那些在感情和追求方面严肃得多的人身上产生了印象。工人看到上层阶级比自己优越的地方首先在于惊人的豪华、玩牌和宴饮，他看到那里的男人追求拥有情妇。只有一些妇女瞧不起情妇，其他人看待这件事非常平淡，有时自己也不反对腐化一下。有这样的情妇，她们受到尊敬，大多数人不厌恶她们，甚至对她们奴颜婢膝，因为她们的情夫能为自由地表达自己的感情和意见得到报应。最后，也有这样的人，他们不仅轻视，而且仇恨的恰恰就是这些情妇，认为她们是社会腐化堕落的根源。所有这些都完全以更为浅淡的色彩在工人阶级中得到反映，但是，他在赋予其所具有的精力这一重大特征的同时，给予每一表现以独特的形象。受过教育的阶层的主要特点是虚荣心，它力求以显赫和豪华来满足这些虚荣心。虚荣心首先也传染给工人；对工人来说，满足这种虚荣心是很困难的。这种激情在无法得到满足的时候就会渐渐由强烈变为淡薄，以致在许多人身上可能会觉察不出来。表现越来越微弱，但是请看一下精力所赋予他们的那些特征。即使最不灵敏的观察家也能发现，雅罗斯拉夫尔人是如何以其工资来满足虚荣心的，那里的妇女只要能购置一件绸连衣裙，宁肯饿死。任何一个与工人阶级打过交道的人都知道，虚荣心迫使多少工人立即花光定钱，然后忍受痛苦的贫穷，带着不多的工资返家，只要能自吹自擂地蒙混人就乱花钱。在所有这些表现中，工人经常使人想起那种可以在地主与商人子弟的挥霍者的上层阶层中遇见的精神状态。当前者与后者花光了所有钱财时，他们之间也就开始出现重大差别：地主与商人子弟的挥霍者依旧沉湎于懒惰和腐化，使生活于其土地上的农民或其工厂的工人成为不幸的人。吃喝花光的工人经常表现出不能不令人惊奇的充沛精力和善于经营。这类工人直到只剩下最后一双靴子的一切都花光以后，经常以坚强的耐性开始干活。他所作的努力快速地发展他的才能，他成为技术级别最高的工人。他在工作中所具有的灵活性和力气，使他比别的工人不仅多挣1倍，而且多挣3倍。在地主和商人中间的挥霍者所具有的委靡性格中，挥霍恶习只能引起对他们的丑恶的轻视和极端厌恶。挥霍——在头等工人之间有时是最令人喜欢的性格，它不会招致自己同伴的丝毫妒忌，最经常的是得到温暖的爱和最真诚的敬意。庄重的头等工人通常是傲气的，奸细和挑拨是非者经常和总是引起妒忌或甚至仇根。关于好虚荣爱挥霍的工人的反应经常是很好的。工人们谈到他时说："他有善良的心和金子般的手，他未曾使任何一个人不幸。他在一、两个月内挣许多钱，用来大吃大喝，请大家客，全都分掉了，给自己什

么也没留。”由于虚荣心而纵饮作乐花光一切的工人还远不能算是堕落的人。在虚荣心和纵酒发作一阵以后，他以加倍的精力投入工作。在上层人中，醉鬼，特别是狂饮者，相对地要多得多。这从上层人中酒要喝得多得多这一点就可以看出。在俄国欧洲部分的49个省份中，工人阶级所喝的酒每人摊到2.30银卢布，上层阶层的每个人光是通过海运从国外运进的酒就喝掉3.50银卢布。除此之外，他们喝掉的俄国产的酒大约多3倍，所喝的粮食做的酒至少与葡萄酒一样多，甚至可能更多。最终应该制止上层阶级用来反对工人的责难，上层阶级本身更配承受较多的这些责难。但是，即使俄国工业省份的工人阶级就其虚荣心的表现方面要比我们的受过教育阶层站得高得多，这种感情仍然无论如何不能被认为对工业和发展是有利的：观察表明，贪财欲，对奢侈的虚荣追求，除了给工业带来危害之外，从来也不会带来别的什么。那种把它们看成能刺激发展的思想家是大错特错了。成年累月地奢侈纵酒的虚荣习惯导致工人露骨的利己主义和放纵。我们的技艺特别高超的工人完全和法国的工人一样，为了虚荣和纵酒经常忘记自己的家庭，以致国内最好的劳动力所带来的好处要比他们所能带来的小得多。这类工人的家庭生活过得极端贫困：它的家长在夸耀其狂饮时，实际上要工作得少一倍。能遇到这样的情况，这类工人会使工厂和小作坊的工作停顿，并夸耀他们自己能使几十工人只得坐着无所事事。但是，痛心地埋怨这件事的资本家不应忘记，他们以其挥霍和经营事业的漫不经心更经常地给工业企业带来危害和更严重地阻碍工作前进。纵酒作乐、花光钱财的工人的确有时会妨碍几个工人干活，而输了钱的资本家，由于这些钱是工厂的开工所必需的，因而能使得几百工人在许多星期内无事可做，或者他们恶劣地解雇自己的工人，使得这些不幸的人给自己的家庭带来饥饿和绝望。如果男人在纵酒上花钱，那么妇女是在衣服上破费：贵妇人在一昼夜内换几次衣服，工业省份的女工力求有几套衣服，如果她在节日能够穿着各种不同的衣服当众出现4次或5次，她认为这是最大的幸福。她力求让这些衣服的外观和式样酷似上流社会的衣服，她贪婪地扑向那些仿制的上流社会的奢侈品。人们卖给她30戈比1俄尺的天鹅绒。她很想有小巧的手和脚，年轻的姑娘更是经常地想象，她不是落在自己的社会环境中，她是为上流社会而出生的。这些倾向也在农村的村民裁缝的阶层中流传。道德的纯洁乃是妇女的高傲和打扮这一概念同样渗透到工业省份的工人阶级圈内。在俄国的其他地方，我根本没有发现有过这类概念。那里关于妇女贞洁的概念是很淡薄的。当姑娘想满足自己的欲望时，它根本不能成为她的障碍，或者它完全像其他一切偏见一样：姑娘就像克制吃食兔肉和马肉一样，无意识地克制着性欲。在工业省份中，贞洁不再是偏见，而是变成了骄傲的对象。在受过教育的社会中，姑娘很少了解，她的贞洁的目的在于她的未来孩子的幸福和发展；人们甚至经常禁止她考虑，她将有孩子。她之所以保持自己的贞洁，是因为她受到那种蔑视所有的牺牲自己贞洁的妇女所产生的无法遏止的感情的熏陶。完全是这种同样骄傲的感情保持了工业省份女工的贞洁。她认为服装的华丽能与贞洁的结合是毋庸置疑的优点。这使她处于傲视和蔑视任何牺牲自己的肉体获取同样多钱财的妇女的优越地位。如果工业省份的一位女工能以挨饿和忍受一切匮乏来购置绸缎服装，那么另一位女工为了拥有同样的服装可以加倍地忍受，同时还保持了自己的贞洁，——有的

女工为了达到这个目的能把自己折磨致死。如果一个女工热衷地沉湎于玩乐和戏耍，这种场合欢乐招来随随便便的态度，那么另一个女工出于有礼貌的态度自尊地避开这类诱惑时要感到喜悦得多。贞洁处女的影响扩及整个农村，如果那里的姑娘有了小孩就会找不到丈夫。只有那些失去任何出嫁希望的老处女才为了爱情的享乐敢于牺牲自己的荣誉。我刚才谈到的两种贞洁的原因在妇女的品行中得到强烈的反映。出于偏见而保持贞洁的妇女对待不贞洁的妇女在一切方面都是用平等的态度。这里，贞洁的妇女和钟情的妇女只是各种信仰的妇女。假如女工贞洁的原因是高傲，那么她就会鄙弃自己失足的姐妹，她力图在任何场合与她们明显地区分开来，父母也不许她与她们混在一起，——这类妇女像是不同阶层的人。我不想断言，这两种贞洁的原因哪一种比较好：我觉得，它们两种同样地恶劣，它们都是男人利己主义的产物，它们都出生和导源于霸权和后宫制度。在我们这里，无论在上层和底层，都不能遇到出之于自己真正原因、出之于对孩子爱的这种程度的贞洁，可以让它全面地控制着我们祖国的社会舆论，——这是很悲哀的事实，也是对这件事的所有闻名于俄国的观点之所以站不住脚的主要原因。① 另外一种类型的工人社会，特别是在男人和妇女一起干活的工厂里或在妇女挣钱很多的工业地区里经常遇到的那种类型的工人社会，则完全与此相反。在这个范围里，某种温

① 我们在法国能看到同样的现象：这种现象很罕见地通过一些事情显露出来，例如，乔治—桑在旨在阐明婚姻问题的小说中，注意力集中在描述男女关系上，而不是集中在孩子对父母和对社会的关系上。如果法国社会理解，只有从孩子的观点来讨论男女关系才可能是富有成效的，那么像乔治—桑这样的女作家就根本不可能走上如此无成效的道路和落入这种只能使问题更为虚假的境地。

厚、某种优雅的无忧无虑的关系第一次使您感到惊奇：要是这不是俄国人，而是法国人的话，那么您会想，这是以实现贝兰瑞的理想和观点为目的的人们的社会。这里似乎是，姑娘从来不考虑追随爱情的初次召唤，随着心脏的第一次跳动行动。这里似乎是不知醋意为何物。有人对某个工人说："你瞧，你的情妇对你变心了。"工人愉快地挥挥手，并以挑战的神情说："那又怎么样呢？"在这句"那又怎么样呢"后面还有没说完的话："你是想让我整她一下吧，——这我是不干的。"两个情敌友好地相互接吻，一个对另外一个叙述昨晚的约会："我是多么舒服，老兄，"——他兴奋地说着，只是出于礼貌他才不把话说完，不说出这些话牵涉他们共同的爱慕对象：但是他的伙伴猜想到了，于是笑了起来。贝兰瑞的崇拜者遇到这种场合会非常兴奋。但是那种不属于这位诗人的崇拜者的人会承认，这类关系与那种庸俗道德比较是前进了一步。两个喝醉酒的士兵把自己共同的情妇引入圈套，并把她揍得半死，当然这并不能阻止她继续堕落。这些习俗像是18世纪的法国宫廷的习俗。一方面，妇女被放置在家庭的严厉纪律之中、高傲和孤寂的贞洁之中，这种贞洁要求她作出很大的牺牲和艰巨的努力，自我保存的感情使她愤愤不平，力求诱使她走上反抗的道路；另一方面，妇女被放置在快乐和轻率的堕落之中。文明程度越高，这种堕落越丧失其严酷的形式，工业的发展使工人习惯于这种文明。

读者会记得，上面我曾论证过，人口的增长丝毫不取决于人口节制的程度，而完全取决于其福利水平。现在我说，私生子的数量问题，很少是偶然现象，在这种情况下，男人和妇女之间的数量比

例起着首要的作用。可以十分雄辨地宣扬道德，可以对人产生最强烈的印象，但是，如果所有这些印象不符合他们生活的自然条件，那么总将是转瞬即逝的，不会有丝毫结果的。如果每个男人摊到两个妇女，或者每个妇女摊到两个男人，那么由此就会产生堕落和忽视孩子，任何道德信念都无助于不幸。思维健全的人在这种场合不会白费唇舌，他会力求去建立性别的平衡，不用任何空洞的说教会较快地达到目的。还有什么地方能找到比我们的北部省份更离群索居、更少堕落的诱惑的呢，可是它们全无例外地以多私生子而著称。为什么？所有的省份都是妇女的数量大大超过男人。工业省份按文明程度来说完全与之相反，但是这些省份中妇女或男人的超过额还要大，因此私生子还要更多。在俄国，东部的多土地地带私生子最少，那里男女之间的数量最为平衡。中部黑土地带按私生子的数量和男女之间的比例关系来说，都是处在中间。只有在很罕见的场合，工人妇女才会被对快乐的贪欲诱人堕落的道路，她几乎总是屈服于艰难的境况和需要，她没有能力与之斗争。人们从妇女那里夺走了丈夫或未婚夫，将她一个人或与孩子一起抛给命运任意摆布。如果她失足了，可能是为了使她一个人无力养活的孩子免于饥饿而牺牲了自己的荣誉，于是人们就来谴责她。在俄国，存在着两个堕落的丰富来源：一个是俄国人民的声名狼藉的工业进取精神，这是一个家庭幸福的灾难，吞没成千上万的男工、女工和孩子的眼泪的深渊，被称之为出外做工这一俄国的巨大祸根。另一个是长期的军役。以这两种方式任由苦难和命运摆布的妇女计有几百万，这样死去的孩子恐怕不能认为只有几千。如果北部省份突出的是有其大量的私生子，那么这首先是因为那里的不需外出工的农业与手工业都很少，再就是有的地方很大程度上是大量的士兵和驻军。阿尔汉格尔斯克省外出做工的人比其他省多，同时士兵也比其他省多，它的私生子也就比其他省多。要是这个省都是地主的土地，那么它将会是北部省份的是不幸的一个省。但是，在北部省份中有一个省的状况更为悲惨，这就是诺夫戈罗德省：这里堕落的灾难还是另外的原因，而并不是外出做工；这里甚至妇女超过男人的数额也不大。但是北部省份中没有一个省的士兵有这个省这么多，此外，它的驻军比所有其余省份加在一起还多。考虑到以劳动来满足自己的需要，同时不考虑从事这一劳动并受这一劳动影响的人，这难道不是不可饶恕的轻率错误吗？我们为了满足我们的需要，想让千百万工人汇集在交通要道，工业的主要中心；但是，我们不愿意给自己提一个问题，他们的妻子和孩子将会如何？我们想在国际关系中起巨大作用，而不考虑那些给予我们达到此目的的手段的士兵和孩子将会如何。如果士兵是那种复员后才结婚的年轻人和单身汉，而不是那种家里有正在死去妻子和孩子的人，难道我们的军事力量就会削弱吗？这就是这种以无意识的骄傲而不是以对孩子的爱为其根源的贞洁的后果。更有甚者，我们想把工业也搞得和军事职业一样，使大量的工业企业变成兵营。我们给工厂的工人建造集体宿舍，他们在那里像士兵一样过着孤独、单身的生活，我们既不考虑他们给附近地区产生的影响，也不考虑被他们抛弃的妻子和孩子将会如何。还有，我们达到这种可悲的地步，我们这里，集体宿舍这个人们堕落和灾难的渊薮受到了夸耀，似乎这是一种幸福。营棚，阴冷、致命的营棚，——这就是出外做工的工人的可怜住处。一旦主人把营棚改

成集体宿舍，我们的乐观主义者大为钦佩，赞不绝口。我们循此道路走到了这一步，那就是那些应当导致习俗改进和文明的条件会同时产生冷漠无情和野蛮。在大量工人汇集的任何地方，工人都接近受过教育的阶层，同时他们的生产率都有所增加，出现了文明和习俗改进的最有利条件：看一下我们大城市的工人，他的心灵和才智都更为发达，他的感情更为高尚。他任何时候都不会像草原农民那样表现出粗鲁和生硬，对待妇女，他不再像是笨拙的严酷的暴君；他开始变成灵活迷人的情人，成为力图以其殷勤礼貌迷住女人、而不是那种只靠强力拉拢妇女的人。但是，当他的思想与感情专注于改进他与女人的关系的同时，什么也没有使他更严肃地考虑他与孩子的关系。在从上层社会方面来的强烈鼓励的情况下，私生子的数量过多地增加：如果上层人物如此少地关心自己的私生子，并认为委身卖淫是许可的，难道还能期待工人会关心自己的私生子吗？工厂生活如此地影响到舒雅县，那里 18 个孩子中就有 1 个私生子，这里无疑地存在着工厂集体宿舍生活的影响。弗拉基米尔省的各县份中虽然存在着最多种多样的出生私生子的机会，但没有一个县有这么多的私生子。尼日戈罗德省的谢麦诺夫县和巴拉赫纳县虽然有大量的工业生产，但是私生子的数量要少得多，而且与这件事相违背，即巴拉赫纳县的驻军要比舒雅县多。

只有盲目和不可救药的乐观主义者才会不相信统计，统计表明妇女的道德更多地取决于她们的境况，较少地取决于她们在生活中应当遵循的准则、她们的意志力，甚至她们的文明程度。如果是这样，那么在那些由于我们对拯救孩子的生命什么也不做而使成千上万的孩子死去的地方去宣扬道德，难道是可以原谅的吗？① 富裕的女工高傲地俯视那些贫穷悲惨的自己的姐妹，这些姐妹为可怜的鞋子、为3个戈比、有时甚至为一小块面包牺牲了自己。受过教育的妇女还要更高傲地蔑视她。她们不想一想，如果她们一下子大批地落入这种贫困境地，那么她们的下一代也完全会这么干的。饥饿和寒冷，——灾难的主要根源，因此也是堕落的最强有

① 俄国各省份中男人和妇女的对比与私生子数目如下：

北　部　省　份	妇女比男人超过额	100 000居民摊到的私生子	多少居民中有1个兵士的妻子	省内的驻军
1. 阿尔汉格尔斯克省	7%	167	39	3 223
2. 沃洛格达省	9%	163	73	2 137
3. 维亚特省	11%	161	47	4 138
4. 诺夫戈罗德省	3%	198	35	24 088
5. 奥洛涅茨省	10%	152	60	2 502
6. 彼尔姆省	10%	166	60	3 669

俄国中部的工业省份	男人比妇女超过额	100 000居民摊到的私生子		妇女比男人超过额	100 000居民摊到的私生子
1. 彼得堡省	24%	497	3. 弗拉基米尔省	7%	186
2. 莫斯科省	5%	237	4. 雅罗斯拉夫尔省	18%	183
			5. 卡卢加省	5%	132
	妇女多于男人		6. 科斯特罗马省	15%	189
			7. 尼日戈罗德省	8%	114
东部省份			8. 特维尔省	8%	120
1. 喀山省	4%	105	6. 奥伦堡省	男女数目相等	72
2. 萨马拉省	3%	106	7. 萨拉托夫省		51
3. 辛比尔省	6%	153	8. 唐波夫省		111
				男人多于妇女	
4. 沃龙涅什省	4%	82			
5. 平扎省	4%	118	9. 阿斯特拉罕省	2%	113

力的动因，最贫穷的省份的私生子就特别地多。是否可以无情地摒弃那些作为母亲自我保存感情的陪随产物——孩子呢？由于饥

中部和南部省份	男人比妇女超过额	100 000居民摊到的私生子		妇女比男人超过额	100 000居民摊到的私生子
1.契尔尼戈夫省	8%	140	7.图拉省	1%	123
2.哈尔科夫省	0%	133	8.梁赞省	1%	52
3.波尔塔瓦省	3%	112	9.库尔斯克省	1%	126
	男人多于妇女		10.奥尔洛瓦省	3%	115
			11.叶卡捷琳诺斯拉夫省	1%	137
4.赫尔松省	9%	159	12.哥萨克顿河地区	1%	157
5.塔弗里奇省	11%	94			
6.比萨拉比亚省	13%	70			

在塔弗里奇省和比萨拉比亚地区，男人大大多于妇女是因为没有大量的军人，私生子少是由于与此相适应的士兵妻子的数量要少得多。在比萨拉比亚地区，122人中有1个士兵的妻子，塔弗里奇省是93人中有1个士兵的妻子。哥萨克顿河地区私生子多的原因是众所周知的，那就是哥萨克的轮流服役。在库尔斯克省和图拉省还有一个原因在起作用，这就是在保证其生活的资料少的情况下人口太稠密。

弗拉基米尔省婚生孩子和私生子的比例关系如下：

县　　份	多少婚生孩子摊到1个私生子	妇女多于男人的%	县　　份	多少婚生孩子摊到1个私生子	妇女多于男人的%
1.弗拉基米尔	52	10%	2.苏兹达尔	41	9%
3.舒雅	18	11%	4.科弗罗夫	25	10%
5.维亚兹尼科夫	21	15%	6.戈罗霍维茨	39	10%
7.穆罗姆	42	10%	8.麦连基	47	1%
9.苏多格达	35	7%	10.波克罗夫	39	1%
11.亚历克山大罗夫斯克	32	10%	12.尤里耶维茨	39	11%

在佩列亚斯拉夫县，妇女和男人一样多，24个婚生的孩子摊到1个私生子。在尼日戈罗德省的谢麦诺夫县，37个婚生的孩子摊到1个私生子：那里的妇女比男人多18%。在巴拉赫纳县，41个婚生的孩子摊到1个私生子，那里的妇女比男人多12%，

饿，母亲连自己的孩子都能吃掉。本来这样的行为不应归咎于她：妇女因饥饿而卖淫，由此生了孩子，这又有什么可奇怪的呢？上层

那里的驻军有 2 191 人，士兵的妻子有 1 436 人。舒雅县没有驻军，士兵的妻子有 2 703人。

关于贫困迫使堕落和导致私生现象，可以从以下事实中看出，那些相对地最不幸和最贫困的省份都在私生子最多的省份之列，反之亦然。如果碰到例外，也是由于碰到特殊的情况，例如，在哥萨克顿河地区。以下就是私生子较多和较少省份的对比。为了确定一个省居民的贫困状况，我和其他地方一样，处处拿居民的死亡率作依据。

私生子较多的省　份	10 万居民中摊到的私生子	多少居民中死 1 人	私生子较少的省　份	10 万居民中摊到的私生子	多少居民中死 1 人
1. 哥萨克顿河	157	41	1. 比萨拉比亚	70	36
2. 叶卡捷琳诺斯拉夫	137	30	2. 阿斯特拉罕	113	34
3. 阿尔汉格尔斯克	167	30	3. 塔弗里奇	94	32
4. 诺夫戈罗德	198	27	4. 梁赞	52	28
5. 普斯科夫	261	27	5. 波尔塔瓦	112	28
6. 辛比尔	153	27	6. 萨拉托夫	51	28
7. 彼得堡	497	26	7. 唐波夫	111	28
8. 沃洛格达	163	25	8. 喀山	105	28
9. 科斯特罗马	189	25	9. 卡卢加	132	27
10. 契尔尼戈夫	140	25	10. 库尔斯克	126	26
11. 弗拉基米尔	186	24	11. 平扎	118	25
12. 斯摩棱斯克	181	24	12. 萨马拉	106	24
13. 莫斯科	237	22	13. 奥伦堡	72	24
14. 雅罗斯拉夫尔	183	22	14. 特维尔	120	23
15. 奥洛涅茨	152	21	15. 奥尔洛瓦	115	23
16. 维亚特	161	20	16. 尼日戈罗德	114	22
17. 赫尔松	159	19	17. 图拉	123	22
18. 彼尔姆	166	18	18. 沃龙涅什	82	20

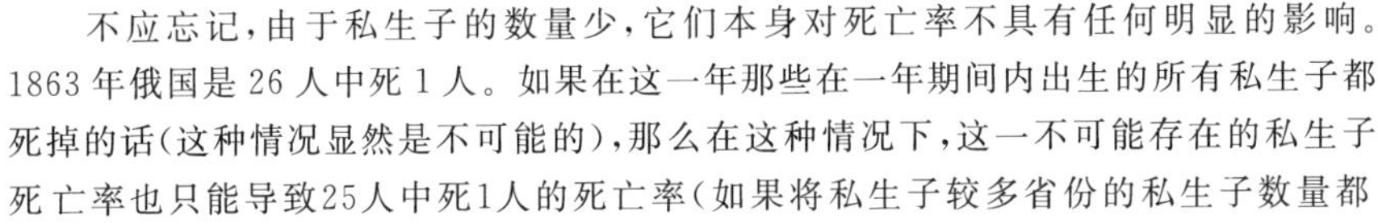

不应忘记，由于私生子的数量少，它们本身对死亡率不具有任何明显的影响。1863 年俄国是 26 人中死 1 人。如果在这一年那些在一年期间内出生的所有私生子都死掉的话（这种情况显然是不可能的），那么在这种情况下，这一不可能存在的私生子死亡率也只能导致25人中死1人的死亡率（如果将私生子较多省份的私生子数量都

社会中的冷漠无情和虚伪道德是如此地严重，以致在最文明的那些国家里有这样的一流作家，他们的道德水平极其低下，他们害怕关怀孩子的生活，把这种关怀看成是传播贫困和堕落的手段。回答这些作家只有一个：无情与利己主义残害了千百万孩子，社会根

加起来，将它们除以 18，那么得出的平均数是 193，而私生子较少省份的平均数是 100，用同样的方法计算，前者的死亡率是 23 人中死 1 人，后者是 26 人中死 1 人。在世界上难道还能在另外的任何不幸的角落找到这种平均 23 人中死 1 人的死亡率吗？在上述 18 个省份中，计有妇女 20 931 024 人，死 896 304 人，即 23 人中死 1 人）。

如果将所有 37 个省分成两半，将男女人数差别较大的 18 个省份归入一半，将差别较小的另外 18 个省份归入另一半。在这种情况下，中间的差别为 5%。差别多于 5%的有 16 个省份。差别少于 5%的有 17 个省份。将这些省份进行对比得出如下的结果：

男女人数差别较大的省份	100 000 居民中摊到的私生子	男女人数差别较小的省份	100 000 居民中摊到的私生子
1. 彼得堡	497	1. 诺夫戈罗德	198
2. 科斯特罗马	189	2. 哥萨克顿河	157
3. 弗拉基米尔	186	3. 叶卡捷琳诺斯拉夫	137
4. 雅罗斯拉夫尔	183	4. 哈尔科夫	133
5. 阿尔汉格尔斯克	167	5. 库尔斯克	126
6. 彼尔姆	166	6. 图拉	123
7. 沃洛格达	163	7. 平扎	118
8. 维亚特	161	8. 奥尔洛瓦	115
9. 赫尔松	159	9. 阿斯特拉罕	113
10. 辛比尔	153	10. 波尔塔瓦	112
11. 奥洛涅茨	152	11. 唐波夫	111
12. 契尔尼戈夫	140	12. 萨马拉	106
13. 特维尔	120	13. 喀山	105
14. 尼日戈罗德	114	14. 沃龙涅什	82
15. 塔弗里奇	94	15. 奥伦堡	72
16. 比萨拉比亚	70	16. 梁赞	52
		17. 萨拉托夫	51

本不需要他们写这样的书来发挥这些美妙品质。他们指出，育婴堂会增加私生子的数目。这是什么意思？那些在胎儿时就本会被压出、打掉、弄死的孩子成熟了，并变成活人。这些先生应当一贯反对那些好的警察，他发现了成千上万差劲的警察所不能发现的罪犯。育婴堂是野蛮的手段，它在缺乏母亲的情况下培养孩子，应当是通过母亲来办这件事，但是它终究比杀死儿女要好一些。

考察全世界工人阶级的生活，可以看出它有两个主要阶段。在第一阶段，上层人的数目很庞大，工人的租赋和捐税负担极其沉重，工资很低，以致他不能有任何储蓄，他的受教育程度很低，甚至识字读书经常很少在他们中间推广。这类可怜国家的工人，随着达到成熟年龄，立即就有他在老年时将有的一切。因此，一旦他到达结婚所需要的完全发育程度，他就立即结婚。在这类国家中，私生子的数量总是不多的，私生子只能在那些妇女数量显著超过男人或一部分妇女因特殊原因而没有丈夫的地方可以遇见。但是，私生子少并不说明人们更为道德高尚；夫妇间的忠诚维护得很差，整个盛行的堕落在婚姻的面纱下掩人耳目。对待孩子必然极其野蛮，不幸的生命死如蝼蚁。在其发展的另一阶段里，上层人的数目显著减少，因此他们较多地执行自己的任务。直接税和间接税，工

	男女人数差别较大的省份	男女人数差别较小的省份
100 000 居民摊到 200 以上私生子的省份数	1	0
100 000 居民摊到 150 以上私生子的省份数	10	2
100 000 居民摊到 100 以上私生子的省份数	3	11
100 000 居民摊到 50 以上私生子的省份数	2	4

人或是根本不用缴纳，或是缴得少得多，工资已经高到他能够有储蓄。因此他的伙伴们的社会舆论要求工人在结婚以后安排得越来越好，购置点什么，过着体面的生活。工人间的文化程度和文明如此地发达，工人组合创办了图书馆，里面备有具有严密科学内容的书籍。这类国家的工人不认为一旦他到达成熟的年龄就得结婚，他首先需要积蓄一些钱和安排妥当。结婚的数目有所减少，单身汉和未嫁妇女的数目有所增加，与此同时私生子的数目也有所增加。此外，孩子的状况显著得到改善，他们的身体和精神状况与他们死亡率的降低获得同样程度的改进。一旦工人进到这一发展阶段，开始更迟地结婚，很大一部分人，比如约占成年人口的七分之二，对这件事根本无所谓。可以看到私生子比例逆向的移动：私生子的数量随着工人阶级福利的增长而减少，看来，它适应财富的增长更甚于适应结婚数量的减少。在唯一达到这一阶段的奥地利西部，私生子的数量比萨克森要多，萨克森的私生子又多于普鲁士，普鲁士多于法国，最后法国又多于比利时和英国。结婚数目的减少只是局部地循这次序进行。女工福利的发展极大地增加她的道德感情，她越来越不同意委身于那些不愿保证其孩子生活的男人。在英国，1 千个成年姑娘中只摊到 17 个私生子。对女工来说，出现了一种新型的痛苦，她不愿再生要死掉的孩子，她还想培养她所生的孩子。保证这种培养的机会无法出现，可是本性却不断地提出要求。这些善良和高尚的痛苦最不应受到那些从事科学的人们所给予它们的冷漠待遇。科学的存在不是为了空洞地宣扬盲目的道德，而是为了找到满足人类全部真正的本性需要的途径。在这一斗争中表现得越出色的人，越需要在各方面帮助他。在奥地利

东部和俄国，我们看到处于上述第一阶段的工人阶级的例子。上层人的数目是大量的，越是没有用的人，数目越是多。奥地利的贵族不可想象地过分太多，而在俄国则更多。贵族及其家人比服役的士兵还多。俄国的大量僧侣对福利几乎也有同样的影响。我们这里僧侣比英国多一倍，比普鲁士几乎多一倍多。大量的租赋和捐税、极低的工资使得工人对储蓄甚至连想都不敢想，把他们控制在野蛮状态。在这种状况下，工人恰恰不希望有更好的生活，遇到第一次机会就结婚。结婚的数目很大，它不允许再想象有哪怕是较多的光棍和少女。在工业省份，工人在智力和道德方面都要发达得多，甚至最肤浅的观察家也看出了这种发展的优越性。不仅在诸如雅罗斯拉夫尔、弗拉基米尔和尼日戈罗德这样的省份，而且在例如卡卢加这样的省份，都是这样。可是，上述状况很少变好，我们在这些省里能看到很大数量的结婚和很大数量的私生子。我们能看到这样一些省份，在这些省里，对于人口来说，结婚数量是少的，在少数省份，甚至比欧洲文明国家的平均水平还要少一些；但是，遗憾的是，这种少量的结婚不能解释为节欲。甚至连在工业省份，这样的节欲也不会有能改善孩子状况的结果。工人只吃一种黑面包，并用同样的东西喂养孩子，无论是在40岁或20岁的年龄也都是如此。如果他迟些结婚，他的孩子也不会因此少死，但是会少生，人口就会减少，上层社会压在他身上的负担就会加重。那些结婚的数目低于全俄平均水平的省份同时也属于男女人数最不平衡的省份。可是相反，我们谈到过的那些欧洲国家的男女之间人数的差别是很小的，它们与在这方面平衡的省份相同，同时在这些国家中可以看到工人阶级节欲的现象。因此，俄国各省结婚数

目多少的原因不在于节欲，而在于男女人数之间平衡的状况。常规就是如此，例外的情况不多，总共只有 3 个省。如果这 3 个省不把注意力转移到新的和很悲哀的现象，那么它们就可以认为是偶然的。在所有北部省份，我们看到了结婚少、大量的私生子和妇女大大超过男人的现象。我们在阿斯特拉罕省也可以看到结婚的数量少，但是因为那里男人的数目超过妇女，所以虽然私生子也多，但仍然要显得少一些。请仔细看看北部人的生活：没有农业，畜牧业少，也没有可以在家搞的行业，工人只剩下一条路可走，那就是离开自己的家，到远处去寻找生活资料和幸福。有时大海、有时森林、有时遥远的河流提供给他食物。他成年由一处漂泊到另一处，有时挨饿，有时工作，有时要饭，对他来说，家也许只是充当集合点而已：他结婚有什么意思呢，一年中只有几天看到自己的妻子！这种生活特别在阿尔汉格尔斯克省占主导地位，沃洛格达省的大部分地区也是如此，在这两个省可以发现结婚数量最少。阿斯特拉罕省部分地过着这类生活，这个省的结婚数量也少。处于这种境况的妇女肯定地要遭受牺牲，她任由命运摆布，没有保证自己生存的资料，完全不关心自己的需要。她只剩下一条路可走，那就是胡乱地生活，如果碰上机会就生私生子。工业省份的现象还要更为悲哀：这里同样地妇女数量大大超过男人，而同时结婚数量也多，私生子也就多。在男女数量最不平衡的省份中，只有 3 个省结婚数量多，这就是弗拉基米尔省、尼日戈罗德省和辛比尔省，——其中有 2 个是工业省份。遇到这些现象真令人悲哀，看到自己的祖国处于这种境地真让人忧心，如果我们更接近它，就会更忧愁。在俄国东部的中部省份，结婚数量最多，在观察这些省份的日常生活

时，甚至在离交通要道最遥远的农村，也能看到工人中有节欲的意图。在农奴制的情况下，那里的属于地主的农村中，可以遇到这种情况，每个姑娘年满 16 岁，每个小伙子年满 18 岁就结婚，成年的光棍汉根本就没有。在邻村，那里是国有土地，姑娘到 20 和 25 岁才结婚：这里由鞑靼人传给俄罗斯族和芬兰族赎买新娘的习俗。不过，由于贫穷，这种赎买确实是很便宜的，比如说，只有 5 个卢布，也不能延缓结婚；但是此外还要加上一个在地主农村根本不存在的情节。在地主的农村中，小伙子和姑娘不加任何考虑就结合在一起了。如果一个到了结婚年龄的姑娘是畸形的、迟钝的、贫穷的，一个富足、漂亮、灵活的小伙子也会和她结婚，他所考虑的只是她已到了结婚的年龄，而他也到了该结婚的时候了。相反，富足家庭的姑娘也出嫁给穷人。所有这一切都按机械的规律进行，似乎他们不是人，而是物。甚至能干活的白痴也能找到老婆，他们有时甚至能碰到村里最好的姑娘，——这是一场赌博，谁都不考虑遇到幸福还是倒霉，把第一个碰到的搞到手。这种状况的后果使家庭存在最粗暴和无情的关系：碰到迟钝而难看的妻子的美男子丈夫有时将她揍死，遇到白痴的漂亮姑娘变成了农村的妓女。只有极其丑陋的姑娘才找不到丈夫。能干活的男人，不管他怎么老怎么丑，都能用强力得到妻子。在位于国有土地上的农村，出现了选择的苗头。富有的鞑靼人有时到 100 俄里和 50 俄里外去娶妻子，在俄罗斯人、莫尔多瓦人和其他人中也有这种情况。这里一切打算都表现出来，在这种场合，人可以根据这些打算办事，甚至不排除考虑心灵志趣。姑娘首先考虑的是如何能推迟出嫁和逃避家务的拖累、丈夫的毒打。在地主占有的农村，人们经常从父母的家中娶

走姑娘，也不征求一下父母的同意。如果父母要来退婚，则人们不许他们说话，或要他们给地主付赎金。在国有的土地上，没有人强迫父母不许说话，这里儿女的命运由父母掌握。父母把喜爱的、对自己起很大作用的姑娘留在家里不仅能到20岁，而且还可长得多。喜欢挑选的漂亮小伙子等待着交好运，长期不结婚。年轻的人们经常利用自己的自由搞些不合法的联系。可能出现这样的情况，在地主的领地上，那里有时初夜权极其猖獗，那里强制婚姻消灭了家庭的任何爱情，但私生子要比国有土地上的农村中少一些。有的人会由此得出结论，说那里的道德水平较高。看，受凌辱与受压迫的居民中的道德是个什么样子！它全是徒具形式的，外表保持得再也没有比它更好的了，而内里却是腐烂、败坏、死亡。我们为了看到更为光明的生活，想不再理睬这种奴隶制压迫的严酷、无情的情景；但是，唉，我们悲惨的祖国的悲哀情景和它的不幸工人不让爱国者忧愁前额的一条皱纹得以舒展，不让为它的不幸命运而流淌的一滴眼泪得以干涸，不让心灵有一丝快慰。看，你面前的这个年轻工人，他本想先安置好了再说，但是他无论如何不能没有妻子来安排自己的生活，他得把工资的很大一部分用来缴纳租赋和捐税，结果无力购买他为生活和工作所需要的一切。他不可避免地得结婚，他的妻子得工作和干家里需干的一切。如果他家里没有姐妹，他就得结婚。他结婚不经挑选，不按意愿，不是由于爱情，没来得及养起牲口和安排好家计，在任何时候，哪怕家里既没有粮食，也没有牲口，也得立即结婚。他结婚不是为了改善自己的生活和增加幸福，而是为了永远保留贫困。对他来说，女佣人是过分大的奢侈，他由于没有钱只得有个妻子，她只向他要面包和住处，不向他要钱。他的心思头头是道，对他来说，在经济上，养妻子就和家里养大的马那样合算。铁的法则迫使他不考虑自己的心意就结婚：这还能期待他这时考虑孩子吗？关于孩子，甚至连那些按自己的心愿结婚的幸运儿在缔结婚约时也是很少考虑的。当孩子的父亲在不能以雇人即农奴劳动代替妻子的农奴劳动的情况下结婚时，这些孩子的命运还能怎么样呢？农民家庭的妻子是那种在地主土地上业已消除的农奴劳动的同一代替者。在俄国东部的国有土地上，除开德国移民区外，可能只有三十分之一的家庭能这样幸福，即这家的儿子没有必要非以妻子的农奴劳动来代替雇佣劳动或购买劳动，并且，当他对此有愿望和志趣时，他就可以结婚。这种状况至今还大体上普及于全俄国。工业省份在这方面一点也不例外：它们与农业地区的区别还不如说是那里妇女的命运更艰难。工业省份的工人经常更需要妻子的农奴劳动：他的工资主要地用于缴纳租赋和捐税，他想靠它生活是不可能的。他为了生活，需要有自己的家庭生计；而为了这种家庭生计，他需要妻子。他甚至以沉重得多的负担压在妻子的身上：还有什么能比这些俄国工业中心的状况更悲惨的呢？那里不靠旁的帮助就能养活自己和缴纳租赋与捐税的成年工人不出十二分之一，那里所有的其他工人把妻子当女农奴使唤。他们必得像真正的种植场主那样干这种不幸的事，强迫她既耕种又收割。她得这样拼命干活，有时连美国的种植场主都不强迫自己的农奴这么拼命地干。请去问一下她的丈夫，他为什么要这样对待她？他就会很不客气地回答您，几乎是带着惊奇的神情：“她怎能不耕种呢，我们不可能有另外的过法：我用工资付租税，可是吃什么？”您问他，为什么他自己不耕种，——原

来全都参加耕种，对他不利，土地贫瘠，他没有辅助活计就无法过活。您问他为什么要结婚，他回答说，他一个人对付不了。魔圈在您眼前合拢了。大家都廉价地出卖自己的劳动，因为他们必得缴纳租赋和捐税。卖者很多，买者很少，无论如何需要卖掉。好在用一点面包就能强迫身为妻子的女奴干活，他借此把自己的劳动价格降得更低，而这些低廉的价格不允许他离开身为妻子的女奴过活。要是有时候他像北部的人那样，根本不能指望靠农业过活，那么他就流浪，——有时干些活，有时要饭。但是，他处的境况使他已经不再想要饭了，于是他靠妻子的农奴劳动来逃避此事。肤浅的观察家经常认为，特别是像彼尔姆这样的工业省份，工业工人不仅不需要妇女养活，而且妇女靠他养活。在这样的工业省份，能遇到这样的工作，拿计件工资的工人在 5 个月内能挣到 700 卢布。其实，那里熟练工人挣到 100 卢布就已经是很好的工资了，250 卢布就已经到顶了；700 卢布的工资只能在采金场能碰到。然而，结果却是，甚至采金场的工人也不能没有妻子的无偿劳动（说得明白一点，就是妻子的奴隶劳动）过活。这里，不靠无偿劳动的补助、单靠自己就能全年过活的工人，也和其他一般工种那样罕见。他在冬天回家，他在家里遇到现成的面包和现成的家庭产业。或是他生活在采金场附近的农村，要是他没有自己的家计，他就会在冬天饿死或由于缺少住处和衣服而死去。他只能生活在自己的家里，必得有菜园、耕地和牲口。他的妻子应当安排这一切，例如，收割和为牲口准备草料，同时为了自己的丈夫少受苦自己过着极悲惨的生活。妇女的这种境况可能是工业省份死亡率高的主要原因之一，这些省份在俄国各省中占最悲惨最末等的地位。这种状况如

何影响到孩子，从下面这一点就足可看出：不管妻子有多大的早产危险，丈夫派怀孕的妻子去干重活从来不感到为难。需要童工的资本家从来不会缺少父母送来受奴役的童工，这些父母不管处于幼龄的孩子一昼夜得干14小时以上的活，有时一直站着，不敢坐一分钟，甚至干夜工，但还是愿意把自己的孩子交给别人奴役。存在这样的情况，即孩子除了黑面包以外得不到另外的食物。从最贫穷和偏僻的农业地区往最文明和富裕的工业农村一路看过去，只是勉强地能看到变好的趋势。到处都会明显地向你证实，只有当工人达到富裕的时候才可能有任何改善，反之，富裕程度的增加必然带来家庭关系的改进。在我所知道的所有俄国各地区的贫困农民的举止都是相同的，无论是西伯利亚最遥远地区的农民，或是靠近最活跃的工业中心的农村的农民，一到成年，马上就结婚。在工人初步达到富裕的农村，也就出现新的障碍，——这就是嫁妆的问题。未婚夫寻找带嫁妆的未婚妻，如果姑娘没有嫁妆就不能找到未婚夫。妇女的优点，特别是美貌，首次具有了意义。漂亮的姑娘能为自己找到令人羡慕的新郎，即使她穷，也是如此，而且未婚夫不要她的双亲花费结婚费用。

赏识自己未婚妻的未婚夫将不会是那么严酷的丈夫。不能以其美色吸引人的姑娘是力图以其品行使人垂青，——首次出现了可望而不可即的美德。如果富人娶没有嫁妆的妻子，那么，从另一方面，穷困的漂亮农民有时靠富有但丑陋的未婚妻走上富裕的道路。普通的嫁妆只由衣服和妇女用品组成，而富有的未婚妻则随身带来家庭用具、茶炊、牲口和钱。人类本性的美好品质的发展不是命中注定要在没有斗争和突然性的生活场面中出现。由自由的原则引起的新的美好感情陷入由腐败的奴隶制产生的脏水坑里。按爱情和志趣结婚的丈夫在严酷专制的普遍习俗中忘掉了自己的感情。被逼出嫁是姑娘的必然命运和铁的法则，被逼出嫁的姑娘的幸福理想是很不吸引人的：过着不出嫁的生活，有几个情人，不生孩子，这就是她所感到的享受高峰。但是，这个理想的存在给姑娘带来极大的负担和痛苦，她要实现这个理想只能以不幸为代价：富裕的姑娘利用自己的处境以便在年轻时献身于自己的激情。当她的美色萎谢了，当她不能吸引任何人，到了 30 岁或甚至 40 岁，她才来寻找丈夫。她所找到的丈夫，或是拖家带口的鳏夫，或是迷恋她的财富的人。无论是前一种情况还是后一种情况，她的命运通常都是最悲惨的：结婚后的第一天，巴结她的兴致消失了，丝毫不尊重她的丈夫残酷地揍她，以报复他为达到自己的目的被迫娶如此恶心的妻子。在富裕的增长使得有可能提高道德水平的工人阶级中，慢慢地和只有经过多次动摇以后才建立起道德，同时，这个阶级还受到低于它的那些阶级的低水平的道德的影响。我们在弗拉基米尔省可以看到这类不幸的现象。如果将这个省和尼日戈罗德省进行比较，那么，我们看到该省（在 1863 年）妇女超过男人的数量较少，结婚的数量要大得多，相对于人口的士兵妻子的数量较少，驻军要少两倍，——尽管如此，私生子的数量却要多得多。这应当纯粹归咎于大量的富人、富裕工人和生活在工厂的大量妇女。在悲惨和贫困的状况下，他们在过早的年龄就走上堕落的道路。① 当农奴解放的日子来临时，农村姑娘非常高兴：俄国农奴主

---

① 相对于人口的俄国的结婚数量如下：（见下页表）

的野蛮习俗终于结束了，现在地主再也不能强迫姑娘嫁给随便碰到的人、鳏夫、乞丐或白痴了，再也不能向那些想求得解放的人要赎金了。现在她们可以自主了，她们可以随心所欲地行动了。但是，唉，当她们很快发觉在老农奴主的位于上出现了另外的并非不严厉的老爷——贫困、低工资、租赋和捐税时，她们是多么地失望啊。落到她们头上的幸福几乎纯粹只限于现在谁也不能再向她们要赎金了，鳏夫找妻子要困难一些。不仅在草原地带，而且在工业省份，她们都遭到了这样的命运。如果比较一下尼日戈罗德省农奴解放前最后3年和农奴解放后头3年的结婚数量，那么可以使人觉得，农奴解放后的结婚数量还有所增加。这一现象得以抵消

1863年结婚较少的省份	多少居民摊到一对结婚	1863年结婚较多的省份	多少居民摊到一对结婚
1.阿尔汉格尔斯克	152	1.弗拉基米尔	91
2.阿斯特拉罕	144	2.沃龙涅什	95
3.比萨拉比亚	109	3.哥萨克顿河	99
4.沃洛格达	158	4.叶卡捷琳诺斯拉夫	103
5.科斯特罗马	121	5.喀山	99
6.莫斯科	121	6.卡卢加	101
7.诺夫戈罗德	138	7.库尔斯克	98
8.奥洛涅茨	129	8.尼日戈罗德	105
9.彼尔姆	123	9.奥伦堡	87
10.波尔塔瓦	112	10.奥尔洛瓦	90
11.普斯科夫	108	11.平扎	80
12.彼得堡	125	12.梁赞	93
13.塔弗里奇	118	13.萨马拉	91
14.特维尔	120	14.萨拉托夫	100
15.哈尔科夫	107	15.辛比尔	92
16.赫尔松	113	16.斯摩棱斯克	100
17.契尔尼戈夫	114	17.唐波夫	99
18.雅罗斯拉夫尔	128	18.图拉	85

一些，只是由于结婚数量最高的年份是 1861 年，然后每年完全和以前逐步有所增加那样逐渐减少。雅罗斯拉夫尔省的结婚数量同样没有减少。①

我们看到了工业省份那些拥有土地和份地的农民悲惨命运的状况；现在让我们来看一看工业省份中的俄国无产者和俄国城市小市民是如何生活的。为了了解城市的宏伟和农村的微不足道，只要从农村到城市走一趟即可。就是连最微不足道的城市也要比大部分农村强得多。如果看一下像喀山和雅罗斯拉夫尔这样的城市，那么印象将会是惊人的：一排排高耸的石头房子不间断地一直延伸到大街尽头，房前是华丽的路灯和宽阔的人行石道，阔气的招牌悬挂于 2 俄尺的透明玻璃的上方。什么样的幸运儿生活在这些

① 1858 年在尼日戈罗德省 124 个居民中有一对人结婚，1859 年是 109 人中有 1 对，1860 年是 107∶1。农奴解放后的 1861 年 98∶1，1862 年 101∶1，1863 年 105∶1。

雅罗斯拉夫尔省自 1838 年以来的结婚情况如下：

多少居民中摊到一对结婚		多少居民中摊到一对结婚		农奴解放后比例情况	
1838 年	117	1848 年	96	1861 年	109
1839 年	108	1849 年	102	1863 年	128
1840 年	114	1850 年	99		
1841 年	132	1851 年	118		
1842 年	118	1852 年	123		
1843 年	117	1853 年	112		
1844 年	120	1854 年	117		
1845 年	114	1855 年	175		
1846 年	124	1856 年	119		
1847 年	119	1857 年	132		

我们在前面曾看到，在英国，有五分之二的成年男人是单身汉。在雅罗斯拉夫尔省，它比俄国大部分地区的结婚数量都要少，100 个成年单身汉摊到 644 个已婚者，单身汉的数目几乎等于从 21 岁到 25 岁的男人数目。如果从其中减去僧侣和士兵的数目，那么其他单身汉的数量是十分微小的。

宫殿里呢？看，他们中走出一个穿着阔绰的老爷，他的头发稍稍上了一些油，梳得十分艺术，他的衣服光彩夺目，我不能不惊奇他的衣服是那么地合身，怎么裁缝能用这种呢料裁制如此雅致的式样。他用嫩白的手指玩弄着金表链。请设想一下，这种动人的形象会使天真的农民多么惊奇。如何走近这位高雅的人物，如何动问他，他是谁？尽管好奇心强烈地刺激着这个农民，他当然是不敢这么干的。他带着这些问题去问一位外表俭朴得多的人。“这个人是本市的小市民，某个商人雇的掌柜”，他得到了回答，在回答里充满着高傲的轻蔑，致使那个光彩夺目的人物形象一下子在农民的眼里一落千丈而消失了。但是，这位高傲人物的外表是那么地不符合其高傲的自我感觉，他又是谁呢？这个人也是小市民，他之所以用这种无穷的轻蔑对待自己的同胞，那是因为他拥有一座三层楼的石头房子。现在，读者您总明白了，我们将不是和那些受到春天饥荒折磨的、衣衫褴褛的不幸人打交道，而是和拥有三层楼的石头房子、梳着雅致的分头、戴着金表链的富裕小市民打交道。您不愿走访一下我所认识的一位小市民吗？您在穿堂沿着干净的地毯走近一扇蒙着漆布、钉满耀眼的铜钉的门，您在有糊墙纸的穿堂可以看到惊人的干净，在拥有一排5个窗户的厅室里您遇到了鲜花，许多带弹簧的家具，只有在商人的家里才能看到的贵重物品，例如，金属的桌子，这不是别的，而是安装在金属桌脚上的巨大金属托盘。您可以在每件物品中看出，主人没有必要为几个戈比操心，但他嗜好庄重。他自己穿得和所有受过教育的阶层的人一样，但他既不会让自己的分头，也不会让自己衣服的华丽式样使您惊奇。不过在他妻子的身上您立即可以看出，她既有穿得阔绰的爱

好，也有这种可能。在这个阶层的小市民中，对庄重的爱好，就如同那些靠工资生活的掌柜小市民对给人强烈印象的爱好一样强烈。少说一定也得用50卢布买来的皮袄，穿在这类小市民的身上就好像是只值10卢布似的，可是便宜得多的皮袄穿在衣着讲究的官员身上却使人觉得值200卢布。他穿着贵重的服装却与农民很少有差别，以致那种吃着黑面包夹猪肝的花花公子式的官吏高傲地称呼他“你”。他也完全同样地掩盖自己的智力：虽然他对事物的理解要更为踏实和正确，他不提醒人们尊重自己的见解。我到处碰到这样的行政官员，他们痛心地埋怨小市民缺乏对他们的行政计划和崇高目的的同情，到处可以看到官员倾向于用强力和命令达到自己的目的，同时也到处可以发觉，小市民要正确得多，表现出来的见解更为深刻和正确。他们对庄重的爱好有时转变为极其缺乏对生活的舒适和方便的追求。我惊奇地遇到过这样的小市民，根据他们的生活方式，我估计他们的收入在300卢布或500卢布之数，可是他们却每年获15 000卢布，而且在这些人当中有极其慈善和很不吝啬的人。看到这些现象不禁要想一想，在小市民日常生活里要掩盖着许多表面看不出来的财富和福利。更为仔细的观察立即把您导致事物的另一方面：在七月的炎热日子里，在富有的城市的石头宫殿、人行石道和保养得很好的马路之间弥漫着令人难以忍受的灰尘，笼罩着闷热，这些人命中注定要生活在这个窒息人的大城市之中！我从那里跑开，去寻找更为幸福的人。人行石道消失了，房屋不再是全由石料建成了，我开始感到不拥挤了。马路要差一些，坑坑洼洼，有的地方堆着一大堆灰尘，人们绕着它们走，马车驶过，尘土飞扬。看，还有没铺过的广场，它的四周

围着木头房子，中间是教堂，——所有这一切已经具有农村的样子。只是偶尔能看到大型的石头房子，外围是花园，像是城市的气派。再往前走，在我面前出现了宽阔的道路，左边和右边是一排低矮的木头房子，有2个、3个，偶尔是5个窗户。沿着道路在绿荫中蜿蜒着一条狭窄的充满灰尘的小道，小道两旁的白桦树陷入沉思。母鸡在道路上踱步，肥猪在无精打采地啃草。心情开始舒畅起来，我松了一口气，继续往前走。我刚刚沿着树荫走了几步，动物尸体的恶臭使我大吃一惊。我走了30俄丈，于是最令人信服地向自己证实了，我不是在农村，四面八方散发着脏物和各种传染病的腐烂气味。我想，这些人多么可怜啊，从全城向他们这儿运来了脏物和废物，他们得在低窄的住所闻它们的恶气。我想，如果市中心的房子周围也堆满了这些东西，如果所有这些瘴气也在高楼之间散发，当然它们对空气的毒化程度要比在穷人的低窄住处还轻得多，那么，市中心的宫殿的主人将会说些什么呢？我再继续往前走，但已经不是出于快乐，而是由于好奇。空气变得浓重的、窒息人的潮湿，似乎我被埋入了沼泽的腐烂物中。灰尘再也没有了，有的是土墩、泥泞、深深的车辙。我的靴子沾满了污泥，衣服也弄脏了，要想不穿高腰的胶皮套鞋和不拄拐棍继续往前走，需要不少勇气。人们能用猛攻夺取大炮，难道我能在泥泞前退却！在一处我的脚陷得很深，靴子开始脱落了，我除了脚使劲之外，还得加上手。我以不可战胜的顽强斗志在这种路上攻下了40俄丈，但是我又遇到了大罪难，我彻底惊慌失措了。在我面前出现了一潭布满绿苔的水洼，有10俄丈长，两边比道路还要宽。空气是如此地潮湿和充满霉味，以致我浑身像发疟子似地颤抖起来。无数昆虫麇集在

我的脸上和手上，3只令人恶心的蛤蟆从沼泽里伸出肮脏的嘴脸向我哇哇直叫。在这一时刻，我回想起《伊里亚特》里阿喀琉斯在进攻特洛伊时与自然的障碍搏斗的情景，我决心只要我的心脏还在跳动，我就绝不在任何障碍前停步。在我所处的这种情况下，这种英勇的决心完全不是多余的，因为我只得或是爬过篱笆或是淹死在我要过的这个脏水洼里。我沿着篱笆走了第一步以后就发现，在我前面已经有人走过，我甚至得出结论，所有得徒步走过这条道路的人，都得沿着这条路走。我已经爬得这么高，可以通过篱笆看到前面，篱笆那边浮满霉烂物的水洼继续向前延伸，它直达一座带有两个窗户的半倾斜的小屋。这座小屋往前倾斜，用两根木棍支撑着。按人类的所有想象而论，在这座小屋里无论如何不可能安排一层楼。但是当我在水洼的腐烂物上面看到两条裂缝，每条裂缝有$2\frac{1}{4}$俄寸长，2俄寸高，从这些裂缝里有两双孩子的眼睛往外瞧时，我是多么地惊奇。不幸的是，这类裂缝我是太熟悉了。我离水洼的腐烂物至少有1俄丈，我浑身哆嗦着，霉味和瘴气使我感到窒息，我软弱无力，觉得，如果我不拼命振作精神，就一定会晕倒。我设想，那种紧挨着水面呼吸的人该处于何种状态。我看着裂缝想："难道这里住着人吗？"果然我看到了通往这间可怜的地下室的小径。如果将一位不熟悉俄国工人住所的人引到这类洞穴，并对他说，这里住着人，他就会固执地怀疑这种话。不管你怎么论证，他仍会完全深信这是空的被丢弃的地下室。任何思维健全的人都明白，这里不仅不能住人，而且也不能放东西，因为任何东西一定都会发霉。但是在这个黑洞洞的潮湿发霉的洞穴里住着整整一家人，而且人们还将这家人赶出这个洞穴，因为他们交不起房租。这个家庭的父亲本来可以是一个最有用的工人，他曾是个手艺高明的靴匠，母亲是洗衣妇。不幸的是，父亲患风湿症，他的脚浮肿，既不能走也不能干活。母亲有一个婴孩，在这种情况下，人们既不雇她洗衣也不雇她做短工，她找到的活是极少，家里只能靠乞讨度日。乞讨实际上帮不了多少忙，这家人就很难在这种住所中待下去。对父亲恢复健康、家庭交上好运能抱多少希望呢！

这就是俄国无产者的状况，这就是那种甚至具有专门知识的灵活勤奋的工人可能遇到的命运。农民无论怎样穷，他比起小市民来，落到这样境地的可能性要少得多。他经常生活在大家庭之中，在长期生病的时候，其他成员会抚养他。甚至如果他与妻子、孩子单独生活，他拥有房子和土地，谁也不会把他从屋里扔到街上。妻子虽然也过得不好，但仍然能维持他的家计。遗憾的是，我们这里有这样的人，他们连农民的这点优越性也妒忌：他们想在我们这里到处推广土地私有制，他们想通过人为的制度把农民变成我们看见过的这种像小市民那样不幸的无产者。俄国的小市民充分意识到自己处境的危险性，他知道，在他的头顶悬着剑，他得经常等待着。一旦他病了和衰老了，就会被抛向街头，没有面包，没有住所，拖着一大家子人。他一有可能就力图为自己置备房子，这样至少他在面临倒霉的时刻，谁也不会把他赶到街上。为了置备这样的房子，小市民家庭能忍受非人的拼命和匮乏。工资很低，普通的雇佣工人，甚至技术熟练的雇佣工人，无法存起钱来买房子。至少，我没碰到过一个这样的情况。有可能进行这种节约的是小商人，特别是如果他是干供应的、伙计及小酒馆的掌柜、独立干手

艺的手工业工人。工人要想积蓄点什么就得有特别的机遇。他应当或是要价高的行家；或是彼尔姆省的劳动组合的成员，有幸遇到在富金矿场干活的采金工人；或是至少得到像种菜园、种果园这类工作的工人，俄国南部工业省份的大花园和大菜园里干活的工人；或是彼得堡的管院子的老管院工。观察一下搞到房子的小市民家庭的劳动和困苦的历史是很有意思的。家庭靠幸运、节约和努力积累买房地基所需要的钱，这笔钱可能还不到盖房子所需钱的五分之一。可是这家的父亲在存足这笔钱之前已是 40 岁了，他为了节省，所有这段期间吃黑面包和喝清酸菜汤，穿得极其寒酸，忍受对他的吝啬引起的一切可能的责难。而当在精神上受到凌辱时，他一千次地用这样的想法安慰自己："我将要有一座房子，我将是主人，——虽说是小小的主人，但终究是个主人。"由没有房子的雇佣工人阶层转变为主人阶层，他觉得如同再世一样。这完全与下面的情况相同，如果某匹不幸的驽马，谁都能任意支使它，它只能在人们给它吃和允许它吃的时候才能吃，忽然它投胎转生为人，它自己可以任意支使任何品种的劣马，——它该感到何等的幸福。为了达到这一目的，它有什么事不能干呢！这就不难理解，贫穷的小市民是何等焦急地等待他能开始盖房或买房的时刻。很易想象，他会何等贪婪地扑向人们提供他的以贷款补足经济的机会，在俄国当前的信贷状况下，资本家又会如何利用这一点。小市民怀着无法形容的喜悦心情把借来的钱带回家，并开始盖房，可能他连这点预感都没有，这些钱将使他家付出多少眼泪和诅咒。过了 10 年或 20 年，当他能够把自己的债务只集中在某个信贷机构的时候，他想起这些贷款就不能不咬牙切齿。一个小市民的家对我说到自己的债权人："我们像最末等的奴隶为他服役10年，不吃，不喝，给他缴利息。我们付给他比这座房子多1倍的钱。10年来，除了面包和清酸菜汤，我们没见过别的食物。我们不过'复活节'，不买肉，给他送去钱。孩子哭嚎，自己哭泣，有什么办法呢。给他还了最后一笔钱，从这座房子建成后我们第一次感到高兴。"这种快乐就与借钱那一天的快乐一样，也是骗人的。私人的债务从肩上卸掉了，可是欠信贷机构的债务还留着。有时要过30年、40年或更长时间才能还清这些债务。在这整个时期内，节约的铁手控制着这个不幸的小市民：他吃不饱，喝不足，因穿得太差而着凉，等还清了债，他也就到快死的时候了，也就再也不需要什么了。我看见过这样的房子，在主人还清为建筑它所借进的债务以前，它就已经倾斜和开始倒塌了。为了有一个安宁的时刻——安宁地死去，值得过这种长期困苦的生活，过充满灾难和失望的生活吗？可能是不值得的，因为连这一时刻也不会是安宁的。对他来说，把自己的房子投入保险是太贵了，保险费相等于房子收入的一半。尼日戈罗德省各城市的13 305幢木头房子中总共只有267幢房子投入保险。然而，大约在50年期内，省内所有的房子都遭火灾：如果他在长期支付债务的期间内逃脱这一厄运，那么它可能会降临到他的继承人头上。因此这很容易明白，小市民和他的家人在房子着火的时刻垂着双手和吓得失魂落魄，他们不是去抢救自己的财产而是站着不动和只是画着十字。整个白白遭受苦难的生活涌上他们的心头！

努力过了，障碍克服了，享受所购置财产的时刻来临了。这就是这些享受的某些特点。例如，在喀山，全部小市民房子约有一半

在每年春天为水所淹，我亲身在那里不止一次地沿着无数被淹的街道划船，看到人们从船上直接递东西到二楼和顶间。在雅罗斯拉夫尔，城市的整区整区同样遭到这类水淹。在阿斯特拉罕，杜马每年要花3万卢布来防止城市遭水灾。的确，建在伏尔加河岸上的石头房子是躲开了这种灾难了，可是处于城市末端的那些可怜的木头房子像和其他城市的房子一样遭了淹。这些不幸的小陋室的居民被迫爬上顶间和划着船过院落。冬天，由于燃料不足，他们受到煤气、潮湿和严寒的折磨，而春天和夏天，他们得逃避水灾。只是在七月底或八月初，他们可以在被水淹过两个月的住所里享受不令人艳羡的安宁。这种愉快不是大城市的特征，小城市所受的罪也不更小。1865年的尼日戈罗德省备忘手册是这样描写马卡里耶夫市的："马卡里耶夫市位于伏尔加河的河岸上，在其草地的那一边，在春季涨水时它淹在水里。所以，在泛滥严重时，一层楼的房子往往只看见屋顶，三层楼的房子只看见最上面一层。这时居民被迫住在顶间，牲口则放在暂时拼起来的木筏上。"由于穷小市民造屋很困难，所以房子盖得很节俭，用的料都是便宜货，有时用潮湿的劣质木料，只得让房子能维持多久就维持多久。小市民像修补靴子似地修补房子，像缝补衣服似地缝补房子。在城市的边远地处可以看到这些修补过的房子，其补靪老朽不堪，就像是原始人的建筑一样。买进1根或2根圆木，将它锯成6部分或8部分，补进特别老朽的角落。在如此建起来的房子里，甚至在最合适和干燥的地方也潮湿、阴冷、寒风直灌，就跟中世纪的建筑物一样。假如在城市通常的建筑物中住惯了的一家人被迫搬到这类住宅来住，那么甚至在房内取暖条件很好的情况下，家庭成员从第一天起就会感到头痛、经常不舒服和疲惫不堪。在一个月内，全家人毫无例外地一定会病倒。这还是在干燥、合适的地方；至于常被水淹的房子的持有者处于何种境况，这你就可以想象了。还有这样的房子，里头住的人每年至少一定得死 1 人。有些房子以易致人于死命而闻名，人们将其归咎于超自然的原因。不顺利地买到房子的小市民家庭，发觉其对自己健康有致命影响，但是，无论如何不愿搬出去，由于穷也没法搬出去，——全家人就死在这里。尽管小市民为了置备房子需要付出巨大努力，这幢房子有时不仅不能改善，而且还恶化家庭日常生活。贫穷的小商人或手工业者，受到想拥有一处私人小栖身地的激励，在别人的土地上并部分地靠借债盖了一幢小木房，每年他得支付例如 1 卢布的利息。他一生都住在这幢简陋的小木房里，当他归还所借资本时，已超付了很多利息。如果他不盖房，而是租房，就会生活得好得多。在他死后，这幢房子在他的家里人中间引起了纠纷和倾轧。钱比较多的小市民就不是盖小木屋了，而是盖比较像样的房子了。事情经常是这样，他一生的大部分时间在地下室度过。这幢房子的地下室的窗户是 2 或 3 俄寸高，1.5 俄尺长。这个地下室可能他自己本来是为那些他已不属于那个阶层的穷人准备的，是为那些不幸的人准备的。他历经劳动和困苦，一生抱着从这些不幸的人中摆脱出来的目的。支付许多利息的重担和必须还清债务把他重新驱入他如此急切地想摆脱的那种陋室。他或是栖身于地下室，或是居住于像厨房旁边的小储藏室那样的某个可怜的角落。他与全家睡在那里，占据了整个地板和陋室，甚至顺当地开关门户的地方都留得不够。这个可怜的住处总是空气窒息、阴暗、肮脏，甚至做母牛或马的单栏

都不够，更不要说是用做人的住处了。如果他靠了幸运和有利的劳动能逃脱这种命运，要是这个家又没有维持其幸福和睦的成年男工的话，那么这种命运一定会落到他的孤儿寡妇的头上。在临时聚集许多工人的城市里，在买房时负了债的小市民，为了恢复自己的事业和履行自己的义务，被迫将房子租给这些工人住。我们的出外当临时工的农民，他们的最迫切的需要很少得到满足，世界上还能找到比他们更贫苦的人吗？当这类工人成千上万地死于贫困和匮乏之际，我们的上层人只议论他们似乎是由于过度的酗酒造成的。工人就像是聚在一起过冬的鸟一样，云集在像雷宾斯克这样的城市的码头上，把河岸变成聚居处，他们发出的恶臭毒化附近的空气。他们晚上的住宿处比动物的洞穴或狗窝还差。动物在洞穴里经常能完全防护坏天气对自己的侵袭，而工人的脚却经常露在露天，遭受风吹雨淋。这就可以想象，接受这样的工人住在自己家里的小市民家庭得落入何种状况。这些工人只能付特别少的钱，他们情愿比鸟和森林里的野兽生活得还差。在让他们住进去的住宅里，他们塞满了所有的角落，只要地板、木炕、炉子上和其他地方能睡多少他们就被安排多少。这样拥挤的生活，挤在一起睡，对主人儿女的道德发生致命的影响。事情通常以此为了结，那就是儿子变成了亡命徒和醉鬼，女儿成了漂泊工人的情妇，与他们一起逃离父母亲到远处去谋生。有时他们成为留在工人家里的恶魔，使他离开了妻子，用最粗野的堕落和卑劣的自私损害整个家庭。特别是在城市常被水淹的那部分地区，在那些渴求私人拥有房子的小市民的头上碰到了这样的房子，这种房子除了妓女之外，任何别的房客都不敢来租用。在这种情况下，主人的成年女儿受

到了使她失去任何害羞感情的影响。这些道德败坏的榜样所起的影响很容易就能战胜童贞的腐朽根源、偏见和高傲。那些在杀人行为面前会惊恐地退避的姑娘，那些任何诱惑也不能使她干出这种可怕犯罪行为的姑娘，却会毫无惧怕地看着那种关系，这种关系经常具有使健康的和受传染的人死亡的后果，有时它弄死的人比杀人行为还要多，这种关系产生患病的和受传染的人，这种人的生活是使他自己和其他人蒙受无穷苦难的根源。如果从上层社会传播出来的关于贞洁性质的概念不是那么含糊和粗野的话，那么，妓女的榜样也就会像在她眼前杀人的恶棍的榜样一样，很少有危险性了。

小市民采取这种英勇的手段以便使自己的房子有所收益，这是没有什么可奇怪的。他的全家为了购买这幢房子作出了如此巨大的牺牲，这幢房子对他来说是当他失去工作的困难时刻的唯一保障。不幸的是，在这种时刻，这幢房子对他的帮助是十分微弱的。我曾认识尼日戈罗德省的一个小市民：这个人在赎买时期是一个小酒馆的掌柜。他靠这工作在瓦西里苏尔斯克为自己赚到了一幢体面的房子，有花园和菜园。从赎买取消以后，他失去了工作，他到了极度困难的地步，他的家庭受到了饥饿和困苦的折磨。他绝望地接受了一个只能挣到面包的工作，抛弃了自己负担的家，他不去帮助自己的家而是出走几千俄里以外。他任随那个把他带得那么远的人任意支配。这个不幸的小市民曾是诚实、勤劳的人，从来不曾酗酒。这就是小市民中最富裕那部分人的命运！这样的幸运临到的人并不多。在雅罗斯拉夫尔省，城市居民计有 87 053 人，其中房子和不动产的持有者才 8 135 人，即少于十分之一。在特维尔省、弗拉基米尔省和尼日戈罗德省的城市里，房屋及其他一切不动产的持有者计有 28 252 人，但城市居民有 289 076 人：同样只有十分之一的居民持有房屋。在该城市居中中只有小市民 147 452 人，商人 32 163 人。光是在商人中就至少有 5 000 个不动产的持有者。除此之外，城市里住着 27 215 个贵族和僧侣，因此属于小市民的不动产未必能有一半，四分之三的小市民和小市民家庭是纯粹的无产者，他们只有一种保证自己生活的手段，——这就是自己的劳动和在困难时刻无处容身。房屋不是土地，不能靠它生活，甚至拥有房屋的小市民家庭也需要寻找它能靠其生活的工作干。关于小市民无产者更不值得一说。最有利可图的事当然是做生意，但只有用钱去做生意才能有利可图，可是他们从哪儿去弄这些钱呢？我们已经看到，他们存钱买房是多么地困难，他们要想存钱做生意也并不更容易。但是需要生活，而任何能保证生活的工作却没有，于是开始做没有钱的生意，这种生意是某种处于长期职业与副业之间的行业。有一些市场上和小店铺里的小市民商人拥有钱财并由各种供应来支持，在这样的一个商人旁边出现 3 个或 4 个其他的商人，他们的小店铺由于没有商品或买者四分之三的时间关着门，他们生活得马马虎虎，随便靠点什么过活，绝望和羡慕地看着有钱做生意的兄弟。我拿一个小市民家庭作为这种生活的典型来予以描述。它拥有一幢房屋，甚至是大房屋，三层楼，有 5 个窗户。它以最低的价格出租这幢房子，每月租金为 1 卢布多一点，但是即使这样也不能找到房客，即使有了房客，也只住很短的时间。这幢房子本来应当加上个小店铺，但是很快显出，与有钱的店铺竞争是不可能的。小店铺的生意很清淡，结果几乎只能买卖一些烘烤的黑面包。这种生意是在谁都自带面包的地点做的,因此,这只能充当快要淹死的人抓住的一根稻草。加在这一收入来源之上的另一工作完全与这一来源一样,不能将饥饿从家里赶走。还需要采取一个办法,那就是在家里接纳房客:可以设想,这种租住者像逃避鼠疫似地躲开的房间是什么个样子。租住者和入伙的房客每月挣 3 卢布,得到工资以后立即喝光,因此得花极大的努力才能从他身上捞到点什么。这家人时常面临最可怕的绝境,几昼夜吃不到东西。没有什么能像商业的这种状况那样在这种程度上反映出我们的贫困。在普鲁士,60 人就摊到 1 个商人,在俄国则是 300 比 1。甚至在像特维尔这样的省份,也要 200 多人才摊到不多于 1 个商人。虽然商人的数量这么少,其中却有一半人过着悲惨的生活。某个空论主义者、政治经济学家说,这一灾难的原因在于资本的不足。说资本的不足是可笑的,要是有买者,生产者与资本是不成问题的。任何从事商业的人都清楚,资本必然会滋生出来并随着买者数量的增长和减少按比例地发生变化。如果小铺子一年销售 500 卢布,那么它的主人的年周转资本直到本地区居民的购买力增长以前总是 500 卢布。如果店主将 1 千卢布投入店铺,那么他正好赔蚀 500 卢布;但是如果本地区居民的购买力增长 1 倍,那么小店铺能在半年内卖光自己的商品,可以把收入的 500 卢布买新的商品,到年底发现,他作了 1 000 卢布的周转。如果本地居民的购买力增加 2 倍,尽管店铺没有比过去多投入一个戈比,那么这一周转也增加 2 倍。如果现在被雇佣耕种地主土地的所有农业工人一下子都变成这些土地的所有者,那么俄国的资本数量当然不会因此而增加,但是商业和工业的好处将会

大增，因为市场上出现了大量的新买主。而且耕种那些当前空闲着的土地就可能使俄国的耕地数量大大增加。原因是很清楚的，变成私有者的雇佣工人将为自己和牲口消费掉这些土地的几乎全部产品；然而，他们现在并不消费这些产品的三分之一。因此，为了满足国外的需要，就得耕种那些现在荒着的土地，而耕种这些土地又增加了那些过去没有这一工作的工人的购买力，于是通过这一点促进了工业的新发展。

在我国工人阶级的真正贫困的情况下，我们谈不上用商业保证我们的 400 万小市民无产者的生活。在特维尔省，在 7 万 3 千小市民中只有 3 000 多一点人能用这种办法糊口，而这种糊口经常是过于清苦。其余的人只得出现在农民占着的那个市场上。小市民无论是去当佣人，还是变成手工业者，是到工厂去工作，或是寻找别的工作，——他到处碰到农民，碰到这些不幸的工人，他们考虑的只是如何缴清租赋和捐税。农民在其困境中领取那种完全不能维持其生活的低工资，他寄希望于留在农村的家庭的帮助。与他们在同一市场上的小市民，自愿不自愿地得按同一价格为自己购买粮食，可是他的家里没有人储藏谷物。在特维尔省的奥斯塔什科夫，工人每年得 20 卢布[①]；特维尔省波戈列洛耶市郊的小市民出去干 3 个月的活得 5 卢布，即每月得 1 卢布 66 戈比，同时他们得冒险盘算到离故乡几千俄里以外去干活[②]。这种状况在小市民们中间产生出我们在农民生活中看见过的那种奇迹，如果农

① 参看 1863 年特维尔省备忘手册，第 153 页。

② 参看 1865 年特维尔省备忘手册，第 58 页。

妇得耕地和收割的话，那么女小市民就得制砖；而且她们干这种妇女力所不及的活还得到几百俄里以外去寻找。在特维尔省的托尔若克，有300名妇女①为以最微薄的工资来维持其挨饿的家庭从事这种怪诞的行业。小城市的小市民在这种绝望的境况下还有一个靠山，——这就是农业。在大城市里则不能以农业来弥补。所以，他建造住所时首先建造地下一层和顶间，然后是带有2、3俄寸高的窗户的真正地下室，就不足为奇了。在城市里，他们全都根本没有任何可能找到糊口的工作，他们分散奔向经常穷到极点的农村。雅罗斯拉夫尔省的小市民有三分之一的人生活在农村。卡卢加省有一半小市民得出外做工②。涌往城市的农民越多，被赶到农村去的小市民就越多。在尼日戈罗德省，那里有大量农民涌到城市找工作，各农村住着15%的小市民。在弗拉基米尔省只有11%，在特维尔省则不到6%。我们曾经看到，何种灾难将特维尔省的小市民从城市里赶出去，那么那些小市民被赶出多1倍和2倍的地方，小市民的境况又会如何呢？在原先的赋税体制下，小市民根本无力缴纳自己的人头税。1860年，卡卢加省的81 292个小市民和僧侣共计欠缴税款36 702卢布19戈比，而850 980个农民则欠缴税款23 090卢布90¾戈比。可是卡卢加省的农民这

① 参看1865年特维尔省备忘手册，第101页。

② 1862年在卡卢加省，从18到60岁的小市民有16 218人，发给他们半年度和一年度的身份证8 364张。参看1862和1863年卡卢加省备忘手册第114页和第124页。在尼日戈罗德省的城市里，生活着26 384个小市民，农村则有3 861个小市民。在弗拉基米尔省的城市里有小市民41 549人，在农村里有4 500人。在特维尔省的城市里有小市民73 851人，农村有4 179人，雅罗斯拉夫尔省的城市里有小市民60 157，农村里有18 466人。

时很穷，处于悲惨的受压迫的境地，虽然劳动极其繁重，还是不能保证自己的生活，在农活外的空闲时间，大量农民进行乞讨。在1862年，小市民的欠缴税款共计51 660卢布3戈比，的确，这时农民的欠缴税款增长到60 117卢布4¼戈比，但是在这两种欠缴税款之间仍然是没有任何相称之处。① 在其他省份存在着同样的现象。1862年，在雅罗斯拉夫尔省，小市民欠缴的税款是14 421卢布76¾戈比，而国家农民则只欠缴38卢布40戈比的税款：小市民是78 623人，国家农民是265 201人。农奴解放后还须为领主服役若干年的农奴及在地主家里服役的农奴欠缴税款22 996卢布86¼戈比，他们共有551 290人。虽然为征收税款采取了那些目的不足以证明手段正确的措施，这些欠缴税款还是累积了很多。积欠税款的小市民是些不幸的人们，他们绝对没有任何财产；他们只剩下一条路可走，为欠缴税款被发配去干活。看来，没有什么比这更糟糕的事了。无产者的劳动是他的家庭的唯一支柱，他从为欠缴税款被发配去干活的那一天起，就失去了他心灵中珍贵的一切：他失去了人的形象，变成了一匹役马，他被剥夺了自由及由劳动所获的利益，他的家人只得任其饿死。但是，这对征收赋税的人来说，还认为是太微不足道：他们经常觉得，小市民不缴赋税是由于固执，为了制服这种固执，需要增加残酷性。人们用非人的待遇来对待发配去干活的不幸人。如果他们在绝望中试图躲避折磨，那么他们就会被罚做苦工。一个经受所有不同程度折磨的小市民

① 这些资料取自1861、1862和1863年的卡卢加省备忘手册。

向我讲述了自己的生活。这种生活是伴随这样一些可怕的苦难，当他被发配去干活以后，又被判做苦工。但是根据他本人的表述，在这些苦役营里的生活他觉得是天堂。每当他回忆到被发配去干活的时刻就十分激动，他肯定地说，苦役和强迫劳动当然是可怕的惩罚，但是发配去为欠缴税款而干活，——这是一种一下子都无法想象的折磨；要能想到这么完善的地步，得花不少时间。小市民在这种境况下不仅受到贫困的折磨，而且精神极度沮丧。我们工业活动的特点把那些工人置于最困难的境地，这些工人没有一块当他没有工作时他可以勉强靠其糊口的土地。我且不说那些致使工业劳动不可靠的众所周知的现象，也不说因破产和商业危机导致工厂倒闭，不说工业方向的突然改变、新机器的采用和其他种种情节，我将注意我们工业的不稳定，这种不稳定比危机和采用新机器在我们这里所起的作用要重要得多。由于气候条件，我们这儿的大量工作只能在一年中的部分时间干。在所有工厂中，单酿酒厂占俄国全部工厂工人的七分之一，这些工人夏天失去工作。在采金场，有 58 000 工人只能干夏天的活，这就相当于全部工厂工人的十二分之一。作为船舶工人、码头上的装卸工和搬运工，还有其他一些工人，其大量工人只能在夏季干活。所有土方工程同样是在冬季停工的。在尼日戈罗德市，夏天的工人数量增加一倍。在尼日戈罗德省和特维尔省，有五分之一的工人在冬天无活可干。甚至在例如那些全年开工的各类工厂里，工人也只被雇用半年。夏天过去了，冬天来临了，空出来的人手涌向那些与暖和的日子不一起结束的工作。于是主人或是将工人解雇，或是发给靠它无法

生活的极低的工资。如果工人不想把自己的位子让给更幸运的竞争者,他就得向自己的命运屈服。那些幸运竞争者在夏季期间得到有利的工资,可以靠这些工资在冬天生活,他寻找工作只是为了增加自己的收入。在工业的这种状况下,所有的工人经常处于某种焦急不安之中,他们来回奔忙:有时他们涌向某个省,有时重新从这个省涌出,犹似被风暴驱赶的大浪。从 1858 到 1863 年,尼日戈罗德省的出生人数一直超过死亡人数,虽然如此,在 1858 年,人口减少了 3 462 人,1860 年人口增加了 14 760 人,1862 年,虽然出生人数比死亡人数超过 22 759 人,人口又减少了 4 441 人。这种经常的来回移动使那些留家的成员能依赖地产的家庭极度受罪,而对无产者来说简直是致命的。我们的商业状况在这方面也并不比工业好。只有很少数的商人有幸从事固定而顺利的事业。大量的买者只是以很罕见的和少量的购买来满足自己的需要,更确切地说,除了极少场合,他们根本不能满足自己的需要。集市向他们提供了这样的场合:工人阶级的大部分购买都是在集市上进行的。在商业的这种状况下,小市民即小商人处于最悲惨的境地。小商业的营业额主要靠住在农村的大量工人来购货。小商业主要靠农村来维持这一点,可以清楚地从以下事实中看出来。在特维尔省,拥有 88 088 名居民的 5 个大城市在 1863 年领取了 1 368 张小商店证书,而其他拥有 40 942 名更穷居民的小城市,却领取了 1 643 张证书。这一点,特别是在小城市中,可以不靠统计资料,而用简单的观察就能发现。小商人为了吸引顾客作了一切努力,他把自己的房子让附近农村的人免费歇宿,只是为了让他们给他的小铺子扬名。尽管如此，顾客仍然太少。商品不能脱手，无以为生。只有通过在农村集市出售商品来帮助解脱困苦：这些集市的营业额要比所有小店铺的营业额大得多，主要的商业集中在集市上。商人也把自己维持生存的全部希望寄托在集市上，他借进了钱，买了商品，到那里去赚钱，——那又怎么样呢？他不能卖掉什么，或几乎什么也卖不掉，他以更大的牺牲和更沉重的债务赶到第二个、第三个、第四个集市去，结果还是一样：此后他的状况将会如何呢？这就是我们集市上的商业。1863 年，在特维尔省的一个坛子集市上，运来的商品只卖掉了不到六分之一，在这一年的所有坛子集市上只卖掉了四分之一的商品。在一个灯、炉集市上，也完全一样，只卖掉了不到六分之一。在俄国的全部农村集市里，只卖掉了运来商品的七分之三：不幸的商人只得从集市运走大量卖不掉的商品，总额达 41 898 000 卢布。城市集市的更富有的商人较为幸运，他们能卖掉自己商品的三分之二。顺便提一句，这不取决于运气。驱使大商人把商品运往城市集市的是对利益的盘算，而驱使小商人的则是饥饿。饿汉抓住最微不足道和模糊的希望来拯救自己摆脱困境。这就是为什么他们把商品倾堆在集市上、拼命地把大量商品从一个集市转运到另一集市、徒劳无益地希望脱手商品的原因。这种小商业的可悲状况经常使小市民处于犹如赌博的状况中，彻底损坏了小商人阶层的诚实。这种可悲的状况促使那些个性软弱和智力薄弱的人产生最怪诞和不能令人置信的概念：就好像人害怕看到他的商品已变质一样，他觉得，如果不利用勒索 3 倍高价的每一机会，就会没有饭吃。他形成一个

信念，如果不在任何场合漫天要价和欺骗，就没法活。而且，一些小商人深信，如果不买卖偷来的东西就没法做生意。这些信念在许多人的身上是深刻而真诚的。受过教育的人傲慢地看待他们和蔑视他们。但是，如果用更人道的眼光看待他们，就不能不对他们感到深深的同情。他们自己也感到，所有这些信念都是不道德的；但是，他们不知道摆脱这种状况的出路。他们受到凌辱，感到怨恨，他们有一个理想，那就是不管用什么办法得搞到财富，这时他们的一切阴暗的过去就会被遗忘。人们在责怪这种商店不道德时却不说说这种商店如何加重商人本身的负担。一旦商业变得多少有些正规时，立即就会出现这样的迹象，它表明，做生意的人力求将商业建立在诚实的牢固基础上和从它身上洗刷掉过去的污秽。在大城市里，这一追求普遍表现在扩展不抬价和不欺骗的商业上。在工业活动最发达的中部省份，商业的严格规矩虽然建立得缓慢，但终究是建立了起来：当俄国的农村集市卖掉运来商品的五分之二多一点的时候，在莫斯科省、雅罗斯拉夫尔省、科斯特罗马省和尼日戈罗德省几乎已卖掉了三分之二①，而且甚至在这些省份的小城市里我们也能遇到进行不抬价、不欺骗的正规贸易的商店。每样东西都标了价，不能作任何还价。

作为商人的小市民，当他没有工资的时候，但还有点别的什

① 1863年，在俄国欧洲部分的49个省份的农村集市上，运来商品75 134 000卢布，卖出33 236 000卢布。在莫斯科省、雅罗斯拉夫尔省、科斯特罗马省和尼日戈罗德省运进商品2 260 000卢布，卖出1 467 000卢布。

么，还有点最少量的贷款。作为工人的小市民，却连这点东西也没有。在小市民中间，您能遇见整群整群的工人，他们没有任何固定的职业，按他们自己的话来说，是马马虎虎的艰苦度日。今天他去捕鱼，明天他去锄菜园，过一个星期他去缝靴子；今天他去装船，明天他去割牧草。甚至大城市里拥有房屋的小市民也过着这种生活。城市里的高工资使得小市民的概念成为一个富裕工人的概念，很快就显得是相当骗人的。在您面前有一个小市民，衣服的式样是最时新的，衬衣雪白。根据外表您无论如何没法将他与官员和年轻商人区别开来。请看一下这个人的住处：他住在肮脏、潮湿的地下室里，其窗户只有 3 俄寸高。当我第一次在地下室里遇见这类皮肤娇嫩、皮靴锃亮、胡子梳得挺漂亮的衣冠楚楚的人时，我不禁万分惊奇。我想，如果连这类人都住在地下室里，那么那些除了破衣烂衫之外一无所有的人们，又得住在哪里呢？看到这种被职业逼出来的讲究穿戴能不深表同情吗？那些有钱刚够吃点面包，还得住在地下室的人，应当穿着浆得雪白的衬衫、装得像个上流社会的衣冠楚楚的人物去上工。这些不幸的劳动者，苍白无力，皮肤娇嫩；另一些小市民，每年得 1 万或 1 万 5 千银卢布，穿得和农民一样，肥胖，胖得厉害。在这两类人之间存在着哪种默契呢？后一种人的独立不羁的气概和略带粗鲁的态度立即要表示出的样子是，他是为自己活着的，并不去考虑他给别人造成的印象，而他的可怜的兄弟活着则是为了给人有个好印象，在角落里则暗暗地为上层社会和自己的雇主对其提出的要求遭受痛苦。如果穿着讲究的小市民在地下室里挨饿，那么，衣衫褴褛的小市民是真正的无

裤党类型的人物，这类人物对于任何一个需要雇临时工的人是很熟悉的。在工人群中根据这类小市民独特的非俄罗斯式的破衣服和他的姿态、谈吐就可以立即认出他来。在将码头工人群中这类无裤党人与和他站在一起的衣着破烂的农民进行比较时，我不止一次地试图解答一个问题，他们当中谁更不幸。最后我确信，他们二者都有不幸的人所会有的不幸。但是农民的境况至少还不到那么绝望的地步。小市民的被迫讲究穿戴强烈地促使他身上的利己主义的发展，他的家里人为了满足其远无力负担的需要，学会了无怨言地忍受令人痛苦的匮乏。农民把家庭看成是贫困的避难所，害怕割断与家庭的联系，与它处于由习俗形成的一定关系之中，——小市民经常达到这种地步，对他来说，家庭是不存在的，他准备在任何时候割断与它的联系。只有当他能为自己的利益滥用婚姻法时，他才想起妻子。于是在他们之间开始出现象女奴与奴隶主之间的那种关系，他与她分开居住，他对她课以赋税，就跟通常地主对待家奴一样。这种状况在各城市产生大量乞丐，他们当中大部分是妇女和孩子，但是也能遇到完全能干活的成年男人：一些乞丐直接向你伸手，另一些乞丐借口为你帮些小忙向你乞讨。这种乞讨现象在那些缺少工作而把小市民赶往农村的省份特别明显，例如，雅罗斯拉夫尔省就是如此。在设施完备的大城市，警察是要追捕乞丐的。在社会救济不足的情况下，这就会导致小市民犯罪：没有一个阶层的人有像小市民那样犯了那么大量的罪。他们所犯的罪比农奴解放后尚需为领主服役若干年的农奴所犯的要多一倍。在俄国，在所有各类犯罪中，最多的是反对私有制的罪行，在所有各阶层中，小市民在这类犯罪中最为突出①。他们毫无保障的绝望境况对他们产生的精神影响特别明显。不循规蹈矩的商业保证不了小市民糊口的需要，最精打细算和节约的小商人弄得不好会突然失去收入而被迫变成小经纪人：他们为最幸运的商人找到了廉价出售自己的商品的不幸穷人，他们从商人那里获得够几天用的少量的钱，代商人做买卖，留一点钱用作维持自己必要的生活。工人有时因工作过多，被大量地引向城市，有时又忽然失去工作。工作的这种不正常情况迫使工人非常珍重固定的工作，

① 从1860到1863年各阶层人所犯罪行数量的对比如下：

在俄国欧洲部分49个省份	1 000居民中摊到多少人	1 000罪犯中摊到多少人	1 000罪犯中反对私有制的人	在俄国
1.贵族	16.5	16.2	12.5	1.贵族
2.僧侣	10.5	2.2	3.5	2.僧侣
3.商人	8.3	5.4	9	3.商人
4.小市民	71.5	107.1	139	4.小市民
5.国家农民和皇室领地的农民	441.5	478.7	378	5.国家农民和皇室领地的农民
6.农奴制取消后还须为领主服役若干年的农奴	384	280.9	362	6.农奴制取消后还须为领主服役若干年的农奴
7.军人	67.7	109.5	96	7.军人
总数	1 000	1 000	1 000	

罪犯一般是军人中最多(因军事纪律)，其次是小市民，接着的是贵族、国家农民和皇室领地的农民(分裂、盗伐森林)、农奴制取消后还须为领主服役若干年的农奴、商人，最后是僧侣。在小市民中反对私有制的罪犯要比军人多一半，比商人和农奴制取消后尚需为领主服役若干年的农奴多1倍，比国家农民和皇室领地农民多1倍半，比贵族几乎多2倍，比僧倍多9倍。(该表似乎有遗漏，说明文字也有误，仅照本译出。——译者)

因而大大压低了固定工作的价格。我认识一个工人，他每次去上工应当穿着体面的衣服。家里他有父亲，一个 80 岁的老头，母亲也是这样的岁数，有 3 个小孩。在这样的环境下，他一年得 60 卢布的工资。这样的家庭不可能进行储备，它买小量的面粉，用一次，买一小车木柴，成了任何涨价的牺牲品。他买 1 普特黑麦面粉有时得付 90 多戈比，甚至 1 卢布以上。当人们谈到工资时，社会通常不考虑生活费必定昂贵：相反，通常认为，工人比上层社会富裕的人安排生活要低廉一些。说实在的，穷苦农民的家庭越大，他的生活费越贵，他在冬初廉价卖掉自己的谷物，然后到春天高价去购买。在闹饥荒时，这给他带来致命的灾难，使得他的牲口和家人过早死亡。穷苦农民和富裕农民都得按贵的价格来购买所有非农产品的商品，这样，他们在购买商品时也就支付一部分上层阶级出售的商品价格，——这像是工人阶级给上层阶级支付的一种间接税。这种赋税不要靠税关和官吏来征收，它是工人贫困的独特的根源。穷苦的工人罕见买东西，买得也少，因此他只能是一个很不熟悉商品的价格和质量的人：欺骗他，向他要贵 1 倍的钱，给他劣质的商品，这是很容易的事情。在商人间展开竞争的情况下，这会产生一整套办法，商人把自己所有的亏损都转嫁到出售给穷苦工人的商品上。那些不能用高价和劣质向工人勒索的商品，则用假货来骗人。从盐、铁、酒开始直至茶叶、糖、纺织品和工厂的所有产品，到处都确定不移地严格执行着这一套办法。这里工人就和在出售和工作中被承包人称错和克扣完全一样地被克扣和计错。在土方工程中，人们给工人移动标尺；在账房结算时，承包人克扣他的钱；在按钟点计算的日工资情况下，他没什么可被克扣，因为人

们单纯地强迫他干得累倒为止；在计件工资的情况下，人们给他计错。人们对这一些并不满足，还强迫他领取商品来抵一部分工资以使结算复杂化。商业和工业企业中磅称和点收谷物、鱼以及其他农产品的过磅员也不能不对工人克扣分量：如果由于偶然的损耗，物品的分量不足，那么过磅员只能由私人掏腰包来补足。因此过磅员和掌柜的总是带着所谓的节余呈交他们收来的商品，即他们所交商品的分量比他们所收商品的分量要多一些。要是过磅员和掌柜的所交的节余太少，就会被认为无能。人类的大善人，以其慈善事业著称的工厂主，在自己的工厂里建立了向工人出售消费品的商业，他们在这些小铺里用廉价收购废品，然后将这种废品卖给自己的工人。工人买到的盐里通常有一半掺杂物，商人将由无用的铁制成的商品专门放在一起卖给农民。甚至在卖酒时，商人善于把28%纯度的酒卖给农民：能遇到这样的小酒馆老板，他们认为，如果把更纯的酒卖给农民就不值得做生意了。商人在茶叶里给工人掺进喝淡了并染上色的干茶叶、干草末。这种茶叶使水呈暗红色，可怜的工人等于喝泔水，可是他却想象成自己在喝最酽的茶。许多地方的纺织品和器皿，除了运来废品外，什么也没运来，以致大多数工厂只是由于能用这种方式销售自己的废品才得以维持。废品的买卖在伊尔比特市的集市上起了一个主要作用，这种废品以如此的高价卖给农民，如果正品的价格加上运费，也仍然只是那种卖给工人的废品价格的一半。在各集市上，废品按高于那种上层阶级在城市购买正品的价格出售。废品的贸易极其有利可图，因此人们故意生产废品：在卡卢加省，棉织品的废品生产构成地方工业的一整个部门。在手工织机上生产的这种废品与机

器生产的棉织品进行竞争。对地方手工生产者来说，只有在这个活动范围内还有竞争的可能性。从另方面来看，如果商人不能按高价出售存坏了的和无用的商品，那么他卖给上层阶级的商品至少就得贵30%。例如，在特维尔，从事棉织品生产的工厂将最好的商品立即发往彼得堡和莫斯科，在当地则按高价卖给穷人废品，它们从废品获得的钱通常比好的商品多。这种用一切这样办法转嫁给穷人的亏损是穷人用这种形式付给上层阶级的一种赋税，这种赋税不是几十万、几百万，而应是几千万。

我刚才提到的那个小市民家庭还算是幸福的家庭，除去我说过的6个成员之外，它的成员中还有一个成年妇女。很多家庭家里很需要有个妇女操持，她无法担任任何固定的工作，只得成为一个每月挣25戈比的担水人，每天担水。但是，这一可怜的副业使得家庭有可能租得起一间单独的地下室，比不幸的家庭几家人合住在这样的地下室里要强一些。有一幢阔气的房子，由于死了主人，交人监管。房子已经荒废日久了，为了它不至于毫无收入，需要清理。女监管人想起让城市工人的几家人住进这幢房子的厨房里直至夏天。他们住得很挤，以致弄得很脏、闷气、潮湿，女监管人只得很快请他们搬出去。如果工人的这种生活方式能使如此干燥、温暖的住房变潮，那么可以设想，如果住在地下室里，尤其是当这种地下室在一年中的部分时间是泡在水里，那又将会如何呢？哪一类工人住在这样的地下室里，可以从有的地下室一年带来25和40卢布的收入这一点看出来。在那些一年挣72卢布就算是很好的工资的城市里，一部分工人得与别家混住在这类地下室里。而在俄国那些一年挣72卢布并不算是很好的工资的城市却有多

少啊。那些不住地下室的人，则住在稍好一些的住房里，这种住房甚至在森林多的地区都设计得极度节省木料。在没有森林的地区，小农舍通常很低，住在里头勉强够直起身子，室内墙壁之间的距离不多于1俄丈，两个大窗户之间的距离刚过四分之一俄尺。小农舍有许多大窟窿，很不结实，很快就会倒塌：我看到过这样的房子，它们的新木材还没变黑就倒塌了，得用支柱撑着。在靠近铁路的一个大城市里，我看见过一个顶间，顶间里的一个房间只有1俄丈长，2俄尺宽，它的任何一边都没有其他建筑物。房里有一个砖炉，与通常的铁炉一般大小，炉子的烟囱是笔直的，有1俄丈半高。冬天这里住着2个人。根本无法烧暖炉子，因为它在烧火后立即就冷却了。只要有一点风，烟囱冒出来的烟就全部灌进房间里。我无论如何也不能预料这些人能活到春天，——依我看，他们中的一个人一定会冻死。我不知道，我的预料能否应验。

比这些住在如此可怕住所里的工人无产者更为低下的是这样一种工人，对他来说，生活条件是如此地恶劣，要么他无法活下去，要么得放弃人类的尊严。这种工人只有通过堕落的途径才能满足爱情的需要，他不可能培养自己的孩子。这是我们社会的脓疮，这种脓疮把道德败坏传染给与它相关的一切。在这些人中间，有许多人获得相对地多的生活费，但是他们的状况使得他们无法建立家庭，甚至结了婚的人无法过家庭生活。虽然他们不具备这种可能性，但他们仍然是人，保持着一切人的要求，他们满足这些要求的唯一可能的办法就是腐化堕落。他们生了孩子，甚至往往是婚生的孩子，但是他们不能将孩子带有身边。通常他们力图用打胎等等办法提早摆脱孩子。当他用这种办法失效时，或他们没有勇气弄死自己爱情的结晶时，就把生下的孩子交给专门从事养育这类孩子的职业的一个妇女去带领。这种妇女有时带几个这类孩子，她同时召集一些年轻的男女在家里酗酒和鬼混。这种妇女只是力图如何用合式的方式让这些孩子早死，有时干脆把他们毒死。养育这类孩子显露出的粗心与肮脏超过了一切可能的想象，这些孩子骨瘦如柴，由于他们待着的地方不干净而长满脓疮，这些不幸的人徒劳地向人类的慈悲心呼号。那些将他们的父母置于这种境地的人们听不到他们的号叫，这些人的道德水平极其低下，他们甚至不明白，因自己的微小方便强迫自己的佣人残害自己的孩子是何等地丧尽天良。也有这样的情况，这些孩子没有死掉，有能经受一切而活着的天性。他活着，使抚养人极感可恶，因为抚养人迫不及待地希望他死去。他活着，给自己的母亲带来苦难，因为母亲为维持他的生存得付给没心肝的抚养人六分之五的工资。这不是发明，这是取自生活中的事实。一年挣 36 卢布的厨娘付给自己儿子的抚养人 30 卢布，自己只留下 6 卢布。她忍受了人所能忍受的贫困。知道这类事实的任何人不会说，过着这种生活的大量的人们是由于无情和粗鲁的自私而自由选择的：将十分明显，就是贫困，也只是痛心的贫困迫使他们走这一步；贫困迫使他们成为工人阶级中腐化堕落的根源，而社会却冷漠地看待这件事，并鼓励这类现象的发生。充满自我牺牲精神的母亲应当会看到，老荡妇是如何教养她们的孩子的。他们从小就受到一切放荡行为的毒害：病态苍白的小孩刚学会嘟嘟哝哝说话，就已经往返于小酒馆为其放荡的抚养女人买酒了。在肮脏的住处看到淫荡的喝醉酒的淫荡男人与醉得并不亚于他的年轻的淫妇鬼混的粗野场面。在尼日戈罗德、特维尔和弗拉基米尔这3个省里，全部男工与女工中约有8%的人处于这种无法过家庭生活的境况①。我认为，这样的人在别的省份也不会更少。多么腐化堕落的土壤，如此孩子死亡的根源！除此之外，可以算一下长期外出做工的两地分居的家庭。因此，卡卢加省两地分居的家庭恰好占全省全部工人家庭的三分之一。

*　　　*　　　*

在我继续往下讲以前，先讲几句关于我们的工业省份与其他省份的关系。还能设想得出更为悲哀的情景吗?！我们的工业到处都有一个来源，这就是极穷苦的居民。他们行将饿死，因此愿意用能挣任何最微薄酬劳的工作来残害自己。这在各地都有一个后果：为微薄的收入而干活的工业省份的可怜工人也妨碍其他人致富。请看对工业省份中任何一个省份的描述：您会看到占首要地位的一定是关于土壤贫瘠、农村缺乏土地的资料。在我国任何一个工业地区的统计记述中未必能找到有把工业的发展归之于除工业人口中的饥饿之外的其他原因的。在所有省份中，弗拉基米尔省以牲口少著称，这个省生产的谷物每人摊不到2俄石。在同一省内，工业只挑选那些土壤贫瘠、靠农业无法生活的地区发展起来。在尼日戈罗德省，土壤肥沃的县仍是纯粹从事农业的县。只有那些什么也不生长、农民被迫购买谷物的县才是工业县份。卡卢加省是牲口最多、谷物生产得最多的工业省份之一，可是就连这里居民也纯粹由于土壤贫瘠而转向其他行业。卡卢加省的备忘手册写道：省内大部分的土壤是黏质土和沙质土，它不奖励农民的劳

① 这里把士兵及与丈夫分离的士兵的妻子也算在内。

动，迫使农民去搞各种行业。在另一处写到，卡卢加的农业是如此地无利可图，以致工人让妇女去搞农业，而自己去寻找更为有利可图的工作。虽然他们大量地离开本省，但是本省若不运进粮食仍然没法过。甚至那些其工业取决于本地特点的省份，由于各种情况的某种不幸凑合，也不亚于其他省份以贫瘠而著称。阿斯特拉罕省是全俄国最贫瘠的省份。在阿斯特拉罕省，贫瘠的地域占全部面积的93%。这些工业省份的生产应当对俄国发生何种影响，可以从下面一点看出来，靠机器进行的大生产，即那种按事物的自然进程集中在少数地区的生产，只利用了工业省份的很小一部分生产者。饥饿将这些生产者赶到市场，迫使他们无论如何得寻找工业的工作。在谈到尼日戈罗德省时，我说过，那里的大生产占用最小一部分工业工人。工业工人中的最大一部分人生产农业省份的那些消费品需要手工劳动，而且它们如果能在当地生产，对国家来说，要有利得多。在卡卢加省，这个省是以大生产最多为特征的工业省份之一，在工厂里干活的工人计有16 107人，可是，单是外出做零工的人就有74 415人，其中在俄国南部从事加工熟羊皮业的人就有几万人。这些人同时把卡卢加省制造的脚蹬纺织机运到南方去。有10 050人在船舶业中工作。根据备忘手册的记载，在波罗夫斯克、马洛雅罗斯拉维茨和塔鲁萨3个县里，几乎每家都有生产棉布的织布机和其他工具。不仅如此，这个省将木材制品、椴皮席、毡制品、帽子和农民的其他消费品散售到外地去。有的地方，整个地区生产植物油：根据备忘手册描写，在科泽尔斯克县有这样的地区，那里的农村经常是有多少农户就有多少榨油坊。陶器和砖的生产完全和制熟羊皮一样，不仅为俄国提供产品，而且也提供新的生产者,科泽尔斯克县的制砖工散布于全俄。

这就是俄国生产的特点,它对国家能发生什么影响呢?这些饥饿的生产者使农业地区的全部购买力衰竭,他们与直接租赋、捐税一样,是农业地区贫困的根源。要是没有这些廉价出卖的劳动者,那么交租赋和捐税的农民所能购买的那些不多的物品就会由这些农民自己于冬闲时来生产。农民生产这些物品就不会是为了购买谷物,而是为了增加其福利。他得到钱以后,会使另外人有工作可做,逐渐地就会富裕起来。而现在呢,他除了以谷物缴纳的自己的租赋外,还得缴纳俄国工业地区的无数饥饿人口的租赋。当俄国各处的工人因此困于饥饿和拥挤于无法满足的需要的狭缝中时,这些需要却在他们身上不停地提出要求并经常在增加。最后,像他至今过着的生活那样,生活变得无法忍受。很难解释这些感情的根源,但这无论如何不能归咎于农奴解放,这些感情在农奴解放以前就出现了。他们多半是那种导致农奴解放的社会情绪的产物:社会的很大一部分人感到自己处于某种窒息人的气氛之中,他们力图进入某种可以更自由地呼吸的气氛中。现在,当他们想松口气的时候,他们感到,他们所需要的空气要比他们所能吸入的空气多得多。我们的社会有了这种感觉时,就处于文明世纪的极大影响之下了:社会本身的力量只有在与这种文明相结合的时候,才赋予社会的运动以独特的性质。在工人阶级中,你能看到完全另一种情景,它的运动纯粹是内部力量的产物,——工人阶级的激情产生于它的本身。当满足不了时,不断地使它忧虑和痛恨。谁培养它嗜好建筑装饰呢?可是它不顾一切障碍,养成了这种嗜好并加以发展。请看一看他们的装饰漂亮、点缀美观的农舍,您从第一

眼就可发现，这种建筑具有自己的历史。谁创造了它呢？为了确信，它自己创造了自己，仍需要仔细地看一看。这种建筑是人民的激情、人民日益发展的无法抑制的追求的创造物。谁教会农民为那种他原先没注意的邋遢而害羞？他自己教会自己这一点。在俄国旅行时，甚至稍加观察就不难发现，越来越辽阔的地区流传着对邋遢和肮脏的反感，这种新的需要给如此贫穷，甚至连肥皂都没有的农妇增加沉重的负担。应当知道，例如在农民的那种生活条件下，要使不上漆的地板保持干净得付出多少劳动。激起的这种需要压迫着工人并增加死亡率，但它们仍然无法抑制。他年复一年地越来越感到自己生活的不足，并且是在没有上层社会的任何参与下由他自己发觉的。他所走的完全是自己单独走的路。这种以一些内部力量为根源的单独的不断行进，对于任何留心观察的人都是极为明显的。有教养的社会集中注意的那些利益，在工人中找到了颖悟的、具有颇大分寸的理解。关于工人的当前运动，写了不少诽谤性文章，有幸的是，工人从来不读出版的杂志。但是任何公正的观察家会说，他在所有这段时间里，显露出上帝保佑让每人显露的那么多的勇气。他比那些讥笑他的人看得更远，并善于选择真正的道路，他沿着这条道路静悄悄地、力所能及地能走得比所有的人都远。当受过教育阶层的运动采用那些能使其必然会在工人中得到反映的特征时，工人仍然同时也继续走自己的老路，——自己命运的路，必然日益增长需要的路。农民在有住房以后就把注意力转向自己的衣服。在追求改善衣着方面，农妇所表现出来的精力、坚忍和顽强丝毫不亚于其对改善住所的追求。农民是如此地贫困、窘迫、遭受虐待和不幸，他无力进行衣着和住房方面的实质性的改善。需要业已增长，满足需要的资料却没有。他穿得差，住在陋屋里，觉得害臊，而真正改进舒适的资料却不足。他养成打肿脸充胖子的生活习惯。在一切能遮盖的方面，他忍受极大的困苦，全家人饿着肚子，孩子将死掉，——可是女儿却有绸衣服，房子必得雕上花。一触及自尊心，他立即力图装阔，于是乐观主义者最无心肝地利用了这一点。一位边远乡的乡司书对我说："我惊奇不已的是，农民讲究穿戴的嗜好是怎么来的？他们哪里谈得上穿戴？他们就是不讲究穿戴也已经没有什么可吃了。不，为了不比别人穿得差，他把吃奶的劲都使上了，背着最沉重的十字架。"一有机会，农民从最边远的农村大量地出去谋生。在那种我无论如何想不到会有人出去做工的最偏僻的地区，我却发现有三分之一的乡出外找工作。在这种情况下，他们遇到了那些从工业省份的饥饿县份来的机灵和善钻营的工人的竞争。这些工人进入那种被当地农民视为是自己家里的主要是为他们而设的市场。由于异常困难的斗争，农民逐渐地怨恨自己的境况：任何力量也无法阻止这种怨恨的增长，他要一想，他自己也就不可能有另外的感觉。他越来越丧失了忍耐性。不重视这些深刻的感情、这些人类活动的巨大动力，是极不明智的。需要做到应该做的一切以使死亡率更低，至少应当达到英国那样低：如果考虑到人口密度上的差别，那么不能不同意，这是起码担保的最初程度。这样一来，人民当中由于必然的、怎么也无法抑制的需要的增长再加上满足需要的资料的日益减少而产生的怨恨感情将会停止加深，人民将会冷静地看待生活。当他回想起他为了满足最无法抑制的、完全合法的爱好是如何破产的时，他将不会以焦虑的目光看着未来，他将不会绝望地反

复念叨:“会发生什么,——将来会发生什么。”

我们看到,在工业省份,雅罗斯拉夫尔省和尼日戈罗德省,福利开始不断下降,甚至农奴解放也无法挽救它们。沉重的租赋和捐税引起农业居民不断贫困化,也造成牲口不足和土壤贫瘠,加上工厂里极其繁重的致人于死命的劳动,缺少保护工人免受对健康的致命影响的任何措施,小作坊收入极其低微,致命的外出做工,所有这一切合在一起导致连鼠疫和霍乱都无法带来的那种极高的死亡率。不幸的是,这种福利的逐步下降也能在黑土地带看到,农奴解放也完全同样很少能阻止这种致命的趋向。对 11 年期间平扎省的出生和死亡率的观察表明,农奴解放的那 3 年(1861、1862 和 1863 年)按死亡率和按出生者对死亡者的超过额来看都较前 8 年不利①。1864 年平扎省备忘手册甚至肯定地说,比起北部县份的其他行业来,农业对当地工人的生活保证起的作用开始变得小了。平扎省北部县份的工业发展与尼日戈罗德省、弗拉基米尔省、雅罗斯拉夫尔省、卡卢加省的工业发展有一个共同的根源,——这就是饥饿:这些县份都需要吃运入的谷物。备忘手册证实,对农民来说,在所有可能的生产中,农业不仅是最无利可图的,甚至经常

① 平扎省的死亡率和出生者对死亡者的超过额情况如下:

年份	多少人中死 1 人	出生者对死亡者的超过额	年份	多少人中死 1 人	出生者对死亡者的超过额
1853	27	54%	1859	29	53%
1854	32	64%	1860	24	29%
1855	25	35%	1861	26	17%
1856	29	34%	1862	31	54%
1857	31	55%	1863	25	29%
1858	33	72%			

是亏损的，以致农业发达的草原地区的农民显得贫困。在127 791个农舍中，不仅大部分是杂房，而且家庭够用的农舍刚够十分之一。虽然如此，他在严寒季节，将奶牛牵进农舍挤奶，在农舍里喂养牛犊和羊犊，一直到它们稍大一些并能经受得住3月份的寒冷为止。农民的需要在不断增长，这种需要使得他年复一年地越来越发觉自己生活的艰难和境况的悲惨。在这种情况下，福利状况的逐步下降，不断贫困化会使农民多么地艰难和沉重！农民认真细心地、带着极大的自我牺牲以雕刻来装饰其农舍的正面，而屋里却是杂用的杂房，他将会有何种感觉！可是，在俄国，这样的不幸者有多少？在有的地区，他们是极大多数。

译名对照表

三　画

小俄罗斯省　Малороссийская губерния
土耳其　Турция
土赫曼　Трухмен
马尔梅什　Малмыж
马尼拉岛　Остров Маниллы
马卡里耶夫　Макарьев
马林斯克州　Мариинский округ
马林斯克贵族小姐学院　Мариинский институт благородных девиц
马洛雅罗斯拉维茨　Малоярославец

小俄罗斯人　Малоросс
土耳其人　Турок

马克思　Маркс
马利佐夫　Мальцов
马尔萨斯　Мальтус

四　画

乌拉尔河　Урал
乌格利奇　Углич
乌恩日河　Унжа
乌斯季—瑟索利斯克　Усть-Сысольск
乌斯季—休戈尔　Усть-Шугора
乌斯季扬乡　Устьянская волость
乌斯丘日那　Устюжна
乌斯丘克　Устюг
瓦尔纳文诺　Варнавино
瓦尔代　Валдай
瓦西利　Василь
瓦西里苏尔斯克　Васильсурск
瓦西里耶夫卡　Васильевка
瓦西里耶夫斯基岛　Васильевский остров
瓦里斯　Валлис
巴尔干半岛　Балканский полуостров
巴尔瑙尔　Барнауль
巴拉赫纳　Балахна
巴黎　Париж
巴坚　Баден
比利时　Бельгия
比萨拉比亚　Бессарабия
比斯克　Бийск
丹尼洛夫　Данилов
丹麦　Дания
尤里耶维茨　Юрьевец
尤佐夫卡　Юзовка
戈尔巴托夫　Горбатов
戈罗霍维茨　Гороховец
中国　Китай
贝德福　Бедфорд, Bedford
太梅尔地　Таймырская Земля
什皮茨别尔根　Шпицберген
日内瓦　Женева
牛津　Оксфорд, Oxford

巴什基尔人　Башкир
比利时人　Бельгиец
车累米西人　Черемис
什列依尔　Шлейр
车尔尼雪夫斯基　Чернышевский
乌达洛依，姆斯季斯拉夫　Удалой，Мстислав
牛顿　Ньютон
瓦西莉沙　Василиса
巴枯宁　Бакунин
贝魁尔　Péqueur
贝兰瑞　Беранже
切列姆尚　Черемшан
切斯特　Честер，Chester
切博克萨雷　Чебоксары
切尔登　Чердын
切尔登人　Чердынец

五　画

卡德尼科夫　Кадников
卡梅申　Камышин
卡尔诺夫乡　Карновская волость
卡卢加　Калуга
卡尔梅克寺院　Калмыцкий монастырь
卡马河　Кама
卡尔戈波尔　Каргополь
卡累利阿　Карель
卡梅什洛夫　Камышлов
尼罗河　Нил
尼日戈罗德　Нижегород（Нижний Новгород）
尼日尼　Нижний
尼科尔斯克　Никольск
尼古拉耶夫　Николаев
布古鲁斯兰　Бугуруслан
布古尔马　Бугульма
布祖卢克　Бузулук
布依　Буй
白海　Белое море
白金汉　Боккингам，Buckingham
白令海峡　Берингов пролив
叶尼塞斯克　Енисейск
叶尼塞河　Енисей
叶卡捷琳布尔格　Екатеринбург
叶卡捷琳诺斯拉夫　Екатеринослав
加利奇　Галич
加拿大　Канада
北安普敦　Нортгамптон，Northampton
北冰洋　Северный ледовитый океан（Ледовитое море）
外高加索　Закавказье
汉普　Гампшир，Hampshire
弗拉基米尔　Владимир
申库尔斯克　Шенкурск
兰开斯特　Ланкастер，Lancaster
卢科亚诺夫　Лукоянов
印度　Индия
旧大陆　Старый Свет
圣—惹尔曼领地　Сен-жерменское поме-стье
皮涅加　Пинега
平扎　Пенза

卡尔梅克人　Калмык
卡累利阿人　Карел
印第安人　Индеец
白俄罗斯人　Белорусс
皮涅加人　Пинежец
布里亚特人　Бурят

卡弗坦，特里什金　Кафтан，Тришкин
卡维林　Кавелин
卡特科夫　Катков
卡尔十二世　Карл XII
叶莉卡维妲　Елисавета
叶拉契奇　Елачич

兰斯基　Ланский
弗列罗夫斯基，恩（别尔维，瓦·瓦）　Флеровский, Н. (Ьерви, В. В.)
圣西门　Сен-Симон
尼古拉一世　Николай I
布阿吉尔贝尔　Ьуагильбер

六　画

托尔若克　Торжок
托姆河　Томь
托姆斯克　Томск
托波尔斯克　Тобольск
托捷姆　Тотем
托特马　Тотьма
亚洲　Азия
亚美尼亚　Армяния
亚连斯克　Яренск
亚德林　Ядрин
亚历克山大罗夫斯克　Александровск
亚历克山大罗夫斯克贵族学院　Александровский дворянский инстигут
伊凡诺夫村　Село Иваново
伊尔库茨克　Иркутск
伊尔比茨克　Ирбитск
伊尔比特　Ирбить(Ирбит)
西班牙　Испания
西伯利亚　Сибирь
西欧　Западная Европа
达尔马托沃　Далматово
达勒姆　Доргам, Durhat
米努辛　Минусин
米舍尔亚克　Мещеряк
伦巴迪亚　Ломеардия
伦敦　Лондон, London
伍斯特　Вустер, Worcester
伏尔加河　Волга
安齐福罗斯克乡　Анцифоровская волость
约克郡　Иоркшир, Yorkshire
冰岛　Исладия
齐维尔斯克　Цивильск
多塞特　Дорсет, Dorset

伊热姆人　Ижемец
匈牙利人(马托尔人)　Мадьяр
西伯利亚人　Сибиряк
多尔古申分子　Долгушинец

米勒尔　Миллер
米库林　Микулин
米尔托夫—拉甫罗夫　Миртов-Лавров
亚科夫列夫　Яковлев
亚历山大二世　Александр II
亚历山大三世　Александр III
伊古姆诺夫　Игумнов
伊里亚特　Илиада
列宁　Ленин
迈耶尔，齐格弗里特　Мейер, Зигфрид
乔治—桑　Жорж-Занд
约翰四世　Иоанн IV
邦舍尔　Ьоншер
安德列叶维奇，瓦西里　Андреевич, Василия

七　画

克尼亚基宁　Княгинин
克尼亚日　Княжь
克里米亚　Крым
克里米亚葡萄园　Крымские виноградники
克拉斯诺乌芬斯克　Красноуфимск
克拉斯诺亚尔斯克　Красноярск
克列斯捷茨　Крестец
阿尔泰州　Алтайский округ
阿拉帕耶夫斯克　Алапаевск
阿尔扎马斯　Арзамас
阿尔汉格尔斯克　Архангельск
阿尔达托夫　Ардатов

阿斯特拉罕　Астрахань
沃里克　Варвик，Warwick
沃伦省　Волынская губерния
沃洛格达　Вологда
沃兹涅辛斯克　Вознесенск
沃龙涅什　Воронеж
沃尔斯克　Вольск
苏尔古特　Сургут
苏多格达　Судогда
苏兹达尔　Суздаль
苏拉　Сура
苏格兰　Шотландия
苏塞克斯　Соссекс，Sussex
库兹涅茨克　Кузнецк
库尔斯克　Курск
库古尔　Кунгур
库尔兰　Курлян
希腊　Греция
希罗普　Салоп，Salop
芬兰　Финляндия
芬兰湾　Финляндские воды
坎伯兰　Комберланд，Cumberiand
坎达拉克　Кандалак
里海　Каспийское море
里昂　Лион
纳雷姆　Нарым
辛比尔　Симбир
伯绍勒　Печеры
沙德林斯克　Шадринск
麦连基　Меленки
利弗兰　Лифляндин

阿尔汉格尔斯克人　Архангелец
阿斯特拉罕人　Астраханец
沃洛格达人　Вологжанин
希腊人　Грек
犹太人　Жид
芬兰人　Финн
伯绍勒人　Печорец

阿喀琉斯　Ахиллес
阿卡基阿卡基也维奇　Акакий Акакиевич
阿普捷克曼，奥·弗　Аптекман，О. В.
阿勃拉莫维奇，奥　Абрамович，О.
别尔维，维利格利姆·瓦西里·费多罗维奇　Ьерви，Вильгельм-ВасилийФедорович
别佐奥拉佐夫　Ьезоотазов
别哥夫　Пегов
沃罗诺夫　Воронов
沃邦　Вобан
杜冈—巴拉诺夫斯基　Туган-Ьарановский
希什柯夫　Шишков
纳瓦利欣　Навалихин
麦克佩斯　Макбес
克里沃沙普金　Кривошапкин

八　画

波斯　Персия
波兰　Польша
波舍霍　Пошехонье
波克罗夫　Покров
波维涅茨　Повенец
波尔塔瓦　Полтава
波罗的海　Ьалтийское Море
波罗夫斯克　Ьоровск
波戈列洛耶　Погорелое
波多尔斯克省　Подольская губерния
彼尔姆　Пермь(Перми)
彼得堡　Петербург(Питер)
彼得罗查沃德斯克　Петрозаводск
罗马　Рим
罗马帝国　Римская империя
罗斯托夫　Ростов
罗姆—博里索格列勃斯克　Ром.-Ьор-

исоглебск
图拉　Тула
图拉河　Тура
图鲁汉斯克　Туруханск
英格兰(英国)　Англия
法国　Франция
林肯　Линкольн, Lincoln
杰久欣　Дедюхин
明斯克　Минск
奇斯托波尔　Чистополь
姆岑斯克　Мценск
佩列亚斯拉夫县　Переяславский уезд
玫瑰战争　Война Белой и Алойрозы

英格兰人(英国人)　Англичанин
泽梁人　Зырянин
拉脱维亚人　Латыш
帕里亚人　Пария
波斯人　Персиянин
波兰人　Поляк
罗马人　Римлянин
法国人　Француз

拉伊雪夫　Лаишев
拉甫罗夫　Лавров
拉特金　Латкин
拉尼京　Ланитин
拉扎烈夫　Лазарев
舍拉什尼可夫　Шелашников
舍尔古诺夫　Шелгунов
佩卡尔斯基　Пекарский
佩列普廖奇科夫　Преплетчиков
波克罗夫斯基　Покровский
波利亚科夫，恩·普　Поляков, Н. П.
帕宁　Панин
帕霍梅奇，费多特　Пахомыч, Федот
杰米多夫　Демидов
杰柳热夫　Дерюжев

欧洲　Европа

九　画

科泽尔斯克　Козельск
科弗罗夫　Ковров
科斯特罗马　Кострома
科夫达　Ковда
科兹洛夫　Козлов
科斯莫杰米扬斯克　Козьмодемьянск
科温斯克省　Ковенская губерния
科隆姆纳　Коломна
科洛科里大街　Колокольная улица
契列波维茨　Череповец
契尔尼戈夫　Чернигов
契希尔　Чихир
威尼斯　Венеция
威尔特　Вильтс, Wilts
威斯特摩兰　Вестморланд, Westmoreland
查廖夫　Царев
查列沃科克沙伊　Царевококшай
柳比姆　Любим
柳班　Любань
美洲(美国)　Америка
美国　Американские Соединенные Штаты
剑桥　Кембридж, Cambridge
挪威　Норвегия
顺格　Шунг
哈尔科夫　Харьков
俄罗斯(俄国)　Руссия
秋明　Тюмень
洛捷依诺耶波列　Лодеиное Поле

保加利亚人　Болгарин
挪威人　Норвежец
俄罗斯人　Русский
契尔克斯人　Черкес
美国人　Американец

科尔津金　Корзинкин
科罗廖夫　Королев
科瓦列夫斯基，伊　Ковалевский，Е.
柯里勃　Кольб
茹拉夫廖夫　Журавлев
哈姆雷特　Гамлет
顿河　Дон

十　画

索利加利奇　Солигалич
索科勒山　Соколиная гора
索列茨海湾　Сорецкая губа
索科夫乡　Соковская волость
索斯诺夫卡　Сосновка
索利卡姆斯克　Соликамск
索尔维契戈德斯克　Сольвычегодск
爱奥尼亚海　Ионическое Море
爱奥尼亚群岛　Ионические Острова
爱尔兰　Ирландия
爱斯基摩海　Эскимосское Море
莫洛加　Молога
莫斯科　Москва
莫基廖夫　Могилев
莫萨尔斯克　Мосальск
诺福克　Норфольк
诺森伯兰　Нортумберланд，Northumberland
诺丁汉　Ноттингам，Nottingham
诺夫戈罗德　Новгород
诺沃乌津斯克　Новоузенск
格洛斯特　Глостер，Gloucester
格罗德诺　Гродно
格里亚佐维茨　Грязовец
埃及　Египет
埃里多拉德　Эльдорадо
埃斯特兰　Эстляндин
埃塞克斯　Эссекс
特洛伊　Троя
特维尔　Тверь
海得尔堡　Гейдельберг
哥萨克顿河地区　Войско Донское（Земля Войска Донского）
荷兰　Нидерланды（Голландия）
敖德萨　Одесса
唐波夫　Тамбов
涅瓦河　Нева
高加索　Кавказ

爱尔兰人　Ирландец
爱沙尼亚人　Эстонец
爱斯基摩人　Эскимос
哥萨克（人）　Казак
通古斯人　Тунгус
莫尔多瓦人　Мордва
柴可夫分子　Чайковец

格洛托夫　Глотов
格拉辛　Герасим
特卡切夫　Ткачев
特洛依茨　Троиц
恩格斯　Энгельс
莎士比亚　Шекспир
诺尔　Нор
涅克拉索夫　Некрасов
拿破仑一世　Наполеон I
莱斯特　Лейстер，Leicester

十 一 画

维连省　Виленская губерния
维亚特　Вят
维特卢加　Ветлуга
维尔霍图利耶　Верхотурье
维尔斯克　Вельск
维捷勃斯克　Витебск
维亚特卡　Вятка
维亚兹尼科夫　Вязников

维帖格拉　Вытегра
萨马拉省　Самарская губерния
萨克森　Саксония
萨拉托夫　Саратов
萨福克　Софдольк
萨默塞特　Сомерсет
萨列普塔　Сарепта
基希涅夫　Кишинев
基辅　Киев
基里洛夫　Кирилов
鄂木斯克　Омск
鄂毕河　Оби
捷丘什　Тетюши
捷克(的)　Чешский
康沃尔　Корнваль, Cornwall
悉尼　Сидней
曼彻斯特　Манчестер
第比利斯　Тифлис(Тбилис)
梁赞　Рязань
梅什金诺　Мышкино

萨莫耶德人　Самоед

萨尔梅科夫　Салмыков
基里亚罗夫斯基　Гиляровский
盖伊杜克　Гейдук

十二画

奥地利　Австрия
奥勒尔　Орёл
奥萨　Оса
奥卡河　Ока
奥汉斯克　Оханск
奥尔洛瓦　Орлово
奥伦堡　Оренбург
奥洛涅茨　Олонец
奥辛　Осин
奥斯捷伊地区　Остзейский край
奥斯塔什科夫　Осташков
斯维亚日　Свияж
斯巴达　Спарт
斯帕斯　Спас
斯摩棱斯克　Смоленск
斯塔罗鲁斯　Старорус
斯塔福德　Стаффорд, Stafford
斯塔夫罗波尔　Ставрополь
谢尔加奇　Сергач
谢米巴拉丁斯克　Семипалатинсик
谢麦诺夫　Семенов
谢尔基耶夫斯克　Сергиевск
普鲁士　Пруссия
普斯科夫　Псков
普多日　Пудож
雅库茨克　Якутск
雅罗斯拉夫尔　Ярославль
博格斯洛夫州　ьогословский округ
博罗维奇　ьорович
塔鲁萨　Таруса
塔弗里奇　Таврич
黑雅尔　Черный Яру
黑海　Черное Море
葡萄牙　Португалия
喀山　Казань
舒雅县　Шуйский уезд

奥地利人　Австриец
奥斯恰克人　Остяк
普斯托泽尔人　Пустозерец
普里普辛尼克人　Припущенник
斯拉夫人　Славянин
斯巴达人　Спартанец
雅罗斯拉夫尔人　Ярославец

普希金　Пушкин
普佳京　Путятин
普加乔夫　Пугачев

斯大林　Сталин
傅立叶　Фурье
奥索尔金　Осоргин
登戈鲍尔斯基　Тенгоборский

十三画以上

蒙默思　Монмут,Monmouth
蒙古草原　Монгольская степь
新大陆　Новый Свет
新地岛　Новая Земля
雷斯科沃　Лысково
雷宾斯克　Рыбинск
意大利　Италия
瑞士　Швейцария
塞瓦斯托波尔　Севастополь
楚赫洛马　Чухлома
赫尔辛基　Гельсингфорс(Хельсинки)
赫尔松　Херсон
察里津　Царицын
德比　Дербн,Derby
德文　Девон,Devon
德国　Германия
额尔齐斯河　Иртыш
撒哈拉大沙漠　Сахара
澳大利亚　Австралия
穆罗姆　Муром

楚瓦什人　Чуваш
塞尔维亚　Серб
意大利人　Итальянец
德国人(日耳曼人)　Немец(Германец)
摩尔人　Мавр
鞑靼人　Татарин
路易十世　Людовик X
路易十四世　Людовик XIV
蒲鲁东　Прудон
蒙泰　Монтейль
赫尔岑　Герцен
穆罕默德—阿里　Мехмет-Али
德米特里　Дмитрий
雷奇柯夫　Рычков
穆拉维约夫—阿穆尔,恩·恩　Муравьев-Амурский,Н. Н.
穆勒,约翰　Милль,Джон

图书在版编目(CIP)数据

俄国工人阶级状况/(俄罗斯)恩·弗列罗夫斯基(瓦·瓦·别尔维)著;陈瑞铭译.—北京:商务印书馆,2017
(汉译世界学术名著丛书:120年纪念版:珍藏本)
ISBN 978-7-100-14166-6

Ⅰ.①俄… Ⅱ.①恩… ②陈… Ⅲ.①无产阶级—阶级分析—俄国 Ⅳ.①D751.261

中国版本图书馆CIP数据核字(2017)第137688号

权利保留,侵权必究。

汉译世界学术名著丛书
(120年纪念版·珍藏本)
俄国工人阶级状况
〔俄〕恩·弗列罗夫斯基(瓦·瓦·别尔维) 著
陈瑞铭 译

商务印书馆出版
(北京王府井大街36号 邮政编码100710)
商务印书馆发行
南京爱德印刷有限公司印刷
ISBN 978-7-100-14166-6

2017年12月第1版 开本710×1000 1/16
2017年12月第1次印刷 印张38½
定价:190.00元